SPURENLESE
Beiträge zur Geschichte des Xantener Raumes

LANDSCHAFTSVERBAND RHEINLAND
Archäologischer Park Xanten/
Regionalmuseum Xanten

234.
20,-

SPURENLESE
Beiträge zur Geschichte des Xantener Raumes

Herausgegeben von Gundolf Precht und Hans-Joachim Schalles

1989
RHEINLAND-VERLAG GMBH · KÖLN

in Kommission bei
DR. RUDOLF HABELT GMBH · BONN

Gefördert mit Mitteln des Ministeriums für Stadtentwicklung, Wohnen und Verkehr
des Landes Nordrhein-Westfalen.

CIP-Titelaufnahme der Deutschen Bibliothek

Spurenlese : Beiträge zur Geschichte des Xantener Raumes / [Landschaftsverband Rheinland, Archäologischer Park Xanten/Regionalmuseum Xanten]. Hrsg.: Gundolf Precht ; Hans-Joachim Schalles. — Köln : Rheinland-Verl. ; Bonn : Habelt, 1989
ISBN 3-7927-1162-1
NE: Precht, Gundolf [Hrsg.]; Archäologischer Park Xanten, Regionalmuseum

Rheinland-Verlag, GmbH · Köln

Rheinland-Verlag- und Betriebsgesellschaft
des Landschaftsverbandes Rheinland mbH
Abtei Brauweiler, 5024 Pulheim 2

Redaktion
Hans-Joachim Schalles, Stefan Kraus

Lithos: Peukert & Co., Köln
Gesamtherstellung: Druckhaus B. Kühlen KG, Mönchengladbach
ISBN 3-7927-1162-1

Inhalt

Grußwort

Die gegenwärtige Entwicklung Xantens wird entscheidend mitgeprägt durch die historische Dimension dieses Ortes. Römische und mittelalterliche Geschichte bestimmt nicht nur in Monumenten das Stadtbild, sondern ist in großem Maße integriert in die Stadtentwicklung der vergangenen Jahre. Die sich hieraus ergebende Attraktivität Xantens ist für viele Menschen Anlaß eines Besuches, um vor Ort die Spuren der Vergangenheit zu verfolgen.

Diesem allgemeinen Interesse an der Geschichte in unserem Raum gehen jahrzehntelange wissenschaftliche Forschungen voraus, die das Buch der Geschichte Seite für Seite interpretierend öffneten. Wer die Ergebnisse der Forschungen betrachtet, wird feststellen, daß durch sich verändernde Perspektiven und wissenschaftliche Methoden immer wieder neue Spuren in die Vergangenheit entdeckt werden, die häufig Neues und Erstaunliches zutage fördern.

Die ständig steigende Zahl wissenschaftlicher Beiträge von Archäologen und Historikern belegt die Bemühungen der Wissenschaftler um die Geschichte dieses Ortes. Gerade die wissenschaftliche Erforschung des Xantener Raumes ist ohne das verdienstvolle Engagement des Landschaftsverbandes Rheinland nicht zu denken. Aus diesem Engagement ist auch die Absicht entstanden, in einem Sammelband die wesentlichen Erkenntnisse wissenschaftlicher Forschung der letzten Jahre zusammenzutragen. Dieses Unternehmen ist vor allem deshalb mit Dank zu erwähnen, weil diese Edition eine besondere Erinnerung an die Tatsache sein soll, daß vor 2000 Jahren die Römer damit begonnen haben, den Xantener Raum zu besiedeln.

Den Herausgebern und den Autoren sei ein herzlicher Dank gesagt, tragen sie doch dazu bei, das Ansehen der Stadt Xanten zu mehren.

Alfred Melters
Bürgermeister der Stadt Xanten

Vorwort

Vor 2000 Jahren bedingte die Stationierung römischen Militärs am Niederrhein einen gravierenden Einschnitt für diese Region, der die Jahrhunderte bis heute entscheidend geprägt hat.
Wir freuen uns, daß das Regionalmuseum Xanten des Landschaftsverbandes Rheinland in Würdigung der 2000jährigen Geschichte der Stadt Xanten nun diesen Aufsatzband „Spurenlese. Beiträge zur Geschichte des Xantener Raumes" herausgegeben hat.
Der Name „Spurenlese" ist dabei Programm. Die einzelnen Aufsätze sollen dem Leser die vielfältigen Spuren der Geschichte näher bringen, angefangen von den ersten Hinweisen auf die Entstehung dieser Region, über die Anfänge menschlicher Besiedlung bis hinein in die Gegenwart. Den Schwerpunkt bildet dabei natürlich die römische Geschichte Xantens. Die Beteiligung vieler Wissenschaften — der Geologie, Archäologie, Geschichtswissenschaften, der Theologie und der Naturwissenschaften — macht die Bedeutung und den Reiz dieser Aufsatzsammlung aus.
Der Band drückt zudem aber auch die mannigfaltige Tätigkeit des Spurenlesens selbst aus. Die Quellen, die zum Sprechen gebracht werden, treten dem Leser ebenso vor das innere Auge wie die Methoden, die dabei Anwendung finden.
Der noch jungen Außendienststelle Archäologischer Park/Regionalmuseum Xanten des Landschaftsverbandes Rheinland ist es mit der Herausgabe dieser Aufsatzsammlung gelungen, einen Einblick in den aktuellen Forschungsstand zu geben, der den interessierten Laien informiert und dem Fachmann ein wertvoller Diskussionsbeitrag sein soll. Besonders begrüßen wir, daß auch jüngere Wissenschaftler die Gelegenheit bekommen haben, hier die Ergebnisse ihrer Forschungen vorzustellen.
Hier wird deutlich, wie komplex Geschichte ist. Nur durch fachübergreifende Zusammenarbeit können die Spuren der Geschichte, die ja immer die Spuren von Menschen sind, von ihren Hoffnungen und Sehnsüchten wie von ihrem Versagen, von ihren Krisen wie von ihrem Alltag, herausgearbeitet werden.
An dieser Stelle danken wir denjenigen, die durch ihre Arbeit die Forschungstätigkeit in Xanten überhaupt erst ermöglichen. Den Grabungsarbeitern, den Grabungstechnikern, den Zeichnern, den Fotografen, den Schreibkräften und vielen anderen.
Unser herzlicher Dank gilt auch den Autoren dieses Bandes sowie Herrn Dr. Schalles und Herrn Kraus, die die Redaktion dieses Bandes übernommen haben.

Dr. Jürgen Wilhelm
Vorsitzender der
Landschaftsversammlung
Rheinland

Dr. Dieter Fuchs
Direktor des
Landschaftsverbandes
Rheinland

Einleitung

Nicht von ungefähr konzentriert sich das Interesse der unterschiedlichsten wissenschaftlichen Disziplinen gerade auf den Xantener Raum. In diesem geographisch überschaubaren Bereich gewinnt die Stetigkeit, aber auch die Diskontinuität historischer Prozesse Konturen wie unter einem Vergrößerungsglas.

Dem Rhein als landschaftsverändernder Kraft gilt die Aufmerksamkeit der Geologen. Jahrtausende setzte der Fluß den Aktivitäten der Menschen in diesem Gebiet ihre Grenzen und bestimmte mit seinem wechselnden Verlauf deren Möglichkeiten immer wieder neu. Zeugnisse dieser menschlichen Aktivitäten sind in vielfältiger Form auf uns gekommen: Bodenfunde verschiedenster Epochen, Notizen antiker und mittelalterlicher Geschichtsschreiber, Wirtschaftsurkunden des Viktorstifts. Sie zu deuten ist Aufgabe der Archäologen und Historiker, aber auch der Naturwissenschaftler, deren Analysen vergangene Ökosysteme oder Produktionsweisen wiedererkennen helfen. Radikal scheint der Bruch zwischen Antike und Mittelalter. Der Bestattungsplatz unter dem späteren Dom wird im 5. Jahrhundert eine Generation lang nicht belegt, und die Trauernden, die in der ersten Hälfte des 6. Jahrhunderts über einer Frauenbestattung den Grabstein des Batimodus errichten, sprechen offenkundig kein Latein mehr. Dennoch wurde nicht alles verschüttet, reichen die Stränge mittelalterlicher Heiligenverehrung bis in die Spätantike herab, scheint sich die Legende vom Martyrium der Thebäischen Legion, in mehrfacher Brechung, im Kern als historisch zu erweisen. Den Altertumswissenschaftlern und Theologen, die sich um diese Themen bemühen, sind hier faszinierende Brückenschläge zwischen Vergangenheit und Gegenwart möglich.
Die Vielfalt der Fragen, der Ansätze und Problemstellungen spiegelt sich in den Beiträgen dieses Aufsatzbandes wider; die kursorische Behandlung steht als methodischer Zugriff neben der Einzelanalyse. Die Zugänge zum jeweiligen Thema sind ebenso unterschiedlich wie die wissenschaftliche Heimat der einzelnen Autoren. Um einen Rückbezug auf diese Heimat nicht von vornherein auszuschließen, ist auf eine Vereinheitlichung der Anmerkungsgestaltung und Zitierweise da verzichtet worden, wo es der Charakter der jeweiligen wissenschaftlichen Disziplin forderte.
Wir hoffen, daß dieses offene Konzept auch den Interessen der Leser entgegenkommt.

Hans-Joachim Schalles
Archäologischer Park/Regionalmuseum Xanten

JOSEF KLOSTERMANN

Die Entstehungsgeschichte der Xantener Landschaft

VORBEMERKUNGEN

Die Xantener Landschaft besteht fast ausschließlich aus Ablagerungen, die während der Erdneuzeit, dem Känozoikum, entstanden sind. In der vorliegenden Arbeit sollen Alter, Zusammensetzung und Entstehungsgeschichte der entsprechenden geologischen Schichten beschrieben werden.
Die Stadt Xanten gehört dem Niederrheinischen Tiefland an (Abb. 1). Sie liegt auf der linken Rheinseite, etwas nördlich der Lippemündung bei Wesel.

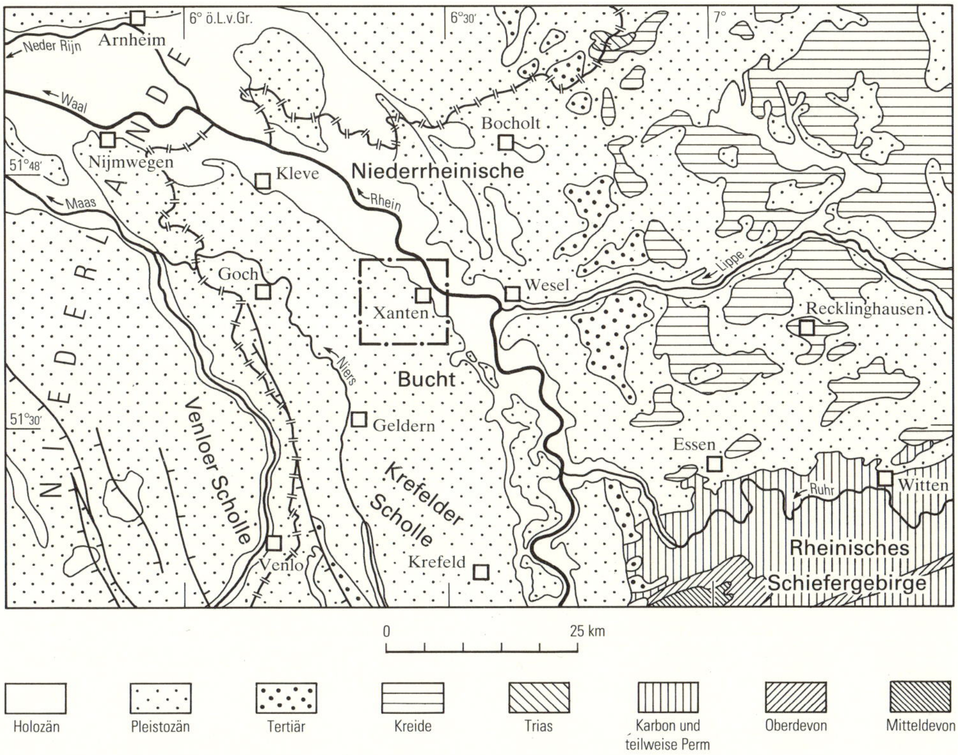

1 Geographische Lage Xantens innerhalb des Niederrheingebietes.

Die Xantener Landschaft wird im Westen von einem Höhenzug beherrscht, der sich aus Hochwald und Balberger Wald zusammensetzt (vgl. Abb. 4). Südlich von Xanten ragen Hees und Fürstenberg aus einer Ebene auf. Der Osten des Fürstenberges grenzt direkt an einen Altrheinarm, der die sogenannte Bislicher Insel umschließt. Östlich des Ortes durchzieht der Rheinstrom die Landschaft. Er wird beiderseits von einer breiten Verebnungsfläche begleitet, die 2 bis 3 m tiefer liegt als die Ebene, in der Marienbaum, Sonsbeck, Veen und Xanten selbst liegen. Die tiefere, dem Rheinstrom unmittelbar zuzurechnende Ver-

ebnung reicht bis direkt an die östliche Stadtmauer Xantens heran. Die Colonia Ulpia Traiana liegt auf der höheren Verebnungsfläche.
Die Landschaftselemente der Umgebung Xantens bestehen aus Ablagerungen, die zu verschiedenen Zeiten entstanden sind und ihre Entstehung jeweils anderen geologischen Vorgängen zu verdanken haben. Das Niederrheinische Tiefland ist Bestandteil der Niederrheinischen Bucht. Die geologische Großstruktur 'Niederrheinische Bucht' ist ein Stück Erdkruste, das langsam gegenüber dem Rheinischen Schiefergebirge absinkt. Die Folge dieses geologischen Vorganges ist, daß sie sich als keilförmig in das Rheinische Schiefergebirge hineingreifendes Senkungsgebiet abzeichnet. Die Grenze der Niederrheinischen Bucht verläuft im Osten etwa von Bocholt über Wesel und Düsseldorf nach Köln. An ihrem Südrand liegen die Städte Bonn und Aachen. Im Westen reicht sie weit in die Niederlande hinein.
Die Absenkung des Niederrheins begann bereits im Tertiär, genauer im frühen Oligozän (vgl. Tab. 1), vor etwa 35 Mio. Jahren. Die Senkungsbewegung hatte im Laufe des Tertiärs mehrere Höhepunkte, die dazu führten, daß die tertiärzeitliche Nordsee vor etwa 27 Mio. Jahren, im Oberoligozän, die gesamte Niederrheinische Bucht bis hin nach Bonn und Aachen bedeckte. Ein letztes deutliches Maximum erreichten die Senkungsbewegungen an der Wende vom Tertiär zum Quartär.
Die Tertiärablagerungen in der Umgebung von Xanten entstanden in einem Flachmeer. Das Quartär besteht zum größten Teil aus Kiesen und Sanden, die von den Flußsystemen des Rheins und der Maas während der letzten 2,4 Mio. Jahre abgelagert wurden. Ein weiterer wichtiger Gestaltungsfaktor der Landschaft waren riesige Inlandeismassen, die von Skandinavien kommend bis zum Niederrhein vordrangen. Aber auch Zeugnisse des Eifel-Vulkanismus, der vor 11 000 Jahren einen seiner Höhepunkte erreichte, sind im Untergrund zu finden.
Von besonderer Bedeutung für das heutige Landschaftsbild in der nahen Umgebung des Rheins war ein Klimaumschwung, der sich vor etwa 10 000 Jahren vollzog. Damals begannen die Jahresdurchschnitts-

Tabelle 1: Gliederung des Tertiärs

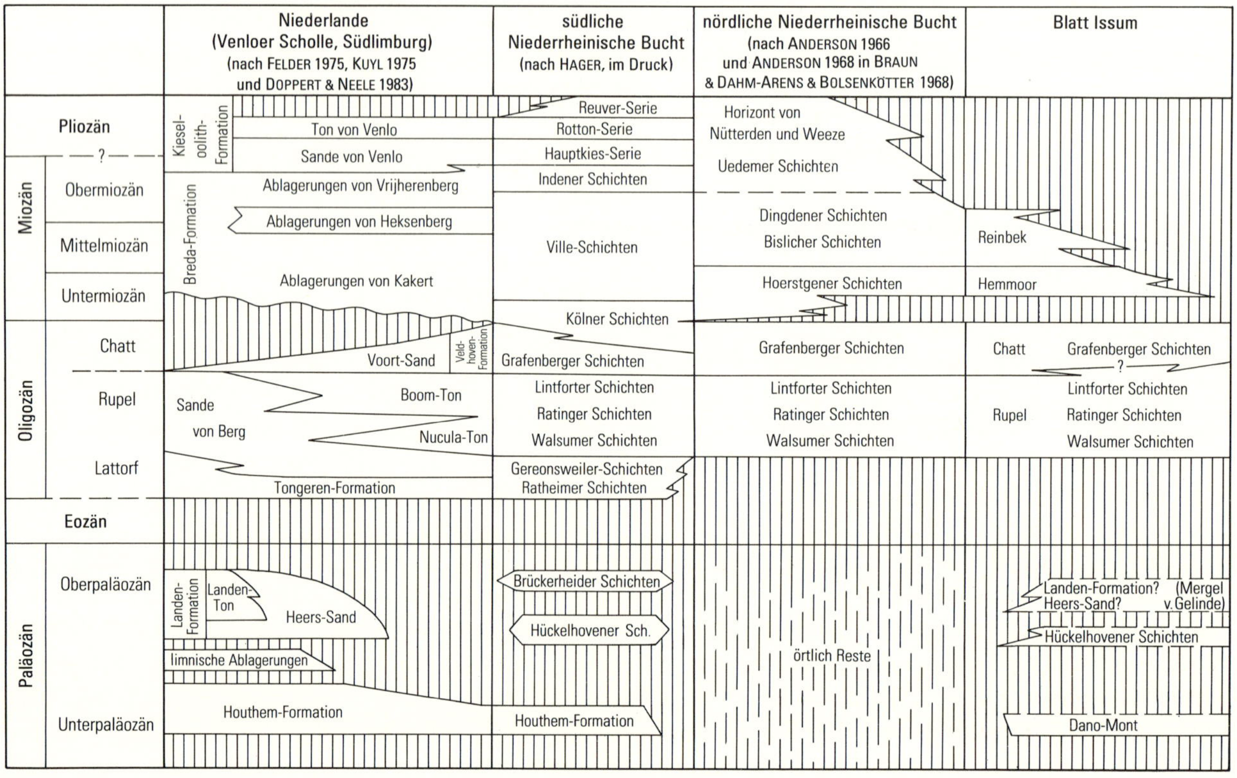

temperaturen weltweit kräftig anzusteigen. Die Inlandeismassen lösten sich auf, der Meeresspiegel stieg um mehr als 100 m an, und die Klimazonen der Erde verschoben sich. Diese Klimaänderung zeigte auch deutliche Auswirkungen auf das Abflußverhalten des Rheinstromes selbst. Er begann seit dieser Zeit seinen Lauf ständig zu verlagern, er mäandrierte. Seit etwa 6000 Jahren beeinflußt auch der Mensch in immer stärkerem Maße den Ablauf geologischer Vorgänge.

DER NIEDERRHEIN VOM MEER BEDECKT

Innerhalb der Höhenrücken von Hochwald, Balberger Wald, Hees und Fürstenberg können tertiärzeitliche Meeresablagerungen bis nahe an die Erdoberfläche heranreichen. Die Gründe dafür werden u. S. 18 ff. geschildert.

Zu Beginn des Tertiärs, im Paleozän (vgl. Tab. 1), waren nur der Westen und Norden der Niederrheinischen Bucht einschließlich der Umgebung Xantens von Meer bedeckt. Auf dem wenig südlich gelegenen Festland herrschten damals, wie Untersuchungen der fossilen Fauna und Flora zeigten, subtropische Klimabedingungen. Die nördliche Verbreitungsgrenze von Palmen lag zu dieser Zeit beispielsweise im heutigen Ostpreußen, etwa auf dem fünfundfünzigsten Grad nördlicher Breite. Erstmals in der Erdgeschichte beherrschten nun die Säugetiere das Festland. Laboruntersuchungen der Sauerstoffisotopenverhältnisse in den Schalen von Muscheln, Schnecken und Plankton, die im Tertiärmeer des Niederrheins und der Nordsee lebten, erlauben es, die Meerwassertemperatur, beispielsweise zur Zeit des Paleozäns, zu bestimmen. Es zeigte sich, daß in dem paleozänzeitlichen Flachmeer zunächst Wassertemperaturen von 12 – 13° Celsius geherrscht haben müssen, die später auf bis zu 22° C angestiegen sein dürften. In der Umgebung von Xanten entstanden während des Paleozäns zunächst Kalksteine und Kalkmergelsteine mit sandigen Lagen. Es folgen Sande mit Braunkohlenresten und grün gefärbte Meeressande.

Während des Eozäns (vgl. Tab. 1) waren sowohl die Umgebung Xantens als auch die gesamte Niederrheinische Bucht zum Festland geworden. In den Niederlanden konnten dagegen an einigen Stellen noch Ablagerungen eines Eozän-Meeres nachgewiesen werden. Die Wassertemperaturen müssen darin während des Eozäns von + 27° C auf bis zu + 30° C angestiegen sein! In Xanten herrschten zu dieser Zeit warmsubtropische bis tropische Klimaverhältnisse. So fand man in gleichzeitig entstandenen Schichten bei Messel (Darmstadt) Krokodile. Im mitteldeutschen Geiseltal wurden in eozänzeitlichen Ablagerungen tropische Käfer entdeckt. Am Ende der Eozän-Zeit kam es aber plötzlich weltweit zu einem dramatischen Absinken der Wassertemperaturen von + 20° C auf + 8° C. Die Ursachen für diesen Temperatursturz sind bisher weitgehend unbekannt.

Im Laufe des Oligozäns drang die tertiärzeitliche Nordsee erneut vor. Zunächst wurden in einem schmalen Streifen entlang der damaligen Küste sandige Sedimente, die sogenannten Walsumer Schichten, abgelagert. Danach rückte das Meer weiter vor, so daß die Umgebung von Xanten anschließend von einem 20 – 40 m tiefen Flachmeer überflutet wurde. Im kaum von Wellen bewegtem Meerwasser setzte sich feinste Trübe ab, die später mit zunehmender Überdeckung durch andere Schichten zu Ton wurde. Diese Tone heißen Ratinger Schichten. Große Teile der Niederrheinischen Bucht gerieten während dieser Zeit unter Meeresbedeckung. Die direkt danach entstandenen sogenannten Lintforter Schichten überdecken die Ratinger Schichten. Sie, die Lintforter Schichten, bestehen aus einer Wechselfolge von Tonen und Sanden, in die auch Kalksteinbänke eingeschaltet sein können. Auch die Lintforter Schichten wurden in kaum bewegtem Meerwasser abgelagert. Die Meerestiefen waren nun größer geworden als in vorangegangenen Zeiten, sie dürften zwischen 80 und 90 m gelegen haben. Form und Struktur des in den Lintforter Schichten aufgefundenen Meeresplanktons deuten darauf hin, daß auch das Meerwasser insgesamt etwas bewegter war als in der vorangegangenen Zeit.

Während des Oberoligozäns (vgl. Tab. 1) erreichte die tertiäre Nordsee innerhalb der Niederrheinischen Bucht ihre größte Ausdehnung. Der gesamte Niederrhein bis hin nach Bonn und Aachen geriet nun unter

Meeresbedeckung. Die Meerestiefen lagen zwischen 40 und 100 m. Es gibt Hinweise, daß das Meer während dieser Zeit von Wellen aufgewühlt wurde, die teilweise sogar Grundberührung hatten. Die Wassertemperaturen erreichten nur noch 10 bis15° Celsius. Dies entspricht etwa den Temperaturen in der heutigen Nordsee. Das Meer der Oberoligozän-Zeit hinterließ grüngraue Feinsande mit zahlreichen Muschelschillagen, Korallen, Schalen von Meeresplankton und anderen Fossilien.
Bereits im frühen Miozän (vgl. Tab. 1) hatte sich das Meer fast vollständig aus der Niederrheinischen Bucht zurückgezogen. Aber schon im Laufe des Mittelmiozäns, im sogenannten Hemmoor (vgl. Tab. 1), wurde die Umgebung von Xanten erneut von einem Flachmeer überflutet. Es hinterließ dunkelbraune und dunkelgrüne Feinsande. Wenig später, im Reinbek (vgl. Tab. 1), wurden erneut Meeressedimente abgelagert. Zunächst entstanden im flachen Wasser sandige Schichten, wenig später, in etwas tieferem Wasser, Tone. Bei den Schichten, die in der Hemmoor- und Reinbek-Zeit abgelagert wurden, handelt es sich um Hinterlassenschaften eines Wattenmeeres, das etwa dem heutigen Watt an der deutschen Nordseeküste vergleichbar gewesen sein dürfte. Die Wassertiefen haben im Laufe des Reinbeks ständig zugenommen. Die Meerwassertemperaturen erreichten im frühen Mittelmiozän lediglich einen Wert von etwa 15° Celsius. Wenig später aber begannen die Temperaturen bereits wieder deutlich abzusinken. Das kommende Eiszeitalter scheint sich damals bereits erstmals bemerkbar gemacht zu haben.
Meeresablagerungen des Obermiozäns (vgl. Tab. 1) treten im Untergrund des Hochwaldes auf. Sie überdecken nach Westen und Nordwesten hin die älteren Schichten des Tertiärs. Im Süden und Südosten, beispielsweise im Bereich des Fürstenberges, fehlen sie. Der am Ende des Reinbeks begonnene Meeresrückzug setzte sich nun unaufhaltsam fort. Die Geographie des Niederrheins begann sich dem heutigen Erscheinungsbild zu nähern. Noch aber konnte das Meer der Obermiozän-Zeit nordwestlich von Xanten grüngraue Feinsande hinterlassen. Sämtliche Ablagerungen des Miozäns entstammen, wie bereits erwähnt, einem reich belebten Flachmeer. Die darin abgestorbenen Meeresorganismen wurden häufig zu Fossilien, die man oft auch im Bohrgut von Brunnenbohrungen auffinden kann. So kommen auch winzige Schalen von Meeresplankton vor. Es gibt zahlreiche Überreste von Muschelschalen und Meeresschnecken (Taf. 1.1). Aber auch Überreste größerer Meereslebewesen werden gefunden. So wurden beispielsweise Haifischzähne und Haifischwirbel in diesen Schichten entdeckt (Taf. 1.2). Im Jahre 1987 wurde vom Verfasser sogar ein fast vollständig erhaltenes Skelett eines tertiärzeitlichen Bartenwales in der Nähe von Kervenheim gefunden (Taf. 1.3). Näheres zu diesem Fund findet sich in einem Aufsatz des Verfassers (KLOSTERMANN 1987).
Ablagerungen des Pliozäns (vgl. Tab. 1) kommen nur westlich und nordwestlich von Xanten in der Gegend von Wemb, Goch und Kleve vor. Zu dieser Zeit hatte sich das Meer noch weiter in nordwestlicher Richtung zurückgezogen. Die nähere Umgebung Xantens gehörte damals bereits dem Festland an. Bei Goch und Kleve entstanden Deltaablagerungen, die vom Ur-Rhein aufgeschüttet wurden. Es sind weiße Feinsande und Kiese, die die typischen Sedimentstrukturen einer Deltaablagerung besitzen. Auf Höhe der Ortschaft Nütterden erfolgt der Übergang von Deltaablagerungen zu Meeresablagerungen. Dort fand man in pliozänzeitlichen Sanden noch Meeresfossilien.

DAS EISZEITALTER

Die jüngste Formation der Erdgeschichte wird als Quartär bezeichnet (vgl. Tab. 2). Das Quartär, es wird oft auch das letzte Eiszeitalter genannt, ist eine Zeit mit außerordentlich starken Klimaschwankungen. Kalt- und Warmzeiten wechselten ständig miteinander. Im Laufe des Quartärs kam es an den Polen der Erde zur Bildung großer Inlandeiskappen, die mehr als dreimal größer waren als die heutigen Eismassen am Nordpol. Die Ränder dieser Eismassen erreichten im Laufe des Quartärs die Niederrheinische Bucht und damit die Umgebung von Xanten.
Das Quartär war jedoch nicht das einzige Eiszeitalter, das es im Laufe der Erdgeschichte gegeben hat. So

Tabelle 2: Gliederung des Quartärs

Paläomagnetik	Jahre vor heute	Sauerstoffisotopen-Stufen KUKLA (1978) SHACKLETON & OPDYKE (1976)	Nordwestdeutschland			Niederrhein
Brunhes	18 000	2	Jungpleistozän	Weichsel-Kaltzeit	Spätglazial	Jüngere Niederterrasse
		3, 4 a b c d			Hochglazial	Ältere Niederterrasse
	73 000	5			Frühglazial	
	110 000	5e		Eem-Warmzeit		Schichten von Weeze
	127 000	6	Mittelpleistozän	Saale-Kaltzeit	Warthe-Stadium	Untere Mittelterrasse 4 (Krefelder Mittelterrasse)
		7a			Treene-Warmzeit?	Vorselaer Schichten?
		7b, 7c, 8			Drenthe-Stadium	Untere Mittelterrasse 3 2. Inlandeisvorstoß Jüngere Untere Mittelterrasse 2 1. Inlandeisvorstoß Ältere Untere Mittelterrasse 2
	240 000	9		Holstein-Warmzeit		Holstein II
		10				Untere Mittelterrasse 1
	330 000	11				Holstein I
	400 000	12, 13, 14, 15	Altpleistozän	Elster-Kaltzeit		Rinnenschotter Obere Mittelterrassen
	570 000	16, 17, 18, 19, 20, 21, 22, 23		Cromer-Komplex		Jüngere Hauptterrassen
Matuyama	690 000					
	900 000			Menap-Kaltzeit		
				Waal-Warmzeit		
				Eburon-Kaltzeit		
				Tegelen-Komplex		Tegelen-Schichten
	2,4 Mio.			Ältere Kalt- und Warmzeiten		Ältere Hauptterrassen

konnte man für die Zeit vor 615 Mio. Jahren die sogenannte eokambrische Vereisung nachweisen. Weitere Eiszeitalter folgten vor 440 Mio. Jahren (ordovizische Vereisung) sowie vor 280 Mio. Jahren (permokarbone Vereisung). Das letzte Eiszeitalter (Quartär) begann auf der Nordhalbkugel der Erde vor 2,4 Mio. Jahren mit einer drastischen Verschlechterung des Klimas. Die während dieses Eiszeitalters auftretenden extremen Klimaschwankungen haben geologische Vorgänge ausgelöst, die das Landschaftsbild des heutigen Niederrheins entstehen ließen. Die Landschaft in der Umgebung Xantens ist insgesamt ein Produkt des letzten Eiszeitalters.

Das Quartär wird in zwei Unterabschnitte, das Pleistozän und das Holozän, untergliedert. Das Eiszeitalter im engeren Sinne wird Pleistozän genannt. Während dieser Zeit schütteten die Flußsysteme von Rhein und Maas die Terrassenablagerungen des Niederrheins auf. Durch die vorstoßenden Inlandeismassen entstanden die Stauchmoränenzüge, die noch heute das Landschaftsbild westlich des Rheins prä-

gen. Kaltzeitliche Stürme wehten auf viele der älteren Ablagerungen am Niederrhein Löß und Flugsand auf.
Der jüngste Abschnitt des Quartärs ist das Holozän. Das Holozän ist eigentlich nur die jüngste Warmzeit des letzten Eiszeitalters. Sie begann vor 10 000 Jahren und dauert bis in die Gegenwart hinein an. Die Flüsse tieften sich während dieser Zeit in den Untergrund ein und schufen die breiten Talauen mit den fruchtbaren Auenlehmen. Während dieser letzten Warmzeit nahm der Mensch immer mehr Einfluß auf das geologische Geschehen. Die Rodung von Wäldern und die Anlage von Viehweiden lösten eine verstärkte Erosion durch Wasser und Wind aus. Beide Vorgänge führten zu spürbaren Veränderungen des heutigen Landschaftsbildes.

KLIMASCHWANKUNGEN WÄHREND DES EISZEITALTERS UND IHRE AUSWIRKUNGEN AUF DIE XANTENER LANDSCHAFT

Während der ältesten Kalt- und Warmzeiten schotterten die Stromsysteme von Rhein und Maas mächtige Kies- und Sandkörper auf. Die Terrassenlandschaft des Niederrheins entstand. Der Wechsel von Kalt- und Warmzeiten hatte einen bedeutenden Einfluß auf das Abflußverhalten von Rhein und Maas. Die besonderen Verhältnisse während der Kaltzeiten ließen verwilderte Stromsysteme entstehen. Während der Warmzeiten bildeten sich mäandrierende Flüsse (vgl. u. S. 24 ff.). Im Laufe der ältesten Kaltzeiten wurde der Transport von Kies und Sand in erster Linie von verwilderten Stromsystemen bewerkstelligt. Bevor der Ablauf der Ereignisse während der ältesten Kalt- und Warmzeiten geschildert wird, vorab einige Erläuterungen zur Entstehung verwilderter Abflußsysteme. Man kann sich ein verwildertes Stromsystem aus einer geraden Rinne hervorgegangen vorstellen (Abb. 2). Grundvoraussetzung für die Entste-

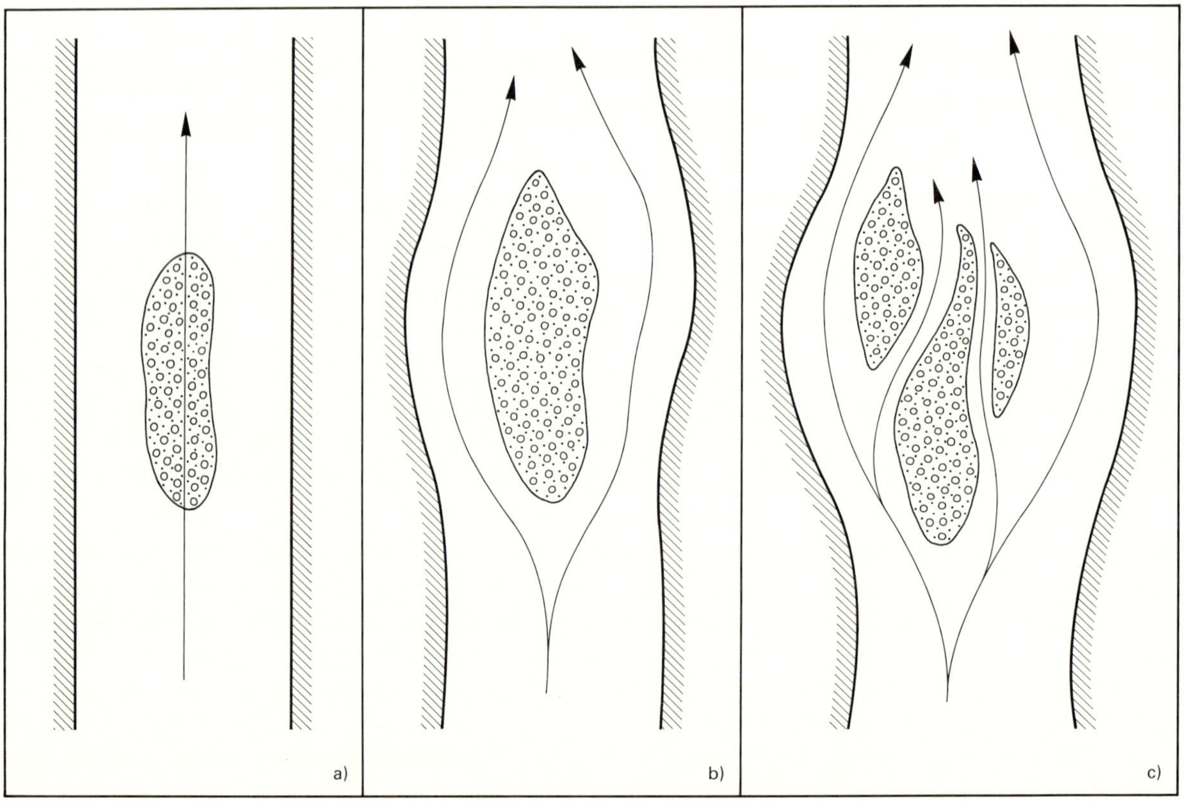

2 Entstehung eines verwilderten Flußsystems.

hung eines solchen Abflußsystems sind ein gegenüber dem mäandrierenden Strom erhöhtes Gefälle und eine größere, plötzlich abfließende Wassermenge. Die größere Wassermenge ist in der Lage, erheblich mehr Kies, Sand und feines Material zu Tal zu transportieren, als es ein langsam, träge dahinfließender Strom kann. Im Bereich des Hauptstromstriches ist die Fließgeschwindigkeit am größten. Dort werden die gröbsten Bestandteile weitertransportiert. Nimmt die transportierte Gesteinsfracht an Umfang weiter zu, reicht die Transportkraft des Flusses schließlich nicht mehr aus, und es kommt zur Ablagerung der gröbsten Bestandteile im Bereich des Hauptstromstriches. Dadurch entsteht in der Mitte des Stromes eine Kiesbank, die nun stromabwärts und nach oben hin wächst. Die Kiesbank nimmt an Größe solange zu, bis sich der Hauptstromstrich teilt. Die Kiesbank wird nun von zwei Stromrinnen umflossen. Beide schneiden sich in den Untergrund ein, so daß die Kiesbank endlich aus dem Wasser herausragt und eine Insel entsteht. In beiden neu entstandenen Stromrinnen läuft der oben beschriebene Vorgang nun erneut ab. Nach einer gewissen Zeit entstehen auch dort Kiesbänke, die am Ende aus dem Wasser auftauchen und Inseln bilden. Auf diese Art und Weise entsteht ein breit ausladendes Abflußsystem, das große Mengen von Kies und Sand auf sehr breiter Fläche ablagern kann. Die oben beschriebenen Stromrinnen dieses verwilderten Abflußsystems verlagern sich ständig. Infolgedessen werden oft gerade abgelagerte Kies- und Sandbänke sofort wieder durch die schürfende Kraft des Wassers beseitigt. Das verwilderte Flußsystem zeichnet sich unter anderem auch dadurch aus, daß die Längsachsen der Inseln parallel zur Strömungsrichtung des Abflußsystems liegen.

Welche klimatischen Bedingungen waren für die Entstehung eines solchen Abflußsystems erforderlich? Die Kaltzeiten des Eiszeitalters boten geradezu ideale Voraussetzungen. Während der Kaltzeiten waren große Wassermengen zeitweise als Schnee auf den polnahen Kontinenten gebunden. Die erforderlichen Schneemengen entstanden durch die Verdunstung von Meerwasser. Die Größe der Inlandeiskappen erlaubt eine Berechnung der verdunsteten Meerwassermenge und damit eine Aussage über die daraus resultierende Absenkung des Meeresspiegels, die im Durchschnitt während der Kaltzeiten bei etwa 100 m gelegen haben dürfte. Der so abgesenkte Meeresspiegel führte zu einer kräftigen Versteilung des Gefälles der Flüsse – der ersten Voraussetzung für die Entstehung von verwilderten Abflußsystemen. Auch der Ablauf der Jahreszeiten unterschied sich von dem, wie er sich heute in gemäßigten Breiten darstellt. Der Boden der Niederrheinischen Bucht war während der kaltzeitlichen Winter vollständig gefroren. Alles Wasser mußte zwangsläufig oberflächlich abfließen. In den kaltzeitlichen Wintern bot sich der Niederrhein als weite ebene Fläche dar, die von einem verzweigten System von trockengefallenen und teilweise gefrorenen Abflußrinnen durchzogen war. In tieferen Rinnen mögen noch kleine Wassermengen geflossen sein. Mit der einsetzenden Schneeschmelze im Frühsommer wurden rasch große Wassermassen herangeführt. Ihr Abfluß wurde jedoch durch die noch vorhandenen Eisdecken verzögert. Immer mehr Wasser wurde dadurch aufgestaut. Die zurückgehaltenen Wassermengen wurden dann schlagartig bei einem Eisgang freigesetzt. Die Abflüsse in den Stromsystemen erreichten kaum vorstellbare Spitzenwerte. Ein breiter, brauner, aus Schlamm und Wasser bestehender Strom wälzte sich über weite Teile des Niederrheins hinweg dem Meer entgegen. Die Abflußspitzen dieser Zeit übertrafen die eines warmzeitlichen Stromes um ein Vielfaches. Diese Abflußbedingungen verursachten sehr hohe Strömungsgeschwindigkeiten. Außerdem erlaubten sie den Transport immenser Sedimentfrachten. Beides sind weitere Voraussetzungen für die Entstehung verwilderter Abflußsysteme.

Neben den Klimaschwankungen des Eiszeitalters waren Bewegungen der Erdkruste im Gebiet des Niederrheins und des Rheinischen Schiefergebirges von großer Bedeutung für die Ansammlung mächtiger Kies- und Sandablagerungen. Die Niederrheinische Bucht ist ein aus einzelnen Schollen zusammengesetztes Stück Erdkruste, das gegenüber dem Rheinischen Schiefergebirge zunächst in die Tiefe gesunken ist. Die Folge dieser Senkungsbewegung war, daß die Stromsysteme von Rhein und Maas große Sedimentmengen in der absinkenden Niederrheinischen Bucht hinterlassen konnten. Die Bewegungen der Erdkruste setzen sich stellenweise bis in die Gegenwart hinein fort. Daher können Schotterablagerungen von Rhein und Maas, die während der letzten 2,4 Mio. Jahre aufgeschüttet wurden, um bis zu 80 m gegeneinander versetzt sein.

In der Zeit zwischen 2,4 Mio. und 700 000 Jahren vor heute erfüllten die Stromsysteme von Rhein und Maas die gesamte Niederrheinische Bucht. Durch den tief abgesenkten Meeresspiegel gehörten große Teile der heutigen Nordsee noch dem Festland an. Rhein und Maas mündeten etwa im Bereich der Doggerbank in die Nordsee. Die während dieser langen Zeit am Niederrhein abgelagerten Kies- und Sandkörper werden Hauptterrassen genannt. Am Ende der Hauptterrassen-Zeit wurde die Niederrheinische Bucht in die Hebungsbewegung des Rheinischen Schiefergebirges einbezogen. Der Rhein begann sich nun im Osten der Niederrheinischen Bucht einzuschneiden und die Maas im Westen. Damit war die Ablagerung von Kiesen und Sanden auf der gesamten Breite des Niederrheins endgültig zum Erliegen gekommen. Seit dieser Zeit verliefen die Stromsysteme von Rhein und Maas weitgehend getrennt voneinander.

Während der folgenden Zeit kam es mehrfach zu deutlichen Klimaverbesserungen, den Warmzeiten, die jedoch im Raum Xanten keine Spuren hinterließen. Die bekannteste dieser Warmzeiten ist die Tegelen-Warmzeit, benannt nach der gleichnamigen niederländischen Ortschaft. In den Ablagerungen aus dieser Zeit fanden sich Reste von Wisent, Wald- und Steppenelefant sowie eines Affen und zahlreicher anderer Säugetiere.

Vor etwa 400 000 Jahren begann sich der Rhein besonders stark in den Untergrund einzuschneiden. In diesen Rinnen wurden die sogenannten Rinnenschotter abgelagert. Darin finden sich auffallend viele vulkanische Mineralien, die auf eine intensivierte vulkanische Tätigkeit in der Eifel zurückzuführen sind. Die Rinnenschotter sind die ältesten Ablagerungen des letzten Eiszeitalters, die bisher in der Umgebung von Xanten nachgewiesen werden konnten.

Nach Aufschüttung der Rinnenschotter kam es erneut zu einer kräftigen Erwärmung der Erdatmosphäre. Dieser Zeitabschnitt wird Holstein-Warmzeit genannt (vgl. Tab. 2). Der Meeresspiegel stieg deutlich an und veränderte unter anderem auch das Abflußverhalten von Rhein und Maas. Der Abfluß beider Flüsse konzentrierte sich nun jeweils auf eine Stromrinne, und sie begannen zu mäandrieren. Näheres zur Entstehung von Mäandern u. S. 24 ff.

In der Umgebung des holsteinzeitlichen Rheinstroms entstanden durch Hochwässer mehrere Meter mächtige Auenlehme. Darin fanden sich zahlreiche Fossilien, die Rückschlüsse auf Klima und Umwelt dieser Zeit zulassen. So belegen Funde von Fischresten, daß im holsteinzeitlichen Rhein und den ihn begleitenden Altwässern Karpfen, Rotaugen, Schleie, Hechte und Barsche lebten. Auch Frösche und Wasserratten sind nachgewiesen. In der Umgebung des Rheinstromes lebten damals unter anderem auch Rothirsch, Auerochse und Steppenwisent.

Das Klima der Holstein-Warmzeit dürfte, wie Pflanzenfunde zeigen, etwa dem heutigen entsprochen haben. Besonders auffallend ist eine starke Beteiligung der Erle an der Vegetation. Es dürfte also am Niederrhein ausgedehnte Auenwälder gegeben haben, die heutzutage fast ganz fehlen. Wärmere Klimaabschnitte aus dieser Zeit sind durch das vermehrte Auftreten der Tanne belegt. Insgesamt war das Klima während der Holstein-Warmzeit etwas feuchter und etwas wärmer als heute. Die Schichten aus dieser Zeit sind unter anderem in den Stauchwällen des Hochwaldes, des Balberger Waldes und des Fürstenberges erhalten geblieben.

100 METER HOHE INLANDEISMASSEN ERREICHEN DEN NIEDERRHEIN

Vor 200 000 Jahren sammelten sich in Skandinavien ungeheure Schnee- und Eismassen an. Sie erreichten dort mehr als 3000 m Mächtigkeit. Die Ränder dieser Eismassen erreichten den Niederrhein immerhin noch mit Höhen von 100 m. Diese Eismassen trafen unter anderem beim heutigen Xanten auf das verwilderte Abflußsystem des Rheins. Der Rhein schotterte damals bei kaltzeitlichen Klimaverhältnissen gerade die sogenannte Untere Mittelterrasse 2 (vgl. Tab. 2) auf. Wie schon während der Hauptterrassen-Zeit durchzogen zahllose flache Stromrinnen die ausgedehnten Schotterfluren des Niederrheins. Die trockengefallenen Kies- und Sandbänke waren hart gefroren. Die noch vom Wasser überströmten Kiese und

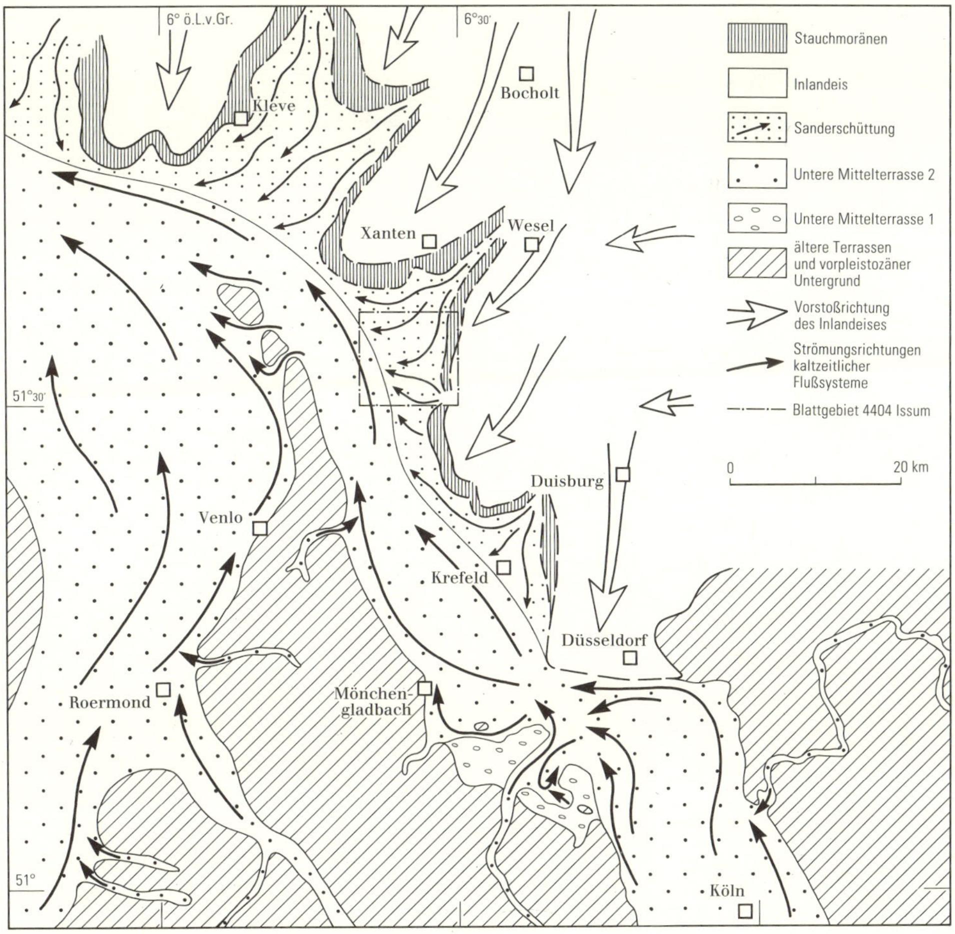

3 Erster Inlandeisvorstoß der Saale-Kaltzeit in die Niederrheinische Bucht.

Sande, vor allem aber die Tone, blieben zum größten Teil gleitfähig. Die vordringenden Eisränder preßten vor ihrer Stirn die Flußablagerungen des Rheins und auch die Meeresablagerungen des Tertiärs (vgl. Tab. 1) zu ausgeprägten Höhenzügen, den sogenannten Stauchmoränen, auf.

Als Gleitmittel dienten dabei in erster Linie tonige Ablagerungen, die in den vorangegangenen Warmzeiten des Eiszeitalters entstanden waren. Die Tone zeigten plastisches Verhalten, sie legten sich zum Teil sogar in Falten. Die gefrorenen Kies- und Sandbänke reagierten auf die Beanspruchung durch das vorstoßende Eis ähnlich spröde wie eine Betonplatte. Sie zerbrachen und wurden als einzelne Blöcke in die Höhe gepreßt. Oft wurden sie sogar senkrecht aufgerichtet. In diesen aus ihrer ursprünglichen Position herausgequetschten Blöcken ist häufig noch die Schichtung der Sande und Kiese erkennbar, die durch die Ablagerung im Flußsystem des Rheins entstanden war (Taf. 2.1). Der ausgeprägte Höhenrücken im Westen Xantens, bestehend aus Hochwald und Balberger Wald mit Tüschenwald, entstand durch diesen Eisvorstoß. Auch Hees und Fürstenberg wurden durch das vorstoßende Eis aufgepreßt; ebenso die Höhenzüge bei Kleve, Kalkar, Bönnighardt, Schaephuysen und Krefeld (Abb. 3). Bei genauerer Untersuchung der Stauchmoränenrücken des Niederrheins zeigt sich, daß sie durch mehrere Eisvorstöße während der Saale-Kaltzeit (vgl. Tab. 2) entstanden sind.

Die Entstehungsgeschichte der Stauchmoränenzüge in der Umgebung Xantens soll im folgenden Abschnitt erläutert werden. Zunächst drang eine Gletscherzunge des ersten Eisvorstoßes bis zum Pauls- und Gochfortzberg vor. Der Südostrand der Gletscherzunge verlief mitten durch das Gebiet des heutigen

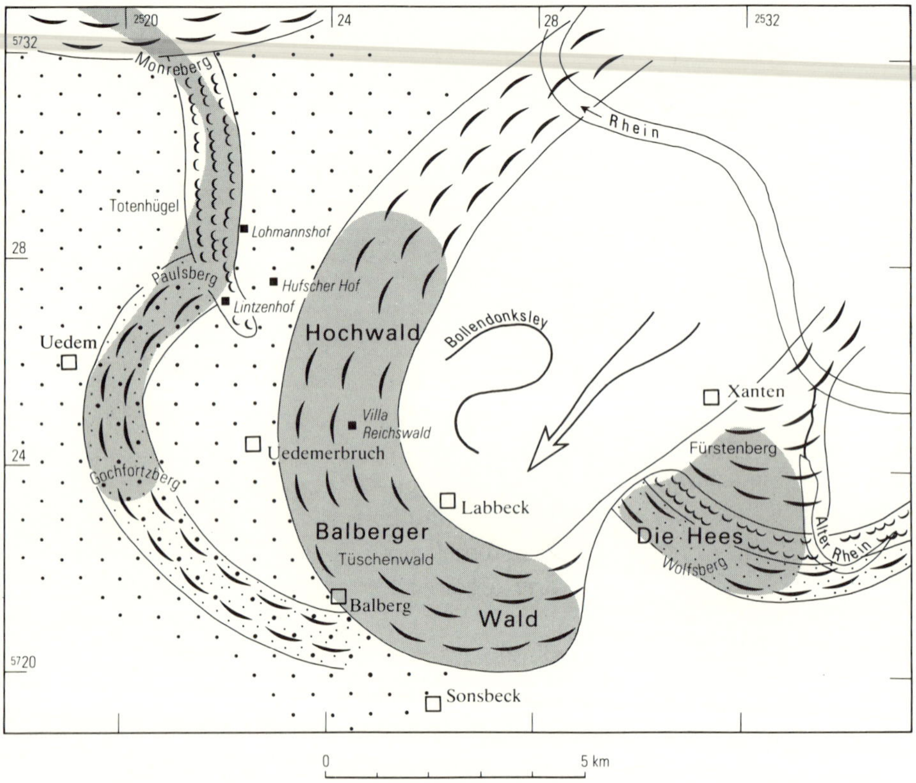

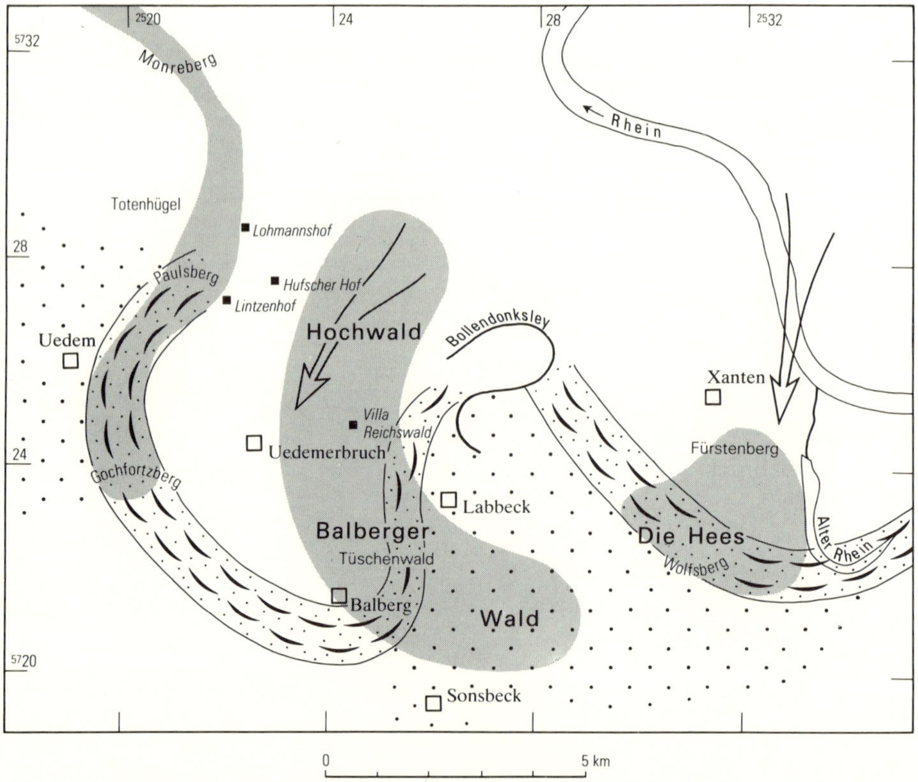

4a – d Inlandeisvorstöße der Saale-Kaltzeit in der Umgebung Xantens.

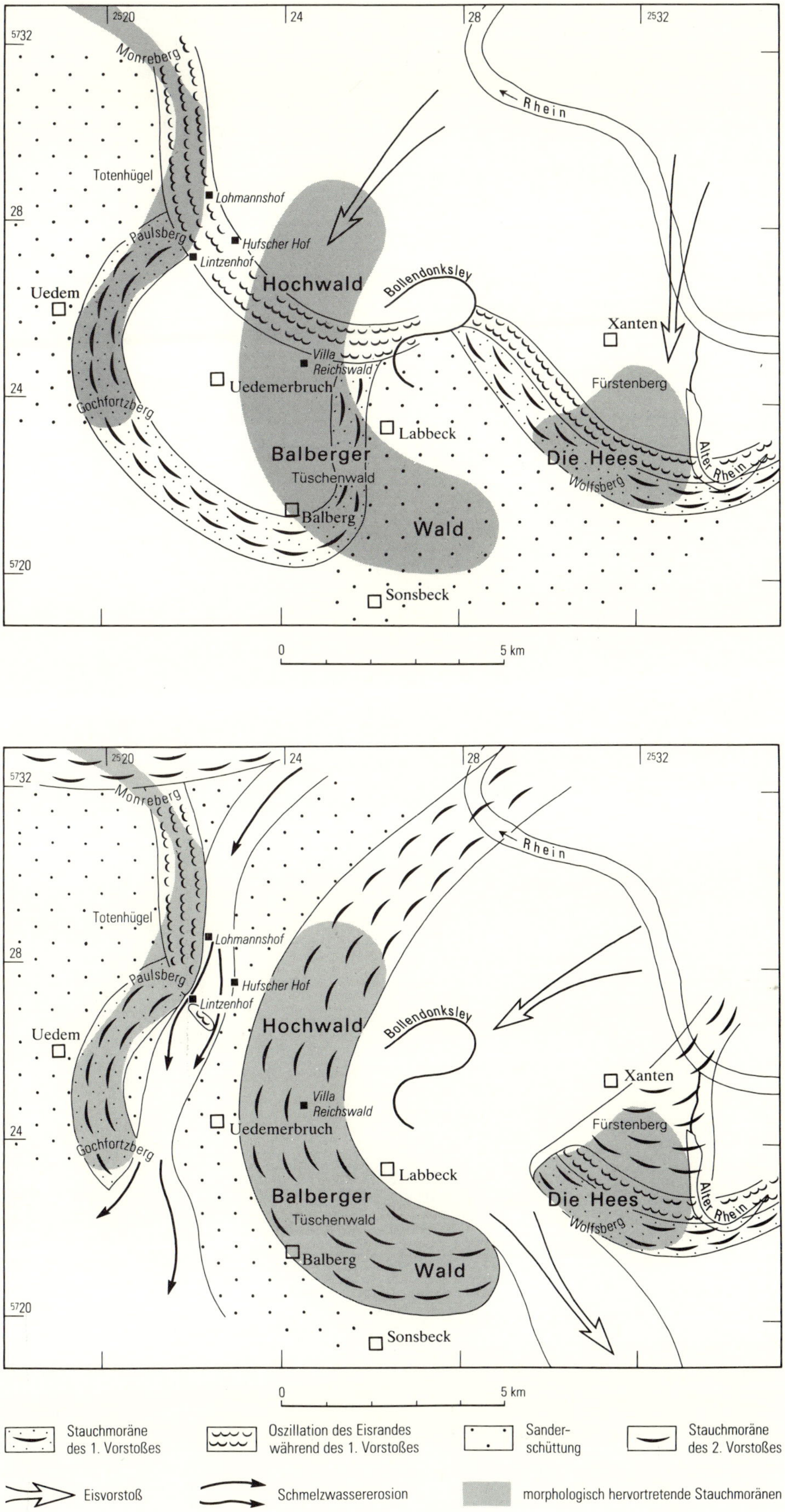
Monreberg
Totenhügel
Lohmannshof
Hufscher Hof
Paulsberg
Lintzenhof
Uedem
Hochwald
Bollendonksley
Rhein
Xanten
Fürstenberg
Villa Reichswald
Uedemerbruch
Gochfortzberg
Labbeck
Balberger
Tüschenwald
Balberg
Wald
Die Hees
Alter Rhein
Wolfsberg
Sonsbeck
0
5 km
Stauchmoräne des 1. Vorstoßes
Oszillation des Eisrandes während des 1. Vorstoßes
Sanderschüttung
Stauchmoräne des 2. Vorstoßes
Eisvorstoß
Schmelzwassererosion
morphologisch hervortretende Stauchmoränen

Tüschenwaldes (Abb. 4a). Wo heute im Gelände eine Mäanderschlinge der Bollendonksley erkennbar ist, befand sich vermutlich eines der großen Gletschertore des Inlandeises, aus dem heraus sich die Schmelzwässer ergossen. Die Ablagerungen aus diesen Schmelzwässern überschütteten das Gebiet von Sonsbeck und Veen. Eine weiter östlich gelegene Gletscherzunge preßte den Südwesten der heutigen Hees mit dem Wolfsberg zu einem Höhenzug auf. Der Fürstenberg existierte damals noch nicht. Ein zweiter Eisvorstoß konnte nicht so weit nach Süden hin vordringen wie der erste. Im Westen wurden durch diesen Vorstoß Monreberg, Totenhügel und der Süden des Hochwaldes zur Stauchmoräne zusammengepreßt (Abb. 4b). Die Lage des Gletschertores im Bereich der heutigen Bollendonksley blieb nahezu unverändert. Im Osten wurde durch einen anderen Eislobus ein weiterer Höhenrücken im Nordosten an die Hees angegliedert. Die fast unveränderte Position der Stauchmoränen gegenüber dem ersten Vorstoß spricht dafür, daß sich die Eismassen zwischen den ersten beiden Vorstößen nur geringfügig zurückgezogen haben. Ein solcher Vorgang wird Oszillation des Eisrandes genannt. Nach diesen beiden kleineren Eisvorstößen aber dürfte das Inlandeis, zumindest im Bereich des Niederrheins, vollständig abgeschmolzen sein. Danach kam es zu einem der Haupteisvorstöße der Saale-Kaltzeit (Abb. 3). Mächtige Gletscherzungen stießen von Nordosten kommend über den Rhein hinweg vor. Hochwald und Balberger Wald wurden dabei auf ihrer gesamten heutigen Breite zu einer Stauchmoräne (Abb. 4c). Dieser Eisvorstoß ließ auch den Monreberg und einen Teil des Reichswald-Nordrandes bei Kalkar entstehen. Bei diesem Vorstoß wurde der Fürstenberg Bestandteil der Stauchmoräne. Damals setzte er sich noch als Höhenzug nach Nordosten hin über den heutigen Rheinstrom hinweg fort. Im Strömungsschatten der Hees war die Stauchmoräne stark ausgedünnt. Das Eis glitt dort etwa parallel zum Nordrand der Hees vorbei. Eine nach Südosten gerichtete Komponente fehlte. Die Folge war eine sehr flache Ausbildung der Stauchmoräne in diesem Bereich. Schon damals zeichnete sich im Südwesten der Hees eine Schwachstelle ab. Die älteren Stauchmoränen im Bereich von Gochfortzberg und Paulsberg wurden bei diesem Vorstoß von mächtigen Schmelzwasserablagerungen des Inlandeises überschüttet. Sie ertranken in gewisser Weise in Schmelzwasserablagerungen.

Mit dem weiteren Vordringen des Eises staute es sich immer höher hinter den Stauchmoränenrücken auf. Schließlich brach die oben bereits erwähnte Schwachstelle der Stauchmoräne südwestlich der Hees (Abb. 4d). Dort konnte eine mächtige Eiszunge rasch nach Süden hin ausbrechen und den Haagschen Berg am Nordrand der Bönninghardt aufpressen.

Die Höhenrücken, die die Umgebung Xantens in so beeindruckender Weise prägen, sind also das Produkt mehrfacher Vorstöße großer Inlandeismassen, die sich zum Teil in sehr komplexer Weise gegenseitig beeinflußt und überlagert haben. Auch die Schmelzwässer des Inlandeises hinterließen deutliche Spuren in der niederrheinischen Landschaft. Aus großen Gletschertoren, aber auch von der Oberfläche der Eismasse herab, strömten die Schmelzwässer in das westlich gelegene Vorland. Sie transportierten große Materialmengen, die das Eis mitgebracht hatte, schürften z. T. auch den Untergrund aus und setzten das Material in Form ausgedehnter, flacher, deltaähnlicher Schüttungen südwestlich und westlich der Stauchmoränen ab. Bönninghardt und Reichswald werden von diesen Schmelzwasserablagerungen, den Sandern, aufgebaut (Taf. 2.2).

Bei seinem Vorstoß hatte das Inlandeis den Untergrund im Inneren des Xantener Stauchmoränenbogens tief ausgeschürft. Nun, beim Abschmelzen des Eises, entstand dort ein großer Schmelzwassersee. In diesen See wurde vom Inlandeis her feinste Tontrübe eingetragen. So entstanden graue, kalkige, fein- und feinstkörnige Ablagerungen, die einem sogenannten Zungenbecken zugeordnet werden können. Diese Beckenschluffe oder Zungenbeckenablagerungen entstanden beim ersten saalezeitlichen Eisvorstoß in das Xantener Gebiet (vgl. Tab. 2). Schon beim zweiten Vorstoß des Eises wurden sie durch den Druck des Inlandeises teilweise aufgestaucht und in die Stauchmoränen mit eingearbeitet. Die Beckenschluffe dieses saalezeitlichen Schmelzwassersees finden sich noch heute im Untergrund zwischen Xanten, Labbeck und Marienbaum. Die Schichten wurden nur deshalb nicht vom Rhein erodiert, weil sie im Strömungsschatten der großen Stauchwälle lagen.

Noch während das Inlandeis abschmolz, gewann der Rheinstrom, der durch die Eismassen nach Westen hin abgedrängt worden war, große Teile seines alten Strombettes im Osten der Niederrheinischen Bucht zurück. Es kam zu einer kräftigen Tiefenerosion, die große Teile der gerade entstandenen Stauchmoränen zerschnitt. Nachdem die Rinnen mit Kies und Sand der Unteren Mittelterrasse 3 aufgefüllt worden waren, kam es zu einer Wärmeschwankung. Ablagerungen dieser Warmzeit (Vorselaer-Schichten, vgl. Tab. 2) konnten östlich von Weeze nachgewiesen werden. Im Anschluß daran schotterte der Rhein erneut einen Terrassenkörper auf, die Untere Mittelterrasse 4 oder Krefelder Mittelterrasse (vgl. Tab. 2). Die Schichtenfolge aus dieser Zeit ist in den Verebnungsflächen der sogenannten Kempen-Krefelder Platte und der Aldekerker Platte erhalten geblieben.

Vor etwa 125 000 Jahren begann eine erneute kräftige Erwärmung der Erdatmosphäre. Diese warme Klimaphase, die Eem-Warmzeit, dauerte etwa bis 110 000 Jahre vor heute an. Die Zeit der Inlandeisvorstöße bis an den Niederrhein war damit endgültig beendet. Höhlenbär und Waldwisent lebten damals in Mitteleuropa. Ablagerungen der Eem-Warmzeit liegen bei Xanten etwa 10 m unter der heutigen Geländeoberfläche.

Vor 110 000 Jahren kam es unter kräftigen Temperaturschwankungen zum Umschwung, zur nächsten Kaltzeit, der Weichsel-Kaltzeit (vgl. Tab. 2). Der Rheinstrom entwickelte sich erneut zu einem verwilderten Flußsystem. Er schnitt sich kräftig in die Breite und in die Tiefe ein. Danach schotterte der Strom in einem Zuge in den vorher erodierten Bereichen die Ältere Niederterrasse auf. Wie schon in den voraufgegangenen Kaltzeiten fiel das Stromsystem in den Wintern weitgehend trocken. Dabei wehten die kaltzeitlichen Stürme das feinkörnige Material aus den gerade aufgeschotterten Kies- und Sandbänken aus. Sie lagerten es auf den höher gelegenen Terrassen der älteren Kaltzeiten sowie auf den Stauchwällen und Sanderhochflächen ab. So wurden beispielsweise große Teile der Xantener Stauchmoränen von Windablagerungen, wie Löß, Sandlöß und Flugsand überdeckt. Bei Sonsbeck kommen in erster Linie Löß und Sandlöß vor. Diese Schichten zeigen eine außerordentlich gute Standfestigkeit, so daß an den Hängen Hohlwege entstehen. Auch die Dünen, die in der Ebene zwischen Labbeck und Xanten liegen, wurden zum größten Teil während dieser Zeit aufgeweht.

Vor etwa 12 000 Jahren schnitt sich der Rhein erneut in weiten Teilen seines Abflußsystems tief in den Untergrund ein. Vor ca. 11 000 Jahren wurden diese breiten und tiefen Rinnen wieder aufgefüllt. Die Füllung ist durch ein bedeutendes vulkanisches Ereignis geprägt, das vor 11 000 Jahren stattfand. Damals brach der Laacher Kessel aus und förderte immense Mengen von Bims. Der Bims dieses Ausbruchs findet sich in den Ablagerungen des Rheins der Jüngeren Niederterrassen-Zeit (Taf. 3.1). Bei den Ausgrabungen im Amphitheater der Colonia Ulpia Traiana und unter dem Marktplatz Xantens wurden ebenfalls derartige Bimseinschaltungen in den Sanden und Kiesen der Jüngeren Niederterrasse gefunden.

KLIMA, RHEINSTROM UND MENSCH WÄHREND DER LETZTEN 10 000 JAHRE

Nach dem Höhepunkt der Weichsel-Kaltzeit vor 18 000 Jahren begann ein langsamer Temperatur-Anstieg in der Erdatmosphäre. Vor 10 000 Jahren gewann dieser Anstieg deutlich an Stärke und leitete zur letzten Warmzeit des Eiszeitalters über, in der wir noch heute leben. Diese Warmzeit wird Holozän genannt.

Das Holozän wird gegenüber älteren Warmzeiten des Eiszeitalters besonders hervorgehoben, weil es jene Warmzeit ist, in der der Mensch die Bühne des erdgeschichtlichen Geschehens betrat (s. Tab. 3). Die Entwicklung unseres Planeten wird im Holozän vom denkenden Menschen nicht nur beobachtet, sondern auch beeinflußt. Die letzten 5000 Jahre der Erdgeschichte hat der Mensch sogar schriftlich dokumentiert. Er wurde im Laufe des Holozäns zu einem geologischen Faktor. In jüngster Zeit ist er sogar dabei, seine Umwelt nicht nur in kleinen Teilbereichen, sondern weltweit zu verändern.

Die Ursachen für den Klimaumschwung zum Holozän dürften in den Änderungen der Erdumlaufbahn um die Sonne liegen. Die Erwärmung, die die Warmzeit des Holozäns einleitete, wurde durch die Perihelwanderung der Erde verursacht. Vor 10 000 Jahren befand sich die Erde während der Sommersonnenwende (21. Juni) in ihrer sonnennächsten Position (Perihel). Heute ist dies z. Z. der Wintersonnenwende (21. Dezember) der Fall. Die Folge war, daß die Nordhalbkugel damals eine um ca. 7% größere Strahlungsmenge erhielt. Dadurch wurde die Erdatmosphäre aufgeheizt. Dies hatte eine Zunahme der Verdunstung im Bereich der Ozeane und damit vermehrte Niederschläge zur Folge. Die folgenschwerste Auswirkung des Temperaturanstiegs war das Abschmelzen der polnahen Inlandeiskappen. Durch das Abschmelzen des Eises wurden große Wassermengen in die Ozeane zurückgeführt. Dadurch kam es zu einem Meeresspiegelanstieg von ca. 100 m. Meeresspiegelanstieg und veränderte klimatische Bedingungen zeigten deutliche Einflüsse auf das Abflußverhalten der Flüsse. Verwilderte Stromsysteme existierten am Niederrhein nicht mehr. Es gab nur noch einen Wechsel zwischen zwei verschiedenen Abflußsystemen, nämlich einem mit Furkationen (vermehrten Inselbildungen) und einem solchen mit ausgereiften Mäandern.

ENTSTEHUNG EINES MÄANDRIERENDEN STROMS

Die Entstehung eines mäandrierenden Stroms läßt sich, ebenso wie die eines verwilderten Flußsystems, erklären, indem man als Ausgangspunkt eine gerade Stromrinne heranzieht. Um einen mäandrierenden Strom entstehen zu lassen, sind ebenfalls ganz bestimmte Voraussetzungen erforderlich. Die Rinne muß ein geringes Gefälle haben, kleinere Wassermengen zu Tal führen und erheblich weniger Sediment verfrachten. Befindet sich ein Hindernis in der Stromrinne, beispielsweise ein großer Stein oder ein Baumstamm, so reagiert der Hauptstromstrich sehr empfindlich darauf. Er weicht dem Hindernis aus und beginnt schon nach kurzer Zeit zwischen den Ufern hin- und herzupendeln (Abb. 5).

In den Bogenscheiteln des Stroms treten die höchsten Strömungsgeschwindigkeiten auf. Es kommt dort zu einer kräftigen, nach außen gerichteten Erosion. Durch sie entsteht der Prallhang. Dagegen nimmt die Strömungsgeschwindigkeit in Richtung auf das konkave Ufer, den Gleithang, ganz erheblich ab. In diesen Teilbereichen des Stroms wird sedimentiert. Durch die unterschiedliche Verteilung der Strömungsgeschwindigkeit in der Horizontalen entwickelt sich in der Vertikalen eine ganz typische Abfolge von Sedimenten. Im Bereich des Prallhangs tritt an der Strombettsohle die höchste Strömungsgeschwindigkeit auf. Dort werden grobe Kiese abgelagert. In Richtung auf den Gleithang nimmt die Strömungsgeschwindigkeit kontinuierlich ab. Je höher man den Gleithang hinaufkommt, um so geringer wird sie und um so feinkörniger wird das abgelagerte Sediment. Daher werden auf halber Höhe des Gleithanges Sande und in unmittelbarer Ufernähe Tone und Schluffe sedimentiert. Diese vertikale Abfolge entwickelt sich durch das Wandern des Hauptstromstriches auf den Prallhang zu auch in der Horizontalen weiter. Es wird immer wieder die gleiche vertikale Abfolge seitlich angelagert. Am Ende eines solchen Verlagerungsvorganges befindet sich an der Basis des Sedimentkörpers eine durchgehende Kiesschicht. Sie wird horizontal von einer Sandschicht und diese wiederum von einer aus Auenlehm bestehenden Schicht überdeckt. Wird mehr Sediment am Gleithang abgesetzt, schwingt der Stromstrich zwangsläufig weiter in Richtung Prallhang aus. Die Mäanderbögen entstehen.

METHODEN ZUR DATIERUNG HOLOZÄNER ABLAGERUNGEN

Um die verschiedenen holozänen Terrassenschüttungen des Rheins datieren zu können, bedarf es der Anwendung verschiedenster Untersuchungsmethoden. Im folgenden sollen in Kürze die wichtigsten Verfahrensweisen und Datierungsmethoden beschrieben werden.

Eine erste relative zeitliche Abfolge der holozänen Sedimentkörper ergibt sich bereits durch das gegenseitige Abschneiden von Mäanderschleifen (Abb. 6). So ist deutlich erkennbar, daß die Mäanderschleife Ia von der Schleife IIIa abgeschnitten wird und somit älter sein muß. Ebenso verhält es sich mit den Schlingen Va und I. Die Schlinge Va kappt die Schlinge I und ist somit jüngeren Datums.

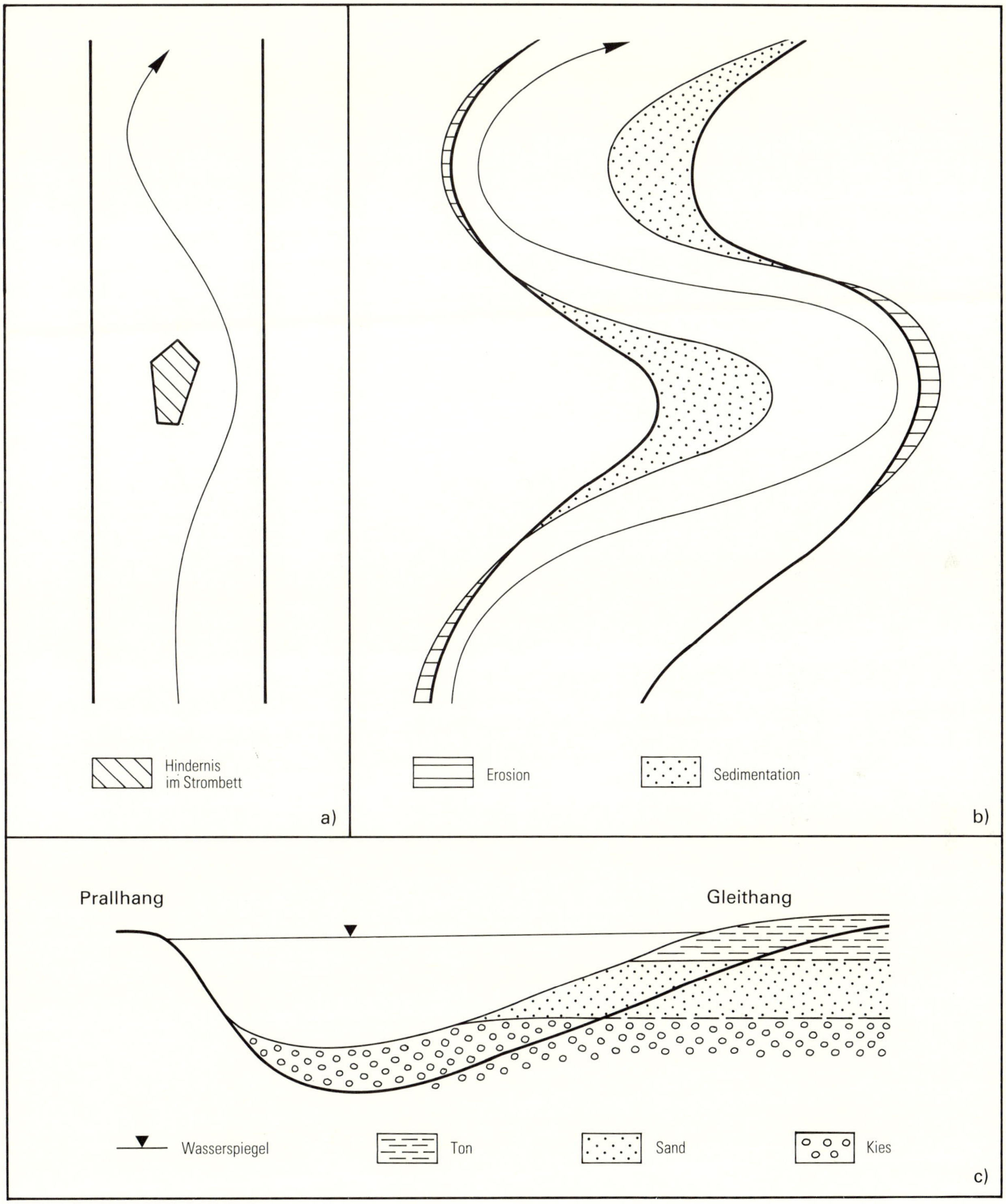

5 Entstehung eines mäandrierenden Stroms mit seinen Ablagerungen.

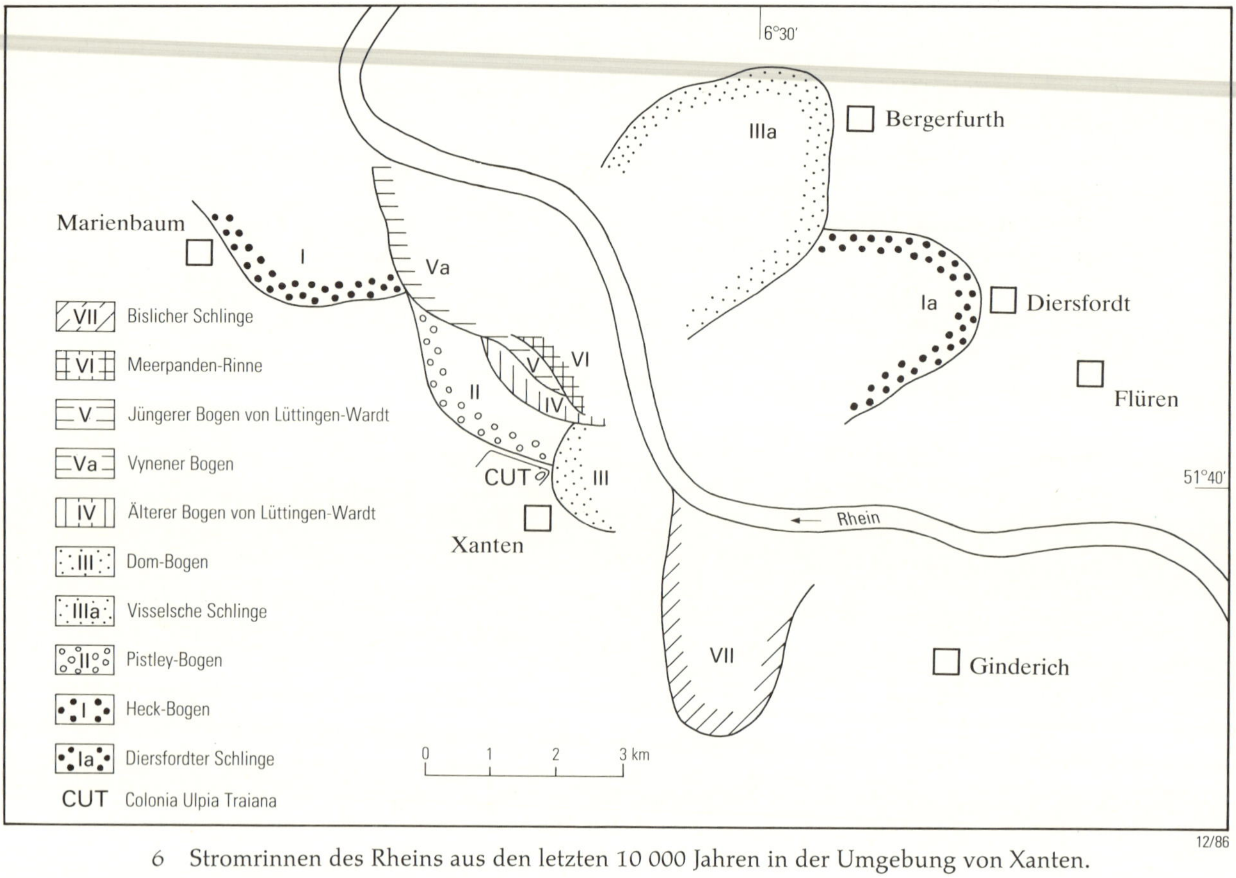

6 Stromrinnen des Rheins aus den letzten 10 000 Jahren in der Umgebung von Xanten.

Ein weiteres wichtiges Unterscheidungsmerkmal ist der verschiedene Aufbau der Terrassenkörper selbst. So unterscheiden sich die während einer Warmzeit aufgeschütteten Kies- und Sandablagerungen durch ihren klaren vertikalen Schichtenaufbau von dem eines verwilderten Flußsystems, dessen Schichten in der Vertikalen sehr stark differieren. Die Sedimentkörper eines verwilderten Abflußsystems werden daher als V-Schotter (Vertikal-Schotter) bezeichnet. Ein mäandrierender Fluß hinterläßt dagegen L-Schotter, sogenannt, weil die Schichten lateral, also in seitlicher Richtung, weit aushaltend entwickelt sind. So lassen sich schon durch die unterschiedliche Zusammensetzung des Terrassenkörpers selbst Aussagen darüber machen, ob er während einer Warm- oder während einer Kaltzeit aufgeschüttet wurde.
Die holozänen Terrassenkörper des Rheins sind überall von Auenlehm oder Auensand überdeckt. Beide Ablagerungen entstanden bei Überflutungen des Hochflutbettes durch den Rhein. Liegt eine solche Auenablagerung nicht mehr im Überflutungsbereich, so können Bodenbildungsprozesse einsetzen. Die unterschiedlich lange Einwirkungszeit dieser Vorgänge führt zur Entstehung verschiedener Böden. Die ältesten Böden sind zwischen 12 000 und 8 000 Jahre alt. Es sind sogenannte Parabraunerden. Parabraunerden sind durch eine Tonverarmung im Oberboden und eine Tonanreicherung im Unterboden gekennzeichnet. Dort, im Unterboden, kommt es gleichzeitig zur Eisenanreicherung. Auf die Parabraunerden folgen die Braunerden. Die Braunerdebildung begann vor 10 000 Jahren und kommt allenfalls noch auf 4000 Jahre alten Ablagerungen vor. In Braunerden ist das Eisen des Sedimentes zu Brauneisen umgeformt und umhüllt die Bodenteilchen. Dadurch wird die braune Farbe hervorgerufen. Schließlich, etwa 2000 Jahre vor heute, setzte die Entwicklung von Pararendzinen ein. Pararendzinen entwickeln sich aus kalkhaltigen Silikatgesteinen (Beispiel: Auenlehm). Die Böden verlieren ihren Kalkgehalt. Gleichzeitig wird Brauneisen gebildet, die Böden beginnen zu verbraunen. Der jeweilige Bodenbildungsprozeß begann zunächst relativ schnell, um sich dann mit verminderter Intensität fortzusetzen.

Eine weitere Datierungsmethode stellt die Pollenanalyse dar. In den zu datierenden Schichten wird der Blütenstaub (Pollen) untersucht. Die gefundenen Pollen werden nach ihren prozentualen Anteilen am Gesamtpolleninhalt in Form eines Pollendiagramms aufgezeichnet. Aus diesem Diagramm kann man auf den Pflanzenwuchs schließen, den es zu jener Zeit gab, als die entsprechende zu datierende Schicht abgelagert wurde. Besonders geeignet für diese Untersuchungsmethode sind torfige Schichten.
Bäume und Hölzer lassen sich oft mit Hilfe der Dendrochronologie datieren. Bei diesem Verfahren werden die Jahresringe der Bäume gezählt und deren Dicken gemessen. Je nach Witterungsbedingungen sind die Jahresringe verschieden breit. Alle Bäume, die zur gleichen Zeit beispielsweise in Nordwestdeutschland gewachsen sind, zeigen eine identische, nur für diesen Zeitabschnitt typische Abfolge dünner und dickerer Jahresringe. Steht bereits datiertes Vergleichsmaterial zur Verfügung, läßt sich mit dieser Methode das Alter des Holzes recht genau festlegen. Die Dicke einzelner Anwachsringe läßt auch Schlüsse auf die damals herrschenden Witterungsbedingungen zu.
Hölzer und Knochen eignen sich für eine Datierung mit Hilfe der Radiokarbonmethode. Während ihrer gesamten Lebensdauer nehmen Pflanzen, Tiere und Menschen aus der Luft das radioaktive ^{14}C-Isotop in sich auf. Infolgedessen befindet sich in ihrer organischen Substanz immer ein etwa gleichbleibender Anteil von ^{14}C. Dieser Prozeß der ^{14}C-Aufnahme wird durch den Tod beendet. Nun setzt der Zerfall der aufgenommenen radioaktiven ^{14}C-Atome zu normalen Stickstoff-Atomen ein. Nach einer bestimmten Zeit, der sog. Halbwertszeit, ist die Hälfte einer vorgegebenen Menge von ^{14}C-Atomen zu Stickstoff zerfallen. Die Halbwertszeit für ^{14}C liegt bei 5600 Jahren. Die Messung der Zerfallsrate von ^{14}C in einem Holz- oder Knochenstück erlaubt so eine sehr exakte Datierung des Fundstückes.
Wichtigstes Hilfsmittel bei der zeitlichen Einstufung holozäner Schichten sind archäologische Funde, die sich in einer bestimmten Schicht befinden. Aber auch Funde auf der Oberfläche einer Schicht können zumindest Anhaltspunkte für das Mindestalter der entsprechenden Ablagerung liefern. In der jüngsten Vergangenheit kommen schriftliche und kartographische Darstellungen geologischer Fakten hinzu.

DER MESOLITHISCHE RHEIN

Mit dem Beginn des Holozäns kam es zunächst zu einer allmählichen Erwärmung, die im Laufe der Zeit immer mehr zunahm.
Noch im Präboreal (8250 – 7000 v. Chr.; s. Tab. 3) stand das Grundwasser sehr dicht unter der Erdoberfläche. Es gab Quellenaustritte in der Niederterrassen-Ebene, die unter den nun günstigeren Klimaverhältnissen dazu führten, daß bei verringerter Sedimentfracht ein gleichmäßiger Abfluß gewährleistet war. Die kleineren Bäche begannen infolgedessen ausgereifte Mäanderschleifen zu entwickeln, die noch heute im Landschaftsbild zwischen Labbeck und Xanten deutlich erkennbar sind. Die relativ rasche Erwärmung während des Präboreals hatte zunächst eine Ausbreitung der Kiefer und am Ende sogar der wärmeliebenden Haselnuß, Eiche und Ulme zur Folge.
Im Boreal (7000 – 6000 v. Chr.; s. Tab. 3) hatte die Bewaldungsdichte deutlich zugenommen. Im Eichenmischwald überwog bereits die Eiche, ein deutliches Indiz für zunehmende Erwärmung. In weiten Bereichen beherrschten auch Kiefer und Haselnuß die Vegetation. Am Ende des Boreals breitete sich die wärmeliebende Haselnuß massenhaft aus. Laubwälder beherrschten nun vollständig das Vegetationsbild.
Das Atlantikum (6000 – 3000 v. Chr.; s. Tab. 3) war der wärmste Abschnitt des gesamten Holozäns. Eichenmischwälder beherrschten die Vegetation. Auffallend ist außerdem ein ungewöhnlich häufiges Auftreten der Erle. Ursache dafür dürfte ein außergewöhnlich hoher Grundwasserstand gewesen sein. In den ausgereiften Mäanderschleifen der kleinen Bäche kam es während dieser Zeit zu kräftigen Vermoorungen. Wie entstanden diese extremen Umweltbedingungen im Gebiet der Niederrheinischen Bucht? Ursache dafür waren globale klimatische Veränderungen. Die Inlandeisschilde der letzten Kaltzeit schmolzen auf der Nordhalbkugel beiderseits des Atlantiks nicht gleichmäßig ab. In Nordeuropa waren bereits um 6000 v. Chr. sämtliche Eismassen verschwunden. In Nordamerika dagegen existierten zu dieser Zeit noch

Tabelle 3: Gliederung des Holozäns

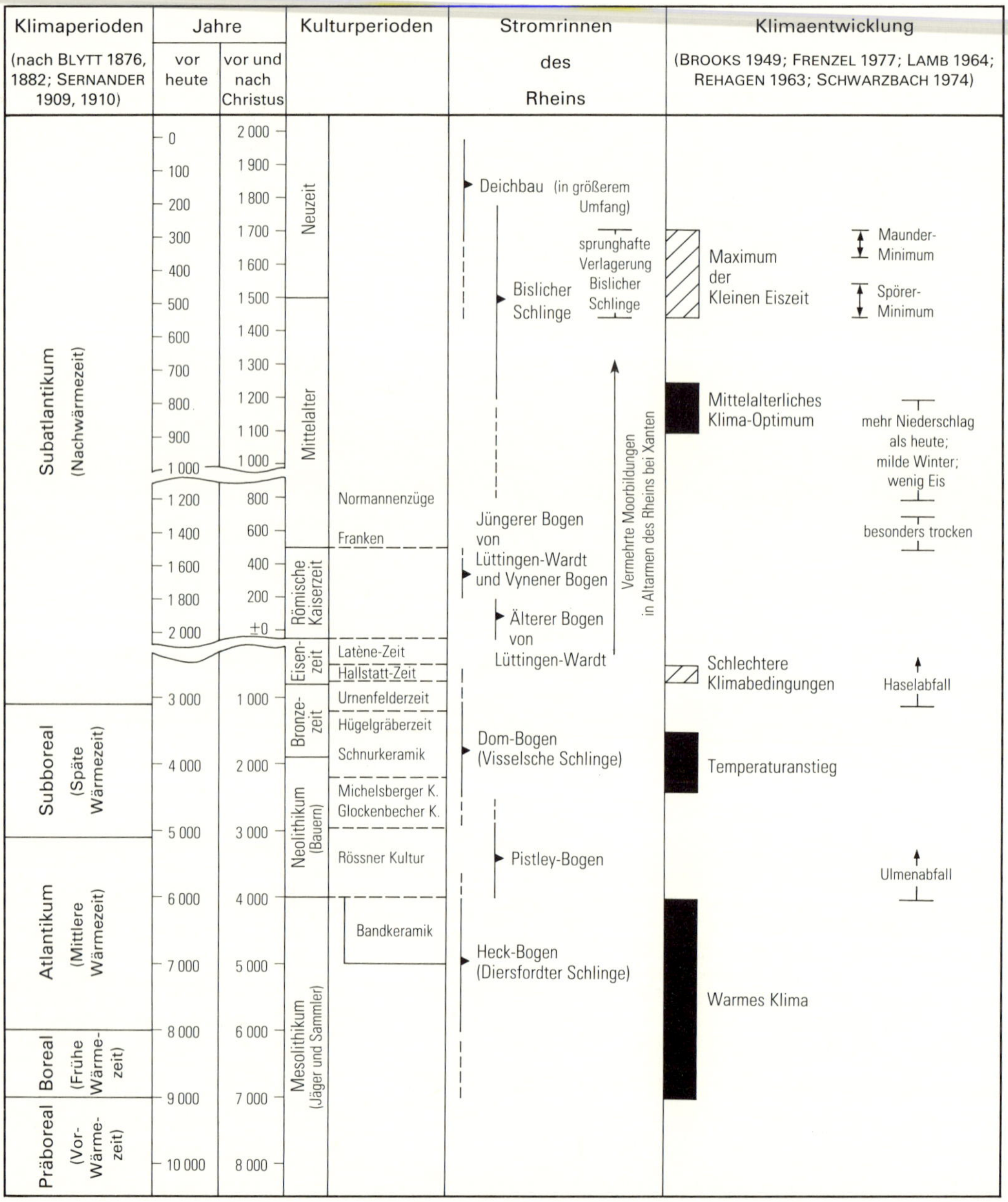

50% des dortigen Inlandeisschildes. Die Folge dieser Asymmetrie waren verstärkte Südwestwinde über dem Atlantik, die zu einer Verstärkung des Golfstroms führten. Letzterer transportierte erheblich größere Wärmemengen nach Europa und dürfte dadurch die wärmste Klimaphase des Holozäns in Europa ausgelöst haben. Etwa um 5800 v. Chr. kam es zu einem weiteren Ereignis, das weltweite Bedeutung erlangte. Damals brachen im Bereich der Hudson-Bucht innerhalb von nur 200 Jahren etwa 3 Mio. m^3 Eis ab und glitten ins Meer. Die Folge war ein weltweiter Meeresspiegelanstieg von 7 – 10 m. Dadurch wurde auch das Flußgefälle des Rheins erheblich vermindert. Gleichzeitig stieg der Grundwasserspiegel innerhalb des Niederrheingebietes deutlich an. Damit waren alle Voraussetzungen für die Entstehung von Mäandern erfüllt. Damals begannen sich die Mäanderschleifen von Heck-Bogen und Diersfordter Schlinge zu

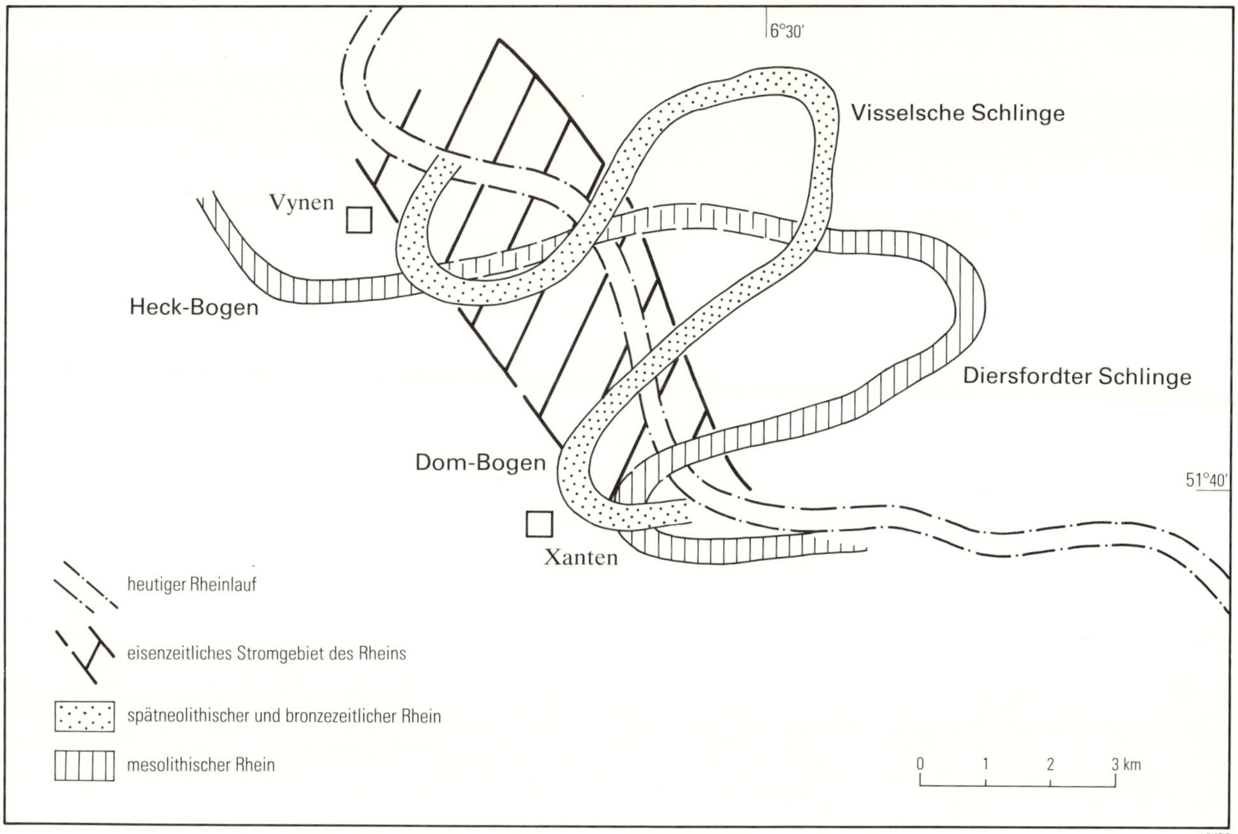

7 Die Stromrinnen des Rheins vom Mesolithikum bis zur Eisenzeit.

entwickeln (Abb. 7). Die Datierung des Heck-Bogens beruht unter anderem auf neolithischen und bronzezeitlichen Funden, die man auf dem zugehörigen Terrassenkörper des Rheins gemacht hat. Funde gleichen Alters werden auf dem Sedimentkörper der Diersfordter Schlinge beschrieben. Beide Mäanderschleifen lassen sich von ihrem Radius und ihrer Erstreckung her gut miteinander verknüpfen. Die zugehörigen Terrassenkörper müssen also bereits während des Neolithikums existiert haben. Paläolithischen Alters können sie nicht sein, da der Rhein zu dieser Zeit noch als verwildertes Abflußsystem entwickelt war. Mesolithische Funde wurden bisher im Bereich der heutigen Talaue des Rheins nicht gemacht. Die fraglichen Gebiete können also zu dieser Zeit durchaus noch dem aktiven Stromgebiet des Flusses angehört haben. Da die ausgereiften Mäanderschleifen von Heck-Bogen und Diersfordter Schlinge sicherlich geraume Zeit für ihre Entstehung benötigten, erscheint es angebracht, den Beginn ihrer Entstehung mit dem Hudson-Bucht-Ereignis (etwa 5800 v. Chr.) in Verbindung zu bringen.

DER RHEIN IM FRÜH-NEOLITHIKUM

Etwa um das Jahr 4000 v. Chr. kam es am Niederrhein zu einem Umschwung in der Zusammensetzung der Vegetation und auch im Abflußverhalten des Rheins. Zu dieser Zeit trat ein deutlicher Abfall des Ulmenanteils in den Pollenspektren auf (s. Tab. 3). In den übrigen Teilen Nordwestdeutschlands wird dieser sogenannte Ulmenabfall erst um das Jahr 3000 v. Chr. deutlich. Die kräftige Abnahme der wärmeliebenden Ulme um das Jahr 3000 v. Chr. wird auf rauheres und trockeneres Klima zurückgeführt. Der um 1000 Jahre frühere Rückgang der Ulme am Niederrhein dürfte auf die neolithische Landnahme durch den Menschen zurückzuführen sein. Durch die Rodung größerer Flächen konnte die Erosion sehr viel intensiver angreifen. Dadurch wurde Bächen und Flüssen erheblich mehr Sedimentfracht zugeführt. Die Folge war ein verändertes Verhältnis von Transportkraft des Wassers zur Menge des transportierten Materials. Der Rhein begann zu dieser Zeit neben dem Hauptstrom Seitenarme zu entwickeln. Dadurch entstand das Bild eines von Inseln durchsetzten Stromes.

Der mesolithische Heck-Bogen wird vom Pistley-Bogen abgeschnitten (Abb. 6 und 7). Letzterer ist somit jünger. Die Rinne des Pistley-Bogens war bereits zur römischen Zeit ein Altarm, der von oberstrom her bereits verstopft gewesen sein dürfte. Die Colonia Ulpia Traiana (CUT) liegt direkt an der Rinne des Pistley-Bogens. Die Römer hätten die CUT mit ihrem Hafen niemals an einer aktiv durchflossenen Stromrinne angelegt. Die Gefahr, daß die Hafenanlagen der Erosion zum Opfer fielen, und die Gefährdung der Schiffe durch die starke Strömung des Flusses war viel zu groß. Bei den Ausgrabungen im Bereich der CUT wurden spätbronze- und eisenzeitliche Gräber entdeckt. Auch sie wurden niemals an den Rändern oder in der Nähe aktiver Stromrinnen angelegt. Damit läßt sich die Entstehungszeit des Terrassenkörpers, der der Pistley zuzuordnen ist, auf die Zeit nach dem Mesolithikum und vor der Bronzezeit eingrenzen. Der Pistley-Bogen wird außerdem im Norden, bei Vynen, von einer anderen Stromrinne abgeschnitten, die vermutlich während des Spät-Neolithikums Teil der aktiven Stromrinne des Rheins war (s. unten).

Zwangsläufig ergibt sich für den Terrassenkörper des Pistley-Bogens ein früh-neolithisches Alter (s. Tab. 3).

DER RHEIN VOM SPÄT-NEOLITHIKUM BIS ZUR EISENZEIT

Spät-Neolithikum, Bronzezeit und Eisenzeit umfassen das Subboreal und Teile des frühen Subatlantikums (s. Tab. 3). Im Subboreal (3000 – 1100 v. Chr.) herrschten zunächst rauhere Klimabedingungen als zuvor. Dies läßt sich aus dem Rückgang der wärmeliebenden Ulme schließen. Die Buche gewann zur gleichen Zeit an Bedeutung. Im Laufe des Subboreals besserte sich das Klima wieder, um gegen Ende ein Optimum zu erreichen. Der Mensch gewann während des Neolithikums ungewollt immer mehr Einfluß auf geologische Vorgänge. Er bereitete Flächen für den Ackerbau durch Brandrodung vor. Waren die Äcker durch die Bearbeitung ausgelaugt, zog der Mensch weiter und rodete weitere Waldflächen. So entstanden große, gerodete Bereiche, auf denen die Erosion sehr viel intensiver angreifen konnte. Die dadurch erhöhte Sedimentzufuhr veränderte das Abflußverhalten von Bächen und Flüssen, die zu Beginn des Subboreals noch zur Furkation neigten. In der zweiten Hälfte des Subboreals, etwa um das Jahr 2400 v. Chr., kam es zu einem kräftigen Temperaturanstieg. Damals waren die großen Eisschilde auf der Nordhalbkugel der Erde bis auf das grönländische Inlandeis und Eisreste auf der Baffin-Insel (zwischen Grönland und dem kanadischen Festland gelegen) verschwunden. Die Folgen dieser günstigeren klimatischen Verhältnisse und der abgeschmolzenen Eiskappen waren ein angestiegener Meeresspiegel und ein gleichmäßiger Abfluß der Flüsse und Bäche. Der Rhein begann daher nun, im Spät-Neolithikum und in der Bronzezeit, wieder ausgereifte Mäanderschleifen zu entwickeln. Die bedeutendsten Mäanderbögen dieser Zeit in der Umgebung Xantens sind der Dom-Bogen und die Visselsche Schlinge (Abb. 7). Das Amphitheater der CUT liegt direkt am Rande des Dom-Bogens. Außerdem befindet es sich am Schnittpunkt des Dom-Bogens mit dem Pistley-Bogen (Abb. 6). Es ist an dieser Stelle nicht zu erkennen, welcher der beiden Bögen von dem jeweils anderen abgeschnitten wird. Der Geländebefund erlaubt hier keine Herleitung einer Altersabfolge beider Bögen. Aber der verschiedene Ausprägungsgrad der Böden auf beiden Terassenkörpern zeigt, daß der Pistley-Bogen älter sein muß als der Dom-Bogen. Die Altersabfolge der Verlandungssedimente in den Rinnen beider Bögen bestätigt diese zeitliche Einstufung. Die Verlandung des Dom-Bogens setzte, wie die Pollenanalysen belegen, erst im Mittelalter ein. In der Pistley-Rinne war die Verlandung zur Römerzeit bereits in vollem Gange. Sie schritt so rasch fort, daß der Hafen der CUT bereits in der zweiten Hälfte des 2. Jahrhunderts n. Chr. aufgegeben werden mußte. Der Dom-Bogen war mit Sicherheit bereits zur römischen Zeit inaktiv. Es wäre sehr merkwürdig, wenn eine Erosion durch den Rhein, die nach der Römerzeit stattgefunden haben müßte, exakt am Amphitheater Halt gemacht hätte. Eisenzeitliche Funde im Bereich der CUT sprechen sogar dafür, daß der Dom-Bogen bereits zu dieser Zeit nicht mehr aktiver Bestandteil des Rheinstromsystems war. Gräberfelder wären aus den oben genannten Gründen nie im erosionsgefährdeten Bereich eines aktiven Stroms angelegt worden. Auch die Tatsache, daß die Normannen mit ihren Schiffen im Jahre 864 n. Chr. bis vor die Tore Xantens fahren konnten, bestätigt die jüngere Datierung des Dom-Bogens, der zu dieser Zeit noch wassererfüllt gewesen sein und eine direkte Verbindung zum Rheinstrom gehabt haben muß.

Die Visselsche Schlinge auf rechtsrheinischer Seite kappt die oben erwähnte Diersfordter Schlinge und ist somit jünger als diese. In der Rinnenfüllung der Visselschen Schlinge wurde im Frühjahr 1985 späteisenzeitliche Keramik gefunden. Die Verlandungsphase muß also bereits während der Eisenzeit begonnen haben. Die Rinne dürfte aber noch eine Verbindung zum Hauptstrom gehabt haben. Vermutlich war sie zu dieser Zeit bereits ein inaktiver Seitenarm des Rheinstroms. Der Hauptstrom muß an einer anderen Stelle gelegen haben. Seine genaue Lage läßt sich nicht mehr mit Sicherheit festlegen, weil die zugehörigen Ablagerungen durch spätere Erosionsvorgänge vollständig beseitigt wurden. Da aber weder die Ablagerungen der Visselschen noch die der Diersfordter Schlinge gestört sind und auch der Sedimentkörper des Pistley-Bogens vermutlich bis zur Straße Wardt-Xanten ungestört ist, bleibt für den eisenzeitlichen Hauptstrom des Rheins nur noch das Gebiet östlich der Linie Vynen, Xanten bis hin zum heutigen Rheinlauf (Abb. 7). Der Hauptstrom kann also nur schwach mäandriert haben.

Etwa um 1100 v. Chr. kam es zu einer deutlichen Klimaverschlechterung. Ein drastischer Rückgang des Haselnußstrauches im Vegetationsbild läßt diesen Schluß zu. Das Abflußverhalten des Rheins dürfte durch diese klimatischen Veränderungen gegenüber der vorangegangenen Zeit deutlich verändert gewesen sein. Ein schwach mäandrierender Hauptstrom mit ihn begleitenden Furkationsbereichen dürfte dem äußeren Bild des eisenzeitlichen Rheins am besten entsprechen.

Bei Vynen findet sich die stromabwärtige, linksrheinische Fortsetzung der Visselschen Schlinge. Reste dieses Bogenstückes überprägen den Pistley-Bogen. Die übrigen Teile des Terrassenkörpers dieser Zeit wurden dort in der nachfolgenden Zeit vollständig beseitigt.

DER RÖMISCHE RHEIN

Das Klima der Römerzeit entsprach etwa den heutigen Verhältnissen. Die Landnutzung durch die Römer hatte ein vermehrtes Auftreten von Getreidepollen und anderen Kulturanzeigern in den Sedimenten zur Folge. Kräftige Seitenerosion durch den Rhein führte dazu, daß sich häufiger römische Keramik, ja sogar gut erhaltene römische Helme in den Kies- und Sandablagerungen der Römerzeit finden. Erstmals griff der Mensch nun auch direkt und gezielt in das Abflußgeschehen des Rheinstroms ein. So wurde von Drusus im Jahre 15 v. Chr. im Bereich der Düffelward ein Damm errichtet. Er baute auch eine Kanalverbindung zwischen Rhein und Ijsselmeer, um für die römischen Flottenverbände den Weg nach Friesland gefahrloser zu machen. Im 3. Jahrhundert n. Chr. kam es zu den ersten Frankeneinfällen in linksrheinisches Gebiet. Sie kennzeichnen den Beginn der Völkerwanderungszeit. Dieser Zeitraum läßt sich an einem kräftigen Absinken der Getreidepollen in den entsprechenden Ablagerungen erkennen. Der Getreidepollenanteil sank während der Völkerwanderungszeit sogar auf jungsteinzeitliches Niveau ab. Die Wälder begannen sich zu regenerieren, konnten aber dennoch den natürlichen Zustand nicht mehr erreichen.

Das Flußsystem des römischen Rheins hat vermutlich aus einem schwach mäandrierenden Hauptstrom bestanden, der von zahlreichen Seitenarmen begleitet wurde. Man darf sich den Rhein der Römerzeit wohl als einen von zahlreichen Inseln durchsetzten Fluß vorstellen. Die flachen Bögen der Ränder der Rheinterrassen aus dieser Zeit bestätigen die Vermutung, daß der Rhein damals zur Furkation neigte. Die

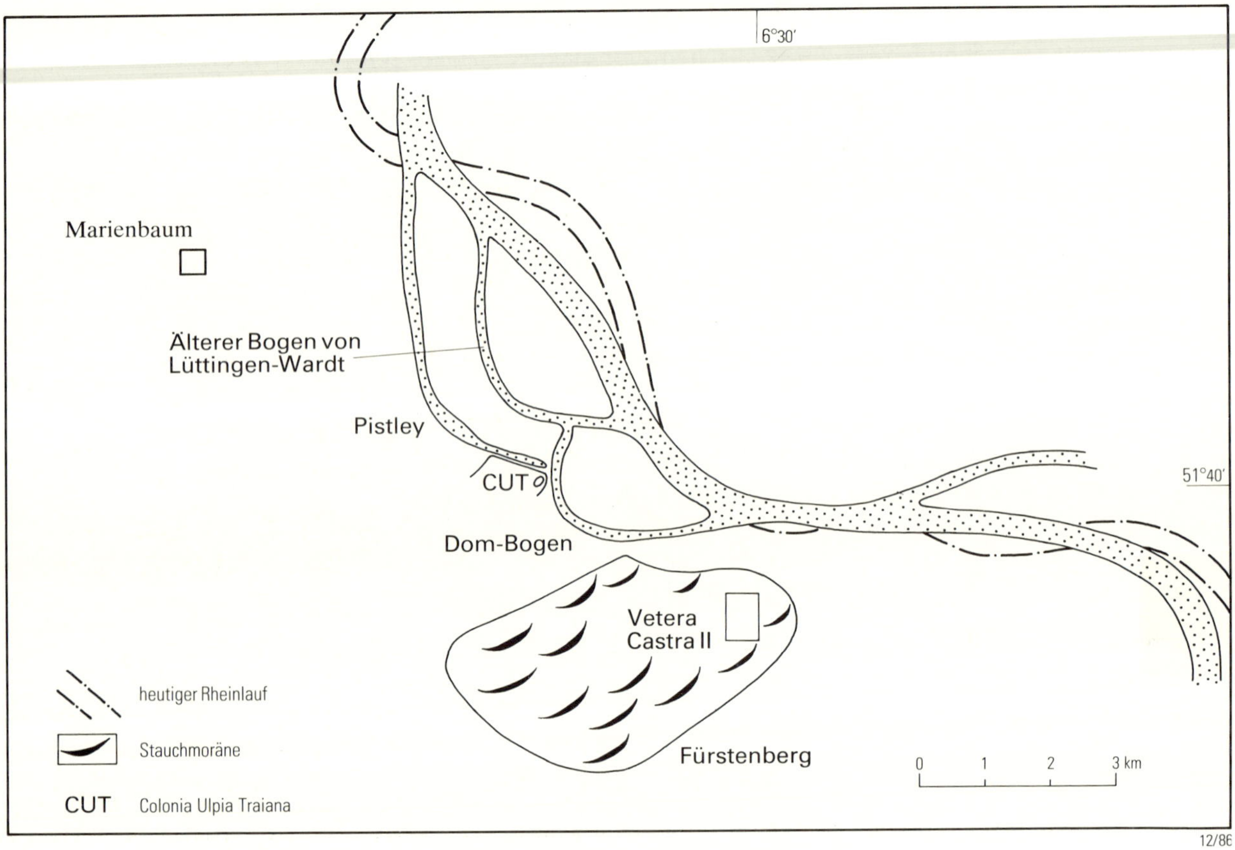

8 Der Rhein während der früheren Römerzeit.

Ablagerungen sind durch sehr gut ausgebildete horizontale Schichtgrenzen gekennzeichnet. Über einer Kiesschicht folgt eine durchgehende Sandlage, die wiederum vollständig von einer Auenlehmlage überdeckt wird. Dieser Schichtenaufbau kann eher einem mäandrierenden Strom zugeschrieben werden (vgl. o. S. 24). Der römische Rhein dürfte eine Übergangsbildung zwischen verwildertem Stromsystem und mäandrierendem Fluß gewesen sein.

Anhand der Sedimente läßt sich erkennen, daß der Westrand des römischen Rheins südlich von Wardt plötzlich nach Westen hin abknickt. Daraus muß man den Schluß ziehen, daß sich in den Ablagerungen des römischen Rheins zwei verschiedene Aufschüttungsvorgänge verbergen. Die Westgrenze der älteren Aufschüttung reichte vermutlich bis an die Straße von Lüttingen nach Wardt heran (Älterer Bogen von Lüttingen-Wardt, Abb. 8). Die jüngere Aufschüttung hat von Osten kommend wohl nur noch die Höhe des Hagelkreuzes erreicht. Die äußeren Rinnen beider Bögen standen noch mit dem Altarm des Dom-Bogens in Verbindung. Der Terrassenkörper des Dom-Bogens war zur römischen Zeit eine Insel im Rheinstrom. Die exakte zeitliche Zuordnung der Terrassenkörper des römischen Rheins ist außerordentlich schwierig. Die ältere Aufschüttung entzieht sich zunächst allen Datierungsversuchen. Bisher wurde darin noch keine datierbare Keramik gefunden. Eine zeitliche Abgrenzung der älteren Schichten nach oben hin ist aber durch die zeitliche Zuordnung der jüngeren römischen Aufschüttung (Jüngerer Bogen von Lüttingen-Wardt) möglich (Abb. 9). Die Schüttung dieses jüngeren römischen Terrassenkörpers muß vor der Wende vom 5. zum 6. Jahrhundert abgeschlossen gewesen sein. Eine Abgrenzung des Älteren Bogens von Lüttingen-Wardt ergibt sich durch die Tatsache, daß der Dom-Bogen von diesem älteren römischen Bogen abgeschnitten wird. Folglich muß der Ältere Bogen von Lüttingen-Wardt nach der Eisenzeit und vor der Wende vom 5. zum 6. Jahrhundert n. Chr. aufgeschüttet worden sein.

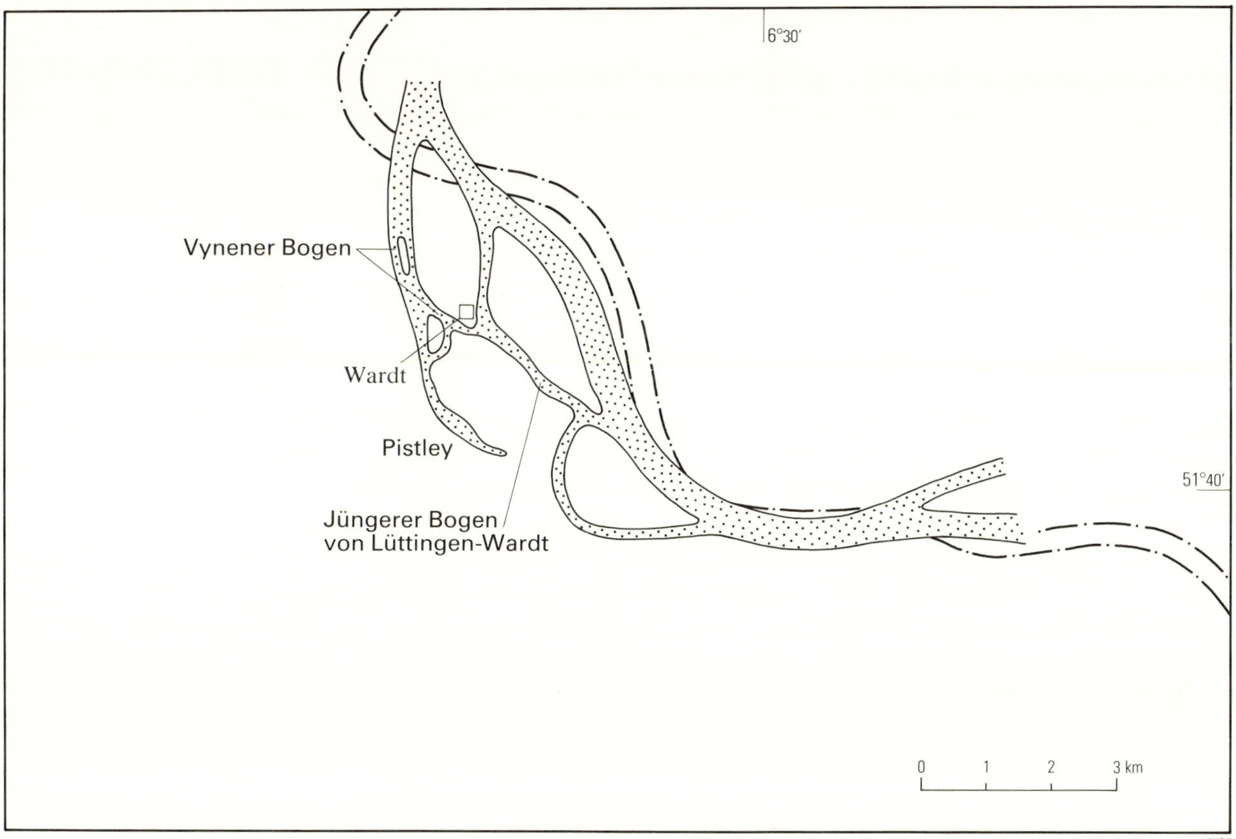

9 Der spätrömische Rhein.

In den Terrassenkiesen und -sanden, die dem Jüngeren Bogen von Lüttingen-Wardt zuzuordnen sind, wurde römische Keramik aus dem zweiten nachchristlichen Jahrhundert gefunden. Die Aufschüttung des Älteren Terrassenkörpers muß also im 2. Jahrhundert bereits weit fortgeschritten gewesen sein. Vermutlich entstand dieser Terrassenkörper in der Zeit zwischen 50 v. Chr. und etwa 170 n. Chr. Während dieser Zeit sind auch am Main kräftige Aktivierungsphasen des Stromes registriert worden.

Noch während die Kiese und Sande der älteren römischen Rheinterrasse aufgeschottert wurden, errichteten die Römer das Lager Vetera Castra II, dessen Überreste man im Altarm der Bislicher Schlinge gefunden hat. Das Lager befand sich aber wohl nicht, wie man bisher annahm, in der Ebene der Rheinaue, sondern es hat vermutlich noch auf der Höhe der Stauchmoräne gestanden. Diese dürfte zur römischen Zeit noch weiter nach Osten gereicht haben als dies heutzutage der Fall ist (vgl. o. S. 18 ff.). Der Teil des Fürstenberges, der damals noch auf dem Gebiet der heutigen Bislicher Schlinge lag, dürfte erst viel später erodiert worden sein. Die Erosionsphase, die schließlich die Mauern des Lagers Vetera Castra II zerstörte, kann frühestens nach dem Jahr 260 n. Chr. begonnen haben. Zu dieser Zeit lag noch die XXX. Legion im Lager Vetera Castra II. Einige Keramikfunde im Terrassenkörper der jüngeren römischen Aufschüttung zwischen Lüttingen und Wardt sind möglicherweise durch die Erosion des Lagers Vetera Castra II dorthin gelangt.

Die bisherige Argumentation für eine Position des Lagers Vetera Castra II in der Rheinaue ging davon aus, daß die Römer von dort aus einen guten Überblick über die strategisch wichtige Lippemündung gehabt hätten. Diese Theorie weist jedoch einige Mängel auf. Um einen Einblick auf das gegenüberliegende Ufer bekommen zu können, hätten die Römer den Auenwald, auch auf den Rheininseln, vollständig abholzen müssen. Von der Stauchmoräne herab hätten sie aber ohnehin einen ausgezeichneten Überblick

über weite Teile des anderen Ufers gehabt. Noch heute hat man vom Fürstenberg herab einen verblüffend weiten Rundblick über die niederrheinische Landschaft. Ein weiterer Mangel der Theorie, daß Vetera Castra II in der Rheinaue gelegen habe, ist der, daß sich auf der gegenüberliegenden Rheinseite die Mündung der Lippe befunden habe. Dies war mit großer Wahrscheinlichkeit nicht der Fall. Die Lippemündung hat sich, wohl auch zur damaligen Zeit, beim heutigen Wesel befunden. Die vermeintliche Lippemündung gegenüber Vetera Castra II war lediglich die Mündung eines Seitenarms des Rheins zurück in den Hauptstrom. Von der Stauchmoräne herab hätte man beide Mündungen, sowohl die eigentliche Lippemündung als auch die Einmündung des Rheinseitenarms, unter Kontrolle gehabt.
Es mag verblüffen, daß große Mauerreste erhalten blieben, nachdem sie durch die Seitenerosion des Rheins untergraben und mehrere Meter, z. T. bis zu 10 Meter den Hang hinabgerutscht waren. Man kann aber auch heute noch sehr gut beobachten, was geschieht, wenn beim Abbau einer Kiesgrube ein an der Oberkante stehendes Gebäude untergraben wird und in die Tiefe rutscht. Große Mauerteile gleiten bei diesem Vorgang am Stück bis auf die Kiesgrubensohle herab. Sie sind z. T. ausgezeichnet erhalten. Ebenso muß man sich den Vorgang bei der Erosion von Vetera Castra II durch den Rhein vorstellen.
Die jüngere römische Rheinaufschüttung, die sich mit dem Jüngeren Bogen von Lüttingen-Wardt verknüpfen läßt, kann mit Hilfe archäologischer Funde und schriftlicher Quellen recht genau datiert werden. In dem entsprechenden Terrassenkörper wurde vom Verfasser östlich des Hagelkreuzes römische Keramik aus dem 2. Jahrhundert n. Chr. gefunden. Der südlich Wardt nach Westen hin abknickende Vynener Bogen (Abb. 9) erlaubt eine erste zeitliche Eingrenzung der Schüttung. Die dortige Rinne muß bereits vor dem 10. Jahrhundert n. Chr. inaktiv gewesen sein. Auf dem Terrassenkörper steht nämlich die Kapelle von Wardt, die im 10. Jahrhundert n. Chr. erbaut wurde. Eine noch genauere Datierung ist durch Ausgrabungen von Houben im Jahre 1830 möglich. Er fand ein fränkisches Gräberfeld, das sich etwas westlich des heutigen Hagelkreuzes befunden haben muß. Es lag also in unmittelbarer Nähe der heute verschütteten Rinne des Jüngeren Bogens von Lüttingen-Wardt. Ein solches Gräberfeld wurde aber nicht, wie an anderer Stelle bereits erläutert, auch nicht in fränkischer Zeit, direkt an einer aktiven Stromrinne angelegt. Das Gräberfeld ließ sich an die Wende 5./6. Jahrhundert datieren. Die Keramikfunde begrenzen die zeitliche Einstufung nach unten hin auf das Jahr 200 n. Chr. Die jüngere römische Rheinaufschüttung mit dem Jüngeren Bogen von Lüttingen-Wardt als Endstadium muß also etwa zwischen 200 und 500 n. Chr. erfolgt sein.

DER RHEIN WÄHREND DES MITTELALTERLICHEN KLIMA-OPTIMUMS UND WÄHREND DER KLEINEN EISZEIT

Zwischen 800 und 1300 n. Chr. stiegen die Jahresdurchschnittstemperaturen erneut an. Diese nun beginnende günstige Klimaphase wird Mittelalterliches Klima-Optimum genannt. Das warme Klima dieser Zeit begünstigte auch die Eroberungen der Normannen, die, wie bereits erwähnt, im Jahre 864 n. Chr. auf dem Dom-Bogen bis direkt vor die Tore Xantens fahren konnten. Das günstige Klima machte sich in ganz Nordwesteuropa bemerkbar. So war nun während dieser Zeit die Besiedlung Islands (seit 874) und Grönlands (seit 999) möglich. Schriftliche Quellen aus dieser Zeit belegen sogar den Anbau von Wein in Ostpreußen, Pommern und Südschottland.
Während des Mittelalterlichen Klima-Optimums war die Meerpanden-Rinne (Abb. 10) wohl schon nicht mehr aktiv durchströmt. Sie zieht sich von Lüttingen aus in nördlicher Richtung hin und ist bis zu 8 m tief in den Kies der jüngeren römischen Rheinaufschüttung eingeschnitten. Sie ist relativ schmal und tief und dürfte daher wohl niemals Bestandteil des Hauptstromes gewesen sein. Möglicherweise handelt es sich um eine Hochwasserrinne, die schon relativ früh eingetieft wurde. Direkt westlich der Rinne liegt der Klevenhof (ehemaliger St. Pantaleons-Hof; Abb. 10), der bereits im Jahre 865 n. Chr. belegt ist. In der Nähe des Hagelkreuzes wird um 1180 der Hof Nederwick erwähnt, so daß man davon ausgehen kann, daß die Meerpanden-Rinne zu dieser Zeit nicht mehr aktiv durchströmt wurde. Vermutlich entstand sie

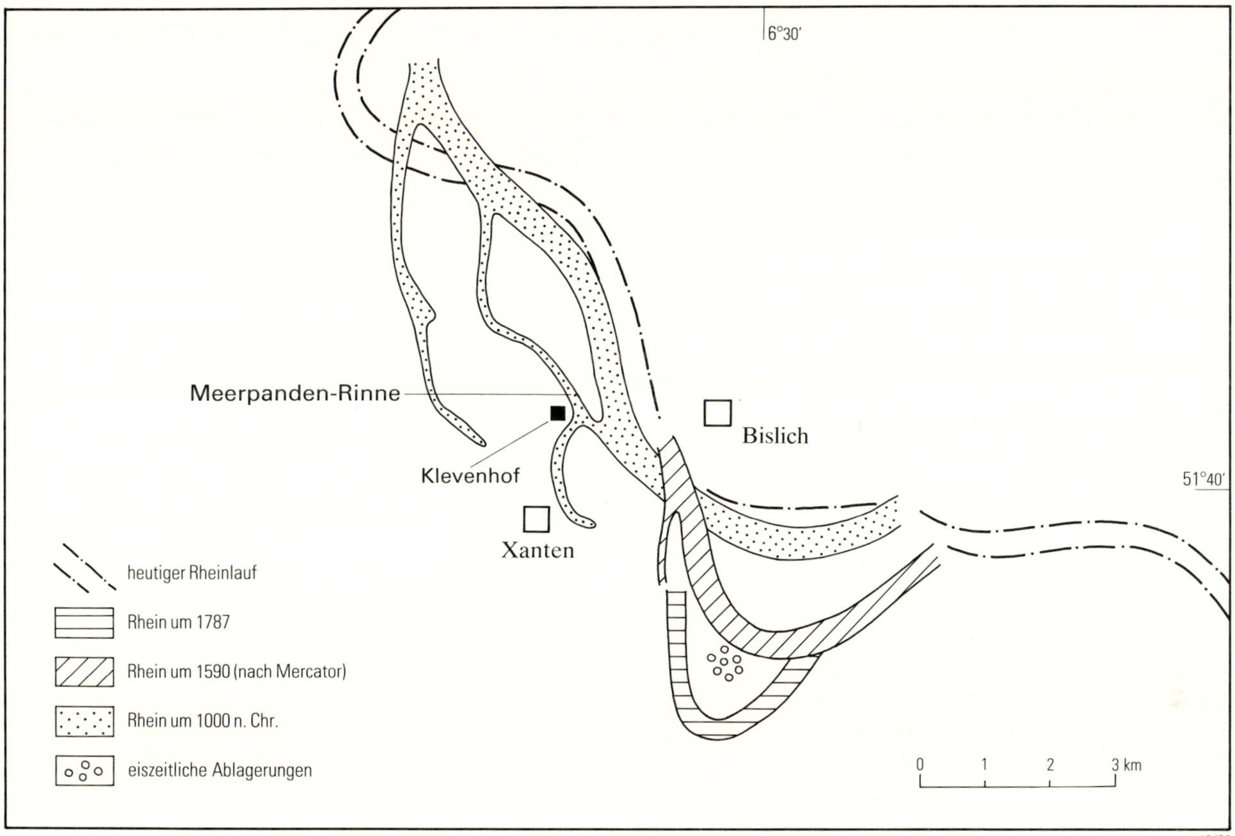

10 Der Verlauf des Rheinstroms während verschiedener Zeiten des Mittelalters.

in der Zeit nach der Wende vom 5. zum 6. Jahrhundert n. Chr. Noch bis in das Jahr 1600 n. Chr. wird die Rinne als wasserführend erwähnt. Aber bereits um 1200 n. Chr. setzte eine neuerliche Verlagerung des Rheinstroms ein. Wohl durch die günstigeren Klimaverhältnisse bedingt, begann der Fluß südlich von Bislich eine Mäanderschleife zu entwickeln. Infolge dieser Verlagerung wurden alle anderen linksrheinischen Rinnen von oberstrom her zugeschüttet.

Das Ende des Mittelalterlichen Klima-Optimums zeichnete sich bereits zwischen 1310 und 1330 deutlich ab. Es gab naßkalte Sommer und Serien aufeinanderfolgender Jahre mit Wintern von bisher nicht gekannter Strenge. Die Folge waren Hungersnöte, deren schwerste in den Jahren 1315 und 1316 auftraten. Im Winter 1322/23 war sogar die gesamte Ostsee zugefroren. Auf dem Rhein nahmen die Eisgänge immer mehr zu und führten häufig zu kräftigen Stromverlagerungen. Der Prozeß der Mäanderbildung im Bereich der Bislicher Schlinge setzte sich, scheinbar unbeeinflußt von den klimatischen Veränderungen, fort. Hat die Entwicklung einer Mäanderschleife einmal begonnen, so scheint sich dieser Prozeß zu verselbständigen und unaufhaltsam fortzusetzen. Möglicherweise lösten die vermehrten Eisgänge auf dem Rhein sogar sprunghafte Weiterentwicklungen der Mäanderschleife aus. Die Reste eiszeitlicher Ablagerungen im Inneren der heutigen Bislicher Schlinge (Abb. 10) sind möglicherweise durch die sprunghafte Verlagerung des Rheins bei einem Eisgang entstanden.

Die Chronik der Abtei Camp bei Rheinberg erwähnt, daß es in den Jahren 1463 und 1473 einen Überfluß an Lebensmitteln gab und daß es ausgesprochen gute Weinjahre waren. Im Jahre 1481 begann jedoch eine Zeit extrem kalter Winter. Der Rhein war mehrfach während eines Jahres zugefroren, Nußbäume und Weinreben erfroren. Dann wieder gab es Jahre extrem großer Hitze und Dürre. Eine Zeit stark wechselnder Klimabedingungen, die Kleine Eiszeit, hatte begonnen. Die Kleine Eiszeit dauerte etwa bis zum

Jahre 1710 an. Schwere Stürme, verheerende Überschwemmungen, Deichbrüche und Mißernten waren an der Tagesordnung. Während dieses relativ langen Zeitabschnittes der Kleinen Eiszeit setzte sich die Entwicklung der Bislicher Schlinge fort. Aus dem Jahre 1590 stammt eine erste, gut mit der heutigen Topographie verknüpfbare Karte des Rheinstroms von Mercator (Abb. 10). Die heutige Ortschaft Birten lag etwa bis zum Jahre 880 n. Chr. sehr viel weiter im Norden, etwa dort, wo der heutige Rheinlauf die Bislicher Schlinge berührt. Durch die südwärts gerichtete Erosion des Rheins im Gebiet der heutigen Bislicher Schlinge mußte der Ort im Laufe der Jahrhunderte viermal aufgegeben und nach Süden verlegt werden. Die verschiedenen Ortslagen werden als Birten I bis Birten V bezeichnet. Birten I fiel im Jahre 880 n. Chr. den plündernden Normannen zum Opfer. Infolge des nach Süden hin vordringenden Rheins mußte Birten II im Jahre 1557 aufgegeben werden. Birten II lag vermutlich wenig südwestlich des heutigen Lohmannshofes. Birten II dürfte also bereits im Jahre 1590 mitten im Rheinstrom gelegen haben. Der Ort Birten III ist vermutlich mit dem heutigen Maasmannswardt identisch. Bis zum Jahre 1650 lag Birten III noch auf der linken Rheinseite. Wenig später mußte auch Birten III aufgegeben werden, weil der Hauptstrom des Rheins nun infolge eines Rheindruchbruches südlich an Birten III vorbeifloß. Im Jahre 1764 schließlich mußte auch die weiter südlich wiedererstandene Ortschaft Birten IV aufgegeben werden. Der Rhein dehnte seine Schlinge noch immer weiter nach Süden aus. Birten V schließlich wurde auf der Höhe des Fürstenberges angelegt und entspricht der heutigen Ortslage Birten (Taf. 3.2). Aber die Uferausbrüche nahmen auch danach noch immer in südlicher Richtung zu. Daher wurde schließlich im Jahre 1788 der Bislicher Kanal gegraben. Der Stromlauf wurde so erheblich verkürzt. Dennoch schnitt sich der Rhein noch immer im Bereich des heutigen 'Alten Rheins' nach Süden hin ein. Erst durch ein Hochwasser im Februar des Jahres 1799 wurde der Bislicher Kanal so stark erweitert, daß er von da an den Hauptstromstrich des Rheins darstellte und bis heute darstellt. Seit dieser Zeit ist der Altarm der Bislicher Insel ein Altarm im Sinne des Wortes. Das heutige Bild der Xantener Landschaft war mit dem Ende dieser Stromverlagerungen fast vollendet.

LITERATUR

BLYTT, A. (1876): Essay on the immigration of the Norwegian flora during alternating rainy and dry periods. — 89 S.; Kristiana.

BLYTT, A. (1882): Die Theorie der wechselnden kontinentalen und insularen Klimate. — Englers bot. Jb., 2: 1—50.

BOENIGK, W. (1978): Die Gliederung der altquartären Ablagerungen in der niederrheinischen Bucht. — Fortschr. Geol. Rheinld. u. Westf., 28: 135—212, 6 Abb., 6 Tab., 2 Taf.; Krefeld.

BRAUN, F.-J., DAHM-ARENS, H., BOLSENKÖTTER, H. (1968), mit Beitr. von ANDERSON, H.-J., ARNOLD, H., HINZ, H., HOYER, P., SCHNELL, K., SIEBERT, G., VOGLER, H., WERNER, H.: Erläuterungen zu Blatt C 4302 Bocholt. — Übersichtskt. Nordrh.-Westf. 1:100 000, Erl., C 4302 Bocholt 180 S., 14 Abb., 8 Tab., 5 Taf.; Krefeld.

BROOKS, C.E.P. (1949): Climate through the Ages. — 2. Aufl.; London.

BRUNNACKER, K., BOENIGK, B., KEMPF, E. K., KOCI, A., MENTZEN, H., RAZI RAD, M., WINTER, K.-P. (1978): Die Mittelterrassen am Niederrhein zwischen Köln und Mönchengladbach. — Fortschr. Geol. Rheinld. u. Westf., 28: 277—324, 16 Abb., 4 Tab., 1 Taf.; Krefeld.

FRENZEL, B. (1977): Postglaziale Klimaschwankungen im südwestlichen Mitteleuropa. — In: FRENZEL, B. (1977): Dendrochronologie und postglaziale Klimaschwankungen in Europa: 297—322, 10 Abb.; Wiesbaden.

HAYS, J. D., IMBRIE, J., SHACKLETON, N. J. (1976): Variations in the Earth's orbit: Pacemaker of the ice ages. — Science 194: 1121—1132, 9 Abb., 6 Tab.; Washington.

HOPPE, C. (1970): Die großen Flußverlagerungen des Niederrheins in den letzten 2000 Jahren und ihre Auswirkung auf Lage und Entwicklung der Siedlungen. — Forsch. z. deutsch. Landeskde. 189: 88 S., 13 Abb., 3 Taf.; Bonn-Bad Godesberg.

INDANS, J. (1958): Mikrofaunistische Korrelationen im marinen Tertiär der Niederrheinischen Bucht. — Fortschr. Geol. Rheinld. u. Westf., 1: 223—236, 3 Abb., 8 Taf.; Krefeld.

INDANS, J. (1965): Mikrofaunistisches Normalprofil durch das marine Tertiär der Niederrheinischen

Bucht. — Forsch.-Ber. Land Nordrh.-Westf., 1484: 85 S., 9 Abb., 10 Taf.; Opladen.

KLOSTERMANN, J. (1981): Das Quartär der nördlichen Niederrheinischen Bucht. — Der Niederrhein, 48 Jg. 2, 3, 4: 79—85, 150—153, 212—217, 10 Abb.; Krefeld.

KLOSTERMANN, J. (1984), mit Beitr. von NÖTTING, J., PAAS, W., REHAGEN, W.-H.: Erläuterungen zu Blatt 4403 Geldern. — Geol. Kt. Nordrh.-Westf. 1:25 000, 138 S., 8 Abb., 13 Tab., 3 Taf.; Krefeld.

KLOSTERMANN, J., LANGE, H.-G., PRÜFERT, J., SCHLIMM, W., THOME, K.-N., ZELLER, M. (1984): Erläuterungen zur Geologischen Karte von Nordrhein-Westfalen 1:100 000 Blatt C 4702 Krefeld. — 76 S., 10 Abb., 5 Tab.; Krefeld.

KLOSTERMANN, J. (1985): Versuch einer Neugliederung des späten Elster- und Saale-Glazials der Niederrheinischen Bucht. — Geol. Jb.; A 83: 3—42, 22 Abb., 1 Taf.; Hannover.

KLOSTERMANN, J. (1986): Rheinstromverlagerungen bei Xanten während der letzten 10 000 Jahre. — Natur am Niederrhein, 1,1: 5—16; 7 Abb., 1 Tab.; Krefeld.

KLOSTERMANN, J. (1986), mit Beitr. von NÖTTING, J., PAAS, W., REHAGEN, H.-W.: Erläuterungen zu Blatt 4404 Issum — Geol. Kt. Nordrh.-Westf. 1:25 000, 120 S., 15 Abb., 9 Tab., 3 Taf.; Krefeld.

KLOSTERMANN, J. (1987): Ein fossiler Wal aus dem Tertiär von Kervenheim. — Natur am Niederrhein, 2,2: 43—54, 9 Abb., 3 Tab.; Krefeld.

KLOSTERMANN, J. (1988): Quartär. — In: Geologie am Niederrhein: 40—63, 10 Abb., 2 Tab.; Krefeld (Geol. L.-Amt Nordrh.-Westf.).

KLOSTERMANN, J. mit Beitr. von NÖTTING, J., PAAS, W., REHAGEN, H.-W.: Erläuterungen zu Blatt 4304 Xanten. — Geol. Kt. Nordrh.-Westf. 1:25 000; Krefeld (in Druck).

LAMB, H.-H. (1964): Climatic changes and variations in the atmospheric and ocean circulations. — Geol. Rdsch., 54: Stuttgart.

LEOPOLD, L. B., WOLMAN, M. G. (1957): River channel patterns; braided, meandering and straight. — U. S. Geol. Survey Prof. Paper. 282-B: 39—84, 30 Abb., 6 Tab.; Washington.

MICHELS, F. (1832): Geschichte und Beschreibung der ehemaligen Abtei Camp bei Rheinberg nebst Notizen aus einer alten geschriebenen Urkunde, welche Abtei und Umgegend betreffen. — 132 S., 1 Abb.; Crefeld. — (Neuauf. von P. ter Doest O. Carm.; Kamp 1985).

OVERBECK, F. (1950): Die Moore Niedersachsens. — Geol. u. Lagerst. Niedersachsens, 3 (4. Abt.): 122 S., 56 Abb., 2 Taf.; Bremen-Horn (2. Aufl.).

OVERBECK, F. (1975): Botanisch-geologische Moorkunde unter besonderer Berücksichtigung der Moore Nordwestdeutschlands als Quellen zur Vegetations-, Klima- und Siedlungsgeschichte. — 719 S., 263 Abb., 38 Tab.; Neumünster.

QUITZOW, H. W. (1978): Tertiär. — In: Geologie am Niederrhein: 21—23, 2 Abb.; Krefeld (Geol. L.-Amt Nordrh.-Westf.).

REHAGEN, H.-W. (1963): Spät- und nacheiszeitliche Vegetationsbilder aus dem Niederrheingebiet. — In: Niederrhein. Jb., 6: 31—46, 4 Abb., 5 Taf.; Krefeld.

ROOIJEN, P. VAN, KLOSTERMANN, J., DOPPERT, J. W. Chr., RESCHER, C. K., VERBEEK, J. W., SLIGGERS, B. C., GLASBERGEN, P. (1984): Stratigraphy and tectonics in the Peel-Venlo area as indicated by tertiary sediments in the Broekhuizenvorst and Geldern T1 boreholes. — Meded. Rijks Geol. Dienst, 38-1: 1—27, 10 Abb., 1 Tab., 3 Taf., 4 Anl.; 's-Gravenhage.

RUEGG, G. H. J. (1977): Features of middle pleistocene sandur deposits in the nederlands. — Geol. en Mijnb., 56 (1); 5—21, 15 Abb., 2 Tab.; Haarlem.

SCHÄFER, W.: (1973): Der Oberrhein, sterbende Landschaft? — Natur und Museum 193, 1: 1—29, 34 Abb., 2 Tab.; Frankfurt.

SCHELLER, H. (1957): Die Entstehung der Bislicher Insel. — Bonner Jb., 157: 272—293, 2 Abb., 8 Taf.; Kevelaer, Köln.

SCHIRMER, W. (1983): Die Talentwicklung an Main und Regnitz seit dem Hochwürm. — In: SCHIRMER, W. (1983): Holozäne Talentwicklung — Methoden und Ergebnisse. — Geol. Jb., A 71: 11—43, 9 Abb.; Hannover.

SCHRÖDER, D. (1983): Beziehungen zwischen Stratigraphie und Bodengenese bei Hochflutlehmen des Niederrheins. — In: SCHIRMER, W. (1983): Holozäne Talentwicklung — Methoden und Ergebnisse. — Geol. Jb., A 71: 73—197, 15 Abb., 2 Tab.; Hannover.

SCHWARZBACH, M. (1974): Das Klima der Vorzeit. — 3., neubearb. Aufl.: 380 S., 191 Abb., 41 Taf.; Stuttgart.

SERNANDER, R. (1909): De scandodaniska Torfmossarnas stratigrafi. — Geol. Fören i. Stockholm Förh., 31: 423—448.

SERNANDER, R. (1910): Die schwedischen Torfmoore als Zeugen postglazialer Klimaschwankungen. — In: Exekutiv-Komm. 11. intern. Geol. Kongr. (Hrsg.): Veränderungen des Klimas seit dem Maximum der letzten Eiszeit; Stockholm.

SHACKLETON, N. J., OPDYKE, N. D. (1976): Oxygen isotope and paleomagnetic stratigrafy of Pacific core V 28—239 Late Pliocene to latest Pleistocene. — In:

Geol. Soc. Am. Memoir. 145, CLINE, R. M., MAYS, J. D., (Hrsg.): 449 – 464, 5 Abb., 4 Tab.; New York.

STEEGER, A. (1951): Zur Quartärgeologie des Raumes der Colonia Traiana bei Xanten. – Bonner Jb., 152: 157 – 159, 1 Beil.; Kevelaer.

STEEGER, A. (1954): Weitere Beobachtungen über das Vorkommen von Bimsstein in den jüngsten Rheinterrassen des unteren Niederrheins. – Geol. Jb. 69: 387 – 390; Hannover.

URBAN, B., SCHRÖDER, D., LEßMANN, U. (1983): Holozäne Umweltveränderungen am Niederrhein (Vegetationsgeschichte und Bodenentwicklung). – Arb. z. Rhein. Landeskd. (Beitr. z. Quartär d. nördl. Rheinkde.) 51: 99 – 123, 17 Abb., 3 Tab.; Bonn.

KARTEN

Bodenkarte von Nordrhein-Westfalen 1:50 000. – Hrsg. Geol. L.-Amt Nordrh.-Westf.; Krefeld. Blatt L 4394 Wesel (1983), Bearb. PAAS, W.

Geologische Karte von Nordrhein-Westfalen 1:100 000. m. Erl. Hrsg. Geol. L.-Amt Nordrh.-Westf.; Krefeld.

Blatt C 4302 Bocholt (1968): Bearb. BRAUN, F. J. mit Beitr. von ANDERSON, H.-J., ARNOLD, H., HINZ, H., HOYER, P., SCHNELL, K., SIEBERT, G., VOGLER, H., WERNER, H.

Blatt C 4306 Recklinghausen (1975): Bearb. BRAUN, F. J.; Kartenentwurf: HAGER, H. unter Mitarb. von ARNOLD, H., BRAUN, F. J., DAHMS-ARENS, H., HERBERHOLD, R., HILDEN, H. D., HOYER, P., INDANS, J., KNAPP, G., PIEPER, B., THIERMANN, A.

Blatt C 4702 Krefeld (1984): Bearb. Karte: KLOSTERMANN, J., THOME, K. N.; Schnitte: RIBBERT, K.-H., WOLF, R., ZELLER, M.

Geologische Karte von Nordrhein-Westfalen 1:25 000. Hrsg. Geol. L.-Amt Nordrh.-Westf.; Krefeld.

Blatt 4403 Geldern (1984), Bearb. KLOSTERMANN, J.

Blatt 4404 Issum (1986), Bearb. KLOSTERMANN, J.

Blatt 4304 Xanten (in Druck), Bearb. KLOSTERMANN, J.

ULRICH BOELICKE

Zur Vorgeschichte des Xantener Raumes I
Die Steinzeit

Steinzeitliche Funde wurden auf dem Gebiet der Stadt Xanten wie im gesamten linken Niederrhein nur äußerst selten geborgen. Dies liegt nicht zuletzt daran, daß in dieser Region, bedingt durch besondere Forschungstraditionen und denkmalpflegerische Schwerpunkte, die sich durch jüngere gefährdete Befunde ergaben, nahezu keinerlei systematische Ausgrabungen und Forschungen zu den Anfängen der menschlichen Besiedlung unternommen wurden; die wenigen bekannten Hinterlassenschaften kamen vielmehr durch Begehungen, Beobachtungen und Notbergungen bei Bagger- und Bauarbeiten sowie als Zufallsfunde bei Ausgrabungen jüngerer Objekte zu Tage.
Die in der Abb. 1 dargestellte Zeittabelle gibt daher einen aus überregionalen Quellen stammenden Überblick, der im Xantener Raum nur lückenhaft belegbar ist. Im folgenden sollen nun zunächst Funde und Befunde der Steinzeit aus Xanten sowie benachbarten Ortschaften zusammengestellt werden, um im Anschluß daran zu versuchen, die älteste Besiedlung der Stadt zu rekonstruieren.

DIE ALTSTEINZEIT

Paläolithische Funde aus dem Raum Xanten fehlen bisher vollständig. Zahlreiche im Bereich von Rheinablagerungen geborgene Tierreste lassen es jedoch ebenso wie Fundstellen bei Mönchengladbach[1] und Dinslaken[2] nicht ausschließen, daß in dieser Epoche Menschen das Xantener Gebiet durchstreiften[3].
Die ältesten pleistozänen Tierknochen lassen sich an das Ende der vorletzten Saale- bzw. Rißeiszeit datieren. Zumindest die Reste eines Mammuts, das in der Nähe von Kranenburg ausgegraben wurde, gehören in diese Zeit[4]. Aus der unmittelbaren Umgebung und dem Gebiet der Stadt Xanten selbst liegen zwar zahlreiche Einzelfunde vor, es fehlen jedoch stratigraphische Beobachtungen. Hier reichen die Belege in die der Saaleeiszeit folgende sogenannte Eemwarmzeit zurück, in die Zahnreste vom Waldelefanten sowie eines Flußpferdes zu datieren sein dürften[5].
Die Mehrzahl der vorhandenen Tierknochen stammt aus der letzten Weichsel- bzw. Würmeiszeit. Aus der die offene Tundrenlandschaft durchziehenden Fauna sind das Steppenmammut und vor allem das eigentliche Mammut zu nennen, von denen überwiegend Zahnreste gefunden werden. Die Häufigkeit

[1] H. THIEME, Der paläolithische Fundplatz Rheindahlen (Diss. Köln 1983); DERS., Mittelpaläolithische Siedlungsstrukturen in Rheindahlen (BRD). Ethn.-Arch. Zeitschr. 24, 1983, 362–374; J. THISSEN, Ein weiterer Fund der Westwandschicht (B1) von Rheindahlen. Arch. Korrbl. 16, 1986, 111–121; S. VEIL (Hrsg.), Alt- und mittelsteinzeitliche Funde des Rheinlandes. Kunst und Altertum am Rhein 81 (Köln 1978) 56 ff.

[2] R. STAMPFUSS u. R. SCHÜTTRUMPF, Harpunen der Allerödzeit aus Dinslaken, Niederrhein. Bonner Jahrb. 170, 1970, 19–35.

[3] Zum Paläolithikum am Niederrhein generell vgl. G. BOSINSKI, Jägerkulturen der älteren und mittleren Steinzeit im Niederrheingebiet. Führer zu vor- und frühgeschichtlichen Denkmälern 14, 1969, 13–21; VEIL, a.a.O. (Anm. 1).

[4] H. H. WEGNER, Ein bedeutendes Monument. Der Niederrhein 42, 1975, H. 3, 112–116.

[5] U. BOELICKE, Mammute in Marienbaum. Heimatkalender Wesel 10, 1989, 156 f.; E. KLEIN, Das Heimatmuseum Marienbaum. Heimatkalender Wesel, 8, 1987, 123 f.

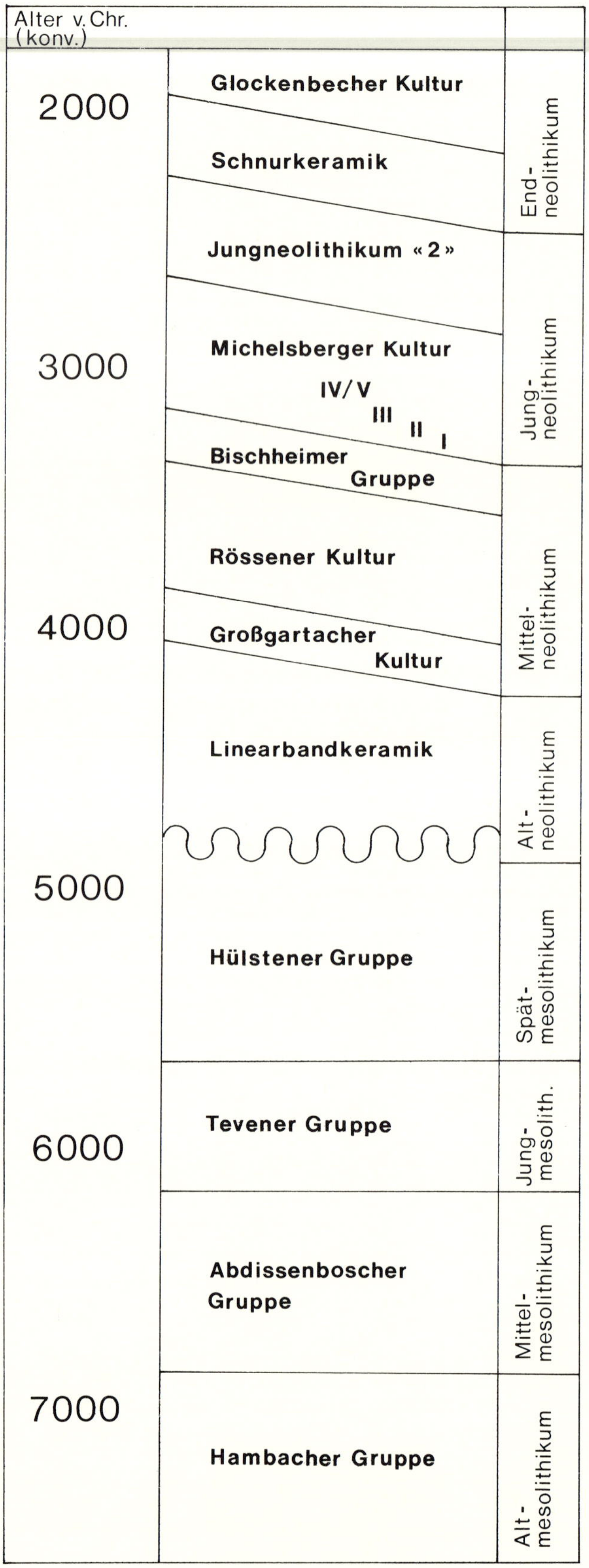

1 Chronologietabelle zur Steinzeit im Xantener Raum.

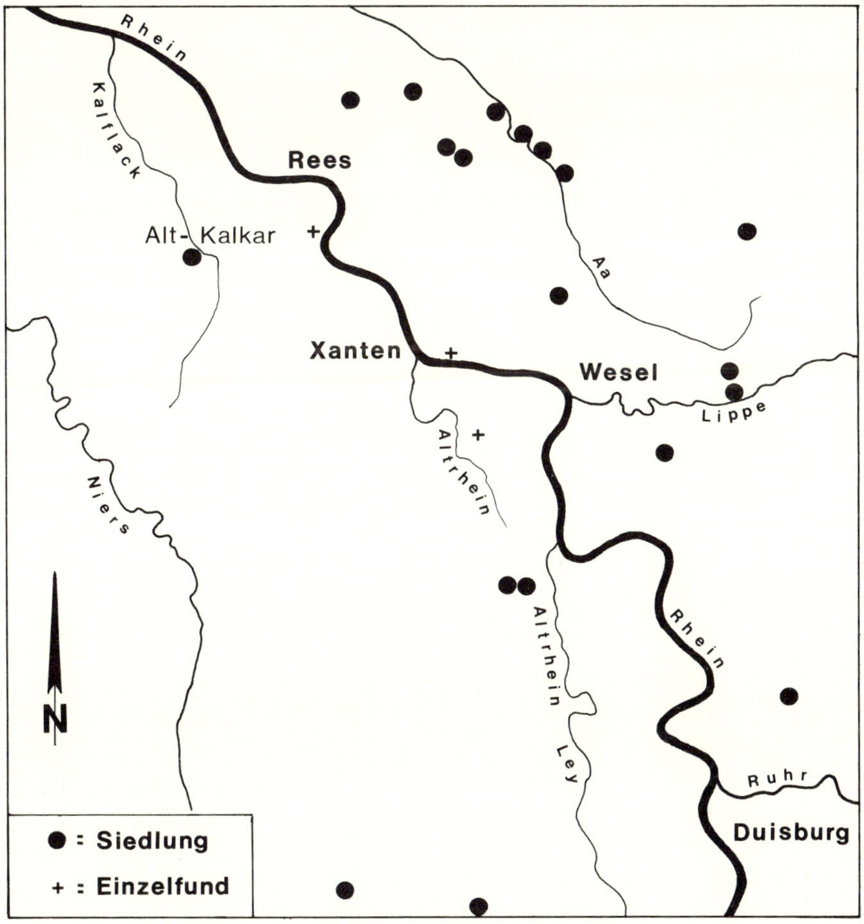

2 Die Mittelsteinzeit am Niederrhein.

des Nachweises dieser Tierart ist weniger auf eine überdurchschnittlich große Population während der letzten Eiszeit zurückzuführen als darauf, daß durch den fünfmaligen Zahnwechsel der Elefanten diese schwer zerstörbare Fundgattung überproportional häufig überliefert ist.
Weiterhin läßt sich das Vorhandensein des Wollhaarnashorns, des Steppenwisents (Taf. 4.1), des Rens, des Wildpferdes und des Moschusochsen belegen. Weitere Tierarten kommen bei den derzeitigen Kiesbaggereien häufig zutage, so daß ein breites Spektrum der eiszeitlichen Fauna bald in Xanten gut vertreten sein dürfte[6].

DIE MITTELSTEINZEIT

Durch die nacheiszeitliche Erwärmung wurde aus der Tundra eine dicht bewaldete Landschaft, die den Menschen günstigere Lebensmöglichkeiten bot. Wenn es auch noch keine Seßhaftigkeit der mesolithischen Jäger und Sammler gab, ermöglichte das reichliche Vorhandensein von jagdbarem Wild, von Fi-

[6] Zur eiszeitlichen Tierwelt generell vgl. K. KOWALSKI, Die Tierwelt des Eiszeitalters (Darmstadt 1986); P. SIEGFRIED, Eiszeitliche Säugetiere. Münster. Forsch.Geol.Paläont. 60, 1983.

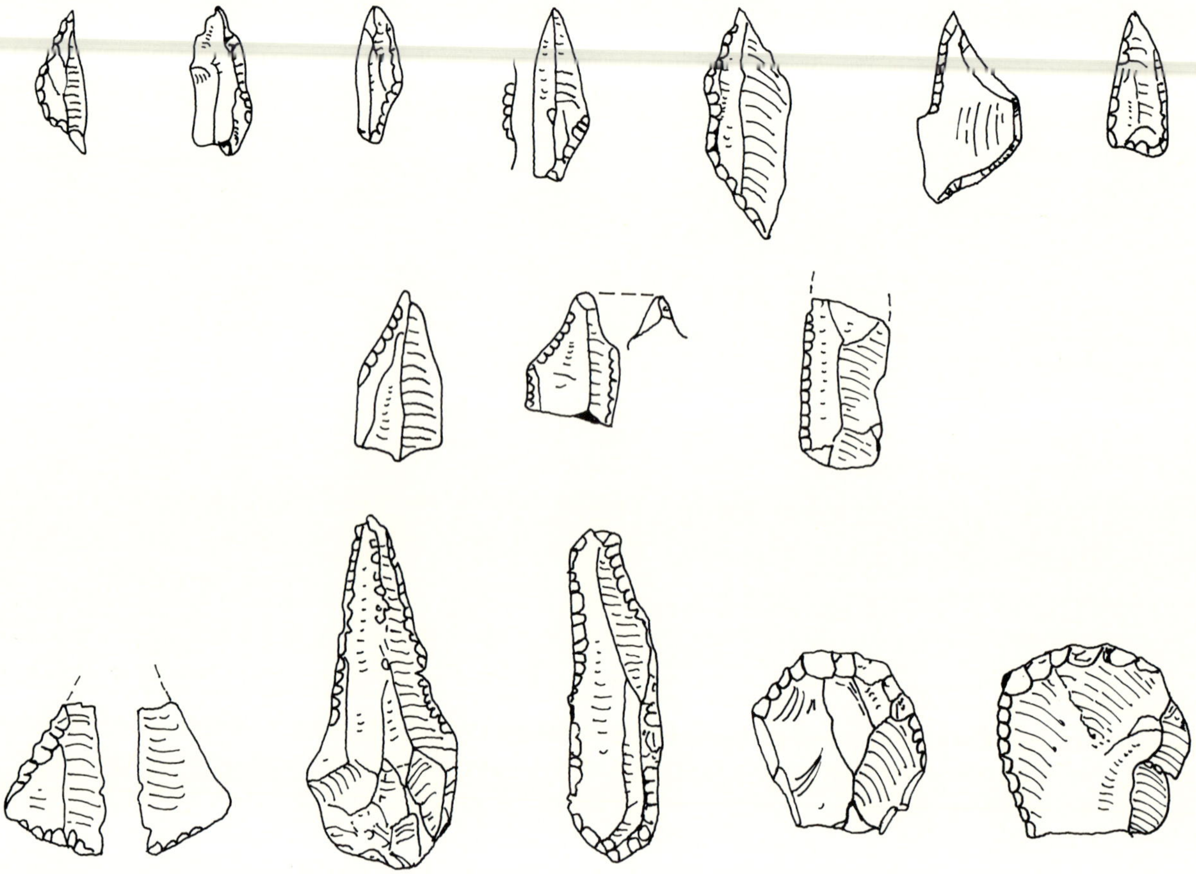

3 Altkalkar, mittelsteinzeitliche Silexgeräte, Maßstab 1:1.

schen und Wildpflanzen doch eine größere Standorttreue des Menschen und damit eine dichtere Besiedlung.

Aus dem Rheinland sind derzeit etwa 200 mittelsteinzeitliche Fundplätze bekannt[7]. Forschungsgeschichtlich bedingt ist der linke Niederrhein jedoch kaum vertreten (Abb. 2). Neben einer Geweihaxt aus Obermörmter[8] und einigen Mikrolithen aus Veen-Kaninenberg südlich von Winnenthal[9] sind es vor allem Funde aus Altkalkar, die diese Epoche repräsentieren. Es handelt sich wohl um einen Siedlungsplatz auf einem Gelände am Fuße des Monrebergs, der über längere Zeit hin abgesammelt worden ist. Das Typenspektrum liegt bereits mehrfach publiziert vor[10]. Es ist durch einfache Spitzen, Segmente, gleichschenklige Dreiecke, Dreieckspitzen, Rückenmesserchen, langgezogene Vierecke sowie ein oberflächenretuschiertes Stück gekennzeichnet[11] (Abb. 3). Hinzu kommen zahlreiche unretuschierte Klingen, Abschläge

[7] S. K. ARORA, Mittelsteinzeit am Niederrhein. Kölner Jahrb. f. Vor- und Frühgeschichte 15, 1975 – 77, 191. Vgl. auch DERS., Die mittlere Steinzeit im westlichen Deutschland und in den Nachbargebieten. Rhein. Ausgr. 17, 1976, 1 – 65.

[8] Bonner Jahrb. 155 – 156, 1955 – 56, 429 f.

[9] H. HINZ, Die steinzeitlichen und frühbronzezeitlichen Funde der Grabung in Veen. Rhein. Ausgr. 15, 1974, 193 – 241.

[10] DERS., Altkalkar und Appeldorn. Bonner Jahrb. 162, 1962, 530 ff.; ARORA, a.a.O. (Anm. 7) bes. 209 Tab. 1; H. H. WEGNER, Bodenfunde erzählen Geschichte. Kalender für das Klever Land 1977, 52 ff.

[11] ARORA, a.a.O. (Anm. 7) 209 Tab. 1.

und einige Kernsteine. Als Rohmaterial wurde baltischer Geschiebeflint, in geringerem Maße auch Maasschotterflint verwendet, beides ist in der näheren Umgebung leicht auffindbar[12]. Die Funde ordnen sich zwanglos der sogenannten Hülstener Gruppe vom Ende des Mesolithikums zu. Der nachweisliche Beginn der Besiedlung des Xantener Raumes ist also nach dem derzeitigen Forschungsstand in das 6. vorchristliche Jahrtausend anzusetzen.

DIE JUNGSTEINZEIT

Die Entwicklung der Jungsteinzeit läßt sich im Raum Xanten zwar nur fragmentarisch, aber über mehrere Stufen verfolgen[13].

Das Altneolithikum ist auf dem Gebiet der Stadt selbst sowie südlich der Stadt mit einigen Scherben der Bandkeramik vertreten. Sie gehören zur sogenannten Limburger Gruppe[14], deren Keramik z. T. außerhalb des Verbreitungsgebietes der westlichen Bandkeramik auf Nichtlößböden anzutreffen ist (Abb. 4). Die Xantener Funde bilden die nordöstliche Grenze des Vorkommens dieser Gruppe.

Es sind bisher drei bandkeramische Fundstellen bekannt:

Aus den Grabungen im Xantener Dom legten Bridger und Siegmund[15] einige Gefäßscherben vor, die 1956 bis 1957 von Borger zu Tage gebracht worden sind (Abb. 5). Eine genaue Lokalisierung der Fragmente ist nicht mehr möglich, doch läßt es sich als wahrscheinlich ansehen, daß sie in sekundärer Lage aufgefunden wurden. Es handelt sich um die Reste von Kümpfen und Flaschen, hinzu kommen bisher unpublizierte Silices.

Aus der Herberge der CUT (Insula 38) wurde bei der Aufarbeitung des römischen Materials[16] eine Scherbe entdeckt, die sich ebenfalls als bandkeramisch erwies (Abb. 6). Es handelt sich um das Randstück einer ritzverzierten Flasche mit Einstichen unter dem Rand. Das Fragment befand sich in einer mit römischem Material versetzen Schicht, ist also ebenfalls umgelagert worden.

Aus Veen-Kaninenberg schließlich ist der einzige Limburger Befund des Xantener Raumes bekannt geworden[17]. Eine im Umriß und Profil nur schwach erkennbare Grube enthielt Scherben mehrerer Gefäße (Abb. 7) sowie einige Silices. Trotz der systematischen Freilegung des Geländes blieb dies der einzige bandkeramische Befund.

Von der gleichen Fundstelle stammt mittelneolithische Keramik: Mit Furchenstich und Eindrücken verzierte Scherben repräsentieren die sogenannte Großgartacher Gruppe (Abb. 8). Befunde konnten nicht beobachtet werden[18].

Das Jungneolithikum ist bisher nur durch vereinzelte Steinartefakte zu fassen. Auf dem Gebiet der Stadt Xanten[19] (Abb. 9 l.) und der näheren Umgebung[20] (Abb. 9 r.) liegen zahlreiche Silex- und Felsgesteinbeile

[12] DERS., Mesolithische Rohstoffversorgung im westlichen Deutschland. Rhein. Ausgr. 19, 1979, 20.

[13] Zur Entwicklung des Neolithikums am Niederrhein generell vgl. J. DRIEHAUS, Bauernkulturen am Niederrhein vom Neolithikum bis zum Ende der Laténezeit. Führer zu vor- und frühgeschichtlichen Denkmälern 14, 1969, 22–40; L. P. LOUWE KOOIJMANS, The Neolithic of the Lower Rhine. Diss. Arch. Gandenses 16, 1976, 150–173; DERS., Local Developments in a Borderland. Oudheidk. Mededelingen 57, 1976, 227–297.

[14] Zum derzeitigen Stand der Diskussion um die Limburger Gruppe mit weiterführender Literatur vgl. C. CONSTANTIN, Fin de Rubané, céramique du Limbourg et post-Rubané, BAR Intern. Ser. 273 (Oxford 1985) u. U. FISCHER, Rezension zu: C. Constantin, Fin de Rubané..., Germania 65, 1987, 244–249. Siehe auch H. LÖHR, Ein Fund Limburger Keramik von Peffingen, Kr. Bitburg-Prüm. Funde und Ausgrabungen im Bezirk Trier 16, 1984, 19–24.

[15] C. BRIDGER u. F. SIEGMUND, Altneolithisches aus Xanten. Bonner Jahrb. 185, 1985, 301–312.

[16] Diss. E. Goddard, in Vorbereitung.

[17] HINZ, a.a.O. (Anm. 9) 195 f., 198, 229, 231.

[18] Ebd. 197.

[19] z. B. Bonner Jahrb. 188, 1988, 386 u. Abb. 8.2 (Willich); Bonner Jahrb. 186, 1986, 587 u. Abb. 19.2 (CUT); Bonner Jahrb. 170, 1970, 339 (Birten, Fürstenberg); Bonner Jahrb. 155–156, 1955–56, 429 (Vynen); Bonner Jahrb. 143–44, 1943–44, 361 (Xanten, nicht näher bekannt).

[20] z. B. Bonner Jahrb. 186, 1986, 566 u. Abb. 3.3 (Altkalkar); Bonner Jahrb. 177, 1977, 680 u. Abb. 4.8 (Kalkar); Bonner Jahrb. 167, 1967, 420 (Uedemerbruch); Bonner Jahrb. 157, 1957, 391 f. (Altkalkar); HINZ, a.a.O. (Anm. 10) 537 Abb. 4 (Altkalkar u. Appeldorn).

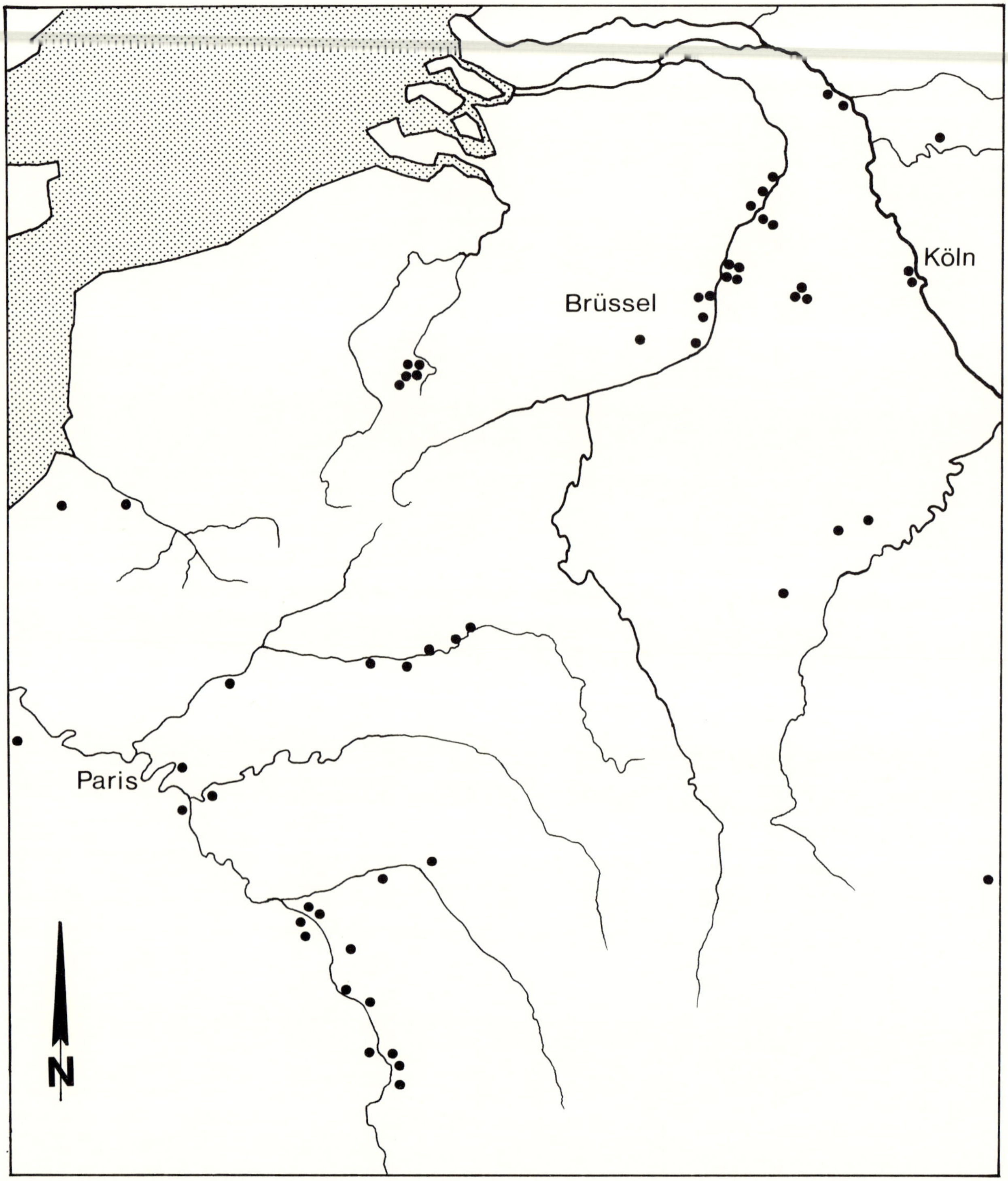

4 Verbreitung der Limburger Gruppe.

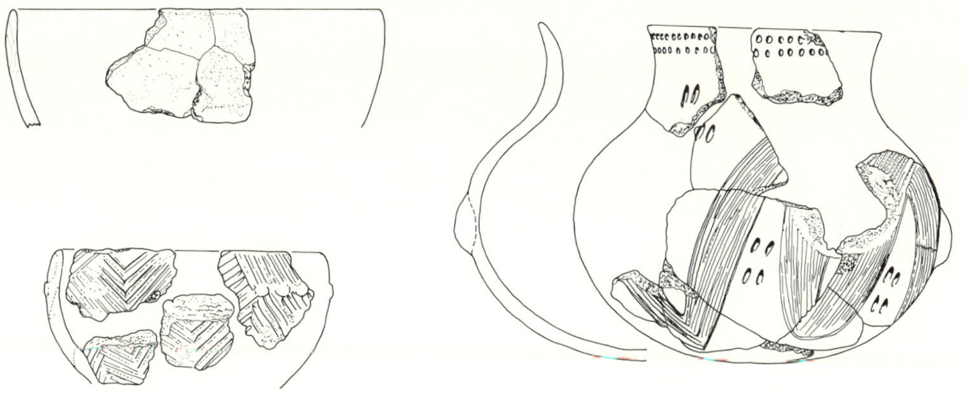

5 Xanten, Dom, Keramik der Limburger Gruppe, Maßstab 1:3.

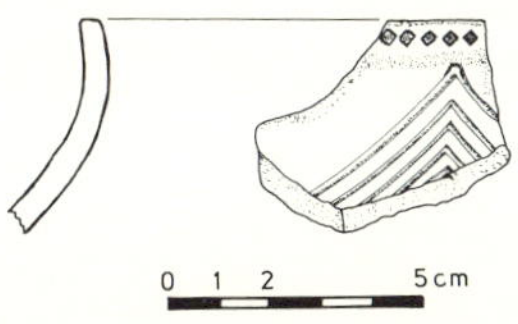

6 Xanten, CUT,
Scherbe der Limburger Gruppe, Maßstab 1:3.

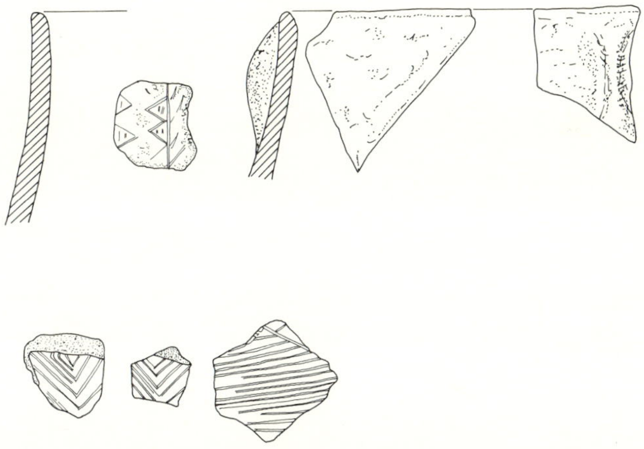

7 Veen-Kaninenberg,
Keramik der Limburger Gruppe, Maßstab 1:3.

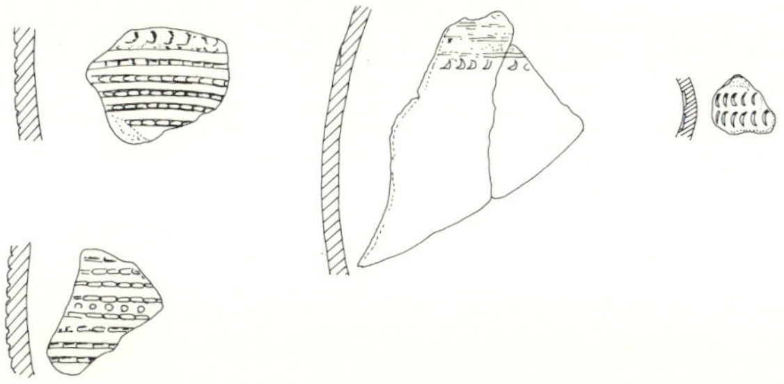

8 Veen-Kaninenberg,
Keramik der Großgartacher Gruppe, Maßstab 1:3.

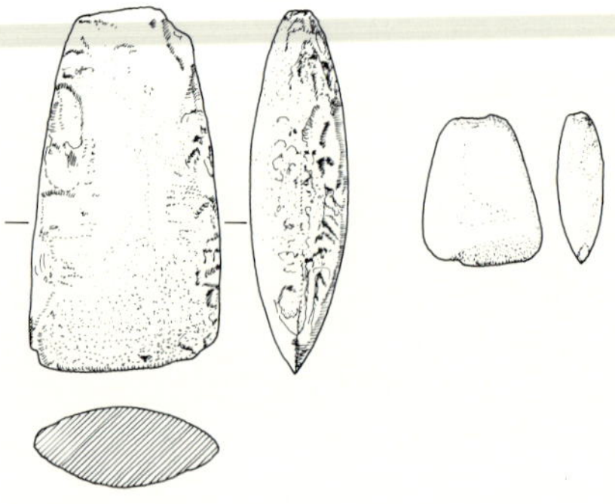

9 Xanten, jungneolithisches Beil (l), Altkalkar, jungneolithisches Beil (r), beide Maßstab 1:3.

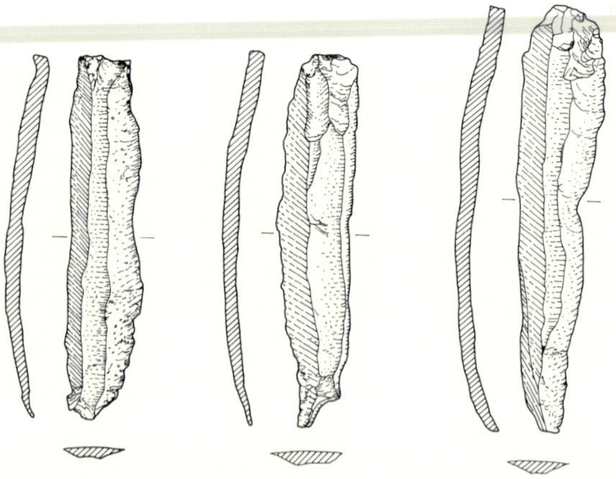

10 Xanten, Viktorstr., jung- bis endneolithische Silexklingen, Maßstab 1:3.

vor, die in ihrer überwiegenden Mehrzahl dem Umkreis der Michelsberger Kultur zuzurechnen sein dürften. Insbesondere zwei Beile aus Xanten, eines aus Rijkholt-[21] (Abb. 9 l.), das andere aus Lousberg-feuerstein[22], sind Zeugen des jungneolithischen Silexhandels, der, von den Silexbergwerken des deutsch-niederländisch-belgischen Grenzgebietes ausgehend, auch den Niederrhein berührte[23].

Drei Silexklingen aus Xanten (Abb. 10), deren Rohmaterial ebenfalls dem genannten Bergbaugebiet entstammt, sind in das Jung- oder Endneolithikum zu datieren[24].

Bei allen jungneolithischen Objekten handelt es sich um Zufallsfunde, auswertbare Befunde sind in keinem Fall überliefert.

Die endneolithische Schnurkeramische Kultur[25] ist nur durch wenige vereinzelte Scherben aus Appeldorn[26] und Veen-Kaninenberg[27] überliefert. Weitaus häufiger ist die Glockenbecherkultur vertreten. Reste einer Siedlung mit Gruben und vereinzelten Pfostenspuren wurden in Veen-Kaninenberg entdeckt[28]. Allerdings lassen sich die Befunde nicht zu regelmäßigen Hausgrundrissen rekonstruieren.

Vereinzelt gefundene geflügelte, gestielte Pfeilspitzen[29] dürften dagegen eher auf durch den Pflug gestörte Gräber schließen lassen. Ein ungestört geborgenes Brandgrab ist aus Veen-Kaninenberg bekannt[30]; hier fanden sich in einer länglichen Grube neben dem Leichenbrand ein Beigefäß sowie vier Pfeilspitzen (Abb. 11). Ebenfalls in Grabzusammenhang stellte Wegner Glockenbecherscherben[31] sowie einen Riesenbecher aus der CUT (Abb. 12)[32], wobei letzterer allerdings zerscherbt und ohne Leichenbrandreste geborgen wurde[33].

[21] Bonner Jahrb. 186, 1986, 587.

[22] Bonner Jahrb. 188, 1988, 386 u. Abb. 8.2.

[23] Zu den Silexbergwerken vgl. F. H. G. ENGELEN, Rijkholt-St. Geertruid, Prov. Limburg, in: G. WEISGERBER (Hrsg.), 5000 Jahre Feuersteinbergbau. Veröff. Dt. Bergbaumus. Bochum 22, 1980, 559–567 (Rijkholt) u. J. WEINER, G. WEISGERBER, Die Ausgrabungen des jungsteinzeitlichen Feuersteinbergwerkes „Lousberg" in Aachen 1978–1980, ebd. 92–119 (Lousberg).

[24] Bonner Jahrb. 174, 1974, 604 u. Abb. 12B.

[25] Zur Entwicklung des Endneolithikums vgl. J. N. LANTING u. J. D. VAN DER WAALS, Beaker Culture Relations in the Lower Rhine Basin, Glockenbecher Symposion Oberried 1974 (Bussum Haarlem 1976) 1–80.

[26] Bonner Jahrb. 160, 1960, 440.

[27] HINZ, a.a.O. (Anm. 9) 197 u. Abb. 5.3.

[28] Ebd. 200.

[29] z. B. Bonner Jahrb. 187, 1987, 527 u. Abb. 4.6 (Labbeck); Bonner Jahrb. 183, 1983, 610 (Altkalkar); HINZ, a.a.O. (Anm. 10), 538 u. Abb. 5.2 (Altkalkar).

[30] HINZ, a.a.O. (Anm. 9) 158 f.

[31] H. H. WEGNER, Ein neolithischer Riesenbecher aus der Colonia Ulpia Traiana bei Xanten. Arch. Korrbl. 8, 1978, 179 Anm. 13; Nachrbl. Dt. Vorzeit 13, 1937, 116 f.

[32] DERS., Nicht erst die Römer..., Das Rhein. Landesmuseum Bonn. Berichte aus der Arbeit des Museums 4/77, 49 f.; DERS., a.a.O. (Anm. 31); DERS., Ein neolithischer Riesenbecher aus der Colonia Ulpia Traiana bei Xanten, Antike Welt 10, 1979, Heft 4, 57–59.

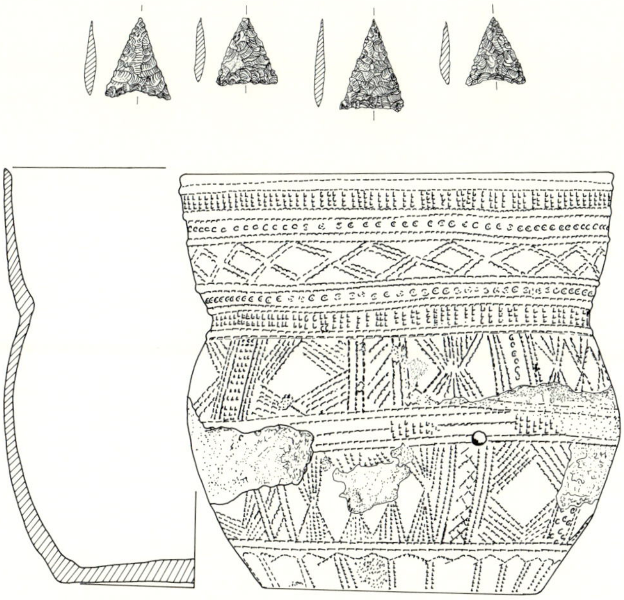

11 Veen-Kaninenberg, endneolithisches Grabinventar: Glockenbecher und Silexpfeilspitzen, Maßstab 1:3.

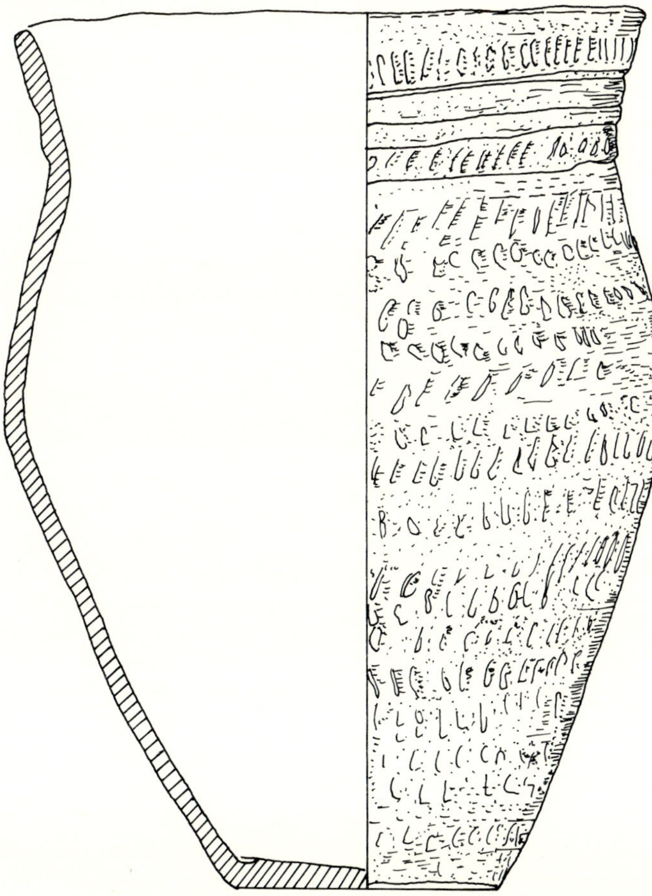

12 Xanten, CUT, endneolithischer Becher, Maßstab 1:3.

DIE STEINZEITLICHE BESIEDLUNG DES XANTENER RAUMES

Die Besiedlung des Xantener Raumes begann nach dem derzeitigen Forschungsstand am Ende des Mesolithikums, im 6. Jahrtausend vor Christus[34]. Außerhalb des Stadtgebietes, in der Nähe der silexführenden Stauchmoränen, wurden mit Altkalkar und Veen-Kaninenberg zwei Örtlichkeiten besiedelt, die vermutlich nicht zuletzt wegen ihrer verkehrsgünstigen Lage und wegen des leicht erreichbaren Rohmaterials Feuerstein auch im Neolithikum mehrfach aufgesucht wurden.

Das Altneolithikum, außerhalb der Lößbörden durch die Limburger Gruppe vertreten, ist im Bereich des Xantener Domes, der östlichen Colonia Ulpia Traiana sowie in Veen-Kaninenberg faßbar. Letztere Fundstelle wies auch Funde der frühmittelneolithischen Großgartacher Gruppe auf.

Das eigentliche Mittelneolithikum, die Rössener Kultur, fehlt bisher. Daß dies eher forschungsgeschichtlich zu interpretieren ist, belegen Fundstellen im westlich von Xanten gelegenen Maasgebiet sowie im rechtsrheinischen Niederrhein[35].

Siedlungsplätze der jungneolithischen Michelsberger Kultur lassen sich bisher lediglich durch einzelne Steinartefakte erfassen. Es läßt sich jedoch festhalten, daß älter besiedelte Orte wie Altkalkar und die westliche Colonia Ulpia Traiana weiterhin aufgesucht wurden.

Die folgende Lücke in der Besiedlungskontinuität, in benachbarten Räumen durch Kulturen wie Vlaardingen, Limburger „Mittelneolithikum", Wartberg und Seine-Oise-Marne belegt und hier provisorisch mit „Jungneolithikum 2" bezeichnet[36], umfaßt das gesamte Rheinland. Hier dürfte aller Wahrscheinlichkeit nach eine lokale Forschungslücke vorliegen.

Das Endneolithikum schließlich ist sowohl durch vereinzelte Belege der Schnurkeramik als auch durch verschiedene Glockenbecherfunde faßbar. Gräber und vermutlich auch Siedlungen sind in Altkalkar, der östlichen Colonia Ulpia Traiana und in Veen-Kaninenberg vorhanden gewesen.

Insgesamt läßt sich feststellen, daß an den Plätzen, an denen systematische Ausgrabungen und Begehungen vorgenommen wurden, auch steinzeitliche Funde auftraten. Lediglich forschungsbedingte Einschränkungen sorgten dafür, daß das Bild dennoch bisher lückenhaft bleiben mußte. Man kann vermuten, daß im Bereich des Monrebergs in Altkalkar, auf dem Gebiet der östlichen Colonia Ulpia Traiana und im Bereich von Veen-Kaninenberg äußerst günstige Lebensräume erfaßt wurden, die seit der Steinzeit mehr oder minder kontinuierlich besiedelt worden sind.

[33] Ein von WEGNER, a.a.O. (Anm. 31) 178 ebenfalls erwähntes Gefäß aus Lüttingen dürfte eher der frühen Bronzezeit zuzuordnen sein: R. STAMPFUSS, Riesenbecherfunde des Spätneolithikums und der frühen Bronzezeit von der Wittenhorst, Gem. Haldern, Kr. Rees. Quellenschriften zur westdeutschen Vor- und Frühgeschichte 9, 1974, 35 u. Abb. 13.

[34] Zum folgenden vgl. die Karten bei L. P. LOUWE KOOIJMANS, The Neolithic of the Lower Rhine, Diss. Arch. Gandenses 16, 1976, 161 – 167.

[35] J. LÜNING, Siedlung und Siedlungslandschaft in bandkeramischer und Rössener Zeit. Offa 39, 1982, 12, Abb. 2.

[36] Vgl. LOUWE KOOIJMANS, a.a.O. (Anm. 34) 167; DERS., Local Developments in a Borderland. Oudheidk. Mededelingen 57, 1976, 230, Fig. 3.

HANS-ECKART JOACHIM

Zur Vorgeschichte des Xantener Raumes II
Die Bronze- und Eisenzeit

Für die Bronze- und Eisenzeit, also die Zeit von etwa 1500 bis Christi Geburt, liegen recht umfangreiche archäologische Zeugnisse aus dem Xantener Raum vor. Sie zeigen, daß das Gebiet zu dieser Zeit vielfältige kulturelle und zivilisatorische Bezüge zu den benachbarten Räumen besessen hat. Das ist aufgrund seiner geographischen Lage auch ganz verständlich und erklärbar.

Aus der frühen bzw. älteren Bronzezeit sind vor allem einzeln als Baggerfunde geborgene Gegenstände anzuführen, die wohl ehemals Opfergaben darstellten und unbenutzt in den Rhein gelangten. Hier ist zunächst ein 62,1 cm langes Griffplattenschwert von Lüttingen zu nennen, das an der breit ausschwingenden Platte noch vier Niete zur Befestigung eines organischen Griffes aufweist (Abb. 1)[1]. Das Schwert läßt sich formenmäßig bisher keiner bekannten bronzezeitlichen Schwertgruppe zuordnen. Aus einer Kiesgrube in Vynen stammen zwei wohl älterbronzezeitliche Lanzenspitzen von 12,4 und 19,9 cm Länge, die beide eine Tüllenbohrung für die Befestigung des Holzschaftes aufweisen und von der die größere feine Linienverzierungen auf der Tülle besitzt (Abb. 2)[2].

Im Gegensatz zu diesen durch ihr Bronzematerial recht haltbaren Gegenständen sind Siedlungshinterlassenschaften, vor allem in Form von Keramik, aus der Bronzezeit allgemein im Rheinland weniger gut erhalten und somit auch schwerer nachweisbar. Nur auf systematischen Grabungen können derartige Funde besser beobachtet werden. Das gilt für eine frühbronzezeitliche Grube von Veen, die Funde der nördlicher vorkommenden Hilversum-Gruppe enthielt und die im Zuge einer Großgrabung der Jahre 1962 bis 1965 in der Flur „Kaninchenberg“ entdeckt wurde[3].

Eine viel größere Zahl an Fundstellen und Funden ist aus der nachfolgenden vorrömischen Eisenzeit bekannt, also der Hallstatt- und Latènezeit (ca. 1200 bis Christi Geburt). Am Niederrhein bezeichnet man diese Epoche auch als jüngerbronzezeitlich oder als die Zeit der Niederrheinischen Grabhügelkultur.

Neben einigen nur generell als eisenzeitlich datierbaren Komplexen von Alpen und Sonsbeck[4] sind zunächst allgemein hallstattzeitliche nennenswert. Da ist als erstes ein Bronzeschwert aus Obermörmter anzuführen, das noch 57,7 cm lang ist und den typisch gebauchten Klingenteil sowie -griff mit zungenförmigen Fortsätzen samt Nietlöchern zur Befestigung des organischen Griffes aufweist (Abb. 3)[5]. Ein nur im Klingenteil erhaltenes verwandtes Exemplar von 34 cm Länge kommt als Baggerfund aus Wardt[6]. Als hallstattzeitlich sind auch Siedlungs- und Grabfunde von Appeldorn anzusehen[7].

Wie weit die Kenntnis archäologischer Reste forschungs- und situationsbedingt ist, zeigen Befunde in Xanten und Veen. Der Xantener Raum ist ohnehin mit den ihn im Halbkreis abschirmenden Moränenhöhen als Siedlungskammer prädestiniert, wie die allein etwa 50 vorrömischen Gräber im Stadtbereich bele-

[1] C. ANKEL, Bronzeschwerter am Niederrhein. Ausgrabungen am Niederrhein. Quellenschr. z. westdt. Vor- und Frühgesch. 9 (Bonn 1974) 41 ff.; W. JANSSEN, Niederrheinische Funde der Bronzezeit aus dem Nachlaß von Rudolf Stampfuß. Ebd. 10 (Bonn 1982) 56 f.

[2] Bonner Jahrb. 183, 1983, 617 ff.

[3] H. HINZ, Die steinzeitlichen und frühbronzezeitlichen Funde der Grabung in Veen, Kreis Moers. Rhein. Ausgrabungen 15 (Köln 1974) 208 ff.

[4] Alpen: Bonner Jahrb. 186, 1986, 588. — Sonsbeck: Bonner Jahrb. 181, 1981, 530; 184, 1984, 594.

[5] I. KIEKEBUSCH, Neue Bronzeschwert-Funde aus dem Rheinland. Bonner Jahrb. 159, 1959, 8 f.

[6] ANKEL, a.a.O. (Anm. 1) 51 f.; JANSSEN, a.a.O. (Anm. 1) 65 f.

[7] Bonner Jahrb. 146, 1941, 299; 160, 1960, 446 f.

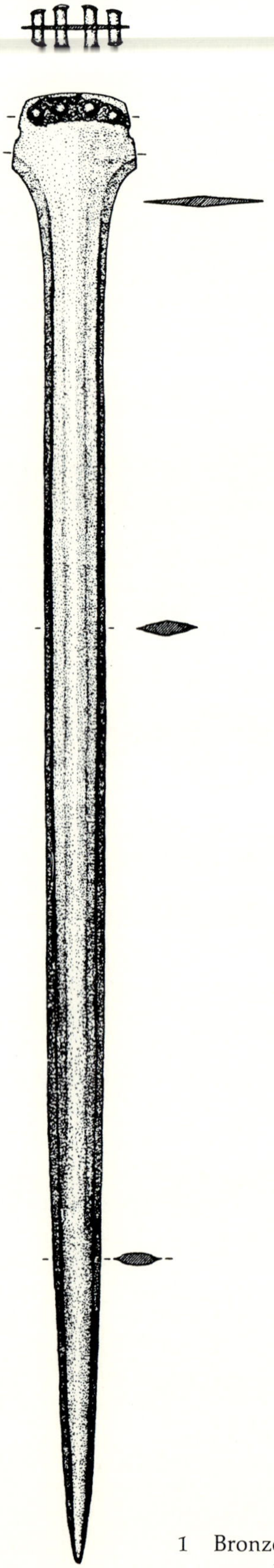

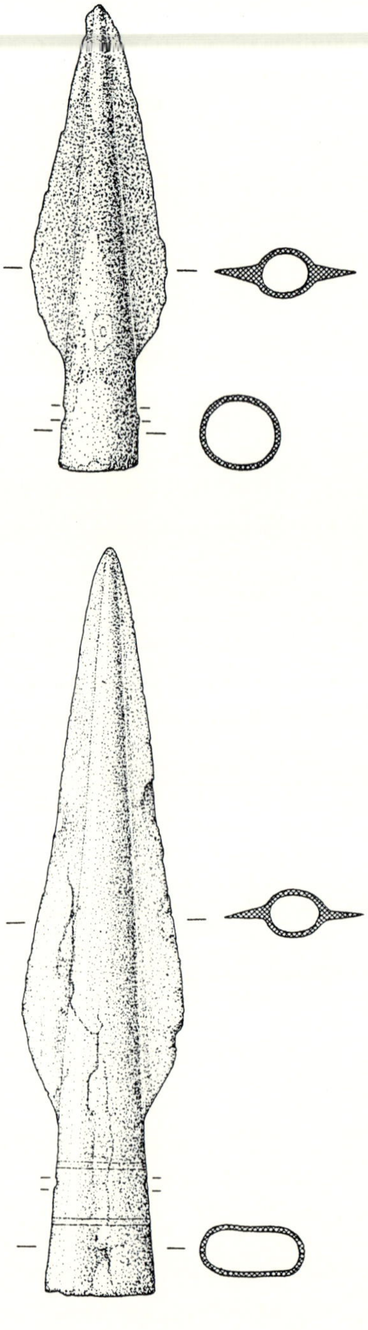

2 Bronzezeitliche Lanzenspitzen von Vynen.
Maßstab 1:2.

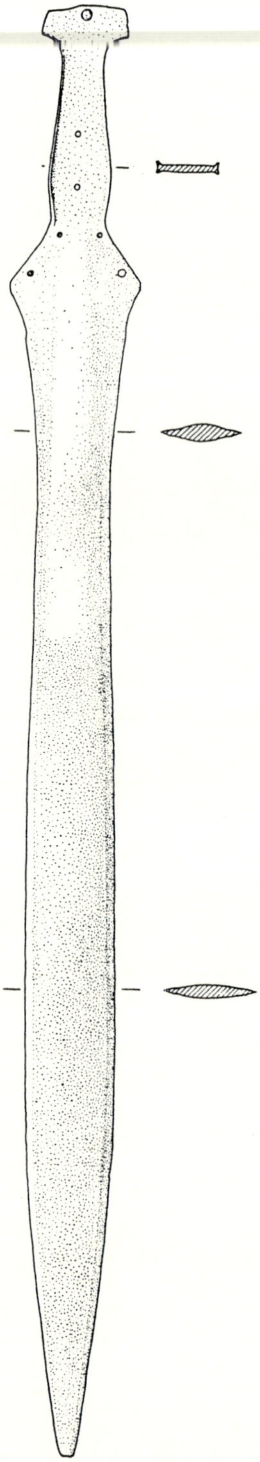

1 Bronzezeitliches Griffplattenschwert
von Lüttingen. Maßstab 1:3.

3 Hallstattzeitliches Bronzeschwert
von Obermörmter. Maßstab 1:3.

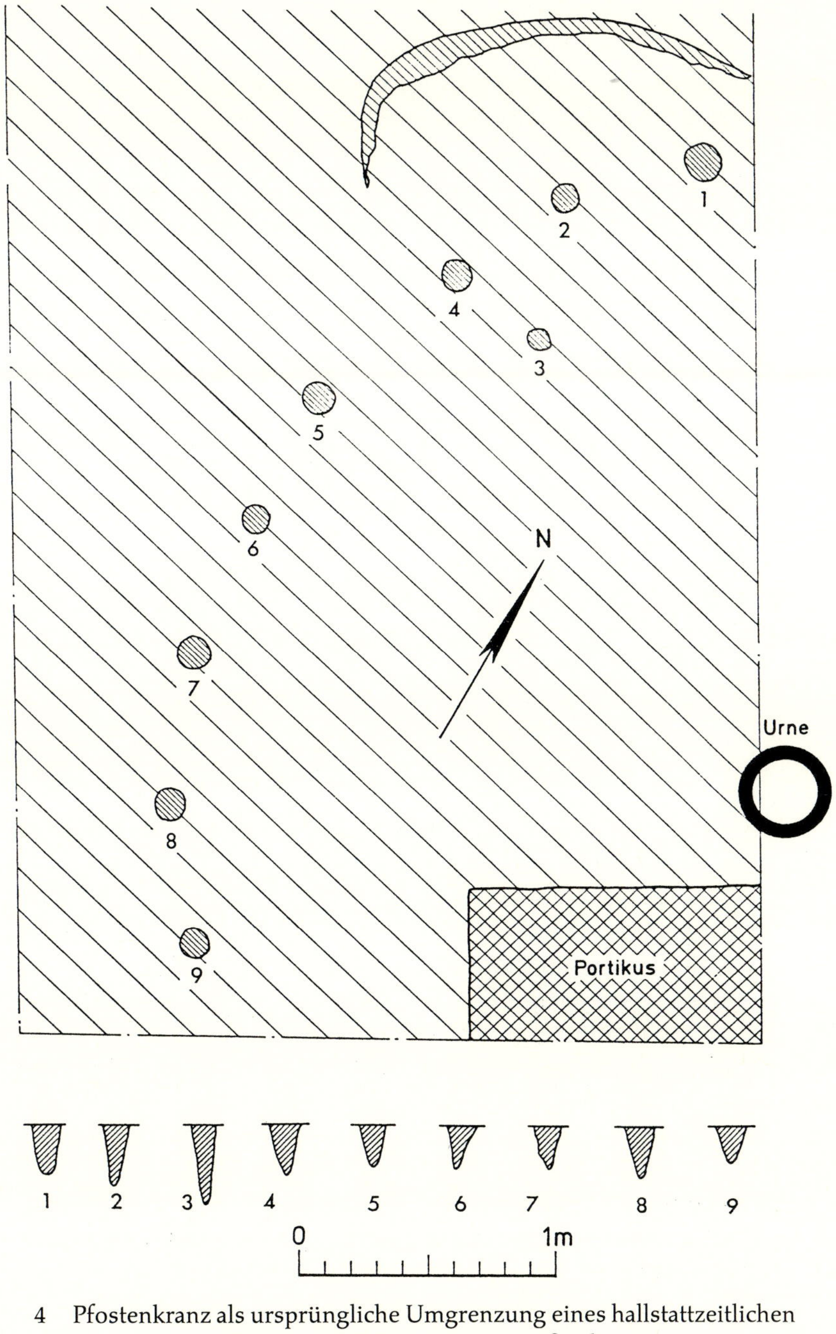

4 Pfostenkranz als ursprüngliche Umgrenzung eines hallstattzeitlichen Grabhügels im Gebiet der CUT. Maßstab 1:30.

gen[8]. Seit mindestens der Stufe Hallstatt B, vielleicht aber sogar schon seit Hallstatt A (also ab ca. 1200 v. Chr.), liegen von der Domgrabung und aus dem Gebiet der gesamten römischen Kolonie Brandgräber vor, die unterschiedliche kulturelle Ausprägungen besitzen. Für die Bestattungen im Domareal ist wahr-

[8] H. HINZ, Funde vorrömischer Zeit aus dem Gebiet der CUT nördlich von Xanten. Rhein. Ausgrabungen 15 (Köln 1974) 347 ff., 373; Bonner Jahrb. 184, 1984, 319; F.W.V. SCHMIDT, Ein Gräberfeld der späten Bronzezeit und der vorrömischen Eisenzeit unter dem Forum der Colonia Ulpia Traiana (CUT) bei Xanten. Ausgrabungen im Rhld. 1983/84 (Bonn 1985) 98 ff.; C. BRIDGER u. F. SIEGMUND, Hallstattzeitliches aus Xanten. Bonner Jahrb. 187, 1987, 373 ff; U. V. PRITTWITZ u. GAFFRON, Ein Grab der älteren Eisenzeit aus der Colonia Ulpia Traiana. Arch. im Rhld. 1987, 52 f.

scheinlich, daß sie exponiert am unmittelbaren Rand der Niederterrasse nahe am Rheinstrom lagen, während diejenigen im Bereich der nachmaligen römischen Kolonie auf einem breiten sattelförmigen Niederterrassenrücken angelegt worden sind, hier überwiegend aber bei den Planierungsarbeiten für die ersten römerzeitlichen Bauten zerstört wurden[9]. Da auch eisenzeitliche Siedlungsreste zutage gekommen sind, ist eine allgemein siedlungsgünstige rheinnahe Lage beider Plätze anzunehmen. Soweit erkennbar, dürften die hallstattzeitlichen Gräber ursprünglich unter Hügeln gelegen haben, wie vor allem Pfostenkränze um zwei Gräber nahelegen (Abb. 4)[10]. Die erhaltene Grabkeramik weist zwar Bezüge zu südlicheren Hallstattformen auf, ist aber vor allem von der am Niederrhein vorherrschenden Nordwestlichen Gruppe der frühen Eisenzeit sowie auch westfälischen Ausprägungen der Zeit Hallstatt B bis C beeinflußt (Abb. 5—6; ca. 800—600 v. Chr.).

Die genannten Siedlungsspuren sind vor allem deshalb von Wichtigkeit, weil es sich um Reste kleiner wandlastiger Gebäude mit und ohne Firstsäulen handelt, die zu Vielhausgehöften gruppiert waren. Die Gebäude für Wohnung, Stallung und Speicherung waren also einzeln als zusammengehörige Gehöftgruppe errichtet, eine Hausform, die als Standardtyp südwärts ab etwa der Linie Rhein-Maas-Mündung/Münster/Westfalen zur Bronze- und Eisenzeit im Rheinland verbreitet war und erst in römischer Zeit verschwand[11].

Neben den Xantener Eisenzeitfunden haben vor allem Grabungen in dem schon in Zusammenhang mit einer frühbronzezeitlichen Grube genannten Veener Friedhof am „Kaninchenberg" wichtige überregionale Erkenntnisse erbracht[12]. Das auf einem flachen Niederterrassenrücken gelegene, in eine Ost- und Westhälfte geteilte Gräberfeld erbrachte an die 190 Bestattungen. Neben Grabhügeln — zum Teil mit Kreisgrabeneinfriedungen — existierten Flachgräber, die die verbrannten menschlichen Überreste samt Beigaben enthielten (Abb. 7). Während Hügelbestattungen im gesamten Areal vorkamen, waren die Urnengräber mehr im Osten, Brandgruben und Leichenbrandnester mehr im Westen feststellbar. Dies hat offenbar mit der Belegungsrichtung im Gräberfeld zu tun, denn von einem Kernbereich im Osten ausgehend erfolgte die Belegung der Nekropole in Richtung Westen, wo ja vor allem auch die jüngeren Leichenbrandnester vertreten sind. Auch die Beigaben zeigen das recht deutlich. Während früheste Hallstatt B-Funde und Urnen der Stufe Hallstatt C (Abb. 8; 7. Jahrhundert v. Chr.) im Osten liegen, kommen latènezeitliche Glasringe (2. bis 1. Jahrhundert v. Chr.) nur in Gräbern des Westbereichs vor, wo auch Metallfunde und Kleingefäße häufiger vertreten sind. Diese bisher in keinem anderen niederrheinischen Eisenzeit-Gräberfeld erlangten Ergebnisse ergänzen die am Xantener Material gewonnenen Einsichten zu den vorrömischen Metallzeiten in willkommener Weise. Auch hier sind neben recht starken südlichen Kultureinflüssen vor allem nordwestlich-niederrheinische wie westfälische wirksam, die vorrangig das Aussehen der Tongefäße geprägt haben.

Mit den jüngsten Bestattungen in Veen sind wir bis in die Mittel- und Spätlatènezeit (2.—1. Jahrhundert v. Chr.) gelangt, für die es wiederum vor allem aus Xanten Belege gibt, sieht man von ein paar Befunden vom Monreberg in Kalkar und aus Wardt sowie Vynen ab[13].

Eine systematische Durchsicht der Keramik aus den Grabungen der Colonia Ulpia Traiana hat ergeben, daß H. von Petrikovits bereits 1936 im Bereich des Amphitheaters einheimische Tonware unter der römischen vermerkte. H. Hinz nannte weitere im Jahre 1974, und 1985 wurde ein Spätlatènegrab bekanntgegeben (Abb. 9)[14].

[9] C. B. RÜGER in: H. G. HORN (Hrsg.), Die Römer in Nordrhein-Westfalen (Stuttgart 1987) 626.

[10] HINZ, a.a.O. (Anm. 8) 349 ff.; SCHMIDT, a.a.O. (Anm. 8) 98.

[11] HINZ, a.a.O. (Anm. 8) 368 ff.; H.-E. JOACHIM, Ländliche Siedlungen der vorrömischen Eisenzeit im rheinischen Raum. Offa 39, 1982, 158.

[12] H. HINZ, Die Ausgrabungen auf dem Friedhof der vorrömischen Eisenzeit von Veen, Kreis Moers. Rhein. Ausgrabungen 15 (Köln 1974) 243 ff.

[13] Kalkar: Bonner Jahrb. 182, 1982, 472. — Wardt: Ebd. 186, 1986, 594. — Vynen (2960/013): Zwei vielleicht jüngereisenzeitliche eiserne Lanzenspitzen von 21 u. 26,2 cm Länge (unpubl.).

[14] HINZ, a.a.O. (Anm. 8) 361; SCHMIDT, a.a.O. (Anm. 8) 98. — Die Keramik ist unpubliziert; eine Veröffentlichung ist in Vorbereitung.

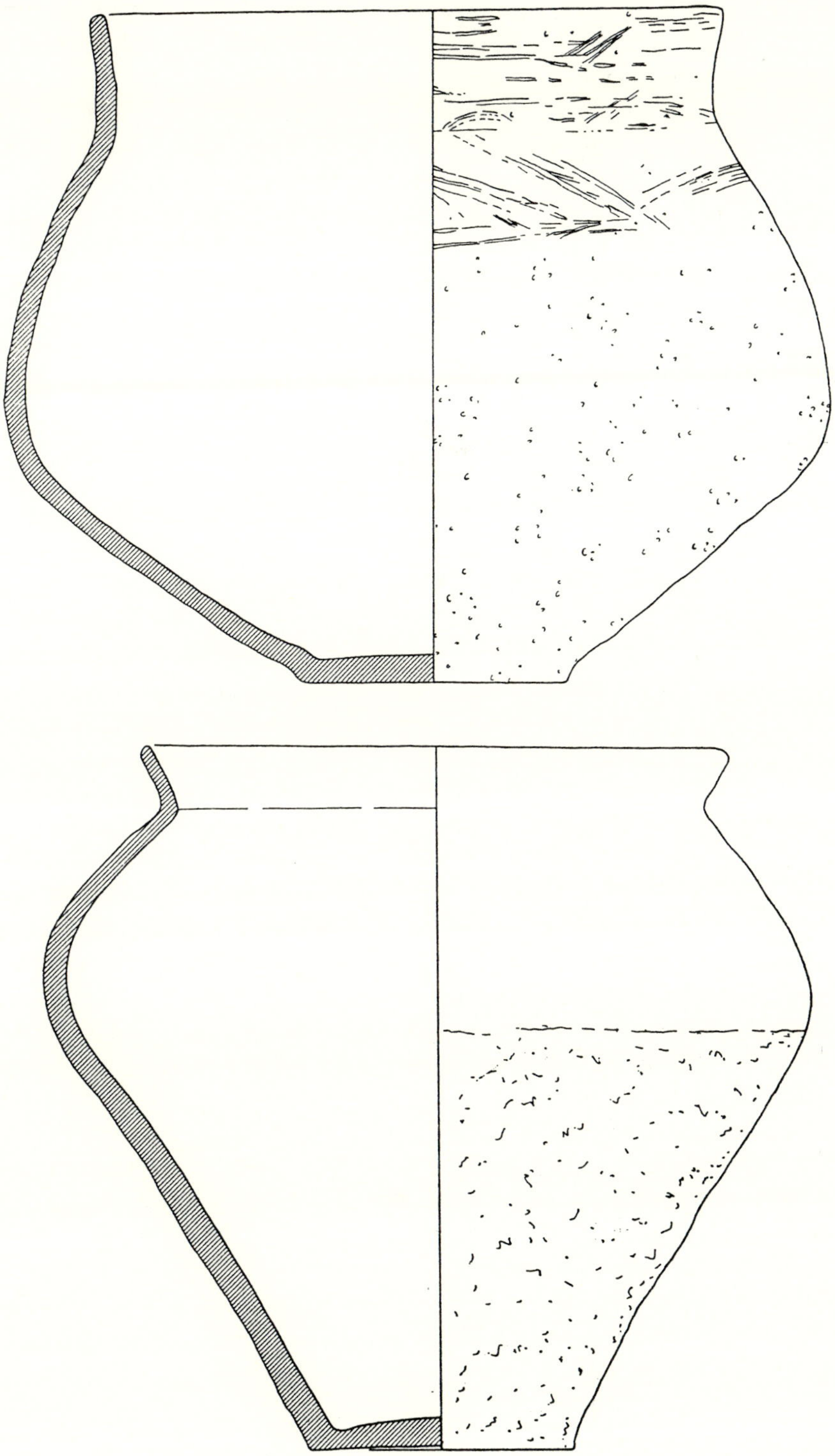

5 Hallstattzeitliche Grabgefäße im Gebiet der CUT. Maßstab 1:3.

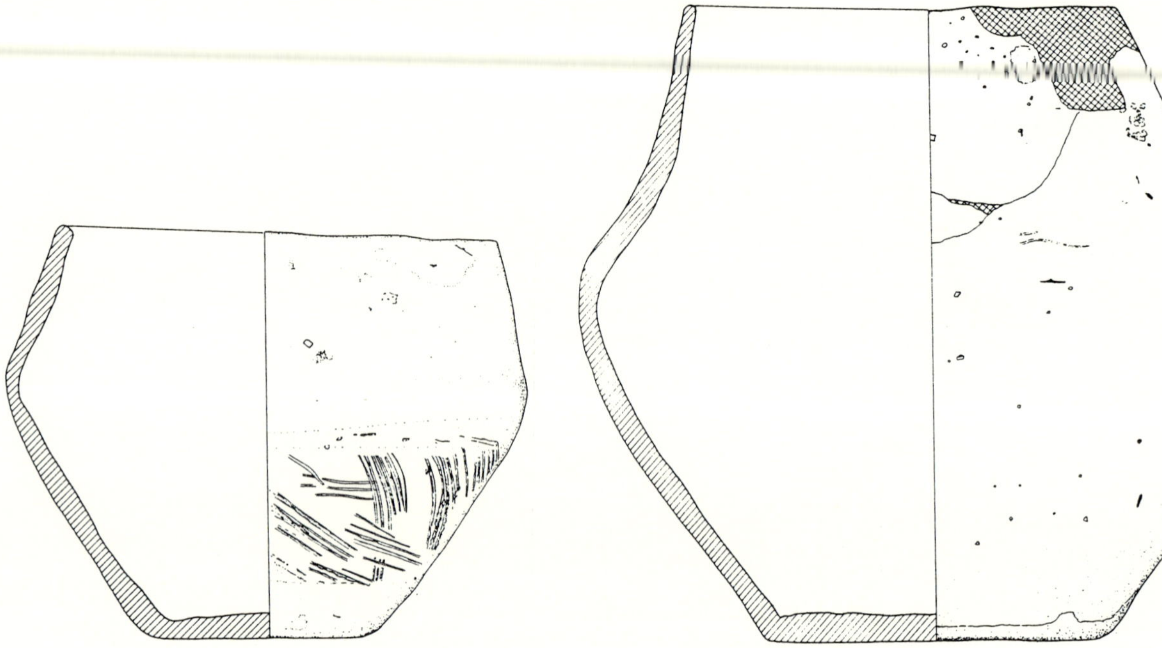

6 Doppelkonische Hallstattgefäße im Gebiet des Xantener Doms. Maßstab 1:3.

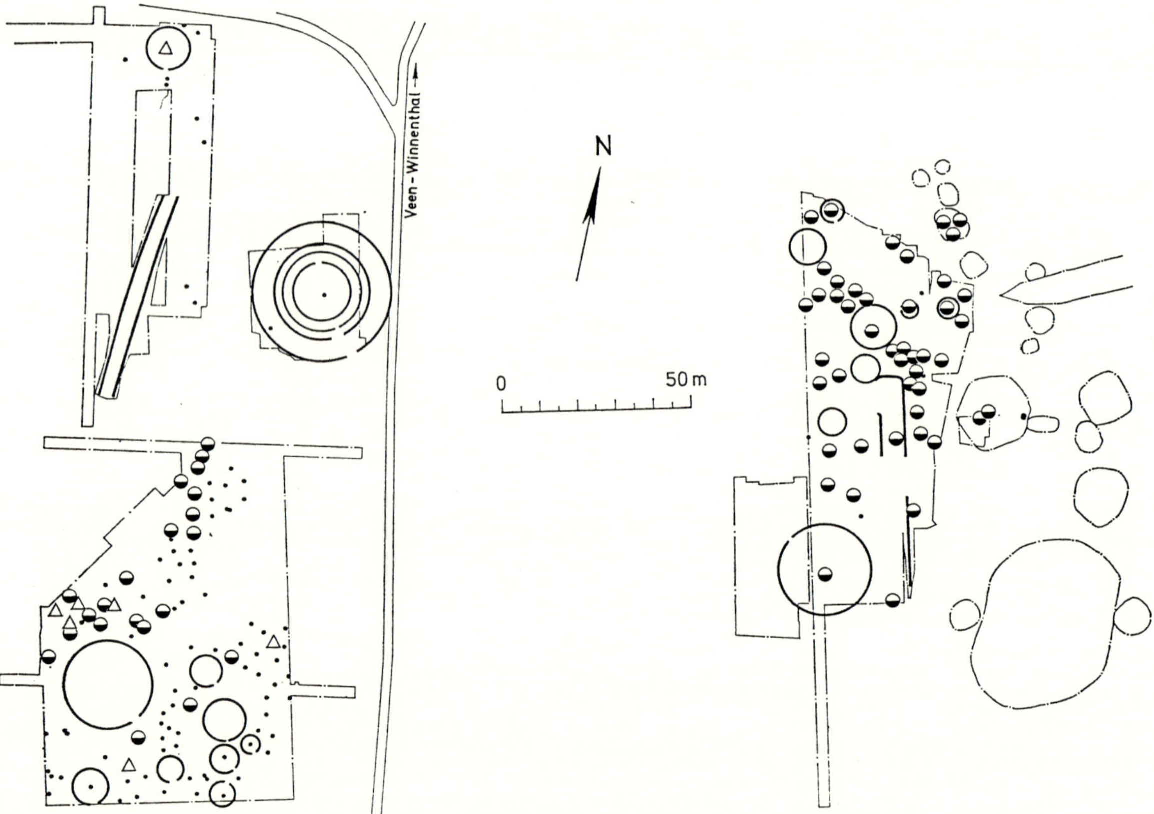

7 Plan des Veener Friedhofes mit Eintragung der Grabeinfriedungen der Hügel und Angabe der Urnengräber (gefüllte Kreise), Brandgruben (Dreiecke) und Leichenbrandnester (Punkte). Maßstab 1:2000.

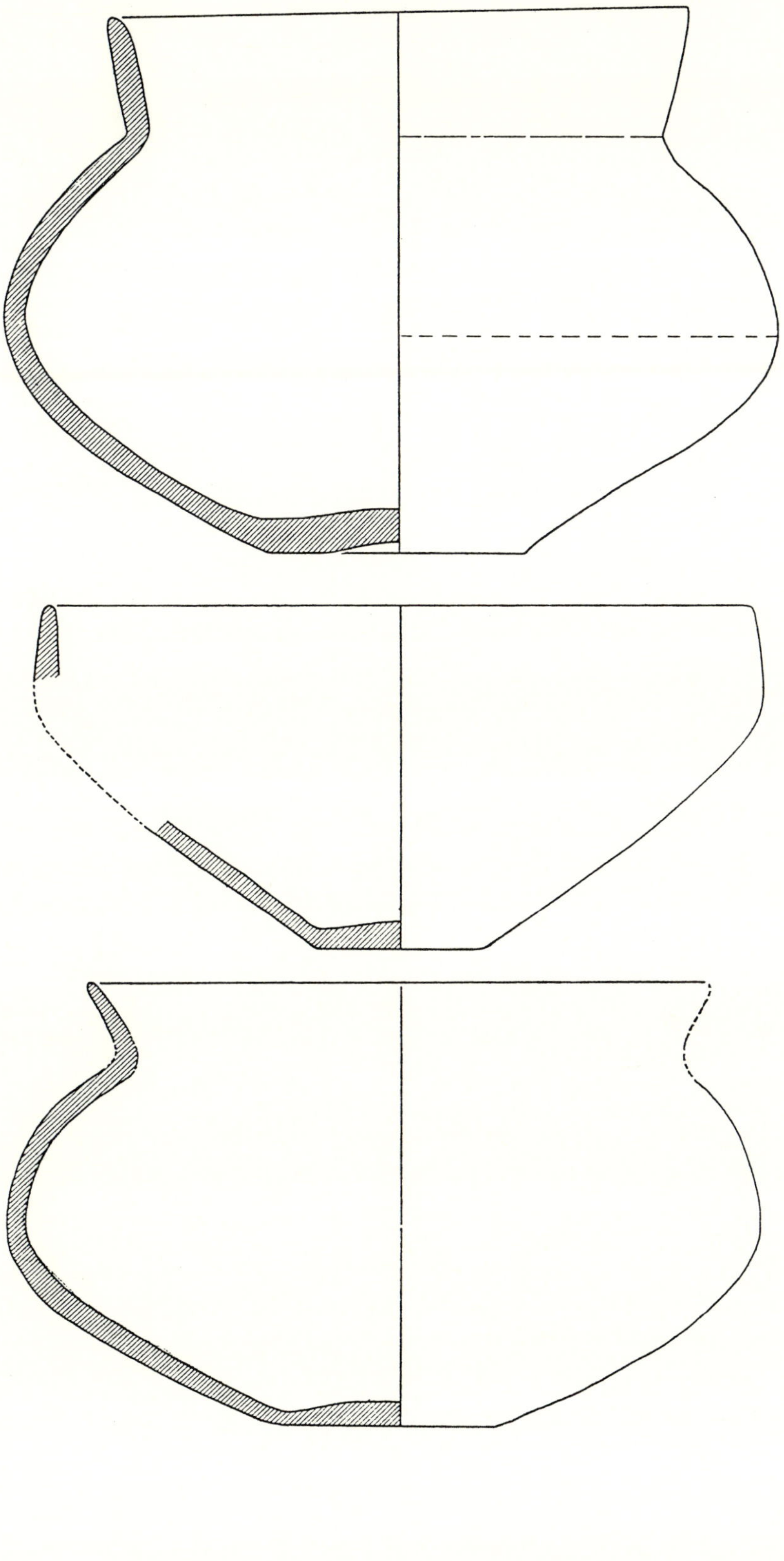

8 Hallstattzeitliche Keramik aus Veener Gräbern. Maßstab 1:3.

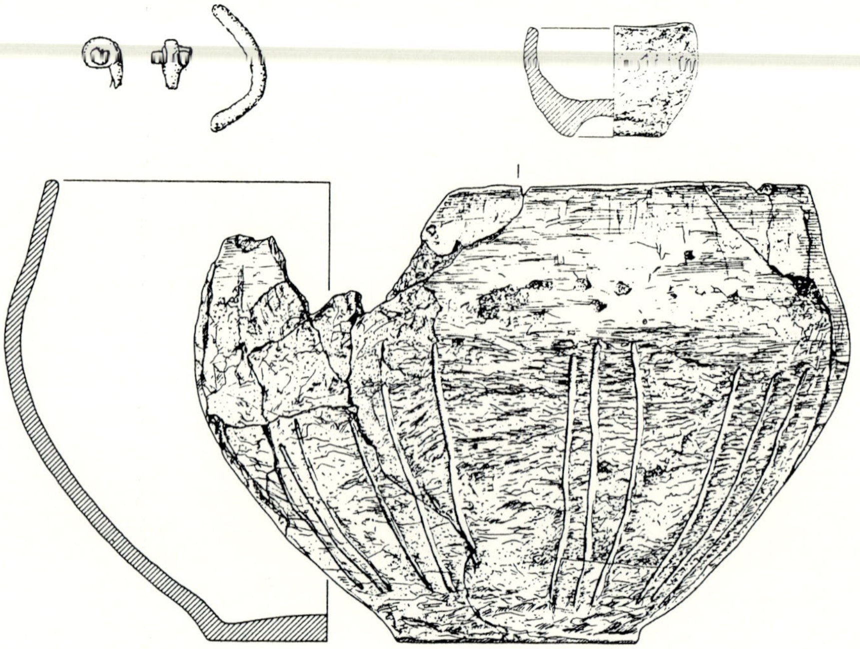

9 Inhalt eines Spätlatènegrabes im Gebiet der CUT. Fibel: Maßstab 1:1, Gefäße: Maßstab 1:3.

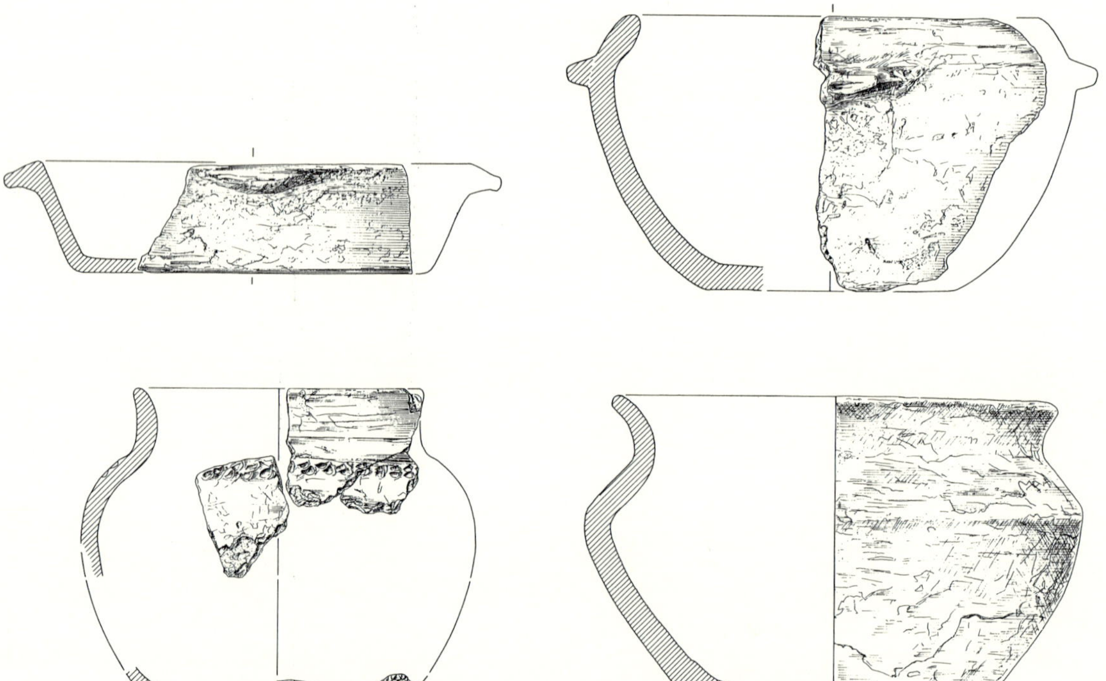

10 Einheimisch-römische Keramik im Gebiet der CUT. Maßstab 1:3.

Die Grabungen im Herbergs- und Hafenbereich erbrachten neuerdings in meist nicht vorrömischem Fundverband vorcoloniazeitliches Material. Eine erste Durchsicht erlaubt bereits jetzt schon interessante Aussagen. Es liegt nämlich Keramik vor, die spätestlatènezeitlich scheint und bis in spättiberisch-claudische Zeit läuft, entsprechend identischer Funde im rechtsrheinischen Lippe-Mündungsgebiet. Die meist hochglänzend braune bis schwarze, teils oberflächenpolierte Tonware setzt sich u. a. aus Gefäßen mit Einstichmustern, Tellern und Schalen mit Lappengriffen[15] sowie dolienartigen Exemplaren zusammen (Abb. 10). Es scheint, daß hier sogenannte batavische Keramik vorliegt, ja sogar westfriesische Einflüsse aus dem Cananefatengebiet vorkommen[16]. Es ist denkbar, daß es sich hier um eine Keramik handelt, die den Cugernern oder Cibernern zuzusprechen ist[17]. Damit sieht es also so aus, als habe es zwar keine eindeutige latènezeitliche Vorgängersiedlung auf dem Niederterrassenrücken der nachmaligen römischen Kolonie gegeben, wohl aber eine einheimisch-römische Niederlassung, deren Träger als Übersiedler vom rechten Rheinufer anzusehen sind und die in der Tat aufgrund des vorhandenen Keramikspektrums starke Bezüge zur gegenüberliegenden Rheinseite besaßen. Das würde die historische Überlieferung stützen, nach der 40 000 unterworfene Germanen ab 1 n. Chr. auf das linke Rheinufer umgesiedelt worden sind[18]. Als Teilstamm der Sugambrer ging das Gebiet der genannten Ciberner bis zur holländischen Küste, was die oben genannten keramischen Bezüge durchaus belegen könnten.

Wie aber die Gebäude dieser ersten Generation von 'Neusiedlern' in Xanten aussahen und wie sich das Verhältnis zu nahebei gelegenen römischen Garnisonen in Vetera einerseits, zu römischen Händlern andererseits gestaltete, bleibt noch weitgehend ungeklärt.

[15] Eine solche Schale kam 1947 auch am Amtsgericht zutage: Bonner Jahrb. 177, 1977, 702.

[16] J. H. F. BLOEMERS, Rijkswijk (Z. H.). 'De Bult'. Eine Siedlung der Cananefaten. Nederlandse Oudheden 8, 1978, 99 ff. Abb. 35.

[17] RÜGER, a.a.O. (Anm. 9) 626 f.

[18] RÜGER, a.a.O. (Anm. 9) 626. — Kursorischer Überblick zur Bronze- und Eisenzeit neuerdings auch bei: G. GERLACH, Zur Vorgeschichte des Xantener Raumes — ein museumspädagogisches Projekt des Niederrheinischen Altertumsvereins Xanten. Arch. im Rhld. 1988, 22 ff.

NORBERT HANEL

Vetera I und der Beginn der römischen Herrschaft am Niederrhein

Geht man heute über das Gelände des Fürstenberges, eines Stauchwalles aus der Saaleeiszeit vor ca. 220 000 Jahren, rund 2 km südlich von Xanten, so gibt es im Grunde mit Ausnahme des Birtener Amphitheaters keine obertägigen Reste, die den Besucher auf die Bedeutung dieses für die Geschichte des gesamten Xantener Raumes und auch des rechtsrheinischen Gebietes entscheidenden Platzes aufmerksam machen würden; ein Platz, auf dem mehr als 10 000 Menschen – in der überwiegenden Mehrzahl Soldaten – gleichzeitig lebten und auf dem zumindest in der Endphase Bauten errichtet waren, die denen der späteren Colonia Ulpia Traiana kaum nachstanden.
Im folgenden soll ein kurzer Abriß der historischen Entwicklung dieses Fundplatzes Vetera I gegeben werden, der in erster Linie durch die langjährigen Ausgrabungen der beiden Leiter des ehemaligen Provinzialmuseums Bonn (Vorgänger des heutigen Rheinischen Landesmuseums) Hans Lehner und Franz Oelmann von 1905 bis 1933 in den Grundzügen bekannt wurde. Soweit wir wissen, war die Wichtigkeit von Vetera castra aber bereits am Anfang des 16. Jahrhunderts durch Stephanus Pighius erkannt worden; erste Grabungen erfolgten dann durch den Niederrheinischen Altertumsverein Xanten mit Paul Steiner, die allerdings bei der enormen Größe des Geländes nur geringe Einblicke erlaubten. Nach den Untersuchungen von H. Lehner und F. Oelmann, die durch den Beginn der Nationalsozialistischen Machtergreifung ein Ende fanden, brach die systematische Erforschung der militärischen Anlagen auf dem Fürstenberg ab. Nach dem 2. Weltkrieg stand das Gelände der Colonia Ulpia Traiana im Mittelpunkt des Interesses; nur wenige Untersuchungen betrafen Vetera I. Zu nennen sind jedoch die Überfliegungen durch Walter Sölter in den 60er und 70er Jahren, dessen Luftaufnahmen neue Strukturen der römischen Lager sichtbar werden ließen. Schließlich wurden in einer 1987 vom Verfasser abgeschlossenen Dissertation die zahlreichen Funde aus den Grabungen Lehners und Oelmanns aufgearbeitet mit dem Versuch, die Geschichte der Militärlager von Vetera I zu umreißen.
Der eigentliche Beginn der römischen Herrschaft am Niederrhein fällt in die frühe Regierungszeit des Kaisers Augustus; gleichwohl waren die Weichen der Okkupation bereits unter seinem Adoptivvater C. Iulius Caesar gestellt, der innerhalb von 8 Jahren Gallien in das römische Imperium einverleibte. Bis dahin beschränkte man sich in Rom darauf, eine Zone im heutigen Südfrankreich entlang der Mittelmeerküste unter Kontrolle zu halten, um die Verbindung zu den hispanischen Provinzen und ihren reichen Metallvorkommen zu sichern. Die militärischen Aktivitäten Caesars nördlich dieses Küstenstreifens zwischen den Jahren 58 und 51 v. u. Z. dienten in erster Linie innenpolitischen Zielen; er baute als Statthalter (proconsul) der Gallia Cisalpina (Norditalien), Illyricums und schließlich der Gallia Narbonensis konsequent seine militärische Position besonders gegenüber seinem Rivalen Gnaeus Pompeius und den Optimaten in Rom aus. Faktisch bedeuteten die Feldzüge Caesars, die ihn zweimal (55 und 53 v. u. Z.) an den Mittelrhein führten, die Besiegung wichtiger gallischer und germanischer Stämme; theoretisch wurde ganz Gallien als dem römischen Reich einverleibt angesehen. Die politische Entwicklung in Italien (Bürgerkriege Caesars gegen Pompeius, sodann Octavians, des späteren Kaisers Augustus, gegen Marcus Antonius, die sich immerhin über 2 Jahrzehnte hin erstreckten) erlaubte es nicht, wie üblich ein dichtes römisches Verwaltungsnetz über Gallien zu legen und den Integrationsprozeß der einheimischen Stämme zu vollziehen. Folglich kann man davon ausgehen, daß die keltisch-germanische Bevölkerung am Niederrhein unmittelbar nach den Jahren der caesarischen Feldzüge noch in Unabhängigkeit lebte. Sowohl die

historische Überlieferung, die uns lediglich aus der Sicht der römischen Geschichtsschreiber bekannt ist, als auch die archäologischen Hinterlassenschaften geben allenfalls kurze Einblicke für diesen Zeitabschnitt. So war 39-38 v. u. Z. Marcus Vipsanius Agrippa — Freund und Feldherr des Augustus — mit der verwaltungsmäßigen Strukturierung Galliens beauftragt worden. Ob auch der Niederrhein von diesen Maßnahmen betroffen wurde, läßt sich zur Zeit noch nicht klären. Es hat den Anschein, als ob die Rheinzone öfters von mehr oder weniger heftigen Auseinandersetzungen zwischen römischen Truppen und den über den Strom nach Westen angreifenden germanischen Stämmen heimgesucht wurde; solche Kampfhandlungen lassen sich für die Jahre 37, 29 und 25 v. u. Z. belegen. Ein wichtiges Ereignis stellt in diesem Zusammenhang die Umsiedlungsaktion der romfreundlichen Ubier auf das linke Rheinufer bei Köln dar; ihr ehemaliges Siedlungsgebiet lag im Rechtsrheinischen gegenüber dem Neuwieder Becken. Durch die Vernichtung der Eburonen war ein Siedlungsvakuum am linken Niederrhein entstanden, das nun durch den Ubierstamm ausgefüllt wurde, zumal die ihnen gegenüber wohnenden Sugambrer öfters den Rhein auf der Suche nach Beute überquerten. Der Interessenkonflikt zwischen der sich in Ostgallien etablierenden römischen Staatsmacht und den rechtsrheinischen Germanen gipfelte im Jahre 16 v. u. Z. in der Niederlage des römischen Feldherrn M. Lollius mit dem Verlust einer Legion durch die Sugambrer. Diese Niederlage zeigt mit aller Deutlichkeit, daß römische Truppen im linksrheinischen Gebiet operierten. Eventuell gehört das früheste Lager von Neuss in diese Zeit. Der bis dahin anscheinend relativ verhalten vorgenommene Romanisierungsprozeß wird ab diesem Zeitpunkt mit massiven militärischen Operationen fortgesetzt. Zuvor sicherten die Stiefsöhne des Augustus — Drusus und Tiberius — durch die Alpenfeldzüge und die Besetzung der Alpenpässe die direkte Verbindung Nordgallien-Italien, so daß sich ab 12 v. u. Z. die römische Heeresführung allein den rechtsrheinischen Germanenstämmen zuwenden konnte. Zu diesem Zweck wurden die römischen Truppen am linken Rheinufer konzentriert. Neben Mainz, Bonn, Moers-Asberg und Nijmegen gehört hierzu die zeitlich früheste, durch die Ausgrabungen erfaßte Anlage B auf dem Fürstenberg (Abb. 1, B). Aufgrund der Tatsache, daß in den folgenden Jahrzehnten an ungefähr gleicher Stelle sich weitere Militärlager ablösten, sind naturgemäß die ältesten Überreste durch die Überbauung zerstört worden. So kennen wir lediglich einen rund 100 m langen geraden Abschnitt des westlichen Grabens mit Toranlage; parallel dazu ist das von Gebäuden freie Intervallum mit umlaufender Lagerstraße anzunehmen. Welche Einheiten das Lager Vetera in dieser Zeit belegten und welche Stärke sie hatten, muß offen bleiben. Für die ab 12 bis ins Jahr 8 v. u. Z. jährlich ins Rechtsrheinische unternommenen Feldzüge, die den Oberkommandierenden Drusus bis zur Nordsee und an die Elbe führten, muß mit zeitweiser Truppenreduzierung in den Rheinlagern gerechnet werden. Ein Ergebnis dieser militärischen Operationen war die Unterwerfung des Sugambrerstammes, dessen Überlebende, ca. 40 000 Menschen, auf das linke Rheinufer — sehr wahrscheinlich im Umfeld von Vetera — zwangsumgesiedelt wurden. Dabei unterstanden sie der direkten Kontrolle der auf dem Fürstenberg stationierten Einheiten. In die Zeit unmittelbar nach diesen Feldzügen fällt sehr wahrscheinlich die Anlage von Töpferöfen im Bereich des obengenannten Intervallum; das hier produzierte Keramikmaterial versorgte die Legionäre mit dem nötigen Trink- und Eßgeschirr sowie kleinen Öllämpchen. In der Folgezeit, d. h. nach dem Tod des Drusus und der Kommandoübernahme durch seinen Bruder Tiberius, trat im Rheinland eine gewisse Ruhe ein; die Kämpfe beschränkten sich auf das rechtsrheinische Germanien, das jetzt zu einer neuen Provinz ausgebaut werden sollte. Die Rheinlager und somit auch Vetera castra dienten als Versorgungsbasen für die weiter vorgeschobenen Militäranlagen. Die schriftlichen und archäologischen Quellen schweigen allerdings in dieser Phase gänzlich.

Als 9 u. Z. P. Quinctilius Varus als Statthalter in Germanien durch den Cherusker Arminius eine vernichtende Niederlage erlitt, wurde die Militäranlage auf dem Fürstenberg Auffang- und Sammellager der geschlagenen römischen Truppenreste. Ein Schlaglicht dieser Niederlage wirft der Grabstein des Centurio M. Caelius, dessen Bestattungsplatz vermutlich als Kenotaph (Leergrab) in der Nähe von Xanten von seinem Bruder angelegt wurde.

Da die aufständischen Germanen nicht gegen die verbliebenen römischen Truppen links des Rheins vorgingen, gelang es der römischen Militärführung unter Tiberius, zunächst das diesseitige Rheinufer zu

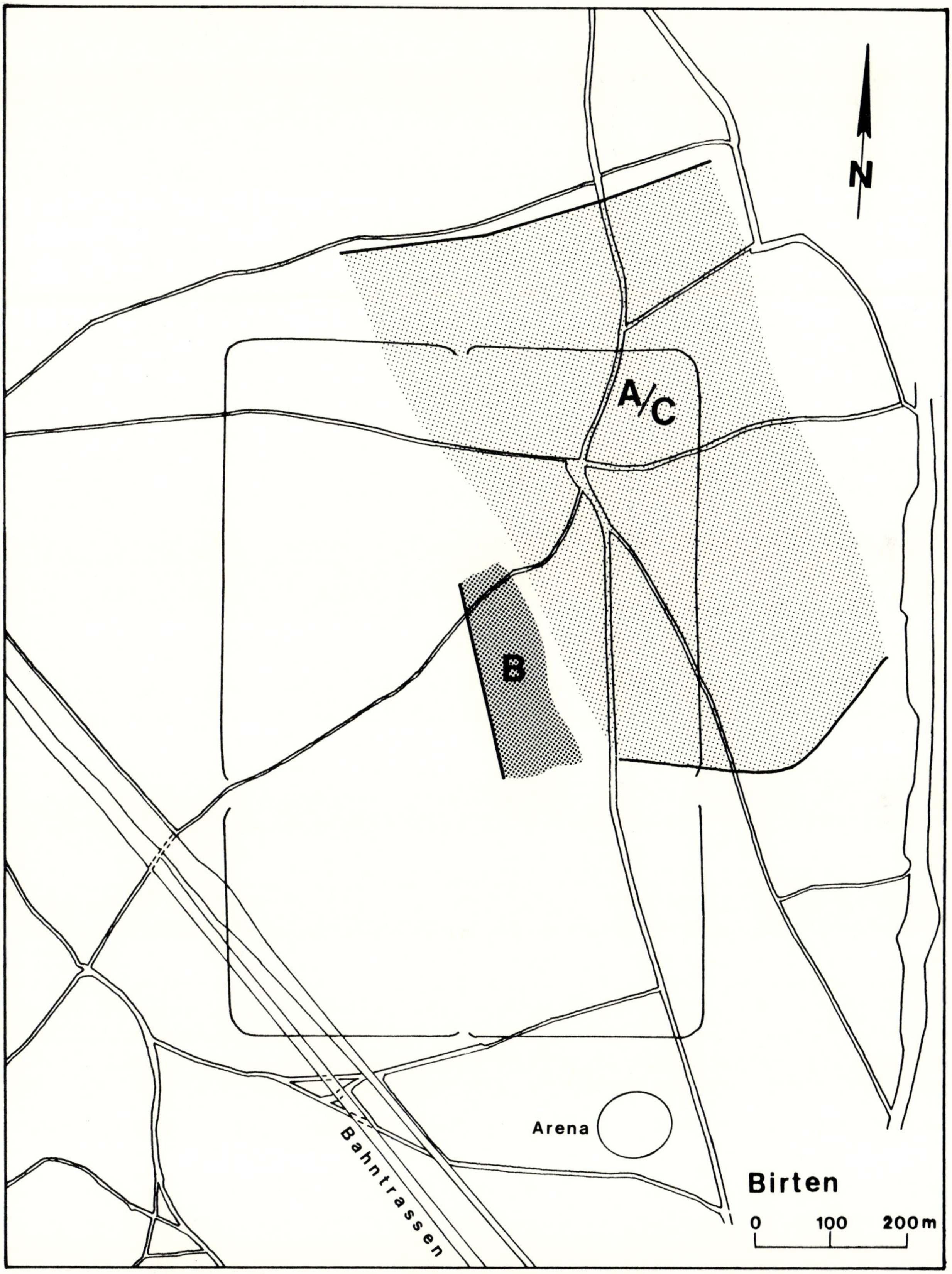

1 Vetera I. Situationsplan der Militärlager B und A/C auf dem Fürstenberg.

kontrollieren und Verstärkungen heranzuführen. Diese neuen Legionen, unter denen sich vermutlich die kampferprobte legio V Alaudae befand, wurden in den alten Basislagern am Rhein einquartiert. In Vetera castra bestand wohl zu diesem Zeitpunkt nach Ausweis des Fundmaterials das Lager A/C (Abb. 1, A/C) bzw. wurde eventuell sogar neuangelegt. Auch diese Militäranlage ist uns nur skizzenhaft bekannt; obwohl wir Teile der Nordumwehrung mit Graben und Holzerdemauer auf eine Länge von 510 m fassen können und mit der Bezeichnung C die entsprechende Südostecke kennen, bleibt der genaue Umfang unbekannt. Trotzdem wird man von einem Zweilegionenlager ausgehen müssen, das von den beiden — seit 14 u. Z. schriftlich bezeugten — Einheiten der 5. und 21. Legion belegt wird. Ebenso ist die Innenstruktur dieses Lagers kaum erforscht. Lediglich auf Luftaufnahmen zeichnen sich einige der typischen Mannschaftsbaracken sowie Straßenzüge mit Abwasserkanälen ab. Sehr wahrscheinlich gingen von hier die militärischen Unternehmen des Tiberius aus, die dieser nach der Varusniederlage über den Rhein in das rechtsrheinische Germanien durchführte, ohne jedoch greifbare Erfolge zu erzielen. Als er im Jahre 12 u. Z. das Oberkommando über die Rheinarmeen an Germanicus, den Sohn des Drusus, übertrug, brachte diese Maßnahme letztendlich auch nicht die Wende. Im Gegenteil, der Tod des Augustus im Jahre 14 war der Anlaß für eine Meuterei der römischen Truppen, die nur mit großer Mühe unterdrückt werden konnte. Beteiligt waren an dieser Meuterei die beiden Vetera-Legionen V und XXI, die anscheinend kurzfristig in Neuss (Novaesium) lagen. Möglicherweise hatte diese Heeresrevolte, die sich u. a. gegen die Hauptleute (Centurionen) richtete, auch Auswirkungen im Stammlager auf dem Fürstenberg; dies könnte ein kleiner Münzhort aus 28 Bronzemünzen andeuten. Teils zur Ablenkung der rebellischen Truppen, teils in Nachahmung der Feldzüge seines Vaters führte Germanicus in den folgenden 2 Jahren z. T. weitreichende Vorstöße in das rechtsrheinische Gebiet durch, die ihn bis zur Ems und Weser brachten. Eine Herstellung der Situation wie vor 9 u. Z. war ohne größeren Aufwand jedoch nicht möglich. Tiberius, jetzt Kaiser in Rom, erkannte die Situation und befahl die Einstellung der militärischen Operationen. Gleichzeitig hatte er Furcht, daß sein Neffe mit der in Niedergermanien geballten Heeresmacht ein für ihn gefährlicher Gegner werden könnte. Mit dieser dirigistischen Maßnahme wurden sämtliche römischen Truppen mit der Ausnahme des Lagers Velsen an der niederländischen Nordseeküste auf die Rheinlinie zurückverlegt, die damit für lange Zeit die Grenze zwischen dem eigentlichen römischen Reichsgebiet und dem sogenannten 'freien' Germanien wurde.

Auf dem Fürstenberg werden sich die Soldaten in einem kontinuierlichen Prozeß immer mehr auf die dauerhafte Stationierung eingerichtet haben; leider haben uns die alten Ausgrabungen in dieser Hinsicht nur wenige Anhaltspunkte geliefert. Unterbrochen wurde der Dienstalltag lediglich durch die Ereignisse des Jahres 21, als innergallische Stämme wegen allzu hoher Abgaben rebellierten. Die erfolgreiche Niederwerfung gelang u. a. mit Einheiten aus Vetera. Sieben Jahre später galt es, eine Erhebung der Friesen zu unterdrücken; auch bei diesem — für Rom anscheinend wenig erfolgreichen — Unternehmen waren Xantener Legionäre beteiligt.

Das Ende des Lagers A/C kann archäologisch nur vage datiert werden; die Funde erlauben eine Datierung in das 3. oder 4. Jahrzehnt nach der Zeitenwende, wobei eine Brandschicht dieses Ende markiert. Vorerst müssen jedoch die Gründe für dieses Feuer im Unklaren bleiben. Abgelöst wird die Anlage A/C durch ein Lager K, von dem allein die Südwestecke der Umwehrung nachgewiesen wurde (Abb. 2, K). Spuren der Innenbebauung haben die Ausgrabungen nicht ans Tageslicht gebracht. Es gibt derzeit nichts, was gegen ein Zweilegionenlager sprechen würde, so daß weiterhin mit einer Belegung durch die für das Vorgängercamp A/C bezeugten Legionen V und XXI zu rechnen ist.

Eine tiefgreifende Änderung erfolgte am Beginn der Regierungszeit des Kaisers Claudius. Durch sein großes Unternehmen, die Eroberung Britanniens, wurden Truppenverschiebungen im Nordwesten des römischen Reiches notwendig, die auch den Militärstützpunkt auf dem Fürstenberg betrafen. Eine der Stammlegionen in Vetera, die legio XXI Rapax, mußte das Lager von Vindonissa (Nordschweiz) beziehen, während die 5. Legion weiterhin am Ort blieb. Gleichwohl beließ man es nicht bei der Reduzierung, sondern hielt die Sollstärke von 2 Legionen am Platz aufrecht, indem jetzt die legio XV Primigenia hierhin verlegt wurde. Es ist zu vermuten, daß mit diesem Truppenwechsel auch ein Lagerneubau um die Jahre

46-47 stattfand. Ebenso wie die übrigen, älteren Militärlager ist auch dieses aufgrund der Überbauung durch die letzte Anlage planiert worden; möglicherweise wurden die Ausgräber aber auch zu spät auf diese Phase aufmerksam. Ausgangspunkt der Entdeckung war ein schräg zum jüngsten, d. h. neronischen Lager orientiertes Gebäude. Im Boden erhalten hat sich lediglich die Fundamentrollierung aus Rheinkies, wobei der Grundrißplan ohne Zweifel ein sogenanntes valetudinarium, d. h. ein Militärhospital, zu erkennen gibt (Abb. 2, L). Das bedeutet, daß zumindest die wichtigsten Zentralbauten dieses Lagers ganz oder teilweise in Stein errichtet waren. Zwar lassen sich bei der Durchsicht der alten Grabungsakten noch andere Strukturen nachweisen, die dieselbe Orientierung zeigen; aber eindeutige Gebäudegrundrisse sind nicht auszumachen. Dagegen verdichten sich die Anhaltspunkte für die Ausdehnung der Anlage. So konnte bei Notgrabungen in den Jahren 1974 und 1979 die Nordfront in Form eines Doppelgrabensystems lokalisiert werden. Sie liegt zwischen der Nordseite des Lagers A/C und der neronischen Nordumwehrung (Abb. 2). M. E. läßt sich anhand der Luftaufnahmen auch die Südfront dieses claudischen Lagers ermitteln; sie kreuzt schräg die neronische Südumwehrung in der westlichen Partie. Ausgrabungen müßten allerdings diese Vermutung bestätigen. Die Ostwestausdehnung ist noch unklar; möglicherweise gehört ein Töpferofen zu dieser Militäranlage (Abb. 2, M). Hergestellt wurde in der Töpferei Gebrauchskeramik wie Töpfe und Schüsseln für den täglichen Bedarf der Soldaten. Wie gesagt, bildeten jetzt Legionäre der 5. und 15. Legion die Stammbelegschaft von Vetera castra. Durch den Altfund einer Pferdegeschirrausrüstung vom Fürstenberg, der sich heute im British Museum London befindet und in einer Punzinschrift den Namen Plinius erwähnt, ist die Stationierung des bekannten römischen Schriftstellers Plinius d. Älteren in Vetera wahrscheinlich. Er war Kommandant einer Reiterabteilung (ala) aus Hilfstruppen, die demnach zusammen mit den Legionären im Lager untergebracht war.
Insgesamt gesehen wurde die Konzeption des Kaisers Tiberius unter seinem Nachfolger Claudius beibehalten und weiter ausgebaut, indem die römischen Militärkräfte auf Defensivpositionen in Form einer Lagerkette entlang des linken Rheinufers verteilt wurden.

Auch unter Kaiser Nero (54-68 u. Z.) setzte sich der römische Zivilisationsschub in Niedergermanien, der sich vor allem in der Koloniegründung Kölns (Colonia Claudia Ara Agrippinensium) um 50 manifestiert hatte, fort. Kriegerische Auseinandersetzungen fanden kaum noch statt; nur der Versuch der Friesen und Ampsivarier, sich 57/58 auf dem rechten Rheinufer im unmittelbaren Grenzland anzusiedeln, mußte unterbunden werden. Um die große Zahl der Legionäre zu beschäftigen, wurden sie zu umfangreichen Bauprojekten sowohl auf militärischem als auch auf zivilem Sektor herangezogen.
So wurde das claudische Lager auf dem Fürstenberg zu einem nicht genauer zu datierenden Zeitpunkt (wohl um 60) aufgegeben und ein völlig neues Zweilegionenlager ungefähr am selben Platz errichtet, wobei wir aus der Verteilung der gestempelten Ziegel wissen, daß jede Legion für die Bauabschnitte ihrer Lagerhälfte verantwortlich war. So bezog die legio V Alaudae als länger stationierte Einheit in Vetera die im römischen Sinn ehrenvollere rechte, d. h. westliche Hälfte, die legio XV Primigenia die östliche. Die Abmessungen der rechteckigen Anlage betragen 902 m in der Länge bei einer Breite von 621 m: insgesamt eine Fläche von 56 ha (Abb. 3). Durch die Ausgrabungen wurde etwa ein Drittel des Gebäudebestandes erfaßt, wobei vor allem die Zentralbauten entlang der Westost-Hauptstraße (via principalis) zum Vorschein kamen. Im Zentrum befand sich das in Stein ausgebaute Stabsgebäude (principia) für beide Legionen (Abb. 4); der große Innenhof wird auf drei Seiten von Doppelkammerreihen umschlossen, während die hintere Begrenzung eine dreischiffige Basilika mit einer weiteren Kammerreihe bildete, an deren Schmalseiten die Fahnenheiligtümer der jeweiligen Legion lagen. Eine Zweiteilung dieses Verwaltungstraktes für die entsprechende Truppe ist also zu erwarten. Rechts und links schlossen sich die Legatengebäude (praetoria) an, die den beiden Legionskommandeuren als Wohn- und Amtsquartier dienten. Von ihrem Grundriß her zeigen sie palastartigen Charakter mit langgezogenen, zirkusförmigen Gartenanlagen und mehreren Peristylhöfen und Sälen. In der unmittelbaren Umgebung der Legatenpaläste liegen kleinere rechteckige Wohngebäude mit einem zentralen Innenhof. Hier residierten die verschiedenen Stabsoffiziere der Legionen (tribuni und praefecti). Gleich nördlich hinter den principia wurde ein großer Gebäudekomplex mit verschachteltem Kammersystem und Höfen teilweise ausgegraben. Eventuell handelt

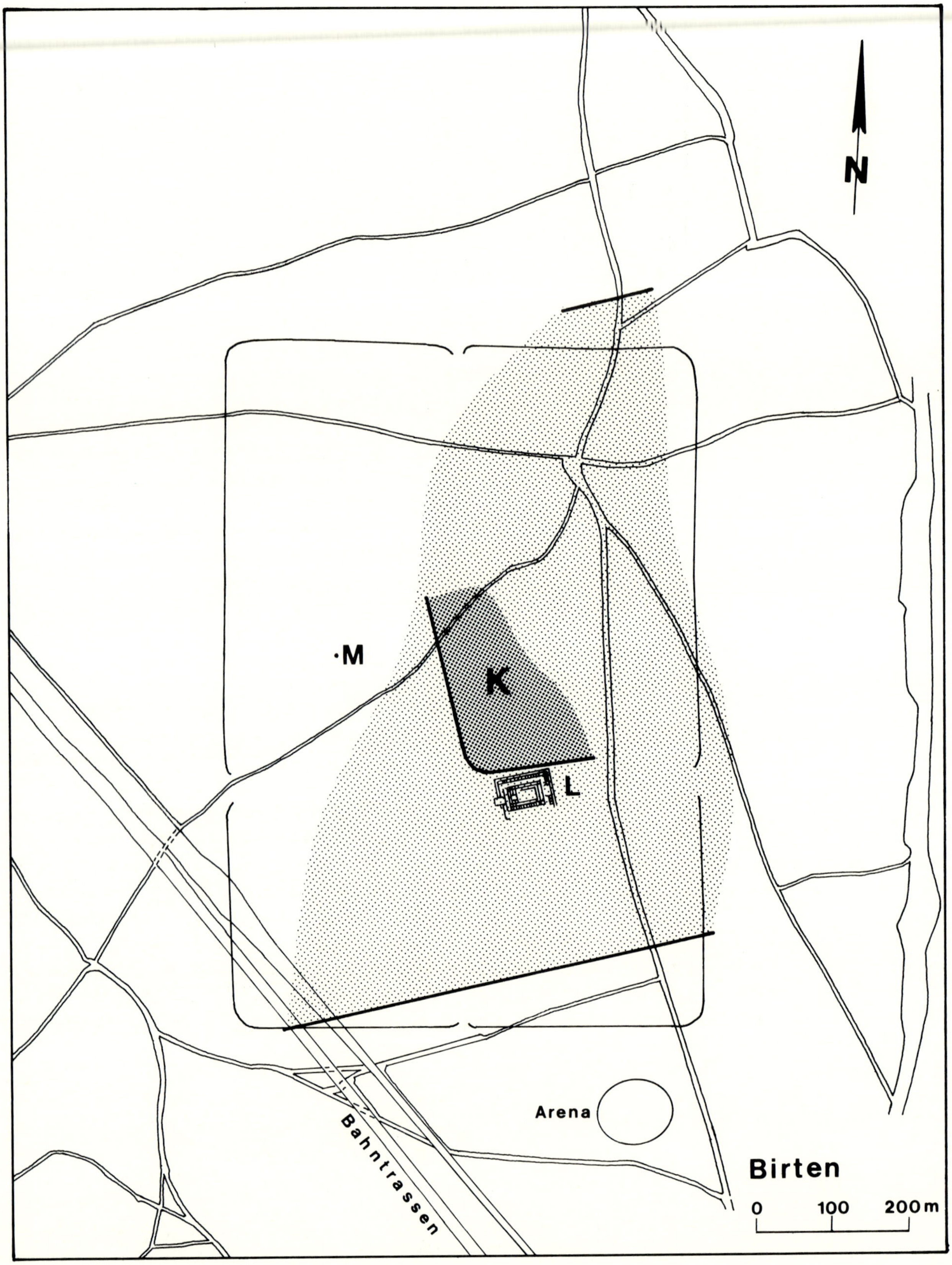

2 Vetera I. Situationsplan des Militärlagers K und des claudischen Lagers auf dem Fürstenberg.

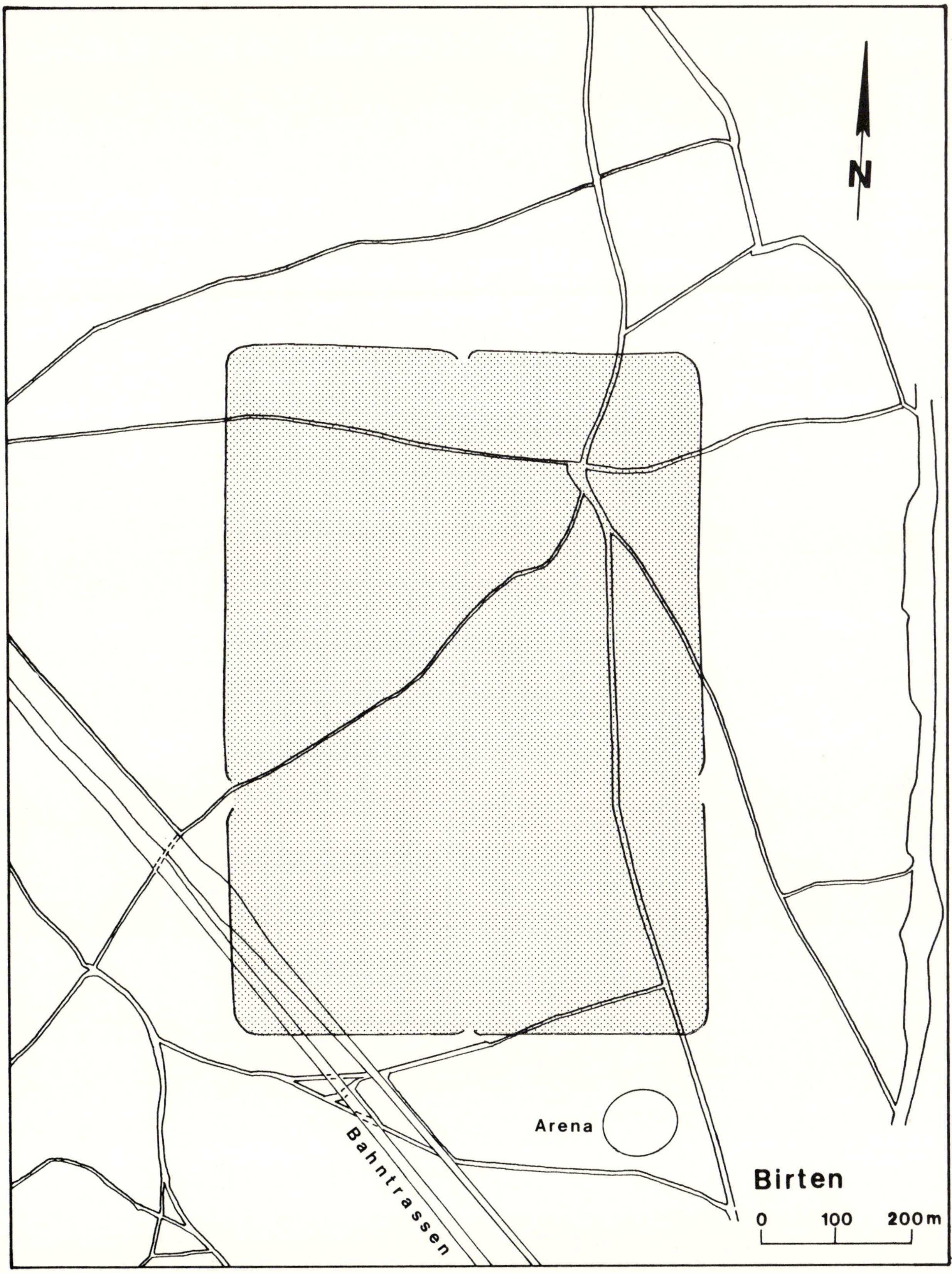

3 Vetera I. Schematischer Plan des neronischen Doppellegionenlagers.

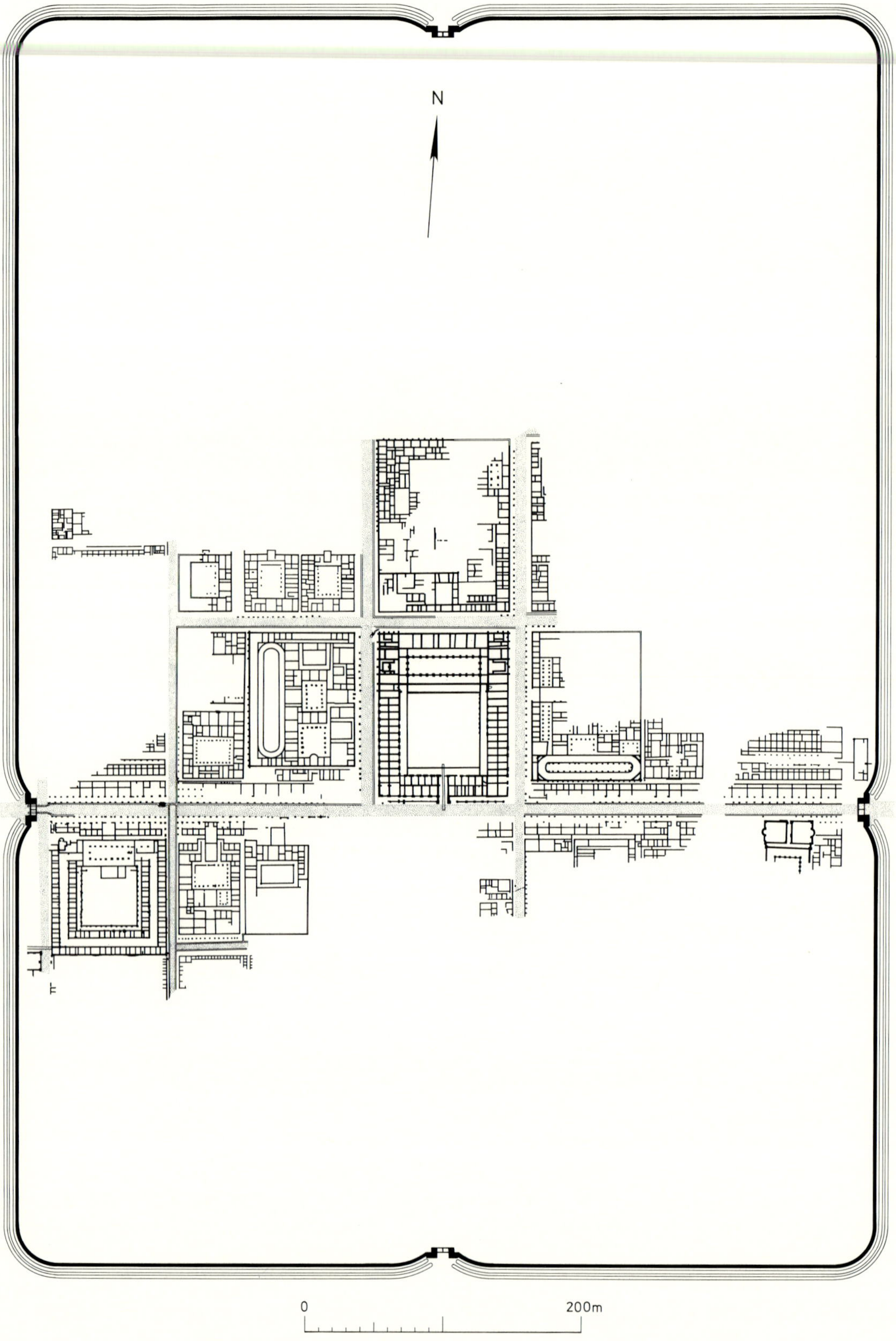

4 Vetera I. Neronisches Doppellegionenlager, Innenbebauung.

es sich um einen Wirtschaftsbau, der — nach seiner Situation zu urteilen — von beiden Legionen gleichzeitig genutzt wurde. In Analogie zu anderen römischen Militärlagern gruppierten sich die Mannschaftsbaracken, von denen jedoch auf dem Fürstenberg nur wenige freigelegt wurden, entlang der Umwehrung. Sie zeigen den typischen Aufbau mit großem Kopfbau für die Centurionen und den Doppelkammern für die Legionäre. Direkt an der Wallstraße lagen auch andere Spezialgebäude; so kennen wir das Lazarett der legio V Alaudae am Westtor vollständig. Möglicherweise hatte auch die Nachbartruppe ein eigenes Krankenhaus; an der entsprechenden Stelle kam jedoch auf der Ostseite ein anderes Gebäude zum Vorschein, das als Versammlungshaus für privilegierte Soldaten interpretiert wird.
Nach den Grabungsergebnissen steht fest, daß zumindest die wichtigen Verwaltungsgebäude, die Wohnquartiere der Truppenkommandeure und das Lazarett in Steinbauweise errichtet waren. Die Dächer wurden mit roten Ziegeln (tegulae und imbrices) gedeckt. Der Steinraub, der nach dem Auflassen des Lagers einsetzte, hat zum beinahe völligen Abräumen des Baumaterials geführt; der Mangel an Naturstein am Niederrhein verschonte selbst die Fundamente nicht, so daß oft bei den Untersuchungen die Gebäudegrundrisse lediglich aus den ausgeraubten Fundamentgräben erschlossen werden konnten. Ein Rekonstruktionsversuch (Taf. 4.2) vermittelt eine Vorstellung vom Aussehen dieser Gebäude. Recht wenig sind die Kasernen dokumentiert. Sehr wahrscheinlich hatten sie ein Steinfundament mit aufgehendem Holzlehmfachwerk und Ziegeldach. Die Umwehrung bestand aus einem Doppelgraben, hinter dem eine rund 3 m breite Holzerdemauer errichtet war. Auch die vier Tore wurden lediglich in Holzbauweise angelegt. Die restlichen zwei Drittel des Lagerinnenraumes, die durch die Ausgrabungen unberührt blieben, wird man sich zum größten Teil mit Kasernen belegt vorzustellen haben; neben den Mannschaftsbaracken für die beiden Legionen wäre durchaus noch Platz für eine berittene Hilfstruppe (ala) und weitere Spezialgebäude.

Leider wurden die Reste der Lagervorstadt (canabae legionum) von Vetera castra nur durch wenige Suchschnitte erforscht. Vor allem auf der Südostseite des Lagers zeichnen sich unzusammenhängende Spuren von Bauten mit Steinfundamenten ab. Zu dieser Vorstadt zählte sicherlich auch eine Töpfermanufaktur, die auf die Herstellung kleiner Öllampen spezialisiert war; deren Fehlbrandschutt kam in den dreißiger Jahren am Fuße des Fürstenberges unmittelbar am Birtener Rheinarm zutage. Direkt außerhalb der Lagerumwehrung liegt das bis heute in seiner Form erhaltengebliebene Amphitheater, von dem die angeschütteten Hügel für die Sitzreihen der Zuschauer sowie die beiden Haupteingänge noch deutlich im Gelände zu sehen sind. Es gehört zu den frühesten Anlagen dieser Art in Niedergermanien. Schließlich lag auf dem Birtener Kirchhügel der bzw. ein Friedhof von Vetera I.

Die Bautätigkeit der Legionäre beschränkte sich nicht allein auf ihr Stammlager und die nähere Xantener Umgebung. So gibt es etwa bei Feldkassel, wenige Kilometer nördlich des römischen Köln, Reste einer Ziegelei, die nach Ausweis der Stempel von der 5. Legion betrieben wurde. Außerdem finden sich zahlreiche Stempel der Xantener Einheiten an anderen Fundplätzen entlang des Niederrheins. Ein Monogrammziegelstempel TRA (wahrscheinlich die Abkürzung für Transrhenana) deutet daraufhin, daß auch rechts des Rheins — vermutlich im Vorfeld von Vetera — Ziegel hergestellt wurden. Die entsprechenden Betriebe sind jedoch noch nicht gefunden worden. Mithin ist ihre Existenz so zu beurteilen, daß Rom trotz des Rückzugs auf die linke Rheinseite weiter eine Art Sicherheitszone auf dem rechten Ufer für sich in Anspruch nahm, die von Germanenstämmen nicht besiedelt werden durfte.
Diese Phase der Etablierung der römischen Herrschaft wurde im Jahre 69 schlagartig durch den sogenannten Bataveraufstand unterbrochen. Indirekter Auslöser war die innenpolitische Gärung im Imperium Romanum am Ende der Regierungszeit des Kaisers Nero und in den Monaten nach seinem Tod (Juni 68). Die an den verschiedenen Grenzen des Reiches stationierten römischen Heere sowie die Prätorianergarde in der Hauptstadt erkannten ihre Machtstellung bei der Thronfolge und unterstützten jeweils ihre Kandidaten. So riefen am Anfang des Jahres 69 die niedergermanischen Truppen ihren Befehlshaber A. Vitellius zum Gegenkaiser aus; dieser marschierte mit zwei Heereskolonnen gegen den inzwischen in Rom amtierenden Neronachfolger Ser. Galba. Dieser war aber schon Mitte Januar von M. Otho, einem weiteren Kandidaten, gestürzt worden. Gleichwohl setzte Vitellius seinen Marsch auf Rom fort und

konnte in der 2. Aprilhälfte Othos Streitkräfte besiegen. Vom Abzug zahlreicher niederrheinischer Truppenkontingente war auch das Xantener Legionslager betroffen; nach dem Bericht des Geschichtsschreibers Tacitus verblieben lediglich ca. 5000 Mann in Vetera castra. In dieser Situation trat Iulius Civilis auf den Plan; er war Adeliger der Bataver, eines Stammes im Gebiet um die heutige Stadt Nijmegen, und gleichzeitig Kommandeur einer batavischen Hilfstruppe in römischen Diensten. Anfangs handelte er im Auftrag eines weiteren römischen Befehlshabers, des T. Flavius Vespasianus, der von den Legionen im Vorderen Orient und den Donauprovinzen zum Gegenkaiser gegen Vitellius ausgerufen worden war. Civilis sollte die Resttruppen des nun in Rom regierenden Vitellius binden. Allerdings nutzte der Bataverfürst im Verlauf der Ereignisse seine gewonnene Machtposition, um eigene Ziele — so die Einrichtung eines unabhängigen Imperium Galliarum — zu verfolgen. Er konnte die regulären römischen Truppen in ihrem Lager auf dem Fürstenberg einschließen. Zuvor war es den Legionären noch möglich gewesen, die Umwehrung von Vetera zu verstärken. Diese schriftlich bezeugte Maßnahme läßt sich auch archäologisch fassen; vor die Vorderfront der hölzernen Umwehrungsmauer wurden die eigentlich zur Dachabdeckung dienenden Ziegel vorgeblendet, in erster Linie um die Holzbauten vor Inbrandsetzung zu schützen. Gleichzeitig ging man daran, die zwei Kilometer nördlich bestehende Siedlung, den vicus Cibernodurum, und vermutlich die um das Lager errichteten Bauten zu zerstören. Viele der Zivilisten wurden, sofern sie nicht flohen, mit in das Lager aufgenommen: eine verhängnisvolle Maßnahme, wie sich später herausstellte. Denn Civilis erhielt immer mehr Zulauf von gallischen und germanischen Hilfstruppen, aber auch rechtsrheinischen Germanenstämmen. Entsorgungsversuche brachten nur einmal kurzfristig Hilfe, im Winter 69 war Vetera castra erneut abgeschnitten. Im Lager trat eine Hungersnot auf, die die Legionäre mit den Frauen und Kindern im Januar/Februar 70 zur Aufgabe zwang. Trotz der Zusicherung freien Abzugs wurden sie beim Abmarsch von Civilistruppen niedergemacht. Bauten des Militärlagers gingen in Flammen auf. Allerdings währte dieser Erfolg der Aufständischen nicht lange. Mittlerweile hatte Vespasianus den Vitellius besiegt. Im Anschluß daran forcierte er mit starken Truppenverbänden die Wiederherstellung des römischen Einflußbereiches in den Rheingebieten. Nach zahlreichen Gefechten kam es in der Nähe von Vetera castra, in dessen Ruinen sich die Civilistruppen einquartierten, zu einer entscheidenden Schlacht, die mit der Niederlage des Bataverfürsten endete. Einige Zeit später mußte er sich den Friedensbedingungen der Römer beugen. Ende 70 war die römische Herrschaft am Niederrhein wiederhergestellt.

Anders als verschiedene rheinische Lagerplätze wurde Vetera I im Zuge der flavischen Grenzreorganisation nicht neubelegt. Stattdessen errichtete man weiter stromaufwärts in direkter Flußnähe den neuen Lagerstandort Vetera II, zu dessen Bau vermutlich die meisten wiederverwertbaren Materialien des alten Lagers verwendet wurden. Auch zum Wiederaufbau der Cugernersiedlung (vgl. unten S. 69 ff. und S. 89 ff.) scheint das Ruinengelände auf dem Fürstenberg genutzt worden zu sein.

LITERATUR

CHRIST, K., Zur augusteischen Germanienpolitik. Chiron 7, 1977, 149 — 205.

GECHTER, M., Die Anfänge des Niedergermanischen Limes. Bonner Jahrb. 179, 1979, 1 — 138.

KUNOW, J., Die Militärgeschichte Niedergermaniens, in: H. G. HORN (Hrsg.), Die Römer in Nordrhein-Westfalen (Stuttgart 1987) 27 — 109.

LEHNER, H., Vetera. Die Ergebnisse der Ausgrabungen des Bonner Provinzialmuseums bis 1929. Röm. Germ. Forsch. 4 (Berlin 1930).

v. PETRIKOVITS, H., Rheinische Geschichte 1.1 (Düsseldorf 1978).

RÜGER, C. B., Germania inferior. Beih. Bonner Jahrb. 30 (Köln 1968).

v. SCHNURBEIN, S., Untersuchungen zur Geschichte der römischen Militärlager an der Lippe. Ber. RGK 62, 1981, 5 ff.

TIMPE, D., Zur Geschichte der Rheingrenze zwischen Caesar und Drusus, in: Monumentum Chiloniense (hrsg. v. E. Lefevre 1975) 124 — 147.

NORBERT ZIELING

Zum Stand der Vorcoloniaforschung auf dem Gebiet der Colonia Ulpia Traiana

Die Besiedlungsgeschichte des Gebietes, auf dem Kaiser Trajan an der Wende vom 1. zum 2. nachchristlichen Jahrhundert die Stadt Colonia Ulpia Traiana gründete, ist seit nunmehr 55 Jahren Bestandteil der Erforschung der römischen Okkupationsgeschichte in Niedergermanien, wenn auch bedauerlicherweise mehr als ein Nebenprodukt der CUT-Forschung. Die Fragen nach dem Ursprung und der Entwicklung der Siedlungstätigkeit auf dem Areal der späteren CUT wurden bis in jüngste Zeit als zweitrangig gegenüber der eigentlichen römischen Stadtgeschichte betrachtet. Nicht zuletzt deshalb wird bis heute in der Literatur die Meinung vertreten, daß der Ausgangspunkt der römischen Besiedlung dieses Gebietes eine germanische, oder genauer, eine Cugernersiedlung gewesen sei, ohne daß die seit langem vorliegenden, vielfältigen Ausgrabungsbefunde im einzelnen und in ihrer Gesamtheit einmal näher untersucht worden wären. Dieser kurze forschungsgeschichtliche Überblick kann keinesfalls alle diese Befunde behandeln, denn dazu wäre eine umfangreiche Aufarbeitung des gesamten bereits ergrabenen Materials erforderlich. Hier soll aber ein erster Schritt getan werden, um einen Einblick in die vorcoloniazeitlichen Verhältnisse zu bekommen und – und dies erscheint mir mindestens ebenso wichtig – um der Bedeutung dieser Fragen zur Vorcoloniazeit für die römische Okkupationsgeschichte den gebührenden Stellenwert zu geben.

Eine erste Erwähnung vorcoloniazeitlicher Siedlungsspuren tiberischer Zeit bis zum Jahre 69/70 n. Chr. findet sich – einmal abgesehen von bereits im vorigen Jahrhundert entdeckten Grabfunden – in einem von F. Oelmann verfaßten Grabungsbericht für das Jahr 1934[1]. Er entdeckt in einem Versuchsschnitt im Bereich des späteren sog. Hafentempels und des östlich anschließenden Gebietes Reste einer Siedlung aus Fachwerkhäusern mit mehreren Brandhorizonten (Abb. 1, 1)[2]. Oelmann sieht Parallelen zu den Verhältnissen in Nijmegen und spricht – mit aller Vorsicht – von einem Oppidum Cugernorum. „Da nach der Überlieferung auf Xantener Boden damals die germanischen Cugerni gesessen haben, so ist es eine wohlbegründete Arbeitshypothese, wenn wir die neugefundene Siedlung unter der Colonia Traiana vorläufig als Oppidum Cugernorum bezeichnen, d. h. als zivilen Vorort und zugleich Handelsplatz des Cugernerstammes, an den dann die von Traian gegründete Colonia genauso angeknüpft hätte wie die von Claudius gegründete CCAA (Köln) an das ältere Oppidum Ubiorum, das wir nur aus literarischen Nachrichten kennen."[3] Wohlgemerkt erwähnt Oelmann nur Kleinfunde ab tiberischer Zeit und kein germanisches Fundmaterial. Der von ihm als Arbeitshypothese genannte Begriff des 'Oppidum Cugernorum' hält sich aber seitdem hartnäckig bis in die jüngsten Publikationen. Bereits ein Jahr später (1935) setzt H. v. Petrikovits die Erforschung der vorcoloniazeitlichen Befunde an gleicher Stelle fort und ermittelt sieben Wohnschichten, deren älteste „den letzten Jahrzehnten vor der römischen Besatzung" angehören dürfte (Abb. 2)[4]. Erst im zweiten Schichtenkomplex, den er in augusteische bis claudische Zeit datiert, kann er die ersten Hausreste nachweisen. Darüber hinaus erwähnt er einen Töpferofen frühclaudischer Zeit, aus

[1] F. OELMANN, Bericht über die Tätigkeit des Landesmuseums in Bonn in der Zeit vom 1. April 1934 bis 31. März 1935. Bonner Jahrb. 140/141, 1936, 429–464.

[2] Der Plan Abb. 1 gibt nur die im Text erwähnten, für die Forschungsgeschichte wichtigeren Fundstellen wieder. Für einen Gesamtüberblick s. U. HEIMBERG, Colonia Ulpia Traiana. Die früheste Keramik aus der Forumsgrabung. Bonner Jahrb. 187, 1987, 464–467 u. Abb. 21.

[3] OELMANN, a.a.O (Anm. 1) 431.

[4] H. VON PETRIKOVITS, Xanten (Kreis Mörs). Bonner Jahrb. 142, 1937, 248 f.

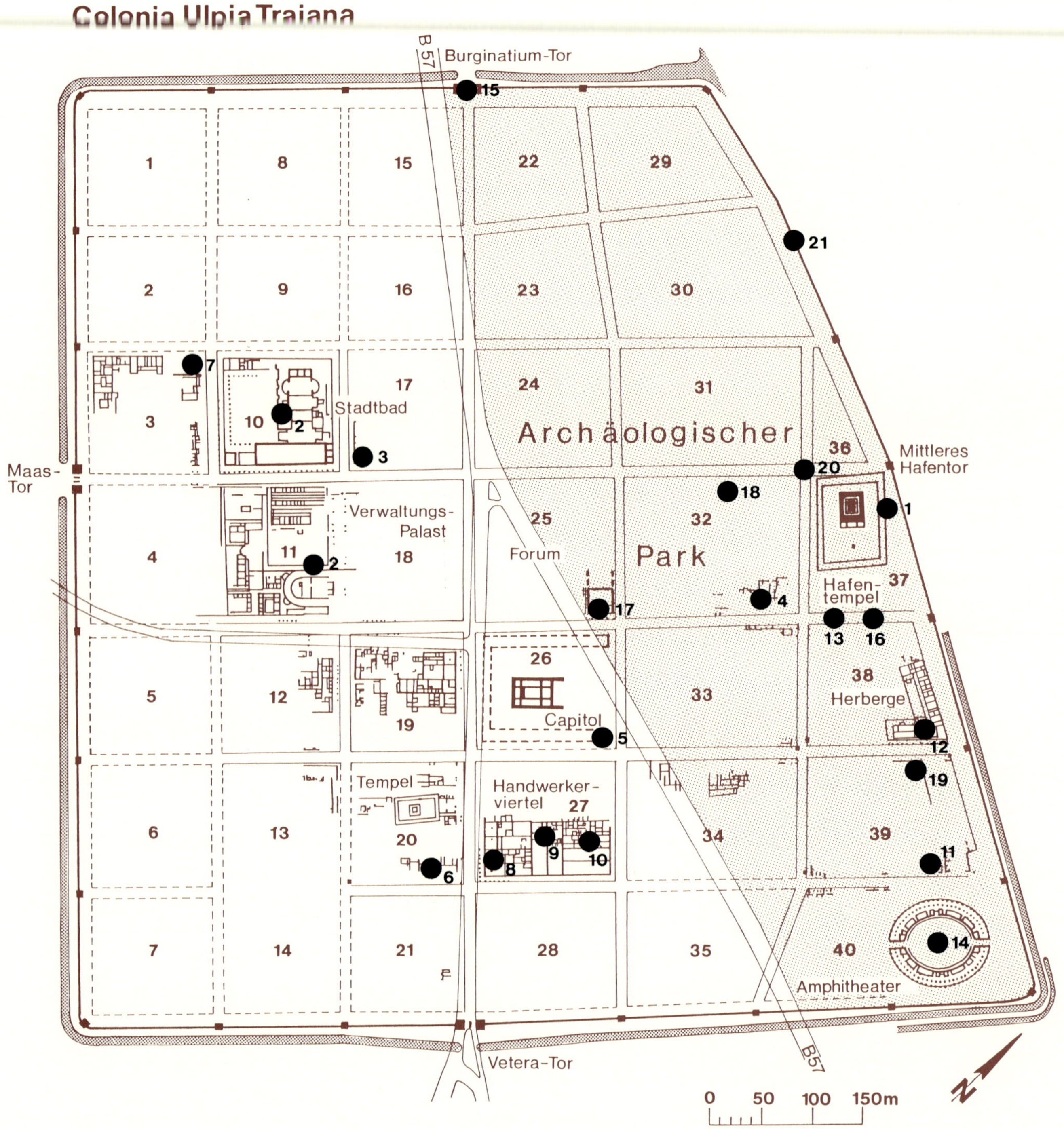

1 Colonia Ulpia Traiana. Plan der im Text erwähnten vorcoloniazeitlichen Befunde.

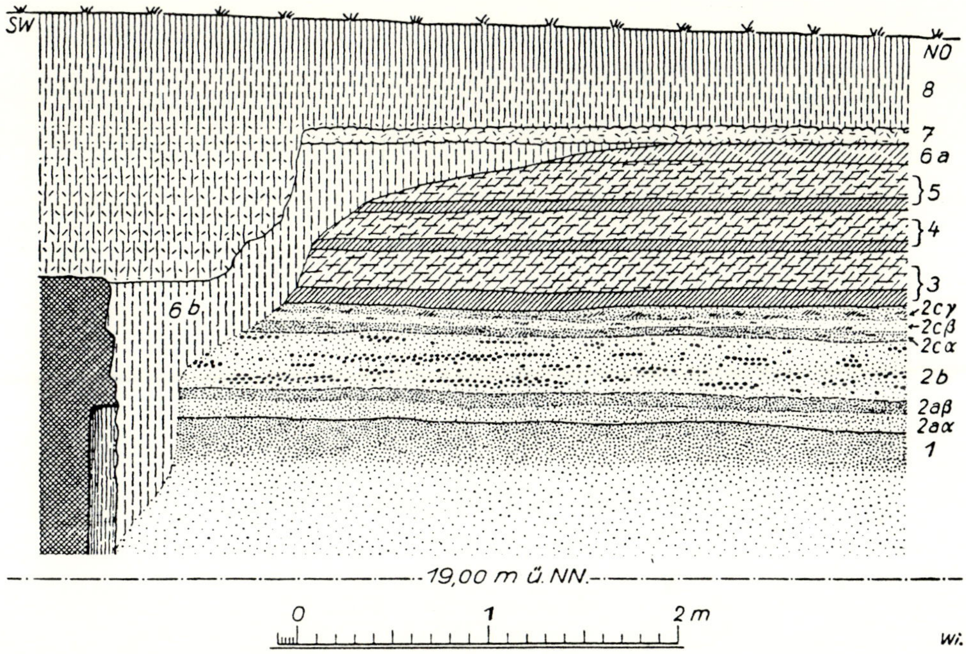

2 Schichtenprofil aus der sog. Hafengrabung von 1935.

dem Keramik römischer und einheimischer Formen stammt. Im Jahresbericht für 1936 sieht v. Petrikovits die im Vorjahr getroffene Untergliederung in sieben Schichtenkomplexe, von denen die unterste Schicht (Schicht 1) keine römischen Funde enthielt, bestätigt[5].

In seinem 1. Bericht über die Ausgrabungen in der CUT im Bonner Jahrbuch 152, 1952 geht v. Petrikovits erstmals näher auf den Ausgrabungsbefund seiner Schicht 1 ein, die er aufgrund des Fundmaterials der Schicht 2, das etwa um 20 n. Chr. einsetzt, in die ersten beiden Jahrzehnte n. Christi Geburt datiert[6]. Für diese Schicht 1 kann er nur einige Pfostenlöcher im gewachsenen Boden geltend machen, deren geringe Zahl und Anordnung aber noch keine Siedlungsstruktur erkennen lassen. Er betont aber, daß aus Schicht 1 keine Funde römischer Machart stammen, sondern nur einheimische Keramik. Gleichzeitig meldet er Bedenken gegen die Bezeichnung 'Oppidum Cugernorum' an, da der Ausgrabungsbefund die für den Begriff Oppidum vorauszusetzende Verteidigungsanlage noch nicht erbracht hat. Alternativ dazu schlägt er den allgemeineren Terminus 'Kernsiedlung' vor, deren erste Bebauungsspuren zu der einzigen bekannten einheimischen Siedlung in der weiteren Xantener Umgebung gehörten, „die zur Zeit der ersten römischen Okkupation des Landes bestanden haben kann" und aus der die spätere Colonia Traiana erwuchs[7].

1960 schreibt H. v. Petrikovits in seiner Monographie über das römische Rheinland erneut über die Vorgängersiedlung der CUT[8]: „Es ist sehr wahrscheinlich, daß dieser Ort die wichtigste Siedlung der Cugerni war und daß er deshalb irgendwann das ius nundinarum erhielt. Auch wegen seiner wirtschaftlichen Bedeutung, gewiß aber nicht nur ihretwegen, wird er dann das Stadtrecht als Colonia erhalten haben."

Auch 1961 geht H. Hinz in den Bonner Jahrbüchern wieder kurz auf die Vorcoloniazeit ein[9]. Im Rahmen

[5] Ebd. 340.

[6] H. VON PETRIKOVITS, Die Ausgrabungen in der Colonia Traiana bei Xanten. 1. Bericht. Bonner Jahrb. 152, 1952, 41–161.

[7] Ebd. 48.

[8] H. VON PETRIKOVITS, Das römische Rheinland. Archäologische Forschungen seit 1945. Beih. Bonner Jahrb. 8 (Köln/Opladen 1960) 105.

[9] H. HINZ, 1. Bericht über die Ausgrabungen in der Colonia Traiana nördlich von Xanten. Stand der Ausgrabungen am 1. 9. 1959. Bonner Jahrb. 161, 1961, 343–395.

seiner Ausgrabungen in den Thermen und der südlich anschließenden sog. Verwaltungsinsula (Ins. 10 und 11) erwähnt er „Anzeichen der frührömischen Begehung und einzelne Gruben der Vor-Colonia-Zeit mit ihren Fachwerkbauten" (Abb. 1, 2)[10]. Der Branderdehorizont unter seinem Steinbau A im Westen der Insula 17 könnte aber seines Erachtens auch schon von einer coloniazeitlichen Holzbauperiode stammen (Abb. 1, 3). Ebenso unsicher war offenbar die Datierung der Siedlungsspuren einer Holzbauperiode im Binnenhof des Apsidenhauses in Ins. 11, wo Hinz verschiedene Gruben und kräftige Pfostenlöcher freilegen konnte, die jedenfalls von Häusern aus der Zeit vor der Steinbauperiode stammen.

Ein „nicht später als augustisch" zu datierendes Grab mit Halterner Kochtopf, das 1961 bei Ausgrabungen in der Ins. 32 (Kriemhildstraße) zu Tage kam, sieht Hinz 1963 als eines der ersten Gräber der „unfern gelegenen ältesten Kernsiedlung" an und schließt daraus, daß diese Siedlung wohl nur den Umfang eines kleinen Dorfes besessen haben kann (Abb. 1, 4)[11]. Bei diesen Ausgrabungen (Ins. 32) beobachtet Hinz für die späten Holzbauten der Vorcoloniazeit die gleiche Ausrichtung wie für die späteren Steinbauten. Erstgenannte dürften seiner Meinung nach dem letzten Viertel des 1. Jahrhunderts angehören, während die ersten Besiedlungsspuren nicht nach der Jahrhundertmitte angesetzt werden können.

1964 faßt Hinz kurz die Ergebnisse seiner Ausgrabungen an der S-Seite der Kapitolsinsula (Ins. 26) zusammen, wo er unter den beiden nachgewiesenen Steinbauperioden geringe Spuren zweier älterer Holzbauperioden entdeckt, die — so Hinz — „vermutlich dem 1. Jahrhundert angehören" (Abb. 1, 5)[12].

In seiner Monographie 'Xanten zur Römerzeit' (1960) faßt Hinz die bisher vorliegenden Ergebnisse zur Vorcoloniaforschung zusammen und kartiert auch die bereits von Ph. Houben am S- und N-Tor der CUT (Ins. 28 und 15) geborgenen Gräber. Die vorcoloniazeitliche Siedlung spricht er jetzt eindeutig als „Vicus Cugernorum" an[13].

Bei Ausgrabungen W. Sölters auf der Parzelle Helgers (Ins. 20) im Jahre 1965 wird als älteste Kulturschicht ein Horizont mit Scherben einheimischer Ware der frühesten Kaiserzeit oder der Eisenzeit aufgedeckt (Abb. 1, 6)[14]. Über diesen Befunden liegt eine vorcoloniazeitliche römische Straße mit fester Kiespacklage und seitlichen Straßengräbchen, die vom Ausgräber als ältere Limesstraße angesprochen wird. Weiterhin erwähnt er Reste vorcoloniazeitlicher Holzbauten in Ins. 3 westlich der Thermen (Abb. 1, 7).

In seiner 1968 erschienenen Monographie mit dem Titel 'Germania inferior' geht Ch. Rüger wieder auf die Cugernersiedlung ein. Er spricht hier von einer civitas Cugernorum, einem „organisch gewachsenen, unschematischen Verbund lockerer Gehöftgruppen von bäuerlichen Betrieben mit Ansatz zu bescheidenem Handel und Gewerbe, der in claudischer Zeit bereits eine O-W-Ausdehnung von 600 m besaß"[15].

1969 berichtet G. Binding von 80 Brand- und Körpergräbern der Zeit zwischen 30 und 60 n. Chr., die bei Ausgrabungen in der Parzelle Sonntag an der O-Seite der Siegfriedstraße (Ins. 27) geborgen wurden (Abb. 1,8). „Wahrscheinlich gehören diese Gräber zu einer weiter östlich gelegenen Siedlung mit Holzhäusern, die mit einem Zaun umgeben sind. Die seit etwa 30 n. Chr. errichteten und mehrfach veränderten Holzbauten wurden um 100 n. Chr. durch die Bauten der Colonia abgelöst. Bald nach 100 wurde über das Gräberfeld hinweg die Hauptstraße der Stadt angelegt; sie war von Holzhäusern begleitet. Um 120 n. Chr. wurden Ziegelsteinfundamente für Fachwerkbauten angelegt, die wenig später durch Bruchsteinbauten abgelöst wurden."[16]

Zusammenfassend geht Binding 1970 noch einmal in den Bonner Jahrbüchern auf die Ergebnisse zur vorcoloniazeitlichen Besiedlung durch v. Petrikovits im Hafenbereich und durch Hinz in der Ostecke des Kapitols (Ins. 26) ein, wo er unter zwei Steinbauperioden zwei Holzbauperioden beobachten konnte, zu

[10] Ebd. 345.

[11] H. HINZ, 2. Bericht über die Ausgrabungen in der Colonia Traiana nördlich von Xanten. Bonner Jahrb. 163, 1963, 402 f.

[12] H. HINZ, Xanten, Kr. Moers. Bonner Jahrb. 164, 1964, 544.

[13] H. HINZ, Xanten zur Römerzeit. Beiträge zur Geschichte und Volkskunde des Kreises Dinslaken am Niederrhein, Beih. 1 (Xanten 1960) 21.

[14] H. VON PETRIKOVITS, Das Rheinische Landesmuseum Bonn im Jahre 1966. Bonner Jahrb. 168, 1968, 410 f.

[15] C. B. RÜGER, Germania inferior. Untersuchungen zur Territorial- und Verwaltungsgeschichte Niedergermaniens in der Prinzipatszeit. Beih. Bonner Jahrb. 30 (Köln/Graz 1968) 96 f.

[16] G. BINDING, Xanten (Kreis Moers). Bonner Jahrb. 169, 1969, 440 f.

deren älterer aus der Mitte des 1. Jahrhunderts ein Pfostenhaus, eine Holzpalisade mit vorgelagertem Spitzgraben und ein Holzzaun gehörten[17]. Die Ausrichtungen von Stein- und Holzbauperioden stimmten nicht überein. Auch Binding verwendet wieder die Begriffe kugernisches Dorf bzw. 'Kernsiedlung'. Ähnliche Befunde wie die von H. Hinz genannten kann er in seinen eigenen Grabungen etwa 100 m südöstlich der Hinz'schen Grabungsstelle nachweisen (Ins. 27) (Abb. 1, 9). Als älteste Bauspur nennt er einen kräftigen Holzzaun, der später durch einen Schwellbalken ersetzt wurde, in dessen Füllung eine TS-Scherbe gefunden wurde, die vor 40 n. Chr. zu datieren ist. Dieser Befund wird von vorcolonia- und coloniazeitlichen Befunden überlagert.
In den Rheinischen Ausgrabungen Bd. 12, 1972, unternimmt Binding eine detaillierte Analyse der Holzbauperioden des 1. Jahrhunderts, die er an der erwähnten Fundstelle auf der Parzelle Sonntag in Ins. 27 beobachten konnte[18]. Er untergliedert seine Befunde in fünf teilweise gut belegbare Perioden von der spätaugusteischen Zeit bis zum Ende des 1. Jahrhunderts n. Chr. und bringt sie in Konkordanz zu den von v. Petrikovits im Hafenbereich nachgewiesenen Schichten.
Bereits ein Jahr zuvor hat H. Hinz in seinem 4. Bericht über Ausgrabungen in der CUT über seine schon 1960 durchgeführten Grabungen in der Parzelle Mölders (zwischen Ins. 26 u. 27) detailliert berichtet und die Befunde im einzelnen erläutert[19]. Hinz kann dort zwei Holzbauperioden H1 und H2 fassen, von denen er die Periode H1 aufgrund des Fundmaterials in claudische Zeit „oder noch ein wenig früher" datiert, während die 2. Holzbauperiode bereits in die 2. Hälfte des 1. Jahrhunderts und den Beginn des 2. Jahrhunderts fällt[20].
Ch. Rüger erwähnt 1971 Gräber aus der Mitte des 1. Jahrhunderts und Siedlungsspuren aus der zweiten Hälfte des 1. Jahrhunderts, die er unter coloniazeitlichen Resten in der SO-Ecke der Ins. 27 festgestellt hat (Abb. 1, 10)[21]. Bei seiner Vorstellung eines neuen aktuellen CUT-Planes stellt Rüger 1972 die Phasendarstellung verschiedener Perioden in Aussicht, darunter 1. den „Plan des frühen, anscheinend locker gestreuten und nicht an das spätere Areal intra muros gebundenen 'Weilers' tiberischer bis neronischer Zeit und 2. den Plan des Vicus ('Kernsiedlung') neronischer bis spätflavischer Zeit, der durch die Hafenanlage offensichtlich eine geänderte Wirtschafts- und Siedlungsform erhielt."[22] Nach Rügers Einschätzung gelingt es bereits, die Stratigraphien v. Petrikovits', Hinz, Bindings und Rügers in Einklang zu bringen.
Anders als Rüger datiert D. Haupt 1973 die „Kernsiedlung" bereits in „spätaugustisch-tiberische Zeit" und glaubt aufgrund von bei Begehungen auf den Ins. 31 und 36 aufgelesenen italischen und frühsüdgallischen Sigillaten die Ausdehnung dieser 'Kernsiedlung' nach NW über den Decumanus maximus hinaus nachweisen zu können[23].
In einer 1975 in der Reihe 'Aufstieg und Niedergang der römischen Welt' publizierten Arbeit über die CUT gibt Hinz einen Überblick über die bis dahin vorliegenden Befunde zu unserer Fragestellung und geht dabei auch näher auf die Gräber des 1. Jahrhunderts ein[24]. Er enthält sich einer näheren Benennung und bleibt bei dem Begriff 'Vorgängersiedlung', bezeichnet aber die von Oelmann aufgestellte Vermutung einer Deduzierung der CUT aus einer cugernischen Civitas als „durchaus ansprechend"[25].
1976 und 1978 stellen G. Precht, G. Rupprecht und J. S. Kühlborn weitere Reste der vorcoloniazeitlichen

[17] G. BINDING, Xanten (Kreis Moers). Bonner Jahrb. 170, 1970, 418–420.
[18] G. BINDING, Holzbauperioden des 1. Jahrhunderts unter der Colonia Ulpia Traiana in Xanten. Rhein. Ausgrabungen 12 (Bonn 1972) 1–23.
[19] H. HINZ, 4. Bericht über Ausgrabungen in der Colonia Ulpia Traiana bei Xanten. Rhein. Ausgrabungen 10 (Bonn 1971) 96–199.
[20] Ebd. 177.
[21] Ch. B. RÜGER, Xanten (Kreis Moers). Bonner Jahrb. 171, 1971, 453.
[22] Ch. B. RÜGER, Neues zum Plan der Colonia Ulpia Traiana. Bonner Jahrb. 172, 1972, 294.
[23] D. HAUPT, Xanten, Kr. Moers. Bonner Jahrb. 173, 1973, 436.
[24] H. HINZ, Colonia Ulpia Traiana. Die Entwicklung eines römischen Zentralortes am Niederrhein. I. Prinzipat; in: H. TEMPORINI (Hrsg.), Aufstieg und Niedergang der römischen Welt II, 4 (Berlin/New York 1975) 825–869.
[25] Ebd. 828.

Bebauung in der CUT fest, vor allem im S-Teil der Ins. 39 und bei der Ausgrabung der südlich des Decumanus maximus gelegenen Türme in der Ostmauer (Abb. 1, 11)[26]. Auch Precht spricht in diesem Zusammenhang wieder von der Siedlung der Cugerner, deren Ausrichtung völlig der der späteren Colonia-Bebauung entspräche.

D. von Detten veröffentlicht 1978 Fundmaterial des 1. Jahrhunderts, das aus dem Straßenschnitt 78/10 nordwestlich des sog. Hafentempels stammt, und vervollständigt damit die mittlerweile schon lange Liste vorcolonialer Befunde (Abb. 1, 20)[27].

Ebenfalls vorcoloniazeitlich sind die Werkstattabfälle einer Töpferei, die D. Haupt an gleicher Stelle vorstellt und die aus einem Schutthügel unter der nördlichen Stadtmauer stammen (Abb. 1, 21)[28].

Weitere Bebauungsspuren der Vorcoloniazeit kann U. Heimberg unter den Fundamenten der sog. Herberge in Ins. 38 nachweisen (Abb. 1, 12). Aus dem Grundrißplan — veröffentlicht 1981 in den Bonner Jahrbüchern — geht hervor, daß die Ausrichtung der Häuser nur wenig von der der jüngeren, coloniazeitlichen Bebauung abweicht[29]. Heimberg geht aber nicht weiter auf die einzelnen Befunde dieser Zeit ein.

Insgesamt vier Holzbauperioden, deren früheste vermutlich tiberisch ist, kann D. von Detten 1981 in seinen Grabungsschnitten 80/23 — 24 zwischen den Ins. 37 und 38 nachweisen (Abb. 1, 13). Einen größeren Fachwerkbau datiert er in das letzte Viertel des 1. Jahrhunderts[30].

In die 70er und 80er Jahre des 1. nachchristlichen Jahrhunderts dürfte ein Doppelgrabensystem zu datieren sein, das bereits in den 30er Jahren bei der Freilegung des Amphitheaters (Ins. 40) beobachtet und in den Jahren 1979 — 1981 von G. Gerlach weiter verfolgt wurde (Abb. 1, 14). Gerlach kann an der Nordostecke dieser Anlage eine Umbiegung der beiden Spitzgräben nach Süden ermitteln[31]. Größe, Ausdehnung und Nutzung der Anlage sind vorerst unbekannt, klar ist nur ihre Lage südlich der sog. 'Kernsiedlung'.

Weiterhin unklar bleibt die Nordausdehnung der vorcoloniazeitlichen Bebauung, nachdem G. Precht 1982 „vorcoloniazeitliche Spuren eines hölzernen Gebäudes und Gruben" unter dem Torgebäude des N-Tores der CUT, dem sog. Burginatium-Tor, erwähnt (Abb. 1, 15)[32]. Weitere praecoloniazeitliche Siedlungsbefunde nennt er 1984 unter dem Decumanus zwischen den Insulae 37 und 38 (Abb. 1, 16)[33].

Ebenfalls 1984 veröffentlicht V. Schmidt erste Befunde seiner Ausgrabungen am Forum der CUT (Ins. 25) (Abb. 1, 17). Er untergliedert seine Befunde in die Perioden A — F und nimmt als Arbeitshypothese für die Perioden A — D den Zeitraum zwischen 40 und 120/130 n. Chr. an[34].

Einen vorläufigen Abschluß der Erforschung der vorcoloniazeitlichen Besiedlung auf dem Gebiet der CUT bildet ein Aufsatz von U. Heimberg in den Bonner Jahrbüchern 1987, in dem sie die früheste römische Keramik aus der Forumsgrabung untersucht und für den Planierhorizont Schicht A mit später Arre-

[26] G. PRECHT u. G. RUPPRECHT, Xanten, Colonia Ulpia Traiana. Bericht über die Forschungen vom 1. 4. 1974 bis 28. 2. 1975. Bonner Jahrb. 176, 1976, 353; J. S. KÜHLBORN, Die Cugernersiedlung unter der Colonia Ulpia Traiana zu Xanten. Das RLM Bonn. Sonderheft. Rhein. Ausgrabungen '76 (Bonn 1978) 64 — 67; G. PRECHT, Der Archäologische Park Xanten, Kreis Wesel, ebd. 68.

[27] D. VON DETTEN, Funde aus einem Brandschutthorizont der vorcoloniazeitlichen Siedlung in Xanten; in: Das RLM Bonn. Sonderheft. Ausgrabungen im Rhld. '78 (Bonn 1979) 147 — 151.

[28] D. HAUPT, Lampen und Terrakotten aus dem Schutt einer römischen Töpferei in der CUT, in: Das RLM Bonn. Sonderheft. Ausgrabungen im Rhld. '78 (Bonn 1979) 151 — 155.

[29] U. HEIMBERG, Das Haus am kleinen Hafentor in der Colonia Ulpia Traiana. Bonner Jahrb. 181, 1981, 356 Abb. 1.

[30] D. VON DETTEN, Die Straßengrabung CUT Schnitt 80/23 — 24, in: Ausgrabungen im Rhld. 1981/82 (Bonn 1983) 114 — 118.

[31] G. GERLACH, Die Grabungen im Südosten der Colonia Ulpia Traiana. Bonner Jahrb. 182, 1982, 325 — 347.

[32] G. PRECHT, Xanten, Kr. Wesel. Bonner Jahrb. 182, 1982, 511.

[33] G. PRECHT, Xanten, Kr. Wesel. Bonner Jahrb. 184, 1984, 625; DERS., Colonia Ulpia Traiana. 6. Arbeitsbericht zu den Grabungen und Rekonstruktionen (Bonn 1984).

[34] F. W. V. SCHMIDT, Die Grabung im südöstlichen Forumsbereich der Colonia Ulpia Traiana bei Xanten. Bonner Jahrb. 184, 1984, 317 — 326.

tina und frühester südgallischer Sigillata ein Datum bis „um 30" n. Chr. ermitteln kann[35]. Erstmals gibt Heimberg auch einen differenzierteren Überblick über den Forschungsstand, indem sie schematisch die Siedlungsreste, Gräber und Straßen des 1. Jahrhunderts in den Stadtplan der späteren CUT kartiert.

Nach einer vorübergehenden Einbürgerung des Begriffes 'Kernsiedlung' in der Fachliteratur treten die Cugerner 1981 wieder in den Mittelpunkt der Diskussion um die Vorcoloniazeit, als Rüger in der Zeitschrift für Papyrologie und Epigraphik einen römischen Votivaltar mit Inschrift veröffentlicht, der 1979 in der Insula 32 entdeckt und aus Bruchstücken zusammengesetzt wurde (Abb. 1, 18)[36]. Dieser sog. Mars Cicollvis-Stein, der an der entscheidenden Textstelle nach wie vor unvollständig ist, wurde von den Lingonen zwischen 55/56 und 68 n. Chr. Kaiser Nero geweiht. Von der Textstelle, an der der Ortsname der römischen Siedlung dieser Zeit genannt ist, sind nur die Buchstaben C oder G, I und P, B oder R erhalten, so daß dieser Wortteil Cib(p), Cir oder Gib(p), Gir gelesen werden muß. J. E. Bogaers, und im Anschluß daran Rüger, glauben, daß darin der Name der Cugerni oder Cuberni oder hier eben Ciberni wiederzufinden ist und sich der Name in der Inschrift zu 'Cibernoduri' ergänzen läßt[37]. Dieser Rekonstruktionsversuch führt so weit, daß Rüger in der 1987 erschienenen Publikation 'Die Römer in Nordrhein-Westfalen' im Zusammenhang mit der Vorgängersiedlung der CUT nur noch von dem Vicus 'Cibernodurum' spricht[38]. Hier schließt sich der Kreis von der ersten vorsichtigen Erwägung einer Benennung durch F. Oelmannn 1936 bis hin zur Namensfestschreibung durch Ch. Rüger.

Zum Zeitpunkt der Fertigstellung des Manuskriptes zu diesem Aufsatz wird im Bereich der CUT an zwei Stellen ausgegraben: 1. im Nordostteil der Insula 39 (Abb. 1, 19) und 2. in der großen Thermenanlage in Insula 10 (Abb. 1, 2). An letztgenannter Stelle konnten zwar geringfügige Reste einer Vorgängerbebauung nachgewiesen werden, doch können diese derzeit noch nicht exakt datiert werden, so daß ein weiterer Nachweis von vorcoloniazeitlicher Bebauung hier noch aussteht. Anders dagegen die Befunde aus der Grabung in Insula 39. Dort finden sich — wie zu erwarten — zahlreiche Hinterlassenschaften der Bewohner dieses Platzes im 1. Jahrhundert n. Chr., vor allem aus Gruben, deren Verfüllungen nicht zuletzt Hinweise auf die militärische Präsenz der Römer zu diesem Zeitpunkt geben, wofür hier nur exemplarisch der Fund eines eisernen Reiterhelmes mit Wangenklappen erwähnt sei.

Die Frage, wer nun eigentlich die Menschen waren, die wahrscheinlich schon im 3. Jahrzehnt nach Christi Geburt das Areal, auf dem später die Colonia Ulpia Traiana gegründet wurde, besiedelten, bleibt einer der Schwerpunkte der künftigen Forschungsarbeit. Neue Impulse zu dieser Fragestellung kamen in jüngster Zeit durch die Thesen von J. H. F. Bloemers, die er im Rahmen eines Colloquiums in Xanten im Juni 1988 äußerte und die hier abschließend kurz dargestellt werden sollen[39].

Ein Vergleich der Entwicklungslinien bestimmter Siedlungen in der Germania inferior und der Gallia Belgica, von denen sich vor allem Nijmegen, Tongeren, Köln und Xanten wegen ihres relativ fortgeschrittenen Forschungsstandes anbieten, läßt zahlreiche Gemeinsamkeiten erkennen, die Bloemers zu sechs Charakteristika zusammenfaßt: 1. an allen untersuchten Siedlungsplätzen gibt es frühe Anzeichen für die Entwicklung großer, ziviler Siedlungen, deren intensive Bauaktivitäten um 40 n. Chr., spätestens in claudischer Zeit begannen; 2. alle frühen Siedlungsplätze weisen in ihrer Nähe militärische Präsenz augusteischer bis tiberischer Zeit auf, die spätestens während der frühen Entwicklungsphase der großen Zivil-

[35] U. HEIMBERG, Colonia Ulpia Traiana. Die früheste Keramik aus der Forumsgrabung. Bonner Jahrb. 187, 1987, 411—474, bes. Abb. 19—23.

[36] C. B. RÜGER, Vindex cum inermi provincia? Zu einer weiteren neronischen Marsinschrift vom Rhein. Zeitschrift für Papyrologie und Epigraphik 43, 1981, 329—335.

[37] Bogaers nennt seine Überlegungen 1984 allerdings „nicht viel mehr als eine waghalsige Hypothese". J. E. BOGAERS, Zum Namen des 'oppidum Cugernorum'. Naamkunde 16, 1984, 38 f. Vgl. auch den Nachdruck dieses Beitrages in diesem Band S. 77 ff. bes. S. 79.

[38] C. B. RÜGER, Colonia Ulpia Traiana, in: H. G. HORN (Hrsg.), Die Römer in Nordrhein-Westfalen (Stuttgart 1987) 629.

[39] Für die freundliche Überlassung seines im Druck befindlichen Manuskriptes mit dem Titel „Lower Germany: Plura consilio quam vi. Proto-urban settlement developments and the integration of native society" sei Herrn Prof. Bloemers (Amsterdam) an dieser Stelle herzlich gedankt.

siedlung endet; 3. keine der Siedlungen hat klare Beweise für die Präsenz einheimischer Siedler vor dem Auftauchen der Römer erbracht; 4. alle Siedlungsplätze unterscheiden sich deutlich von denen der einheimischen Bevölkerung in der jeweiligen Region, vor allem, was die große Ausdehnung der Siedlungsfläche, die regelhafte Anlage und die Konstruktion der Gebäude betrifft; 5. alle Fundstellen haben große Mengen römischen und gallo-römischen Fundmaterials hervorgebracht und schließlich 6. soweit dies durch römische Importe nachweisbar ist, waren die Kontakte zur ländlichen Umgebung bis zur Mitte des 1. Jahrhunderts n. Chr. stark eingeschränkt.

Als Konsequenz folgert Bloemers daraus, daß die angesprochenen Siedlungen des 1. Jahrhunderts nicht von der jeweils dort ansässigen Bevölkerung, sondern von einer Fremdbevölkerung unter römischer Verwaltung gegründet worden sein könnten. Für den Xantener Raum, in dem sich viele Parallelen zu gallo-römischen Befunden und Funden andeuten, könnte dies — bei aller Vorsicht — bedeuten, daß es vielleicht eine Volksgruppe aus dem gallo-römischen Gebiet war, die die erste Siedlung auf dem Areal der späteren Colonia Ulpia Traiana erbaute.

Dieser gedankliche Ansatz von J. H. F. Bloemers bedarf selbstverständlich einer genauen Überprüfung anhand der Befunde und des Fundmaterials, die noch viel Zeit in Anspruch nehmen wird. Wichtig ist dabei aber vor allem, daß die Entwicklung einer solchen Theorie der Diskussion um die Vorcoloniazeit neue Anreize gibt.

J. E. BOGAERS

Zum Namen des „oppidum Cugernorum"*

Im späten August 1979 wurden von den Xantener Ausgräbern des Rheinischen Landesmuseums Bonn im Gebiet der Colonia Ulpia Traiana zahlreiche Kalksteinbrocken gefunden, die sich nachher als Reste eines besonderen römischen Votivaltars mit Inschrift herausstellten. Dieses Denkmal, das im obenerwähnten Museum aufbewahrt wird[1], ist, nachdem die vielen Bruchstücke mit größter Mühe und Geschicklichkeit zusammengefügt waren (Taf. 5 und Abb. 1), schon bald von C. B. Rüger veröffentlicht worden[2]. Dabei hat dieser u. a. dargelegt, daß der Altar in der Vorgängersiedlung der Colonia Ulpia Traiana während der Regierung des Nero (54 – 68 n. Chr.) geweiht wurde, jedenfalls nach 55/56, vermutlich erst zwischen dem 1. März und dem 9. Juni 68. Infolge der nach seinem Tode am 9. Juni 68 über ihn ausgesprochenen damnatio memoriae hat man den Namen des Kaisers in Zeile 3 und 4 der Inschrift getilgt. Gleichzeitig mit der Zerstörung der Siedlung während des Bataveraufstandes im August oder September 69[3] ist der Altar zugrunde gegangen. Nach dem Aufstand sind die Überreste des Denkmals aus dem Brandschutt weggeräumt und in einer Grube beigesetzt worden. Da diese nicht vollständig ausgegraben werden konnte, befinden sich jetzt zweifellos noch Teile des Altars im Boden. Dem so weit wie möglich zusammengesetzten Weihestein fehlt u. a. noch der untere Abschluß mit einigen der wichtigsten Buchstaben der – vorderhand – achtzeiligen Inschrift.
Der Text lautet folgendermaßen:

MARTI·CICOL/LVI·SACRVM / PRO[·]SALVTE [[2-3 / ...8-9...]] AV[G] 5/ GERMAN[I]CI·IṂ[P] / P [P] / CIVES·LINGONVṂ QVI·C̣ỊḄ[...7-8..] / CONSISTṾṆ[T ---]

Marti Cicol/lui sacrum / pro salute [[Ne/ronis Caes(aris)?]] Au[g(usti)] / German[i]ci im[p(eratoris)] / p(atris) [p(atriae)] / cives Lingonum qui Cib
(Cip, Cir, Gib, Gip oder *Gir)........ / consistun[t ---]*.

„Dem Mars Cicolluis[4] geweiht. Für das Wohl des Nero (Claudius) Caesar Augustus, des Germanensiegers und Kaisers, Vater des Vaterlandes, (haben) die Lingonenbürger, die sich in Cib (Cip, Cir, Gib, Gip oder Gir)........ niedergelassen haben, ---."

* Zuerst erschienen in: Naamkunde 16, 1984 (Feestbundel voor Maurits Gysseling I) 33 – 39; vgl. L'Année épigraphique 1984, 650.

1 Inv.Nr. X 18775.

2 C. B. RÜGER, Vindex cum inermi provincia? Zu einer weiteren neronischen Marsinschrift vom Rhein. Zeitschrift für Papyrologie und Epigraphik 43, 1981 (Gedenkschrift für H.-G. PFLAUM) 329 – 336; DERS., Mars regiert die Stunde. Der Zwilling von Rindern, Friedrich Gorissen gewidmet. Das Rheinische Landesmuseum Bonn 1/1983, 1 – 4; DERS. in: Epigraphische Studien 13, 1983, 159 f., Nr. 44. Vgl. L'Année épigraphique [*AE*] 1981, 690.

3 TACITUS, Historiae IV 22 – 23; zum Zeitansatz siehe A. W. BYVANCK, Excerpta Romana III ('s-Gravenhage 1947) 399 und H. v. PETRIKOVITS, Die Rheinlande in römischer Zeit (Düsseldorf 1980) 72 und 312. – Tacitus' Worte (Hist. IV 22) *subversa longae pacis opera, haud procul castris in modum municipii extructa* beziehen sich laut J. C. Mann (Legionary Recruitment and Veteran Settlement during the Principate [London 1983] 26) wahrscheinlich nicht auf die canabae des Legionslagers Vetera I auf dem Fürstenberg, sondern auf die Vorgängersiedlung der Colonia Ulpia Traiana.

4 Vgl. Corpus inscriptionum Latinarum [*CIL*] XIII 2887, 5479, 5597 – 5604 (aus Dijon und Umgebung); AE 1953, 245 und H. LIEB, Bericht der Römisch-Germanischen Kommission 40, 1959, 142 f., Nr. 54 (aus Vindonissa-Windisch). Mars Cicolluis war vielleicht der Hauptgott der Lingonen; Vorort der civitas dieses Volkes war Andematunnum-Langres. Zum Namen des Gottes: L. WEISGERBER, Rhenania Germano-Celtica (Bonn 1969) 55; K. H. SCHMIDT, Die Komposition in gallischen Personennamen. Zeitschrift für celtische Philologie 26, 1957 (33 – 301) 171; M. GYSSELING, Godennamen, vooral in Gallië. Naamkunde 14, 1982 (208 – 219) 211.

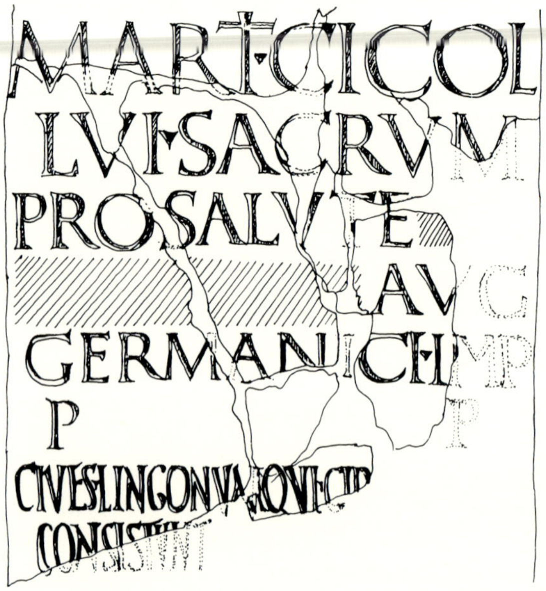

1 Umzeichnung der Inschrift des Mars Cicolluis-Altars aus Xanten.

Im fehlenden Teil der 7. Zeile ist mit an Sicherheit grenzender Wahrscheinlichkeit der Name der Siedlung zu ergänzen, in der das Weihdenkmal einst gestanden hat und nachher zerstört und vergraben worden ist. Die Ortsnamen, die in Inschriften zusammen mit *consistens, consistentes* oder Ähnlichem erwähnt werden, sind fast immer identisch oder scheinen wenigstens übereinzustimmen mit dem Namen der römerzeitlichen Siedlung, aus der die Inschriften stammen[5]. Das bekannteste Beispiel aus den Niederlanden findet sich in der Inschrift auf einem 1868 in Vechten, Gem. Bunnik, entdeckten Altar, der von *[civ]es Tungri [et] nautae [qu]i Fectione [c]onsistunt* der Göttin Viradecdis geweiht ist[6]; daraus wird mit Recht gefolgert, daß Vechten in römischer Zeit Fectio geheißen hat. Im Jahre 1977 wurde aus der Oosterschelde bei Colijnsplaat u. a. ein Altar geborgen, den ein gewisser *Gimio Ganuent cons(istens)* der Göttin Nehalen(n)ia geweiht hat. Aller Wahrscheinlichkeit nach deutet Ganuent auf die Siedlung, wozu das Heiligtum der Nehalennia bei Colijnsplaat gehört hat; der vollständige Ortsname wird Ganuentum (oder vielleicht Ganuenta) gelautet haben[7].

Die neue Xantener Inschrift bietet also die Möglichkeit, wiederum einen Ortsnamen — sei es nur teilweise — kennenzulernen. In diesem Fall handelt es sich um die ersten drei von insgesamt zehn oder elf Buchstaben des Namens der Siedlung, die der Colonia Ulpia Traiana vorausgegangen ist und in der die dort ansässigen Lingonen einen Altar geweiht haben. Diesem Ort hat H. von Petrikovits den wissenschaftlichen Kunstnamen „Kernsiedlung" der späteren Colonia Traiana gegeben. Es war ein Dorf, ein vicus der Cugerni, die, wie man annehmen darf, im 1. Jahrhundert n. Chr. als eine peregrine civitas konstituiert waren[8]. Es ist sogar sehr wahrscheinlich, daß dieser vicus die wichtigste Siedlung der Cugerni, der

[5] Verf. in: J. E. BOGAERS/M. GYSSELING, Nehalennia, Gimio en Ganuenta. Oudheidk. Mededelingen Leiden 52, 1971 (86–92) 87 f. = Naamkunde 4, 1972 (231–240) 233 f.

[6] CIL XIII 8815 = H. DESSAU, Inscriptiones Latinae selectae (I–III, Berolini 1892–1916) 4757 = A. W. BYVANCK, Excerpta Romana II ('s-Gravenhage 1935) Nr. 297 und 1577.

[7] BOGAERS/GYSSELING 1971 und 1972 (Anm. 5); GYSSELING 1982 (Anm. 4) 217. — Das *Ganuent* der Inschrift (AE 1973, 380; 1975, 641) ist zu *Ganuent(i)* oder *Ganuent(ae)* (Lokativ), vielleicht jedoch zu *Ganuent(o)* oder *Ganuent(a)* (Ablativ) zu ergänzen; vgl. CIL XIII/5 (indices) S. 153, s. v. *consistentes*.

[8] H. v. PETRIKOVITS, Die Ausgrabungen in der Colonia Traiana bei Xanten. Die Ausgrabung der Kernsiedlung und der Uferanlagen (1934–1936). I. Bericht. Bonner Jahrb. 152, 1952 (41–161) 48–51.

Vorort oder das caput ihrer civitas gewesen ist[9]. Fr. Oelmann hat dafür die Bezeichnung *Oppidum Cugernorum* vorgeschlagen[10].

Rüger ist der Meinung, daß in Zeile 7 der hier näher behandelten Inschrift hinter C/G I B/P/R noch sieben oder acht Buchstaben fehlen und daß der Ortsname „wohl aus drei oder vier Silben" bestanden hat[11]. Wenn man jedoch von der Annahme ausgeht, daß diese Zeile zentriert auf der Inschriftfläche gestanden hat, dann scheint die Lücke eher acht als sieben Buchstaben groß gewesen zu sein (siehe Abb.1 — 2); weiter ist es keineswegs unmöglich, daß der Name sich aus mehr als vier — kurzen — Silben zusammengesetzt hat.

Das Volk der Cugerni war, wie sowohl aus literarischen als auch aus epigraphischen Quellen hervorgeht, auch unter dem Namen Cuberni bekannt[12]. Ein C und ein B können im Ortsnamen der Inschrift als erster bzw. dritter Buchstabe ergänzt werden: CIB........ Es fragt sich dann, ob hier vielleicht als Anfang eines Vorortsnamens eine Variante des Volksnamens Cugerni/Cuberni vorliegt, die übrigens bisher nicht belegt ist.

In diesem Zusammenhang könnte man u. a. auf den Namen der *Sugambri* hinweisen, in dessen erster Silbe häufig ein Wechsel u-y-i auftritt[13]. Die Cugerni waren vielleicht ein Teilstamm der Sugambri[14], ebenso wie die Sunuci (westlich der Ubii)[15], die auch als Sinuci[16] belegt sind und von denen das nomen gentilicium Sunicius abgeleitet ist[17]. In der lateinischen Epigraphik gibt es weiter viele Vorbilder vom Wechsel u-i und i-u[18]. Cibern..... statt Cubern..... in der Xantener Inschrift könnte selbstverständlich auch ein — von einem Lingonen gemachter? — Schreibfehler sein. Wie dem auch sei, es ist klar, daß man in dieser Hinsicht nicht über Vermutungen hinauskommen kann.

Wenn es jedoch annehmbar ist, daß es neben Cugerni und Cuberni eine Variante mit *i* statt *u* in der ersten, unbetonten Silbe gegeben hat, dann bietet sich eine ausgezeichnete Möglichkeit, den Ortsnamen in Zeile 7 der Inschrift zu ergänzen: CIB[ERNODVRI] (Lokativ; Nominativ: Cibernodurum); in diesem Falle wäre der Volksname mit einem bekannten keltischen Substantiv verbunden: *-durum*: Burg, Stadt. Cibernodurum ist anscheinend ein passender Name für den Vorort, das caput civitatis und das „oppidum" der Cugerni, eines Volkes, das ansässig war zwischen[19] den Ubii, die einst das oppidum Ubiorum[20] als Vorort hatten,

[9] H. v. PETRIKOVITS, Das römische Rheinland. Archäologische Forschungen seit 1945 (Köln/Opladen 1960) 105; DERS., 1980 (Anm. 3) 112.

[10] Fr. OELMANN, Bericht über die Tätigkeit des Landesmuseums in Bonn in der Zeit vom 1. April 1934 bis 31. März 1935. Bonner Jahrb. 140/141, 1936 (429 — 464) 431. Vgl. H. HINZ, Colonia Ulpia Traiana. Die Entwicklung eines römischen Zentralortes am Niederrhein. I. Prinzipat, in: Aufstieg und Niedergang der römischen Welt II, 4 (Berlin/New York 1975) (825 — 860) 828; T. BECHERT, Römisches Germanien zwischen Rhein und Maas. Die Provinz Germania Inferior (München 1982) 57.

[11] RÜGER 1981 (Anm. 2) 332 f.

[12] Vgl. M. IHM in: PAULY-WISSOWA, Realencyclopädie der Classischen Altertumswissenschaft [*RE*] IV (1901) 1741; M. SCHÖNFELD, Wörterbuch der altgermanischen Personen- und Völkernamen nach der Überlieferung des klassischen Altertums bearbeitet (Heidelberg 1911) 67; M. GYSSELING, Toponymisch woordenboek van België, Nederland, Luxemburg, Noord-Frankrijk en West-Duitsland (vóór 1226) [I — II (Brussel) 1960] I, 252; WEISGERBER 1969 (Anm. 4) 240, 269, 335 und 340; G. NEUMANN in: J. HOOPS, Reallexikon der Germanischen Altertumskunde, 2. Aufl., V, Lfg. 1/2 (Berlin/New York 1982) 103 f.

[13] SCHÖNFELD 1911 (Anm. 12) 216 f.; vgl. ebd. 157 s. v. Lugi(i); DERS. in: RE IV A (1931) 662; GYSSELING 1960 (Anm. 12) II, 946.

[14] M. IHM 1901 (Anm. 12) 1741; C. B. RÜGER, Germania inferior. Untersuchungen zur Territorial- und Verwaltungsgeschichte Niedergermaniens in der Prinzipatszeit (Köln/Graz 1968) 9 und 96 f.; v. PETRIKOVITS 1980 (Anm. 3) 47 und 59.

[15] RÜGER 1968 (Anm. 14) 96 f.

[16] CIL XIII 1882: [*domo S*]*inuco;* vgl. WEISGERBER 1969 (Anm. 4) 240. — Die Schreibweise *Sunici* [so nach Ephemeris epigraphica III (1877) 103; DESSAU (Anm. 6) 2556; KEUNE in: RE IV A (1931) 1270; BYVANCK 1935 (Anm. 6) 488, Nr. 1260; GYSSELING 1960 (Anm. 12) II, 947; WEISGERBER 1969 (Anm. 4) 240 und 270] ist nicht belegt; vgl. R. G. COLLINGWOOD/R. P. WRIGHT, The Roman Inscriptions of Britain, I. Inscriptions on Stone (Oxford 1965) 489 Nr. 1538, und G. ALFÖLDY, Bonner Jahrb. 166, 1966, 644.

[17] CIL XIII 8036 = BYVANCK 1935 (Anm. 6) 261 Nr. 498: C. Sunicius Faustus.

[18] DESSAU (Anm. 6) III^{2} (indices) S. 822 und 835 f.; vgl. M. LEUMANN, Lateinische Laut- und Formenlehre (München 1963) 85 f.

[19] Plinius, Naturalis historia IV 106.

[20] Tacitus, Annales I 36; XII 27.

und den Batavern, deren caput civitatis ehemals — vor und während des nach ihnen benannten Aufstandes — das oppidum Batavorum[21] oder Batavodurum[22] war.

Der Verfasser dieses Beitrags zu einer dem hochverdienten Sprachwissenschaftler M. Gysseling gewidmeten Festschrift ist sich durchaus bewußt, daß er hier — als Nichtsprachforscher — nicht viel mehr als eine waghalsige Hypothese beizusteuern vermag. Unter dem Leitspruch *sic nisi aliter* getraut er es sich darum, dem verehrten Jubilar (sowie sich selbst) schließlich zu wünschen, daß der Xantener Boden demnächst auch den noch fehlenden Teil der Inschrift und damit die endgültige Wahrheit über ein kleines, dennoch fesselndes Problem ans Tageslicht bringen wird.

21 Tacitus, Historiae V 19.

22 Tacitus, Historiae V 20 (zweimal); Ptolemaeus, Geographica II 9, 8. Vgl. J. E. BOGAERS/J. K. HAALEBOS in: Noviomagus. Auf den Spuren der Römer in Nijmegen (Nijmegen 1979) 18 – 23, und Verf., ebd. 30 – 33.

HANS-JOACHIM SCHALLES

Zeugnisse römischer Schiffahrt Neue Ankerfunde vom unteren Niederrhein

Bei Baggerarbeiten im Rheinstrombett wurden 1985 zwei aus Blei gefertigte Teile römischer Schiffsanker gehoben. Sie gelangten zunächst in eine Privatsammlung. 1988 konnten beide Stücke vom Archäologischen Park/Regionalmuseum Xanten erworben werden[1]. Die genauen Fundumstände sind nicht mehr eindeutig zu ermitteln. Als Fundplatz kommt der gesamte Niederrhein zwischen Emmerich und Duisburg in Betracht.

Der zweiarmige Ankerstock (Taf. 6.1-3) hat ein Gewicht von rd. 95 kg[2]. Beide Arme sind – wohl in Zugrichtung des Ankers[3] – relativ gleichmäßig verbogen: Die Abweichung von einer bei der Unterkante des Auges angenommenen Horizontalen liegt bei etwas über 30°[4]. Durch diese nachträgliche Verbiegung[5] hat sich die Länge des Stocks von ursprünglich ca. 137 cm auf 126 cm – über die Sehne gemessen – reduziert. Der Querschnitt der Stockenden ist annähernd quadratisch (5,5 × 5,5 cm bzw. 5,5 × 6,0 cm). Zur Mitte hin nimmt die Höhe des Stocks geringfügig (6,0 cm), seine Breite erheblich zu (12,3 cm bzw. 13,0 cm).
Um die Zugkräfte in diesem Bereich abzufangen und die Stabilität des Stocks zu erhöhen, kragt das kastenförmig ausgebildete Auge, das einst den hölzernen Ankerschaft aufnahm, über die Seitenflächen des

Folgende Abkürzungen werden in den Anmerkungen verwendet:

BOON 1977
G. C. BOON, A Greco-Roman Anchor-Stock from North Wales. The Antiquaries Journal 57/1, 1977, 10–30.
CARRAZÉ 1973
F. CARRAZÉ, L'ancre de miséricorde dans la marine antique. Archéologia 61, 1973, 13–19.
IJNA
The International Journal of Nautical Archaeology and Underwater Exploration.
KAPITÄN 1984
G. KAPITÄN, Ancient Anchors – Technology and Classification. IJNA 13, 1984, 33–44.
PERRONE MERCANTI 1979
M. PERRONE MERCANTI, Ancorae Antiquae. Per una cronologia preliminare delle ancore del Mediterraneo (Rom 1979).
PIEPERS 1974
W. PIEPERS, Teile römischer Schiffsanker vom Niederrhein. Bonner Jahrb. 174, 1974, 561–566.

1 RMX Inv. 88,5.001–002. Kurzer Vorbericht: Verf., Römische Anker: Ein Neufund vom unteren Niederrhein. Archäologie im Rheinland 1988 (Köln-Bonn 1989) 88 f. Für freundliche Hinweise danke ich G. Krause, Duisburg, E. Künzl und O. Höckmann, Mainz, sowie G. C. Boon, Penarth. Mein besonderer Dank gilt F. Gelsdorf, Bonn, der mir seine unpublizierten Überlegungen zur Rekonstruktion des Ankers im Rheinischen Landesmuseum zugänglich machte, zahlreiche Literaturhinweise gab und das Manuskript einer kritischen Durchsicht unterzog. Allgemein zu antiken Ankern: L. CASSON, Ships and Seamenship in the Ancient World (New Jersey 1971) 252–257; PERRONE MERCANTI 1979 (wichtig dazu die Rez. von G. KAPITÄN, IJNA 11, 1982, 179 ff.).

2 Hinsichtlich der Größenordnung etwa vergleichbar die beiden größeren Anker des Wracks C von La Chrétienne (Côte d'Azur), das allerdings ins 2. Jahrhundert v. Chr. datiert wird: J.-P. JONCHERAY, L'épave 'C' de La Chrétienne. Premier suppl. aux Cahiers d'archéologie subaquatique (1975) 107 (84 bzw. 104 kg).

3 Vgl. u. S. 83.

4 Distanz von den Stockenden zur Horizontalen: 31,0 bzw. 34,5 cm.

5 Zu welchen Verformungen es kommen konnte, zeigt der Bleiankerstock eines Wracks von Kap L'Esterel (Côte d'Azur) mit seiner gleichmäßigen horizontalen Biegung: CARRAZÉ 1973, 18.

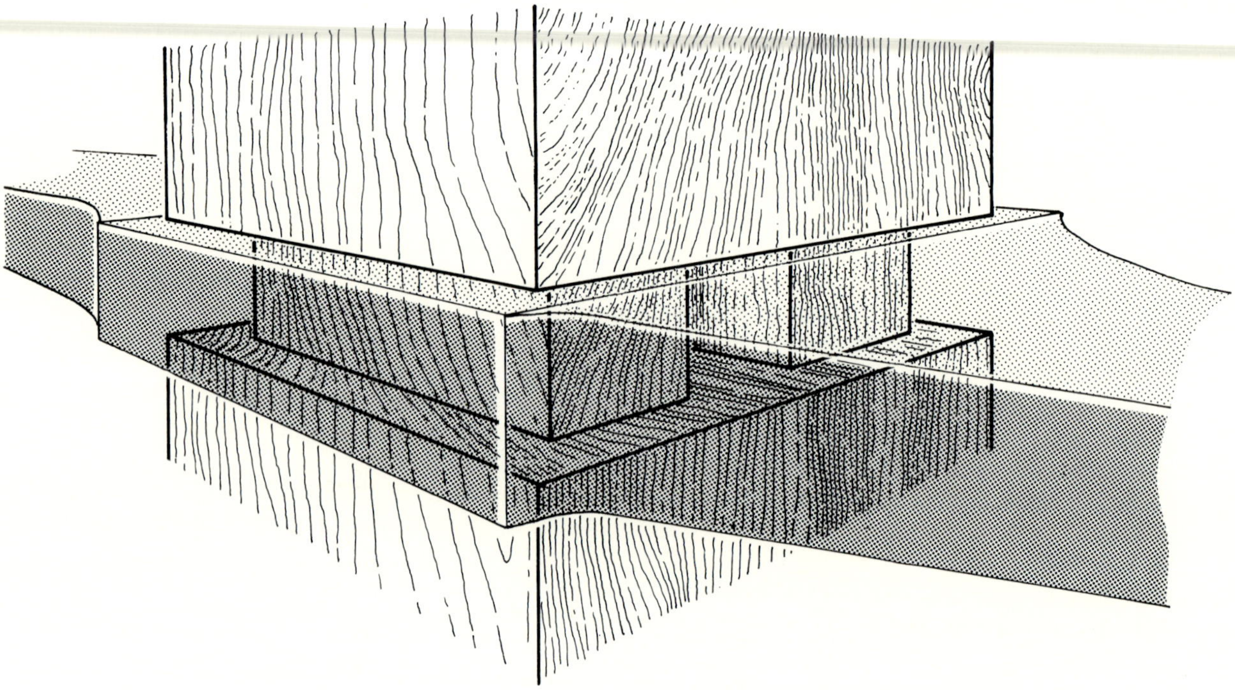

1 Verbindung von Bleiankerstock und Ankerschaft. Rekonstruktionsskizze.

Stocks aus. Die äußeren Abmessungen dieses 'Kastens' in der Horizontalen betragen ca. 17,5 cm (Längsrichtung) bzw. 18,9 cm (Querrichtung). An den Außenrändern des Kastens sind deutlich schmale Streifen erkennbar, die gegenüber dessen horizontalen Flächen geringfügig erhöht sind (0,5 bis 0,9 cm). Dies ist dadurch zu erklären, daß der Ankerstock beim Erkaltungsvorgang beigearbeitet wurde: Der Handwerker trieb das noch geschmeidige Blei mit Hammerschlägen auf die seitlichen Flächen des Kastens gegen den Holzschaft, so daß sich ein leichter Überstand bildete. Spuren dieser Schläge sind noch am Kasten erkennbar.

An diesem Überstand lassen sich auch die äußeren Abmessungen des Holzschafts ablesen, dessen Negativabdruck sich auf den Kastenoberflächen erhalten hat. Mit rd. 15 × 16 cm hatte er annähernd quadratischen Zuschnitt.

Ankerstock und -schaft waren fest miteinander verbunden: Das Auge des Stocks ist durch einen mitgegossenen Steg (Breite ca. 3 cm) zweigeteilt, der in einer durch den Schaft gestemmten, rechteckigen Ausnehmung saß (Taf. 7.1). Weshalb die Kanten des Schafts im Bereich dieser Öffnung leicht gerundet sind, läßt sich nicht sagen. Die beiden Öffnungen des Auges, an deren Wänden sich die hölzerne Maserung des Schafts abgedrückt hat, messen ca. 9 cm in der Längsachse und ca. 5 cm quer zum Stock. Bei der Bergung des Stocks saßen in diesen Öffnungen Holzreste. Sie wurden — leider ohne vorherige fotografische Dokumentation — entfernt, um Platz für eine Holzrekonstruktion des Ankers zu schaffen. Für eine dendrochronologische Datierung sind die Holzreste zu gering, ist die Substanz mittlerweile zu schlecht. Eine Holzsortenbestimmung ergab, daß es sich bei dem Material um Eiche handelt[6].

Addiert man die äußeren Abmessungen des Auges (mit Mittelsteg ca. 13 × 9 cm) und setzt sie in Relation zum ermittelten Schaftquerschnitt, so ergibt sich ein weiterer Hinweis auf die Konstruktion des Ankers. Die feste Verbindung von Schaft und Ankerstock beschränkte sich nicht allein auf den durchgehenden Steg. Die Differenz zwischen beiden Querschnitten läßt sich nur dadurch erklären, daß der Schaft ringsum zwischen 1,5 und 3 cm abgearbeitet wurde, bevor man den Stock goß (Abb. 1). Diese Bauweise

[6] Die Bestimmung wird J. Meurers-Balke, Institut für Vor- und Frühgeschichte der Universität Köln, verdankt.

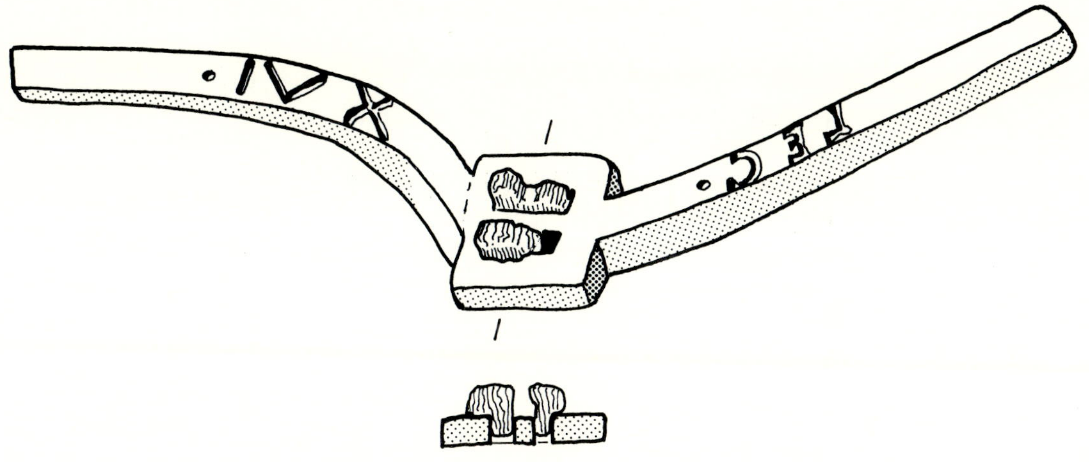

2 Bleiankerstock, aus dem Rhein bei Mainz, verschollen.

hatte den Vorteil, daß der Stock selbst dann vollständig gegen ein Abrutschen vom Ankerschaft gesichert war, wenn der Steg einmal brechen sollte.

Parallelen für dieses Konstruktionsprinzip sind selten. Meist wird angenommen, daß Schaft- und Augenquerschnitt identisch sind[7]. Vermutlich dürfte es aber häufiger angewendet und in vielen Fällen nur nicht beobachtet worden sein. Das gleiche Verfahren wie an diesem Anker zeigt etwa ein Bleiankerstock der legio XVI aus dem Rhein bei Mainz, der im Krieg verloren gegangen zu sein scheint[8]: Die Holzreste im Auge weisen einen deutlichen Überstand auf (Abb. 2).

Die Frage, welche Seite des Ankerstocks beim Gießen oben, welche unten lag, läßt sich nicht eindeutig beantworten. Einen schwachen Anhaltspunkt liefert vielleicht ein Detail des Steges: Nur eine seiner Schmalseiten ist glatt, die andere dagegen schrundig. Letztere dürfte beim Gußvorgang unten gelegen haben: Ein Lufteinschluß oder Dampfentwicklung hat dort die gleichmäßige Verteilung der Schmelze verhindert.

Für diese Vermutung spricht auch eine weitere Beobachtung. Die 'Oberseite' des Ankerstocks zeigt ziemlich weit außen eine unregelmäßige, blasige Stelle (Taf. 6.3, Pfeil). Ein experimenteller Nachguß des Bleiankerstocks von Porth Felen (Wales) hat ergeben, daß solche Stellen dort entstehen, wo das Blei aus dem Tiegel in die Form gegossen wird[9].

Wie sah diese Form aus? In der Forschung wird meist angenommen, daß solche Anker in einer oben offenen Holzform gegossen wurden[10]. Der Nachguß des Ankers von Porth Felen erfolgte in einer Form aus Sand[11]. Das Verfahren mit der offenen Form ist das einfachste und dürfte deshalb wohl auch das am meisten verbreitete gewesen sein. Für diesen Ankerstock ist es allerdings ebenso auszuschließen wie Holz oder Sand als Material für die Form. So zeigen sich an keiner Außenfläche Strukturen, wie sie eine hölzerne Verschalung hinterlassen haben müßte. Stattdessen wirkt die Oberfläche des Stocks sanft geschwungen und leicht modelliert. Eine solche Oberfläche könnte für eine Form aus Sand sprechen, wiese der Stock nicht einige flache, mit Sicherheit nicht nachträglich entstandene Mulden sowohl auf der Ober- wie

7 Vgl. etwa CARRAZÉ 1973, 16 Abb. 3; PIEPERS 1974, Abb. 1 nach S. 562; KAPITÄN 1984, 37 Abb. 4.3, 40 Abb. 6.2.

8 Mainzer Zeitschr. 1, 1906, 24; D. ELLMERS, Frühmittelalterliche Handelsschiffahrt in Mittel- und Nordeuropa. Offa-Bücher 28 (²1984) 132 Abb. 113.

9 BOON 1977, 10 f.; DERS., The Porth Felen Anchor-Stock. IJNA 6, 1977, 240, 241 Abb. 3.

10 Vgl. etwa G. SCHMIDT, Der Schiffsanker (o. Ersch.-Ort 1983) 38, 43; A. ORAČEV u. I. ORAČEVA, Reconstructions de l'ancres anciennes en pierre et en plomb de la collection de Musée de Šabla (bulg., frz. Résumée). ArcheologijaSofia 30/1, 1988, 24 Abb. 8c.

11 Briefliche Mitteilung von G. C. Boon vom 27. 7. 1989.

auf der Unterseite auf. Plausibel sind sie nur mit einer geschlossenen, wohl aus Ton gefertigten Form zu erklären, in der sie als Erhebungen ausgebildet waren.
Die Abdrücke einer sehr feinen, gewebeartigen Struktur an zwei Kanten des Ankerstocks (Taf. 7.2-3) entziehen sich einer Deutung. Daß sie bei der Bergung entstanden sind, ist wenig wahrscheinlich, da einer dieser Abdrücke seinerseits beschädigt ist (Taf. 7.2)[12].
Weitere Anhaltspunkte zur technischen Durchführung des Gußvorgangs liefert der Ankerstock nicht. Als Regelfall gilt, daß der Anker beim Gießen des Stocks auf dem Kopf stand, die Unterseite der Herstellungsphase mithin nicht mit der der Benutzung identisch ist[13]. Dieses Verfahren hatte einen großen Vorteil: Die Form konnte — war sie nicht ohnehin in den Boden eingelassen — auf einer nur niedrigen Unterkonstruktion ruhen oder auf dem Erdboden stehen, sofern man das Schaftende eingrub bzw. über einer Grube arbeitete. In jedem Fall entfiel so der beschwerliche — und gefährliche — Transport der schweren Schmelze in größere Höhen[14]. Man wird auch für den neu gefundenen Ankerstock das gleiche Verfahren voraussetzen dürfen[15].
Nur am Rande sei darauf hingewiesen, daß eine ganze Gruppe antiker Bleiankerstöcke nicht in Holz-, sondern in Tonformen oder im Sandbett gegossen worden sein muß: diejenigen Anker, die figürliche Verzierungen — Astragale, Delphine, Medusen u. a. m. — besitzen[16]. Diese Verzierungen wurden nicht in eine Holzverschalung geschnitzt, sondern sind mittels eines Models in die weiche Form gedrückt worden.
Wie muß man sich bei einem antiken Schiff den gelichteten Anker vorstellen? Bei dieser Frage können vielleicht ebenfalls die verzierten Bleiankerstöcke weiterhelfen. Weitaus die meisten mittelmeerischen Stücke haben eine gerade Horizontalfläche, während die andere zum Auge hin leicht ansteigt[17]. Die meisten Rekonstruktionsvorschläge solcher Anker gehen aus zwei Gründen von der Annahme aus, daß die gerade Fläche unten gesessen hat und die ansteigende die Oberseite des Stocks war: Zum einen war der Ankerstock des großen Ankers vom Nemi-See — des durch die Fundumstände bestdokumentierten Ankers dieser Art — in dieser Position angebracht; zum anderen setzt zumindest jeder Stock, der in einer offenen Form am auf dem Kopf stehenden Anker gegossen wurde, diese Anbringung voraus — die schrägen Flächen können während des Gießens natürlich nur unten gelegen haben.
Unser modernes Verständnis vom 'Oben' und 'Unten' eines Ankers zugrunde gelegt, stehen bei dieser Rekonstruktion die Darstellungen auf der Gruppe von Ankern mit verzierten Seitenflächen[18] sämtlich auf dem Kopf. Das gleiche gilt für diejenigen Anker, die auf diesen Flächen Besitzernamen (?) oder andere Inschriften tragen[19]. Beim gelichteten Anker bedarf dies einer Erklärung. Anders als moderne Schiffe besaßen antike Seefahrzeuge keine Klüse für die Ankerkette, so daß der gelichtete Anker nicht zwangsläufig außenbords gehangen haben muß wie heute (zu den Ausnahmen s. u.), sondern auf Deck verstaut

[12] Rätselhaft sind auch die offenbar durch ein Schlagwerkzeug hervorgerufenen Kerben auf einer Seite des Auges (Taf. 7.1): Sie sitzen im Bereich des hölzernen Schafts.

[13] Vgl. Anm. 10.

[14] Der große Holzanker vom Nemi-See war gut 5,50 m lang, der Ankerstock saß in 4,50 m Höhe: PERRONE MERCANTI 1979, 47. Die Ankerrekonstruktion im Rheinischen Landesmuseum Bonn ist 2,90 m lang: PIEPERS 1974, Abb. nach S. 562.

[15] Der Xantener Anker dürfte ähnliche Abmessungen besessen haben wie der Anker in Bonn.

[16] Beispiele: Die Wracks 'L'Escalet' (Löwe), 'Grand Ribaud A' und 'Jeaune Garde B' (Delphine): CARRAZÉ 1973, 14 Abb. 7. — Porth Felen (Astragale): BOON 1977, 12 Abb. 2. — Fundkomplex mehrerer Anker von Blanes (Spanien): PERRONE MERCANTI 1979, 56 f.

[17] Vgl. PERRONE MERCANTI, passim.

[18] Vgl. Anm. 16. Weitere Beispiele: V. TUSA, Ancore Antiche nel Museo di Palermo, in: D. J. BLACKMAN (Hrsg.), Marine Archaeology (London 1973) 427 Abb. 39—40, 428 Abb. 41—42.

[19] Beispiele: Blanes (SESTV): PERRONE MERCANTI 1979, 56. — Fos-sûr-Mer (C AC ASICI): ebd. 54, Taf. 16.1. — L'Escalet (ΣΩΤΕΙΡΑ): CARRAZÉ 1973, 14 Abb. 4. Widersprüchlich die Rekonstruktionszeichnung und die Rekonstruktion des Holz-Blei-Ankers im Rheinischen Landesmuseum Bonn: PIEPERS 1974, Abb. 1.3 n. S. 563. 564 Abb. 2. Abweichende Rekonstruktion von Bleiankerstöcken mit unten liegender ansteigender Horizontalfläche: J. N. GREEN, An Underwater Archaeological Survey at Cape Andreas, Cyprus, 1969—70, in: BLACKMAN a.a.O. (Anm. 18) 168 Abb. 28. — Gallia 11, 1953, 116 Abb. 20.

worden sein kann. Einem Vorschlag von F. Gelsdorf folgend, kann man sich eine Unterbringung an der inneren Bordwand vorstellen, und zwar der Stabilität wegen auf dem Kopf[20]. In diesem Fall wären die Inschriften lesbar, die Darstellungen richtig plaziert; ihre 'Botschaft' hätte sich im wesentlichen an die Mannschaft des Schiffes gerichtet. Aufschlußreich in diesem Zusammenhang ist auch, daß eine ganze Reihe orientierbarer antiker Ankerdarstellungen den Anker in dieser Position zeigt[21].
Umgekehrt gibt es einige wenige bildliche Darstellungen, bei denen der Anker außenbords am Schiffsrumpf oder vor der Reling hängt. Außer der bekannten Reliefplatte der Trajanssäule ist hier insbesondere eine Gruppe provinzialrömischer Reliefs aus Narbonne zu nennen[22]. Man hat diese Darstellungsweise situativ zu begründen versucht — etwa als Einfahrt in den Hafen[23]. Denkbar wäre aber auch, daß hier leichtere Anker gemeint sind, die vielleicht nicht auf Deck geholt werden mußten — die typologisch jüngeren Eisenanker, die bei gleicher Größe erheblich weniger wogen als die Holz-Blei-Anker. Das Motiv des auf dem Kopf stehenden Ankers ist bezeichnenderweise nach der flavischen Zeit nicht mehr belegt, während umgekehrt die genannten Reliefbilder durchweg kaiserzeitlich zu datieren sind[24].

Während Bleiankerstöcke aus dem Mittelmeerraum in zahlreichen Exemplaren bekannt sind, sind entsprechende Funde nördlich der Alpen außerordentlich selten. Aus dem Rheingebiet lassen sich dem Neufund nur zwei Stücke zur Seite stellen, von denen bereits die Rede war: der Ankerstock aus Mainz (heute verschollen) und das Exemplar, das zwischen Duisburg-Ruhrort und Homberg gefunden wurde und sich derzeit als Leihgabe des Niederrheinischen Museums Duisburg im Rheinischen Landesmuseum Bonn befindet[25]. Alle drei Stücke lassen sich hinsichtlich ihrer Abmessungen und ihres Gewichts[26] gut miteinander vergleichen. Sie besitzen darüber hinaus eine weitere, aufschlußreiche Gemeinsamkeit: Die Stockarme weisen keinen hochrechteckigen Querschnitt auf, der bei den meisten mittelmeerischen Ankerstöcken vorliegt, sondern sie sind quadratisch bis querrechteckig. Die Ankerstöcke gehören damit typologisch zu einer nur kleinen Guppe, die im Mittelmeerraum kaum verbreitet gewesen zu sein scheint. Dieser Typ ist etwa in der umfänglichen Sammlung von antiken Ankern des Museums von Palermo nur mit vier Exemplaren vertreten[27].
Daß der Mainzer Stock zur Ausrüstung eines Schiffes im militärischen Dienst gehörte, ist durch die linksläufige Inschrift LEG(io) XVI zweifelsfrei erwiesen. Für das Bonner Stück dürfte das gleiche gelten. Die häufiger vorgeschlagene Auflösung der Inschrift LV auf dem Stock in L(egio) V ist die plausibelste Lösung: Gerade dieses Kürzel ist etwa auf statistisch relevantem Material — den gestempelten Ziegeln

[20] Briefl. Mitteilung vom 25. 7. 1989.

[21] Es handelt sich um Münzen und Lampen, wobei die Münzen durch Beischriften, die Lampen durch die Bildszene als solche (Anker zwischen zwei Delphinen) orientiert sind. Münzen Seleukos' I.: BMC. Seleucid Kings of Syria, Taf. 2.1, 2.3, 2.6, 2.8—9. Münzen des pontischen Apollonia: ORAČEV u. ORAČEVA a.a.O. (Anm. 10) 20 Abb. 3. — Lampen des Typus Loeschke IB und IV: H. MENZEL, Antike Lampen im Römisch-Germanischen Zentralmuseum zu Mainz (Mainz 1969) 41 Nr. 202, Abb. 32.24; G. HERES, Die römischen Bildlampen der Berliner Antikensammlung (Berlin 1972) 37 Nr. 138; K. GOETHERT-POLASCHEK, Katalog der römischen Lampen des Rheinischen Landesmuseums Trier (Mainz 1985) 61 Nr. 213, 105 Nr. 417, 109 Nr. 439—440, 118 Nr. 491, Taf. 3.15D, Taf. 41, 60, 61.

[22] Vgl. zu diesen Reliefs die Bemerkungen von BOON 1974, 19 m. Anm. 47—55. Traianssäule: F. B. FLORESCU, Die Trajanssäule (Bonn-Bukarest 1969) Taf. 74. — Narbonne: E. ESPERANDIEU, Recueil général des bas-reliefs de la Gaule Romaine I (1907) Nr. 678, 686, 687, 689. Unergiebig die emblematischen Ankerdarstellungen auf dem Bogen von Orange (A. CARISTIE, Monuments antiques a Orange [Paris 1856] Taf. 17) und einem Fries im Kapitolinischen Museum Rom (J. W. CROUS, Ein antiker Fries bei Sebastiano del Piombo. Röm. Mitt. 55, 1940, Beil. 1 n. S. 77).

[23] So BOON 1974, 19 mit Hinweis auf eine mögliche Sepulkralsymbolik.

[24] Die jüngsten Lampen mit diesem Motiv werden frühflavisch datiert.

[25] Vgl. Anm. 8 sowie PIEPERS 1974, passim.

[26] Die durch die Rekonstruktion des Bonner Stücks derzeit nicht überprüfbare Gewichtsangabe von 150 kg (PIEPERS 1974, 562 m. Anm. 3) scheint trotz des im Vergleich zu unserem Stock größer dimensionierten Kastens recht hoch zu sein. L. des Bonner Ankerstocks: 1,36 m. — Ankerstock Mainz: 72 kg, L. ca. 1,40 m.

[27] TUSA a.a.O. (Anm. 18) 422f. Nr. 2. 423f. Nr. 3. 424 Nr. 4. 425 Nr. 5. Vgl. auch BOON 1977, 16f. zu diesem Ankerstocktyp.

der legio V Alaudae — das mit Abstand häufigste[28]. Beide Ankerstöcke lassen sich durch diese epigraphischen Angaben in die erste Hälfte des 1. Jahrhunderts n. Chr. datieren. Auch die genannten Stücke in Palermo scheinen der späten Republik oder der frühen Kaiserzeit anzugehören[29]. Diese Datierung ist für den Xantener Anker nicht zweifelsfrei zu erweisen, da er keine Inschrift trägt. Doch legen die genannten Gemeinsamkeiten eine solche Datierung ebenso nahe wie die typologische Entwicklung der griechisch-römischen Anker allgemein: Der Holz-Blei-Anker vertritt einen älteren, bereits im Hellenismus verbreiteten Typ, der schon im Laufe der frühen Kaiserzeit allmählich vom Eisenanker abgelöst wurde.

Das zweite, ebenfalls aus Blei bestehende Ankerteil ist rd. 13 kg schwer, langrechteckig und durch zwei mitgegossene Stege in drei Öffnungen unterteilt (Taf. 7.4-5). Die äußeren Schmalseiten sind schräg abgekantet, so daß das Stück eine längere Oberseite, eine kürzere Unterseite besitzt. Die Abmessungen betragen auf der Oberseite 62,4 × 13,0 — 14,3 cm, auf der Unterseite durch die Abkantung 59,9 × 13,0 — 14,3 cm. Die Höhe des Stücks liegt bei 2,6 cm. Die äußeren Öffnungen sind jeweils zur Mitte hin abgeschrägt und differieren leicht in ihren Abmessungen (7,4 × 13,4 cm bzw. 8,1 × 15,2 cm). In diesen Öffnungen saßen die Arme des Ankers. Die schräg zur Achse des Schafts verlaufenden Abdrücke ihrer Holzmaserung sind deutlich zu erkennen.
Die mittlere Öffnung für den Ankerschaft ist seitlich in die Gegenrichtung abgeschrägt. Ihr oberer Längsdurchmesser ist mit 15,5 cm geringer als der untere (19,4 cm). Die Breite dieser Öffnung liegt gleichbleibend bei ca. 8,9 cm. Die Breite des außen umlaufenden Stegs beträgt zwischen 3,5 und 4,9 cm, die der Innenstege auf der Oberseite 5,5 — 6,0 cm. Die Unterseite der Innenstege ist plan, ihre Breite schwankt zwischen 1 und 2 cm.

Die charakteristische Form dieses Bleistücks, für die es im Mittelmeerraum mehrere Parallelen gibt, sichert die Bestimmung seiner Funktion: Es saß wie eine Klammer um Schaft und Arme des Ankers[30]. Verstärkungsstücke dieser Art sind nach den sicher zutreffenden Forschungsergebnissen von G. Kapitän nicht als Kontergewichte, sondern in der Regel als Reparaturteile anzusehen[31]. Sie wurden dann am Anker angebracht, wenn die Verbindung zwischen Ankerschaft und -armen durch die ständige Beanspruchung schadhaft geworden war.
Die Öffnungen liefern Hinweise auf das Aussehen der hölzernen Ankerteile, auf deren Maße und auf den Reparaturvorgang. Die Kanten von Schaft und Armen waren entweder von vornherein abgeschrägt oder sind durch die Benutzung verrundet. Der Schaft selbst maß ca. 9 × 19,5 cm. Dieser Querschnitt entspricht nicht dem des mitgefundenen Ankerstocks, läßt sich aber von seinen Maßen her gut dem Bonner Ankerstock zur Seite stellen. Die Verjüngung des Schaftlochs an den Schmalseiten ist nur dadurch zu erklären, daß die Arme des Schafts vor dem Gußvorgang schräg eingekehlt wurden. Dies gilt für alle Reparaturteile dieser Art mit v-förmigen Innenstegen (Abb. 3 a — b). Das Xantener Stück besitzt zusätzlich plane Unterseiten. Sie müssen ebenfalls auf Arbeiten am Holz zurückgeführt werden. Hinweise auf ein Zusammenstoßen von Ankerschaft und -armen auf diesen Flächen — in Form einer abgedrückten Nahtstelle — gibt es nicht. Demzufolge fluchteten die Seiten des Schafts mit einer der beiden Stegkanten. Eine Entscheidung ist hier vielleicht durch folgende Überlegung möglich: Bei den v-förmigen Innenstegen ist eine Einkehlung der Arme nicht zwingend erforderlich; sie können ohne Verjüngung durch die Öffnung ragen (vgl. Abb. 3 a — b). Der aufwendigere, trapezförmige Querschnitt unserer Innenstege macht also am ehesten einen Sinn, wenn er eine konstruktive Veränderung bzw. Verbesserung gegen-

[28] Von den fünfundsiebzig in CIL XIII 6 aufgeführten Stempeltypen entfallen dreiundfünfzig auf diese Form der Abkürzung.

[29] TUSA a.a.O. (Anm. 18) 422 ff.; BOON 1977, 16f.

[30] Richtig gedeutet erstmals von F. BENOIT, L'archéologie sous-marine en Provence. RivStLig 18, 1952, 268 ff. Für die zahlreichen Parallelen sei hier stellvertretend verwiesen auf den Ankerfund aus Antibes (o. Anm. 19). — Fundkomplex von vier Ankern bei Punta Scaletta (Ligurien): PERRONE MERCANTI 1979, 24 — 25. — Šabla (Bulgarien): ORAČEV u. ORAČEVA a.a.O. (Anm. 10) 23 Abb. 6b.

[31] KAPITÄN 1984, 40 — 41. Vgl. auch D. HALDANE, Wooden anchor arm construction. IJNA 15, 1986, 163 — 166.

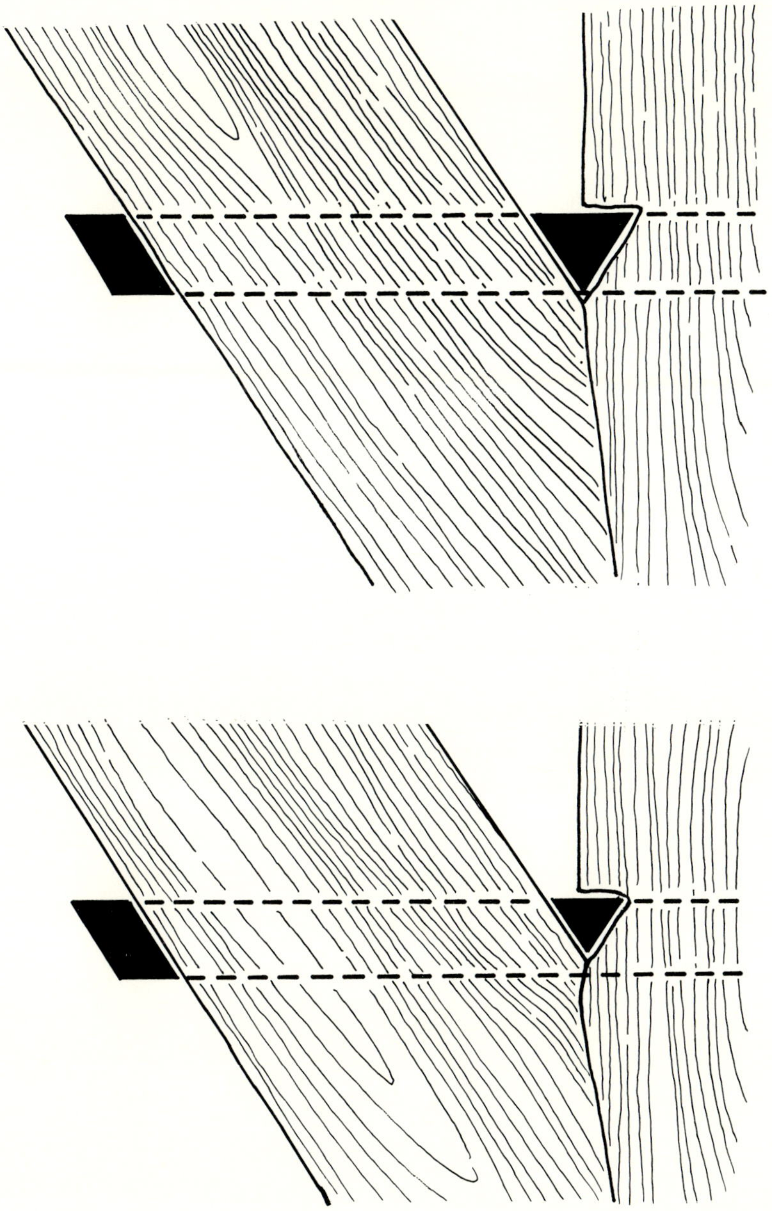

3a—b Reparaturteile mit v-förmigen Innenstegen. Sitz am Ankerschaft, Querschnitt.

über den üblichen Stegen bringt[32]. Hinzu kommt, daß die Schrägen in den äußeren Öffnungen unterschiedliche Steigungen haben: Die äußeren sind erheblich steiler als die inneren. Die Ankerarme müssen daher ebenfalls zumindest einseitig, vielleicht sogar auf beiden Schmalseiten eingekehlt gewesen sein (Abb. 4). Zu beweisen ist die letztgenannte Annahme nicht, doch hätte eine solche Konstruktion den festen Sitz des Reparaturteils zusätzlich garantiert. Es wäre zu überprüfen, ob vergleichbare Stücke hier bessere Hinweise geben.

[32] Alle drei Typen sind beim Fundkomplex von Punta Scaletta (Anm. 30) vertreten.

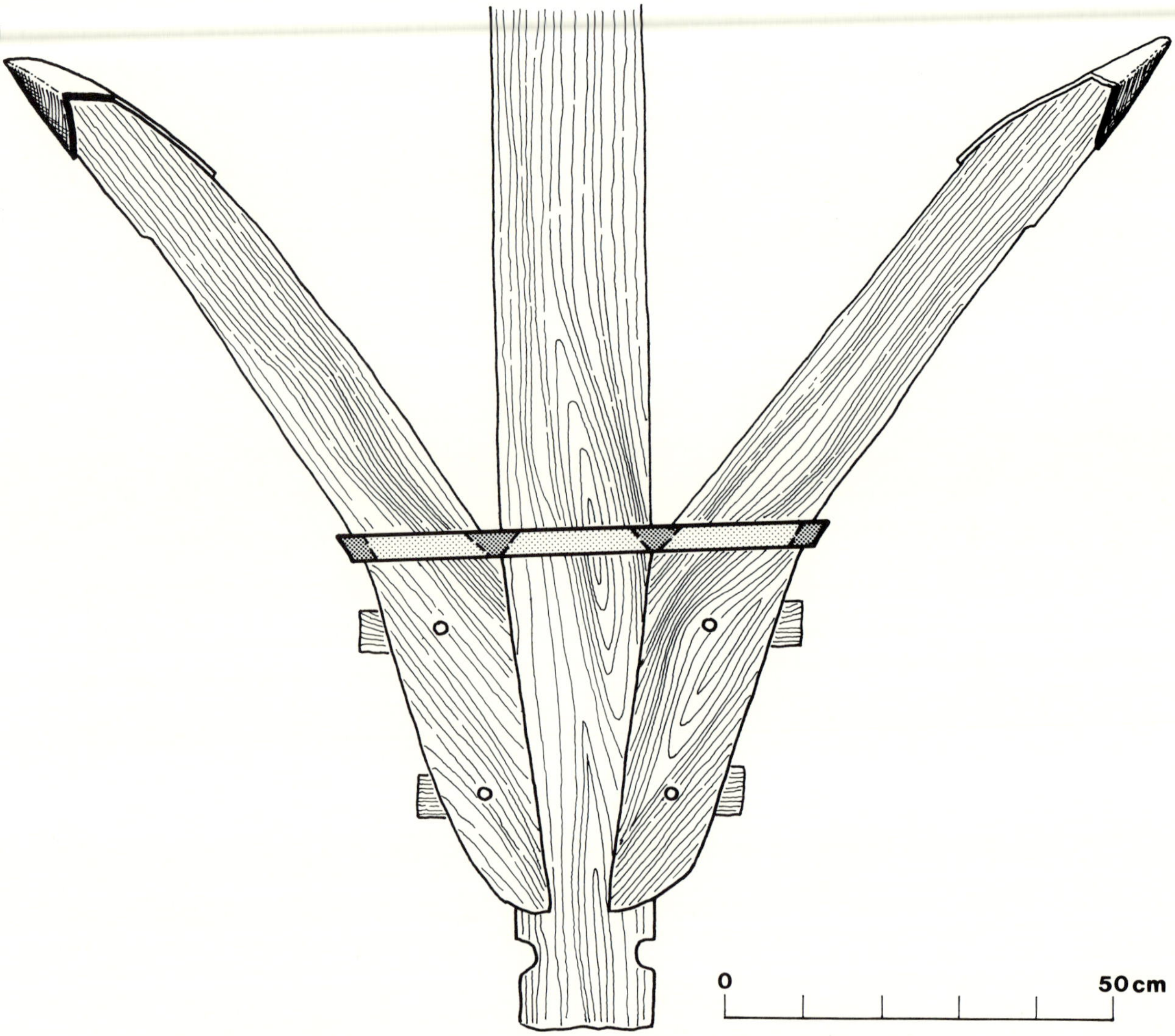

4 Reparaturteil, Blei, für Holzanker. Vom Niederrhein. Rekonstruktionsskizze.

Der Neufund besitzt im hiesigen Raum keine unmittelbaren Parallelen. Allerdings wurden 1954 zwei ähnliche Objekte — erheblich kleiner und mit nur je zwei Öffnungen — auf der Bislicher Insel aus dem Altrhein geborgen. Ein neuer Rekonstruktionsvorschlag von F. Gelsdorf revidiert die bisherige Zusammenfügung[33]. Mit den drei Stücken sind sämtliche Reparaturvarianten von römischen Holz-Blei-Ankern nun auch für den Niederrhein belegt.
Das Reparaturstück und der Ankerstock können nicht an demselben Anker gesessen haben: Dies verbieten die unterschiedlichen Schaftquerschnitte. Doch können sie durchaus vom gleichen Schiff stammen, denn antike Schiffe führten in der Regel mehrere Anker mit sich. Die Auffindung beider Objekte in unmittelbarer zeitlicher Folge, wahrscheinlich am gleichen Ort, legt den Gedanken an einen Schiffsverlust nahe. In jedem Fall bereichern die Stücke unsere Kenntnis der frühen römischen Rheinschiffahrt.

[33] F. GELSDORF, Revision einer Rekonstruktion. Der römische Anker in der Schausammlung des Rheinischen Landesmuseums Bonn. Das Rheinische Landesmuseum Bonn, Berichte aus der Arbeit des Museums 5/89, 65 ff.

REGINA PETERS

Ein korinthisches Pilasterkapitell des ersten Jahrhunderts n. Chr. aus der Colonia Ulpia Traiana

In unmittelbarer Nähe des Hafentempelfundaments der CUT fand sich im Zuge der Grabungen der siebziger Jahre u. a. das Fragment eines Pilasterkapitells (Fundnummer 15 524; Taf. 8.1). Seine Maße betragen 28,0 (H.) × 22,0 (Br.) × 18,5 cm (T.).

Das Kapitell besteht aus hellem Kalkstein, der stellenweise rötlich oder dunkel verfärbt ist. Die rötlichen Verfärbungen können Brandspuren sein, die dunklen von einstiger Bemalung (?) herrühren.

Bei der Auffindung war das Kapitell allseitig von Kalkmörtel bedeckt. Möglicherweise ist es also bei der Errichtung des Hafentempels als Spolie verbaut worden.

Als 'Symmetrieachse' des Kapitells ist ein Stengel mit einem tief ansetzenden schmalen Blätterpaar und einer Abakusblüte erhalten. Letztere reicht leicht über einen Abakus hinaus, der nur noch in Ansätzen rechts und links davon erhalten ist. Beiderseits des Stengels erkennt man die spiraligen, mittig gekerbten Helixenden und Teile von Akanthusblättern. Im oberen Bereich überwuchern letztere von beiden Seiten den Stengel und bilden zusammenwachsend unterhalb der Helixenden eine Art 'Basis' für diese.

Die Helices selbst werden oben von schmalen gezackten Blättern begleitet, die sich um sie herumlegen und sie verbergen. Die Blätter wachsen, die Helixenden freigebend, bis zum Stengel weiter, wo sie zu einer 'Basis' für die Abakusblüte werden.

Knapp unterhalb der Stelle, wo am unteren Fragmentrand die schmalen Blättchen vom Stengel abgehen, muß sich einst die nach außen überfallende Spitze des Mittelblattes der zweiten Blattreihe (Secunda Folia) des Kapitells befunden haben. Die Caulismündungen kann man sich rechts und links davon etwa in gleicher Höhe vorstellen. Daraus sind einst jeweils Helix und Volute sowie 'stützendes' und begleitendes Blattwerk hervorgegangen. Reste der Akanthusblätter, die aus ihnen entsprangen und die Unterseite der Helices begleiteten, sind noch zu erkennen. Am rechten Rand des Fragments erhielten sich Blattfingerreste eines weiteren Akanthusblattes, das einmal die rechte Volute unten begleitet hat. Sie stoßen an das andere aus dem Caulis herauswachsende Blatt an.

Zu beiden Seiten der Stengelblätter ist jeweils eine kleine, nahezu dreieckige Fläche frei von Blattwerk. Beide zeigen unregelmäßige Bearbeitungs- und Glättungsspuren.

Der Abakus ist vom Kalathus durch eine schräg eingemeißelte Kerbe abgesetzt. Die Oberkante und die Auflagefläche für das Gebälk sind beschädigt. Auch die Vorder- und Oberseite der Abakusblüte sind zerstört.

Die Blätter sind flächig und scheinen kaum gefaltet gewesen zu sein, die Blattspreiten sind kantig. Die Konturen der Blätter waren, nach den Resten zu urteilen, relativ geschlossen. Die Umrisse der Blattfinger sind langoval und enden spitz. Sie sind dort, wo sie gegeneinanderstoßen, durch Kerben geringer Tiefe getrennt. Blattösen und -zwischenräume nähern sich leicht geschweiften schmaleren oder breiteren Dreiecken. Viele Details des Kapitells werden durch Punktbohrungen voneinander abgesetzt. Letztere können selbst in Blattösen und -zwischenräume gesetzt werden.

Die Reliefoberfläche ist insgesamt recht lebhaft. In den oft tiefen Punktbohrungen ergeben sich durch dunkle Schatten Schwarz-Weiß-Effekte; kantige Formen mit harten Übergängen bewirken, daß das Relief fast 'flimmert'. Flüchtige, insgesamt wenig sorgfältige Ausarbeitung der Details und Unregelmäßigkeit der Formen lassen die Machart des Stücks recht handwerklich erscheinen, auch wenn es sehr dekorativ wirkt.

Der Ausführende legt wenig Wert darauf, 'organische' Zusammenhänge des Blattwerks und der Einzelelemente des Kapitells zu zeigen. Er spielt mit den Formen. Die Helixenden bilden kleine, sich aus dem Blattwerk herauswindende Spiralen, die aber in ihrem Verlauf und in ihrem Zusammenhang mit den Helices nicht weiter zurückverfolgt werden können. Ihr 'organischer' Zusammenhang ist also unklar. Daß die unten die Helices begleitenden Akanthusblätter vor dem Blütenstengel eine Art Basis bilden, ist rein dekorativ gedacht. Spielerisch mutet an, wie die Heliceshüllblätter sich zur 'Basis' der Abakusblüte entwickeln.
Formal und stilistisch nächstverwandt ist das allerdings viel größere und besser erhaltene korinthische Kapitell der Großen Jupitergigantensäule in Mainz (Taf. 8.2). Auch hier werden Helices und Voluten durch Akanthusblätter begleitet und z. T. verborgen. Um erstere legen sich von oben wie beim Xantener Kapitell Hüllblätter mit gezackten Rändern, und sie wachsen wie dort nach oben, um die 'Basis' der Abakusblüte zu bilden. Die Helixenden drehen sich spiralig aus dem Blattwerk heraus. In Mainz ist dieses Paar allerdings spielerisch verdoppelt. Ebenso weist der Blütenstengel ein verdoppeltes seitliches Blätterpaar auf. Selbst die relativ geschlossenen Blattkonturen und die Form der Blattfinger sind gut vergleichbar. Letztere werden durch Kerben voneinander geschieden, wo sie aneinanderstoßen. Es werden dreieckkige, leicht geschweifte Blattösen gebildet. Auch eine gewisse Härte und 'Trockenheit' des Stils bei lebhafter Oberflächenbildung sind in Mainz ähnlich. In die Entstehungszeit des Mainzer Kapitells muß deshalb auch das Xantener Pilasterkapitell gehören, also etwa in die Jahre 59 – 65 n. Chr.[1]

Wie Fundort und Vermörtelung vermuten lassen, ist es im zweiten Jahrhundert n. Chr. wohl beim Bau des Hafentempels zweitverwendet worden. Es muß also zuvor zu einem Gebäude gehört haben, das bald nach seiner Errichtung wieder niedergelegt worden war. Vielleicht handelte es sich um einen Vorgängerbau des Hafentempels, der bisher noch nicht nachgewiesen werden konnte. Auch die Zugehörigkeit zu einem bislang unbekannten repräsentativen Grabbau des ersten Jahrhunderts n. Chr., etwa in der Art des Pobliciusgrabmales in Köln, wäre denkbar[2]. Der Größe nach könnte das Kapitell zu einem Pilaster von gut 4,0 – 5,0 m Gesamthöhe gehört haben. Nicht auszuschließen ist auch, daß es aus einer der steinernen Ausbauphasen des Lagers Vetera I auf dem Fürstenberg südlich der CUT bzw. ihrer Vorgängersiedlung stammt. Nach dem Bataveraufstand 69/70 n. Chr. wurde das zerstörte Lager wohl vollständig niedergelegt und alles noch verwertbare Steinmaterial abtransportiert. So könnte auch das Xantener Pilasterkapitell in die Vorgängersiedlung der CUT gelangt sein, um dort allerdings erst Jahrzehnte später beim Hafentempelbau in der Colonia weiterverwendet zu werden. Weitere Untersuchungen werden sich mit dieser Frage noch zu beschäftigen haben.
Auch die Frage, ob und wieweit das Xantener wie das Mainzer Kapitell formale Eigenheiten wie das die Helices begleitende und z. T. verhüllende Blattwerk etwa aus dem Südgallien des frühen ersten Jahrhunderts übernommen und bis in iulisch-claudische Zeit tradiert haben, bedarf noch der Klärung. Selbst stilistisch könnten beide Kapitelle südgallische Einflüsse zeigen.

[1] G. BAUCHHENSS, Die Jupitersäulen in den germanischen Provinzen. Bonner Jahrb. Beih. 41 (Köln 1981) 162 f.; W. SELZER, Römische Steindenkmäler (Mainz 1988) 90 f.

[2] G. PRECHT, Das Grabmal des Lucius Poblicius (Köln 1975).

GUDRUN GERLACH

Das Wetter am Tag der Schlacht von Vetera

„... ne eques quidem institit, repente fusis imbribus et propinque nocte" (Tac. hist. V 18,2). Zu deutsch: „Es drängte aber nicht einmal unsere Reiterei nach, da plötzlich starker Regen fiel und die Nacht hereinbrach"[1]. Soweit der 'Wetterbericht' des Tacitus von einem Tag Anfang Juli 70 n. Chr., dem Tag der Schlacht von Vetera.

Jeder, der den Niederrhein kennt oder dort zu Hause ist, wird sich über die Mitteilung, daß es geregnet hat, nicht weiter wundern. Diese Wettererscheinung ist uns hier doch allzu gut bekannt, weil sie so häufig vorkommt. Deshalb erscheint es wenig wahrscheinlich, daß der Geschichtsschreiber Tacitus (ca. 55 – ca. 120 n. Chr.) eine solch banale und alltägliche Gegebenheit wie Regen am Niederrhein für wichtig genug erachtete, sie den Lesern zu übermitteln und der Nachwelt zu erhalten. Obwohl das Zitat hier aus dem Zusammenhang gerissen und fast verstümmelt wiedergegeben ist, läßt es immerhin erkennen, daß es sich nicht um einen einfachen niederrheinischen Landregen handelte, von dem zu berichten war. Vielmehr betont Tacitus ausdrücklich, „es fiel plötzlich starker Regen".

In welchem Kontext erwähnt nun Tacitus diese Naturerscheinung? In den Kapiteln 14 ff. im V. Buch seiner Historien kehrt die Erzählung zum Bataveraufstand 69/70 n. Chr. zurück, nachdem zuvor ausführlich von den Kriegsereignissen in Trier die Rede war. Im Jahre 69 n. Chr. war das Zweilegionenlager Vetera Castra auf dem Fürstenberg bei Xanten von den Feinden bereits hart umkämpft und Anfang 70 n. Chr. in Brand gesteckt worden[2], die Entscheidungsschlacht hingegen stand noch aus. Im Sommer 70 n. Chr. endlich standen sich die feindlichen Heere wieder bei Vetera, diesmal aber in der Rheinniederung, gegenüber. Durch eine List, nämlich den Rhein durch Dämme abzuleiten, gelang es den germanischen Batavern, das Land in weit ausgedehnte sumpfige Untiefen zu verwandeln. Diese widrigen Umstände brachten die Römer in schwere Bedrängnis: „Ihr (= Germanen) riesiger Körperbau und die Verwendung sehr langer Speere ermöglichte es ihnen, unsere (= Römer) im Wasser recht unsicher stehenden, hin- und herschwankenden Leute zu durchbohren, ohne ihnen dabei zu nahe zu kommen"[3]. Erst mit Hilfe eines batavischen Überläufers gelang es den Römern, eine totale Niederlage zu vermeiden. Die Verfolgung der fliehenden Feinde war nicht mehr möglich, da „plötzlich starker Regen fiel und die Nacht hereinbrach". Naturphänomene wie 'Regen' und 'Nacht' werden von Tacitus offenbar so geschickt in den Bericht um das Schlachtgeschehen eingefügt, daß seinen Lesern – zumeist im fernen Italien zuhause – mehr die Unbill der Witterung als die Unfähigkeit des römischen Heeres zu siegen vor Augen geführt werden soll.

Daß diese Vermutung, Tacitus stelle die in Germanien herrschenden Wetterverhältnisse als widrige Umstände dar, die den Römern bisweilen größeren Schaden als die feindlichen Germanen selbst zufügten, nicht von der Hand zu weisen ist, belegen sämtliche Stellen in Tacitus' Schriften, in denen klimatische Erscheinungen erwähnt werden. Sehr häufig sind diese Belege übrigens nicht; ein besonders treffendes Beispiel aus den 'Annalen' des Tacitus mag hier stellvertretend für alle übrigen stehen.

In den Kapiteln 5 bis 26 des II. Buches seiner Annalen berichtet Tacitus ausführlich über den dritten Germanenfeldzug des Germanicus, der im Jahre 16 n. Chr. stattfand. Aus dem 7. Kap. stammt folgendes Zitat: „Während nun die Schiffe zusammengezogen wurden, ließ der Caesar (also Germanicus) den Legaten Silius mit einer leicht bewaffneten Truppe einen Einfall in das Chattenland (wahrscheinlich saßen die Chatten zu dieser Zeit in der Gegend um die Ems) machen; er selbst (= Germanicus) führte auf die Nach-

[1] TACITUS, Historien, lt.-dt. ed. J. Borst (München 1969) 537.

[2] TACITUS, Historien IV 22 ff.

[3] TACITUS, Historien V 18,1.

richt, ein an der Lippe angelegtes Kastell werde belagert, sechs Legionen dorthin. Doch konnte weder Silius wegen plötzlicher Regenfälle (neque Silio ob subitos imbres aliud actum ...) etwas anderes ausrichten, als ein wenig Beute zu machen und des Chattenfürsten Arpus' Frau und Tochter zu entführen, ..."[4]. In diesem Fall verhindern die 'plötzlichen Regenfälle' den Kampf überhaupt, dem sich Silius offenbar mit seiner 'leicht bewaffneten Truppe' gar nicht erst stellen wollte.

Die Fortführung des oben angeführten Zitats „... noch gaben dem Caesar (= Germanicus) die Belagerer Gelegenheit zum Kampf, da sie auf die Kunde von seinem Anrücken auseinandergelaufen waren"[5], macht die unterschiedliche Tendenz bei der Berichterstattung des Tacitus deutlich. Germanicus, der mit sechs Legionen, das sind immerhin 36 000 Mann, ein Lager an der Lippe von den Belagerern befreien will, bedarf nicht des 'plötzlichen Regens', um die Schlacht für sich zu entscheiden, da die Feinde doch schon allein auf die Kunde hin, er rücke an, auseinandergelaufen waren.

Weitere Belege aus den Werken des Tacitus könnten hier aufgezählt werden[6]. Aus allen geht jedoch eindeutig hervor, daß es sich bei den 'Wetterberichten' des Tacitus nicht um klimatologische Mitteilungen oder Beobachtungen im naturwissenschaftlichen Sinne handelt. Vielmehr erfüllen diese 'Wetterberichte' eine erklärende, ja fast entschuldigende Funktion bei schlechter römischer Kriegsposition[7].

[4] TACITUS, Annalen. Lat.-dt. hrsg. von E. Heller (Darmstadt 1982) II 7,1.

[5] TACITUS, Annalen II 7,2.

[6] z. B. TACITUS, Annalen II 23,2 – 4 und 24,1 – 2. Hier ist es eine Sturmflut vor den ostfriesischen Inseln, die das bereits durch den Germanenfeldzug 16 n. Chr. stark dezimierte römische Heer fast vollständig vernichtete.

[7] In dem biographischen Werk des Tacitus, dem 'Agricola', in dem im Gegensatz zu den 'Historien' und 'Annalen' keine kriegerischen Ereignisse im Mittelpunkt der Erzählung stehen, werden dann in der Tat auch keine Naturkatastrophen verzeichnet. Hier begnügt sich Tacitus mit sehr allgemein gehaltenen Wetterangaben, so z. B. im Kap. 12,3 über das Klima in England: „Das Klima ist infolge häufiger Regenfälle und dichten Nebels scheußlich, strenge Kälte fehlt."

ANDREAS HAUPTMANN UND PETRA MAI

Chemische und mineralogische Untersuchungen an Schlacken aus der Colonia Ulpia Traiana

Mit einem Beitrag von Gudrun Gerlach

ZUR FUNDSITUATION DER EISENSCHLACKEN

Aus drei unterschiedlichen Bereichen innerhalb der Colonia Ulpia Traiana (99-ca. 275 n. Chr.) wurden Eisenschlacken ausgesucht, um sie metallurgisch auszuwerten und Rückschlüsse auf die Funktionen der Fundstellen zu erhalten (Abb. 1).

In den Schichten des 1. Jahrhunderts n. Chr. unter dem späteren Forum (Fundpunkt ●) wurden Siedlungsreste aufgedeckt, die neben vielen keramischen Teilen auch Schlacken enthielten. Aus Schnitt 86/2 entnahmen wir die Probe mit der Fundnummer 26630 und 26672. Beide Eisenschlackenstücke stammen aus der Verfüllung eines Schwellbalkens: Nachdem die Hölzer herausgerissen waren, wurden die entstandenen Lücken mit Abfallmaterial aufgefüllt. Darunter befanden sich auch die Schlackenreste. Das Haus selbst lag hart westlich einer Straße und gehört in die erste Hälfte des 1. Jahrhunderts n. Chr.

Bei der Probe mit der Fundnummer 21953 handelt es sich um Schlacken aus Schnitt 81/1 (Fundpunkt ▲). Dieser liegt außerhalb eines Doppelgrabensystems, das möglicherweise zu einem römischen Lager gehört. Dieses dürfte zwischen etwa 70 und 96 n. Chr. belegt gewesen sein. Die Fundstelle der Schlackestücke war nicht genau zu lokalisieren, da die Funde aus den oberen humosen Schichten geborgen wurden. Nahe bei den Schlacken fand sich ein Feuersteinabschlag. Wenn es sich bei den Schlacken um handwerkliche Relikte handeln sollte, so waren die Betriebe, wahrscheinlich eine Schmiede, außerhalb des bewohnten Raumes angesiedelt.

Die Proben aus Schnitt 75/23 (Fundpunkt ■) mit den Fundnummern 9837 und 9893 wurden in einem Bereich geborgen, der zu einer Herberge gehört. Die Schlackenprobe 9837 ist nicht näher zu lokalisieren; sie wurde aus dem Humus mit anderen Kleinfunden zusammen aufgelesen. Eine genaue zeitliche Eingrenzung läßt sich nicht vornehmen. In einer Grube fand sich die Eisenschlacke 9893. Wahrscheinlich ist diese Grube an den Beginn des 2. Jahrhunderts n. Chr. zu datieren. Die Schlacken dürften also in der Benutzungszeit der Herberge (2./3. Jahrhundert n. Chr.) hier vor Ort entstanden sein (G. Gerlach).

EINFÜHRUNG

Die insgesamt etwa ¼ m^3 Material umfassenden Schlacken bestehen aus sehr unterschiedlichem Material. Soweit bekannt, liegen neben einigen zehn Kilogramm kompakter metallurgischer Schlackenkuchen auch zahlreiche Stücke verrosteten Eisenschrotts (Nägel u. a.) vor, fernerhin angeschmolzene, z. T. verschlackte Keramikfragmente sowie grobe 'halbgare' Schlacken mit größeren Bruchstücken von Gesteinen.

Die Untersuchung der Schlacken als Abfallprodukte metallurgischer Verfahren hatte zum Ziel, zunächst

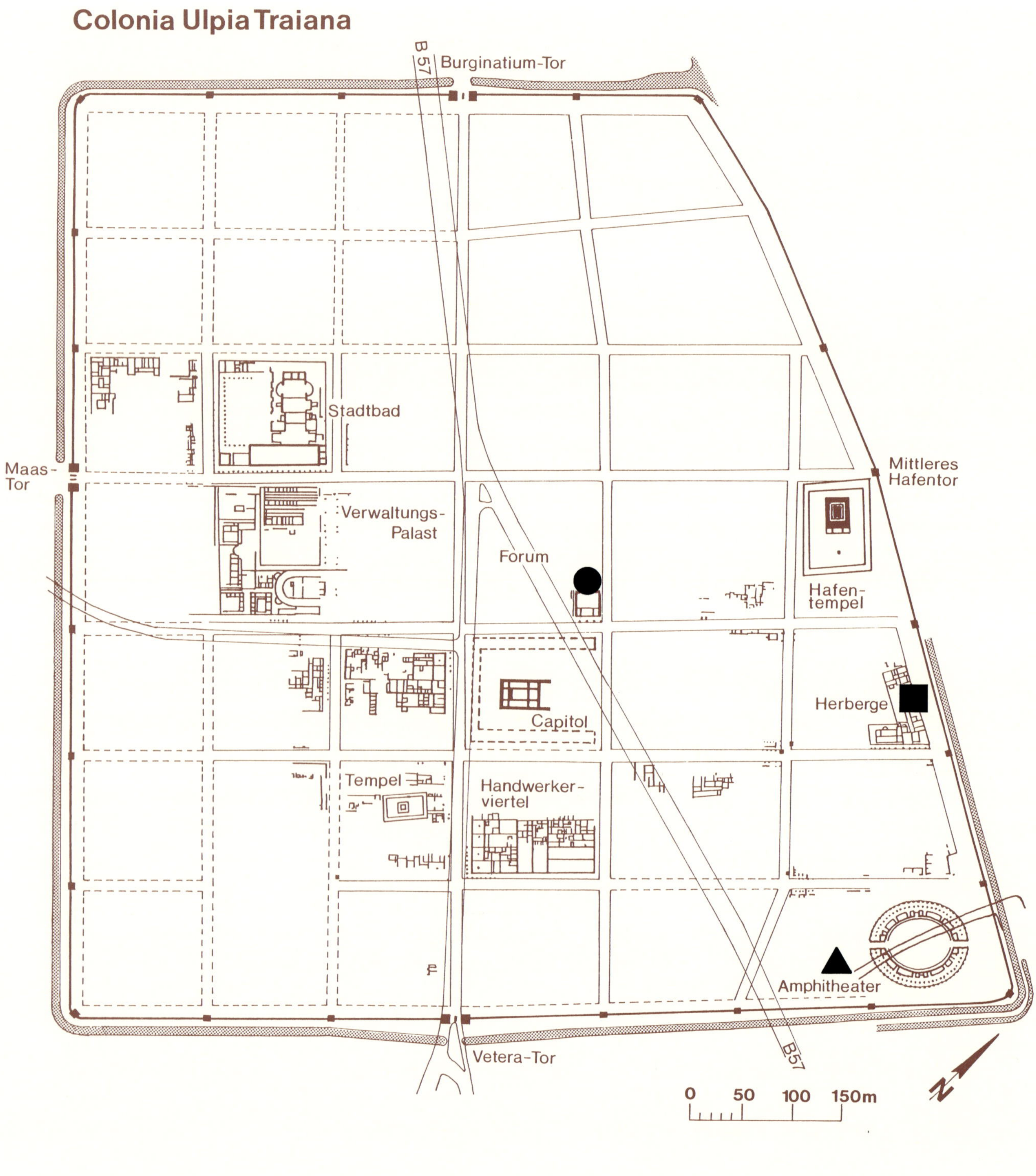

1 Lage der Schlackenfundpunkte in der Colonia Ulpia Traiana. ●1. Jahrhundert n. Chr.; ▲ 70-96 n. Chr.; ■ 2.-3. Jahrhundert n. Chr.

eine evtl. Metallgewinnung (= Produktion von Kupfer, Eisen, Herstellung von Bronzen) innerhalb der Stadt zu überprüfen bzw. herauszufinden, ob und welchen weiterverarbeitenden metallurgischen Handwerksschritten sie zuzuordnen sind. Hierzu wurden verschiedene, konventionelle mineralogische und chemische Verfahren angewendet. Aus dem zur Verfügung stehenden Material wurden sieben Proben ausgewählt, die aufgrund ihrer Homogenität und ihrer äußeren Typologie am ehesten für eine detailliertere analytische Untersuchung verwendbar erschienen. Diese begrenzte Probenanzahl erschien in Anbetracht des eher dünn gestreuten metallurgischen Fundmaterials ausreichend, wobei die Untersuchung metallischer Funde in der vorliegenden Studie ausgeklammert wurde. Die Beschreibung des anderen Fundmaterials fließt in den Gesamtzusammenhang mit ein.
Die chemisch und mineralogisch untersuchten Proben verteilen sich wie folgt auf die Fundorte:

Inv.-Nr. (Xanten)	Proben-Nr. (DBM)	Fundpunkt
81/1 – 21953	D-7/5a	▲
81/1 – 21953	D-7/5b	▲
86/2 – 26630	D-7/4	●
86/2 – 26672	D-7/9	●
75/23 – 9893	D-7/1a	■
75/23 – 9893	D-7/1d	■
75/23 – 9837	D-7/2	■

MAKROSKOPISCHE BESCHREIBUNG DER FUNDE

Das geborgene Fundgut umfaßt insgesamt etwa ¼ m^3, wobei ein großer Teil aus versinterten und durch Eisenhydroxide verbackenen 'Schlacken' mit eingelagerten Bruchstücken von Quarzsand, Gesteinen und Holzkohle besteht, die Faustgröße erreichen können. Der Anteil an kompakten, dunklen Schlackenpartien wechselt. Dieses Material ist nach äußeren Kennzeichen nicht zu klassifizieren, da Größe, Farbe, Zusammensetzung und Form willkürlich rasch wechseln.
Bei den für die Analyse ausgewählten Proben handelt es sich um schwere, etwa handtellergroße, kalottenförmige Schlackenkuchen mit planer, z. T. aber auch konkav eingezogener Oberfläche, die ringsum von einem wulstigem Rand eingefaßt sind und in dieser Form auch von SPERL (1980) dem Ensemble von Schmiedeschlacken zugeordnet worden sind. Alle Proben zeigen intensive Korrosionseinflüsse, die überall zur Bildung von rostbraunen Krusten geführt haben. Hierdurch verursacht sind auch die z. T. krösig ausgebildeten Oberflächen mit angebackenen Resten des umgebenden sandigen und tonigen Bodens.
Das innere Gefüge der Schlacken (Taf. 9.1-5) zeigte nach dem Schnitt einen streckenweise charakteristischen, schichtigen Aufbau, der sich in Anlehnung an die Beobachtungen von KEESMANN (1985) wie folgt beschreiben läßt:
– Die konvex gewölbte Unterseite der Proben besteht aus einer dünnen Lage von angebackenen und partiell aufgeschmolzenen Sandkörnern. Hier treten häufig Holzkohleeinschlüsse auf. Vertikal zur Oberfläche ausgelängte mm-große Blasen sind ebenfalls typisch für den unteren Teil der Schlackenkuchen.
– Der mittlere Teil besteht aus einzelnen, seitlich auskeilenden Lagen silikatischer und metallglänzender Partien, die partiell aufgeschmolzene Gesteinspartikel enthalten können.
– Die Oberseite neigt zu glasiger, kompakter Ausbildung. Auch hier sind häufig Sandkörner, seltener Holzkohlebruchstücke zu beobachten.
In Probe D-7/9 sind makroskopisch Flitter von fein verteiltem metallischem Eisen erkennbar.

ANGEWANDTE UNTERSUCHUNGSMETHODEN

Die Schlacken wurden zunächst von Erde und Wurzelwerk befreit und danach bei 110 °C im Trockenschrank getrocknet. Anschließend erfolgte eine erste Auswahl der für die Untersuchungen vorgesehenen Proben. Diese wurden mit einer Säge geteilt und erneut getrocknet. Dann wurde eine endgültige Auswahl getroffen. Die zur chemischen Analyse geeigneten Proben wurden mit einer Wolfram-Carbid-Mühle analysenfein gemahlen, wobei die Mühle nach jeder Probe zwei- bis dreimal mit Seesand (HCl-gewaschen) gereinigt worden ist. Die Probenmenge wurde halbiert und eine Hälfte nochmals bei 110 °C 12 Stunden getrocknet.

Für die chemischen Analysen mit dem Röntgenfluoreszenz-Spektrometer wurden aus dem getrockneten Probenpulver Schmelztabletten nach zwei unterschiedlichen Verfahren hergestellt. Dies erwies sich als notwendig, da das in den Geowissenschaften übliche Schmelzrezept zwar für die Bestimmung einiger Spurenelemente geeignet erschien, bei der Bestimmung der Hauptelemente jedoch keine zufriedenstellenden Ergebnisse lieferte.

Die Hauptelemente (SiO_2, TiO_2, Al_2O_3, FeO, MnO, MgO, CaO, K_2O, P_2O_5) wurden nach dem von HAUPTMANN (1985) beschriebenen Rezept analysiert. Hier wurde als Flußmittel eine Mischung von 7,0 g di-Natriumtetraborat, 1,0 g Natriumnitrat und 0,5 g Natriumperborat verwendet. Dazu wurden 0,5 g Probensubstanz gegeben (Mischungsverhältnis 1:17) und dieses dann im Platintiegel 20 Min. bei 1200 °C aufgeschmolzen. Anschließend wurde die Schmelze auf eine Platinronde (34 mm Durchmesser) gegossen und bis zur Erstarrung mit Preßluft gekühlt. Die hierfür verwendeten Standards sind ebenfalls bei HAUPTMANN (1985) aufgeführt. Die im Spurenbereich vorhandenen Elemente Ni, Cu, Zn, Rb, Sr, Y, Zr, Nb wurden an Schmelztabletten gemessen, die mit Spektromelt A12 hergestellt wurden. Dazu wurden 1,5 g Probensubstanz mit 6,0 g Flußmittel (hier Lithiummetaborat + di-Lithiumtetraborat [Merck AR Spektromelt A12], getrocknet) im Verhältnis 1:4 bei 1200 °C in Platintiegeln 20 Min. aufgeschmolzen und auf eine Platinronde von 34 mm Durchmesser gegossen. Anschließend wurde bis zur Erstarrung der Schmelze mit Preßluft gekühlt.

Die Analysen wurden am Mineralogischen Institut der Ruhr-Universität Bochum mittels eines vollautomatischen Röntgenfluoreszenz-Spektrometers, Typ Philips PW 1400, durchgeführt.

As, Sb, Bi und Sn wurden mit dem Atomabsorptions-Spektrometer, Typ PE 3030, unter Einsatz eines Hydridsystems MHS-20 bestimmt. Für die Eichung wurde eine Fe-Matrixlösung eingesetzt.

Zur mineralogischen Analyse der Schlacken wurden oberflächenpolierte Dünnschliffe hergestellt, die eine kombinierte Mikroskopie im Durch- und Auflicht ermöglichten. Zugleich konnten sie für Untersuchungen mit dem Rasterelektronenmikroskop eingesetzt werden. Hier unterstützten qualitative und quantitative Analysen an einem CamScan-Gerät der Firma Elektronenoptik (mit Kristallspektrometer bzw. EDX-System) die mineralogische Analyse einzelner Schlackenphasen.

GESAMTCHEMISCHE ZUSAMMENSETZUNG DER SCHLACKEN

Bei den untersuchten Proben liegen bis auf eine Ausnahme (D-7/2) typische Zusammensetzungen von eisenreichen Silikatschlacken vor, wie sie in der frühen Metallurgie der Alten Welt weithin bekannt sind (Tab. 1).

Die als FeO kalkulierten Gesamteisengehalte zeigen dabei Werte von 42 – 60 Gew.% (da Fe^{3+}-, Fe^{2+}- und Fe^{0}-Gehalte zusammen als FeO gerechnet wurden, weiterhin CO_2-, H_2O- und Na_2O-Werte nicht gemessen wurden, liegen die Summen der Analysen z. T. deutlich unter 100%). SiO_2 schwankt von 25 – 40 Gew.%. In der Probe D-7/2 steigt SiO_2, bedingt durch unzersetzte Quarz- und Gesteinsrelikte in der Schlacke, auf über 60 Gew.% an, wobei gleichzeitig der FeO-Anteil deutlich absinkt. Diese Schlacke kann nicht als reine metallurgische Schlacke angesprochen werden. Sie repräsentiert vielmehr den Grenz-

Tabelle 1. Chemische Gesamtanalysen der ausgewählten Schlacken. Na_2O, CO_2 und H_2O wurden nicht bestimmt.

Proben-Nr.	D-7/1a	D-7/2	D-7/4	D-7/5b	D-7/9
Konz. [Gew. %]					
SiO_2	30.40	61.10	39.80	24.80	27.70
TiO_2	0.22	0.39	0.15	0.16	0.52
Al_2O_3	3.98	9.51	3.38	2.99	9.44
FeO	52.96	8.80	42.41	59.71	48.90
MnO	0.41	0.34	0.98	0.41	4.93
MgO	1.65	1.99	1.70	0.91	1.83
CaO	2.97	2.20	1.53	0.67	1.12
K_2O	1.51	3.80	2.18	1.17	2.66
P_2O_5	0.65	0.76	0.83	0.79	0.70
S	0.00	-0.03	-0.03	0.01	-0.02
BaO	0.04	0.03	0.03	0.02	0.04
Summe I	94.75	88.72	93.00	91.64	97.83
Konz. [ppm]					
Ni	42	58	119	89	96
Cu	625	334	388	223	151
Zn	11	51	10	5	8
Rb	50	156	73	36	49
Sr	145	203	189	97	118
Y	16	26	13	13	15
Zr	88	186	66	68	77
Nb	5	10	4	4	6
As	<5	<5	6	16	8
Sb	<5	<5	<5	<5	<5
Bi	<5	<5	<5	<5	<5
Sn	25	28	28	22	28
Summe II	0.10	0.10	0.09	0.05	0.05
TOTAL	94.85	88.82	93.09	91.69	97.88

bereich zwischen verschlackter keramischer Ofenwandung, ungeschmolzenen Betriebsstoffen und beginnender Bildung von Eisensilikaten aus typischen Komponenten.
Eine auffallend heterogene Stoffverteilung zeigen die Al_2O_3-Gehalte (3 – 9,4 Gew.%), die eine deutliche Korrelation zu K_2O (1,2 – 3,8 Gew.%) aufweisen. Der Anteil beider Elemente ist direkt auf (partiell resorbierte) Gesteinsanteile bzw. keramische Ofen- oder Herdauskleidung zurückzuführen.
Die CaO- und MgO-Werte, oftmals verursacht durch kalkreiche Zuschlagstoffe, sind quantitativ von untergeordneter Bedeutung. Auch andere Oxide wie P_2O_5, BaO und TiO_2 sind nur im unteren Zehntelprozentbereich vorhanden. Bemerkenswert ist der MnO-Gehalt in Probe D-7/9, der mit fast 5 Gew.% den über 10-fachen Wert von anderen Schlackenproben erreichen kann.
Von besonderem Interesse bei der Betrachtung der Spurenelemente sind diejenigen, die in einer möglichen Verbindung zu Erzen bzw. Metallen stehen können, also Ni, Cu, As und Sn. Hier sind die Cu-Gehal-

te am auffallendsten. Sie erreichen immerhin 0,06 Gew.%. Ni, Sn und As dagegen zeigen unbedeutend niedrige Werte. Andere Spurenelemente (Rb, Sr, Y, Zr, Nb) übersteigen nicht die Gehalte möglicher eingesetzter silikatischer Rohstoffe.

DER MINERALOGISCHE PHASENBESTAND

Aus der Kollektion wurden für die mineralogischen Untersuchungen eine Reihe verschiedener Proben mit unterschiedlicher makroskopischer Typologie ausgewählt (partiell aufgeschmolzene, 'unreife' Fragmente, reichlich durchsetzt mit Gesteinsrelikten, bis hin zu 'sauberen', kalottenförmigen Schlackenkuchen). Hierdurch sollte versucht werden, anhand der zu erwartenden unterbrochenen Reaktionsabläufe Informationen über die Prozesse der Schlackenbildung und eingesetzte Betriebsstoffe zu erlangen. Weiterhin sollten aus dem Phasenbestand und Gefüge 'ausgereifter' Schlackenformen Hinweise über die Arbeitsbedingungen abgeleitet werden.

Charakteristischerweise enthalten die meist bizarr geformten Fragmente nicht vollständig reagierter Schlacken reichlich mm-große Einschlüsse reliktischer Quarzkörner (Sand), z. T. auch cm-große Quarz-Quarz-Gesteinsbruchstücke. Die Verschlackung des Materials setzt hier mit einer braunen silikatischen Glasmatrix ein, die sich schlierig zwischen dem Quarz bildet und diesen sukzessive auflöst. In dieser Glasmatrix kristallisieren dunkelbraun-grüne Klinopyroxene in strahliger Ausbildung sowie stellenweise auch feine Wüstitdendriten (Taf. 10.1). Aufgrund des porösen Gefüges dieser Schlacken sind sie reichlich mit Eisenhydroxiden durchsetzt — eine Einwirkung der Bodenlagerung im Verlauf archäologischer Zeiträume. Diese sekundären Eisenhydroxide füllen überall Blasenhohlräume oder bilden schalenartige Säume am Blasenrand. In den Randbereichen der Schlacken kommen sie zusammen mit eingelagerten Quarzkörnern vor.

Mehrfach wurde beobachtet, daß bereits in dem relativ schwach thermisch beeinflußten Material noch vor der Bildung von Eisensilikaten Tröpfchen und Flitter von Stahl (ca. 0,3 — 0,5% C) auftreten können, die sich bevorzugt um Blasenräume und Holzkohleeinschlüsse gruppieren (Taf. 10.2-4). Dies entspricht dem allgemeinen heterogenen Gefüge der Proben und repräsentiert auch hier die punktuellen Ungleichgewichte des Redox-Potentials in diesen Schlacken.

In den kalottenförmigen Schlackenkuchen (D-7/1a, D-7/4, D-7/5b, D-7/9) ist Fayalit ((Fe, Mg, Ca)SiO_4) dominierender Bestandteil. Wie aus Taf. 9.2 hervorgeht, ist der weitaus größte Teil der idiomorphen Kristalle einer primären Schmelzausscheidung zuzurechnen. Entsprechend dem Gesamtchemismus der Schlakken enthält er, wie sich aus halbquantitativen Punktanalysen (Taf. 10.5; Tab. 2) ergab, nur relativ niedrige Magnesiumwerte, die der Mischkristallreihe Forsterit-Fayalit entsprechen (HAUPTMANN u.a. [1984]). Der dicksäulige Habitus des Fayalits kann rasch in schlanke bis nadelige Formen mit ausgeprägter Skelettierung übergehen, wodurch innerhalb der Schlackenkuchen unterschiedliche Abkühlungsgeschwindigkeiten und häufig Abkühlungsränder einzelner Lagen markiert werden (Taf. 10.6). Die meist glasig bis mikrokristallin entwickelte Matrix enthält ebenfalls feinste Fayalitkristalle, die gegenüber den primär ausgeschiedenen Kristallen eine Tendenz zu Calziumanreicherung aufweisen. Statistisch verteilt sind in Fayalitkristallen seltene Einschlüsse metallischen Eisens mit wechselnden Kohlenstoffgehalten (Ferrit mit unterschiedlichem Perlitgehalt, C-Gehalt von 0,01 — 0,4%). Die z. T. zu beobachtende Tropfenform dieser Einschlüsse deutet auf eine mögliche Ausscheidung des Werkstoffes in geringem Umfang während der Prozeßführung hin, wobei die Prozesse möglicher Stahlausscheidungen innerhalb der Schlacke bzw. mechanischer Inkorporierung entsprechender Partikel nach den hier durchgeführten Untersuchungen nicht zweifelsfrei zu beantworten sind.

Charakteristisch ist die Paragenese Fayalit und Wüstit ('FeO'), wobei der Anteil des Eisenoxids schwankt und eine gewisse heterogene Zusammensetzung der Schlacken verdeutlicht. Im Gefüge zeigt sich dies in einer Annäherung an das Eutektikum sowohl von der Wüstit- als auch von der Fayalitseite her (Taf. 11.1).

Tabelle 2. Quantitative Analysen der Probe D-7/5b, Xanten, Fundpunkt ▲
Meßpunkt 1: Fayalit der 1. Generation; Meßpunkt 4: Fayalit der 1. Generation; Meßpunkt 2: Fayalit der 2. Generation; Meßpunkt 3: Fayalit der 2. Generation; Meßpunkt 5: Matrix. Zur Lage der Meßpunkte vgl. Taf. 10.5.

Proben-Nr.: D-7/5b										
	Meßpunkt 1		Meßpunkt 4		Meßpunkt 2		Meßpunkt 3		Meßpunkt 5	
	Gew.-%	Atom-%	Gew.-%	Atom-%	Gew.-%	Atom-%	Gew.-%	Atom-%	Gew.-%	Atom-%
O	31.50	54.46	30.13	52.15	31.08	53.82	32.31	55.53	24.45	38.65
Si	13.55	13.35	12.78	12.60	13.63	13.45	13.39	13.11	15.35	13.82
Ti	0.01	0.00	0.02	0.01	0.02	0.01	0.04	0.02	0.27	0.14
Al	0.05	0.06	0.04	0.05	0.11	0.11	0.20	0.21	8.50	7.96
Fe	44.78	22.18	43.23	21.44	43.64	21.65	44.20	21.76	15.96	7.23
Mn	0.24	0.26	0.22	0.11	0.19	0.09	0.19	0.10	0.03	0.01
Mg	0.80	0.92	1.39	1.59	0.09	0.10	0.10	0.11	0.01	0.01
Ca	0.53	0.36	0.42	0.29	1.53	1.05	1.33	0.91	8.82	5.57
Summe	91.45	91.45	88.22	88.22	90.28	90.28	91.75	91.75	73.38	73.38

Stellenweise treten scharf begrenzte oder schlierenförmig sich auflösende Wüstitagglomerate auf. KEESMANN u. a. (1983) beschreiben sie als ursprüngliche Oxidationsprodukte metallischen Eisens beim Schmieden (sog. Hammerschlag), die mechanisch in die Schlacke inkorporiert wurden und mit der silikatischen Schmelze reagierten (Taf. 11.2).
Magnetit (Fe_3O_4) konnte als regelmäßig auftretende Komponente in Probe D-7/4 festgestellt werden (Taf. 11.3-4). Er ist frühes Kristallisationsprodukt und kann als Hinweis auf punktuell stärker oxidierende Bedingungen während der Prozeßführung gewertet werden. Die qualitative Analyse eines Kristalls ergab Gehalte an TiO_2 und Al_2O_3 (2 A-D u. 3 A-B).

DISKUSSION

Das in der Colonia Ulpia Traiana geborgene archäometallurgische Fundgut ist als beabsichtigt produzierter und prozeßtechnisch bedingter Abfall aus der Eisenmetallurgie anzusprechen. Folgende Beobachtungen sprechen dafür, die aus der gesamten Kollektion repräsentativ ausgewählten Proben als Schmiedeschlacken nicht der primären Eisenproduktion, sondern der weiterverarbeitenden Eisenmetallurgie zuzuordnen:
— Die äußere Typologie entspricht der in der Literatur bekannten charakteristischen Form dieser Schlacken (SPERL [1980], BACHMANN [1970], KEESMANN u. a. [1983]), deren Entstehung innerhalb eines kleinräumlichen Herdes vorzustellen ist.
— Nach den mineralogischen Untersuchungen ist metallisches Eisen bzw. Stahl nur in geringsten Anteilen vorhanden. Hierdurch wird zwar eine Prozeßführung nahegelegt, deren Reduktionsbereich zur Abscheidung von Eisen weitgehend geeignet erschiene, für eine quantitative Produktion des Metalls fehlt jedoch jeglicher Hinweis. So ist die antike Verhüttung von Eisenerzen zur Metallproduktion stets mit der Produktion von Schlackenmengen in der Größenordnung von Tonnen verbunden. Typisch sind hier sog. Fließschlacken oder blockförmige Ofenschlacken. Beide fehlen in Xanten wie jegliche Erzfunde.
Die bisher durchgeführten Studien an den Xantener Schlacken können nur anhand einiger Kriterien ein mögliches Tätigkeitsfeld im Werkstattbereich der Schmiede andeuten. Wie Experimente belegen, führt sowohl das Ausschmieden (Ausheizen) von Luppe zu einem Rohbarren (engl. billet) zur Bildung einer

3.4.D Xanton, Fundpunkt ●, Probe D-7/4
Halbquantitative Analyse durch EDX

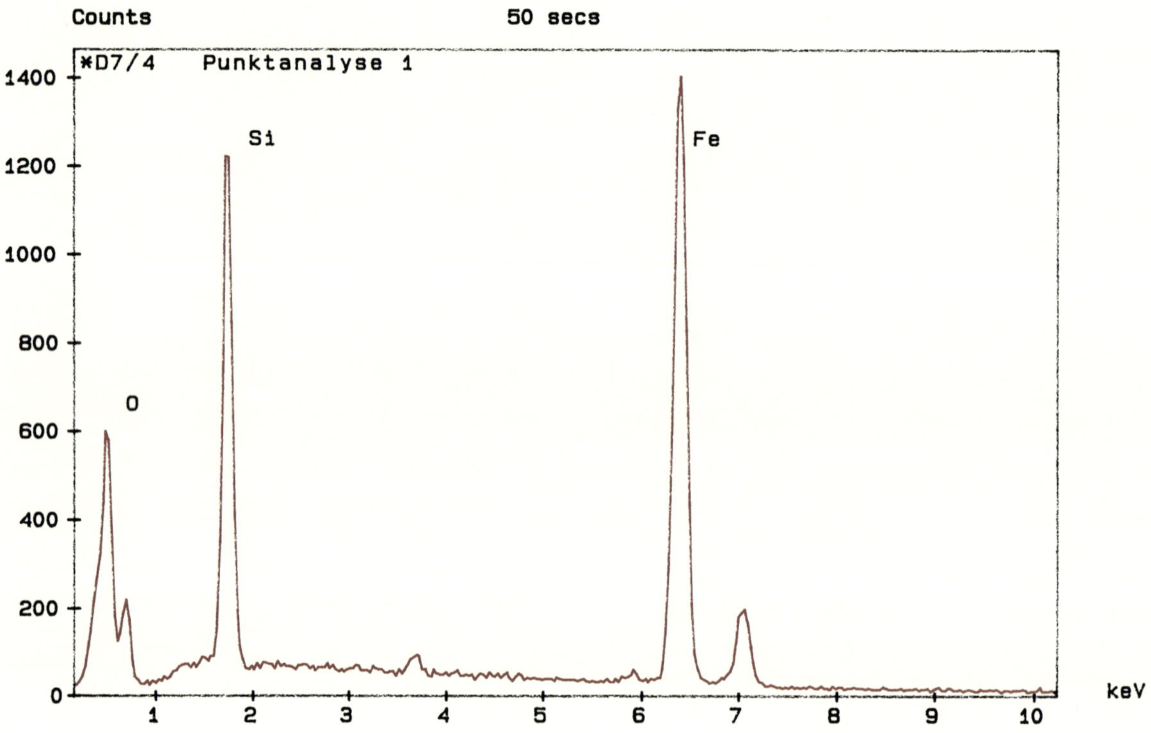

Meßpunkt 1: Fayalit (vgl. Taf. 11.3)

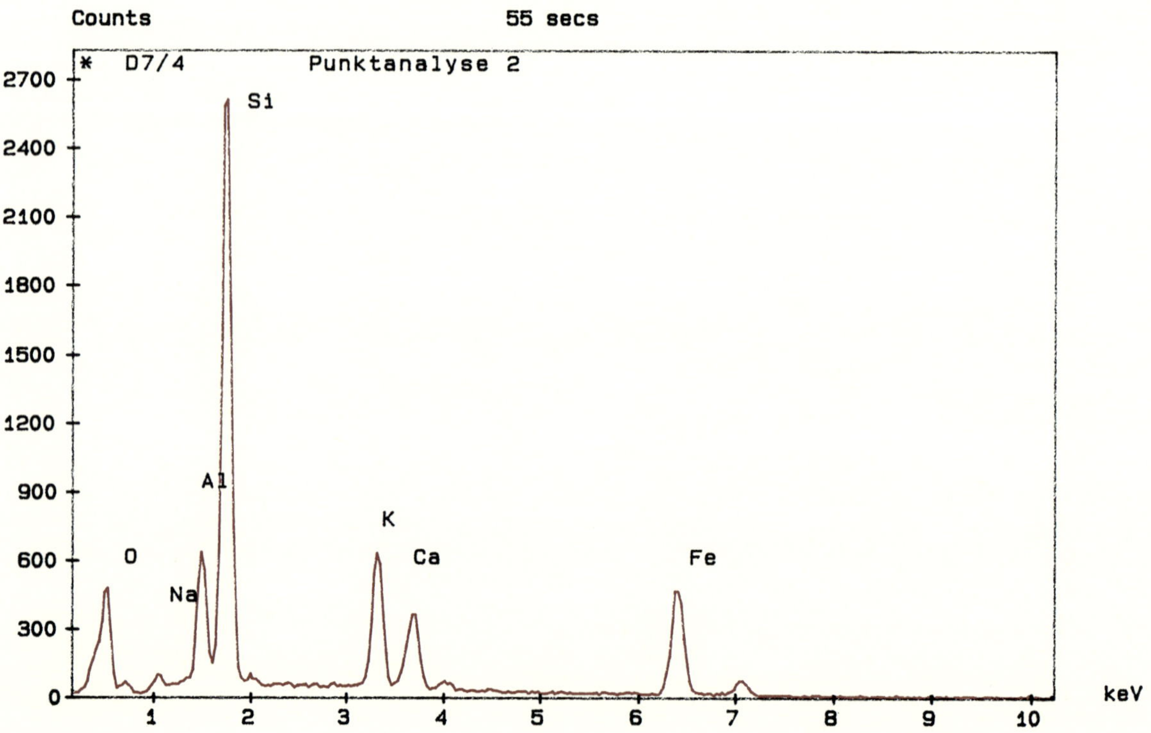

Meßpunkt 2: Matrix (vgl. Taf. 11.3)

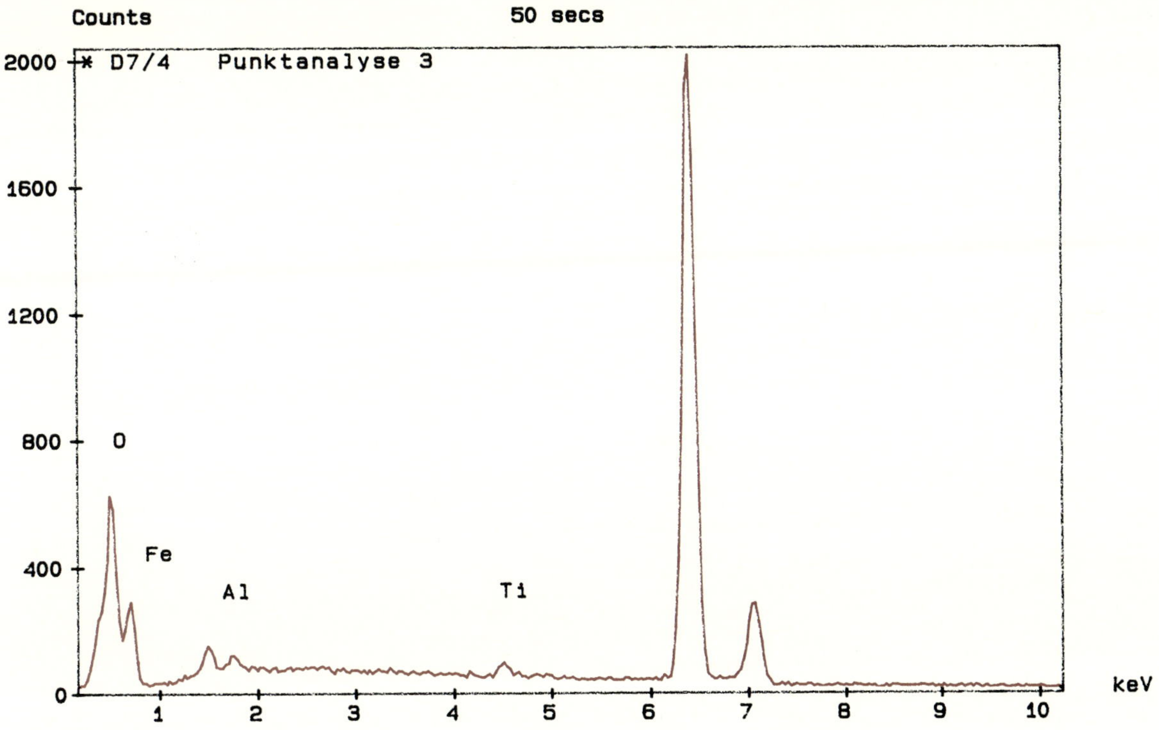

Meßpunkt 3: Magnetit (vgl. Taf. 11.3)

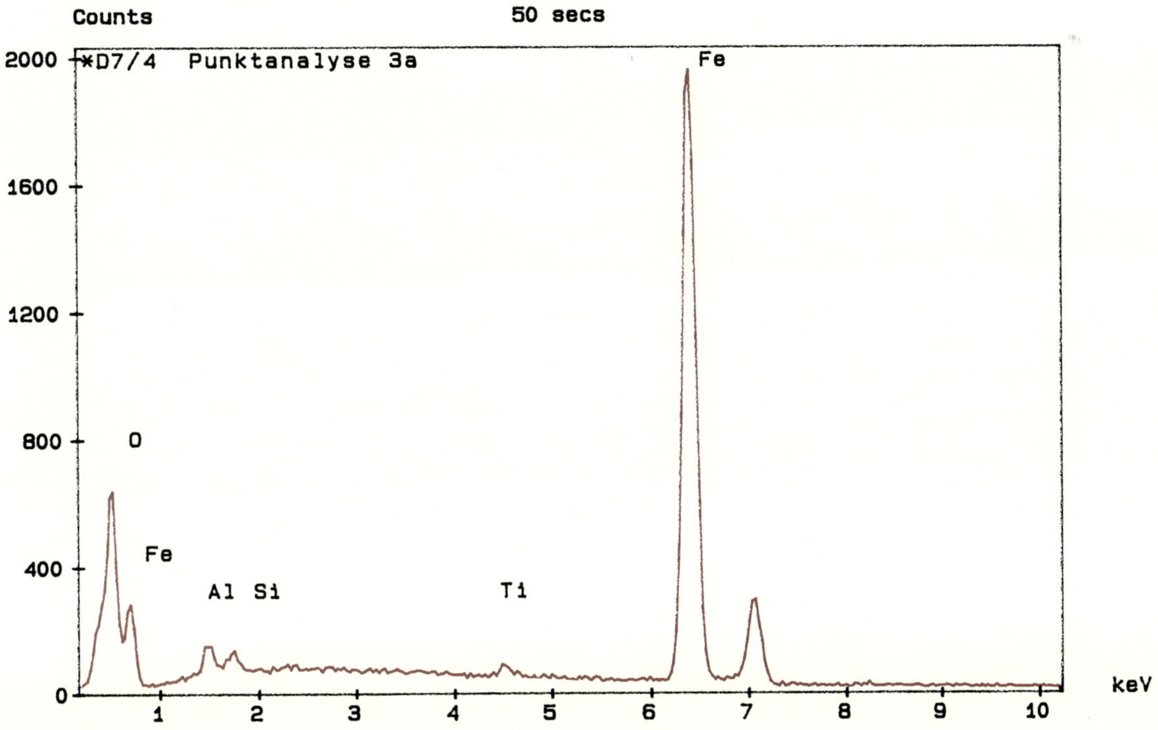

Meßpunkt 3a: Magnetit (vgl. Taf. 11.4)

3.4.D Xanten, Fundpunkt ●, Probe D-7/4
Halbquantitative Analysen durch EDX

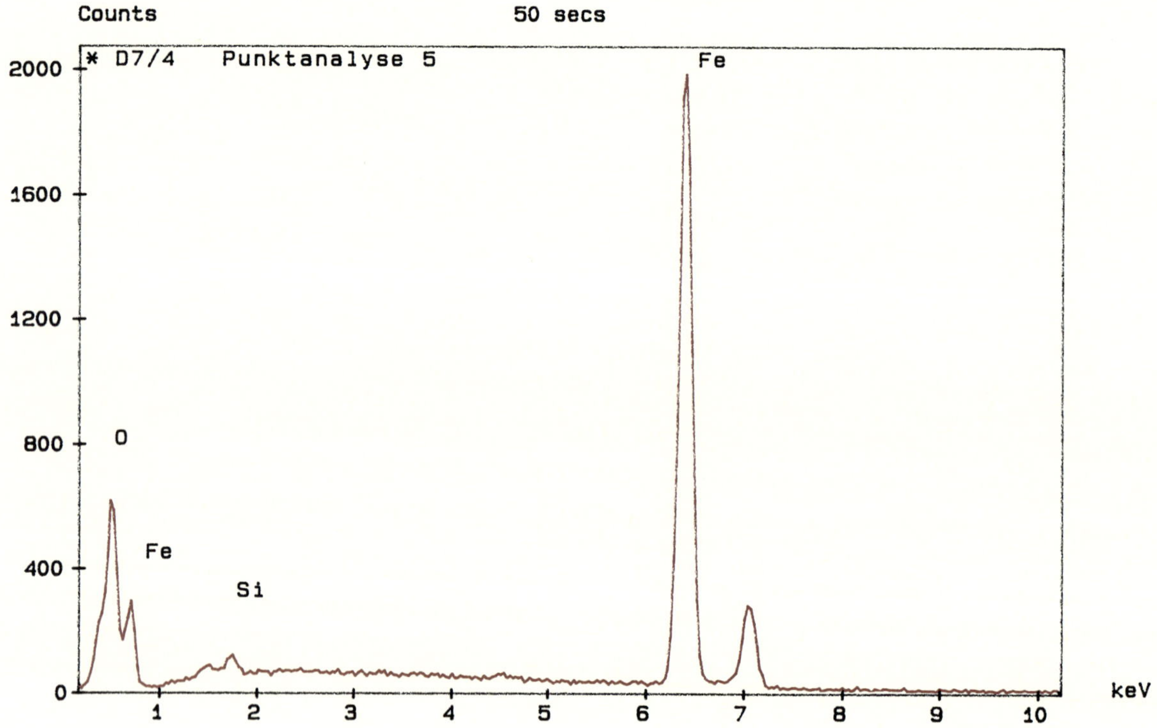

Meßpunkt 4: Matrix (vgl. Taf. 11.3)

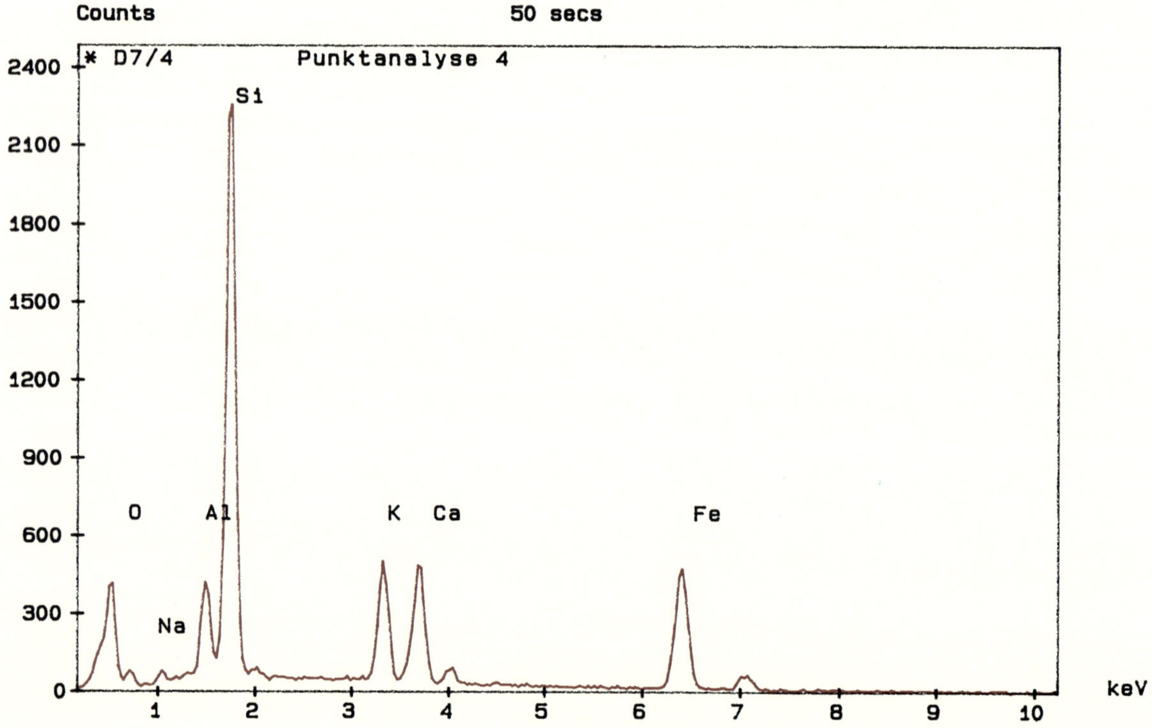

Meßpunkt 5: Magnetit (vgl. Taf. 11.4)

plankonvexen Schlacke als auch dessen Weiterverarbeitung zu einem reinen Eisenbarren (engl. bar) und die nachfolgende Herstellung eines Gegenstandes aus diesen Barren (CREW [1988]). Eine Differenzierung kann deshalb auch aufgrund nur weniger Vergleichsdaten nicht eindeutig sein. Folgende Ergebnisse werden festgehalten:
Die vorliegenden Schlacken unterscheiden sich in ihrem SiO_2-Gehalt (25 – 40% bzw. 61%) markant von eisenzeitlichen Schmiedeschlacken, wie sie KEESMANN und Mitarbeiter (1983, 1985) untersucht haben (Schmiedeschlacken von Toscanos enthalten durchschnittlich 10,9% SiO_2). Dies entspricht auch den Beobachtungen von McDONNELL (1988), der deutliche makroskopische Unterschiede zwischen römischen und eisenzeitlichen Schmiedeschlacken betont. Die hier vorliegenden Schlacken zeichnen sich weiterhin durch eine vergleichsweise mäßig ausgeprägte Heterogenität (auch im lagigen Aufbau) aus. Als Grund hierfür kann der generell höhere SiO_2-Gehalt im Vergleich zu eisenreicheren Zusammensetzungen früherer Epochen angeführt werden. Hierdurch können einzelne, verfahrensabhängig entstehende Schlakkenlagen bei Arbeitstemperaturen von ca. 1150 – 1200 °C eher verschweißt und homogenisiert werden. Weiter ist dem SiO_2 mit der Bildung von Eisensilikaten als Hauptbestandteil eine gewisse Pufferwirkung zuzuschreiben, wodurch Schwankungen der Gasatmosphäre während der Prozeßführung in der Schmiede (Zufuhr von freiem Sauerstoff etwa im Bereich der Düsen – stark reduzierende Atmosphäre unter Holzkohlebedeckung) eher kompensiert werden konnten. Demgegenüber zeigen sich in den deutlich eisenreicheren Schmiedeschlacken früherer Epochen außerordentlich heterogene Redoxfolgen zwischen Eisen, Wüstit, Magnetit und Hämatit, die auf empfindlichen Reaktionen gegenüber Schwankungen der Gasatmosphäre typisch sind. Hier deutet sich offensichtlich eine noch in künftigen Studien zu bestätigende technologische Entwicklungsreihe an.
Als Quelle für die hohen SiO_2-Gehalte kann zunächst als Zuschlagstoff verwendeter Sand herangezogen werden, der sowohl in teilresorbierten Einschlüssen in den kalottenförmigen Schlackenkuchen als auch in Form verbackener, gesinterter Brocken mit Eisenhydroxiden im Werkstattbereich allgegenwärtig zu sein scheint. Für die Verwendung von kalkigen Zuschlägen gibt es zum jetzigen Zeitpunkt keine Hinweise. Wahrscheinlich dagegen erscheint in Anbetracht der relativ hohen Aluminiumgehalte die unbewußte Verwendung toniger Komponenten, die als Bestandteil von Sanden sich vorteilhaft auf die Schmelzbarkeit des Materials ausgewirkt haben könnten.
Aus dem hohen MnO-Gehalt in Probe D-7/9 läßt sich mit Vorsicht darauf schließen, daß in den Schmieden Xantens Luppen ausgeheizt wurden, deren Schlackenreste das Mangan von den Primärerzen übernommen haben. Eine Herkunft des MnO-Gehaltes aus Legierungsbestandteilen des Schmiedeeisens ist nur in Größenordnungen weit unter dem 1/10%-Bereich denkbar. Keinen Widerspruch hierzu stellen die gelegentlich auftretenden Wüstitagglomerate dar. Ihr Auftreten in Schmiedeschlacken wird in der Regel mit einem Erhitzen von Eisengegenständen im Schmiedefeuer verbunden, wodurch eine Oberflächenoxidation unvermeidbar ist und zur Bildung von sog. Hammerschlag führt, der abplatzt und, mechanisch inkorporiert, von der Schlackenschmelze sukzessive absorbiert wird.
Weiterführende Aussagen, die etwa eine Präzisierung der Arbeiten in den Schmiedewerkstätten betreffen, können im Rahmen dieser Untersuchung nicht getroffen werden. Sie erfordern ebenso wie die Fragen nach der Lokalisierung der primären Eisenproduktion oder den am Artefakt ausgeführten Schmiedearbeiten (Aufkohlungsgrad, Verschweißung von Weicheisen und Stahl, Härtung) wesentlich umfangreichere archäometallurgische und archäologische Arbeiten.

LITERATUR

H. G. BACHMANN, Eisenschlacken aus Eski Kahta (Vil. Adiyaman), Südost-Türkei. Archiv. Eisenhüttenwesen A 8, 1970, 731 – 736.

P. CREW, More Experimental Smelting of Bog Iron. J. Historical Metallurgical Society, News, 1, 1988, 3.

A. HAUPTMANN, 5000 Jahre Kupfer in Oman, Bd. 1: Die Entwicklung der Kupfermetallurgie vom 3. Jahrtausend bis zur Neuzeit. Der Anschnitt, Beih. 4, 1985, 1 – 137.

A. HAUPTMANN, I. KEESMANN, B. SCHULZ-DOBRICK, Die Kristallisation von Fe-reichem Olivin in archäometallurgischen Schlacken. Fortschr. Mineral. 62, Beih. 1, 1984, 84 – 86.

I. KEESMANN, Chemische und mineralogische Untersuchungen von Eisenschlacken aus der Hallstattzeitlichen Siedlung von Niedererlbach. Arch. KorrBl. 15, 1985, 351 – 357.

I. KEESMANN, H. G. NIEMEYER, F. GOLSCHANI, Schlackenfunde von Toscanos. Madrider Mitt. 24, 1983, 65 – 75.

I. KEESMANN, B. SCHULZ-DOBRICK, H. VIERCK, Chemische und mineralogische Untersuchungen der Schmiedeschlacken von Asperden (Krs. Kleve). Fortschr. Mineral. 61, Beih. 1, 1983, 110 – 111.

G. MCDONNELL, Blacksmithing – continuity or change? J. Historical Metallurgical Society, News, 1, 1988, 3 – 4.

G. SPERL, Über die Typologie urzeitlicher, frühgeschichtlicher und mittelalterlicher Eisenhüttenschlacken. Studien zur Industrie-Archäologie 7 (Wien 1980).

KARL-HEINZ KNÖRZER

Römerzeitliche Pflanzenfunde von Xanten, Colonia Ulpia Traiana, Insula 25 und 26

In den Jahren 1982—1986 sind im Zentralbereich der römischen Stadt Ausgrabungen durchgeführt worden. Die Arbeiten standen unter der Leitung von Frau Dr. G. Gerlach. Ich bin ihr für die verständnisvolle Zusammenarbeit, die zunächst in der Entnahme geeigneter Bodenproben und dann in einer gemeinsamen Deutung der Ergebnisse bestand, sehr zu Dank verpflichtet.

In den genannten vier Jahren wurden mir 28 Bodenproben zur botanischen Bearbeitung vorgelegt. Die Entnahmestellen lagen unter dem Bauniveau der Colonia-Gründungszeit (um 100 n. Chr.), d. h. sie gehören zu Gebäuden des 1. Jahrhunderts n. Chr. Acht von diesen Proben ergaben jeweils mehr als 40 bestimmbare Funde pflanzlicher Makroreste. Sie sind in Tab. 1 zusammengestellt. Das übrige Material enthielt außer Holzkohlensplittern nur wenige bestimmbare Pflanzenspuren oder war wie in 8 Proben fundleer.

Tabelle 1: Zusammenstellung der Funde aus 8 Bodenproben

Abkürzungen: sw = sehr wenig, w = wenig, zw = ziemlich wenig, zv = ziemlich viel, v = viel

Soziol. Zeigerwert		Nummer der Bodenprobe	178	179	160	164	166	161	172	175
		Nummer des Schnittes	82/4	82/4	83/16	84/3	84/9	84/6	84/9	85/1
		Insula	26	26	25	25	25	25	25	25
	Kultur- und Nutzpflanzen									
—	Avena sativa, Saathafer	Ährchenbasen	—	—	—	—	—	—	—	14
—	Avena spec., Hafer	Früchte	2	20	—	—	—	6	—	130
		Grannen	—	—	—	—	—	—	—	5
		Spelze	—	1	—	—	—	—	—	—
—	Hordeum vulgare, Mehrzeilgerste	Früchte	478	887	18	—	—	—	11	1646
—	Hordeum spec., Gerste	Spindelstücke	8	25	—	—	—	—	—	—
		Grannen	—	6	—	—	—	—	—	—
—	Panicum miliaceum, Rispenhirse	Frucht	—	—	—	—	—	—	—	1
—	Secale cereale, Roggen	Früchte	—	—	—	—	—	45	—	—
—	Triticum aestivum, Saatweizen	Früchte	5	21	10	—	—	550	3	—
		Spindelfragment	—	—	1	—	—	—	—	—
—	Triticum aestivo-compactum, Zwergweizen	Früchte	—	—	—	—	—	10	—	—
—	Triticum dicoccon, Emmer	Früchte	—	2	35	—	—	67	—	4
		Ährchenbasen	2	8	219	—	—	8	—	—
		Spelzenbasen	—	4	102	2	—	5	—	11
—	Triticum monococcum, Einkorn	Frucht	—	—	—	—	—	1	—	—
		Ährchenbasen	1	2	—	—	—	—	—	—
—	Triticum spelta, Dinkel	Früchte	117	392	635	—	—	3	2	—
		Ährchenbasen	15	32	62	6	—	3	1	2
		Spelzenbasen	11	23	57	—	3	9	—	1
—	Triticum cf. spelta, Dinkel	Früchte	—	—	389	—	—	—	—	—
—	Triticum spec., Weizen	Spindelstücke	—	—	34	—	—	—	3	—
—	Getreidekornbruchstücke	Früchte	—	—	—	—	—	683	18	—
3.522	Bryonia dioica, Zaunrübe	Steinkerne	—	—	—	—	19	—	—	—
8.4	Corylus avellana, Haselnuß	Schalenstück	—	—	—	—	1	—	—	—
8.41	Prunus cf.spinosa, Schlehe	Steinkern	—	—	—	—	1	—	—	—
—	Prunus spec.	Fragment	—	—	—	1	—	—	—	—

Wildpflanzen

3.4	Agrostemma githago, Kornrade	Samen	1	4	23	—	—	9	2	—
3.42	Bromus secalinus, Roggentrespe	Früchte	3	24	1	7	7	5	7	4
5.41	Bromus cf.racemosus, Traubige Trespe	Früchte	—	—	—	—	—	—	—	6
6.	Carex spicata, Dichtährige Segge	Früchte	—	—	—	—	—	—	—	2
3.72	Carex hirta, Rauhe Segge	Frucht	—	—	—	—	1	—	—	—
5.	Centaurea jacea, Wiesen-Flockenblume	Früchte	—	—	—	—	—	—	—	2
3.3	Chenopodium album, Weißer Gänsefuß	Früchte	—	2	—	1	—	1	—	4
3.52	Cruciata laevipes, Kreuzlabkraut	Teilfrüchte	—	—	—	—	—	—	—	14
5.42	Cynosurus cristatus, Wiesen-Kammgras	Früchte	—	—	—	—	—	—	—	2
5.	Dianthus armeria, Büschel-Nelke	Same	—	—	—	—	—	—	—	1
1.51	Eleocharis palustris, Gewöhnliche Sumpfbinse	Frucht	—	—	—	—	1	—	—	—
5.4	Festuca cf.pratensis, Wiesen-Schwingel	Früchte	—	—	—	—	—	—	—	5
5.4	Festuca rubra, Rot-Schwingel	Früchte	—	—	—	2	—	—	—	—
3.	Galeopsis tetrahit, Gewöhnlicher Hohlzahn	Teilfrucht	—	—	—	—	—	—	—	1
3.4	Galium spurium, Saat-Labkraut	Teilfrüchte	—	—	—	—	—	—	—	2
6.11	Galium cf.mollugo, Weißes Labkraut	Teilfrüchte	—	—	—	—	—	—	—	110
5.42	cf.Lolium perenne, Ausdauernder Lolch	Frucht	—	—	—	—	—	—	—	1
5.32	Medicago lupulina, Hopfenklee	Samen	—	—	—	—	—	—	—	1
5.42	Phleum pratense vel nodosum, Wiesen-Lieschgras	Früchte	—	—	—	—	—	—	—	38
3.34	Picris hieracioides, Gewöhnliches Bitterkraut	Früchte	—	—	—	—	—	—	—	2
5.4	Plantago lanceolata, Spitz-Wegerich	Samen	—	—	—	—	—	—	—	15
3.42	Polygonum convolvulus, Winden-Knöterich	Frucht	—	—	—	1	—	—	—	—
3.21	Polygonum lapathifolium, Ampfer-Knöterich	Früchte	—	—	—	2	—	—	—	—
3.31	Polygonum persicaria, Floh-Knöterich	Früchte	—	—	—	—	1	—	—	1
5.4	Prunella vulgaris, Kleine Brunelle	Teilfrüchte	—	—	—	—	—	—	—	6
3.42	Raphanus raphanistrum, Hederich	Teilfrüchte	—	—	—	—	—	—	—	8
(5.42)	Rhinanthus spec., Klappertopf	Same	—	—	—	—	—	—	—	1
	Rumex spec., Ampfer	Früchte	—	—	1	—	—	1	—	23
5.23	Rumex tenuifolius, Schmalblättriger Ampfer	Frucht	—	—	—	—	—	1	—	—
3.42	Scleranthus annuus, Einjähriges Knäuelkraut	Frucht	—	—	—	1	—	—	—	—
3.31	Spergula arvensis, Acker-Spörgel	Same	—	—	—	—	—	—	—	1
5.2	Trifolium arvense, Hasen-Klee	Samen	—	—	—	1	—	—	—	1
5.23	Trifolium campestre, Feld-Klee	Samen	—	—	—	—	—	—	—	5
5.42	Trifolium cf.dubium, Kleiner Klee	Samen	—	—	—	2	—	—	—	—
5.42	Trifolium cf.repens, Kriechender Klee	Samen	—	—	—	—	—	—	—	2
5.4	Trifolium pratense, Roter Wiesen-Klee	Samen	—	—	—	1	—	—	—	5
	Trifolium spec., Klee	Samen	—	—	—	3	—	—	—	2
3.4	Vicia angustifolia, Schmalblättrige Wicke	Samen	—	—	—	1	—	—	—	4
3.42	Vicia hirsuta, Rauhaarige Wicke	Samen	—	2	—	1	—	5	—	6
3.42	Vicia tetrasperma, Viersamige Wicke	Samen	—	—	—	—	1	8	—	—

Sonstige Funde

Holzkohle	w	zw	sw	w	zv	zv	sw	w
Knochensplitter	w	—	10	—	—	—	v	2
Blasige Schlacke	—	—	—	w	zv	w	—	—
durch Hitze verbackener Sand	—	w	v	w	—	—	—	sw

Fast alle erkennbaren Reste befinden sich in verkohltem Zustand. Sie entsprechen denen der vielen früher untersuchten Proben aus der römischen Stadt. Die vorliegenden neuen Funde lassen sich ohne Schwierigkeiten an diejenigen anfügen, die in unserer Zusammenfassung der früheren Ergebnise (KNÖRZER 1981) behandelt worden sind. Sie bestätigen die dort gewonnenen Erkenntnisse und ergänzen sie darüber hinaus durch die Aussagen mehrerer Neufunde und neuer Fundzusammenhänge.
Die Lage der Fundstellen ist in der Grabungsskizze (Abb. 1) eingezeichnet. Zur Fundsituation der acht reichhaltigen Bodenproben werden im folgenden einige Angaben gemacht:

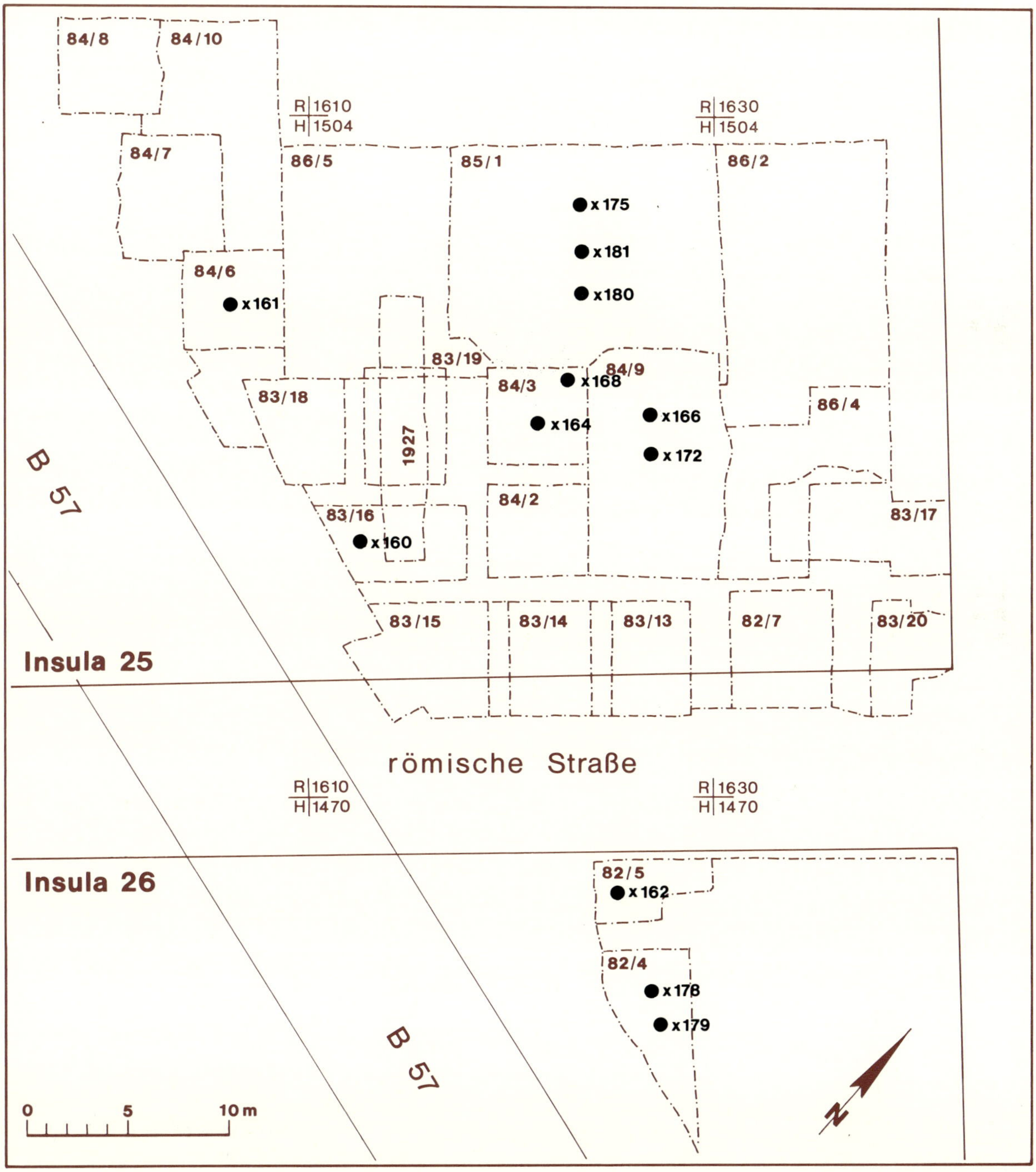

1 CUT, Insula 25 und 26, Schnittplan mit Eintragung der Fundstellen von Bodenproben, 1. Jahrhundert n. Chr.

X 160 Schnitt 83/16 Fundnummer 24 859x; Forumsinsula Quadrant 25
Bodenprobe von 0,3 dm^3 aus der Ostseite des Nordprofils.
Datierung: um 70 n. Chr.

X 161 Schnitt 84/6 Fundnummer 25 476x; Forumsinsula Quadrant 25
Bodenprobe von 0,2 dm^3 aus einer 3,5 cm dicken Brandschicht des Südprofils C westlich des Mauerfundaments.
Datierung: um 70 n. Chr.

X 164 Schnitt 84/3 Fundnummer 25 463x; Forumsinsula Quadrant 25
Bodenprobe von 1 dm^3 aus der Brandschicht unter einer umgestürzten Wand aus Hüttenlehm.
Datierung: um 70 n. Chr.

X 166 Schnitt 84/9 Fundnummer 25 633x_1; Forumsinsula Quadrant 25
Bodenprobe von 0,2 dm^3.
Datierung: um 70 n. Chr.

X 172 Schnitt 84/9 Fundnummer 25 841x; Forumsinsula Quadrant 25
Bodenprobe von 3 dm^3 aus dem Südprofil C_4; Abfallgrube mit vielen Knochenresten.
Datierung: 30 – 40 n. Chr.

X 175 Schnitt 85/1 Fundnummer 25 958x_1; Forumsinsula Quadrant 25
Bodenprobe von 1 dm^3 aus der Brandschicht eines Speicherraumes.
Datierung: Mitte 1. Jahrhundert n. Chr.

X 178 Schnitt 82/4 Fundnummer 26 155x_1; Kapitolsinsula Quadrant 26
Bodenprobe von 0,15 dm^3 aus dem Westprofil 14, in einer Baugrube.
Datierung: frührömisch

X 179 Schnitt 82/4 Fundnummer 26110x_1; Kapitolsinsula Quadrant 26
Bodenprobe von 0,6 dm^3 aus einer dunkelgrauen Brandschicht einer Vorratsgrube.
Datierung: frührömisch

Bei den vorliegenden Untersuchungen sind, wie ein Vergleich der Tabellen zeigt, einige z. T. bedeutsame Pflanzenarten gefunden worden, die bisher in Xanten noch nicht aufgetreten sind. Von diesen Funden sollen die Ausmaße und die Bestimmungskriterien in derselben Weise angegeben werden wie im ersten Bericht (KNÖRZER 1981).

Secale cereale L., Roggen
45 verkohlte Früchte von der Fundstelle X 161.
Ausmaße:
20 subfossile, verkohlte Früchte: 5,56 (4,7 – 6,5) × 2,24 (2,0 – 2,8) × 2,19 (1,7 – 2,6) mm^3,
20 rezente, unverkohlte Früchte: 7,38 (6,1 – 9,8) × 2,70 (1,7 – 3,3) × 2,88 (2,5 – 3,1) mm^3.
Die gut erhaltenen Karyopsen sind teilweise durch Hohlraumbildung im Innern etwas aufgebaucht und dadurch wohl geringfügig kürzer und dicker geworden. Sie sind eindeutig zu erkennen an der zugespitzten Basis und dem deutlich stumpfen Apex. Die tiefe, enge Bauchfurche läßt meist einen freiliegenden Gefäßstrang erkennen.
Roggenkörner sind am Niederrhein bereits mehrfach in eisenzeitlichen Ablagerungen vereinzelt gefunden worden (KNÖRZER 1980 u. a.) und traten auch in römischen Siedlungen auf (HOPF 1963, KNÖRZER 1970 u. unpubl.).

Prunus persica (L.) Batsch, Pfirsich
1 verkohlter und 1 unverkohlter Steinkern von 2 Fundstellen. 1 unverkohlter subfossiler Steinkern: 20,7 × 17,7 × 13,3 mm^3.
10 rezente, unverkohlte Steinkerne (kleinfrüchtige Landsorte): 27,8 (25,0 – 29,0) × 21,6 (19,0 – 24,0) × 18,3 (17,0 – 20,0) mm^3.

Dianthus armeria L., Büschel-Nelke
1 verkohlter Same von der Fundstelle X 175.

Ausmaße:
1 subfossiler, verkohlter Same: 1,0 × 0,7 mm^2,
10 rezente, unverkohlte Samen: 1,24 (1,1 – 1,4) × 0,75 (0,7 – 0,8) × 0,3 mm^3.
Der Same ist gut erhalten, war aber vermutlich nicht ganz ausgereift. Er ist leicht schildförmig gekrümmt und endet mit einem kurzen Spitzchen. Das eingetiefte Bauchfeld hat einen flachen wulstigen Rand und in der Mitte eine deutliche Längskante mit zentralem Nabel. Die Oberfläche ist bedeckt mit radiären Warzenreihen, die auf der Rückenseite längs parallel verlaufen. Die in der Form ähnlichen Samen von Petrorhagia prolifera sind etwas größer und haben engere Radiärreihen von feineren Warzen.
Dies ist nach Neuss (KNÖRZER 1970) und Gellep (unpubl.) der dritte römerzeitliche Fundplatz am Niederrhein.

Trifolium arvense L., Hasen-Klee
2 verkohlte Samen von 2 Fundstellen.
Ausmaße:
2 subfossile, verkohlte Samen: 0,8 × 0,75 × 0,6 mm^3, 0,9 × 0,75 × 0,7 mm^3.
20 rezente, unverkohlte Samen: 1,01 (0,95 – 1,1) × 0,8 (0,7 – 0,85) mm^2.
Die kurz eiförmigen Samen haben kein deutlich vorstehendes Würzelchen. Ihr Nabel befindet sich ein Drittel der Kornlänge unterhalb der Kornspitze. Die anderen einheimischen kleinsamigen Kleearten haben längliche Samen (Trif. campestre und Trif. repens) oder die Radikula steht deutlich vor (Trif. hybridum). Samen von Lotus uliginosus sind ähnlich geformt, aber größer.
Dies ist der dritte römerzeitliche Fund dieser Art im Rheinland (KNÖRZER 1970, 1971).

AUSWERTUNG DER FUNDERGEBNISSE

Die neuen Untersuchungen haben alle durch die bisherigen Funde aus dem Stadtbereich nachgewiesenen großkörnigen Getreidearten bestätigen können: 5 Weizenarten, Spelzengerste und Saathafer. Das Verhältnis der Anteile dieser drei Getreidegattungen zueinander weicht allerdings etwas von den bisher ermittelten Verhältnissen ab. Die Körnermengen verhielten sich hier wie 14:19:1 statt wie 23:10:1, d. h., daß bei den Funden aus der Forumsinsula über die Hälfte aller bestimmbaren Getreidekörner zur Gerste gehört. Das Überwiegen von Gerste an dieser Stelle zeigt sich auch darin, daß drei Sammelfunden von Gerste (X 175, X 178, X 179) nur zwei Weizensammelfunde (X 160, X 161) gegenüberstehen. Gerstenvorratsfunde waren bisher nur selten im Bereich der CUT aufgetreten.
Auch im Bereich des Legionslagers von Neuss (KNÖRZER 1970) stand die Gerste zahlenmäßig an erster Stelle. Als Grund für die besondere Wertschätzung dieser Getreideart kann ihre größere Widerstandsfähigkeit gegenüber extremen Witterungsbedingungen genannt werden. Die Weizensaat ist empfindlicher gegenüber Spätfrösten. Außerdem ist ein Breigericht aus geschroteter Gerste einfacher zuzubereiten als das Brot, das aus Weizenmehl hergestellt wird.
In den beiden Fundkomplexen X 178 und X 179 war der Gerstenvorrat mit Dinkel (Triticum spelta) gemischt, dem wichtigsten Brotgetreide in jener Zeit. Das Mischungsverhältnis war allerdings unterschiedlich und betrug in der Probe X 178 Weizen: Gerste = 1:4,09 und in der Probe X 179 1:2,26. Berücksichtigt man, daß eine Ährchenbasis zwei Körnern entspricht, sind nur 35% bzw. 22% Spelzenreste der entsprechenden Dinkelkörner vorhanden. Es waren also die Körner teilweise entspelzt und gereinigt worden, und die Vermischung der Getreidesorten muß sekundär erfolgt sein.
Nacktweizenkörner (Triticum aestivum, Triticum aestivo-compactum) waren zwar bei den früheren Grabungen von vielen Stellen mit insgesamt 2,1% nachgewiesen worden, doch ist erst hier ein Sammelfund gelungen. Die Zusammensetzung der Probe X 161 zeigt, daß darin die länglichen Körner des Saatweizens (Triticum aestivum) gegenüber den fast kugeligen des Zwergweizens (Triticum aestivo-compactum) überwiegen. Im Gegensatz zu den drei Spelzenweizenarten (Triticum monococcum, Tr. dicoccon und Tr. spel-

ta) bieten die Nacktweizen den Vorteil, daß bei der Aufbereitung der zum Entspelzen erforderliche Mahlvorgang entfallen kann.
Die mit 8% vorhandenen Emmer- und Dinkelkörner waren wegen der mit ihnen verbundenen harten Spelzen sicherlich unerwünscht. Es ist unwahrscheinlich, daß derartige Vorräte vor der Weiterverarbeitung nochmals gereinigt worden sind. Die Weizenkörner wurden gemeinsam mit den anderen im Vorrat noch vorhandenen Getreidekörnern samt deren Spelzen sowie den Unkrautsamen gemahlen, und die Beimischungen blieben als unvermeidbare Verunreinigung im Brot enthalten. Wie groß die Menge der Spelzen und Unkrautsamen in Brot und Brei gewesen war, zeigen auch die Analysen von Fäkalienresten aus Latrinen (KNÖRZER 1981, Tabelle 1, Fundstelle 8 und 9).
In Xanten war bisher vergebens nach Roggenkörnern (Secale cereale) gesucht worden (KNÖRZER 1981, S. 134). Nun ist hier mit der Probe X 161 der erste Roggenfund gelungen. Wie in Novaesium (KNÖRZER 1970) tritt der Roggen auch hier nur als zahlenmäßig geringe Beimischung auf. Offenbar wurde diese, ein dunkles Mehl liefernde Getreideart im römischen Einflußgebiet nicht geschätzt und noch nicht in Reinkultur angebaut.
Die Vermutung, daß alle Haferfunde in Xanten zum Kulturhafer (Avena sativa) gehören (KNÖRZER 1981, S. 135), wird auch hier dadurch bestärkt, daß keine Spelzenreste des Unkrauthafers (Avena fatua) gefunden werden konnten.
Die in der Tabelle aufgelisteten Bodenproben haben außer den Getreideresten nur wenige Spuren weiterer Nutzpflanzen gebracht. Es enthielten jedoch einige der bisher nicht genannten, fundarmen Proben vereinzelte, beachtenswerte Funde:

Prunus persica (L.) Batsch, Pfirsich

X 168 Schnitt 84/3 Fundnummer 25 468; 1 zerbrochener, verkohlter Steinkern.
Datierung: um die Mitte des 1. Jahrhunderts n. Chr.

X 181 Schnitt 85/1 Fundnummer 25 925x; 1 unverkohlter Steinkern aus dem 3. — 4. Stratum.
Datierung: 2. Hälfte des 1. Jahrhunderts n. Chr.

Bisher hatten Spuren des Pfirsichs bei Ausgrabungen im römischen Xanten gefehlt. Diesmal ist es gleich an zwei Stellen gelungen, Steinkerne dieses Edelobstes nachzuweisen. Im Niederrheingebiet sind nur noch im Bereich des Legionslagers bei Neuss wenige Pfirsichsteine gefunden worden (KNÖRZER 1970). Hier wie dort handelt es sich um Funde aus Ablagerungen des 1. Jahrhunderts n. Chr. Die vermutlich aus Persien stammende Obstart ist nach den Angaben von Plinius wahrscheinlich erst im ersten Jahrhundert n. Chr. nach Italien gelangt. Das so frühe Auftreten von Pfirsichkernen am Niederrhein überascht, zeugt aber von guten und schnellen Verbindungen des Rheinlandes mit dem mediterranen Raum (Abb. 2).
Nach Größe und Gestalt der Steinkerne können die Früchte mit den nur etwa 4 — 5 cm großen gelben Pfirsichen einer Landsorte verglichen werden, die auch heute noch gern wegen ihrer alljährlich sehr reichen Erträge in Gärten gezogen wird. Die Sträucher sind winterhart. Es ist daher möglich, daß man auch damals schon im Rheinland Pfirsichsträucher angepflanzt hatte. Für diese Annahme spricht auch die Erfahrung, daß die empfindlichen Früchte für einen längeren Transport auf schlechten Straßen ungeeignet waren. Getrocknete Pfirsiche würde man aber, so wie heute noch üblich, vorher entsteint haben.

Corylus avellana L., Haselnuß

X 162 Schnitt 82/5 Fundnummer 25 459k; 5 Schalenbruchstücke.
Datierung: 2. Hälfte des 1. Jahrhunderts n. Chr.

X 180 Schnitt 85/1 Fundnummer 25 925x, gleiche Fundstelle wie X 181; 65 unverkohlte Schalenbruchstücke von etwa 5½ Nüssen.
Ausmaße einer halben Nußschale: Länge 1,3 cm, Breite 1,2 cm.
Datierung: 2. Hälfte des 1. Jahrhunderts n. Chr.

Die Nüsse waren relativ klein, so daß es sich wahrscheinlich um Wildnüsse handelt, die in Gebüschen außerhalb der Stadt gesammelt worden waren.

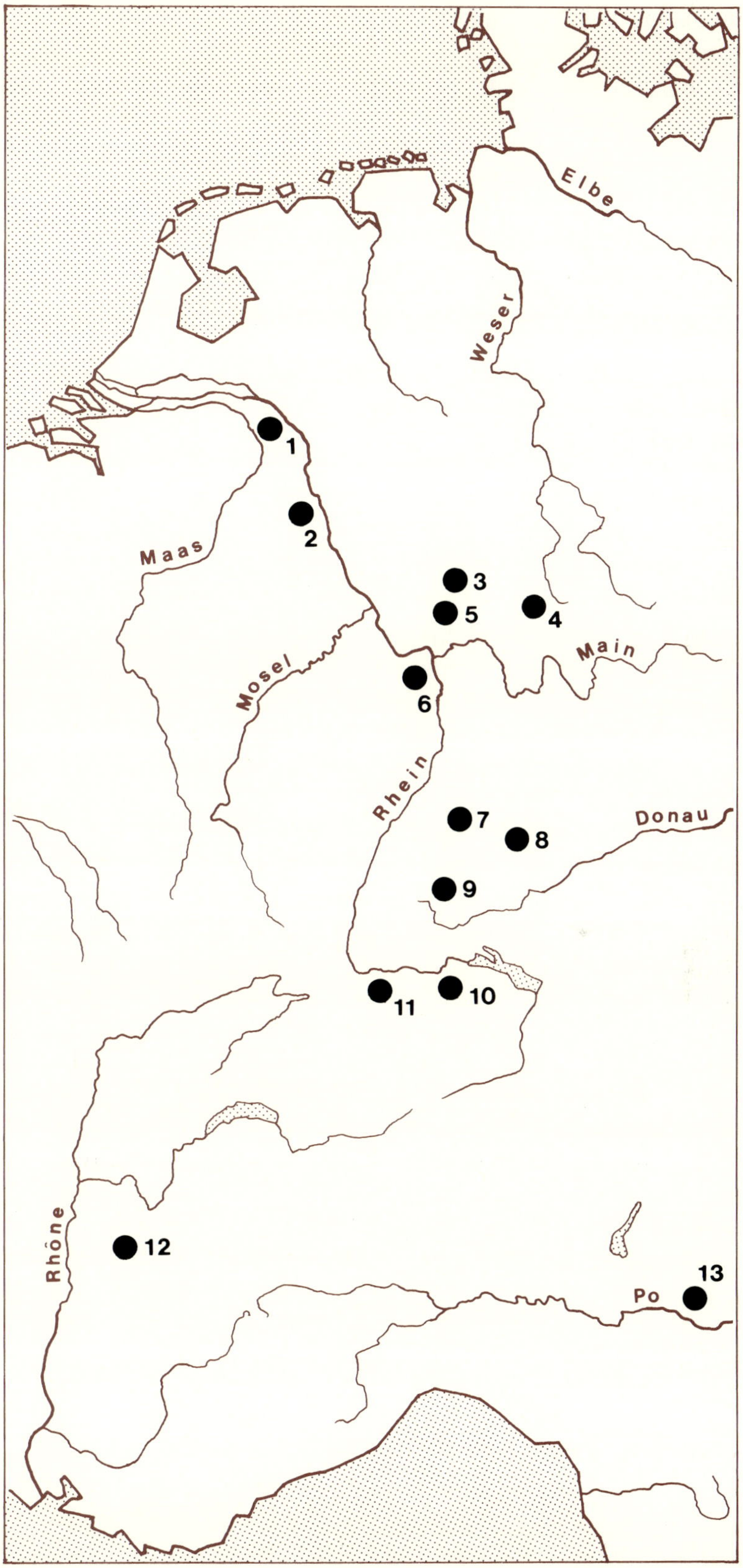

Fundorte:

1 Xanten - CUT
2 Novaesium/Neuss
3 Butzbach, Hessen
4 Vorderau/Fulda
5 Saalburg, Hessen
6 Mainz
7 Pforzheim
8 Welzheim, Baden-Württemberg
9 Rottweil-Altstadt
10 Oberwinterthur, Schweiz
11 Vindonissa/Brugg, Schweiz
12 Paladru/Isère, Frankreich
13 Minicio, Italien

2 Römerzeitliche Funde von Pfirsichkernen *(Prunus persica).*

Unter den übrigen Nutzpflanzen verdienen die in der Probe X 166 gefundenen Steinkerne der Zaunrübe (Bryonia dioica) eine besondere Beachtung. Es ist kaum anzunehmen, daß diese an Gebüschrändern und Zäunen emporrankende Kletterpflanze inmitten eines dicht bebauten Siedlungsplatzes einen zufälligen Wuchsplatz als Unkraut hatte. Entweder stammten die Beeren von Pflanzen außerhalb der Stadt oder von Stauden, die man in Gärten zog, um sie als Heilmittel zu verwenden. Für den Anbau einzelner Pflanzen innerhalb der Stadt zu einem derartigen Zweck spricht auch, daß Steinkerne der Zaunrübe in drei verschiedenen Stadtbrunnen zu finden waren (KNÖRZER 1981). Bryonia dioica ist eine alte Heilpflanze (OBERDORFER 1979). Die Rübenknolle, aber auch Sproßteile dieser Giftpflanze wurden als Heilmittel gegen manche Gebrechen verwendet (MARZELL 1924). Vielleicht hatte man die Pflanze in Hausnähe gezogen, um sie bei Bedarf schnell zur Verfügung zu haben. Ihre roten Beeren können von Vögeln gefressen worden und die Kerne mit dem Kot in die Brunnen gelangt sein.

Die vielen Unkrautsamen unter den Wildpflanzenfunden zeigen das gleiche Bild vom Unkrautbesatz der römerzeitlichen Kornfelder bei Xanten wie die früheren Funde (KNÖRZER 1981, 142 ff.).

Beachtenswert sind die Nachweise von Grünlandpflanzen in der Probe X 175. 17 Arten von Kräutern und Gräsern mit den soziologischen Zeigerwerten 5 und 6 sind vermutlich gemeinsam auf bewirtschaftetem Grünland gewachsen. Das Vorhandensein der gefundenen Samen und Früchte an dieser Stelle läßt sich am ehesten damit erklären, daß hier ein Heuvorrat bzw. der Abfall eines Heulagers verkohlt war. Der Fund ist ein Hinweis darauf, daß Ziegen oder Schafe innerhalb der Siedlung gehalten worden sind.
Nach der Artenzusammensetzung könnte das Heu auf zeitweise beweideten Mähwiesen geschnitten worden sein, denn neben einigen Beweidungszeigern mit dem soziologischen Zeigerwert 5.42 (Cynosurus, Lolium, Phleum) sind eine Anzahl hochwüchsiger Gräser und Kräuter nachweisbar. Das spärliche Vorhandensein von Magerrasenzeigern mit dem soziologischen Zeigerwert 5.2 (Rumex tenuifolius, Trifolium arvense und campestre) und das Vorkommen anspruchsvoller Arten lassen vermuten, daß gemähte Grünflächen auch in der nährstoffreichen Rheinaue gelegen haben.
In der Artenzusammensetzung stimmt die vorliegende Probe gut mit denjenigen von den beiden Heufundstellen aus der Insula 34 überein (KNÖRZER 1981, Tab. 1) und ergänzt unsere Kenntnisse vom Artenbestand der römischen Wiesen um einige neue Arten.

LITERATUR

HOPF 1963
M. HOPF, Die Untersuchung von Getreideresten und anderen Feldfrüchten aus Altkalkar, Kreis Kleve, und Xanten, Kreis Moers. Bonner Jahrb. 163, 1963, 416–423.

KNÖRZER 1970
K.-H. KNÖRZER, Römerzeitliche Pflanzenfunde aus Neuss. Novaesium 4, Limesforschungen 10 (1970).

KNÖRZER 1971
K.-H. KNÖRZER, Römerzeitliche Getreideunkräuter von kalkreichen Böden. Rhein. Ausgrabungen 10 (Düsseldorf 1971) 467–481.

KNÖRZER 1980
K.-H. KNÖRZER, Subfossile Pflanzenreste aus der jünger-latènezeitlichen Siedlung bei Laurenzberg, Gem. Eschweiler, Kr. Aachen. Bonner Jahrb. 180, 1980, 442–457.

KNÖRZER 1981
K.-H. KNÖRZER, Römerzeitliche Pflanzenfunde aus Xanten. Archaeo-Physika 11 (Bonn 1981).

MARZELL 1924
H. MARZELL, Heil- und Nutzpflanzen der Heimat (Reutlingen 1924).

OBERDORFER 1979
E. OBERDORFER, Pflanzensoziologische Exkursionsflora (Stuttgart 1979).

GUDRUN GERLACH

Gestempelte Ziegel aus der Colonia Ulpia Traiana Zur Frage ihrer Verteilung auf städtische Bauten

Die Colonia Ulpia Traiana, eine römische Bürgerstadt am Niedergermanischen Limes, ist wahrscheinlich im Jahre 99 n. Chr. gegründet worden[1] und hatte Bestand bis etwa 270 n. Chr., als die Franken den blühenden römischen Städten im Rheinland ein Ende bereiteten. Hier aber wollen wir uns nicht so sehr mit dem Untergang der Kolonie beschäftigen, sondern unser Interesse mehr auf den Aufbau der Stadt richten.

Geplant wurde diese Veteranenstadt sicher von Militärarchitekten, die außer der Größe, d. h. dem äußeren Umfang, der durch Stadtmauern sowie Türme und Tore gekennzeichnet war, das Straßennetz mit den Wasserentsorgungskanälen und die Standorte für die öffentlichen Gebäude festlegten. Nachdem das Planungsstadium überwunden war, wurde zügig die Ausführung in Angriff genommen. Daß dabei militärische Einheiten Hilfestellung leisten mußten, versteht sich von selbst[2].

Es stellt sich hier nun die Frage, welche Legionen bzw. Hilfstruppen zur Verfügung standen, um den Aufbau der Stadt voranzutreiben. Das nahe gelegene Lager Castra Vetera II dürfte zur Gründungszeit der CUT nicht belegt gewesen sein; ein Intervall zwischen den Jahren 97 bis 102 n. Chr. läßt sich durchaus wahrscheinlich machen[3]. In Betracht kommen daher am ehesten die Legionen aus den Standorten Nijmegen, Neuss und Bonn, alle in der Germania Inferior gelegen, in denen die X. Legion Gemina, die VI. Legion Victrix und die I. Legion Minervia stationiert waren.

Wie läßt sich aber der Nachweis erbringen, ob einzelne Truppenteile des oben erwähnten Militärs zu bestimmten Zeiten mit dem Errichten bestimmter Bauwerke beschäftigt waren? Beispielsweise könnte es doch sein, daß militärische Hilfestellung der VI. Legion beim Bau des Burginatium-Tores geleistet wurde, während Einheiten der X. Legion etwa am Aufbau des Hafentempels beteiligt waren. Um dieser Frage nachzugehen, wurden alle Funde aus den systematischen Ausgrabungen seit 1974[4] auf ihre Aussagefähigkeit hin überprüft. Dabei stellte es sich heraus, daß die Gattung der mit Stempeln versehenen Ziegel eine Antwort geben könnte. Bis zum Sommer 1988 waren etwa 800 gestempelte Ziegel oder Fragmente in der ehemaligen Römerstadt gefunden worden, die zum größten Teil lesbar und damit für eine Auswertung brauchbar waren.

Bei der vorliegenden Untersuchung traten allerdings gewisse Aspekte und Fragestellungen etwas in den Hintergrund. So wird z. B. nur in einigen Fällen darauf eingegangen, welche Funktionen die gestempelten Ziegel ursprünglich besaßen, ob sie etwa als Bodenplatten oder als Dachziegel Verwendung gefunden hatten. Ebensowenig konnte immer auf die Fundlage der einzelnen Ziegel eingegangen werden. Auch die verschiedenartigen Stempelformen, ihre Umrisse und technische Ausführung, ob es sich z. B. um Rund-

[1] K. STROBEL, Bemerkungen zum Wechsel zwischen den Legionen XIV Gemina und XXII Primigenia in Mainz und zur Struktur des untergermanischen Heeres in trajanischer Zeit. Germania 66, 1988, 447.

[2] Auch D. Baatz macht darauf aufmerksam, daß Hilfeleistungen des Militärs außer in der Colonia auch an anderen Zivilstädten beobachtet werden konnten: D. BAATZ, Einige Funde obergermanischer Militärziegelstempel in der Germania inferior, in: Archeologie en Historie. Opgedragen van H. Brunsting bij zijn zeventigste verjaardag (Bussum 1973) 224 Anm. 18.

[3] STROBEL, a.a.O. (Anm. 1) 441 ff., vor allem 444 Tab. 1.

[4] Vom Landschaftsverband Rheinland werden seit 1973 Ausgrabungen auf dem Gebiete der CUT durchgeführt mit dem Ziel, einen Archäologischen Park als Freilichtmuseum einzurichten.

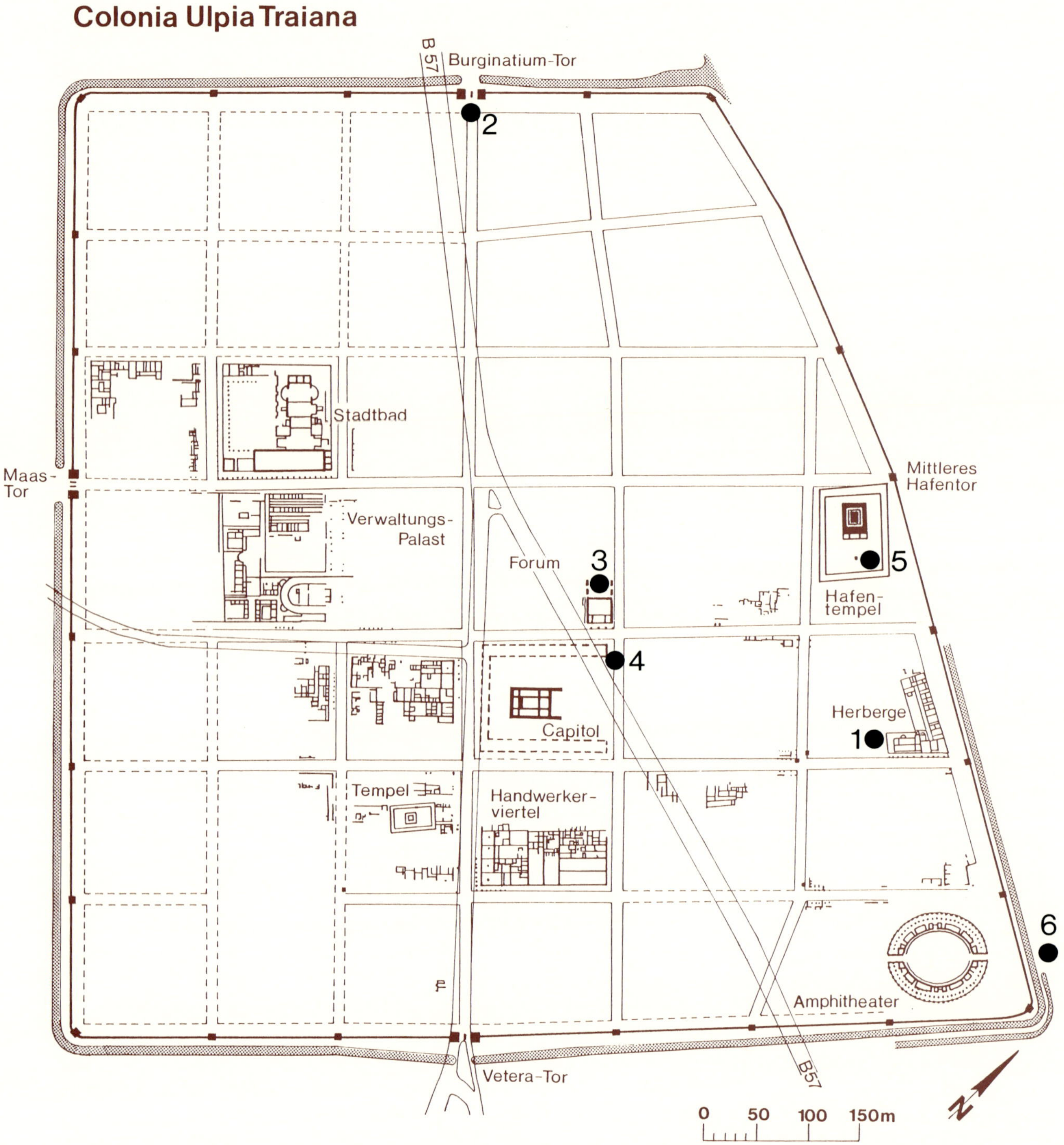

1 CUT, Grundrißplan, Fundstellen von gestempelten Ziegeln. 1 Herberge und Thermen; 2 Burginatium-Tor; 3 Forum (Basilika); 4 Umgang des Capitolstempels; 5 Hafentempel; 6 Bebauung außerhalb der CUT.

stempel (Abb. 5,1) oder solche in Schildchenform (Abb. 2,2 und 3) handelt, werden hier nicht berücksichtigt. Ferner können die verschiedenen Schreibweisen der Namen- und Nummernstempel nicht im Detail aufgeführt werden; lediglich die Beinamen und Epitheta der einzelnen Legionen werden – wegen ihrer genauen zeitlichen Fixierung aufgrund historischer Ereignisse – in Betracht gezogen. Nicht herangezogen wurden auch alle Stempel, die man vor 1974 gefunden hat und die zum Teil schon im CIL XIII 6 (1933) veröffentlicht sind.

Um das oben skizzierte Denkmodell zu überprüfen, wurden zunächst Stempellisten nach Baukomplexen angelegt. Dabei zeigten sich schon bald gewisse Regelmäßigkeiten, die nun im einzelnen besprochen werden sollen. Die folgenden Darstellungen beschränken sich jedoch nur auf einige wenige, aber signifikante Gebäude bzw. Teile davon, die ehemals entweder öffentlichen oder privaten Charakter besaßen. In die Untersuchungen wurden die Herberge mit den Thermen (Abb. 1 Nr. 1), das Burginatium-Tor (Abb. 1 Nr. 2), die Basilika vom Forum (Abb. 1 Nr. 3), ein Teil des Tempelhofumgangs vom Capitol (Abb. 1 Nr. 4), der Hafentempel sowie die zugehörige Portikus (Abb. 1 Nr. 5) und schließlich ein Bereich außerhalb der Stadtmauern der CUT, wo sich Lagerräume in Hafennähe (Abb. 1 Nr. 6) befunden haben müssen, eingeschlossen.

Wenden wir uns zunächst der Herberge mit den Herbergsthermen (Abb. 1 Nr. 1) zu. Dieser Gebäudekomplex wurde in den Jahren zwischen 1975 und 1983 vollständig ausgegraben. Der Bestand an gestempelten Ziegeln dürfte somit repräsentativ sein. Bei den Ausgrabungen auf der mit der Herberge überbauten Fläche von rund 1385 m^2 kamen 45 gestempelte Ziegel zutage, auf der nur 365 m^2 großen Fläche der Herbergsthermen (einschließlich Portikus und Hofmauer) dagegen fanden sich 175 Ziegelstempel.

Im Bereich der Herberge kommen Ziegel mit Stempeln der V. (Abb. 2,1-3) und XV. Legion (Abb. 2,4) fast gleich oft vor; sie sind zehnmal bzw. achtmal vertreten. Je einmal kommen Stempel der I. Legion Minervia, der VI. Legion Victrix, der XXX. Legion Ulpia Victrix und einer Hilfseinheit vor. Interessant, da nur selten vertreten, ist ein Stempelkürzel 'TRA' (Abb. 6,2), das aus den Buchstaben T, R und A zusammengezogen ist. Ob dies als Abkürzung für die jenseits des Rheins arbeitende Tegularia Transrhenana steht, läßt sich bis heute nicht sicher nachweisen.

Die Tatsache, daß fast ausschließlich Zeugnisse von Baumaterialien der V. und XV. Legion in der Herberge gefunden wurden, verlangt nach einer Erklärung. Sicher ist dieser Befund nicht so zu interpretieren, daß die Herberge vor dem Jahr 70 n. Chr., also vor dem Abzug dieser zwei Legionen aus Vetera, von militärischen Bautrupps der V. und XV. Legion errichtet worden ist. Andere Funde aus dem Herbergskomplex, die später entstanden sein müssen, sprechen gegen einen solchen zeitlichen Ansatz der Herberge. Vielmehr müssen wir davon ausgehen, daß der Bau nach 70 n. Chr. errichtet wurde; wieviele Jahre später das Gebäude erbaut wurde, läßt sich noch nicht eindeutig sagen[5]. Folglich kann es sich bei den im Haus am kleinen Hafentor, wie wir die Herberge ebenfalls nennen, verbauten Ziegeln der V. und XV. Legion nur um solche handeln, die ursprünglich im Lager Castra Vetera I Verwendung gefunden hatten und abgetragen wurden, um sie später in der CUT anderweitig zu verbauen.

Noch auffälliger ist der Befund von gestempelten Ziegeln aus dem Bereich der Herbergsthermen. Von den 175 Ziegeln sind zur Zeit 36 nicht auffindbar. Von den restlichen 121 lesbaren Stempeln waren 114 Exemplare der V. Legion zuzuschreiben, der XV. Legion dagegen nicht ein einziger Ziegel (Abb. 7). Diesen Tatbestand, der sich ja wesentlich von dem Befund in der Herberge unterscheidet, versuchen wir im Folgenden zu erklären.

Es stellen sich in diesem Zusammenhang drei verschiedene Fragen. Erstens: Sind Herberge und Thermen zu unterschiedlichen Zeiten errichtet worden?

Zweitens: Wie ist die große Anzahl der aus den Thermen stammenden Ziegeln zu verstehen?

Drittens: Warum liegen nur Ziegel der V., nicht aber der XV. Legion aus den Thermen vor?

Zur ersten Frage ist anzumerken, daß auch die Herbergsthermen sicher nach 70 n. Chr. entstanden sind,

[5] E. Goddard beschäftigt sich derzeit im Rahmen einer Dissertation (G. Ulbert, München) mit dem gesamten Herbergskomplex. Ihren Ergebnissen soll hier nicht vorgegriffen werden. Das Erscheinen ihrer Arbeit ist für 1990 geplant.

2 Abdrücke von Ziegelstempeln aus der CUT. 1: 5. Legion (Inv.-Nr. C 16937i1); 2: 5. Legion (Inv.-Nr. C 24501i7); 3: 5. Legion (Inv.-Nr. C 23432i2); 4: 15. Legion (Inv.-Nr. C 23549i1). Maßstab 1:1.

also die Ziegel der V. Legion an diesem Gebäude nicht von dieser selbst verbaut wurden. Nicht auszuschließen ist aber, daß der Thermenbau früher entstanden ist als die Herberge. Dafür sprechen zwei Befunde. Zum einen kommen in den Parzellenwandfundamenten, die Thermen und Herberge gemeinsam sind, nur Ziegel der V. Legion vor, so daß man diese Fundierung als zu den Thermen gehörig ansprechen könnte. Zum anderen sind in der Badeanlage drei Ziegel der XXII. Legion Primigenia verbaut gewesen, von denen ein Stempel den Beinamen Pia Fidelis Domitiana aufweist. Dieses Epitheton deutet darauf hin, daß es sich um Ziegel handelt, die nach 89 n. Chr. im niedergermanischen Raum gestempelt und gebrannt worden sind[6]. Da die XXII. Legion Primigenia zwischen 89 und 96 n. Chr. in Vetera II gelegen hat, könnte man vermuten, daß diese seltenen Stempel mit dem Beinamen Domitiana zur Entstehungszeit an dem Badehaus Verwendung gefunden haben. Eine frühere Entstehungszeit der Thermen, d. h. ein Vorgängerbau des späteren Badehauses im Vergleich zur Herberge, ist wahrscheinlich[7].

[6] STROBEL, a.a.O. (Anm. 1) 441 f. u. 444 Tab. 1.

[7] Mit diesem Problem hat sich C. J. Bridger in seiner Magisterarbeit (C. B. Rüger, Bonn 1988) auseinandergesetzt. Seine Publikation, die für 1990 vorgesehen ist, wird darüber grundlegende Aufschlüsse geben. — Vgl. aber auch C. J. BRIDGER, Die Badeanlage am sog. Kleinen Hafentor — Ergebnisse der Ausgrabungen 1981. 6. Arbeitsbericht zu den Grabungen und Rekonstruktionen. Colonia Ulpia Traiana (1984) 18 ff. Abb. 16 — 18, wo drei unterschiedliche Bauten mit verschiedenen Funktionen dargestellt werden.

Die zweite Frage, die die große Fundmenge der Ziegelstempel in den Thermen betrifft, ist vielleicht zum einen damit zu erklären, daß das Gebäude mehrere Umbauphasen erlebt hat. Auf Grund längerer Bauzeiten könnten mehr Materialien verwendet worden sein. Andererseits läßt aber der große Ziegelbestand in den Thermen darauf schließen, daß diese überhaupt vorwiegend aus Ziegeln errichtet waren, während die Herberge kein Ziegelbauwerk gewesen sein dürfte. Badeeinrichtungen, z. B. Hypokaustanlagen, Fußbodenplatten, aber auch aufgehendes Mauerwerk und überkuppelte Apsidenräume wurden vorwiegend aus Ziegeln hergestellt. Im Gegensatz dazu hat man sich die Herberge eher als einen Fachwerkbau vorzustellen, dem unter anderem Unterkonstruktionen für Heizräume mit Hypokaust- und Verkleidungsziegeln fehlten.

Auf die dritte Frage nach der Ausschließlichkeit der in den Thermen gefundenen Ziegel mit Stempeln der V. Legion läßt sich vielleicht folgende Lösung anbieten: Als man an die Ausführung des Thermengebäudes dachte und den Bedarf an Baumaterialien schnell decken mußte, wird man sich bestimmt an den 'Steinbruch' im Lagergebiet von Castra Vetera, das ja seit 69 n. Chr. wüst lag, erinnert haben. Bei der Suche nach geeigneten Baustoffen auf dem Fürstenberg scheint man sich auf dem ehemaligen Lagergelände gleich rechterhand mit Ziegeln eingedeckt zu haben. Diese gesamte westliche oder rechte Hälfte des Kastells war seit jeher von der V. Legion belegt, also konnten dort nur Ziegel mit entsprechenden Stempeln gefunden werden. In späteren Jahren, nachdem viele oberirdische Bauelemente aus dem Lagerquartier der V. Legion abgetragen waren, bediente man sich auch der Ziegel aus der östlichen Hälfte, wo ehedem die XV. Legion ihr Quartier hatte[8].

Am Burginatium-Tor (Abb. 1 Nr. 2), das ist der große Durchlaß an der die Stadt durchziehenden Limesstraße nach Norden, stellen sich die Verhältnisse völlig anders dar. Beim Ergraben der Torfundamente,

3 Abdrücke von Ziegelstempeln aus der CUT. 1: 1. Legion Minervia (Inv.-Nr. 26271i2); 2: 6. Legion Victrix (Inv.-Nr. 24171i1); 3: 10. Legion Gemina (Inv.-Nr. 21315i1). Maßstab 1:1.

[8] H. LEHNER, Xanten (Ausgrabung von Vetera im Jahre 1908). Röm.-Germ. KorrBl. 2, 1909, 50.

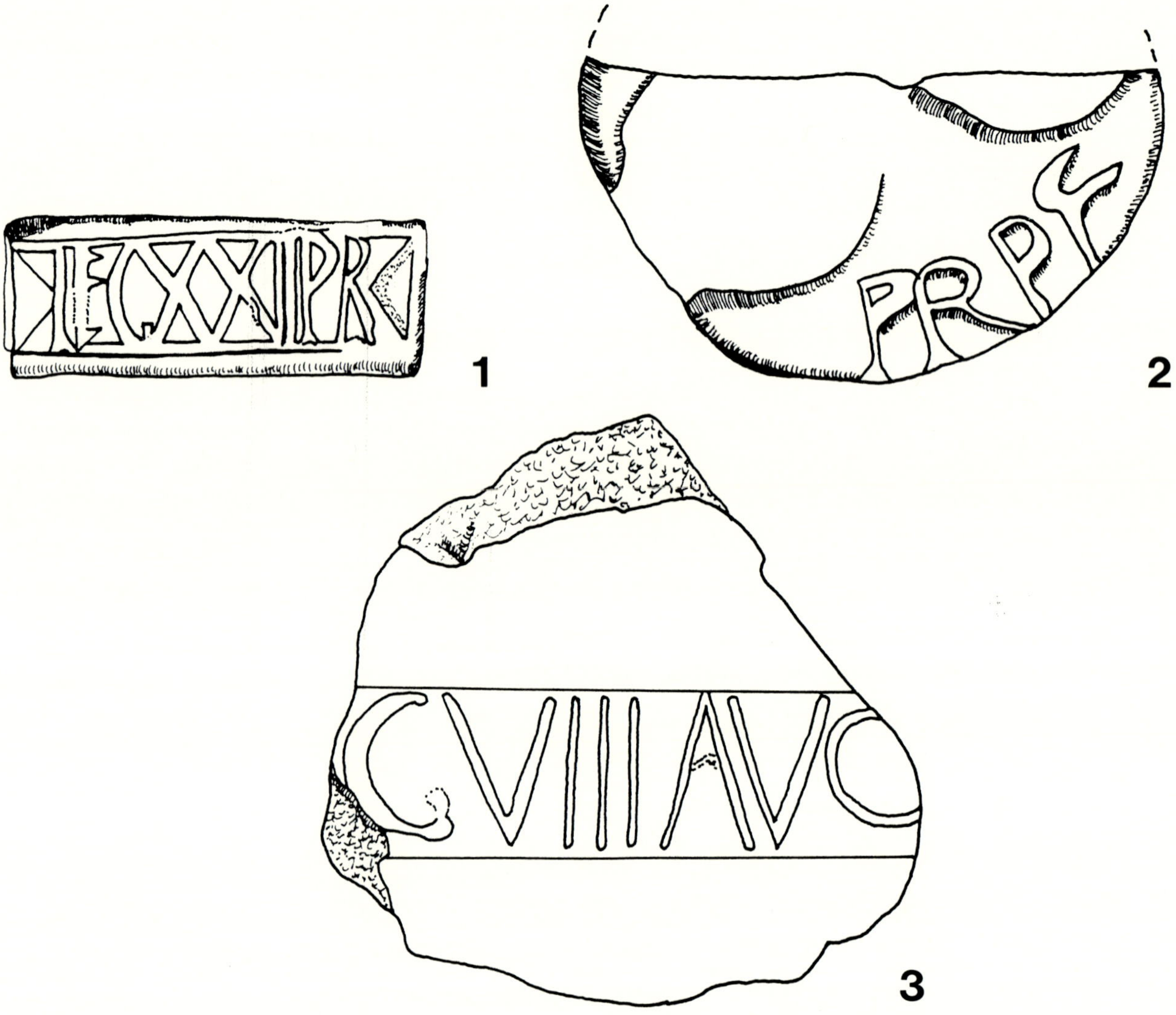

4 Abdrücke von Ziegelstempeln aus der CUT. 1: 22. Legion Primigenia (Inv.-Nr. 27262i_2); 2: 22. Legion Primigenia Pia Fidelis (Inv.-Nr. 26354i_1); 3: 8. Legion Augusta (Inv.-Nr. 24708i_1). Maßstab 1:1.

wobei eine Fläche von etwa 40 × 16 m aufgedeckt wurde, fanden wir lediglich drei gestempelte Ziegel. Für das seltene Vorkommen dieses Materials gibt es eine einfache Erklärung. Fundament und aufgehendes Mauerwerk des Torgebäudes waren aus Natursteinen errichtet, und die Bedachung bestand aus Schieferplatten, nicht jedoch aus Ziegeln. Lediglich in der Fundamentstickung für die Mittelstütze der beiden Torbögen waren Ziegelbruchstücke verarbeitet. Da es sich bei diesen also nicht um Streufunde handelt, sondern um solche, die in situ gefunden wurden, ist ihr Aussagewert besonders hoch. Interessanterweise trafen wir an dieser ungestörten Stelle auf einen Stempel der I. Legion Minervia (Abb. 3,1), diesmal mit den Epitheton Pia Fidelis; ein zweiter gestempelter Ziegel stammt aus der Tegularia Transrhenana (Abb. 6,1), die nicht näher zu lokalisieren ist.
Ziegel der I. Legion könnten durch eine Hilfseinheit jener Truppe, der I. Legion nämlich, die bis 100/101 n. Chr. in Bonn lag, dann an die Donau verlegt wurde und erst wieder 107 n. Chr. an den Rhein nach Bonn zurückkehrte[9], zur CUT gelangt sein. Ein dritter Ziegelstempel, den man möglicherweise der X. Le-

[9] STROBEL, a.a.O. (Anm. 1) 443 f.

gion zuschreiben kann, wurde im Erdreich über dem gemauerten Torfundament gefunden. Es ist nicht unwahrscheinlich, daß auch die X. Legion Gemina – ihr Standort war Nijmegen – am Bau des Tores beteiligt war. Im Frühjahr 102 n. Chr. ist sie nach Aquincum, dem heutigen Budapest, abgezogen, so daß ihre Bautätigkeit in der CUT in der Zeit vor diesem Datum liegen müßte.

Ein weiteres Indiz dafür, daß der Bau des Nordtores der Stadt in den ersten Jahren des 2. Jahrhunderts n. Chr. begonnen und auch vollendet worden sein dürfte, liegt uns durch einen Ziegelfund aus dem Bereich außerhalb des eigentlichen Gebäudes vor. Direkt vor dem Mitteltrakt des Torhauses fanden wir einen Stempel der VI. Legion Victrix (Abb. 3,2), einer sog. Baulegion, die bis 102 n. Chr. in Neuss, danach in Vetera II stationiert war. Kurz nach 120 n. Chr. verschwindet sie aus Niedergermanien. In diesem Zusammenhang ist die Tatsache aufschlußreich, daß von der Legion, die die Nachfolge der VI. in Vetera II antritt, der XXX. Legion Ulpia Victrix, keine Zeugnisse am Burginatium-Tor bzw. im vorgelagerten Stadtgraben gefunden wurden (Abb. 7).

Wenden wir uns nun einem weiteren – dem wichtigsten – Bereich des öffentlichen Lebens der Colonia zu, dem Forum (Abb. 1 Nr. 3) und dem Capitolstempel (Abb. 1 Nr. 4). Durch Ausgrabungen zwischen 1983 und 1987 auf der Forumsinsula 25 legten wir einen Teil des Basilika-Gebäudes frei. Außer auf Fundamentreste aus vermörtelten Steinen trafen wir auf Stellen, wo ehemals Mauern oder Pfeiler gesessen haben, die aber durch späteren Steinraub abhanden gekommen sind. Aus dem humosen Erdreich über dem ehemals überbauten Areal (Größe: ca. 35 × 32 m) bargen wir insgesamt 104 Ziegel mit Stempeln oder Fragmenten davon. Von den 75 lesbaren Stempelinschriften lassen sich 31 der Tegularia Transrhe-

5 Abdrücke von Ziegelstempeln aus der CUT. 1: 30. Legion Ulpia Victrix (Inv.-Nr. 27262i_{46}); 2: 30. Legion Ulpia Victrix (Inv.-Nr. 26931i_{3}). Maßstab 1:1.

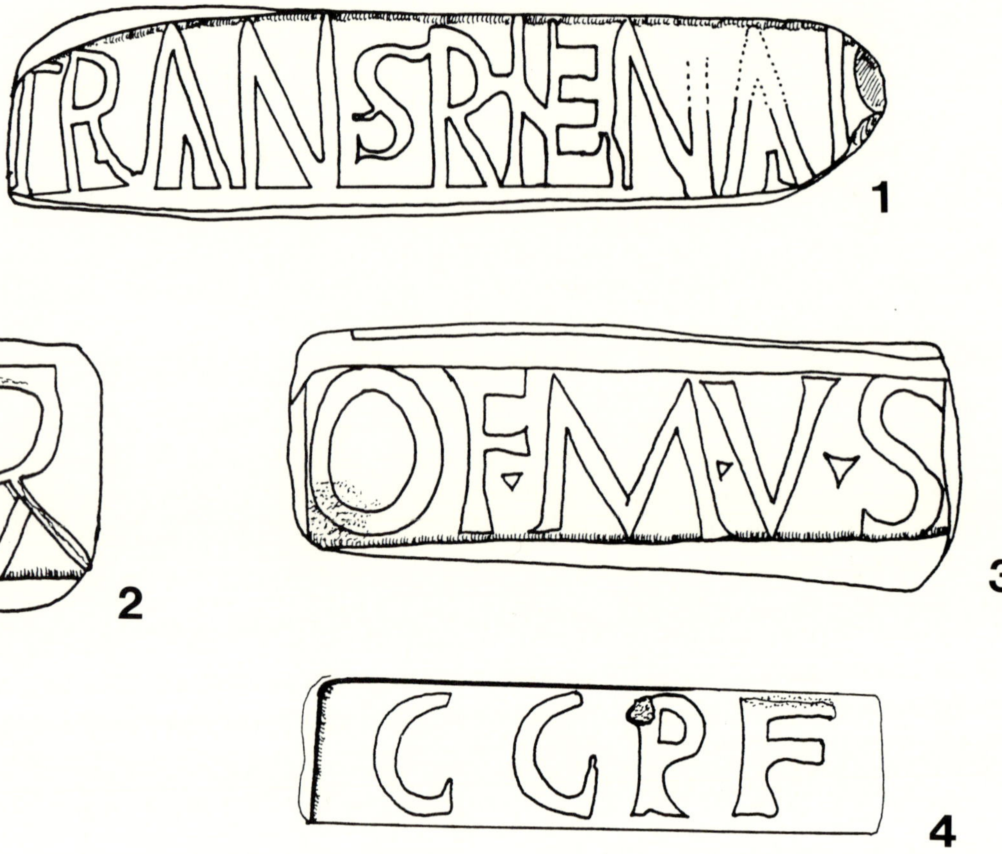

6 Abdrücke von Ziegelstempeln aus der CUT. 1: Transrhenana (Inv.-Nr. 20222i1); 2: TRA (Inv.-Nr. 24024i30); 3: Officina Marcus Valerius Sano (Inv.-Nr. 21324); 4: Classis Germanica Pia Fidelis (Inv.-Nr. 27267i2). Maßstab 1:1.

nana (Abb. 6,1) zuweisen. Nicht gesichert ist dagegen die Lesung von sieben Stempeln, die der V. und XV. Legion, beide bis 70 n. Chr. in Castra Vetera stationiert, der X. Legion Gemina, bis 102 n. Chr. am Rhein gelegen, und der VI. Legion, bis etwa 121 n. Chr. in Niedergermanien, zugeschrieben werden könnten. Wir müssen sie deshalb außer Betracht lassen.

Wichtig für die Entstehungsgeschichte des Bauwerks dürften dagegen die neun Ziegelstempel der XXII. Legion sein. Fünf Exemplare tragen den Beinamen Primigenia (Abb. 4,1), vier das Epitheton Primigenia Pia Fidelis (Abb. 4,2). Bei den erstgenannten könnte es sich um Stücke der Truppe aus Vetera II handeln, die zwischen den Jahren 89 und 96 n. Chr. hier in Xanten geziegelt hat. Die zweite Gruppe von Stempeln mit dem Beinamen Pia Fidelis ist sicher zu einer Zeit entstanden, als die Truppe bereits nach Mainz abgezogen war, d. h. nach 97 n. Chr.[10]. Wir dürfen also davon ausgehen, daß etwa in den ersten beiden Jahrzehnten des 2. Jahrhunderts n. Chr. Baumaterialien aus der Ziegelei der XXII. Legion, die in der Nähe von Frankfurt bei Nied entdeckt wurde, zum Bedachen der Basilika in der CUT verschifft worden sind[11].

Möglicherweise sind auch die elf Ziegelstücke mit Stempeln der I. Legion Minervia (Abb. 3,1) auf eine mit der XXII. Legion gleichzeitige Tätigkeit in der Colonia zurückzuführen. Denkbar wäre, daß in trajani-

[10] D. Baatz, Saalburg, verdanke ich die Datierung dieser Ziegelgruppe in die Jahre um 110 n. Chr. Briefliche Mitteilung vom 9. 12. 1986.

[11] Diese Vermutung sprach schon D. BAATZ, a.a.O. (Anm.2) 223 aus. Dazu auch dankenswerterweise eine Briefnotiz von D. Baatz vom 9. 12. 1986.

scher Zeit, also in der Gründungsphase der Stadt, nicht nur die ferne XXII. Legion aus Mainz, sondern auch die in Bonn stationierte I. Legion am Errichten der öffentlichen Gebäude des Forums beteiligt waren[12].

Weitere sieben Ziegelstücke, die uns über die Entstehungsgeschichte der Forumsbauten Aufschluß geben können, stammen aus der Ziegelei der VIII. Legion Augusta (Abb. 4,3), die im obergermanischen Straßburg geziegelt hat. Nach eingehenden Studien der Stempelbilder, die sich auf den verschiedenen Ziegelstücken aus obergermanischen Fundorten finden, kommt D. Baatz zu dem Schluß, daß in späthadrianischer Zeit, also um 135 n. Chr., eine Lieferung solcher Ziegel von Ober- nach Niedergermanien vorgenommen worden ist[13]. Da die Xantener Exemplare zum Teil identische Stempel tragen, dürften sie ebenfalls im Rahmen dieses Materialtransports zur CUT gelangt sein.

Ob diese Ziegel bereits für die Erneuerung der Forumsbauten benötigt wurden, steht noch nicht sicher fest. Von einer Ehreninschrift für Kaiser Antoninus Pius aus dem Jahre 160 n. Chr. wissen wir allerdings, daß eine Abteilung der in Köln stationierten Rheinflotte (VEX(illatio) CLA(ssis) GERM(anicae) P(iae) F(idelis) – so die Inschrift auf dem Stein) zum Transport von Steinen für den Bau des Forums der CUT abkommandiert war. Mit Sicherheit können wir davon ausgehen, daß dieser kaiserliche Befehl nicht die erste Bauausführung des Forums betroffen haben kann, sondern daß es sich um eine neue, vielleicht aufwendigere Fassung der Marktgebäude handeln muß. Auch archäologisch können wir an der Basilika diese beiden verschiedenen Baukonzeptionen feststellen.

In diesem Zusammenhang zu erwähnen ist noch ein Stempelfragment VEX.EX., d. h. einer Vexillatio exercitus, deren Beiname nicht erhalten, aber bekannt ist: Germaniae inferioris. Wahrscheinlich ebenfalls in die zweite Bauphase gehören die acht von der XXX. Legion (Abb. 5,1-2) gestempelten Ziegel. Diese Annahme hat viel für sich, war doch diese Legion mit dem Beinahmen Ulpia Victrix seit etwa 121/122 n. Chr. in Castra Vetera II bei Xanten stationiert (siehe Abb. 7).

Weniger aussagefähig sind die Ziegelfunde aus dem Umgangsbereich des Capitolstempels (Abb. 1 Nr. 4). Da nur ein kleiner Grabungsschnitt untersucht ist und sich der Baubefund als mindestens fünfphasig darstellt, ist es zum jetzigen Zeitpunkt nicht opportun, aufgrund der Ziegelfunde eine Interpretation zu wagen. Von den 13 Stempeln sind nur sieben lesbar: drei sind der XV. Legion, einer der V. Legion, einer der I. Legion und zwei der Tegularia Transrhenana zuzuweisen. Der Fehler der kleinen Zahl könnte bei einem Deutungsversuch schwerwiegende Folgen haben.

Der fünfte Baukomplex, dem wir uns zuwenden wollen, ist der sog. Hafentempel mit seiner umlaufenden Portikus (Abb. 1 Nr. 5). Wie zu erwarten, sind die Funde von gestempelten Ziegeln bei den Ausgrabungen 1978/79, die die Freilegung des Tempelfundamentes zum Ziel hatte, nicht sehr zahlreich. Fundamentplatte und Aufgehendes einschließlich der Säulen waren aus Natursteinen gebaut; Ziegel könnten also lediglich zur Bedachung des Gebäudes verwendet worden sein. Von den 34 Stempeln, die aus dem Erdreich über der Fundamentierung geborgen wurden, sind nur 17 lesbar. Sie verteilen sich auf vier Legionen: Acht Exemplare wurden von der XV. Legion gestempelt, drei von der V. Legion; vier Exemplare liegen aus der Transrhenana vor, und zwei tragen Stempel der XXII. Legion, die einmal nur den Beinamen Primigenia und einmal das Epitheton Primigenia Pia Fidelis aufweist. Insgesamt gewinnt man den Eindruck, als seien am Tempel selbst die Bauarbeiten weitgehend von der XXII. Legion durchgeführt worden – unter Verwendung allerdings von Ziegeln aus der Tegularia Transrhenana. Wenn dem so ist, müßte die Errichtung des Hafentempels in den ersten Jahren nach der Stadtgründung vorgenommen worden sein. Auffällig jedenfalls ist das völlige Fehlen von Stempelzeugnissen der VI. Legion (bis etwa 121 n. Chr. in Niedergermanien) und der XXX. Legion, also ihrer Nachfolgerin in Vetera II (siehe auch Abb. 7).

[12] Vgl. dazu die Ausführungen von STROBEL, a.a.O. (Anm. 1) 445.

[13] D. BAATZ, Späthadrianische Ziegelstempel der 8. Legion von der Saalburg. Saalburg-Jahrb. 27, 1970, 31 ff. DERS., in: Festschrift Brunsting, a.a.O. (Anm. 2) 220 f. Briefliche Mitteilung vom 8. 11. 1986.

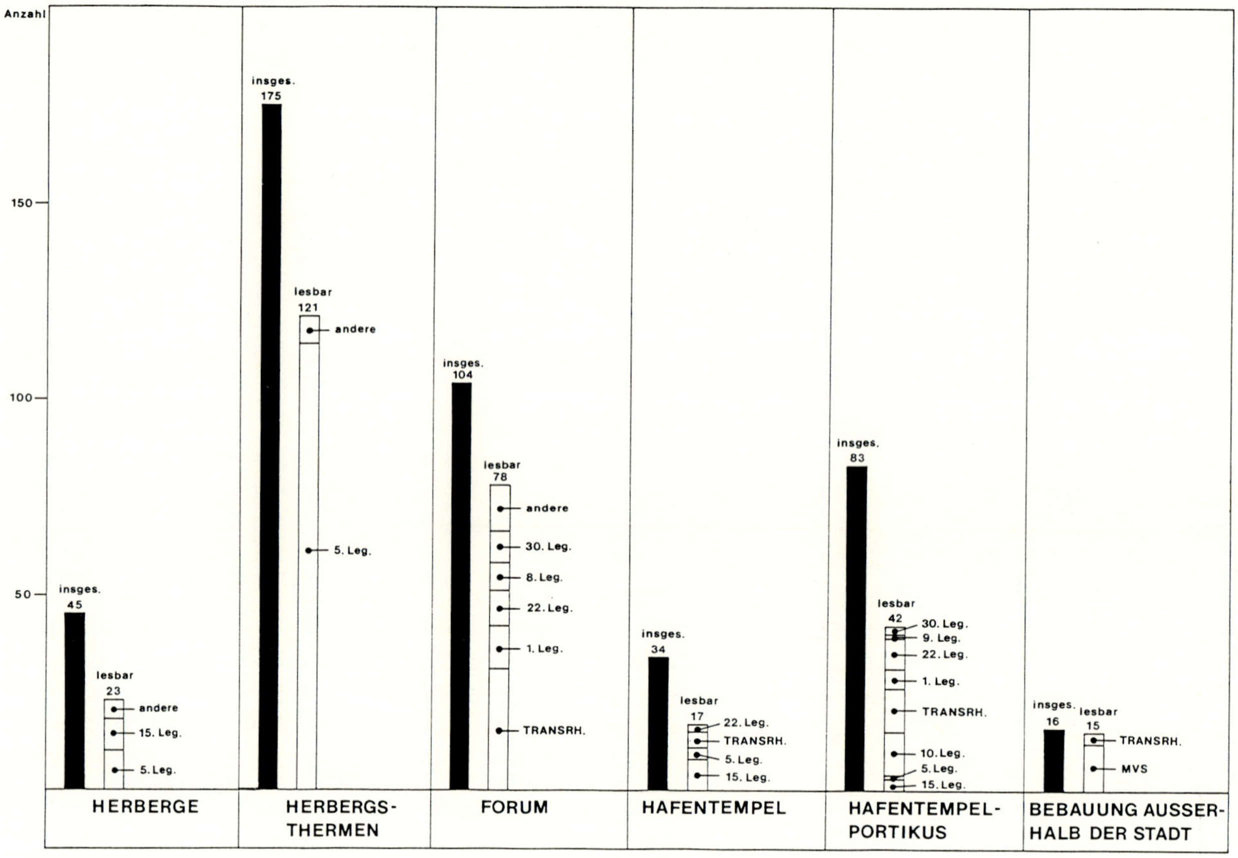

7 Verteilung der Ziegelstempel auf einzelne Gebäudekomplexe.

Ganz anders stellt sich die Situation an der Tempelhofmauer (Abb. 1 Nr. 5) dar, von der höchstens ein Sechstel ausgegraben ist. Bei dieser Einfriedung handelt es sich um eine 7 m breite Portikus, die ursprünglich mit einem Ziegeldach versehen war. 83 dieser Dachziegel mit Stempeln sind bisher gefunden worden; 42 davon konnten entziffert werden. Die Verteilung der Stempelbilder auf die einzelnen erwähnten Legionen zeigt – im Vergleich zum Hafentempel selbst – ein völlig anderes Bild. Nur ein Ziegelstempel ist der V. Legion, drei Stempel sind der XV. Legion zuzuweisen, also im Verhältnis zur Gesamtzahl nur ein kleiner Prozentsatz. In der Ziegelei Transrhenana dagegen sind elf Exemplare gestempelt, ebenso viele von der X. Legion Gemina (Abb. 3,3), für deren Bautätigkeit an anderen Objekten in der CUT wir kaum einen Nachweis haben. Das gehäufte Vorkommen dieser Stempel ist wohl auf eine aktive Bautätigkeit dieser Legion bzw. einer ihrer Truppenabteilungen zurückzuführen. Da bereits im Frühjahr 102 n. Chr. eine Verlegung der X. Legion Gemina an die Donau stattfand, dürften die Arbeiten am Tempelumgang in den Jahren kurz vor 102 n. Chr. ausgeführt worden sein.
Von der X. Legion sind uns glücklicherweise auch die Ziegeleien bekannt; sie wurden in Holdeurn bei Berg-en-Dal in Nijmegen, wo diese Legion ursprünglich lag, aufgedeckt. Ein Vergleich der dort gefundenen Stempelbilder mit denen aus der CUT zeigen keine Übereinstimmung[14]. Dies läßt darauf schließen, daß eine Abordnung dieser Truppe an einem anderen Ort, vielleicht in Xanten selbst, geziegelt hat.

[14] Mündliche Mitteilung von J. E. Bogaers, Nijmegen, dem das Xantener Material zur Begutachtung vorgelegen hat.

Von der I. Legion Minervia aus Bonn fanden wir fünf gestempelte Ziegel, von der XXII. Legion Primigenia (Abb. 4,1), zum Teil mit dem Epitheton Pia Fidelis (Abb. 4,2), sogar acht Exemplare. Von der XXX. Legion, die ja erst nach 120 n. Chr. in Vetera II ihr Standlager hatte, liegen zwei gestempelte Ziegel vor. Diese stammen aus einem größeren Grabungsabschnitt, nicht jedoch aus gesicherter Fundlage wie die der X. Legion Gemina. Letztere hatten wir sozusagen noch im herabgestürzten Dachverband angetroffen. Auf ein Unikum ist noch aufmerksam zu machen: ein Stempel der IX. Legion, die sich nur kurze Zeit, etwa ab 108 n. Chr., am Niederrhein aufhielt. Aufgrund der Ziegelfunde wird man die Tempelhofmauer ähnlich früh ansetzen dürfen wie den Tempel[15] selbst: Dabei ist die rege Bautätigkeit der X. Legion Gemina besonders hervorzuheben (siehe auch Abb. 7).

Zum Schluß der Ausführungen möchten wir noch auf einen außerhalb der Stadtmauern gelegenen Komplex eingehen (Abb. 1 Nr. 6). Es handelt sich um einen Schnitt, der 1980 angelegt wurde, um ein Doppelgrabensystem aus dem 1. nachchristlichen Jahrhundert zu verfolgen. Dabei stießen wir auf festes Mauerwerk von einem Lagergebäude, das wahrscheinlich zum Zwischenlagern für im nahen Hafen angelandete Güter diente. Im Bereich dieser Grabungsstelle wurden 16 gestempelte Ziegel gefunden, von denen zwölf aus der Privatziegelei des Marcus Valerius Sano (Abb. 6,3) stammen. Ein dreizehntes Ziegelstempelfragment könnte ebenfalls diesem Ziegler zugeschrieben werden[16].

Diese 'nichtmilitärischen Stempel' des Marcus Valerius Sano kommen am Niederrhein 'in militärischem Gelände' häufig vor[17], so z. B. in Neuss, Gellep und Moers. In der Colonia Ulpia Traiana sind sie bisher kaum vertreten. Über den Zeitraum, wann M. V. S. gearbeitet hat, läßt sich bis jetzt nichts Konkretes aussagen. Außer zwei Stempeln aus der ebenfalls zeitlich und räumlich nicht näher zu fixierenden Ziegelei Transrhenana wurden keine weiteren gestempelten Ziegel in diesem Schnitt gefunden (siehe Abb. 7).

Andere Bereiche innerhalb des Geländes der CUT wurden nicht aufgearbeitet, da sie derzeit noch nicht vollständig ergraben sind, wie z. B. die großen Thermen oder die gerade in Arbeit befindliche Fläche gegenüber der Herberge. Tendenzen anhand des Fundmaterials lassen sich allerdings bereits jetzt erkennen. In dem westlich des Cardo maximus gelegenen Stadtteil überwiegen Stempel der XXX. Legion. Auf einen besonderen Fund aus diesem Bereich sollte man vielleicht noch aufmerksam machen. Zwei Stempel der Classis Germanica Pia Fidelis (Abb. 6,4), der germanischen Flotte also, wurden nahe beieinander während der jüngsten Ausgrabungen 1988 geborgen.

In der Insula 39 — zwischen Herberge und Amphitheater — kommen dagegen häufig Stempel der V. und XV. Legion vor. Bei diesen handelt es sich um Funde aus Privatbauten, an deren Errichtung die Soldaten der V. und XV. Legion keinen Anteil hatten. Weder beim Bau der Herberge noch der zugehörigen Thermenanlage haben diese selbst Hand angelegt. Ziegel dieser beiden Legionen können in der CUT nur in Wiederverwendung vorkommen.

Aktive Baueinsätze durch Abteilungen der anderen Legionen sind nur an öffentlichen Gebäuden nachzuweisen, wie z. B. am Hafentempel, am Forum und am großen Nordtor der Colonia. Dafür, daß es sich bei der CUT um eine Bürgerstadt handelt, ist der Anteil an militärischer Unterstützung beim Aufbau der Stadt relativ groß und vor allem vielfältig. Wie wir sehen konnten, waren Einheiten der I. Legion Minervia aus Bonn, der X. Legion Gemina aus Nijmegen, der VI. Legion Victrix und XXX. Legion Ulpia Victrix aus Vetera II, der XXII. Legion Primigenia aus Mainz und sogar der VIII. Legion Augusta aus Straßburg in Xanten direkt oder indirekt durch Materiallieferungen am Aufbau und Ausbau der Colonia Ulpia Traiana, einer Gründung des Kaisers Trajan, beteiligt.

[15] Untersuchungen von wiederverw. Architekturteilen des sog. Hafentempels durch Frau R. Peters, Xanten, haben ähnliche Datierungsansätze ergeben: Vgl. in diesem Bd. S. 89 ff.

[16] Schriftliche Mitteilung vom 25. 8. 1981 von J. E. Bogaers, Nijmegen, der die Inschrift als rückläufig erkannt hat.

[17] C. B. RÜGER — M. TODD, Neufunde römischer Ziegelstempel in Krefeld-Gellep. Bonner Jahrb. 164, 1964, 307, wo auch die verschiedenen Schreibweisen aufgeführt werden.

GUNDOLF PRECHT

Das Capitol der Colonia Ulpia Traiana

Das am längsten dem Zerstörungswerk mittelalterlicher und frühneuzeitlicher Abbruchunternehmungen trotzende Bauwerk der Colonia Ulpia Traiana lag etwa 500 Meter nördlich des hochmittelalterlichen Klever Tores von Xanten unmittelbar östlich der nach Kleve führenden Straße. Im Zehntatlas des Xantener Stiftes von 1697 an der 'Heere:Straat', der heutigen Siegfriedstraße, ist auf der Parzelle 124, die auch die Bezeichnung Capitulum Xantense trägt, ein Mauergeviert eingezeichnet, das als 'Alte borgh' bezeichnet wird (Taf. 12.1; Abb. 1). Anfang des 19. Jahrhunderts sind auch diese seinerzeit offenbar noch beträchtlichen Bauwerksreste verschwunden, so daß Ph. Houben um 1830 bereits wieder nach ihnen suchen muß. Seine Ausgrabungsergebnisse finden in einer kleinen Grundrißvignette am rechten oberen Rand eines von Houben publizierten Lageplanes mit Eintragungen von archäologischen Befunden ihren Niederschlag[1] (Taf. 12.2). Ob im 19. Jahrhundert an dieser Fundstelle vom Niederrheinischen Altertumsverein weitere Untersuchungen durchgeführt worden sind, ist nicht klar ersichtlich, da P. Steiner im Lageplan der CUT von 1906 sich mit einer schematischen Darstellung von Mauerwerksbefunden begnügt[2]. In den 30er Jahren dieses Jahrhunderts werden durch das Provinzialmuseum Bonn in Xanten wieder größere Ausgrabungen durchgeführt, „deren Ziel nicht sowohl die Erforschung der römischen Zivilstadt als vielmehr die Klärung der Xantener Geschichte in vor- und nachrömischer, insbesondere fränkischer Zeit sein soll"[3]. Im Rahmen dieser Ausgrabungen werden vom damaligen Ausgrabungsleiter H. Stoll an der Fundstelle der 'Alte borgh' drei große Grabungsschnitte und eine Reihe von Sondagen angelegt. In einem vorläufigen Bericht veröffentlicht Stoll seine Ergebnisse[4], dem er auch einen Lageplan mit der Kartierung der Grabungsschnitte und Baubefunde beifügt[5]. Auf seine Befundaufnahme und Beobachtungen soll unten noch eingegangen werden. Stoll spricht den aus einer Vielzahl von Sondagen erschlossenen Grundriß, wobei der Houbensche Grundrißplan von ihm sicherlich — zumindest bei der Anlage der Sondagen — zu Hilfe genommen worden sein dürfte[6], als Capitol an, den Tempel der kapitolinischen Trias Jupiter, Juno und Minerva[7].

Erneute Untersuchungen nahe dieser Fundstelle im Herbst 1960 veranlassen H. Hinz, alle bisherigen

[1] PH. HOUBEN — F. FIEDLER, Denkmaeler von Castra Vetera und Colonia Traiana in Ph. Houben's Antiquarium zu Xanten (Xanten 1839), Randzeichnung auf dem Fundstellenplan.

[2] P. STEINER, Kataloge West- und Süddeutscher Altertumssammlungen. Xanten (Frankfurt 1911) Planbeilage bei 0. Im Text erwähnt Steiner allerdings, daß bei 0 noch Mauerzüge offenliegen. Möglicherweise hat der Niederrheinische Altertumsverein das innere Mauergeviert, bei H. Stoll Raum e, freigelegt. Vgl. dazu H. STOLL, Ergebnisse der Ausgrabungen bei Xanten im Winter 1934/35. Germania 20, 1936, 184 — 188, Abb. 3. H. Hinz scheint eine ähnliche Vermutung gehabt zu haben. Vgl. H. HINZ, 4. Bericht über Ausgrabungen in der Colonia Ulpia Traiana bei Xanten. Beitr. zur Arch. des röm. Rhlds 2. Rhein. Ausgrabungen 10 (Bonn 1971) 194. Dieser Raum muß in der Tat längere Zeit freigelegen haben, wie die ausgewitterten Fugen ebd. Abb. 1 vermuten lassen. Darauf lassen auch die Aussagen des heute über 90 Jahre alten Schreiners Olfen schließen, der sich an ein offenes Loch an besagter Stelle erinnern kann. — Im Jahre 1928 publiziert P. Steiner in der Festschrift Xanten, 700 Jahre Stadt 1228 — 1928, ein Heimatbuch zur Erinnerung an das 700jährige Bestehen der Stadt, einen Plan der Colonia Traiana, in dem er bei Punkt 8 und 7 offenbar die im Houbenschen Fundstellenplan abgebildete Vignette übernimmt. P. STEINER, Die Anfänge Xantens. Die Schicksale des Xantener Gebietes in älterer Zeit, in: 700 Jahre Stadt Xanten (Xanten 1928) 18 — 51.

[3] Bonner Jahrb. 140/141, 1936, 430 f.

[4] STOLL a.a.O. (Anm. 2) 184 f.

[5] STOLL a.a.O. (Anm. 2) Abb. 3.

[6] Vgl. dazu Bemerkungen zu Anm. 2.

[7] STOLL a.a.O. (Anm. 2) 187 f.

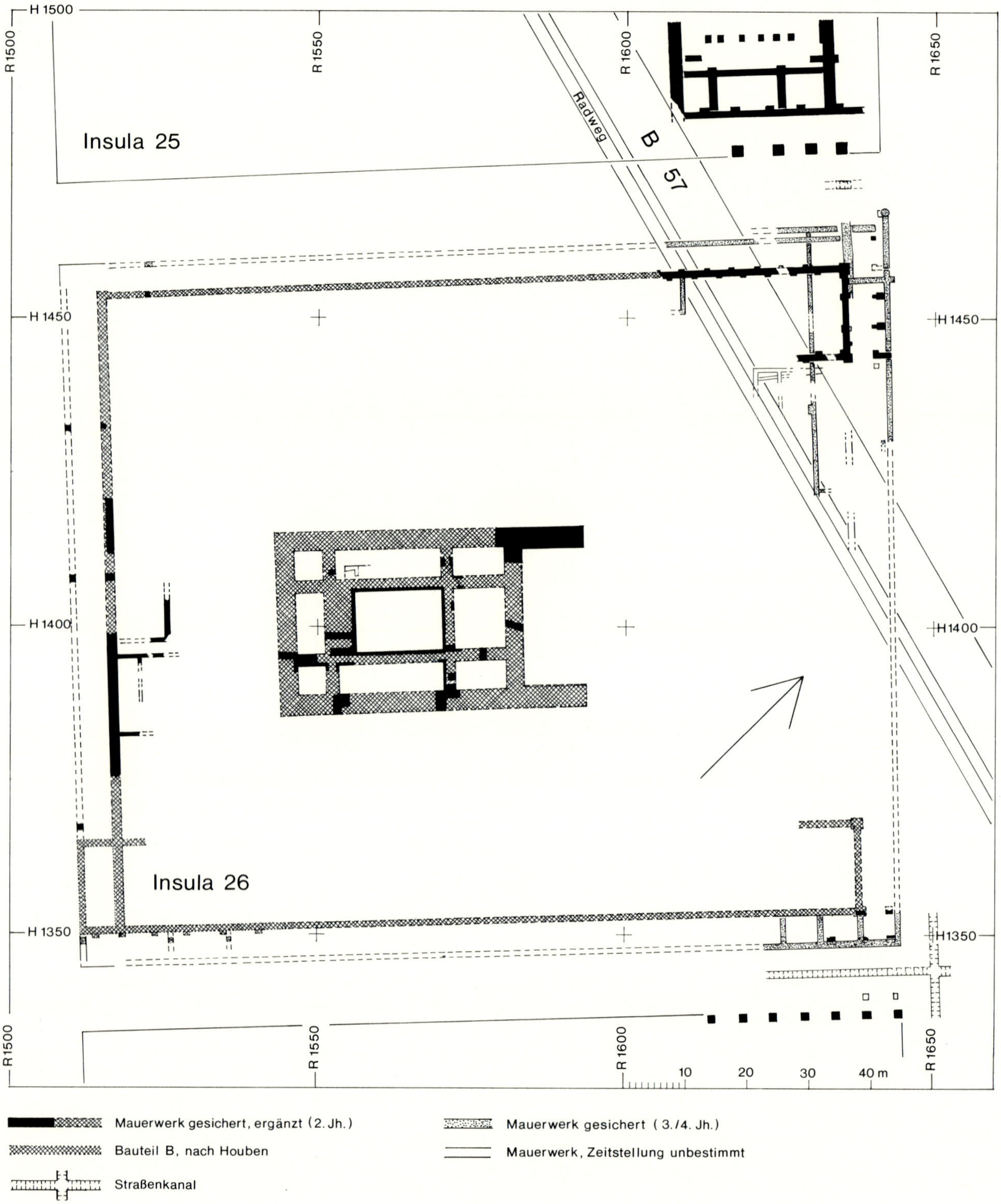

1 CUT, Lageplan der Capitolsinsula.

Quellen und Grabungsergebnisse im Bereich dieser Insula zusammenzustellen[8]. Ausgehend von der Insula-Umbauung, für die Hinz nach seinen Grabungsergebnissen gereihte Kammern an der Außenfront sieht, analysiert er die überkommene Dokumentation des im zentralen Bereich der Insula gelegenen Gebäudes[9]. Da schriftliche, epigraphische oder bildnerische Quellen die Existenz eines Capitols in der CUT nicht zwingend beweisen, versucht er wie Stoll die Deutung eines Capitols aus dem Grundrißbefund abzuleiten[10]. Er vergleicht ihn unter anderem mit den Capitolien von Narbonne, Timgad, Thibilis und Köln und kommt zu dem überraschenden Ergebnis, daß das Capitol der CUT als breitgelagerter Tempel nach Norden zum Forum ausgerichtet ist[11].
Im Rahmen der Befundanalyse des 'Hafentempels' hat sich der Verfasser in ersten Überlegungen mit dem Grundriß des Capitols befaßt, um zu prüfen, ob es einen beiden Tempelbauten zugrundeliegenden Proportionsschlüssel gäbe. Der bisher publizierte Bericht von Stoll war aber nicht dazu geeignet, zu schlüssigen Aussagen zu gelangen, so daß aus den Voruntersuchungen seinerzeit nur eine Skizze hervorging, die auf dem von Stoll publizierten Grundriß[12] einen peripteralen, nach Osten ausgerichteten, octastylen Tempel vorsah. Neuere Fragestellungen zur Stadtgestalt der CUT führten dazu, den Baubefund der 'Alte Burg' erneut zu analysieren und gegebenenfalls einen Rekonstruktionsvorschlag zu versuchen.

DIE AUSGRABUNGEN VON 1935

Grundlage der Untersuchung bildete die Grabungsdokumentation von H. Stoll aus dem Jahre 1935, die sich in ziemlich kompletter Form erhalten hat. Vor allem waren die Aufmaßblätter zu den Schnitten und Sondagen von großem Wert, da sich dadurch die Kartierung überprüfen ließ[13]. Leider wurde seinerzeit keine ausreichende Fotoaufzeichnung durchgeführt[14]. Auch die zeichnerische Dokumentation der Schnittprofile und Sondagen ist eher als dürftig zu bezeichnen[15], was darauf schließen läßt, daß die Untersuchungen auf der 'Alte Burg' doch wohl mehr ein Survey-Unternehmen waren[16]. Der abschließende Grabungsbericht zeugt dagegen von einer sorgfältigen Beobachtung[17].
Um zu gesicherten Grundrißmaßen zu gelangen, mußten die Schnitte, Sondagen und Befunde neu kartiert werden. Die Neukartierung wurde wie die frühere im Maßstab 1:200 vorgenommen. Anschließend wurden die Schnitte und Sondagen nach der heute üblichen Zählweise durchnumeriert. Ohne hier auf

[8] HINZ a.a.O. (Anm. 2) 96 – 199. Die von Hinz bezeichnete Insula VI entspricht nach neuer Zählung (vgl. Bonner Jahrb. 172, 1972, Abb. 4) Insula 25/26. Hinz a.a.O. 187 ff. Die Ansprache der geographischen Ausrichtung der Gebäude etc. wird seit 1972 dahingehend vereinfacht, daß als Nord (N) die Oberseite des CUT-Planes bezeichnet wird, obwohl geographisch N in der rechten oberen Ecke liegt (vgl. C. B. RÜGER, Neues zum Plan der Colonia Ulpia Traiana. Bonner Jahrb. 172, 1972, 293 ff., Anm. 4).

[9] HINZ a.a.O. (Anm. 2) 190.

[10] HINZ a.a.O. (Anm. 2) 195 f.

[11] HINZ a.a.O. (Anm. 2) 198 f.

[12] STOLL a.a.O. (Anm. 2) Abb. 3.

[13] Aus dem Planarchiv des Rhein. Amtes für Bodendenkmalpflege stammt eine Befundkartierung im Maßstab 1:200 auf Transparentpapier, die dem publizierten Grundriß bei STOLL a.a.O. (Anm. 2) Abb. 3 im wesentlichen entspricht.

[14] Germania 20, Tafel 36,1 zeigt eines dieser beiden Fotos. Es wird hier auf Taf. 15.2 nochmals vorgestellt.

[15] Es liegen nur je eine Profilaufzeichnung vom Schnitt 23 und 24 vor. Von den Sondagen, die in der Regel nur bis zur Oberkante des angetroffenen Mauerwerks oder wenig tiefer herabreichend abgegraben wurden, liegen nur Handskizzen auf den Aufmaßblättern vor. Sie sollten wohl nur für den Grabungsbericht ausgewertet werden.

[16] Die Grabung dauerte nur gut einen Monat (vom 14. 1. 1935 bis 16. 2. 1935). Die Daten ergeben sich aus der Kladde des Grabungstagebuches (im folgenden: Tagebuch) und wurden später nicht detailliert in die Reinschrift übernommen. Der Schwerpunkt der Grabungsarbeiten lag damals offensichtlich im Hafenbereich an der Ostfront der CUT und im Amphitheater, was die unzulängliche zeichnerische Dokumentation erklären würde.

[17] STOLL, Ausgrabungsbericht Xanten 1934/35, S. 63 – 65, niedergelegt im Ortsarchiv des Rhein. Amtes für Bodendenkmalpflege in Bonn. Hier als Anhang beigefügt.

Einzelheiten eingehen zu können, kann festgestellt werden, daß sich bis auf den Schnitt 35/20 alle seinerzeit angelegten Untersuchungsbereiche nach vorhandenen Aufmaßunterlagen eindeutig kartieren ließen. Die Sondagen 35/7 und 35/9 lassen sich nach den angegebenen Maßen nicht ganz mit den Mauerfluchten zur Deckung bringen, was sich aber mit einer unklaren Maßaufzeichnung erklären läßt. Generell konnte festgestellt werden, daß die alte, noch erhaltene Kartierung sehr sorgfältig ausgeführt worden ist, so daß sich Gesamtmaße durchaus aus der Karte abgreifen lassen.

Nicht unwichtig für die Beurteilung ist der Ablauf der Grabungsarbeiten auf der 'Alte Burg'[18]. Nach diesen Aufzeichnungen beginnt Stoll am 14. 1. 1935 mit dem Suchschnitt XX (neu: 35/20)[19]. Vom 29. 1. bis 4. 2. 1935 wird der zentrale Raum e freigelegt. Am 2. 2. 1935 wird der Suchschnitt XXIII (neu: 35/23) begonnen[20]. Offenbar nach dem 1. 2. bzw. 18.-19. 2. 1935 werden „Probelöcher und Schnitte außerhalb des inneren Vierecks" — gemeint ist der Raum e — angelegt[21]. Am 1. 2. 1935 wird mit dem Schnitt XXIV (neu: 35/24) begonnen, und vom 12.-16. 2. werden Probeschnitte im Garten Olfen angelegt[22]. Dabei muß es sich um die Sondagen 35/14 — 16 gehandelt haben. Aus diesen Tagebuchaufzeichnungen läßt sich unschwer herauslesen, daß es wohl mehr um die Erfassung des Grundrisses der 'Alte Burg' ging als um eine breit angelegte archäologische Untersuchung.

DER GRUNDRISS NACH DER UNTERSUCHUNG VON 1935

Nach der Kartierung der Grabungsergebnisse schloß Stoll auf eine symmetrische Anlage mit 9 'Raumkompartimenten' (Abb. 2)[23]. Die äußeren Mauerstärken dieser baulichen Anlage betragen 3,00 m bis 3,30 m, die inneren Mauerabmessungen 2,10 m bis 2,15 m[24]. Zwischen den Räumen e und h beträgt die Mauerstärke fast 5 Meter. Stoll sieht in dieser Mauerkonstruktion den Unterbau für Kultbilder[25]. Auf der Westseite liegen zwei kleinere quadratische Räume g und i, die einen schmalen Raum h einschließen. An der Ostseite dagegen sind ebenfalls drei Räume a, b und c angeordnet, die deutlich größere Abmessungen aufweisen. Dem zentralen Raum e sind zwei weitere queroblonge Räume d und f auf der Nord- und Südseite zugeordnet.

Durch eine Sondage 35/16 erhoffte Stoll die Südwestecke des Baues zu finden. Da er dort keine Baubefunde mehr fand, sah er in der Raumfolge g, h und i den westlichen Abschluß des Gebäudes. Weil der östlich der Räume a, b und c angelegte Schnitt 35/20 ebenfalls keine Baubefunde gebracht hatte, glaubte Stoll das gesamte Gebäude erfaßt zu haben, und rekonstruierte aus den Befunden einen Gebäudegrundriß von 30 m × 40 m[26]. Einen älteren Mauerrest im Raum d ordnete er vorsichtig einem Vorgängerbau zu[27].

[18] Vgl. Anm. 16.

[19] Tagebuch, S. 36 und 37. Allen damaligen Schnittbezeichnungen wurden, wie heute üblich, die letzten Ziffern des Ausgrabungsjahres vorangestellt.

[20] Tagebuch, S. 50 und 51.

[21] Tagebuch, S. 55; diese Beschreibung erfolgt nach den Aufzeichnungen über das Geschehen im Amphitheater, das auf S. 53 des Tagebuches, datiert auf 1. 2. bzw. 18. — 19. 2., niedergelegt ist. Die Raumbezeichnungen beziehen sich auf STOLL a.a.O. (Anm. 2) Abb. 3.

[22] Tagebuch, S. 57, 59.

[23] STOLL a.a.O. (Anm. 2) 187 f.

[24] STOLL a.a.O. (Anm. 2) 187. Dort wird von 2,10 — 2,30 m starken Mauern berichtet, wobei die letztere Maßangabe, vergleicht man sie mit der in seinem Grabungsbericht, durch einen Druckfehler falsch wiedergegeben ist. Auf diese falsche Maßangabe hat bereits A. Follmann hingewiesen. Vgl. A. FOLLMANN, Die römischen Tempelanlagen in der Provinz Germania inferior, in: Aufstieg und Niedergang der römischen Welt, 18, II, 1986, 768 u. Anm. 225.

[25] STOLL a.a.O. (Anm. 2) 188.

[26] Nach der Neukartierung ergeben sich 30,00 m × 40,40 m.

[27] STOLL a.a.O. (Anm. 2) 188. Da bisher weitere Baubefunde dieser Periode nicht aufgefunden wurden, muß man wohl zunächst bei dieser Interpretation bleiben.

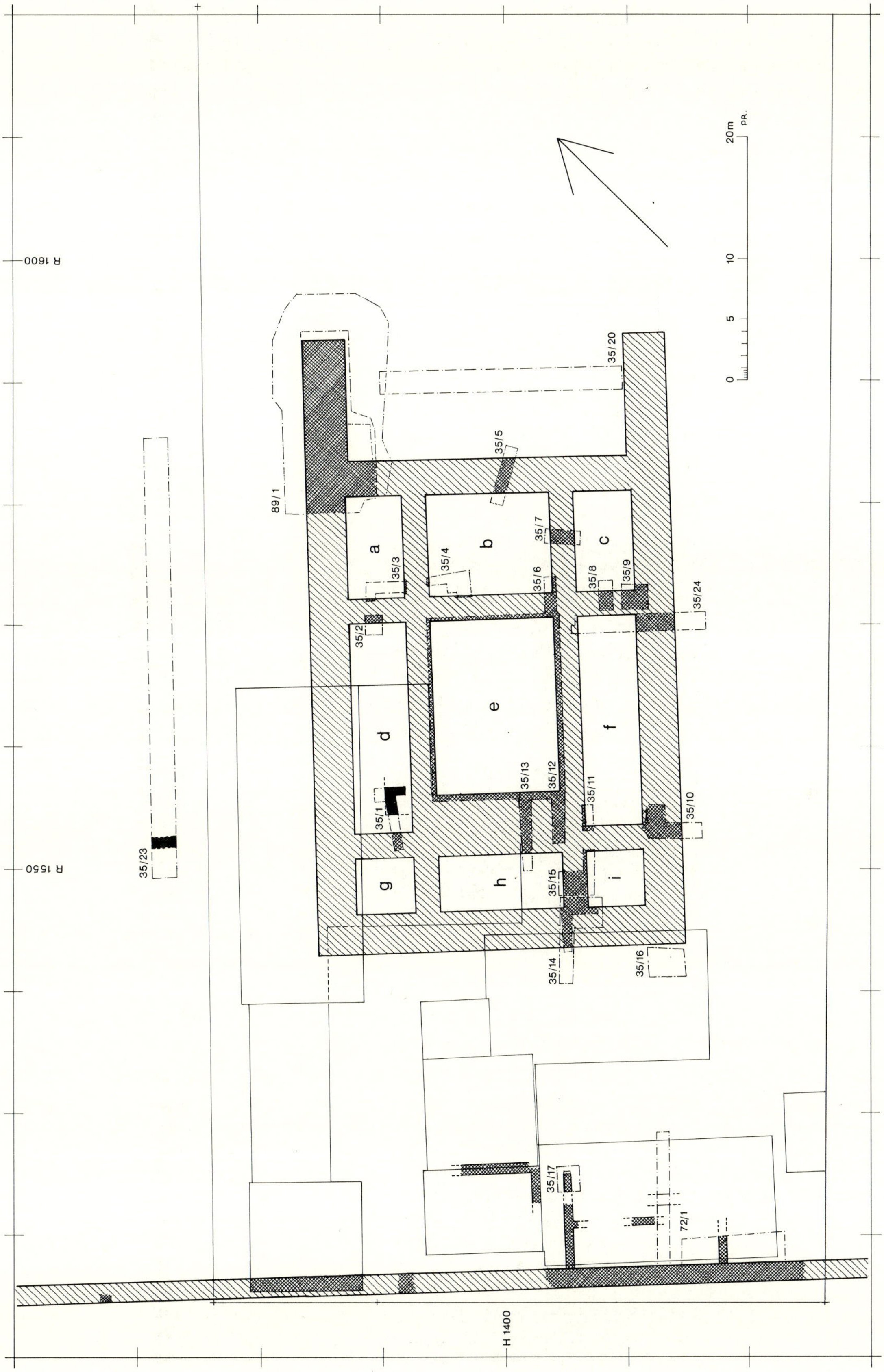

2 Schnittplan/Befundplan – Capitol.

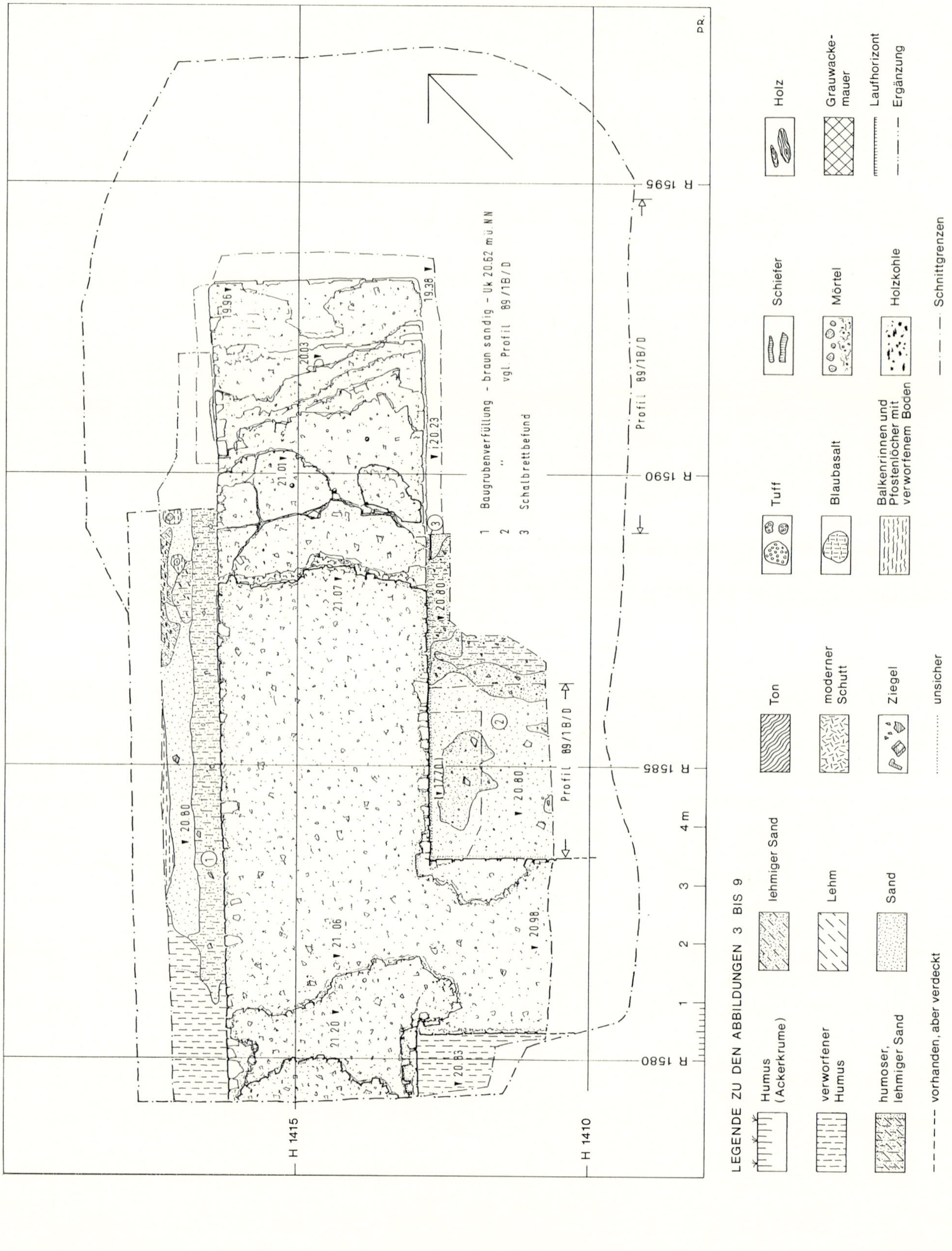

3 Schnitt 89/1, Grundriß.

DIE GRABUNG VON 1989 (Tafel 13 – 15.1, Abb. 2 – 5)

Bereits Hinz hatte darauf hingewiesen, daß eine abschließende Beurteilung der Grabungsbefunde von 1935 wegen mancher noch offenen Fragen nicht möglich sei[28]. Vor allem sah er eine Diskrepanz zwischen dem Plan von Stoll und dem von Houben und vermutete einen quergelagerten, nach Norden ausgerichteten Capitolstempel[29]. Dieses muß befremden, da bereits Stoll in der über 5 m starken Westmauer des Raumes e einen Unterbau für Kultbilder sah, der Tempelbau also bereits nach Stoll geostet gewesen sein müßte[30]. Wegen der starken Fundierungen und der Dreiteilung des Grundrisses deutete Stoll den Baubefund als Anlage eines Capitols[31]. Sieht man sich den Grundriß jedoch genau an, so ist das 5 m breite Fundament nur an der westlichen Wand des Raumes e vorhanden, nicht aber in den Räumen d und f (vgl. Abb. 2). Das hieße, daß das Kultbild (bzw. die Kultbilder) nur im Raum e aufgestellt gewesen war (bzw. waren), mithin nur der Raum e als Cella anzusprechen wäre. Diese Überlegung läßt aber nur den Schluß zu, daß der Grundriß einem peripteralen Tempelbau zugeordnet werden kann, der dann geostet gewesen sein muß. Bei dieser Grundrißdeutung können aber die Räume a, b und c nicht dem Unterbau einer Treppenanlage zugewiesen werden, da die äußere Mauerbegrenzung, was auch in der einheitlichen Mauerstärke erkennbar ist, die Säulenstellung getragen haben müßte. Unter der Voraussetzung, daß es sich um einen Podiumstempel handelt, kann eine Treppe nur östlich vor dieser Raumfolge gelegen haben. Ziel der Untersuchung mußte es somit sein, auf der Ostseite Hinweise für eine Treppenanlage, wie beispielsweise den Befund von Mauerwangen, zu finden.

Zu diesem Zweck wurde über der Nordostecke des Tempels ein 2 × 7 m großer Schnitt angelegt, der im Grabungsverlauf mehrmals erweitert werden mußte, um den gesamten zu Tage tretenden Baubefund untersuchen zu können (Abb. 2, Schnitt 89/1 und Abb. 3). Ferner sollte nach Möglichkeit noch einmal die Ostmauer aufgedeckt werden, um den Tempelbau sicher in das von K. Grewe eingeführte Koordinatensystem der Colonia-Grabungen einbinden zu können[32]. Nachdem sich der Ansatz der gesuchten Treppenwange tatsächlich an der vermuteten Stelle fand, bereitete das Auffinden ihres östlichen Abschlusses arbeitsmäßig große Schwierigkeiten, da das Mauerhaupt besonders tief abgebrochen war und die sandigen, stark gestörten Bodenschichten ständig nachzurutschen drohten. So mußten schließlich die Grabungskanten auf der Ost- und Südseite mit dem Bagger stark angeböscht werden.

Freigelegt und untersucht wurden der Nordost-Eckbereich des Raumes a mit der Nordmauer und die darin einbindende Ostmauer sowie die nach Osten sich fortsetzende Nordmauer, die fortan als Treppenwange bezeichnet wird (Taf. 13). Die Nordmauer war bis in Höhe der Ostmauer 3,28 m breit, die Ostmauer 3,00 m breit angelegt und entsprach somit der Abmessung in Schnitt 35/5. Die Treppenwange dagegen war zur Südseite hin breiter auf insgesamt 3,60 m ausgebildet. Sie reichte 9,95 m über die Ostmauer nach Osten hinaus. Die Oberkante der Nordmauer hatte sich am Westrand des Schnittes auf 21,38 m ü. NN erhalten. Unmittelbar am östlichen Mauerhaupt war sie bis auf 19,72 m ü. NN abgetragen worden. Die Unterkante der Ostmauer und der Treppenwange wurde in der Nordwestecke bei 18,20 m ü. NN ergraben, wobei die Sohle der Treppenwange unmittelbar im Ansatzbereich zur Ostmauer bis ca. 17,95 m ü. NN hinabreichte. Beide Mauerzüge standen im Verband und waren auf einem dichten Eichenpfahlrost gegründet, der mit einer ca. 25 cm starken Schicht tonigen Lehms abgedeckt war[33] (Taf. 14, Abb. 4). Auf dieser Schicht war eine Lage grätig und senkrecht gestellter Grauwackebruchsteine gesetzt und mit stark kiesigem Kalkmörtel abgeglichen. Diese Stickung sprang bis zu 25 cm vor das aufgehende Fundamentmauerwerk. Das Fundamentmauerwerk war in den unteren Schichten aus grob zugeschlagenen Grau-

[28] HINZ a.a.O. (Anm. 2) 196 und 199.

[29] HINZ a.a.O. (Anm. 2) 196 ff.

[30] STOLL a.a.O. (Anm. 2) 188, wenngleich er nicht näher auf eine Ausrichtung des Tempels eingeht.

[31] STOLL a.a.O. (Anm. 2) 188 und Ausgrabungsbericht S. 67, hier im Anhang S. 157 wiedergegeben.

[32] K. GREWE, Vermessungstechnische Bemerkungen. Bonner Jahrb. 172, 1972, 302 ff.

[33] In seinen Tagebuchaufzeichnungen vermerkt Stoll auf S. 47, daß ein Pfahl aus der vorderen Reihe von Bertsch als Eichenpfahl bestimmt wurde.

wackesteinen ziemlich fluchtgerecht und in Lagen vermörtelt gesetzt. Ab 20,30 m ü. NN waren die Steinlagen etwas sorgfältiger gemauert. Im Untersuchungsbereich waren beide Mauerwerksschalen in einer offenen, später verfüllten Baugrube versetzt worden. Weiter nach Osten bis zum Mauerhaupt der Treppenwange, auf der Ostseite des Mauerhauptes und auf der Nordseite der Treppenwange war das Fundamentmauerwerk bis in einer Höhe von 20,60 m ü. NN in einer mit horizontal verlegten Bohlen ausgekleideten Baugrube schichtenmäßig aufgemauert worden, wie aus den Mörtelabdrücken und den Verfärbungsspuren des 7. Planums deutlich sichtbar wurde. Das Innere des Mauerwerks bestand aus einem überaus festen kiesigen Kalkmörtel und Grauwackebrocken. Das im Schnitt 89/1 untersuchte Mauerwerk entspricht, sieht man von der Schaltechnik des unteren Baugrubenbereichs auf der Nordseite der Nordmauer und dem der Treppenwange einmal ab, in allen Einzelheiten den von Stoll beobachteten Mauerpartien. Auffallen muß indes die unterschiedliche Gründungstiefe. Sie liegt um 40 cm tiefer als die, die Stoll in der Südostecke des Raumes e bei 18,65 m ü. NN festgestellt hat. Die unterschiedlichen Gründungstiefen erklären sich möglicherweise aus den vermeintlich unterschiedlichen Lastannahmen für die Außenwände und die Cella. Allerdings läßt sich mit den höheren statischen Belastungen nicht die tiefe Gründung der Treppenwange erklären.
Wegen der Gebäudesymmetrie wird man eine entsprechende Mauerwange auch an der Südostecke ergänzen dürfen (siehe dazu S. 140). Zwischen der nördlichen Mauerwange und der vermuteten südlichen gab es keine weiteren Bauteile, da sie sonst von Stoll im Schnitt 35/20 beobachtet worden wären (vgl. dazu S. 153). Zweifellos gehören die Mauerwangen zu einer Treppenanlage, die von Osten auf das Tempelpodium hinaufführte.
Einen östlichen Fundamentabschluß zwischen den Mauerwangen, auf dem ein einhüftiges Gewölbe als Treppenunterkonstruktion hätte aufgesetzt werden können, hat es nicht gegeben, wie das östliche Mauerhaupt der Treppenwange und das Südprofil 89/1D sicher belegen (vgl. Abb. 5). Somit können die Treppenstufen, die auf das Tempelpodium geführt haben, nur auf einer Erd-, Lehm- oder Steinschüttung zwischen den Mauerwangen verlegt worden sein.

DER BAUPLATZ

Um die aufgedeckten Bauteile und ihre Gründungstiefen beurteilen zu können, ist es notwendig, Aufschlüsse über das Niveau zur Bauzeit des Tempels zu gewinnen[34]. Östlich des Tempels, zwischen den Treppenwangen, wurde der gewachsene Boden etwa bei 22,80 m ü. NN angetroffen. Aufgrund der Schichtanalyse des Südprofils von 89/1B – D muß das Bauniveau höher als 23,45 m ü. NN, vielleicht sogar bei 23,65 m ü. NN gelegen haben (vgl. Abb. 5). Es wurde auch nicht künstlich durch Lehmauftrag, wie Stoll noch aus den Beobachtungen des Schnittes 35/20 glaubte feststellen zu können, über den gewachsenen Boden erhöht[35]. Vielmehr handelt es sich bei diesem Lehmauftrag um die Verfüllung der abgeböschten Baugrube vor der Ostmauer; wahrscheinlich gehörte er zum Unterbau der Treppenkonstruktion.

[34] In diesem Beitrag soll nur auf die stratigraphischen Zusammenhänge eingegangen werden, die im Nahbereich durch Grabungen erfaßt und gesichert sind. Die Schichtbefunde an der Nordostecke der Tempelinsula bleiben in diesem Zusammenhang unberücksichtigt, da diese Bauteile zu weit vom zentral gelegenen Tempelgebäude entfernt liegen und das Gelände nach Osten stärker abfällt. Zu den Ausgrabungen an dieser Stelle vgl. Anm. 39.

[35] STOLL a.a.O. (Anm. 2) 188. – H. Stoll hat aufgrund einer Lehmaufschüttung, die er im Schnitt 35/20 beobachtet hat, die antike Oberfläche bei mindestens 22,80 m ü. NN angesetzt. Seine Bemerkung, daß sich diese Lehmaufschüttung um den ganzen Bau herumgezogen hat und damit eine künstliche Aufhöhung des Baubereichs bedeute, bezieht sich aber einzig auf die Beobachtung im Schnitt 35/20. Diese Lehmaufschüttung konnte auch bei den jüngsten Untersuchungen vor der Ostmauer südlich der nördlichen Treppenwange, nicht aber auf deren Nordseite beobachtet werden. Diese wurde im Schnitt 89/1D sogar bei 23,30 m ü. NN angetroffen. Sie überlagert eine Schicht mit humosem Lehm, Kalkpartikeln, Ziegelbrocken etc., die antiken Ursprungs ist und bis ca. 23,40 m ü. NN hinaufreicht (vgl. Abb. 5). Aus diesem jüngsten stratigraphischen Befund ergibt sich, daß das Tempelplatzniveau erst oberhalb der Höhe 23,50 ü. NN angesetzt haben kann.

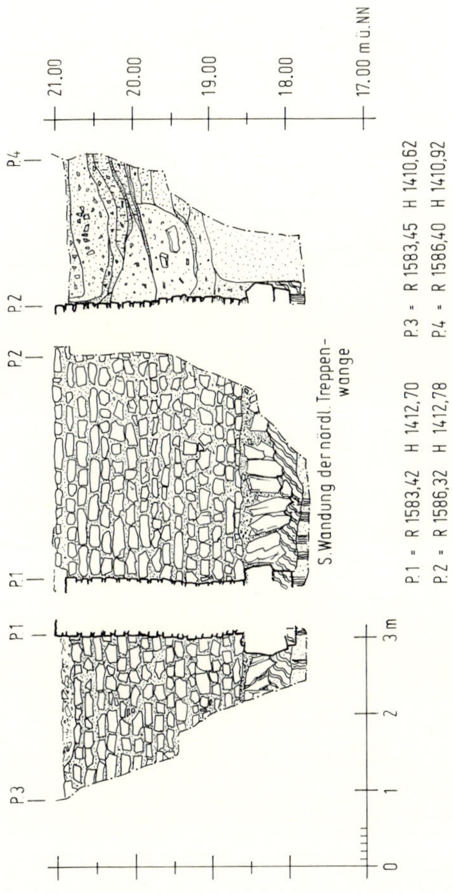

4 Schnitt 89/1, Maueransichten.

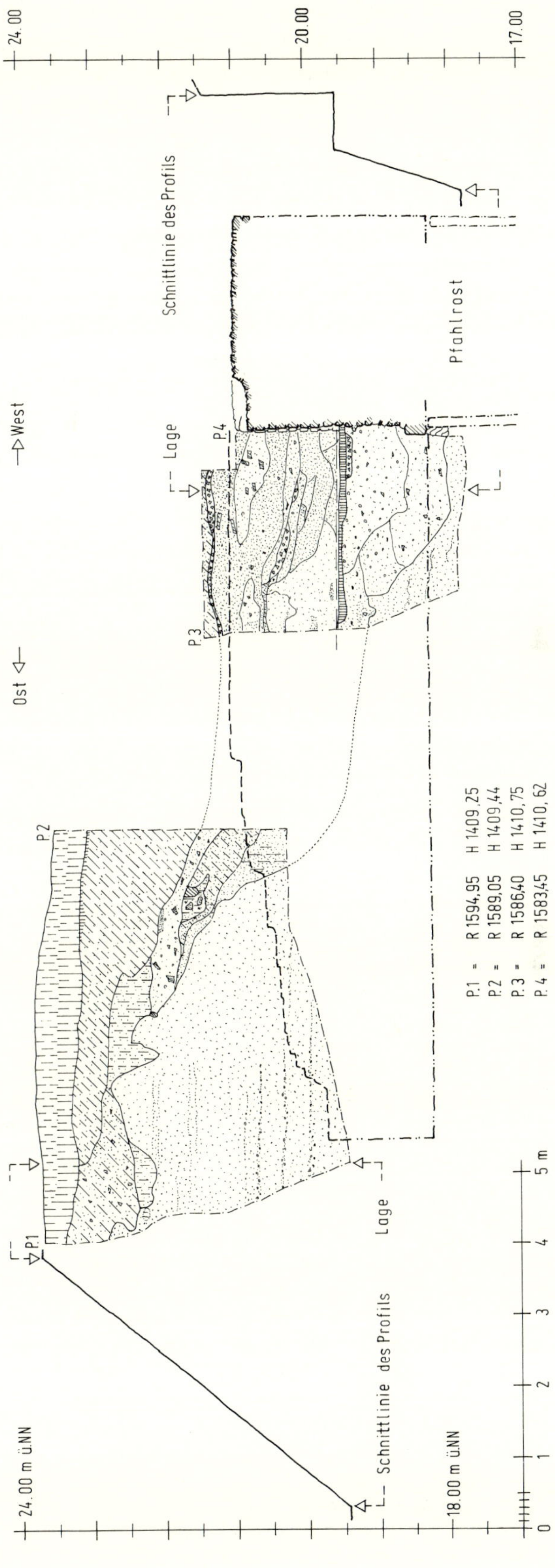

5 Schnitt 89/1, Profil D.

Im Schnitt 35/23 wurde seinerzeit im Nordprofil, 13 Meter nördlich des Tempels, die Oberkante des hellgelben Sandbodens bei 22,77 m ü. NN beobachtet[36]. Darüber lag noch bis ca. 22,98 m ü. NN hinaufreichend eine braune Sandschicht. Am westlichen Schnittende will Stoll bei 22,62 m ü. NN eine ähnliche Schichtung beobachtet haben, doch läßt die Profil-Dokumentation des Schnittes diese nicht erkennen (Abb. 6). Über diesen gewachsenen Sandschichten lag bis 23,18 m ü. NN eine braune Schuttschicht, die sich aber von der darüberliegenden, bis unter die Humusdecke reichenden, helleren Schuttschicht kaum abhob (vgl. S. 154).
Im Winter 1972 wurde etwa 26 Meter westlich der Westmauer des Tempels wegen des Neubaues eines Ausstellungs- und Wohngebäudes der Schreinerei Olfen eine Untersuchung durchgeführt, bei der an der Westkante des Bauplatzes eine 1,60 m starke und noch 3 m tief erhaltene Grauwacke-Mauer freigelegt wurde[37] (Abb. 7). Ein Ostwest-Schnitt östlich der Mauer ergab Aufschluß über eine vielfältige Stratigraphie (Abb. 8). Die Zone hellgelben Sandes stieg von 22,75 m ü. NN leicht nach Westen bis auf etwa 22,95 m ü. NN. Darüber lag wiederum ein heller graubrauner Sand, der im Osten bis auf etwa 23,00 m ü. NN und nach Westen leicht ansteigend bis auf ca. 23,20 m ü. NN hinaufreichte. In dieser Schicht, die identisch sein muß mit der im Schnitt 35/23 beobachteten braunen Schicht über dem hellgelben Sand, wurden zwei Schwellbalkengräben und drei Pfosten einer Holzbebauung festgestellt, die sich z. T. nach Süden und Norden fortsetzten. Darüber lagen zum gewachsenen Boden in etwa parallel verlaufende, verschiedene lehmige und sandige Schichtungen mit einem ausgeprägten Brandhorizont (mittlere Oberkan-

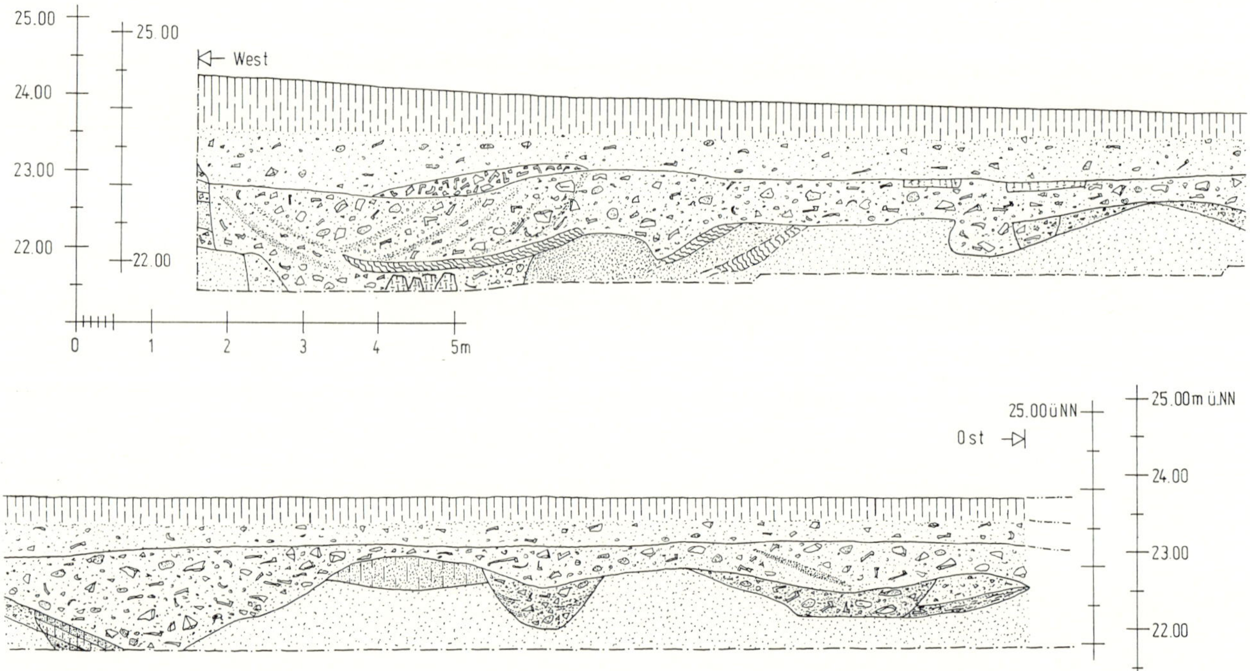

6 Schnitt 35/23, Profil. Das östliche Ende des Schnittes wurde nicht dokumentiert; Schnittlänge insgesamt 36 Meter.

[36] Durch ein Vergleichsnivellement über den Sockel des noch heute erhaltenen Wohnhauses Olfen, der seinerzeit mit einnivelliert wurde, konnte festgestellt werden, daß das gesamte Nivellement der Grabung von 1935 um 18 cm angehoben werden muß. Ob dies auf einen seinerzeitigen Nivellementfehler oder auf eine Oberflächenabsenkung zurückzuführen ist, ist nicht mehr zu klären. Nach Auskunft des Landesvermessungsamtes hat sich die Oberfläche in den letzten 30 Jahren nur um ca. 5 cm gesenkt. Offizielle Messungen aus der Vorkriegszeit liegen nicht vor.

[37] Grabungstagebuch 1972 der Colonia Ulpia Traiana — Schnitt 72/1 — Insula 26 und Bonner Jahrb. 174, 1974, 642 f.

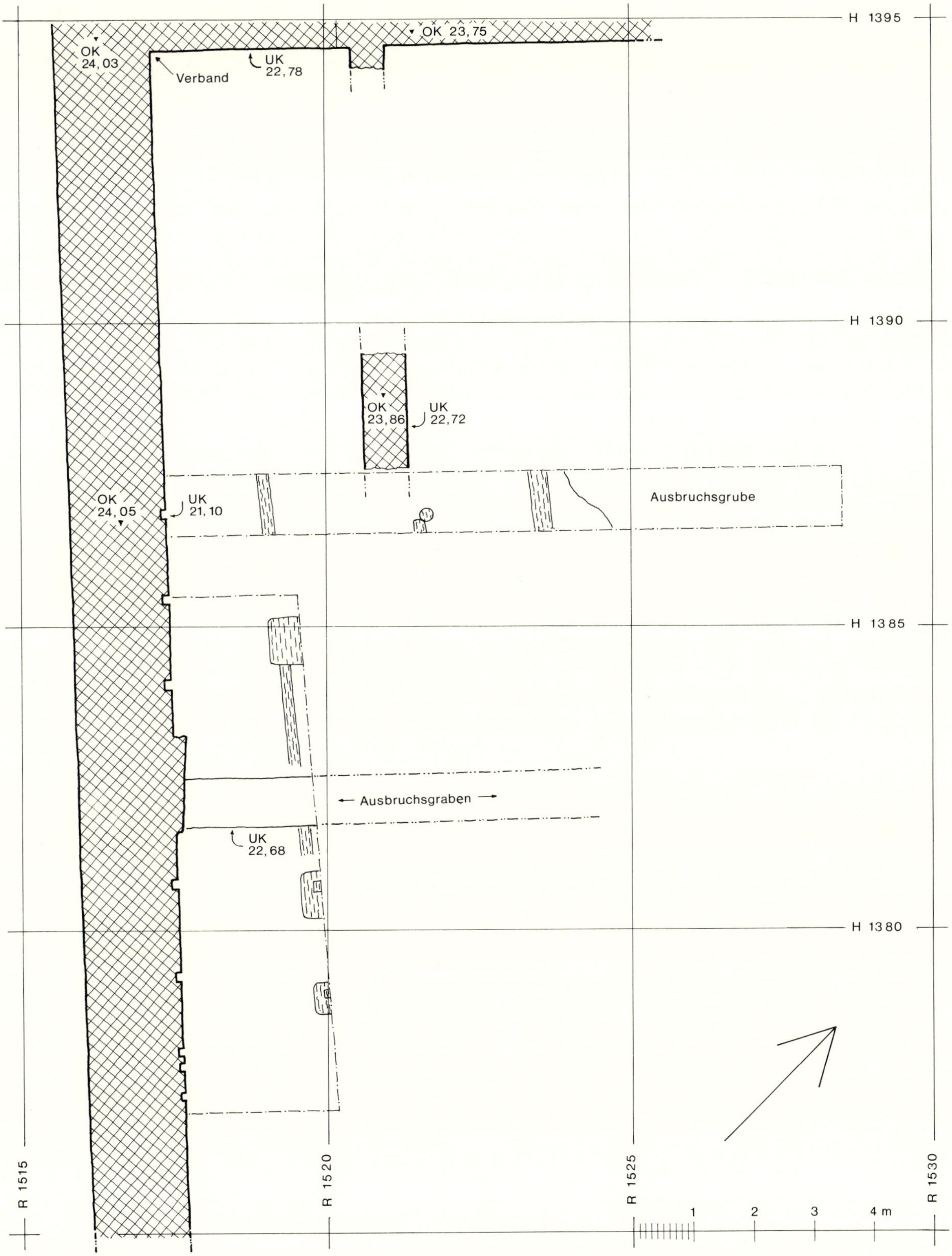

7 Schnitt 72/1, Grundriß.

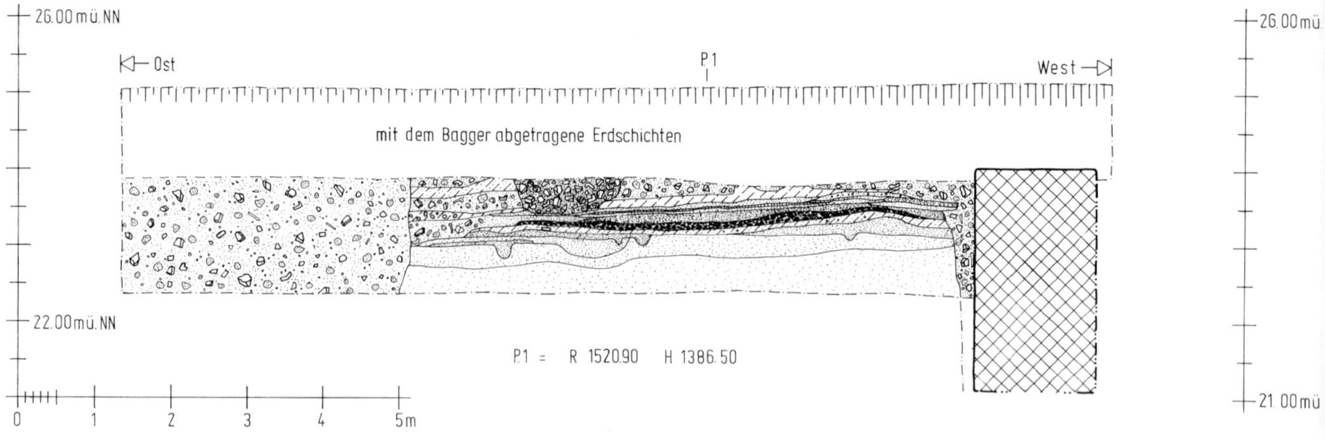

8 Schnitt 72/1, Profil.

te bei 23,30 m ü. NN), die auf eine ausgeprägte Siedlungstätigkeit schließen lassen. An der Nord-Süd verlaufenden Grauwackemauer konnte der Rest eines Opus signinum-Bodens beobachtet werden, dessen Höhe leider nicht genau eingemessen wurde, nach der Beschreibung aber wohl auf ca. 23,90 m ü. NN gelegen hat.

Vergleicht man die Oberkanten des gewachsenen Sandbodens, so liegen die oben aufgezeigten Höhenwerte 7 m östlich der Grauwackemauer bei 22,70 m ü. NN und steigen auf 23,00 m ü. NN vor der Grauwackemauer. Darüber lag noch eine ca. 30 cm starke braune sandige Schicht, in die die älteste Holzbebauung eingetieft wurde. Die obere der beiden gewachsenen Bodenschichten reichte bis 23,20 m ü. NN und fiel bereits unmittelbar vor der Grauwackemauer wieder leicht nach Westen.

Stoll hat vor allem in Schnitt 35/23 verschiedene Gruben des 1. und frühen 2. Jahrhunderts über dem gewachsenen Boden gefunden, aber offenbar keine Holzbauspuren beobachtet. Die von ihm beobachtete Mauer am westlichen Schnittende dürfte kaum vor dem letzten Viertel des 1. Jahrhunderts, eher zu Beginn des 2. Jahrhunderts errichtet sein. Sie wurde wahrscheinlich bereits um die Mitte des 2. Jahrhunderts (?) abgetragen, da sich in ihrer Ausbruchsgrube Keramik der 1. Hälfte des 2. Jahrhunderts gefunden hat (vgl. S. 154).

Bei der jüngsten Untersuchung konnten auf der Nordseite der nördlichen Mauerwange des Tempels im Schnittbereich 89/1 auf dem 7. Planum (20,79 m ü. NN) ebenfalls Spuren einer Holzbauperiode und Gruben aus dem 1. Jahrhundert n. Chr. beobachtet werden. Ihre Oberkanten lagen bei 21,35 m ü. NN, was noch unerklärlich erscheint, da das angrenzende gewachsene Erdniveau im Südprofil des Schnittbereichs 89/1 B – D (vgl. Abb. 5) etwa bei 22,80 m ü. NN lag.

Westlich des Tempelgebäudes, unmittelbar am Cardo maximus, hat es vor der Coloniagründung eine intensive Siedlungstätigkeit gegeben, von der sich in Höhe des späteren Tempels nur noch wenige Spuren nachweisen lassen (vgl. dazu auch Abb. 6 und 8). Mit dem Bau der parallel zum Cardo maximus errichteten mächtigen Grauwackemauer wird diese offensichtlich kleinteilige Fachwerkbebauung, die bereits die Ausrichtung der späteren Coloniabauten aufweist, aufgegeben. Eine der Grauwackemauer entsprechende Mauer wurde nicht gefunden, könnte aber in der 7,50 m östlich davon entfernt gelegenen großen Schuttzone gesehen werden, die seinerzeit nicht näher untersucht wurde und als Mauerausbruchsgrube gedeutet werden könnte (vgl. Abb. 8). Ein Boden innerhalb dieses am Cardo maximus gelegenen Gebäudetraktes dürfte bei 23,90 m ü. NN gelegen haben (vgl. oben).

Östlich und nördlich des Tempels lag somit das gewachsene Niveau bei 22,80 m ü. NN. Bis zum Cardo maximus stieg es noch leicht bis auf 23,20 m ü. NN (vgl. Abb. 5 und 8). Eine dunkelbraune erdige Schicht im Schnitt 89/1D (Oberkante 23,45 m ü. NN) mit Schutteinschlüssen reichte bis unmittelbar unter die

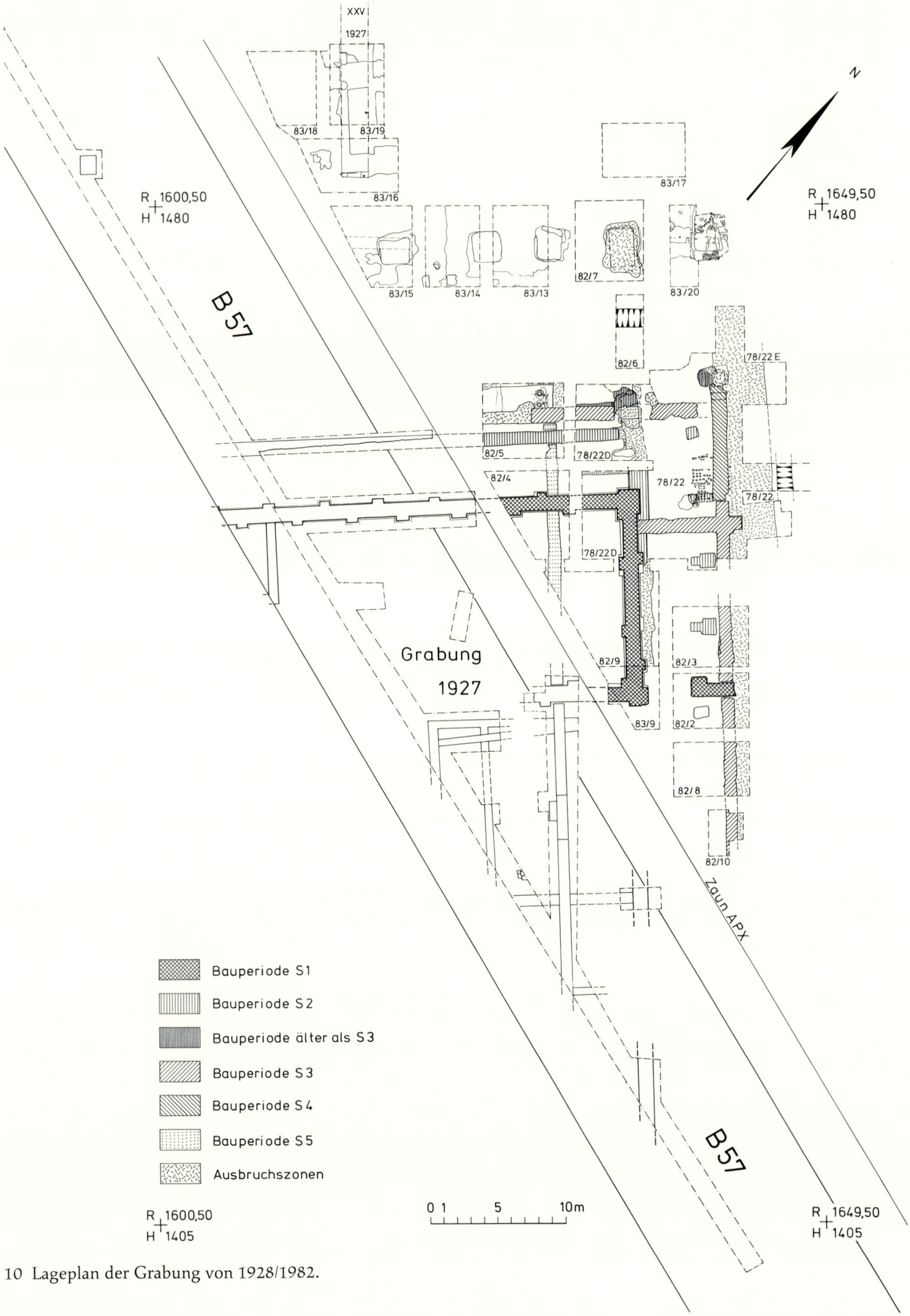

10 Lageplan der Grabung von 1928/1982.

nehmen. Das heißt, daß die Grundriß-Vignette die Bauteile A und B in ihrer Lage zueinander wie auch in der Detaildarstellung den Ausgrabungsbefund ziemlich genau wiedergeben dürfte.
Stellt man den Bauteil A nun dem durch Stoll ergrabenen und 1989 ergänzten Grundriß gegenüber, so muß auffallen, daß neben der quadratischen Zisterne (?) zwei oblonge Räume liegen, die eher den Räumen a und c als den Räumen g und i im Stollschen Tempelgrundriß entsprechen (vgl. Abb. 2). Die Zisterne (?) wäre demnach genau über dem Raum b errichtet worden. Falls diese Überlegung richtig ist — und die Mauerwerksfortführung über den unteren Raumabschluß spricht dafür —, so liegt geographisch Nord in der rechten unteren Vignettenecke. Die Vignette wäre somit nach heutiger CUT-Plandarstellung um 90° zu drehen. Das hieße, daß Ph. Houben seinerzeit bereits die südliche Treppenwange des Tempels sowie die südwestliche Tempelhofbegrenzung am Cardo maximus aufgefunden hätte. Das Bauteil B läge demnach an der Süd-West-Ecke der Insula und an der heutigen Siegfriedstraße. Die 'Drehung' der Houbenschen Vignette um 90° wird aber auch durch den Vergleich der von Houben freigelegten Lisenenmauer mit den 1927 und 1982 ausgegrabenen Bauteilen, die keine Ähnlichkeit mit den Houbenschen Befunden erkennen lassen, mehr als wahrscheinlich. Die 1927 und 1982 freigelegten Bauteile weisen an der nördlichen Lisenenmauer beidseitig Wandvorlagen auf und stehen mit einer weiteren Lisenenmauer, die nach Süden abwinkelt, im Verband. Parallel zur nördlichen Lisenenmauer verläuft, ebenfalls mit der östlichen Lisenenmauer im Verband stehend, eine südliche Lisenenmauer. Die jeweiligen Mauerwerksecken sind dabei pfeilerartig verstärkt ausgebildet worden. Eine etwa 6,50 m westlich von der östlich gelegenen Lisenenmauer verlaufende Nord-Süd-Mauer überlagert diese Bauteile und ist jüngeren, wohl spätantiken Ursprungs. Der Vergleich beider Grabungsbefunde macht deutlich, daß es sich nicht um die gleichen Bauwerksteile handeln kann, sonst würde Houben, hätte er den Befund vorgefunden, auch die anderen Mauerzüge mit pfeilerartigen Verstärkungen und Lisenen dargestellt haben. Sein mit B bezeichnetes Bauteil kann also nicht den in jüngster Zeit aufgedeckten Baubefunden entsprechen. Wie Bauteil B im Lageplan anzuordnen ist, muß durch eine Nachgrabung geklärt werden. Wegen der Darstellung einer Mauerwerksfuge am äußeren Mauerwerk des queroblongen Raumes in Höhe des Buchstabens B wurde dieser Raumteil bis zur vorderen Flucht der Portikuszone angenommen (vgl. Abb. 7).

ZUR REKONSTRUKTION DES TEMPELS (Abb. 11—15)

Grundlage der Rekonstruktion bildet der von Stoll veröffentlichte und 1989 neu kartierte Fundamentplan mit den Grabungsergebnissen von 1989 (Abb. 2). Der Nachweis der Mauerzunge an der Nordostecke des Gebäudes, der wegen der Symmetrie der Anlage eine ebensolche an der Südostecke entsprechen wird und die, wie oben dargestellt, offensichtlich bereits von Houben freigelegt worden ist, bestätigt die Hypothese eines geosteten Podiumstempels.
Der Grundriß mißt — ohne die Mauerzunge im Osten — in Ost-West-Richtung 40,40 m und in Nord-Süd-Richtung 30,00 m. Die Außenmauer des Tempelbaus auf der Nord-, Süd- und Westseite ist 3,30 m stark, die Ostmauer dagegen nur 3,00 m ausgebildet. Auf der Ostseite springen, jeweils mit den Außenwandungen der Nord- und Südmauer fluchtend, 9,95 m lange und 3,60 m starke Mauerzungen vor. Die inneren Mauerzüge sind, bis auf die Westwand von Raum e, mit 2,10 m etwa gleich breit angelegt. Aus der 5 m starken Fundierung des Raumes e ist der Unterbau einer Kultnische bzw. mehrerer Kultnischen zu erschließen[46]. Damit ist der zentrale Raum e als der eigentliche Kultraum (Cella) anzusprechen, um den auf dem äußeren Mauerring (Stereobat) im Aufgehenden Säulen angeordnet waren. Die Cella ist mit dem Stereobat bzw. den äußeren Podiumsmauern durch sogenannte Spannmauern verbunden. Die über

[46] Denkbar ist auch, in der breiten Fundierung von Raum e den Unterbau einer Kultbildbasis oder mehrerer Kultbildbasen zu sehen.

die Ostmauer vorspringenden Mauerzungen weisen den Tempel als Podiumstempel aus. Der Kultbau wäre somit in die Gruppe der Podium-Umgangstempel einzuordnen.
Die Oberkante des höchsterhaltenen Tempelmauerwerks lag auf 23,38 m ü. NN[47]. Das Niveau des Tempelplatzes dürfte etwa bei 23,65 m ü. NN gelegen haben, so daß es sich bei den aufgefundenen Bauteilen ausschließlich um die Fundamentmauern handelt, deren Zwischenräume mit Sicherheit bis in Höhe des Platzniveaus verfüllt waren. Daß darüber bis zur Oberkante des Podiums einzelne oder mehrere Räume der Anlage gewölbt und als Kellerräume (favissae) zugänglich waren, ist zu vermuten, aber nicht gesichert[48].
Es muß auffallen, daß die Nord-, Süd- und Westwand des Podiums 0,30 m stärker ausgebildet sind als die Ostwand (vgl. Abb. 3). Das kann nur bedeuten, daß an den aufgehenden sichtbaren Podiumswänden ein Sockel angelegt war, der an der Außenkante des Fundamentes aufgesetzt war. Da vor der Ostwand die Podiumstreppe lag, konnte die Fundierung für die Sockelpartie dort entfallen, was zu einer um das Sokkelauflager verringerten Fundamentstärke, nämlich 3,00 m, geführt hat. Diese Treppenwangen vor der Ostfront waren im Aufgehenden beidseitig sichtbar, mußten also auch beidseitig verkleidet werden, so daß das Fundament um das Maß zweier Sockelstärken breiter anzulegen war, was in der Tat mit einer Abmessung von 3,60 m geschah. Daraus ergibt sich, daß die Achsen der Säulenstellung auf der Nord- und Südseite auf die Mittelachse der Treppenwangen ausgerichtet waren und 1,50 m von der jeweiligen Innenkante der Außenmauern lagen. Aus der Stärke der Ostwand (= 3,00 m) ergibt sich der statisch tragende Querschnitt für die Säulenstellung. Die Fundamente der Nord-, Süd- und Westwand wurden um das Sockelmaß auf 3,30 m verstärkt (Abb. 11).

DIE HÖHE DES PODIUMS

Die außerordentliche Länge der Treppenwangen läßt zunächst auf eine große Podiumshöhe schließen. Bei der Anlage der Podiumstreppen soll nach Vitruv die Anzahl der Stufen immer ungleich sein[49]. Ferner soll die Stufenhöhe 5/6 Fuß (= 24,6 cm)[50] nicht über- und 3/4 Fuß (= 22,2 cm) nicht unterschreiten. Der Auftritt soll 1,5 Fuß (= 44,3 cm) breit, aber nicht größer als 2 Fuß (= 59,2 cm) angelegt werden.
Überprüft man diese Aussage Vitruvs an noch aufrechtstehenden Tempelbauten, so wird man feststellen, daß die Anzahl der Stufen in der Regel ungleich ist, die Stufenhöhe und Stufentiefe sich jedoch mit den Angaben Vitruvs nicht decken (Tab. 1). So bewegten sich die Stufenhöhe zwischen 16,3 cm und 25 cm und die Auftrittsbreite zwischen 29 cm und 40 cm, wobei das Steigungsverhältnis zwischen 1:1,5 bis 1:2 liegt[51]. Aus der Tendenz dieser Zahlen läßt sich sagen, daß die Stufenhöhe bei 18 bis 20 cm und die Stufentiefe bei 34 bis 36 cm liegt, so daß sich ein Steigungsverhältnis von ca. 1:1,8 ergibt.
Legt man nun für die Rekonstruktion der Stufen des Xantener Tempels ein Stufenverhältnis von 19:34,1 cm zugrunde, so würden sich bei einer Treppenwangenlänge von ca. 9,90 m im Aufgehenden 29 Stufen errechnen und bei einem Verhältnis von 19:39,6 cm noch 25 Stufen[52]. Ersteres Steigungsverhält-

[47] Der höchsterhaltene Mauerwerksbefund wurde auf der Spannmauer zwischen Raum h und i gemessen. Die aus dem Befundplan von Stoll erschlossene Höhe ist jedoch um 0,18 m zu reduzieren (= 23,20 m ü. NN). Vgl. dazu Anm. 36.

[48] Mit Sicherheit sind die kammerartigen Räume oder Teile davon erst oberhalb des Tempel-Platzniveaus als favissae ausgebildet worden. Vgl. STOLL a.a.O. (Anm. 2) 188. – Zum Tempelniveau siehe S. 132 ff.

[49] VITRUV, Zehn Bücher über Architektur (nach der Übersetzung von C. Fensterbusch, 1976), III, 4.4.

[50] Als Rechnungsgröße wurde der kapitolinische Fuß von 0,296 m zugrunde gelegt.

[51] Der Zusammenstellung in Tab. 1 liegt ein eigenes Aufmaß zugrunde. Die Stufen in Vienne sind rekonstruiert. Bei den Tiefenangaben in Haïdra und Leptis Magna handelt es sich um Lotmaße; die gesamte Auftrittsbreite mißt 36 in Haïdra und 34[5] in Leptis Magna.

[52] In der Regel beginnen die Podiumsstufen in der vorderen Flucht der Treppenwangen, häufig bereits davor, nicht aber zurückgesetzt.

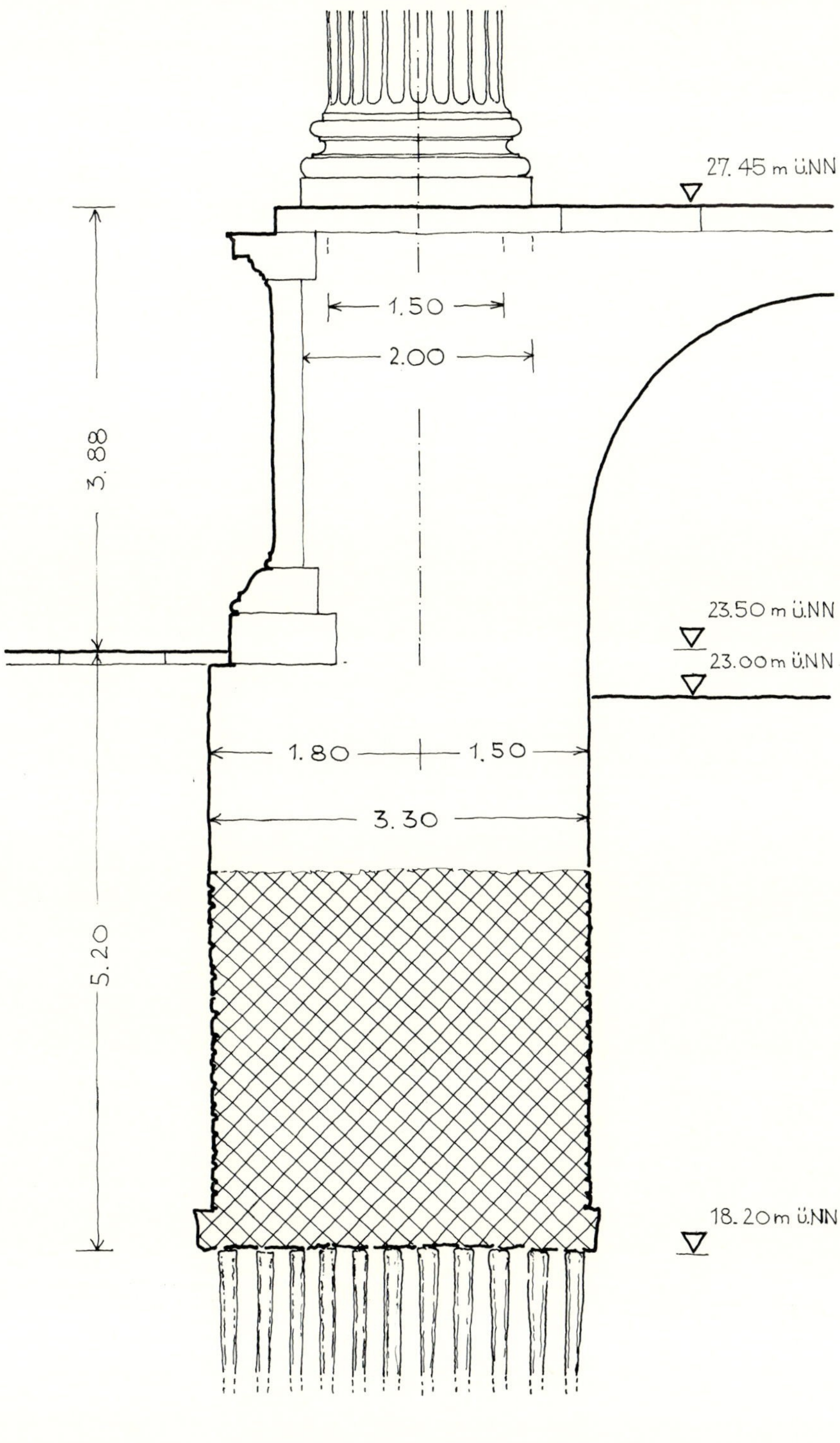

11 Rekonstruktion Treppenwange, Detail.

Tabelle 1: Aufmaße von Tempelpodiumsstufen.

Ort	Gebäude	Stufenhöhe	Stufentiefe
Leptis Magna	Tempel auf dem Forum des Septimius Severus	22 ±	29 ±
Leptis Magna	Tempel des Serapis	21 ±	31 ±
Sabratha	Tempel des Antoninus Pius	16^{3}	30 (31)
Haïdra	Capitol	18^{3}	33^{5}
Timgad	Capitol	17^{3} +	35 ±
Djemila	Tempel der Severer	19^{5} (bis 20^{5})	28 (bis 31)
Dougga	Capitol	21^{3}	40
Dougga	Tempel der Caelestis	21 +	34 ±
Thurburbo Maius	Capitol	18^{5}	32^{5}
Vienne	Tempel der Livia und des Augustus	20 max.	41
Nîmes	Maison Carrée	21^{7}	32
Rom	Tempel des Vespasian	25 (27)	31^{5} (33)
Rom	Castortempel	26	28

nis würde eine Podiumshöhe von 5,51 m, letzteres eine von 4,75 m ergeben. Nun gibt es keinen erhaltenen römischen Tempelbau, dem ein derartig zusammenhängender Treppenablauf mit mehr als 23 Stufen vorgelagert ist[53]. Das könnte darauf hindeuten, daß innerhalb des Stufenablaufs des Tempelbaus in der CUT ein Podest angeordnet war, wodurch sich die Anzahl der Stufen wie auch die Höhe des Podiums reduzieren ließe (Abb. 15). Vorbilder für eine derartige Treppenausbildung lassen sich unter anderem am Capitol in Timgad und am Bacchustempel in Baalbek anführen[54].

Sollte der Xantener Capitolstempel mit einem Treppenpodest ausgebildet worden sein — und die hohe Anzahl der zu rekonstruierenden Stufen spricht dafür —, so könnte damit auch die Errichtung eines Altars verbunden gewesen sein, der innerhalb der Treppenanlage von einem Podest leicht zugänglich gewesen wäre. Auch die vor dem Tempel noch vorhandene schmale Platzfläche spräche eigentlich für eine

[53] 21 zusammenhängende Stufen werden für das Kapitol in Ostia, 23 Stufen für das Capitol in Thuburbo Maius rekonstruiert. — V. Passarelli rekonstruiert für das Hadrianeum in Rom 24 Podiumsstufen ohne Podest. Vgl. Atti del III Convegno Nazionale di Storia dell' Architettura. Roma, 9. bis 13. 10. 1938. XVI. (Rom 1940) Fig. 8.

[54] D. KRENCKER, Baalbek — Ergebnisse der Ausgrabungen und Untersuchungen in den Jahren 1898—1905, Bd. II (1923) 4 ff.; die Podiumstreppe des Bacchustempels hat insgesamt 34 Stufen mit einem Steigungsverhältnis von 15,35 cm : 36,8 cm; nach je 11 Stufen folgt ein Treppenabsatz von 2,02 m Breite. Die Adytontreppe hatte ein Steigungsverhältnis von 22 cm : 36,5 cm, ebd. 28, Abb. 60. — E. BOESWILLWALD, R. CAGNAT, A. BALLU, Timgad une cité africaine (Paris 1905) 178, Fig. 79 (Rekonstruktion von A. Ballu).

derartige Anordnung des Altars (vgl. Abb. 1). Für die Rekonstruktion der Podiumstreppe wurden ein erster Treppenlauf mit 9 Stufen und ein zweiter mit 11 Stufen bei einem Steigungsverhältnis von 19:36,2 cm angenommen. Die Breite des Podestes beträgt 3,55 m (12 röm. Fuß).

DIE RINGHALLE

Maßgebend für die Anordnung der Säulen auf den äußeren Fundamentmauern sind zunächst die Mauerachsen der Außenmauern nach Abzug der Breite der Sockelelemente für das Podium sowie die Mauerachsen der Cella, insbesonders die der Cellalängsmauern in Verlängerung auf die Front- und Rückseite des Tempels (Abb. 12). Der Achsabstand der südlichen und nördlichen Außenmauer zu den entsprechenden Achsabständen der Cellalängswände beträgt 7,20 m, ein Achsmaß, das für ein Interkolumnium zu weit ist. Es läßt sich darüberhinaus nicht für eine weitere Teilung der Cellaschmalseite nutzen. Das heißt, daß zwischen dem Achsmaß der Cellalängswand und dem der entsprechenden Ecksäule eine weitere Säulenstellung zu rekonstruieren ist, so daß sich ein Säulenachsmaß von 3,60 m ergeben würde.
Aus diesem Säulenachsmaß würden sich für die Front- und Rückseite, gleiche Interkolumnien vorausgesetzt, 8 Säulenstellungen errechnen. Der Achsabstand zwischen den Ecksäulen würde in diesem Fall — bei 7 Interkolumnien — 25,20 m betragen. Da das Achsmaß zwischen den Ecksäulen aber 26,40 m beträgt, müßte demnach das mittlere Säulenachsmaß mit 4,74 m Achsabstand wesentlich breiter angelegt gewesen sein als die übrigen, was unwahrscheinlich ist[55].
Das Achsmaß der westlichen Außenmauer zur westlichen Cellamauer beträgt ebenfalls 7,20 m, so daß bei 2 Säulenstellungen sich wieder ein Achsabstand von 3,60 m ergeben würde. Das Achsmaß zwischen den Ecksäulen auf den Längswänden beträgt nach Abzug einer Sockelstärke für die der Westwand ca. 37,00 m, so daß sich bei 10 Interkolumnien oder 11 Säulenstellungen rechnerisch ein Säulenachsmaß von 3,70 m ergeben würde.
Aus diesen Zahlenverhältnissen könnte geschlossen werden, daß die Interkolumnien auf den Längsseiten weiter gewesen wären als auf den Frontseiten, was eigentlich ungewöhnlich ist[56].
Schwierigkeiten bereitet die starke, aus den Mauerachsen errechnete Aufweitung des mittleren Interkolumniums für die Front- und Rückseite. Legt man jedoch die Säulenachsen der Langseite für die der Front- und Rückseite zugrunde, so ließe sich das Maß der mittleren Säulenstellung auf 4,20 m reduzieren, was immerhin noch eine Aufweitung der mittleren Frontachse um mehr als einen römischen Fuß bedeutet. Aus dieser Maßanalyse ergibt sich, daß wohl eher mit einer geringeren Aufweitung der mittleren Frontachse und einer Kontraktion zu den Ecken gerechnet werden muß, so daß die Frontachsen wie folgt aufgeteilt gewesen sein könnten: 3,645 — 3,645 — 3,845 — 4,13 — 3,845 — 3,645 — 3,645 [57]. Eine entsprechende Eckkontraktion wäre an den Langseiten denkbar.
Die Achsen der Cellafundamente würden bei diesen Säulenachsmaßen allerdings nicht mehr mit denjenigen auf den Schmal- und Langseiten korrespondieren, sondern die entsprechenden Säulenachsen hätten um ca. 0,60 m jeweils zur Gebäudemitte eingerückt gestanden, was sich im Erscheinungsbild des Tem-

[55] Das Capitol in Brescia weist ein Achsmaß in der Frontachse von 3,28 m gegenüber 3,13 m der anschließenden Säulenachsen auf, aus: Museo Bresciano Illustrato I (Brescia 1838). — Das Pantheon in Rom: mittleres Achsmaß 4,86 m gegenüber 4,52 m, aus : K. DE FINE LICHT, The Rotunda in Rome (Kopenhagen 1966) 35. Die Aufweitung der Mittelachse ist bei großen Tempelbauten häufig angewendet worden, beträgt aber selten mehr als 1 röm. Fuß.

[56] Bei einer Anordnung von 13 Säulenstellungen auf den Langseiten würde sich, abgesehen davon, daß sich keine Achsbeziehungen zu den entsprechenden Cellawänden herstellen ließen, eine zu dichte Säulenanordnung ergeben.

[57] Vgl. dazu DE FINE LICHT a.a.O. (Anm. 55) Fig. 8. — Daß auch völlig andere Achsmaße möglich sind, belegt die Aufmaßzeichnung des Bacchus-Tempel in Baalbek an der Rückfront, für die Krencker eine Aufweitung zu den Ekken sowie eine erhebliche Mittelachsenaufweitung feststellen konnte ($4{,}42^5$ — $4{,}26^5$ — $4{,}22^5$ — 5,26 — 4,25 — 4,23 — $4{,}44^5$), vgl. KRENCKER a.a.O. (Anm. 54) Abb. 2.

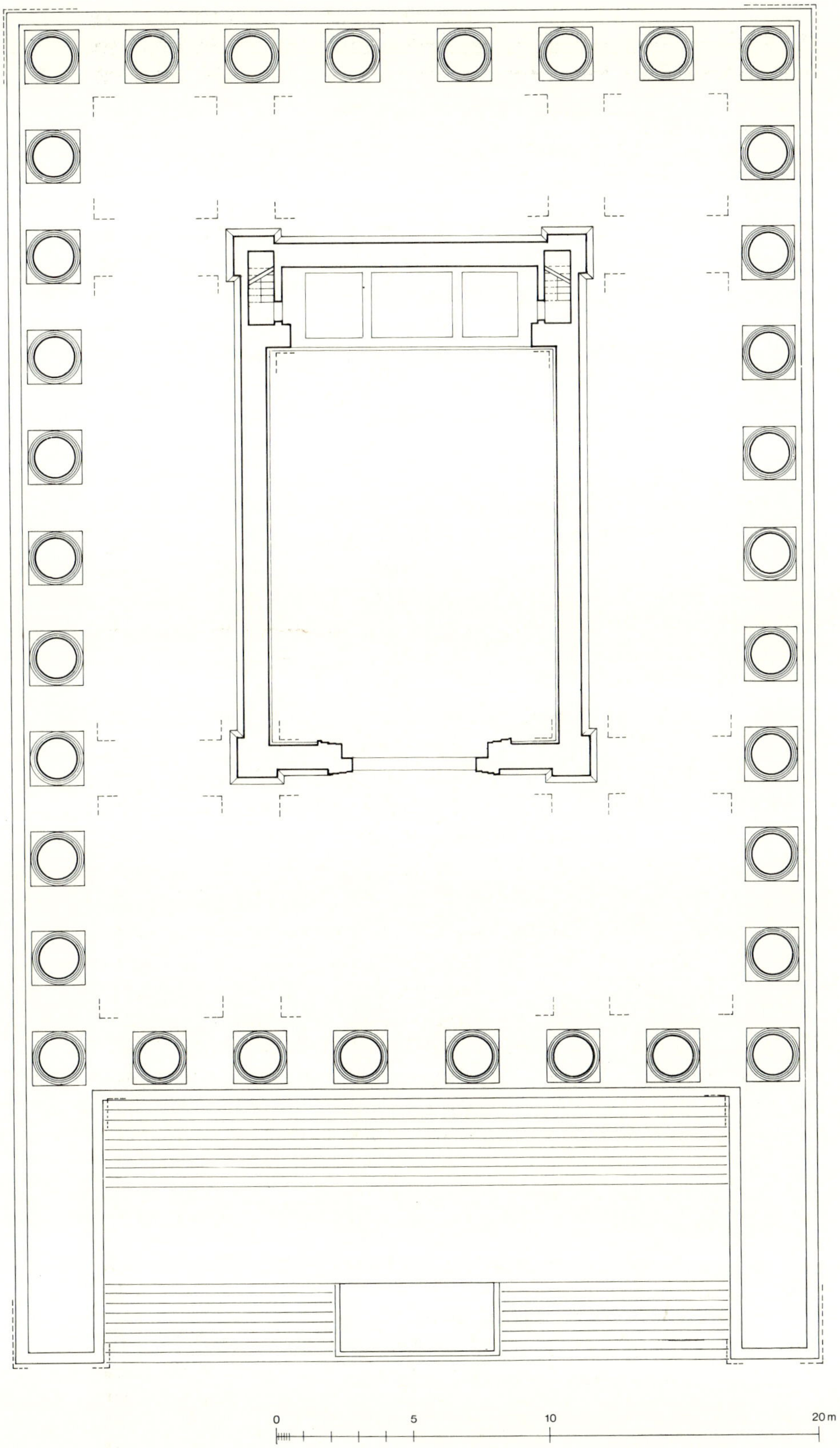

12 Rekonstruktion Grundriß.

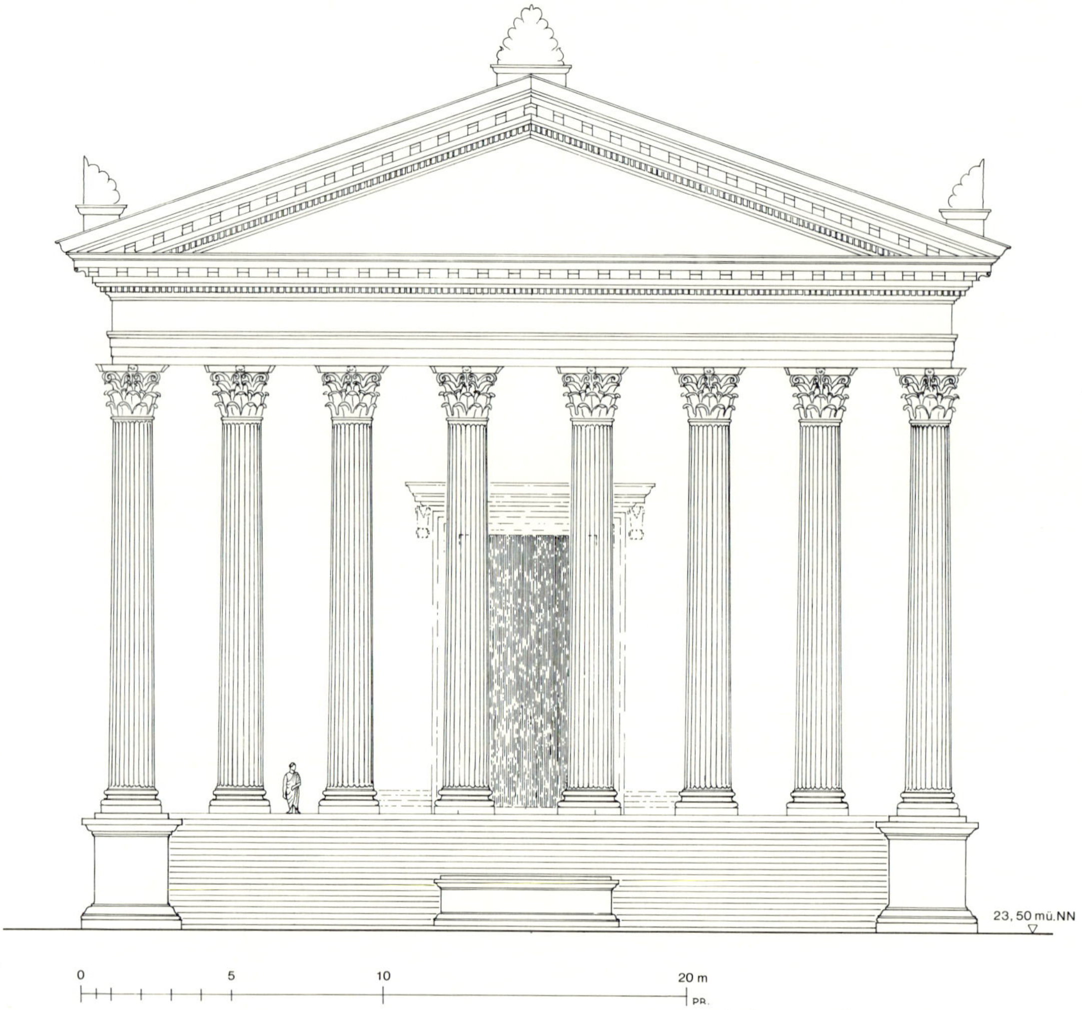

13 Rekonstruktion Aufriß, Frontseite.

pels nicht ausgewirkt haben wird, da die Cellamauern ohne statische Auswirkungen auch außermittig auf die Fundamente aufgesetzt gewesen sein können. Im Gegenteil, bei einem eingewölbten Kellerbereich unter der Cella hätte sich diese konstruktive Ausbildung eher vorteilhaft ausgewirkt.

DIE CELLA

Die Cellafundamente sind bis auf das Fundament der Westwand, das 5,00 m stark ist, 2,10 m breit angelegt. Die lichte innere Länge mißt 14,27 m, die lichte innere Breite 9,93 m. Nach der voraufgehenden Maßanalyse für die Säulenstellungen auf der Schmal- wie auf der Langseite wird das Aufgehende der Cella außermittig auf die Fundamente aufgesetzt gewesen sein.
Die mit 2,10 m Breite verhältnismäßig stark ausgeprägte Fundierung könnte auf eine innere Wandgliederung mit Pilastern oder Halbsäulen hindeuten, so daß die außermittige Anordnung des Cellamauerwerks eine weitere Erklärung fände.

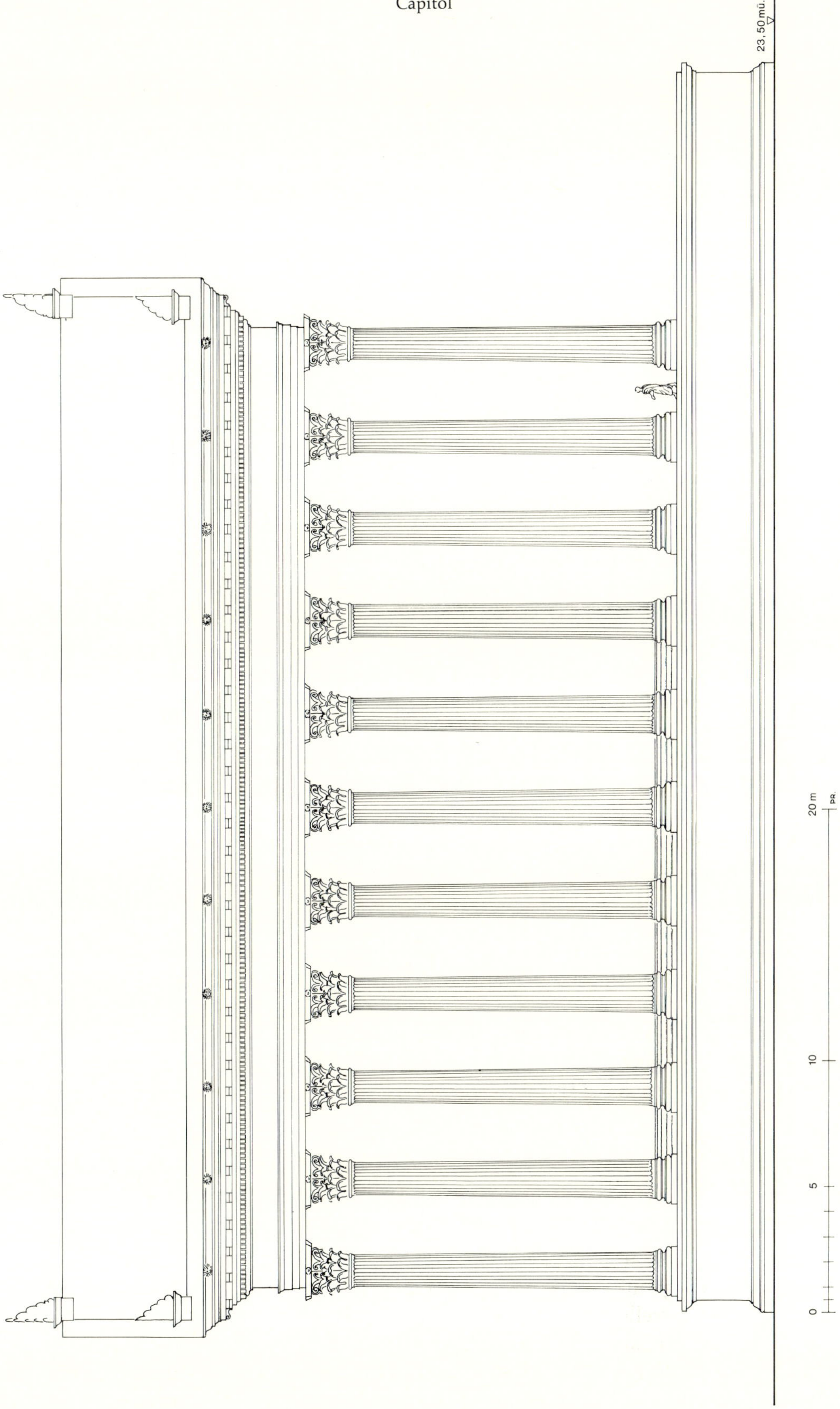

14 Rekonstruktion Aufriß, Langseite.

Die 5,00 m breit angelegte Fundierung der Westwand würde nur dann eine sinnvolle Erklärung finden, wenn sie mit der Aufstellung eines Kultbildes oder einer Kultbildgruppe in Zusammenhang gebracht würde. Einer auch denkbaren Nischenarchitektur zur Einzelaufstellung von Kultbildstatuen der kapitolinischen Trias auf dieser Fundierung, ähnlich der, die Ballu für das Capitol in Timgad rekonstruiert (vgl. Anm. 54), scheinen die Proportionen des Cellainneren entgegenzustehen.
Die Ausbildung der Vorhalle ist hypothetisch. Denkbar ist eine Unterteilung der Front in 3 Joche durch jeweils 2 Säulenstellungen in der Verlängerung der Cellalängswände. Vorstellbar ist jedoch auch die Ausbildung von Anten bis in Höhe der 3. Säulenlängsachse. Auf jeden Fall wird man sich die Cella-Ecken oder die Antenköpfe mit Pilastern betont vorstellen müssen.

DAS AUFGEHENDE

Werkstücke, die Rückschlüsse auf das Aufgehende zulassen, wurden bisher nicht publiziert. In den Aufzeichnungen von Stoll werden Architekturteile, bis auf eine Säulenbasis, nicht erwähnt[58]. Neufunde liegen nicht vor. Somit muß der architektonische Aufbau hypothetisch bleiben.
Da im Auffüllbereich der Baugruben vor der Ostfront sich eine Fülle von Kalksteinabsplissen fand, sog. Werkzoll, wie er bei der Bearbeitung von Kalksteinbauteilen abfällt, wird man daraus lediglich schließen dürfen, daß Podium, Ringhalle und Gebälk- sowie Giebelzonen aus Kalkstein der oberen Moselregion gearbeitet waren. Trotzdem soll versucht werden, anhand der Grundrißproportionierung und unter Anwendung der bei Vitruv dargestellten Bauvorschriften eine ungefähre Baugestalt des Tempels zu entwikkeln. Vitruv schreibt für die Stereobate vor, daß sie um die Hälfte dicker sein sollen als die Säulen[59]. Zieht man die für die Sockelauflager angelegte Fundamentzone der Stereobate ab (vgl. S. 141), so ergibt sich eine halbe Fundamentbreite von 1,50 m. Dieses Maß findet sich auch in der Dimensionierung des Stereobates der östlichen Tempelfront wieder (= 3,00 m), der ausschließlich als Auflager der östlichen Säulenfront gedient hat. Demnach könnte der untere Säulendurchmesser 1,50 m betragen haben. Nach Vitruv läge damit ein Grundmaß für den Bau des Tempels fest[60]. Umgekehrt läßt sich aber bei der Kenntnis der Frontlänge des Tempels und der Anzahl der 8 Frontsäulen aus dem vitruvschen Teilungsmaß nur der Grundmodul des unteren Säulendurchmessers mit 1,14 m ermitteln, ein Maß, das sicherlich bei der Größe des Tempels wenig wahrscheinlich ist[61].
Die aus dem Grundriß erschlossenen Säulenachsen und die aus dem östlichen Stereobat rekonstruierten Säulendurchmesser ergeben ein Interkolumnium, das die Art des Tempels festlegt. Demnach handelt es sich um einen Pyknostylos, einen Tempel mit dichter Säulenstellung[62]. Die Säulenhöhe eines Pyknostylos soll 10 Teilen des unteren Durchmessers entsprechen, d. h. einschließlich der Basis des Kapitells wären 15 m zu rekonstruieren[63]. Wenn die Annahme auch hypothetisch bleiben muß, so wird man doch

[58] STOLL, Grabungsbericht S. 61, hier als Anhang auf S. 154 wiedergegeben, sowie Tagebuch, S. 50, Fundnummer 391.

[59] VITRUV IV, 4.1.

[60] VITRUV III, 3.7.

[61] Nach VITRUV III, 3.7 errechnet sich der untere Säulendurchmesser (uSD) wie folgt: Frontlänge 30,00 m abzüglich der Fundamentsvorsprünge und Ausladung der Basen = 2 × (1,05 m) = 2,10 m ergibt 27,90 m : 24,5 = 1,139 m.
Für den 'Hafentempel' der CUT ergibt sich folgende Rechnung: Bekannt sind die Frontlänge mit 24,60 m, die Vorsprünge einschl. der Ausladung der Basen betragen 2 × (1,50 m) = 3,00 m und der uSD 1,34 m. Bei einem Teilungsmaß von 18 für einen hexastylen Tempel würde sich ein uSD nach Vitruv mit 1,20 m gegenüber einem ursprünglich vorhandenen von 1,34 m ergeben. Für das Pantheon ergäbe sich nach Vitruv bei einer Breite des Pronaos von 34,07 m abzüglich der Basenüberstände (jeweils 0,50 m zum uSD von 1,48 m) ein uSD von 1,35 m. Aus diesen Vergleichen wird deutlich, daß die Vitruvschen Vorschriften in der Anwendung kaum sehr streng befolgt sein können.

[62] VITRUV III, 3.1 – 2.

[63] VITRUV III, 3.10.

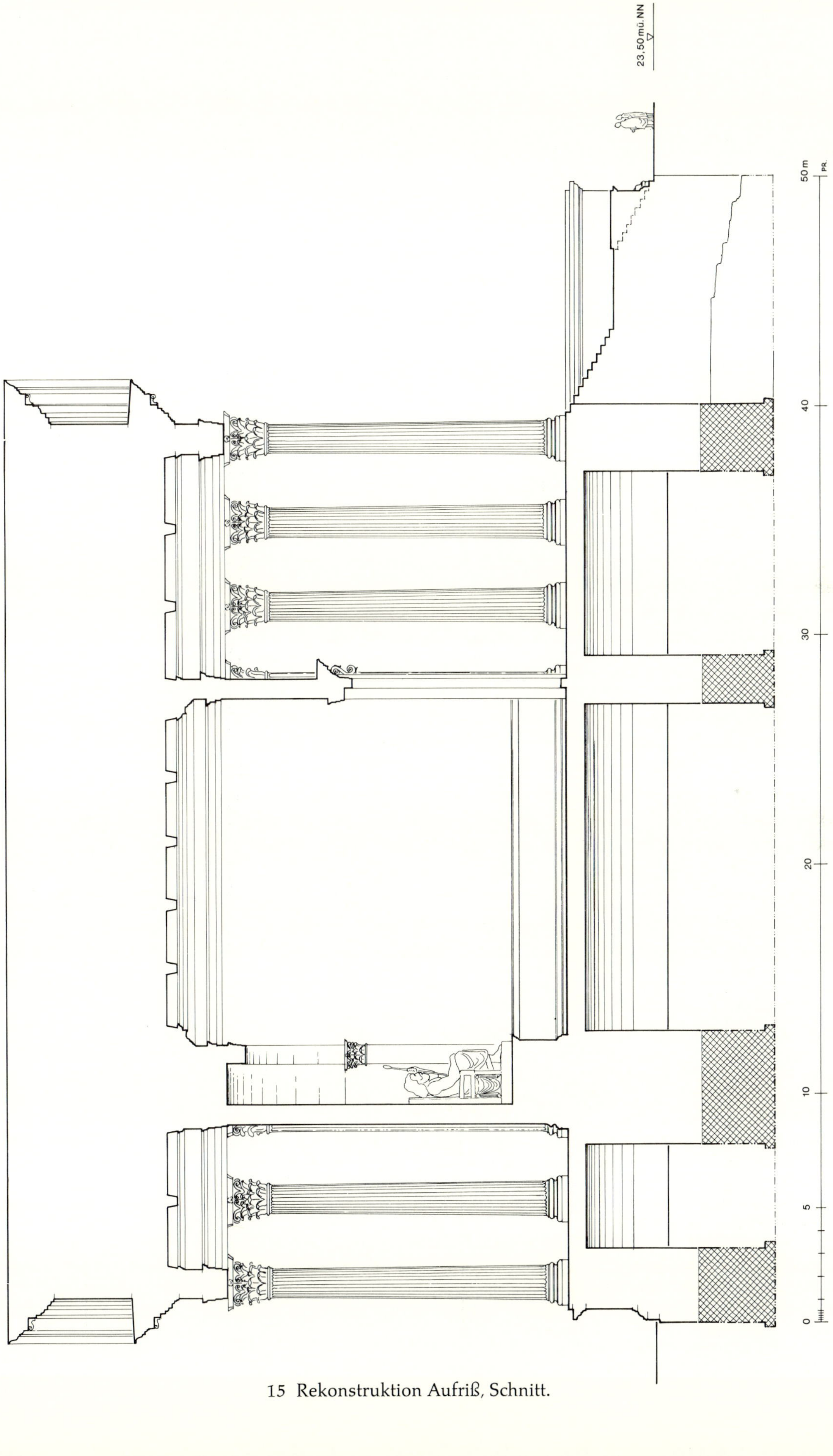

15 Rekonstruktion Aufriß, Schnitt.

davon ausgehen dürfen, daß der Tempel in korinthischer Ordnung errichtet worden ist. Hypothetisch bleiben muß auch die Gliederung über dem Kapitell. Wenn auch Vitruv genau vorschreibt, wie die Bauglieder über den Säulenkapitellen ausgebildet sein sollen, so wird man die vitruvschen Regeln nur in den seltensten Fällen im vollem Umfang an bestehenden Bauten nachweisen können[64]. Bei der Rekonstruktion des Tempels werden deshalb für den Architrav und für den Fries jeweils ungefähr 3/4 unterer Durchmesser (u. D.), etwa 2,85 m, und für das Hauptgesims 1 u. D., 1,50 m, angenommen[65]. Auch bei der Bemessung des Giebelfeldes wird man, wie bereits Durm festgestellt hat, Vitruv nicht unbedingt folgen können. Seine Proportionsangaben würden zu einem niedrigen Giebelentwurf und damit zu flacher Dachneigung (ca. 12°) führen[66]. Die Höhe des Giebelfeldes wurde deshalb mit 20° Dachneigung steiler angelegt, nicht zuletzt um eine bessere Ableitung des Niederschlagwassers zu gewährleisten[67].

Die aus dem Grundriß und den im wesentlichen durch Vitruv vorgegebenen Proportionen für die Ausbildung der einzelnen Bauglieder entwickelte Rekonstruktion des Capitols der CUT kann nur als ein Massenmodell verstanden werden. Im Gegensatz zum 'Hafentempel', von dem für die Rekonstruktion entscheidende Bauglieder und Einzelmaße erschlossen werden konnten und dessen Rekonstruktion auf gesicherten Detailfunden beruht[68], gibt es für die Rekonstruktion des Capitols bisher keinen Architekturfund vom Aufgehenden, so daß der Aufriß des Tempels mehr oder weniger vage bleiben muß. Es bleibt zu hoffen, bei zukünftigen Untersuchungen in diesem Bereich doch noch entsprechende Funde bergen zu können.

DER TEMPELBEZIRK

Die Untersuchungen an der Umbauung des Tempelbezirks erstrecken sich, wie oben dargelegt wurde, über einen Zeitraum von mehr als 150 Jahren (Abb. 1). Die älteste Aufzeichnung findet sich bei Houben in der Vignette seines Fundstellenplanes[69]. Auch der dort dargestellte Bauteil B wurde bereits in anderem Zusammenhang eingehend untersucht und der Süd-West-Ecke der Tempelhofumbauung zugeordnet. Beim Bau der vormaligen Reichs- und heutigen Bundesstraße 57 wurde im Jahre 1927 an der Nord-Ost-Ecke sowie der Ostfront ein umfangreicher Baubefund freigelegt, der erst von Hinz mit seinen eigenen Beobachtungen beim Bau eines Fahrradweges an der jetzigen Bundesstraße 57 vorgelegt wurde. Wohl wegen der dabei aufgefundenen lisenengegliederten Mauer möchte Hinz den von Houben aufgedeckten Bauteil B des Vignettenplanes eben dieser Mauer zuordnen[70] (vgl. dazu S. 138 f.).

Bei Untersuchungen am Nebendecumanus auf der Südseite des Tempelbezirks findet Hinz 1962 einige Grauwackemauern, in denen er die Fundierung von Magazinräumen einer Tempelhofumbauung erblickt[71].

Bei Ausschachtungsarbeiten für ein Möbelhaus wird im Jahre 1972 eine parallel zum Cardo maximus verlaufende Nord-Süd-Mauer angeschnitten, die aufgrund ihrer Breite von 1,60 m und der noch über 3

[64] Vgl. dazu J. DURM, Handbuch der Architektur II (Stuttgart 1905) 385.

[65] Ähnliche Proportionierungen weisen beispielsweise der Bacchus-Tempel in Baalbek, KRENCKER a.a.O. (Anm. 54) Abb. 6, die Maison Carrée in Nîmes, vgl. R. AMY und P. GROS, La Maison Carrée de Nîmes (Paris 1979) Taf. 20 oder der Capitolstempel in Brescia (Anm. 55), vgl. Museo Bresciano a.a.O. (Anm. 55) Taf. 6, auf.

[66] DURM a.a.O. (Anm. 64) 385; VITRUV V, 5.12.

[67] Die Giebelschrägen der Maison Carrée in Nîmes betragen 19°, die des Kapitols in Brescia 20°, die des Pantheons in Rom 23°.

[68] G. PRECHT, Zur Rekonstruktion und Sicherung des 'Hafentempels' in der Colonia Ulpia Traiana (CUT), in: Colonia Ulpia Traiana. 6. Arbeitsbericht zu den Grabungen und Rekonstruktionen (Bonn 1984) 22.

[69] Vgl. Anm. 1.

[70] HINZ a.a.O. (Anm. 2) 190 ff.

[71] HINZ a.a.O. (Anm. 2) 103 u. 190. Aufgrund der von Hinz kartierten und dargestellten Baubefunde (vgl. HINZ a.a.O. Bild 3) kann es sich nur um eine zur jüngeren Tempelhofumbauung gehörende Bauperiode handeln, da sie mit ihren kammerartigen Räumen in die Porticuszone reicht. Ein ganz ähnlicher Befund wurde 1982 an der Nord-Ost-Ecke der Capitolsinsula festgestellt. Vgl. dazu Anm. 74.

Meter tief erhaltenen Fundierung nur zur Umbauung des Tempelbezirks gehört haben kann[72]. Bereits Hinz hatte diese Mauer angeschnitten[73]. Ein mehrere Meter langes Teilstück dieser Mauer hat sich noch im Keller des Nachbarhauses erhalten.

Im Rahmen einer gezielt angesetzten Untersuchung zur Klärung der städtebaulichen Zusammenhänge von Forum und Capitol wurde 1982 die Nord-Ost-Ecke der Capitolsinsula untersucht[74]. Wenn auch die Bearbeitung des Grabungsbefundes noch aussteht, so kann der seinerzeit aufgedeckte Baubefund zur Erhellung der Bauperiode auf der Insula 26 und zur Skizzierung der Umbauung des Tempelbezirks herangezogen werden.

In den von D. v. Detten dargestellten Mauern der Bauperiode B1 erkennt man u. a. deutlich die bereits in den Jahren 1927 und 1962 angeschnittene lisenengegliederte Mauer wieder (vgl. Abb. 10)[75]. Parallel zu dieser verlief im Abstand von 16,00 m eine weitere lisenengegliederte Mauer[76]. Beide Mauern stehen mit einer dritten ost-west verlaufenden lisenengegliederten Mauer im Verband. Die jeweiligen Ecken sind durch kräftige Mauerwerksvorlagen verstärkt. Alle drei Mauern bestehen aus Grauwackeschalen in Opus incertum mit einem Kern aus Opus caementitium. Anordnung und Ausbildung der Lisenen deuten auf Bauveränderungen bzw. auf eine Bauerneuerung hin. Weitere Umbauten und Erneuerungen spiegeln sich in den Bauperioden B2 – B5 wider. Wenngleich sie im Rahmen dieser Untersuchung nicht weiter analysiert werden sollen, so ist jedoch darauf hinzuweisen, daß sie der Porticusüberbauung an der Süd-Ost-Ecke der Insula zu entsprechen scheinen[77].

Aus der Befundkartierung dieser Steinbauperiode B1 ergibt sich zweifelsfrei, daß der von Houben publizierte Bauteil B aus der o. a. Vignette nicht mit diesem Bauteil identisch sein kann, worauf bereits hingewiesen wurde. Zum anderen gehören diese lisenengegliederten Mauern nicht zu einer Tempelhofmauer, wie v. Detten noch annahm[78], sondern zu einer Tempelhofumbauung, die monumentale Ausmaße gehabt haben muß.

Der bereits jetzt sichtbare Grundrißbefund deutet auf eine gewaltige Halle, die sich auf der gesamten Länge von ca. 120 m auf der Nordseite der Capitolsinsula erstreckt haben dürfte. Ihre Breite betrug 16,00 m. Sie war auf ihren Außen- wie Innenwänden, ob gleichzeitig ist noch fraglich, mit Lisenen gegliedert. Hinweise auf eine Stützkonstruktion innerhalb der Halle fehlen noch, doch wäre beispielsweise eine stützenfreie Dachkonstruktion aufgrund der Fundamentausbildung ohne weiteres denkbar. Da in Verlängerung der Ostfront dieser Halle südlich bisher keine zugehörigen Bauteile aufgefunden wurden, muß zunächst davon ausgegangen werden, daß der Tempelbezirk zur Ostseite offen war oder nur mit einer transparenten Porticus begrenzt wurde. Erst später scheint man ihn geschlossen zu haben[79].

Der lisenengegliederten Nordhalle muß eine ganz ähnliche auf der Südseite entsprochen haben. Diesen Schluß macht nicht nur die der Gesamtanlage zugrundeliegende Symmetrie sinnfällig, sondern vor allem der bereits von Houben publizierte Bauteil B, der, wie oben dargelegt, der Süd-West-Ecke zugewiesen werden konnte.

Von der westlichen Begrenzung des Tempelbezirks ist nach den Untersuchungen von 1962 und 1972 bisher eine tief fundierte starke Grauwackemauer gesichert[80], der im Abstand von ca. 7,50 m eine Parallelmauer entsprochen haben muß. Eine große Schuttzone im Untersuchungsbereich von 1972 läßt sich wahrscheinlich mit dieser (ausgebrochenen?) Mauer in Zusammenhang bringen (vgl. dazu S. 132 f.).

[72] Grabungstagebuch 1972 der Colonia Ulpia Traiana, Schnitt 72/1; Bonner Jahrb. 174, 1974, 642 f.

[73] HINZ a.a.O. (Anm. 2) 184.

[74] D. V. DETTEN, Die Kapitolsgrabung 1982 in der CUT mit einem Nachtrag von G. PRECHT, in: Colonia Ulpia Traiana. 6. Arbeitsbericht zu den Grabungen und Rekonstruktionen (Bonn 1984) 32 – 35.

[75] V. DETTEN a.a.O. (Anm. 74) Abb. 31.

[76] V. DETTEN a.a.O. (Anm. 74) 35, Nachtrag PRECHT; die ebd. angeführte Hallenbreite von 13,50 m ist durch einen Druckfehler verfälscht.

[77] HINZ a.a.O. (Anm. 2) 96 ff., ebd. Abb. 3.

[78] V. DETTEN a.a.O. (Anm. 74) 34.

[79] Vgl. dazu V. DETTEN a.a.O. (Anm. 74) Abb. 31.

[80] Vgl. Anm. 72, 73.

Faßt man die sich über einen Zeitraum von mehr als 150 Jahren erstreckenden Beobachtungen zusammen, so läßt sich in groben Zügen die Tempelhofumbauung wie folgt skizzieren: Auf der Nord- und Südseite wurde der Tempelhof von 16 m breiten und ca. 120 m langen Hallen, auf der Westseite von einer etwa 10 m breiten Halle begrenzt. Über ihre Höhe läßt sich, solange ihre Innengliederungen nicht bekannt sind, wenig sagen. Ihre Traufhöhen werden aber, berücksichtigt man ihre Breitenabmessungen, sicher nicht unter 7,50 m, sondern eher darüber gelegen haben. Wie das leicht nach Westen hin steigende Gelände in der architektonischen Gestaltung der über 120 m langen Hallen auf der Nord- und Südseite der Insula gelöst wurde — denkbar wäre beispielsweise eine leichte Staffelung dieser Gebäudeteile —, muß hypothetisch bleiben. Ein östlicher architektonischer Abschluß der Capitolsinsula hat sich bisher nicht sicher nachweisen lassen[81]. Da eine vollständige Öffnung des Capitols zu einem Nebencardo jedoch kaum denkbar erscheint, muß erwogen werden, ob der Tempelhof zur Ostseite nicht mit einer transparenten Porticuszone oder mit einem gegenüber den Hallenfronten nach Westen eingerückten Baukörper oder mit einer Mauer geschlossen gewesen sein könnte.

Mittig in diesem zumindest auf drei Seiten durch hallenartige Bauwerke begrenzten Tempelhof stand, nach Osten ausgerichtet, der Tempelbau. Die monumentale Ausbildung der den Tempel auf der Nord- und Südseite flankierenden Hallen macht deutlich, daß eine städtebauliche Verbindung mit der nördlich anschließenden Forumsinsula nicht bestanden hat. Obwohl der Tempel mit seinen flankierenden Hallen wie auf eine 'Point de vue' hin angelegte Platzbebauung konzipiert erscheint, wendet er sich vom Forum ab und wird durch den Nebencardo und die monumentale Nordhalle architektonisch von diesem völlig isoliert.

Die Grundrißdisposition von Tempel und Forum ist ungewöhnlich. Beide Anlagen scheinen somit ohne eine architektonische städtebauliche Zuordnung geplant und errichtet worden zu sein. Eine direkte Parallele läßt sich nicht anführen. Hinzuweisen wäre in diesem Zusammenhang vielleicht auf die dem Forum von Lugdunum Convenarum (St. Bertrand de Comminges) vorgelagerte Tempelanlage[82]. Wie in Xanten ist der Tempel nicht auf das Forum ausgerichtet, sondern wendet sich, obwohl beide Anlagen zu einer Längsachse angeordnet sind, von diesem ab. Möglicherweise wurde auch hier wie in Xanten der Ausrichtung des Tempels nach Osten bzw. Südosten die größere Bedeutung zugemessen. Die Planung für die Tempelinsula der CUT führte schließlich zu einer wenig überzeugenden städtebaulichen Gestaltung des Zentrums dieser Stadt.

Seit der zusammenfassenden Darlegung der Befunde in der Insula 26 durch Hinz sind keine neuen epigraphischen Quellen erschlossen worden[83]. Hinz wie zuvor Stoll möchte aufgrund der Grundrißausbildung den Grabungsbefund als Capitolstempel deuten[84]. Wie die Untersuchung jedoch ergeben hat, läßt sich aus dem Grabungsbefund kein dreizelliger Tempelgrundriß ableiten, so daß die Deutung auf einen Tempel der kapitolinischen Trias sich aus dem Grundriß zwingend nicht begründen läßt.

Einzig die Lage im Zentrum an höchster Stelle der Stadt sowie die Nachbarschaft zum Forum können für die Deutung als Capitol herangezogen werden[85]. Doch ebenso ließe sich der Tempel mit dem Kaiserkult des Stadtgründers in Verbindung bringen.

Für die zeitliche Einordnung des aufgedeckten Tempels haben sich bei den jüngsten Untersuchungen im Schnitt 89/1 keine neuen Hinweise ergeben. Eine Sigillata-Tasse aus der Baugrubenverfüllung vor der Tempelfront im Ansatz der Treppe bestätigt die bisherige Datierung des Tempels nach der Mitte des 2. Jahrhunderts[86].

[81] Die bei HINZ a.a.O. (Anm. 2) Abb. 43 dargestellten Mauerwerksbefunde gehören, wie v. Detten glaubhaft machen konnte (vgl. V. DETTEN a.a.O. [Anm. 74] 34 Abb. 31), einer späteren Bauperiode an.

[82] A. GRENIER, Manuel d'archéologie Gallo-Romaine, 3.1 (1958) 327–341.

[83] HINZ a.a.O. (Anm. 2) 195.

[84] HINZ a.a.O. (Anm. 2) 195 und STOLL a.a.O. (Anm. 2) 188.

[85] VITRUV I, 7.1.

[86] Nach der freundlichen Bestimmung durch Herrn U. Boelicke handelt es sich um eine Sigillata-Tasse Drag. 33; vgl. dazu auch STOLL a.a.O. (Anm. 2) 188.

ANHANG

Im folgenden wird der von H. Stoll nach den Grabungstagebuchnotizen verfaßte und bisher nicht veröffentlichte Grabungsbericht wiedergegeben. Anmerkungen des Verfassers ergänzen bzw. korrigieren diesen Bericht.

Schnitt XX.

Profil nicht gezeichnet. Der gewachsene Boden ist hier ein staubfeiner hellgelber Sand, fast völlig tonfrei. Ohne jede Schichtung bildet er unruhige Rücken in NS Richtung, also vom W Wind angewehter Dünensand. Darauf liegen am nördl. Schnittende in 21,4 m ü. NN zwei Kulturschichten 15 bzw. 22 cm dick. Zwischen beiden ist ein 6 cm dicker Strassenkörper aus dunkelgelbem Sand mit grobem Quarzschotter, der nach N rasch auskeilt. Die Oberkanten der Kulturschichten liegen bei 21,7 bzw. 22,8 m ü. NN. 2 m vom nördl. Schnittende entfernt, ist nur noch eine einheitliche Kulturschicht von 26 cm Dicke vorhanden. Beide Schichten enthalten vorwiegend Scherben des 1. Jahrh. In der Schnittmitte entwickelt sich daraus eine graue Schuttschicht mit Quarzgeröll, Ziegelbrocken und wenigen Scherben des 1. und 2. Jahrh., die Schicht erreicht bis zu 0 ,8 m Dicke, ist mehrfach gestört und stark zertreten, die Mächtigkeit wechselt rasch von 0,45 bis 0,7 m wegen der unruhigen Auflagefläche auf dem gewachsenen Dünensand. Die Oberkante dagegen liegt horizontal, ist aber keine scharfe Schichtgrenze gegen die darüber folgende Lehmaufschüttung. Weiter nach O nimmt die Mächtigkeit bis auf 0,9 m zu, der Schutt wird immer gröber, und dazwischen liegen unruhige Schichten von sehr feinem graugelbem Sand und eine 10 — 12 cm dicke Schliere aus gelbem Lehm. Außer Scherben enthält die Schicht von da ab in zunehmender Menge zerschlagene Tierknochen, 2,8 m vom südl. Schnittende entfernt eine 6 cm dicke Schicht solcher Knochen. Die Farbe wird rasch dunkler wegen Beimischung zahlreicher Holzkohlenstückchen, die besonders im oberen Teil der Schicht angereichert sind. Dann entwickelt sich gegen S aus der Knochenschicht eine bis zu 0,5 m dicke Schuttschicht, hellgrau mit kleinen Schieferbrocken, Ziegel-, Mörtel- und Kalkbruchstückchen und Scherben des 2. Jahrh., unmittelbar auf dem gewachsenen Sandboden.
Über diesen Schutt- und Kulturschichten liegt im ganzen Schnitt eine Aufschüttung aus gelbem sandigem Lehm, durch Eisen ockergelb gefärbt, mehrfach gestört und in Schlieren durcheinander gemengt. Vor allem an den Schichtgrenzen sind dicke Streifen von Eisenocker. Die Schicht geht ohne klare Trennung aus der darunter liegenden Schicht hervor und verschwimmt ebenso gegen oben in den humusreicheren Ackerboden. Die Grenze von Lehm gegen Humusboden liegt am S Ende des Schnittes etwa bei 22,4 m ü. NN, am N Ende bei 22,8 m ü. NN.

Anm. zu Schnitt XX (neu 35/20)
Während der Untersuchungen am Schnitt 89/1 konnte eindeutig geklärt werden, daß der Schnitt 35/20 zwischen den beiden Treppenwangen des Tempelpodiums angelegt worden ist. Im Schnittbereich kann von Stoll seinerzeit nur die Verfüllung der Baugrube vor der Ostmauer des Tempels aufgedeckt worden sein (vgl. S. 131 ff. und Abb. 5). Seine Schichtbeschreibung ist identisch mit den in Schnitt 89/1 angetroffenen Einfüllschichten (Lehm, lehmiger/sandiger Schutt). Bei dem als Straßenkörper gedeuteten Quarzschotter dürfte es sich um sog. Werkzoll, der beim Zuschlagen von Natursteinen entsteht, gehandelt haben. Dieser wurde auch im Schnitt 89/1, vor allem in der Süd-Ost-Ecke von Treppenwange und Ostmauer, gefunden und ist als Verfüllmasse mit in die Baugrube eingebracht worden. Z. Zt. noch nicht zu deuten sind die Tierknochenfunde. Die Schuttschicht am südlichen Schnittende könnte mit der teilweise ausgebrochenen südlichen Treppenwange zusammenhängen (vgl. Abb. 2). Die Höhenangaben sind um 18 cm zu erhöhen. Vgl. dazu Anm. 36.

Schnitt XXIII.

Der gewachsene Boden hat eine ähnliche Beschaffenheit wie in Schnitt XX, der Sand ist jedoch stellenweise grobkörniger. Die Schichtung ist unruhig und die Oberfläche verläuft wellenförmig. Nur in der Schnittmitte ist der Sand streckenweise horizontal geschichtet und wechselt mit dünnen grünen Tonschichten. In diesen Boden sind zahlreiche unregelmäßige Schuttgruben verschiedenen Alters eingegraben. Am westl. Schnittende ist in 22,8 m ü. NN ein Stück der alten Oberfläche aus dunkelbraunem Sandhumus erhalten, ebenso am östl. Ende in 23,15 m ü. NN. Im W. ist in diese Oberfläche die Fundamentgrube einer Mauer eingeschnitten, in der noch der Rest einer Steinstickung erhalten war, überlagert von einem Band blaugrünen Tones, 2,35 m unter dem jetzigen Niveau. Darüber lag eine dunkelbraune Schuttfüllung mit Stein- und Ziegelbrocken, zahlreichen Scherben, darunter ein fast ganz erhaltener Topf aus violettem Ton, ein bronzener Halsreif, eine Bronzenadel und ein Tonlämpchen mit Stempel FORTIS. Der Schutt ist muldenförmig eingelagert. Steil gegen die Mitte zu einfallende gelbe Sandstreifen zeigen die rasche Zufüllung der Grube an. In 1 m Tiefe unter dem jetzigen Niveau ist diese schräge Schichtung durch eine horizontal liegende schwarze Schuttschicht abgeschnitten. An der Grenze vom braunen zum schwarzen Schutt lag ein schräg eingeschütteter 0,2 m dicker Haufen Ziegelbrocken. Daneben war am westl. Schnittende ein etwas ruhigeres Profil zu sehen. Über der alten Oberfläche folgte: brauner Schuttboden mit Ziegelbrocken im Wechsel mit lockeren gelben Sandschichten, insgesamt 1,05 m mächtig, darüber noch 0,6 m Humus. Unmittelbar daneben, in der SW Ecke des Schnittes, griff dagegen ein neuzeitliches Schuttloch mit lockerer dunkler Füllung bis 1,1 m Tiefe unter das jetzige Niveau hinab. Zwischen m 9 und 11,5 wurde das Profil ruhiger. Die Schichtgrenze zwischen braunem und dunklem Schutt ging in 23,4 m ü. NN einigermaßen gleichmäßig durch. Auf dieser Grenze lag das Bruchstück einer Säulenbasis aus feinkörnigem weißem Sandstein. Darüber wurden im Schutt zahlreiche Bruchstücke von Wandplatten und Gesimsen aus Kalkoolith und Mörtelbrocken mit roter und schwarzer Bemalung gefunden. Die darunter liegende braune Schuttschicht wechselt wegen der unruhigen Oberfläche des Sandes von 0,6 bis 1 m Dicke. Gegen den braunen Humussand der alten Oberfläche ist dieser ältere Schutt nicht klar abzugrenzen. Zwischen m 14 — 18 wurde an der N Seite des Schnittes eine flach einfallende Schuttgrube angefahren. An der W Seite lag darin eine dünnschichtige Ablagerung von hellem Sand im Wechsel mit braunem humusreichem Sand. Die übrige Grubenfüllung bestand aus dunkelbraunem Boden mit grobem Bauschutt, der mehr als 2 m unter das jetzige Niveau hinabreichte. In 0,8 m Tiefe wurde diese Schuttfüllung horizontal abgeschlossen durch eine 15 cm dicke, dunkelgraue, tonige Schuttlage mit viel Holzkohle, 23,25 m ü. NN. An der südl. Schnittwand folgten nach O einige kleinere Schuttlöcher, z. T. einander überschneidend. Die älteren waren mit braunem Schutt gefüllt, in den die dunklere Füllung der jüngeren Gruben eingriff. Der Schutt bestand aus Stein- und Ziegelbrocken, Quarzschotter und zahlreichen Scherben, darunter fast ganz erhaltene Töpfe. Gegen das O Ende des Schnittes wurde an der N Wand eine mehr als 2 m tiefe Grube durchschnitten, die mit steilen Wänden in den gewachsenen Boden eingegraben war (wegen Einsturz nicht mehr im Profil gezeichnet). Zu unterst lag eine braune Sandfüllung mit vielen Scherben, darüber eine dunklere Füllung mit Bauschutt, dann ein Wechsel gelber Sandbänder von 2 — 10 cm Dicke mit braunem Bauschutt, darin viel Stein- und Ziegelbrocken und Scherben. An der O Kante griff dieser Schutt bis 1,6 m Tiefe unter das jetzige Niveau hinab. Darüber folgte der übliche dunkle Humusboden, der im W und O des Schnittes in 4 — 5 m breiten Gruben bis 1,1 bzw. 1,5 m Tiefe hinabreichte. Die Scherben aus den verschiedenen Gruben sind ein Gemisch früher Keramik mit späterer (Tageb. Nr. 395, 401). Die Scherben des 1. Jahrh. wurden vorwiegend in den östl. Schuttgruben gefunden (Tageb. Nr. 399), die Scherben aus der Zeit der Colonia Ulpia Traiana im ganzen Schnitt. In der großen Schuttgrube am W Ende des Schnittes lag unter der Ziegelschicht fast ausschließlich Keramik des frühen 2. Jahrh. (Tageb. Nr. 396).

Anm. zu Schnitt XIII (neu 35/23)
Vgl. dazu Ausführungen S. 132 ff. Zu den Höhenangaben siehe Anm. 36.

Grabung innerhalb der alten Burg

Zur Feststellung des Grundrisses des schon länger bekannten Gebäudes, genannt die 'alde Börg' wurden in dem unübersichtlichen Gelände 21 Suchschächte und der kurze Schnitt XXIV angelegt. Zunächst wurden in dem mit ganz modernen Schutt gefüllten Raum e (s. Plan) die Ecken freigelegt. Die Kanten der Mauern sind hier bis in sehr verschiedene Tiefen abgerissen; sie bestehen aus gleichmäßig aneinander gesetzten Grauwackeblöcken von einigermaßen rechteckiger Form, dazwischen weite Fugen. Die Mauerkerne aus groben Schiefer- und Grauwackeblöcken in viel weißem Kalkmörtel sind bis in größere Höhe erhalten geblieben. An der südl. Mauer wurde ein Schacht bis zur Unterkante des Fundaments gegraben (Taf. 15.2). *Der gewachsene Boden ist ein sehr lockerer Sand, überaus feinkörnig, hellgelb bis hellgrau. In diesen leicht rutschenden Boden war für die schwere Mauer zunächst ein Fundament aus mehreren Reihen dicht beisammen stehender Eichenpfähle von 13—16 cm Dicke hergestellt worden. Darauf lag eine Stickung aus kleinen Steinbrokken und Quarzschotter in grünem Ton 38—45 cm stark. Darauf saß die 1,9 m hohe Grundmauer, Unterkante bei 18,65 m ü. NN. Die Mauer war aus glatt aufeinander gelegten Grauwacke- und Schieferblöcken gebaut, in den unteren Lagen mehr plattige, gegen oben mehr dickbankige Stücke, insgesamt 12 Lagen. Die Grenze gegen das aufgehende Mauerwerk ist ein 10 cm breiter Absatz in 20,55 m ü. NN, also 1,85 m unter dem jüngeren römischen Niveau in den Schnitten XX und XXIV. Das aufgehende Mauerwerk war ebenso wie die Grundmauer aus unbehauenen Grauwackeblöcken aufgesetzt, jedoch sorgfältiger als diese.*

Die Dicke der inneren Mauern beträgt durchweg 2,1 m, die Bauart ist überall die eben beschriebene. An der W Seite von Raum e ist in derselben Bauart ein Mauerklotz von 15 m Länge und 5 m Dicke aufgeführt worden, erhalten bis 24,23 m ü. NN, also 3,68 m über die Oberkante des Fundaments. Die anderen Mauern sind sehr verschieden tief ausgerissen. Im O Teil des Bauwerks wurden sie meist um 22 m ü. NN erreicht, zwischen den Räumen a und d erst bei 21 m ü. NN. Im W wurde die Mauer zwischen den Räumen h und i freigelegt. Sie hatte die übliche Breite von 2,1 m und war schräg gegen W abgerissen bis in die Tiefe von 21,7 m ü. NN. Dasselbe Ergebnis hatte ein Schnitt quer über die Mauer zwischen den Räumen b und c. Die Aussenmauer des Gebäudes wurde ausser in Schnitt XXIV neben Raum b untersucht. Sie hatte hier am O Rand 3 m Breite, war wie üblich aus groben Schieferblöcken gebaut und bis auf eine glatte Mörtelfläche in 21,7 m ü. NN abgerissen. Darüber lag viel Schieferschutt in braunem Schuttboden. In der SW Ecke von Raum f zeigte die Außenmauer im Kern eine eigenartige Biegung gegen die W Mauer. Da in dem engen Suchschacht die Mauerkante nicht erreicht werden konnte, bleibt es unklar, ob die Ecke abgerundet war oder nur der Mauerkern eine Unregelmäßigkeit hatte. Die westl. Außenmauer, an der Grenze der Räume h und i geschnitten, hat eine Dicke von 3,3 m. Sie war bis 21,7 m ü. NN abgerissen. Ein Probeschacht vor der SW Ecke des Gebäudes erreichte unter 2,4 m Schutt mit braunem Sand den gewachsenen hellgelben Sandboden in 22,2 m ü. NN.

Über den ausgebrochenen Resten der Mauern neben den Räumen h und i liegt viel grober Bauschutt, vor allem Mörtelbrocken. Auch innerhalb des Baues wurde immer nur derselbe humusreiche Schutt mit Steinmörtel- und Ziegelbrocken angetroffen. Darin lagen wenige römische Scherben aus der Zeit der Colonia Ulpia Traiana und zahlreiche neuzeitl. Scherben vom 16.—20. Jahrh. bis hinab zum gewachsenen Boden. In Raum e reichte die neuzeitl. Verwühlung sogar unter die Oberkante der Grundmauer hinab bis 18,6 m ü. NN. Der neuzeitl. Schutt geht hier bis an die Stickung der Mauer heran. In den SW und NO Ecke des Raumes e lagen große Mengen römischer Ziegelbrocken. In der NW Ecke ist auf den alten Mauerrest ein neuzeitl. Mäuerchen aus Backsteinen aufgesetzt.

Anm. zu ‚Grabung innerhalb der Alten Burg'
Vgl. dazu Abb. 2.
Die von Stoll so bezeichneten 'Schiefer'blöcke dürften wohl identisch sein mit schiefrigen Grauwackesteinen, nicht aber mit dem zu Dacheindeckungen verwendeten ölhaltigen Schiefergestein. Die Länge des Mauerklotzes an der Westseite des Raumens beträgt einschließlich der Raumbegrenzungsmauern 14 Meter (nicht 15 Meter).
Zu den Höhenangaben siehe Anm. 36.

Schnitt XXIV.

Außerhalb des Baues wurde der gewachsene hellgelbe Sandboden mit der alten Oberfläche aus braunem humusreichem Sand in 22,15 m ü. NN erreicht. Darüber lag eine 25 cm dicke Brandschicht, dunkler Sand mit Holzkohle, nach beiden Seiten rasch auskeilend. In dieser Schicht wurden Sigillatascherben der ersten Hälfte des 2. Jahrh. gefunden (Tageb. Nr. 411). Darüber folgte eine 0,2 m dicke Lage gelben Sandes, das spätere römische Niveau in 22,4 m ü. NN. Darauf lagen noch 0,3 m brauner Sand, der mit der ebenso beschaffenen Füllung der Baugrube der Außenmauer zusammenhing. Von den älteren Schichten war ein Block abgebrochen und in die steil eingegrabene Baugrube eingerutscht. Zudem war die Brandschicht in die Grube hereingeschleppt. Die Baugrube reichte bis 21,5 m ü. NN hinab. Über der braunen Sandfüllung lagen 0,9 m dunkler Gartenboden mit kleinstückigem Schutt und neuzeitl. Scherben (Abb. 9).
Die Außenmauer hat hier eine Breite von 3,3 m und ist in 1,4 m Tiefe unter dem jetzigen Niveau glatt abgerissen. Bauart üblich, Mauerkern aus viel Schieferbrocken in Kalkmörtel, außen Grauwackeblöcke. Daneben lag in Raum f 2,5 m neuzeitl. Schutt mit Schieferbrocken, Tierknochen, Scherben und zwar wenige römische Scherben der Colonia-Zeit, das Bruchstück einer Theatermaske und zahlreiche neuzeitl. Scherben, z. T. glasiert. Unter dem Schutt folgte gelber Sand mit ebener Oberfläche in 20,5 m ü. NN. Die inneren Mauern des Raumes f waren bis 0,6 m unter der Rasendecke erhalten in der üblichen Breite von 2,1 m. Die Außenseiten waren gleichmäßig aus Grauwackeblöcken aufgesetzt, Unterkante nicht erreicht.

Anm. zu Schnitt XXIV (neu 35/24)
Der gewachsene Boden dürfte, wie verschiedene Beobachtungen ergeben haben, höher als 22,15 m ü. NN gelegen haben (vgl. dazu S. 132 ff.). Unklar ist, ob über dem gewachsenen Sand eine braune humusreiche Sandschicht folgt oder ob in dieser Schicht die Brandreste eingebettet sind. Die zeichnerische Profilaufnahme (Original) weist eine ca. 10 cm hohe schwarze (Brand-)Schicht über dem braunen humusreichen Sand auf. In dieser braunen Sandschicht sind nach der Zeichnung dunkle (Brand-?)Spuren eingebettet. Weitere Schichten, wie im Text beschrieben, sind aus der zeichnerischen Profilaufnahme nicht zu erkennen. Sie sind, wie aus dem Grabungstagebuch auf S. 57 hervorgeht, beobachtet worden. Die Profilzeichnung ist hier als Abb. 9 dokumentiert. Zu den Höhenangaben vgl. Anm. 36.

Überblick über die Ergebnisse in der alten Burg.

Zusammenfassend kann Folgendes gesagt werden. Die sog. Alte Burg ist ein ungewöhnlich festes Bauwerk von regelmäßigem Grundriß. In symmetrischer Anordnung liegen dreimal drei Räume hintereinander. Die Außenmauer hat 3 — 3,3 m Dicke, die inneren Mauern durchweg 2,1 m. Sämtl. Mauern sind auffallend tief fundamentiert. Soviel sich bis jetzt erkennen läßt, hat der Bau folgende Entstehungsgeschichte. Auf der ganzen Fläche gab es vorher keine andere Siedlung. Der Platz lag außerhalb der vortraianischen Siedlung, die in 70 m Entfernung nördl. davon in Schnitt XXV mit 5 Brandschichten voll ausgebildet war. Hier lagen nur zahlreiche Schuttgruben des 1. Jahrh. und späterer Zeit. Bei der Anlage der Colonia Traiana wurde offenbar dieser Platz absichtlich von Bebauung frei gehalten. Vielleicht wurde dann schon vor dem Bau der jetzt noch sichtbaren Alten Burg ein ebenso massiger und tief fundamentierter Bau errichtet. Dies deutet der ältere Baurest in Raum d an, dessen Unterkante bei 21,52 m ü. NN, also höher als die Unterkante der Alten Burg liegt. Andere Reste des älteren Baues wurden jedoch vorerst nicht angetroffen. Der Bau brannte offenbar ab (s. Brandschicht an der S Seite), darauf wurden die Grundmauern der heute noch vorhandenen Alten Burg gebaut, nach Ausweis der Sigillatascherben aus der Baugrube in Schnitt XXIV um die Mitte oder in der 2. Hälfte des 2. Jahrh. Mit Recht weist de Groot in diesem Zusammenhang auf die Bauinschrift aus Xanten hin, nach der unter Marc Aurel und Lucius Verus eine schola und andere Gebäude, die verbrannt waren, wieder hergestellt wurden (CIL XIII, II, 2 Nr. 8643). Für den Bau wurde eine tiefe Grube ausgehoben, das ausgehobene Material ringsum aufgeschüttet. Dadurch erklärt sich am besten die sandige Lehmaufschüttung über der römischen Kulturschicht in Schnitt XX bis 22,4 m ü. NN, also 1,4 m über dem gewachsenen Boden. Die Schwere eines hohen Oberbaues erklärt die ungewöhnlich starken Grundmauern und die besonders tiefe Fundamentierung (Unterkante der Grundmauer in Raum e bei 18,65 m ü. NN). Dage-

gen muß auffallen, daß die Kante zwischen Grundmauer und Aufgehendem schon bei 20,55 m ü. NN, ebenso der Boden des Raumes f bei 20,5 m ü. NN liegt, also 1,85 — 1,9 m unter der damaligen Oberfläche. Sogar die alte Oberfläche des gewachsenen Bodens liegt über dieser Kante bei 21 — 22,15 m ü. NN. Die Räume a — i waren also gar nicht oberirdisch, sondern Kellerräume, tief unter der römischen Oberfläche. Die symmetrische Anlage und das mächtige Podium zwischen den Räumen e und h legen eine Erklärung des Baues als Tempel nahe, die eigenartige Bauweise mit dickgemauerten Kellerräumen weist dagegen eher auf die Verwendung als Schatzhaus hin. Die Dreiteilung des Baues mit dem starken Podium als Mittelpunkt ist vielleicht auf die Anlage als Kapitol zurückzuführen. Auch die starke Verwühlung im Innern läßt sich am ehesten damit erklären, daß die Bevölkerung späterer Jahrhunderte noch eine gewisse Erinnerung an die frühere Verwendung als Schatzkammer der großen röm. Handelsstadt hatte.

Anm. zu 'Überblick über die Ergebnisse in der Alten Burg'
Die Darstellung beinhaltet die Interpretation der Ausgrabungsergebnisse, die in ähnlicher Aussage im vorläufigen Bericht 'Ergebnisse der Ausgrabungen bei Xanten im Winter 1934/35' von Stoll publiziert wurden (vgl. Anm. 2). Diese Grabungsergebnisse werden im Rahmen der Darstellung der Grabungsbefunde aus den Schnitten 72/1 und 89/1 erörtert (vgl. S. 132 ff.), so daß sich ein Kommentar an dieser Stelle erübrigt. Zu den Höhenangaben vgl. Anm. 36.

REGINA PETERS

Zur Cella-Wandgliederung des Hafentempels der Colonia Ulpia Traiana

In den Jahren 1976 bis 1979 wurden bei Grabungen im Hafentempelbereich der Colonia Ulpia Traiana mehr als 80 Fragmente einer Wandgliederung aus verstucktem Mörtel gefunden.
Darüberhinaus wurden zahlreiche Bruchstücke verschiedenfarbiger Marmorinkrustationsplatten, Profile aus hellem Marmor sowie Wandputzfragmente mit Malerei entdeckt. Sie haben zur Dekoration des sogenannten Hafentempels der CUT aus dem zweiten Jahrhundert n. Chr. gehört.
Eine Reihe von Bauornamentikfragmenten, Basis- und Kapitellteilen aus hellem Kalkstein ließ sich dem Bau nicht eindeutig oder gar nicht zuordnen. An einigen davon hafteten Mörtelreste, so daß an eine Verwendung von Spolien älterer Gebäude beim Tempelbau gedacht werden kann[1].
Unter den Fragmenten der Wandgliederung waren Bruchstücke von Pilastern, Halbsäulen, Architraven und Gesimsen unterschiedlicher Größenkategorien.
Das Material ist grobkörniger, grauer bis graugelber, z. T. rötlicher Mörtel mit zahlreichen kleinen Kieseln, oft Ziegelsplitt oder -mehl. Die Stücke sind meist von grauweißem Stuck überzogen, dessen Farbe auch ins Gelbliche spielen kann. Er dürfte ursprünglich weiß gewesen sein.
Der Mörtel zeigt häufig Schichtungen (z. T. durch Erneuerungen entstanden) und unregelmäßige Verteilung von Kiesel- und Ziegelanteilen. Letztere finden sich besonders in den hintersten Schichten massiverer Stücke.
An einem Fragment haftet an der Rückseite noch eine Ziegelplatte von 2,8 cm Dicke; der Mörtel ist 9,3 cm stark. Auf einigen Profilen ließ sich dunkle und ockerfarbene Bemalung feststellen (K 20; 28 – 31).
Keines der im Katalog aufgeführten Stücke ist exakt geformt. Ihre Details können an verschiedenen Stellen desselben Fragments in den Maßen um viele Millimeter differieren. Viele Kanten sind gebrochen, viele Oberflächen beschädigt, nahezu alle Profile scheinen unvollständig.
Der Hafentempel wurde wahrscheinlich bereits in der Spätantike abgetragen, um sein Baumaterial an anderer Stelle wiederzuverwenden. Der daran anhaftende Mörtel wurde abgeschlagen und blieb an Ort und Stelle liegen, da er nicht mehr verwertbar war.
Die Wandgliederung kann nur an der Cellawand des Tempels gesessen haben. Hier kommt am ehesten die Innenwand in Frage, wofür gute Gründe sprechen:

1. Eine dünn verstuckte Mörtelwandgliederung ist an einer Außenwand unter dem Einfluß von Wind, Wetter und Feuchtigkeit viel stärker gefährdet als an einer geschützten Innenwand.
2. Bei der Wandgliederung handelt es sich – wie unten zu zeigen sein wird – um eine zweistöckige Ordnung, die an einer Außenwand durch Säulen verstellt würde.
3. Die sehr differenzierte architektonische Gliederung mit ihren z. T. zierlichen Formen würde an einer Außenwand wenig eindrucksvoll wirken. Ihre Kleinteiligkeit paßt besser zu einem Innenraum.

Es ist ein ausgesprochener Glücksfall, daß die Mörtelfragmente erhalten blieben. Sie erlauben es, sich von der Cella-Wandgliederung so konkrete Vorstellungen zu machen, wie es gerade in den Nordprovinzen des römischen Reiches selten möglich ist.
Zwingend ist die unten vorgeschlagene Rekonstruktion gleichwohl in den einzelnen Maßen, in der An-

[1] Vgl. R. PETERS, in diesem Band S. 89 ff.

ordnung der Pilaster, der Folge der Gesimse und der Lokalisierung der Wandnischen nicht. Sie wird dadurch erschwert, daß die wenigsten der Fundstücke anpassen oder eindeutig zu denselben Pilastern, Profilen usw. gehören.

Weitere Grabungen im Hafentempelbereich dürften vielleicht zugehörige Fragmente ans Licht bringen, die den Rekonstruktionsvorschlag stützen oder modifizieren können.

Die meisten Stücke ließen sich verschiedenen Abschnitten einer doppelstöckigen Pilasterwandgliederung zuweisen. Es sind

1) Reste von Pilastern verschiedener Größe, wobei die der einen Gruppe etwa doppelt so breit und damit auch höher waren als die zweiten. Letztere sind wiederum leicht unterschiedlich: Ihre Maße weichen z. T. um Zentimeter voneinander ab (K 1 – 10 , Taf. 17.1);
2) ein, möglicherweise ein weiteres Halbsäulenfragment (K 11 – 12);
3) Architravbruchstücke, die ebenfalls zu zwei Größenkategorien gehören (K 13 – 25, Taf. 17.2);
4) möglicherweise Fragmente eines dritten kleinen, in den Einzelformen anders gestalteten Architravs (K 26 – 27);
5) Ansätze einer Frieszone mit oben abschließenden Profilen (28 – 30 bzw. 31);
6) Gruppen größerer Profile, wohl zu Gesimsen gehörig[2] (K 32 – 42, Taf. 17.3);
7) meist kleinere, nicht zuweisbare Profile (K 43 – 48, 52 – 56, Taf. 17.4);
8) Fragmente mit konkav gewölbter Oberfläche (K 49 – 51).

Der große Architrav (3) läßt sich oberhalb der größeren Pilasterkategorie (1) anordnen, der kleine K 25 oberhalb der kleineren Pilaster. Am ehesten wäre der Fries mit den oben abschließenden Profilen (5) über dem großen Architrav vorstellbar. Die Profile von (6) können als Gesims zwischen den 'Etagen' vermittelt haben; sie können aber auch den obersten Abschluß beider Pilasteranordnungen unterhalb der Celladekke gebildet und zu dieser übergeleitet haben. Daß die erhaltenen Stücke relativ niedrig sind, ist kein Einwand, da sie stark beschädigt sind.

Eine Anzahl verschiedener Profile war bisher nicht zuzuordnen. Vielleicht waren sie Teil ädikulaartiger Nischen, zu denen die Fragmente von (8) gehört haben. Schmale Pilaster (1) oder Halbsäulen (2) können diese Nischen gerahmt und vielleicht ein kleines Giebeldreieck mit weiteren Profilen getragen haben. Auch die Nischen selbst könnten profiliert gewesen sein, etwa am unteren Rand.

Pilaster- oder Halbsäulenbasen sowie Kapitelle, die zur korinthischen Ordnung gehört haben müssen (vgl. jedoch K 2), fanden sich bislang nicht.

Anhaltspunkte zu den Maßen der vollständigen Wandgliederung bieten am ehesten die Pilasterfragmente. Nach der Breite ihrer Kanneluren und Stege ist ihre jeweilige ehemalige Gesamtbreite, davon ausgehend die ursprüngliche Höhe des Pilasters, in etwa zu ermitteln.

Setzt man für die großen Pilaster – in Entsprechung zu vielen Parallelen – ehemals sieben Stege und sechs Kanneluren voraus, ergäben sich für K 1 die Maße 7 × ca. 0,02 m + 6 × ca. 0,084 m = 0,644 m. Allerdings differieren die Maße des Fragments, so daß der Pilaster ebenso etwas breiter, unter Umständen aber auch schmaler gewesen sein kann. Letzteres ist jedoch wenig wahrscheinlich, da er an einer Cellawand von ca. 13,60 m Länge und wohl mehr als 12,00 m Höhe optisch zu schmal erschienen wäre. Nimmt man acht Stege und sieben Kanneluren an, so vergrößerte sich seine Breite auf ca. 0,748 m.

Für den Rekonstruktionsvorschlag der Wandgliederung soll eine mittlere Pilasterbreite von ca. 0,70 m angenommen werden.

Die Pilasterbreite, mit dem Faktor 8 multipliziert[3], ergibt seine Höhe: 5,60 m.

Die schmaleren Pilaster hätten bei sieben Stegen und sechs Kanneluren eine Breite von 7 × ca. 0,015 m + 6 × ca. 0,045 m = 0,375 m gehabt. Die gemessene Stegbreite ist mehrmals etwas geringer als 0,015 m, während die Kannelurenbreite oft geschätzt ist. Die Maße des Pilasters sind demzufolge nicht exakt bestimmbar. Hatten die Pilaster acht Stege und sieben Kanneluren, können sie eine Breite von etwa 0,435 m

[2] 'Profil' bedeutet jeweils abkürzend eine Folge niedrigerer Profile.

[3] Vgl. VITRUVIUS, de Architectura V 107, 6.

erreicht haben. Der Mittelwert liegt also bei 0,40 m Breite. Multipliziert man diesen Wert wiederum mit dem Faktor 8, errechnet sich eine Pilasterhöhe von 3,20 m. Bei einer Multiplikation mit dem Faktor 9[4] liegt die Höhe bei ca. 3,60 m. Dies wären fast zwei Drittel der Pilasterhöhe der unteren Ordnung, und dieses Maß hat größere Wahrscheinlichkeit[5].

Beide Pilasterordnungen erreichen zusammen eine Höhe von ca. 8,80 m – 9,20 m. Aus den Fragmenten K 13 – 24 läßt sich ein Architrav mit drei Faszien, trennenden Rundstäben und einer oben abschließenden (?) flachen 'Stufe' von ca. 0,35 m Mindesthöhe rekonstruieren. Der kleine Architrav K 25 erreicht 0,195 m Mindesthöhe (dabei ist eine nicht erhaltene dritte Faszie nicht berücksichtigt). Möglicherweise ist er um ein oben abschließendes weiteres Profil zu ergänzen. Er kann also gut 0,25 m – 0,30 m hoch gewesen sein. Die Höhe des Frieses mit seinem oben abschließenden Profil K 28 – 31 läßt sich nicht exakt angeben, doch wird er ebenso hoch wie der große Architrav oder etwas niedriger gewesen sein (ca. 0,30 m – 0,35 m).

Der doppelten Pilasterordnung von ca. 8,80 m – 9,20 m Höhe lassen sich mithin ca. 0,90 m an Höhe hinzurechnen.

Für die Oberkante des Architravs K 25 erhält man damit 9,70 m – 10,10 m. Hinzu kommen möglicherweise weitere Profile (etwa K 32 – 42) sowie eine ca. 2,00 m hohe unterste Sockelzone, der sich helle marmorne Fuß- und Abschlußprofile sowie Bruchstücke bunter Marmorinkrustation zuweisen lassen. Damit sind ca. 11,70 m – 12,10 m Mindesthöhe für die komplette zweistöckige Pilasterordnung ermittelt.

Es ist nun zu überlegen, wie die Pilaster auf die Cellawände verteilt gewesen sein können. Am unproblematischsten ist dies bei den Cellalängswänden, die weder durch Türen unterbrochen noch durch eine Basis mit Kultbild verstellt waren wie die Eingangs- bzw. Stirnwand der Cella.

Die Längswand maß insgesamt ca. 13,85 m. Die Dicke der aufgelegten Mörtelwandgliederung betrug mit der Ziegellage, auf die das Mörtelmaterial aufgebracht war (vgl. K 1), ca. 0,121 m. Die Ziegelschicht war ihrerseits sicher ebenfalls auf die Cellawand gemörtelt. Von der Gesamtlänge der Cellalängswand sind also wohl etwa 0,20 m – 0,25 m Mörtel- und Ziegellagen abzuziehen, um über die so ermittelte lichte Mauerlänge die Pilaster zu verteilen (Abb. 1). Für dieses lichte Maß sollen ca. 13,60 m angenommen werden. Die optisch ausgewogenste Lösung wären wohl vier ganze und jeweils ein 'halber' Pilaster an jeder Ecke, also insgesamt fünf Pilaster à 0,70 m Breite in der unteren und fünf à 0,40 m in der oberen Etage. Zwischen den ersteren ergeben sich dann Wandflächen von 2,02 m, zwischen den letzteren von 2,32 m

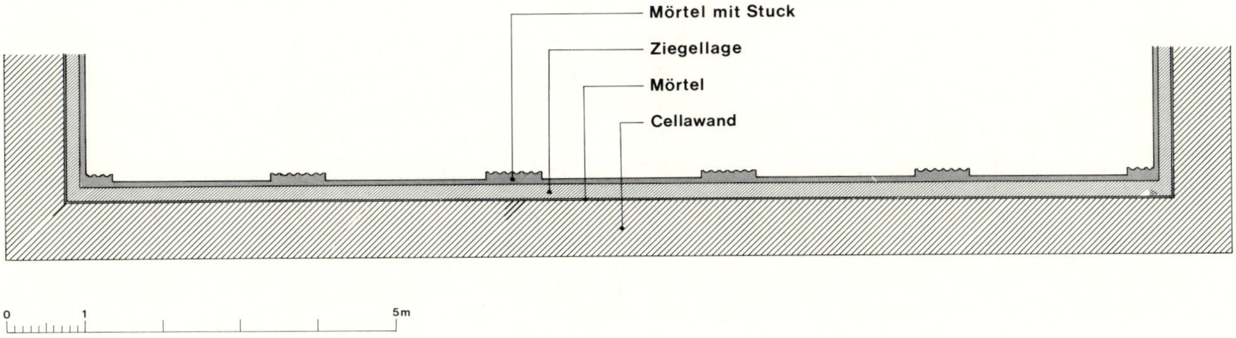

1 Cella-Wandaufbau des Hafentempels, schematisch.

[4] Ebd.

[5] Das ist häufig bei doppelten Pilaster-, Säulen- oder Halbsäulenordnungen der römischen Architektur zu beobachten.

2 Rekonstruktionsvorschlag für die Gliederung der Cella-Innenwand.

Breite. Das Joch von 2,72 m ist gleich, wenn die Pilaster axial übereinander angeordnet sind (Abb. 2). An der Eingangsseite der Cella muß das System dieser Wandgliederung durchbrochen worden sein: Bei einer Raumhöhe von 12 – 13 m oder mehr wäre die Cellatür mindestens 8 – 9 m hoch gewesen. Sie hätte somit den Architrav und den Fries der unteren Ordnung durchstoßen[6]. Auch die Türbreite von mindestens 3 m läßt sich nicht in das Joch von 2,72 m einfügen.

[6] Hier bietet der Innenraum des augusteischen Quellenheiligtums von Nîmes zwar keine unmittelbare Parallele, aber doch ein analoges Phänomen: Eine hohe, von Säulen vor Pfeilern flankierte, tiefe Ädikula mit Segmentbogen-Tympanon durchbricht einen Architrav, die darüberliegende Frieszone und das abschließende Gesims. R. NAUMANN, Der Quellbezirk von Nîmes (Berlin-Leipzig 1937) T. 4.

Die Stirnwand der Cella von 10,10 m Breite war durch eine Basis mit Kultbild verstellt. Die Basis war wohl wie der Wandsockel etwa 2 m hoch und muß ca. 4 m breit oder breiter gewesen sein. Vielleicht war sie durch die Pilaster nur gerahmt. Deren Reihe kann aber auch ununterbrochen durchgelaufen sein[7]. Wie die obere Pilasterreihe aussah, ist ebenso unklar.

Eine doppelte Pilasterordnung, die mindestens die oben ermittelte Höhe hat, beweist, daß die Cella eine (wohl kassettierte) Flachdecke besessen hat. Mit einer über den Pilastern ansetzenden Tonne wäre sie zu hoch geworden.

Rückwärtig konkav gewölbte, vielleicht auch überwölbte Nischen (vgl. K 49 — 51) wären in den Wandflächen zwischen den Pilastern gut vorstellbar. Vielleicht waren sie ihrerseits durch schmale Pilaster oder Halbsäulen eingefaßt, die kleinere Profilfolgen als Architrave sowie Giebel getragen haben[8]. Einige der bisher nicht einzuordnenden Profile könnten hier zu lokalisieren sein.

In den Schichten über dem Tempelfundament und in dessen unmittelbarer Umgebung wurden mehr als 1700 kleine, recht dünne Putzfragmente mit Farbauftrag gefunden: Offenbar war der Tempel mit Wandmalerei geschmückt.

Die überwiegende Mehrzahl der Stücke ist weiß, die nächstgrößere Gruppe rot. Dazu kommen Fragmente in Ocker, Grün und Blau (zusammen 87,5%) und verschiedene Kombinationen dieser Hauptfarben. Die Farben und ihr jeweiliger Anteil an der Gesamtzahl der Stücke lassen auf mehrfarbig gerahmte weiße und rote Felder schließen[9]. Ein Putzfragment von außerordentlicher Flächengröße und Dicke aus dem Hafentempelbereich, das in großen Schwüngen mehrfarbig bemalt ist, imitiert wohl Marmorinkrustation. Eine solche Dekoration fügt sich gut in eine Cella ein, deren Fußboden und Wandsockel mit farbigen Marmorplatten belegt waren[10]. Wo man sich die roten und weißen Felder vorzustellen hat, muß jedoch vorerst ungeklärt bleiben.

Die Cella des Hafentempels war somit reich gegliedert und dekoriert. Sie dürfte recht 'bunt' gewirkt haben.

Nicht nur Fußboden, Wandsockel und Wandflächen und z. T. die Nischen (vgl. K 49) waren farbig, sondern auch Architrave, Friese und vielleicht weitere Teile der verstuckten Mörtelgliederung (vgl. K 20, 28 — 31). Von den bunten Farben des Fußbodens, des Wandsockels und der Wandmalerei hoben sich die hellen Profile des Wandsockels wirkungsvoll ab[11]. Sie trugen auf diese Weise dazu bei, die durch die Farbigkeit überspielte Tektonik des Raums und seiner Dekoration zu akzentuieren.

Zweistöckige Cella-Wandgliederungen sind in der römischen Architektur spätestens seit augusteischer Zeit nachgewiesen, etwa im frühaugusteischen Apollon-Sosianus-Tempel in Rom. Hier nimmt A. Viscogliosi u. a. Marmorpilaster an; eine Attika in Stuck schloß die Ordnung oben ab[12].

Eine doppelte marmorne Pilasterordnung auf hohem Wandsockel besaß mindestens eine der drei Tempelcellen des flavischen Capitols von Brescia in Oberitalien[13].

[7] Im flavischen Capitol von Brescia lief die Pilasterreihe offenbar auch hinter dem Kultbild durch: H. GABELMANN, Jahrb. RGZM 18, 1971, Taf. 30.

[8] Nischen (und/oder Fenster) zwischen Pilastern einer Innenordnung werden z. B. für den augusteischen Apollon-Sosianus-Tempel in Rom angenommen. A. VISCOGLIOSI in: Kaiser Augustus und die verlorene Republik. Ausstellungskatalog Berlin 1988 (Mainz 1988) 138 f.; vgl. z. B. auch die von Tympana bekrönten Nischen zwischen Halbsäulen im Bacchustempel des 1./2. Jhs. n. Chr. in Baalbek: Th. WIEGAND (Hrsg.), Baalbek II (Berlin-Leipzig 1923) Taf. 29 passim; die Nischenordnung ist sogar zweistöckig, während die Halbsäulenordnung einstöckig ist.

[9] Frdl. Hinweis U. Boelicke, Xanten.

[10] Auch dafür bieten Bauten in Brescia und Rom in flavischer Zeit Parallelen: GABELMANN a.a.O. (Anm. 7) 143 u. Anm. 49.

[11] Vgl. Anm. 10.

[12] VISCOGLIOSI a.a.O. (Anm. 8) 139.

[13] GABELMANN a.a.O. (Anm. 7) 143 Taf. 30,2; U. FRATI u. a., Brescia Romana. Materiale per un museo II. 1 (Brescia 1979) 56. 223 f. Abb. IV. 12 und S. 223 Abb. III. 12.

Wandgliederungen in verstucktem Mörtel waren bei römischen Tempeln jedoch bisher selten nachzuweisen[14].

Wenn die Verwendung von Mörtel anstelle von Stein aus Kostengründen erfolgte, wäre zu erwarten, sie gerade bei provinzial-römischen Tempeln häufiger festzustellen.

Zukünftige Untersuchungen werden möglicherweise weitere Bauten bekanntmachen, deren Cella eine verstuckte Wandgliederung besaß.

Vielleicht sind gerade die entsprechenden Reste (Mörtelfragmente, Stuck etc.) wegen ihres sehr schlechten Erhaltungszustandes bisher zu wenig beachtet worden. Es ist zu hoffen, daß vorliegende Veröffentlichung dazu beiträgt, auf sie stärker als bisher aufmerksam zu machen.

[14] Häufiger als aus der Sakral- kennt man sie aus der Privatarchitektur: Ein Beispiel aus Britannien bietet die Palastanlage von Fishbourne: B. CUNLIFFE, Excavations at Fishbourne 1961–1962, 2 (Fishbourne 1971) 50 f. Abb. 26, 1–3; DERS., Rom in Britannien (Bergisch-Gladbach 1971) 117 f. Taf. 70. In Flavia Solva (Wagna bei Leibnitz in der Mittelsteiermark) war ein Privathaus des zweiten Jhs. n. Chr. mit Stuckgesimsen geschmückt, die Rankenmotive, figürliche Darstellungen und Ornamente aufwiesen: A. SCHOBER, Die Römerzeit in Österreich und in den angrenzenden Gebieten von Slowenien (Wien 1953) Taf. 50 Abb. 11. In Wien wurden in einem Privathaus ornamentierte Stuckpilaster beobachtet. Darüber verlief ein 0,3 m hoher Stuckfries mit mythologischen Szenen. Die Flächen zwischen den Pilastern waren mit Wandmalerei geschmückt: SCHOBER a.a.O. 161. Die Beispiele ließen sich problemlos vermehren; Lisenen, Pilaster und Stuckgesimse sind z. B. aus italischen Thermen bekannt: z. B. W. HEINZ, Römische Thermen (München 1983) 63 Abb. 55. In der Privatarchitektur Italiens sind Stuckierungen oft gefunden worden, z. B. in Pompeji.

KATALOG DER STÜCKE

Mit 'Rundstab' ist stets ein Halbrundstab gemeint. 'Leiste' bedeutet rechtwinkliger, etwas stärkerer Absatz. 'Profil' meint, wenn nicht näher differenziert, stets eine Folge aus mindestens zwei niedrigeren Profilen, die einander sukzessive überragen. Der einstige Winkel der Profile zur Wand ist auch bei größeren Stücken des Kataloges nicht mit Sicherheit zu ermitteln. H. = Höhe; B. = Breite; T. = Tiefe (Dicke). Bei der Tiefe der Stücke wird der größte noch meßbare Wert angegeben, ungeachtet des vermutlichen ehemaligen Winkels der Profile zur Wand.

K 1
ohne Fundnummer, Fragment eines Pilasters
H. 25,0 cm; B. 38,0 cm; T. 12,1 cm
Von der Tiefe entfallen 2,8 cm auf einen der hintersten Mörtelschicht anhaftenden Ziegel.
Erhalten: zwei Stege, zwei Kanneluren, eine Kannelur z. T.; Ansatz eines dritten Steges. Fast alle Kanten sind gebrochen.
B. der Kanneluren: ca. 8,4 cm; T. wegen abgestoßener Kanten nicht mehr exakt zu bestimmen: ca. 2,2 cm; B. der Stege: ca. 2,0 cm; die B. kann stark variieren.
Der Stucküberzug ist nahezu verschwunden. Der Mörtel ist mindestens vierfach geschichtet. Die hinterste Schicht vor dem Ziegel ist ca. 2,3 cm dick und enthält viel Ziegelsplitt.

K 2
Fundnummer 14 751, Fragment eines Pilasters
H. 27,7 cm; B. 22,0 cm; T. 8,9 cm
Erhalten: zwei Grate (?), eine Kannelur; Ansätze zweier weiterer Kanneluren.
B. der Kanneluren: 8,5 cm; T. 1,5 cm.
Die Stege scheinen spitz zuzulaufen, müßten jedenfalls außerordentlich schmal gewesen sein. Die Kanten sind gebrochen. Der Mörtel ist mindestens vierfach geschichtet.

K 3
Fundnummer 16 034, Fragment eines Pilasters
H. 20,1 cm; B. 27,4 cm; T. 9,0 cm
Erhalten: zwei Stege, drei Kanneluren; nur eine Kannelur so, daß die Breite an einer Stelle gemessen werden kann. Zweimal ist die Stegbreite meßbar. Rechtwinklig zur Vorderseite ist der Ansatz einer Schmalseite zu sehen. Hier ist die Originaloberfläche mit anhaftenden Mörtel- oder Sinterspuren von 4,5 × 5,0 cm erhalten.
B. der Kanneluren: 4,5 cm; T. 1,2 cm; B. der Stege: 1,0 – 1,2 cm.
Auf der Rückseite Reste einer Schicht rötlichen Mörtels mit Ziegelsplitt und -mehl; geringe Mörtel- oder Sinterreste auf Stuck.

K 4
Fundnummer 16 024, Fragment eines Pilasters (Taf. 17.1)
H. 23,5 cm; B. 14,1 cm; T. 8,2 cm
Erhalten: drei Stege, zwei Kanneluren; rechtwinklig zur Vorderseite an einer Stelle eine ebene antike Oberfläche: ein Rest der Pilasterseitenfläche von 4,8 × 12,5 cm (vgl. K 3).
B. der Kanneluren: 4,0 – 4,3 cm; T. 1,2 – 1,5 cm; B. der Stege: 1,5 – 1,8 cm, zuweilen auf ca. 1,0 cm zurückgehend.
Seitenfläche mit stellenweise anhaftenden Mörtel- oder Sinterresten. Mörtel vgl. K 3.

K 5
Fundnummer 16 024, Fragment eines Pilasters (unteres Drittel?)
H. 26,0 cm; B. 22,0 cm; T. 9,0 cm
Erhalten: eine Kannelur, eine weitere z. T., eine weitere bis etwa zur tiefsten Stelle, zwei Stege.
B. der Kanneluren: 4,7 – 5,0 cm; T. 2,0 cm; B. der Stege: 1,0 – 1,2 cm.
In den Kanneluren z. T. kompakte Reste von Kalkmörtel (Kannelurenfüllung?); an der Rückseite des Stücks eine Schicht mit Ziegelsplitt und -mehl. Ungleichmäßig dicker Stucküberzug der Vorderseite.

K 6
Fundnummer 13 090, Fragment eines Pilasters
H. 12,5 cm; B. 13,2 cm; T. 5,1 cm
Erhalten: zwei Kannelurenansätze, eine Kannelur fast ganz, Teil eines Steges.
Ehemalige B. der Kannelur nach dem Erhaltenen: mindestens 4,0 cm; T. 1,0 cm; B. des Steges: 1,0 cm.
Die hinterste Mörtelschicht vor der einst anhaftenden Ziegellage ist mit Ziegelsplitt durchsetzt.

K 7
ohne (erkennbare) Fundnummer, zwei Fragmente eines Pilasters, sekundär auseinandergebrochen, so daß die Fundnummer unleserlich wurde
1) H. 5,9 cm; B. 5,3 cm; T. 1,3 cm
Erhalten: eine Kannelur fast ganz, ein Steg.
B. der Kannelur nach dem Erhaltenen: mindestens 3,5 cm; T. 1,0 cm; B. des Steges: 1,0 cm.
2) H. 5,4 cm; B. 5,5 cm; T. 2,0 cm
Erhalten: wie 1).
B., T. der Kannelur wie 1); B. des Steges wie 1).
Mörtel hell, wenig Ziegelanteile.

K 8
Fundnummer 16 024, Fragment eines Pilasters; vgl. K 7
H. 6,8 cm; B. 4,8 cm; T. 2,0 cm
Erhalten: Teile einer Kannelur etwas über die Mitte hinaus, ein Steg mit Kannelurenansatz.
Erhaltene B. der Kannelur: 2,7 cm, ehemals ca. 4,0 – 4,4 cm; T. ca. 2,3 cm; B. des Steges: 1,6 cm.
Mörtel vgl. K 7.

K 9
Fundnummer 16 024, Fragment eines Pilasters
H. 13,2 cm; B. 11,0 cm; T. 6,8 cm
Erhalten: mittig eine Kannelur fast ganz, daneben je ein Steg mit stark beschädigter Oberfläche, daran ansetzend je ein Kannelurenrest.
B. der Kannelur: ca. 4,0 cm; T. ca. 1,0 cm; B. des Steges: ca. 1,3 cm.
Reste von mindestens zwei Stuckschichten; besonders in der hintersten erhaltenen Mörtelschicht etwas Ziegelsplitt.

K 10
Fundnummer 16 054, Fragment eines Pilasters
H. 13,3 cm; B. 16,6 cm; T. 8,1 cm
Erhalten: etwa mittig eine Kannelur fast ganz; daneben, durch einen Steg davon getrennt, eine Kannelur mit in etwa zu ermittelnder Breite.
Erhaltene B. der Kanneluren: ca. 3,5 cm, Gesamtbreite nach dem Erhaltenen: ca. 4,0 cm, T. ca. 1,5 cm; B. des Steges: ca. 1,8 cm.
Sehr wenig Ziegelsplitt.

K 11
Fundnummer 16 038, Fragment einer Halbsäule (?)
H. 9,5 cm; B. 8,7 cm; T. ca. 5,0 cm
Erhalten: Teil einer flachen Kannelur; ein Steg mit stark zerstörter Oberfläche.
B. der Kannelur nach dem Erhaltenen: ca. 5,0 – 6,0 cm; erhaltene B. des Steges: ca. 2,0 cm; Originalb. nicht mehr zu ermitteln (B. der Kannelur: vgl. K 5; B. des Steges: vgl. K 1).
Im groben, inhomogenen Mörtel kaum Ziegelsplitt, viele kleine Hohlräume.

K 12
Fundnummer 13 089, Fragment einer Halbsäule (?)
H. 11,2 cm; B. 6,8 cm; T. 3,8 cm
Erhalten: ein Steg, auf der einen Seite ansetzend eine Kannelur fast ganz, auf der anderen eine kleine ebene Fläche von ca. 8,0 × 2,5 cm im Winkel von ca. 45 °.
Erhaltene B. der Kannelur: 3,3 cm, ursprüngliche B. wohl ca. 4,0 cm; T. ca. 1,6 cm; B. des Steges: 1,1 cm.
Im Mörtel kaum Ziegelsplitt.

K 13
Fundnummer 16 036, Teil eines Architravs (vgl. K 14 – 24)
H. 19,0 cm; B. 17,2 cm; T. 9,0 cm
Erhalten: Reste zweier Faszien und des Ansatzes einer dritten (?), zwei Rundstäbe.
H. der Faszie zwischen schmalerem Rundstab unten und breiterem oben: 6,1 cm; erhaltene H. der oberen Faszie: 5,5 cm; H. des unteren Rundstabs: 2,0 cm; T. nicht mehr meßbar; H. des oberen Rundstabs: 2,6 cm; T. 1,2 cm.
Mörtel mehrfach geschichtet; kaum Ziegelanteile.

K 14
Fundnummer 16 860, Teil eines Architravs
H. 14,0 cm; B. 11,4 cm; T. 7,0 cm
Erhalten: ein Rundstab, beiderseits davon der Ansatz je einer Faszie.
Erhaltene H. der 'unteren Faszie': 5,0 cm; erhaltene H. der 'oberen Faszie': 3,6 cm; H. des Rundstabs: 2,7 cm; T. 1,1 cm.
Mörtel vgl. K 13; auf dem Stuck Mörtel- oder Sinterreste.

K 15
Fundnummer 14 718, Teil eines Architravs
H. 14,0 cm; B. 15,2 cm; T. 6,7 cm
Erhalten: ein Rundstab, Ansatz einer Faszie, Teil einer zweiten Fazie.
H. der z. T. erhaltenen Faszie: 6,8 cm; H. des Rundstabs: 2,8 cm; T. 2,4 cm.
Mörtel vgl. K 13 – K 14; Stuck grob aufgestrichen.

K 16
Fundnummer 16 026, Teil eines Architravs
H. 16,5 cm; B. 13,5 cm; T. 6,0 cm
Erhalten von unten nach oben: Ansatz einer Faszie, Rundstab, Faszie, Rundstab, Ansatz einer dritten Faszie.
Erhaltene H. der untersten Faszie: 2,5 cm; H. der erhaltenen Faszie: 7,3 cm; erhaltene Höhe der obersten Faszie: 1,0 cm; H. des unteren Rundstabs: 2,3 cm; Höhe des oberen Rundstabs: 2,8 cm; die jeweilige exakte Tiefe der Rundstäbe ist nicht mehr zu ermitteln.
Mörtel wie K 13 – 15; etwas Ziegelsplitt.

K 17
Fundnummer 13 094, Teil eines Architravs (Taf. 17.2)
H. 25,5 cm; B. 19,5 cm; T. 8,0 cm
Erhalten von unten nach oben: Teil einer Faszie, Rundstab, Faszie, flache Stufe mit Rundstab.
H. der z. T. erhaltenen Faszie: 6,0 cm; H. des Rundstabs: 2,5 cm; T. 1,0 cm; H. der oberen Faszie: 8,5 cm; H. der Stufe: 5,5 cm; T. 0,3 cm; H. des Rundstabs auf der Stufe: 2,4 cm.

Auf den Faszien Beschädigungen durch ein spitzes Instrument (Pickel?). Mörtel wie K 13 ff.; zwei Stuckschichten.

K 18
Fundnummer 14 774, Teil eines Architravs
H. 10,3 cm; B. 9,2 cm; T. 4,7 cm
Erhalten: ein Rundstab, Ansätze zweier Faszien.
Erhaltene H. der 'unteren Faszie': 1,9 cm; H. des Rundstabs: 2,6 cm; T. 1,3 cm; erhaltene H. der 'oberen Faszie': 5,1 cm.
Mörtel und Stuck mindestens zweifach geschichtet; sehr geringe Ziegelanteile.

K 19
Fundnummer 16 029, Teil eines Architravs
H. 4,7 cm; B. 7,9 cm; T. 3,0 cm
Erhalten: Rundstab, Ansatz einer Faszie.
H. des Rundstabs: 2,3 cm; T. 1,2 cm; erhaltene H. der Faszie: 1,4 cm.
Der Mörtel ist geschichtet; deutlich ist der Rundstab gesondert angesetzt worden.

K 20
Fundnummer 16 023, Teil eines Architravs
H. 9,8 cm; B. 11,0 cm; T. 6,0 cm
Erhalten: ein Rundstab, Ansätze zweier Faszien.
H. des Rundstabs: 2,0 cm; T. 0,7 cm; erhaltene H. der 'unteren Faszie': 2,8 cm; erhaltene H. der 'oberen Faszie': 2,0 cm.
Dunkle, ehemals wohl schwarze und rote Farbspuren besonders auf dem Stuck der 'unteren Faszie'. Ein schwarzer Farbstreifen verläuft direkt unter dem Rundstab. Der Streifen deutet Schatten an und ließ einst den Architrav plastischer erscheinen. Dunkle Farbspuren sind auch auf der 'oberen Faszie' feststellbar. Der Mörtel ist inhomogen und zeigt an einer Stelle besonders viel Ziegelsplitt.

K 21
Fundnummer 16 036, Teil eines Architravs
H. 16,4 cm; B. 16,4 cm; T. 8,1 cm
Erhalten: Rundstab, Teile zweier Faszien.
H. des Rundstabs: 2,0 cm; T. 1,0 cm; erhaltene H. der unteren Faszie: 5,5 cm; erhaltene H. der oberen Faszie: 7,0 cm.
Mehrere Mörtelschichten; auf dem Stuck winzige Mörtel- oder Sinterspuren.

K 22
Fundnummer 16 035, Teil eines Architravs
H. 8,7 cm; B. 10,2 cm; T. 4,7 cm
Erhalten: ein Rundstab, Ansätze zweier Faszien.
H. des Rundstabs: 2,5 cm; T. 1,2 cm; erhaltene H. der 'unteren Faszie': 3,3 cm; erhaltene H. der 'oberen Faszie': 2,7 cm.
Mindestens zwei Mörtel- und Stuckschichten.

K 23
Fundnummer 16 036, Teil eines Architravs
H. 12,0 cm; B. 13,3 cm; T. 7,3 cm
Erhalten: eine flache Stufe mit einem Rundstab ähnlich K 17; beiderseits ein Ansatz je einer ebenen Fläche.
Erhaltene H. der Stufe: 5,5 cm; T. 0,3 cm; Abstand des Rundstabs von der Stufenunterkante: 1,3 cm; H. des Rundstabs: 2,5 cm; T. 1,2 cm.
Die Stufe ist z. T. abgeplatzt. Dort ist eine alte, stukkierte Schicht sichtbar, die später offenbar von einer neuen überdeckt wurde.

K 24
Fundnummer 14 796, Teil eines Architravs
H. 13,2 cm; B. 15,5 cm; T. 7,6 cm
Erhalten von unten nach oben: Teil einer Faszie; Stufe mit Rundstab, der fast ganz abgeschlagen ist.
Erhaltene H. der Faszie: 6,0 cm; erhaltene H. der Stufe: 5,6 cm; T. 0,4 cm; Abstand des Rundstabs von der Stufenunterkante: 1,3 cm; H. des Rundstabs: 2,8 cm; T. ca. 1,5 cm.
Mörtel mindestens dreischichtig mit geringsten Ziegelsplittanteilen; auf dem Stuck Mörtel- oder Sinterspuren.

K 25
Fundnummer 16 039, Teil eines niedrigen Architravs
H. 19,5 cm; B. 16,5 cm; T. 7,0 cm
Erhalten von unten nach oben: Faszie, Rundstab, Faszie, kleines Kyma (vgl. K 26 – 27).
Erhaltene H. der unteren Faszie: 4,2 cm; erhaltene H. der oberen Faszie: 4,2 cm; erhaltene H. des Rundstabs: 1,8 cm – 2,0 cm; erhaltene H. des Kymas: 3,7 cm.
Das Kyma liegt in der Ebene etwas weiter vorn als die Faszien. Der Mörtel ist zweifach geschichtet: auf eine untere Mörtellage von (noch erhaltenen) 4,0 cm Dicke wurde eine neue von 1,5 cm – 2,0 cm Dicke gelegt und zu einem Architrav gestaltet. An zwei Stellen ist diese neue Lage abgeplatzt, darunter kommt eine ältere, stukkierte Oberfläche zum Vorschein. Die neue Mörtellage zeigt mindestens zwei Stucküberzüge.

K 26
Fundnummer 14 796, Teil eines niedrigen Architravs; vgl. K 27
H. 15,7 cm; B. 9,0 cm; T. 6,0 cm
Erhalten von unten nach oben: Teil einer Faszie, die oben leicht nach vorne umbiegt; in der Ebe-

ne etwas weiter vorn eine weitere Faszie; darüber ein niedriges Kyma.
Erhaltene H. der unteren Faszie: 2,0 cm; erhaltene H. der oberen Faszie: 3,7 cm; erhaltene H. des Kymas: 2,0 cm; T. 0,7 cm.
Mörtel rötlich mit Ziegelsplitt; mindestens zwei Stuckschichten.

K 27
Fundnummer 16 081, Teil eines niedrigen Architravs
H. 9,7 cm; B. 11,1 cm; T. 5,0 cm
Erhalten: oberer Abschnitt einer Faszie, darüber niedriges Kyma.
Erhaltene H. der Faszie: 3,7 cm; erhaltene H. des Kymas: 3,5 cm; T. 0,8 cm.
Mörtel geschichtet; kein Ziegelsplitt; zwei bis drei Stuckschichten.

K 28
Fundnummer 16 023, Profil mit Bemalungsspuren, oben an einen Fries anschließend (vgl. K 29 – 31)
H. 14,0 cm; B. 22,0 cm; T. 7,5 cm
Erhalten von unten nach oben: oberer Ansatz einer Frieszone, Leiste in Kehle übergehend, eine Art Rundstab; Kehle, ebene Fläche.
Offenbar ist das Profil einmal umgestaltet worden. Die Kehle oberhalb der Leiste wurde mit Mörtel gefüllt, so daß sie gemeinsam mit dem darüberliegenden Rundstab zu einem Kyma umgewandelt wurde. Die neue Stuckschicht darauf wurde, wie ein Rest zeigt, bemalt. Der Frieszonenrest zeigt dunkle, wohl ehemals schwarze Farbspuren. Auf dem Stuck finden sich hier und da geringe Mörtel- oder Sinterreste, auch auf der dunklen Farbe. Mörtel z. T. konglomeratartig geschichtet; hinterste erhaltene Schicht stark ziegelsplitthaltig, in der vordersten sehr wenig Ziegelsplitt.

K 29
Fundnummer 16 063, Profil, oben anschließend an einen Fries, der nur noch als winziger Ansatz vorhanden ist.
H. 9,5 cm; B. 22,1 cm; T. 8,6 cm
Erhalten von unten nach oben: oberer Ansatz einer Frieszone, Leiste, Kehle, Rundstab, Kehle; leicht abknickend, aber in gleicher Ebene wie die Frieszone eine ebene Fläche.
Auf dem Stuck ockerfarbene Bemalungsspuren. Die untere Kehle ist ähnlich wie bei K 28 einmal umgestaltet worden. Der Rundstab darüber ist ocker bemalt gewesen. Die hinterste erhaltene Mörtelschicht ist etwas ziegelsplitthaltig. Auf dem Stuck finden sich Sinter- oder Mörtelreste.

K 30
Fundnummer 16 024, Profil
H. 12,6 cm; B. 25,9 cm; T. 8,7 cm
Erhalten von unten nach oben: oberster, winziger Ansatz einer Frieszone, Leiste, Kehle, Rundstab, Kehle, ebene Fläche.
Gut erhaltene Farbspuren in übereinander aufgetragenen Schichten. In der untersten Kehle hielt sich Ocker unter Schwarz. Der Rundstab darüber ist dunkel, ebenso scheint die anschließende Kehle dunkel gewesen zu sein. In der unteren Kehle etwas Mörtel; in den oberen Kehlen Stellen, die fast ganz mit Mörtel angefüllt sind und offenbar umgestaltet wurden. Die hinterste erhaltene Mörtelschicht ist stark ziegelsplitthaltig.

K 31
Fundnummer 14 702, Profil; wahrscheinlich zu Gruppe K 28 – 30 gehörig
H. 5,5 cm; B. 10,0 cm; T. 3,4 cm
Erhalten von unten nach oben: Kehle, Rundstab.
Der Rundstab hatte einen dunklen Farbüberzug. Mehrere Stuckschichten: z. T. Ocker oder Gelb auf Schwarz.

K 32
Fundnummer 13 089, Profil; vgl. K 33 – 39
H. 9,0 cm; B 18,5 cm; T. 6,1 cm
Erhalten von unten nach oben: kymaartiger, flach geschwungener Rundstab, Leiste, niedrige Kehle, Rundstab.
Mörtel in der hintersten Schicht etwas ziegelsplitthaltig.

K 33
Fundnummer 16 091, Profil
H. 17,0 cm; B. 15,5 cm; T. 5,7 cm
Erhalten von unten nach oben: flaches Kyma, Kehle, Leiste, Kehle, Rundstab, Kehle, hohes Kyma.
Ursprüngliche H. des oberen Kymas: ca. 3,0 cm; H. des Rundstabes: 2,5 cm; erhaltene H. des unteren Kymas: 6,5 cm.
Auf dem Stuck sehr geringe Mörtel- oder Sinterreste; Mörtel vgl. K 32.

K 34
ohne Fundnummer, Profil
H. 10,4 cm; B. 11,7 cm; T. 6,3 cm
Erhalten von unten nach oben: flaches, niedriges Kyma (?) oder flacher Rundstab im oberen Ansatz (mglw. auch Leiste), Kehle, Leiste, Kehle, Rundstab oder Kyma.
Mörtel mit wenig Ziegelanteilen; mindestens zwei Stuckschichten.

K 35
Fundnummer 16 089, Profil
H. 11,8 cm; B. 10,2 cm; T. 7,2 cm
Erhalten von unten nach oben: Kehle, Leiste, Kehle, Rundstab, Kehle, kräftiges Kyma.
H. des Rundstabs: ca. 1,6 cm; erhaltene H. des Kymas: 5,8 cm.
Im geschichteten Mörtel wenig Ziegelsplitt.

K 36
Fundnummer 14 798, Kyma
H. 7,0 cm; B. 9,6 cm; T. 6,1 cm
Mörtel vgl. K 35; sehr geringe Mörtel- oder Sinterspuren auf dem Stuck.

K 37
Fundnummer 16 024, Kyma
H. 7,7 cm; B. 12,8 cm; T. 4,2 cm
Mörtel vgl. K 35; Stuckierung grob.

K 38
Fundnummer 16 089, Kyma
H. 8,7 cm; B. 16,9 cm; T. 4,3 cm
Mörtel und Stuck vgl. K 35 bzw. 36.

K 39
Fundnummer 16 056, Profil
H. 12,0 cm; B. 13,6 cm; T. 6,1 cm
Erhalten von unten nach oben: Rundstabrest, niedrige Kehle, hohes Kyma.
Mörtel vgl. K 35.

K 40
Fundnummer 16 034, Profil (vgl. K 41 – 42)
H. 15,0 cm; B. 22,7 cm; T. 9,4 cm
Erhalten von unten nach oben: niedrige Kehle, in Rundstab übergehend; niedrige Kehle, davon scharfgratig abgesetzt hohe Kehle (oder Kehle in Kyma übergehend).
Erhaltene H. der oberen Kehle: 4,0 cm.
Mörtel mit Ziegelsplitt durchsetzt, an manchen Stellen ziegelmehlhaltig; auf dem Stuck geringe Mörtel- oder Sinterspuren.

K 41
Fundnummer 14 743i1, Profil (Taf. 17.3)
H. 17,5 cm; B. 12,5 cm; T. 9,0 cm
Erhalten von unten nach oben: Kehle (mglw. nach Absatz), übergehend in breiten Rundstab; Kehle, Absatz, hohe Kehle.
Mörtel vgl. K 40; auf dem Stuck Mörtel- oder Sinterspuren.

K 42
Fundnummer 16 036, Kyma
H. 7,0 cm; B. 9,2 cm; T. 4,9 cm
Erhalten von unten nach oben: niedriges Kyma, übergehend in niedrige Kehle; scharfe Kante an deren oberem Abschluß.
Mörtel wenig ziegelsplitthaltig; zwei Stuckschichten.

K 43
ohne Fundnummer, Profil (vgl. K 44)
H. 11,0 cm; B. 13,2 cm; T. 6,7 cm
Erhalten von unten nach oben: winkliges Profil oder Absatz, Kehle, Absatz, Kehle, nicht ganz rechtwinkliger Absatz, in Kehle übergehend.
Auffällig: eine ebene Fläche an der Oberseite von ca. 5,0 × 3,5 cm rechtwinklig zu der Profilierung. Mörtel stark ziegelmehlhaltig; in der vordersten Schicht kein Ziegel mehr; zwei Stuckschichten.

K 44
Fundnummer 16 024, Profil
H. 7,7 cm; B. 10,2 cm; T. 4,7 cm
Erhalten von unten nach oben: eine Kehle fast ganz, übergehend in ein Profil mit nicht völlig senkrechter, sondern leicht einwärts schwingender Kontur; Kehle, Absatz, Kehle, nicht ganz rechtwinkliger Absatz, in Kehle übergehend; Kehle im Ansatz.
Mörtel vgl. K 43.

K 45
Fundnummer 17 496, Profil (vgl. K 46 – 48)
H. 14,4 cm; B. 16,4 cm; T. 7,7 cm
Erhalten von unten nach oben: flach geschwungenes, niedriges Kyma; niedrige Kehle; hohes, flach geschwungenes Kyma, dessen oberer Abschluß zerstört ist; Kyma weniger ausgeprägt als bei K 48.
H. des oberen Kymas: 6,7 cm.
Hinterste Mörtelschicht mit starken Ziegelanteilen; Mörtel- oder Sinterspuren auf dem Stuck.

K 46
ohne Fundnummer, Profil
H. 11,5 cm; B. 10,4 cm; T. 4,7 cm
Erhalten von unten nach oben: niedriges Kyma (?), Leiste, Kehle, flaches, hohes Kyma, dessen oberer Abschluß zerstört ist.
Erhaltene H. des oberen Kymas: 6,5 cm.
Mörtel wie K 45; zwei Stuckschichten.

K 47
Fundnummer 13 081, Profil
H. 14,9 cm; B. 16,3 cm; T. 5,7 cm
Erhalten von unten nach oben: Kymarest (?); Leiste, Kehle; hohes, flachgeschwungenes Kyma, oberhalb des Kymas kleiner Absatz.
H. des oberen Kymas: 7,3 cm.
Mörtel wie K 45; oberste Mörtelschicht von wenigen Millimetern Dicke ohne Ziegelsplitt oder -mehl. Auf dem Stuck Mörtel- oder Sinterspuren.

K 48
Fundnummer 16 821, Profil (Taf. 17.4)
H. 11,5 cm; B. 15,0 cm; T. 7,8 cm
Erhalten von unten nach oben: Absatz, niedriges Kyma, Leiste, Teil eines Kymas.
Erhaltene H. des oberen Kymas: 5,5 cm.
Mörtel und Stuck wie K 45.

K 49
Fundnummer 16 089, Fragment mit leicht konkav gewölbter, hell stuckierter Oberfläche (vgl. K 50 – 51)
H. 13,5 cm; B. 15,5 cm; T. 6,6 cm
Es ist nicht zu entscheiden, ob das Stück zur Rückseite einer Nische oder zu deren Überwölbung gehört hat. Mörtel mindestens dreischichtig; rote Farbspuren (Spritzer?) auf dem Stuck.

K 50
Fundnummer 14 779, Fragment mit leicht konkav gewölbter, hell stuckierter Oberfläche
H. 10,3 cm; B. 17,5 cm; T. 4,2 cm
Sonstiges: vgl. K 49; ohne Farbspuren.

K 51
Fundnummer 15 543, Fragment mit leicht konkav gewölbter, hell stuckierter Oberfläche
H. 17,5 cm; B. 16,5 cm; T. ca. 8,0 cm
Sonstiges: vgl. K 49; ohne Farbspuren.

K 52
Fundnummer 16 023, Profil (vgl. K 53)
H. 7,6 cm; B. 9,9 cm; T. 5,9 cm
Erhalten: Teil einer Kehle bis etwa zur Mitte; Absatz, übergehend in Kehle (?).
Mörtel ziegelsplitthaltig; zwei Stuckschichten.

K 53
Fundnummer 14 798, Profil
H. 10,6 cm; B. 11,8 cm; T. 5,3 cm
Erhalten wohl von unten nach oben: größter Teil einer flachen Kehle, rundstabartiges Profil (aber kantiger), Absatz, Leiste, Ansatz einer flachen, weit zurückspringenden Kehle.
Mörtel zweifach geschichtet, mit etwas Ziegelsplitt; zwei Stuckschichten.

K 54
Fundnummer 16 023, Profil (vgl. K 55)
H. 10,0 cm; B. 9,4 cm; T. 8,7 cm
Erhalten von unten nach oben: Leiste oder Absatz (?), Kehle, Rundstab, Leiste, Kehle, Kyma (?).
Das Stück zeigt an Ober- und Unterseite ebene, hinten fast rechtwinklig aufeinandertreffende Flächen (Originaloberflächen ?). Mörtel rötlich, mehrschichtig; eine vorderste, dünne Schicht, aus der die Profile gebildet sind, ist heller. Auf dem Stuck Mörtel- oder Sinterspuren.

K 55
Fundnummer 16 067, Profil
H. 15,6 cm; B. 19,5 cm; T. 11,6 cm
Erhalten von unten nach oben: ebene Fläche, Rundstab (?), Kehle, Leiste, Kehle, rundstabartige Bildung, Leiste, Kehle, Rundstab oder Kyma (?), Kehle.
Mörtel geschichtet und nur stellenweise ziegelsplitt- und -mehlhaltig. Bemerkenswert: an der Rückseite einige ebene Stellen wie alte Oberflächen, darauf z. T. wieder Mörtelspuren; an der Unterseite ebenfalls ebene Flächen. Die Flächen an Unter- und Hinterseite bilden nahezu einen rechten Winkel. Vielleicht ist das Stück ein echtes Abschlußprofil, etwa unterhalb der Celladecke. Unebenheiten der Flächen könnten auf Zerstörungen bei Loslösung des Profils aus dem architektonischen Zusammenhang, bei der Bergung, Lagerung etc. zurückzuführen sein.

K 56
Fundnummer 16 086, Profil
H. 5,0 cm; B. 9,5 cm; T. 4,5 cm
Erhalten von unten nach oben: Absatz (?) oder flacher Rundstab, Absatz, Kehle, Leiste.
Mörtel mit Ziegelanteilen.

K 57
29 weitere Stücke mit verschiedenen Fundnummern, Die Katalog-Nr. umfaßt weitere Fragmente von Profilen, die sehr schlecht erhalten oder nicht zuzuweisen sind, nicht anpassen etc. Sie bestehen aus dem gleichen Material wie die anderen Kat.-Nrn. und sind stuckiert. Auch in den Dimensionen entsprechen sie den Kat.-Nrn. 1 bis 56. Sie müssen ebenfalls zur Cellawandgliederung gehört haben.

SABINE LEIH

Eine Matronenstatuette der Colonia Ulpia Traiana?

Bei den Ausgrabungen im Jahr 1988 auf dem Gebiet der Colonia Ulpia Traiana im Gelände des Archäologischen Parks kam gegenüber der römischen Herberge in Insula 39 eine Statuette zu Tage (Taf. 18.1-2). Die Figur ist aus grauem Muschelkalk gearbeitet und hat eine erhaltene Höhe von 26 cm. Ihre Breite beträgt 10,9 cm, ihre Tiefe 13,0 cm[1]. Sie lag in der obersten noch stark humos durchsetzten römischen Schuttschicht auf einem Niveau von 21,21 m ü. NN im Bereich einer Innenbebauung.

Dem Versuch einer Deutung, Zuweisung und Interpretation soll eine Beschreibung der Statuette vorangeschickt werden.

Die Figur sitzt frontal zum Betrachter, den Kopf nach vorne gerichtet. Sie trägt ein langes, in flachen Falten bis auf die Füße herabfallendes Untergewand, darüber einen Mantel. Dieser umhüllt den Rücken und den oberen Teil der Arme und fällt zwischen den etwas auseinandergestellten Knien lang herab. Im Gegensatz zu den Knien stehen die Füße, wie aufgrund des noch erhaltenen unteren Beinbereichs auszumachen ist, eng beieinander. Über der Brust wird der Mantel vermutlich durch eine Fibel, die nur noch als kleine Erhöhung im Stein kenntlich ist, gehalten. Durch diese entstehen verschiedene Ziehfalten, die kreuzförmig über die Brust laufen. Aufgrund des Gewandes und seiner Tragweise wird diese Statuette als weiblich zu bezeichnen sein. Auf dem Schoß hält die Figur eine rechteckige Kiste mit geöffnetem Dekkel. Beide Hände umfassen diese von beiden Seiten. Die Finger sind leicht gespreizt.

Die Haartracht gibt aufgrund des schlechten Erhaltungszustandes einige Schwierigkeiten auf. Die noch verbliebenen Ansätze der Haare, die offensichtlich bis auf die Schultern herabreichten, legen eine längere Haarfrisur nahe. Das Tragen einer Kopfbedeckung kann auch nicht ausgeschlossen werden.

Die sehr stark verunklärten Gesichtszüge lassen eng beieinanderstehende, mandelförmige Augen erkennen. Nase, Mund sowie Kinn als auch Wangenpartie bleiben durch starken Abrieb sehr unklar. Das Gesicht wirkt stark verrundet.

Auch die Faltengebung der Gewänder läßt sich nicht eindeutig bestimmen. Der Mantel fällt an der rechten Seite in schweren wulstigen Bogenfalten herunter. Die Ziehfalten im Brustbereich sind sehr schematisch wiedergegeben, ebenso auch der Ansatz der Falten im Untergewand an der rechten Beinseite.

Aufgrund der langen Lagerung im Boden weist diese Statuette erhebliche Verwitterungsspuren auf, die eine Identifikation und Zuordnung erschweren.

Gesichtszüge, Proportionen, Haartracht und Faltenwurf erscheinen sehr verunklärt.

Der bereits abgebrochene Kopf wurde sekundär wieder angesetzt sowie auch die rechte Ecke des Kastendeckels auf dem Schoß der Figur. Die linke Kastenecke fehlt.

Die linke Körperseite zeigt in ganzer Höhe starke Bestoßungen, während die rechte weniger beschädigt ist. Auch die Rückseite ist stark verwittert. Der untere Bereich der Beine sowie die Füße fehlen.

Die Körperhaltung der Figur zeigt, daß es sich um eine Sitzfigur handeln muß. Der Stuhl oder Thron, vielleicht auch eine Bank, auf der sie saß, ist nicht mehr erhalten. Nicht ausschließen möchte man die Möglichkeit einer Nischenarchitektur, unter der die Figur saß.

Nachdem die Figur vorgestellt ist, soll der Versuch einer Deutung und Zuweisung vorgenommen werden. Schließlich wird anhand von motivisch vergleichbaren Objekten eine Zuordnung erfolgen. Dabei ist

[1] Fd. Nr. 26803 i1; Schnitt 88/3; 1. Planum.

am ehesten an eine sitzende Muttergottheit zu denken, die in ihrem Schoß ein ihrer Funktion entsprechendes Attribut hält.
In den letzten Jahren erfolgten eingehende Untersuchungen durch H.-G. Horn, C. B. Rüger und G. Schauerte, die sich eingehend mit den epigraphischen Zeugnissen, der Herkunft, Verbreitung, Tradition und Ausprägung des Matronenkults auseinandersetzen[2].

Um 160 n. Chr. wurde in Bonn ein Matronentempel errichtet. Für die Zeit von 160-235 n. Chr. existieren bisher sechs inschriftlich datierte Weihesteine mit Darstellungen von Matronen[3]. Für diesen Zeitraum von achtzig Jahren kann das Bonner Kultbild als verbindlich für alle Matronendarstellungen im Ubiergebiet sowie den Nachbargebieten angesehen werden. Vor 160 n. Chr. fehlen im Ubiergebiet und in den angrenzenden Regionen epigrafische und ikonografische Zeugnisse für den Kult antropomorpher Muttergottheiten.
Zahlreiche bildliche Zeugnisse finden sich im germanischen Siedlungsraum des römischen Reiches. Im gesamten keltischen Bereich, vor allem in Gallien bis zum Rhein, England und Norditalien wurden Matronen verehrt. In der Eifel und im Niederrheingebiet mit keltisch-germanischer Mischbevölkerung wurden diese Göttinnen auch von den Germanen verehrt[4]. Leider ist über diese Gottheiten nur sehr wenig bekannt, eigentlich nur das, was die Darstellungen und Inschriften der Weihealtäre zeigen.
Zu den Eigenschaften der einheimischen weiblichen Gottheiten zählen Mütterlichkeit und Fruchtbarkeit. Man erflehte bei ihnen Schutz für Haus und Hof. Sie galten ferner als Beschützerinnen des Wachstums in Feld und Flur[5].
Ihre Funktion wurde unterstützt durch die ihnen beigegebenen Attribute. Sie verweisen auf ihren Wirkungsbereich.
Als stereotyp darf die Darstellung der Matronendreiheit gelten. Drei weibliche Gestalten sitzen auf einer Bank. Die beiden äußeren Figuren tragen große Hauben, während die mittlere, jüngere eine lange Haarfrisur zeigt.
Die einfachste Art der Darstellung ist das Bild der einzelnen Göttin. Im Bereich der Skulptur erscheint ein Großteil der Muttergottheiten thronend. Sie repräsentieren etwa vier Fünftel des Gesamtbestandes[6].
Die enorme Häufung und Verbreitung mag in Erstaunen versetzen darüber, daß die Römer einen solchen Kultus duldeten. Sie überließen den Unterworfenen ihre einheimischen Gottheiten, zumal sie glaubten, daß diese die eigenen Götter, wenn auch mit anderem Namen, seien. So setzten sie die ursprünglich keltischen Gottheiten mit ihren eigenen gleich und verehrten gänzlich fremde Gottheiten. Der Matronenkult wurde romanisiert.
Die Muttergottheiten wurden nicht von einer spezifischen Bevölkerungs- oder Gesellschaftsschicht verehrt. Römer und Einheimische, Frauen, Männer, Arme, Reiche, Bürger, Soldaten und Magistrate verehrten sie im gesamten Gebiet des linken Niederrheins.
In der CUT ist der Matronenkult bislang lediglich durch ein Fragment einer Matroneninschrift belegt.
Ob es sich bei dem Neufund tatsächlich um eine Matrone handeln kann, soll im folgenden erörtert werden.
Matronen werden oftmals mit Körben, Baumfrüchten, Ährenbündeln, Zweigen und Weintrauben, Tieren oder wasserspendenden Gefäßen dargestellt. All diese Gegenstände weisen auf deren Wirkungsbereich hin. Die sitzende Figur aus Xanten — aufgrund des Gewandes als weiblich zu charakterisieren — hält in

[2] Matronen und verwandte Gottheiten. Beih. Bonner Jahrb. 44, 1987, 1 ff.; G. SCHAUERTE, Terrakotten mütterlicher Gottheiten. Beih. Bonner Jahrb. 45, 1988, 1 ff.

[3] H. G. HORN, Bilddenkmäler des Matronenkultes im Ubiergebiet. Beih. Bonner Jahrb. 44, 1987, 38 — 54.

[4] C. B. RÜGER, Rheinisches Landesmuseum Bonn, Führer durch die Sammlungen, 1977, 48.

[5] J. GERHARDS, Zur Matronenverehrung im Kreis Düren. Kölner Jahrbuch für Vor- und Frühgeschichte 14, 1974, 101 — 104.

[6] G. SCHAUERTE, Darstellungen mütterlicher Gottheiten in den römischen Nordwestprovinzen. Beih. Bonner Jahrb. 44, 1987, 55 — 87.

ihrem Schoß ein Kästchen. Eine solche Darstellung ist seltener. Kästchen und Schachteln finden sich sowohl im häuslichen als auch im kultischen Bereich. Bei der Verwendung dieses Motivs ist sicherlich von einem ursprünglich profanen Zweck auszugehen.

Auf der Suche nach motivisch vergleichbaren Objekten gelangt man zu einem Matronenstein aus Eschweiler-Fronhoven[7]. Dargestellt ist eine Triade. Während die linke Matrone einen Früchtekorb hält, zeigt die rechte eine Ähre und in ihrem Mantelbausch einige Früchte. Die mittlere Figur trägt in der Rechten einen Zweig, in der Linken ein Kästchen.

Eine weitere Darstellung findet sich in Bonn[8]. Es handelt sich um eine Weihung für die Aufanischen Matronen.

Das beigegebene Attribut ist also durchaus nicht als singulär zu sehen. Der ursprüngliche Inhalt des Kästchens, dessen Deckel geöffnet ist, bleibt uns gleichwohl unbekannt. Vielleicht ist ein Schmuckkästchen als Zeichen für häuslichen Wohlstand gemeint.

Die Haartracht ist nicht genauer zu fixieren. Aus den noch verbleibenden Ansätzen wäre eine Haubentracht durchaus als möglich anzusehen, zumal die Frisur auf die Schultern hinabreicht. Diese Vermutung würde weiterhin die Möglichkeit einer Dreiergruppe nicht ausschließen. Es handelt sich dann um die linke äußere Figur, eine der älteren Matronen mit Haube. Würde man eine Langhaarfrisur ergänzen, könnte auch die jüngere mittlere Figur gemeint sein. Diese Entscheidung ist aufgrund des schlechten Erhaltungszustandes jedoch nicht zu treffen. Sicher ist nur, daß die linke Körperseite sehr stark beschädigt ist, da sich dort eine Abbruchstelle befindet. Die bisher genannten Faktoren legen nahe, auch in der Xantener Statuette eine Matrone zu vermuten. Weibliche Figur im Sitztypus, langes gefibeltes Gewand, längere Haartracht und das beigegebene Attribut legen die Möglichkeit, diese Figur als Matrone zu deuten, nahe[9].

Die Auffindung in Xanten muß nicht verwundern, da in der CUT ein Matronenheiligtum inschriftlich bezeugt ist[10].

Aufgrund der Fundlage und der Stratigrafie ergibt sich eine grobe Datierung nicht vor 100 n. Chr. Setzt man auch für dieses Exemplar das Bonner Kultbild als maßgeblich voraus, so kann diese Figur nicht vor der 2. Hälfte des 2. Jahrhunderts entstanden sein. Für eine Datierung sind auch stilistische Kriterien heranzuziehen. Die frühesten inschriftlich datierten Weihesteine zeigen kleinteiligen, klaren Faltenwurf mit hoher Plastizität und Licht-Schatten-Effekten. Die Faltengebung verflacht im 3. Jahrhundert, zeigt abgerundete und kaum plastisch wirkende Konturen.

Soweit eine zeitliche Einordnung trotz des schlechten Erhaltungszustandes möglich ist, möchte man das Xantener Exemplar an das Ende des zweiten bzw. Anfang des dritten Jahrhunderts setzen. Für diese Datierung spricht auch die Beobachtung, daß bei frühen Exemplaren die Beinstellung eine andere ist als bei späteren. Frühe sitzende Gottheiten zeigen eng beieinander parallel stehende Beine, während später die Knie weiter auseinanderrücken, die Füße wieder enger beieinander stehen. So wird eine gewisse Bewegtheit vorgegeben.

In Anbetracht der fast völligen Unkenntnis über den Matronenkult im Xantener Raum ist gerade dieser Fund ein wichtiger Hinweis darauf, daß auch hier im Bereich des Niederrheines dieser Kult repräsentiert war. Weitere Grabungstätigkeit wird Kenntnis über Matronen und ihre Verbreitung geben können.

[7] RLMB Inv. Nr. 803292, Index MWG 0035015; Weihung für die Matronae Alaferchuiae, W. GAITZSCH, Ausgrabungen und Funde 1980. Bonner Jahrb. 182, 1982, 487 – 490.

[8] RLMB Inv. Nr. D 286, Index MWG 0165044, H. LEHNER, Römische Steindenkmäler von der Bonner Münsterkirche. Bonner Jahrb. 135, 1930, 17. Taf. XIX, 1.

[9] 'matres' sind im ubischen Gebiet 'matronae'; C. B. RÜGER, Beobachtungen zu den epigrafischen Belegen der Muttergottheiten. Beih. Bonner Jahrb. 44, 1987, 15 – 16.

[10] CUT West, Matronentempel Insula 20.

LITERATUR

J. GERHARDS, Zur Matronenverehrung im Kreis Düren. Kölner Jahrb. für Vor- und Frühgeschichte 14, 1974, 101 f.

L. HAHL, Zur Matronenverehrung in Niedergermanien. Germania 21, 1937, 253 ff.

L. HAHL, Zur Erklärung niederrheinischer Matronendenkmäler. Bonner Jahrb. 160, 1960, 9 ff.

M. IHM, Der Mutter- und Matronenkultus und seine Denkmäler, Bonner Jahrb. 83, 1887, 1 ff.

H. LEHNER, Steindenkmäler. Bonner Jahrb. 135, 1930, 1 ff.

Matronen und verwandte Gottheiten. Ergebnisse eines Kolloquiums, veranstaltet von der Göttinger Akademiekommission für die Altertumskunde Mittel- und Nordeuropas. Beih. Bonner Jahrb. 44, 1987.

E. A. PHILIPPSON, Der germanische Mutter- und Matronenkult am Niederrhein. Germanic Review 19, 1944, 81 ff.

E. RÜGER, Schriften des Frankfurter Museums für Vor- und Frühgeschichte 5, 1980, Kat. 115.

G. SCHAUERTE, Terrakotten mütterlicher Gottheiten. Beih. Bonner Jahrb. 45, 1988.

M. SIEBOURG, Bemerkungen zum Matronenkultus. Bonner Jahrb. 105, 1900, 78 ff.

VOLKER ZEDELIUS

Obolos oder Signum Christi?

Unter den Fundmünzen aus den Xantener Domgrabungen sind eine ganze Reihe von Stücken erstens ihrer Seltenheit wegen interessant, zweitens dadurch, daß sie hier in den Boden gerieten[1].
Im folgenden soll ein solches Exemplar vorgestellt und diskutiert werden.

Constantin III. (407–411)
Halb-Siliqua c. 408/409 Lugdunum
LVGD
0,88 g (abgegriffen), 6h
Cohen 8
Bastien 252
Lafaurie 8
Pearce 42
Fo. Xanten, Dom, Fläche VI/1
„Gotischer Schutt bis auf Gräber"
Fd.-Nr. M 571
Inv. D 1530

Das Stück (Taf. 19.1) stammt — laut Fundzettel des Ausgräbers vom 1. 7. 1959 — von der Fläche VI, Schnitt 1, d. h. aus dem nördlichen Seitenschiff. In diesem Bereich lagen auch wenigstens 4 Gräber, von denen 282′ sowie 286 den Beigaben nach als fränkisch (1. Hälfte des 6. Jahrhunderts) anzusehen sind, Grab 287 aufgrund der stratigrafischen Position dagegen römisch sein muß[2]. Karolingerzeitliche Bestattungen waren dort wohl noch bis ins Mittelalter vorhanden[3]. Im Zuge jüngerer, zeitlich jedoch nicht näher faßbarer Baumaßnahmen werden hier Ausräumungen vorgenommen worden sein. Dabei wurde wahrscheinlich eine unbestimmte Zahl von Bestattungen beseitigt. Die Münze geriet bei diesen Vorgängen unbemerkt in den Schutt. Es ist davon auszugehen, daß das Geldstück einst als Grabbeigabe diente. Die Xantener Silbermünze ist numismatisch deshalb wichtig, weil sie das zweite bekannte Exemplar dieses Typs darstellt. Über den Verbleib eines dritten Stückes — der bei Cohen zitierten Halb-Siliqua, die mit der Sammlung Charvet verauktioniert wurde — ist nichts bekannt.

[1] Nachfolgende Bemerkungen gehen zurück auf einen Vortrag, der in Xanten am 8. 6. 1988 anläßlich eines Kolloquiums des Rheinischen Amtes für Bodendenkmalpflege über Fragen der Siedlungskontinuität gehalten wurde.
Bei den Ausgrabungen unter dem Xantener Dom — siehe dazu jetzt C. BRIDGER u. F. SIEGMUND, Die Xantener Stiftsimmunität. Grabungsgeschichte und Überlegungen zur Siedlungstopographie. Beiträge zur Archäologie des Rheinlandes. Rhein. Ausgrabungen 27 (Köln 1987) 63 ff. bes. 87 ff. — wurden über 630 Münzen geborgen.
Vom 4. 6.–18. 8. 1978 wurde im Regionalmuseum Xanten die Ausstellung 'Geld in Xanten' gezeigt, zu der auch ein Führer dieses Titels erschien, in dem einige der Fundmünzen zum ersten Mal der Öffentlichkeit präsentiert werden konnten.
Die nachfolgend publizierte Münze wurde erst nach Erscheinen der Arbeit von Bastien (1987) genauer klassifiziert und konnte daher in der Aufstellung Bridger/Siegmund noch nicht erscheinen. Geplant ist weiter eine Materialvorlage 'Klevisches Kleingeld' sowie 'Münzen der Herrschaft Alpen' als Ergänzung zu Noss.

[2] Für freundliche Hinweise ist Clive Bridger und Frank Siegmund zu danken.

[3] Nach Aussage von F. Siegmund.

Die Xantener Fundmünze ist im Vergleich zu dem anderen Stück in Lyon schlechter erhalten, was sich auch bereits am Gewicht zeigt. Sie wirkt abgegriffen, und deutlich sind Korrosionsnarben zu sehen. Die Vorderseite scheint vom selben Stempel wie das Lyoner Exemplar. Auf der Rückseite ist das Alpha, links vom Kreuz, noch schwach zu erkennen. Von der Legende der Vorderseite kann man das DN CONSTANTINVS gut lesen. Umgekehrt ist die Stempelstellung im Vergleich zu dem Stück in Lyon.

Sucht man nach Vorbildern für den ungewöhnlichen Revers mit dem breiten Kreuz und A und Ω, wird man feststellen, daß keine existieren, die Rückseite dieser Halb-Siliquen also eine neue Erfindung ist. Dadurch daß eine Umschrift fehlt — das A und Ω ersetzt diese —, tritt die Kreuzdarstellung noch besonders in Erscheinung. Lafaurie hat in diesem Zusammenhang auf die Prägungen des Magnentius hingewiesen[4], die ebenfalls ein A/Ω tragen. Aber hier ist es das Christogramm, das sie flankieren[5]. Ein ähnlich geformtes, relativ großes Kreuz zeigen auch Solidi des Valens (364 — 378) aus Antiochia im Feld der Rückseite links[6]; dies ist aber nur ein kleiner Teil des Reversbildes. Anders sind weiter die Tremisses des Arcadius für Aelia Eudoxia aus Constantinopel von 400/404, bei denen das Kreuz der Rückseite zwar größer und zentral, jedoch von einem breiten Kranz umgeben ist[7].

Schließlich erscheint ein großes Kreuz auf einigen Solidi des Usurpators Anicius Olybrius (ca. April — November 474) aus Rom. Statt des A und Ω hat das Kreuz die Umschrift SALVS MVNDI[8].

Von 395 bis zum Jahre 407 ist die Münzstätte Lugdunum geschlossen. Constantin III. läßt nach seiner Landung auf dem Kontinent und der Ankunft in Lugdunum 407 zur Hauptsache Gold und Silber schlagen, daneben offenbar eine nicht sehr umfangreiche Serie in Bronze ausbringen[9]. Seine Emissionen zielen also in erster Linie auf das Militär — ein Vorgehen, das bei der damaligen politischen Situation naheliegend war. Die ganz augenfällige Wiedergabe des Kreuzes zwischen A und Ω auf den kleinen Silberstücken hat, wie sein Name, programmatischen Charakter: Der Kaiser stellt sich als einer der legitimen Nachfolger des großen Constantin, des ersten christlichen Imperators, dar. Möglicherweise sucht der Usurpator auch in der Kirche einen Verbündeten und signalisiert damit seine Gegnerschaft und die des gallischen Adels zu den arianischen Goten und Vandalen. Von solchen kleinen Nominalen war ein intensiver Umlauf zu erwarten. Wie bedeutend aber das Kursieren dieser Prägung tatsächlich gewesen ist, welche propagandistische Wirkung von ihnen ausgehen konnte, ist schwer abzuschätzen.

Nach Anfangserfolgen, wie der Gewinnung des erzreichen Spanien, wird Constantin III. schließlich im Jahre 411 in Arles militärisch besiegt. Von ihm übernimmt Iovinus (411 — 413) den Rückseiten-Typ, d. h. in der Sacra Moneta Lugdunensis wird dieser für den neuen Usurpator weitergeführt[10]. Möglicherweise werden anfangs sogar dieselben Stempel weiterbenutzt, bis man präzise Angaben in dem Prägebetrieb erhält.

Schon dem Ausgräber, Hugo Borger, war die besondere Rückseite der kleinen Silbermünze in Xanten aufgefallen, denn er notierte seinerzeit auf dem Fundzettel „röm. Münze, soweit man sieht auf der Rückseite Kreuz".

Die Frage ist nun, wann und in welcher Funktion die Münze ins Grab gelangte, und das ist zugleich die Frage nach dem Alter der Bestattung. Es ist denkbar, daß das Geldstück — nachdem es längere Zeit im Umlauf war bzw. auch, in einer Börse mitgeführt, sich an anderen abrieb — um die Mitte des 5. Jahrhunderts nicht mehr im Verkehr gewesen ist und und ins Grab mitgegeben wurde.

Die Münze könnte aber genausogut noch wesentlich später eine sepulkrale Funktion erfüllt haben: Bekanntlich ist es nicht selten, daß Münzen, die keinen aktuellen Verkehrswert mehr besaßen, als Totengeld

[4] J. LAFAURIE, Revue Numismatique 1 — 9, 1953, 55 Nr. 8.

[5] Vgl. P. BASTIEN, Le Monnayage de Magnence, 350 — 353 (Wetteren 1964) Pl. III, 86 ff.

[6] RIC 2 (d).

[7] R. RATTO, Monnaies byzantines et d'autres pays contemporaines à l'époque byzantine (1930; Reprint Amsterdam 1959) 140; J. TOLSTOI, Monnaies Byzantines (St. Petersburg 1912 — 1914; Reprint Amsterdam 1968) 143.

[8] H. COHEN, Description historique des monnaies frappées sous l'empire romain communément appelées médailles impérials[2], Tome VIII (Paris, London 1892) 2.

[9] P. BASTIEN, Le Monnayage de L'Atelier de Lyon du règne de Jovien à la mort de Jovin, 363 — 413 (Wetteren 1987) 74.

[10] Ebd. 253 Nr. 257.

verwendet wurden. Bader bringt ein solches Beispiel mit der Holzsargbestattung 38, einer Grablege, die er in die Zeit „um 500" setzte und als „das bisher älteste fränkische Grab des Grabfeldes" bezeichnete[11]. Das Bemerkenswerte an diesem Obolos ist, daß es sich bei der Münze um einen Denar Neros handelt[12] (Taf. 19.2).

Wurde hier jemand begraben, der sich zum Christentum bekannte oder ein Franke, der der römischen Staatsreligion ablehnend gegenüberstand? Eine Prägung des Nero — so ließe sich argumentieren — würde nicht gerade für eine christliche Bestattung sprechen. Bei näherer Betrachtung des Denars wird aber deutlich, daß nur ein Kenner des Porträts auf Nero kommen konnte, denn von der Umschrift ist fast nichts mehr enthalten. Die Münze ist — wenn es sich nicht um einen alten Guß handelt — einst einer ziemlich starken Hitze ausgesetzt gewesen, ihr Gewicht mit 2,09 g relativ niedrig. Das alles deutet darauf hin, daß der Denar sehr wohl ausgewählt worden ist, und zwar hier, wie so oft, aufgrund seiner Minderwertigkeit: ein unansehnliches unterwichtiges Geldstück, als Obolos gerade noch gut genug, möglicherweise in sekundärer Verwendung, aus einer römischen Brandbestattung stammend.

Die Münze kann also bei der Frage nach der Glaubenszugehörigkeit des Bestatteten nicht weiterhelfen. Bei der Halb-Siliqua ist in der Legende der Name Constantin klar zu lesen. Dieser hätte immerhin auf den ersten Constantin als den ersten christlichen Kaiser bezogen werden können. Eine eindeutige Antwort ist freilich auch hier nicht möglich. Die Silbermünze kann aus demselben Grund wie der Nero-Denar als Beigabe ausgewählt worden sein: ein älteres Geldstück, das schon ziemlich abgegriffen war. Sie kann gleichermaßen auch beiseitegelegt, aufgehoben und schließlich mitgegeben worden sein wegen des dominanten Kreuzzeichens: eine Beigabe, stellvertretend für ein Kreuz oder ein christliches Emblem. Vor der Mitte des 5. Jahrhunderts scheint die Münze nicht für die Bestattung verwendet worden zu sein. Fest steht jedenfalls, daß es sich bei der Halb-Siliqua Constantins III. um die jüngste spätantike Fundmünze vom Gräberfeld handelt. Bei den 7 karolingischen Münzen von Pipin d. Kurzen (741 — 768) bis zu Karl d. Einfältigen (893 — 929) aus den Grabungen unter dem Xantener Dom gibt es keinen archäologischen Befund, der eine eindeutige Verbindung mit einer bestimmten Grablege erkennen ließe[13]. Alle kommen aus mehr oder weniger gestörten Zusammenhängen. Für den Pfennig Pipins heißt es beispielsweise über die Fundstelle: „nahe der Ostmauer IV C bei Punkt IV in der Stickung des hier zerstörten Estrichs IV Ca"[14]. Auf dem fränkischen Gräberfeld von Bislich (Kreis Wesel) fanden sich in Grab 42 zwei sog. Reichsdenare Ludwigs d. Frommen (814 — 840) vom Typ XPISTIANA RELIGIO[15]. Bei diesen läge es nahe, christlichen Einfluß zu vermuten oder eine Umgehung des kirchlichen Verdikts, den Verstorbenen Beigaben in Sarg oder Grab zu legen, indem man die Münzen wie christliche Heilszeichen behandelte. Die zutreffende Erklärung der Pfennige hingegen ist ganz profan: Nach ihrer Lage im Grabe, am Oberschenkel des Toten, sind die Silbermünzen eher als Restbargeld denn als Obolos oder 'Charonspfennig' anzusehen[16].

Das Mitgeben von Beigaben oder das Belassen von Eigentum beim Bestatteten zeigt also, daß in dieser Gegend die Sitte der Totenausstattung im 9. Jahrhundert durchaus noch lebendig war. Anders gesagt: Es gab hier Leute — wohl Fremde —, möglicherweise Sachsen, die zwanglos neben Christen nach altem Brauch bestatteten.

Die Situation vom Xantener St. Viktor Dom ist der von der Bonner Basilica Sanctorum Cassii et Florentii vergleichbar: Kein einziges Stück kommt aus einem gesicherten Grabzusammenhang. Der Denar Karls d.

[11] W. BADER, Die Stiftskirche des Hl. Viktor zu Xanten. Sanctos. Grabfeld, Märtyrergrab und Bauten vom 4. Jahrhundert bis um oder nach 752 — 68 n. Chr. Teil 1. Text. Veröff. d. Xantener Dombauvereins 8 (Kevelaer 1985) 255.

[12] Ebd. 287 Nr. 2 — Inv. X 12.

[13] Siehe V. ZEDELIUS, Geld in Xanten. Ausst.-Kat. Xanten 1978. Führer des Regionalmuseums Nr. 10 (Köln o. J.) 21 ff. 59 f. Vgl. auch V. ZEDELIUS, Zeitschr. f. Arch. d. Mittelalters 8/1980 (1981) 148 Anm. 49.

[14] Angaben nach Manuskript W. Hagen. Das Stück fehlt bei BADER a.a.O. (Anm. 11) 299 in seiner Münzliste, wegen der zeitlichen Abgrenzung seiner Arbeit.

[15] ZEDELIUS 1981 (Anm. 13) 148 Anm. 50. Siehe auch V. ZEDELIUS, Eighth-century archaeology in the Meuse and Rhine valleys: a context for the sceatta finds, in: BAR British Series 180 (Oxford 1987) 406.

[16] Freundliche Mitteilung von Ch. Reichmann, Krefeld.

Gr., Nr. 17 (= D 400) aus den Grabungen unter der Münsterkirche, wurde zwar in Sarg 14 gefunden, doch wird dieser von den Ausgräbern als alter „Sammelbehälter" für Gebeine und Schutt bezeichnet[17]. Auch der 1946 geborgene Obol Ludwigs d. Frommen (814 – 840) kann nach dem archäologischen Befund keiner Bestattung zugewiesen werden[18]. Der Pfennig Pipins d. Kurzen (741 – 768), Inv. D 424, mit dem sechseckigen Stern („Siegel Salomonis") ist gelocht und als Anhänger, Schmuck oder eher wegen des Hexagramms mit Kreuz im Zentrum als Amulett bzw. christliches Heilszeichen getragen worden. Auch der zweite Denar Pipins von Angers (?), Inv. D 422, ist gelocht und zum Anhänger hergerichtet[19].

Ein dritter sekundärer Gebrauch von Geld ist immer auch seine Verwendung als Schmuck gewesen. Einen recht guten Beleg dafür – aber auch hier vielleicht noch mehr als nur Schmuck – förderte Borger am 1. 6. 1960 bei seinen Ausgrabungen unter St. Quirin in Neuss zutage: eine Halskette mit 16 Bernsteinperlen, einer Glasperle und einer römischen Silbermünze (Inv. 63.2600,01)[20] als Anhänger.

Bei der Münze handelt es sich um eine recht seltene Siliqua Constantins II. (337 – 340), geprägt in Constantinopel (RIC 15). Das wohlerhaltene, gelochte Silberstück zeigt auf der Vorderseite allein, ohne Legende, den Kopf des Kaisers mit Perldiadem nach rechts, in Adorationspose zurückgeneigt, mit aufwärtsgerichtetem Blick (Tafl. 19.3). An der Halskette war dies besondere Kaiserbildnis die Ansichtsseite. Die Münze ist ein weiteres Beispiel dafür, welche Beachtung man bestimmten Geldstücken entgegenbrachte und wie besondere Prägungen immer wieder für spezielle Zwecke ausgewählt und verwendet wurden.

Um auf die Münzen von Bonn, Bislich und Xanten zurückzukommen: Es ist – auch wo bisher Grabzusammenhänge nicht nachgewiesen sind – mit Totengeld an den genannten Orten noch im 9. Jahrhundert zu rechnen, wobei sich durchaus heidnische und christliche Vorstellungen mischen konnten[21].

17 H. LEHNER u. W. BADER, Baugeschichtliche Untersuchungen am Bonner Münster, Bonner Jahrb. 136/137, 1932, 17.

18 V. ZEDELIUS, XPISTIANA RELIGIO. Ein Obol Ludwigs des Frommen aus Bonn, in: Das Rhein. Landesmuseum Bonn. Berichte aus der Arbeit des Museums 6/83, 81 f.

19 Für die Pfennige siehe H. H. VÖLCKERS, Karolingische Münzfunde der Frühzeit (751 – 800) (Göttingen 1965) 60 und 150.

20 Schnitt IV/K 37/D 61. Es liegt offensichtlich ein Teil einer gestörten spätantiken Frauenbestattung vor.

21 Siehe dazu auch die nicht ganz unproblematischen Ausführungen von W. HÄVERNICK, Münzen als Grabbeigaben 750 – 1815 (Auswertung des Fundkataloges der Numismatischen Kommission der Länder in der Bundesrepublik Deutschland), Hamburger Beiträge zur Numismatik 27/29, 1973/75 (1982) 27 ff.

CLIVE BRIDGER

Forschungsgeschichtliche Betrachtungen zur spätantiken und frühmittelalterlichen Besiedlung in Xanten

Den Ausgangspunkt für die folgenden Darlegungen bildet ein unlängst erschienener Aufsatz von F. Siegmund und dem Verfasser über die spätantike und frühmittelalterliche Topographie des Xantener Raumes[1]. Nur einige, für uns relevante Aspekte sollen aufgegriffen und diskutiert werden, so daß hier auf eine Rekapitulation unserer dort niedergelegten Gedanken verzichtet werden kann. Wir werden uns

Folgende Abkürzungen werden in den Anmerkungen verwendet:

BADER 1934
W. BADER, Ausgrabungen unter dem Xantener Dom. Germania 18, 1934, 112–7.

BADER 1963
W. BADER (Hrsg.), Sechzehnhundert Jahre Xantener Dom. Xantener Domblätter 6 (Köln 1963).

BADER 1985
W. BADER, Die Stiftskirche des Hl. Viktor zu Xanten. Sanctos. Grabfeld, Märtyrergrab und Bauten vom 4. Jahrhundert bis um oder nach 752–68 n. Chr. Teil 1. Text. Veröffentl. d. Xantener Dombauvereins 8 = W. Bader [Hrsg.], Die Stiftskirche des Hl. Viktor zu Xanten, Bd. 1,1 Text (Kevelaer 1985).

BÖHNER 1969
K. BÖHNER, Zur frühmittelalterlichen Besiedlungsgeschichte des Niederrheingebietes zwischen Krefeld und Kleve. Führer vor- u. frühgeschichtl. Denkmäler 14 (Mainz 1969) 75–98; bes. 88–93.

BORGER 1969
H. BORGER, Ausgrabungen unter dem Dom und in der Stifts-Immunität in den Jahren 1961–1966 (Vorbericht 3), in: H. Borger, F. W. Oediger, Beitr. z. Frühgeschichte d. Xantener Viktorstiftes. Rhein. Ausgrabungen 6 (Düsseldorf 1969) 1–205.

BORGER 1979
H. BORGER, Die Abbilder des Himmels in Köln. Kirchenbauten als Quelle zur Siedlungsgeschichte des Mittelalters 1 (Köln 1979) passim, bes. 142–82.

BORGER 1985
H. BORGER, Ad Sanctos – Xanten. Legenden als Geschichtsquelle? Archäologie in Deutschland 1/1985, 22–5; wiedergegeben in: Der Niederrhein 52, 1985, 145–7.

BRIDGER, SIEGMUND 1987
C. BRIDGER, F. SIEGMUND, Die Xantener Stiftsimmunität. Grabungsgeschichte und Überlegungen zur Siedlungstopographie. Beiträge zur Arch. des Rheinlandes. Rhein. Ausgrabungen 27 (Bonn 1987) 63–133.

EWIG 1980
E. EWIG, Die Rheinlande in fränkischer Zeit, in: F. Petri u. G. Droege (Hrsg.), Frühes Mittelalter. Rheinische Geschichte 1,2 (Düsseldorf 1980).

OEDIGER 1951
F. W. OEDIGER, Die ältesten niederrheinischen Kirchen. Möglichkeiten und Grenzen der Forschung, in: Das Gold-Blaue Buch Geldrischer Geschichte. Festschr. Hundertjahrfeier Hist. Ver. Geldern u. Umgebung (Kevelaer 1951) 17–46, bes. 17 f.

OEDIGER 1969
F. W. OEDIGER, Monasterium beati Victoris Christi martyris, in: H. Borger, F. W. Oediger, Beitr. z. Frühgeschichte d. Xantener Viktorstiftes. Rhein. Ausgrabungen 6 (Düsseldorf 1969) 207–71.

PÄFFGEN 1988
B. PÄFFGEN, Die Ausgrabungen in St. Severin zu Köln (unveröffentl. Phil. Diss. Bonn 1988).

v. PETRIKOVITS 1951
H. v. PETRIKOVITS, Birten. Niederrh. Jahrb. 3, 1951 (Festschr. A. Steeger) 37–44; wiedergegeben in: Beiträge zur römischen Geschichte und Archäologie. Beih. Bonner Jahrb. 36 (Bonn 1976) 121–34.

v. PETRIKOVITS 1959
H. v. PETRIKOVITS, Die Legionsfestung Vetera II. Bonner Jahrb. 159, 1959, 89–133; wiedergegeben in: Beiträge zur römischen Geschichte und Archäologie. Beih. Bonner Jahrb. 36 (Bonn 1976) 229–81.

RÜTTEN, STEEGER 1933
Fr. RÜTTEN, A. STEEGER, Das fränkische Xanten. Rheinische Vierteljahresbl. 3, 1933, 281–320.

[1] BRIDGER, SIEGMUND 1987. Den folgenden Ausführungen geht ein Vortrag voraus, der anläßlich eines Kolloquiums des Rheinischen Amtes für Bodendenkmalpflege im Regionalmuseum Xanten über 'Die Entwicklungsstufen von der Spätantike bis ins Frühmittelalter an Rhein und Maas, am Beispiel Xanten' am 8. 6. 1988 gehalten wurde.

auf einige forschungsgeschichtlich relevante Themen beschränken, die als Hintergrund zur Problematik der Übergangszeit von der Spätantike bis zum frühen Mittelalter im unteren Maas-Rhein-Gebiet am Beispiel Xantens dienen mögen, eine Frage, die wir für einen 2000-Jahre-Jubiläumsband für sehr geeignet betrachten.

Bisher hat man die Frage zur spätantiken Besiedlung Xantens über historische und archäologische Quellen zu beantworten versucht, wobei das Archäologische meist befundorientiert war, aber auch nur summarisch behandelt worden ist; eine Vorlage und Auswertung der zahlreichen spätrömischen Funde aus dem Bereich der CUT, der Domimmunität, der Stadt und den Kiesabbaugebieten zwischen Vynen und Lüttingen sowie ihre schichtrelevanten Kontexte steht noch aus. Daher müssen die bisherigen Arbeiten als hypothetisch betrachtet werden, von festen Ergebnissen können wir zur Zeit in nur wenigen Fällen sprechen. Dieses wird sich hoffentlich ändern, wenn die Bearbeitung der römischen Gräber abgeschlossen und ihre Bedeutung für die Besiedlungsgeschichte analysiert worden ist, wie es auch in geringerem Maße in Maastricht und in Nijmegen der Fall ist[2].

ANTIKE NAMEN UND SIEDLUNGSPLÄTZE

Verschiedenen antiken Schriftquellen zufolge kennt man vier besiedlungsrelevante Namen für den Xantener Raum zur Römerzeit; die frühe Erwähnung eines Ortes Cibernodurum o. ä. kann hier außer Acht gelassen werden, da er sicherlich, wenn auch irritierenderweise, bei der Gründung der CUT unterging[3]. Danach haben wir drei Namen, die für uns von Bedeutung sind: die Colonia Ulpia Traiana, Vetera und Tricensimae. Über die Lokalisierung der ersteren brauchen wir heute keine Gedanken zu verlieren, auch wenn in den vorangegangenen Jahrhunderten mehrere Thesen dazu existierten[4]; die ca. 73 ha große CUT liegt nordwestlich der mittelalterlichen Stadt Xanten und dürfte etwa zwischen 100 und 276 n. Chr. bestanden haben. Der Name Vetera hingegen scheint nicht an einer einzigen Befundstätte zu haften, sondern dürfte einen Bezirk umfassen, in dem sich mehrere, aufeinander folgende Legionslager des 1. bis 3. Jahrhunderts befanden[5]. Der germanische Name Vetera[6] deutet auf eine frühere, uns noch unbekannte

[2] Die Bearbeitung der Xantener Gräberfelder liegt beim Verf. Zur Kontinuitätsfrage in Maastricht zuletzt: Sint-Servatius, Bisschop van Tongeren-Maastricht. Het vroegste Christendom in het Maasland. Handelingen van het colloquium te Alden Biesen (Bilzen), Tongeren en Maastricht 1984. Kunst en Oudheden in Limburg 28 (1986). Zu Nijmegen zuletzt J. H. F. BLOEMERS, Nijmegen. R. O. B. Excavations 1980–1983: The 4th Century, in: Studien z. d. Militärgrenzen Roms 3. 13. Internat. Limeskongreß, Aalen 1983. Forsch. u. Ber. z. Vor- u. Frühgesch. in Baden-Württemberg 20 (Stuttgart 1986) 122–6; dort werden die spätantiken Gräberfelder von P. Zoekbrod im Rahmen einer Dissertation bearbeitet.

[3] Irritierend insofern, als daß bei den anderen 15 Koloniegründungen Trajans der Name der überprägten oder dislozierten Vorgängersiedlung stets in der Coloniatitulatur vorkommt; vgl. hierzu: v. PETRIKOVITS 1951, 38. Zum Namen: C. B. RÜGER, Vindex cum inermi provincia? Zu einer weiteren neronischen Marsinschrift vom Rhein. Zeitschr. f. Papyr. u. Epigr. 43, 1981, 329–36; J. E. BOGAERS, Zum Namen des 'oppidum Cugernorum'. Feestbundel voor M. Gysseling 1. Naamkunde 16, 1984, 33–9, bes. 38; jetzt in diesem Band S. 77 ff.

[4] Die humanistische Forschung wollte die CUT oft in Kaiserswerth oder in Kleve-Kellen lokalisieren; Belege abgedruckt in: Fr. GORISSEN (gesammelt), Florilegium Xantense. Schr. d. RLM Bonn 5 (1984) – Nr. 2; 9; 19; 26; 27; 48 (zu Kaiserswerth), 27; 31; 33; 42; 46; 51; 60; 68; 75; 124; 127 (zu Kellen).

[5] So bereits RÜTTEN, STEEGER 1933, passim, bes. 285, sowie BADER 1934, 116.

[6] L. WEISGERBER, Das römerzeitliche Namensgut des Xantener Siedlungsraumes. Bonner Jahrb. 154, 1954, 94–136, bes. 99. Neben Weisgerber hatten auch RÜTTEN, STEEGER 1933, 282 ff., stützend auf F. CRAMER, Rheinische Ortsnamen aus vorrömischer und römischer Zeit (Düsseldorf 1901) 114–32 die Xantener Ortsnamen bereits behandelt.

späteisenzeitliche Siedlung, von der das römische Militär den Namen übernahm[7]. Das letzte bekannte Legionslager Vetera dürfte, wie die CUT, während der Frankeneinfälle um 276 zerstört worden sein, wenn die Tauchfunde von der Bislicher Insel nicht trügen[8]. Die genaue Lage von Vetera II ist erst seit den 50er Jahren bekannt. Neuere geologische Untersuchungen haben jedoch gezeigt, daß die bisher konstatierte Topographie anders zu rekonstruieren ist[9].

Im Gegensatz zu den beiden bisher angesprochenen Namen hat der dritte Ortsname zu verschiedenen Thesen geführt. Man ist sich einig, daß das Wort Tricensimae von der Ordinalnummer der Xantener Hauslegion abgeleitet werden kann; die Legio XXX lag seit etwa 120 n. Chr. in Vetera II und ist bis ca. 240 n. Chr. epigraphisch bezeugt. Die Bezeichnung kommt lediglich bei Ammianus Marcellinus vor, als er die Feldzüge des Cäsars Julian am Niederrhein in den Jahren 359 und 360 behandelt[10].

Der ammianischen Erzählung nach lag Tricensimae zwischen Qualburg-Quadriburgium und Neuß-Novaesium, und es ist berechtigt, den Ort im Xantener Raum zu suchen. Die spätrömischen Straßenkarten kennen diese Bezeichnung nicht, sondern nur Colonia Traiana und Vetera; es ist aber mehrmals gezeigt worden, daß die Tabula Peutingeriana und das Itinerarium Antonini weit ältere Benennungen aufgenommen haben, die oft anachronistisch und falsch waren[11]. Demnach, wie Franz Rütten und Albert Steeger bereits 1933 glaubten[12], sind eine Belegung des Platzes seitens der 30. Legion und eine Fortsetzung des Namens CUT und Vetera nicht eindeutig bewiesen. Sie übersahen jedoch die Tatsache, daß die Legionsziegelei südöstlich des mittelalterlichen Stadtkerns noch im ersten Viertel des 4. Jahrhunderts in Betrieb gewesen sein muß[13], auch wenn dies wenig darüber besagt, wer nun dort Ziegel gebrannt haben mag.

Die Lokalisierung von Tricensimae ist eine Art Sport in der Xantener Forschung geworden: Rütten und Steeger plädierten für eine chronologisch spätere Gleichsetzung mit der ehemaligen CUT[14]. Walter Bader dachte erst an ein Lager am Fürstenberg, das der Nachfolger von Vetera I einnahm; später revidierte er seine Meinung und schloß sich Rütten und Steeger an, denen auch Friedrich Oediger folgte[15]. Lediglich Harald v. Petrikovits wollte das spätantike Lager im Raum Birten sehen, als Nachfolger von Vetera II[16]. Ende der 60er Jahre legte Günther Binding Teile einer spätrömischen befestigten Anlage im zentralen Teil

[7] Die Übernahme bereits bestehender Namen war Usus; vgl. hierzu A. L. F. RIVET, Celtic Names and Roman Places. Britannia 11, 1980, 1–19, mit älterer Literatur. Eine Verbindung zwischen der frühesten vorcoloniazeitlichen 'Kernsiedlung' und dem Namen Vetera hatte H. v. Petrikovits sehr früh für unwahrscheinlich gehalten, wegen der fehlenden Übernahme des Namens Vetera in die Coloniatitulatur (Bonner Jahrb. 152, 1952, 48; v. PETRIKOVITS 1951, 38). Zum spätlatènezeitlichen Material unterhalb der späteren CUT vgl. H. E. JOACHIM in diesem Band S. 49 ff. Es bedarf der Überprüfung der Hypothese, ob ein germanischer Gau, dessen Name in römischen Ohren ähnlich wie Vetera klang, von den römischen Truppen vor genau 2000 Jahren (13/12 v. Chr. – zum Datum: M. GECHTER, Die Anfänge des Niedergermanischen Limes. Bonner Jahrb. 179, 1979, gegenüber 128 Tab. 14; jetzt bestätigt durch N. HANEL, Die Funde aus den Grabungen auf dem Fürstenberg bei Xanten [Diss. Freiburg 1987]; vgl. oben S. 59 ff. in diesem Band) vorgefunden wurde und ob dieser dem Legionslager seinen Namen verlieh. Nach der Verpflanzung des rechtsrheinischen Stammes der Sugambri unter Tiberius 8 v. Chr. nahm die Siedlung die römische Namensgebung (Vicus) Cibernodurum nach dem Teilstamm Cugerni/Ciberni an. Daß nun dieser Name die Coloniagründung nicht überlebt hat, bedarf der weiteren Klärung.

[8] Lediglich ein Fundspektrum ist bisher vorgelegt worden: v. PETRIKOVITS 1959.

[9] Vorbericht bei J. KLOSTERMANN, Rheinstromverlagerungen bei Xanten während der letzten 10 000 Jahre. Natur am Niederrhein 1,1 (Krefeld 1986) 5–16; jetzt oben in diesem Band S. 11 ff. Vgl. v. PETRIKOVITS 1959; DERS., Artikel 'Vetera' in RE 8,A2 (1955), col. 1801–34; DERS., Die römische Besiedlung der Bislicher Insel... als geomorphologisches Problem. Mitt. Geolog. Gesell. Essen 3 (1959) 24–26, basierend auf: H. SCHELLER, Die Entstehung der Bislicher Insel. Bonner Jahrb. 157, 1957, 272–93.

[10] Amm. 18,2,4; 20,10,1.

[11] z. B. A.L.F. RIVET, The British Section of the Antonine Itinerary. Britannia 1, 1970, 34–67.

[12] RÜTTEN, STEEGER 1933, 283f.

[13] Dabei wurde eine prägefrische Münze Constantins I. in einen Ofen eingebaut: P. STEINER, Xanten. Sammlung des Niederrheinischen Altertumsvereins. Kataloge west- und süddeutscher Altertumssammlungen 1 (Frankfurt 1911) 47.

[14] RÜTTEN, STEEGER 1933, 284.

[15] BADER 1934, 112. Später dann: DERS., Die christliche Archäologie in Deutschland nach den jüngsten Entdeckungen an Rhein und Mosel. Ann. Hist. Verein d. Ndrrhein 144/4, 1946/7, 5–31, bes. 17 f.; DERS., in: BADER 1963, 55; OEDIGER 1951, 17.

[16] v. PETRIKOVITS 1951, 41 f.; DERS., a.a.O. (Anm. 9-1955) col. 1832 f.

der CUT frei; diese interpretierte er als die Tricensimae, wie auch dann Bader und Hugo Borger[17]. Aus dem Münzspektrum wollte Christoph Rüger zeigen, daß die Anlage erst unter Constantin I. errichtet und nach 352/3 verlassen wurde und demnach nicht die Tricensimae sein könne; diese wollte er irgendwo näher am Rhein sehen[18]. Neulich haben wir gezeigt, daß das Münzspektrum aus numismatischen Gründen ungeeignet ist, die Anlage zu datieren; darüber hinaus ist vor kurzem nach geomorphologischen Untersuchungen dargelegt worden, daß sich die Stelle nicht allzu weit von einem wasserführenden Rheinarm befunden hat[19]. Wir glauben, daß es sich um eine spätantike Stadtreduzierung kurz nach 276 n. Chr. handelt, bei der auch eine Namenswandlung stattfand, als der limitanische Teil der neuen, diokletianischen bzw. maximianischen 30. Legion nach einem kurzen Aufenthalt in Boulogne-sur-Mer zur Restbevölkerung in die ehemalige CUT einzog. Eine etwa gleichzeitige militärische Erneuerung wäre jetzt in Krefeld-Gellep zu sehen[20]. Bezeichnenderweise spricht Ammian in seiner Behandlung der Tricensimae jeweils einmal von einer civitas, einer urbs und einem oppidum, nie jedoch von einem castellum oder castrum; es handelte sich demnach um eine eher zivile Anlage[21]. Die Stadt Tricensimae ging in den Wirren des Magnentius-Aufstandes um 352 unter, blieb jedoch als Refugium für eine Restbevölkerung bestehen, wie die Keramikfunde bezeugen[22]. Eine julianische Wiederbesetzung bräuchte nicht viel archäologisches Material hinterlassen zu haben; man vergleiche die dürftige Fundsituation mit der von Arnheim-Meinerswijk (Castra Herculis?) und Qualburg (Quadriburgium?), denen ebenfalls eine julianische Wiederherstellung zugeschrieben worden ist[23].

SPÄTANTIK-FRÜHMITTELALTERLICHE BESIEDLUNGSSCHWERPUNKTE

Die archäologischen Hinterlassenschaften für das Ende der römischen Zeit im Xantener Raum sind sehr dürftig und daher noch schwieriger zu deuten. Eindeutige Siedlungsbefunde sind kaum zu verzeichnen, während wir unterhalb des Domes mehrere spätantike Bestattungen und vereinzelte Grabbauten haben, die nach den Ausgräbern bis ins erste Viertel des 5. Jahrhunderts reichen und auf die wir unten zurück-

[17] So G. Binding in den Tagebüchern zu seinen Grabungen, sowie darüber hinaus briefl. Mitt. vom 28. 4. 1988; BADER 1985, passim; BORGER 1979, 145. Die Jahresangabe 1985 bei Bader ist irreführend; die in jenem Jahr erschienene Arbeit stellt die nur leicht überarbeitete und ergänzte Fassung des ursprünglich 1944 abgeschlossenen Manuskripts dar. Insofern spiegelt sie meist einen weit älteren Forschungsstand mit nur gelegentlichen 'Vorblicken' zum Erkenntnisstand der 80er Jahre wider, so daß es unangemessen scheint, diese ja veraltete Arbeit an den Standards der heute gängigen, wissenschaftlichen Methoden zu messen.

[18] Ch. B. RÜGER, Die spätrömische Großfestung in der Colonia Ulpia Traiana. Bonner Jahrb. 179, 1979, 499–524; DERS., in: H.-G. HORN (Hrsg.), Die Römer in Nordrhein-Westfalen (Stuttgart 1987) 638.

[19] BRIDGER, SIEGMUND 1987, 90 ff. Zur Lage am noch wasserführenden, im Spätneolithikum ausgebildeten 'Dombogen' KLOSTERMANN, a.a.O. (Anm. 9) 11 f.

[20] Ch. REICHMANN, Die spätantiken Befestigungen von Krefeld-Gellep. Arch. Korrbl. 17, 1987, 507–21, bes. 509 ff. Periode VIIa.

[21] Auch wenn sich Ammian beinahe apologetisch *'ut miles quondam et Graecus'* entschuldigt (Amm. 31,16,9; vgl. hierzu J. MATTHEWS, Ammianus' historical evolution, in: B. CROKE, A. M. EMMETT [Hrsg.], History and Historians in Late Antiquity [Pergamon Press. Sydney, Oxford, New York, Toronto, Paris, Frankfurt 1983] 30 ff.), dürfte er sich des sprachlichen Unterschieds zwischen militärischen und zivilen Anlagen wohl bewußt gewesen sein.

[22] BRIDGER, SIEGMUND 1987, 91 f.

[23] Zu Meinerswijk: W. J. H. WILLEMS, Romans and Batavians. A regional study in the Dutch Eastern River Area (Amersfoort 1986) 325–56 bzw. Ber. ROB 34, 1984, 169–96 mit erschöpfender Literatur. Zu Qualburg: ebd. 308 bzw. 148; H. v. PETRIKOVITS, Jahresbericht 1936. Bonner Jahrb. 142, 1937, 325–9; aus einer April 1988 angelegten Baugrube 50 m sö der Kirche in Qualburg stammen zahlreiche Keramikbruchstücke des 4. Jhs.; hierzu C. BRIDGER, Neufunde aus Qualburg. Bonner Jahrb. 190, 1990 (im Druck).

kommen werden[24]. Allem Anschein nach hörte jegliche Siedlungsaktivität für zumindest ein halbes Jahrhundert auf; eine Kontinuität, auch über die sogenannte steinerne Cella Memoriae, die Bader und Borger propagierten, läßt sich nicht bestätigen[25]. Aus dem Xantener Raum kommt im 5. Jahrhundert lediglich der Münzschatz vom Wilskamp vor[26].

Dem heutigen Forschungsstand zur merowingerzeitlichen Besiedlung Xantens wird sich unten F. Siegmund widmen[27]. Wir wollen jedoch hier einige ältere Arbeiten diskutieren. Zuerst möchten wir das toponymische Thema behandeln. In unserer einzigen historischen Quelle dieser Zeit ist der Name eines Ortes erhalten, den wir mit dem Xantener Raum in Verbindung bringen können. In seiner Abhandlung zur sog. Thebäischen Legion erwähnt Gregor von Tours um 590 eine Kultstätte des Hl. Mallosus und die damals unbekannte Ruhestätte des Hl. Viktor „apud bertunensim oppidum". Viele haben versucht, auch diesen Ort näher zu lokalisieren[28]. Etymologisch sahen viele Forscher in dem Wort Bertunense o. ä. einen Vorläufer des heutigen Namens Birten, der in späteren, mittelalterlichen Quellen auch Beurtina, Biorzuna, Biorzuni, (de bello) Biertanico, Biertina[m], Birtene, Birtine, Borten, Burthen lautet[29]. Von einer Münze kennen wir auch die Form Bertuno[30]. In seiner Ausgabe der Itineraria Romana verbesserte Schnetz die Benennung Beurtina in Bertuna, die wir hier vorziehen möchten[31]. Weisgerber zeigte, daß sich eine Ableitung von dem früheren Namen Vetera nicht abzeichnet[32]. Überhaupt scheint es sich um eine neue Namensgebung zu handeln, die nicht für eine Siedlungskontinuität spräche.

Da Mallosus am gleichen Ort wie Viktor bestattet wurde, wie uns Gregor berichtet, meinte der Benediktiner Ruinart bereits um 1689, daß Bertuna mit Xanten gleichzusetzen wäre; aber seit Stephan Beissels Arbeit zum Xantener Dom, in der er für eine Identifizierung mit Birten plädierte, folgten die meisten Bearbeiter ihm, insbesondere Bader, Borger und v. Petrikovits[33]. Lediglich Rütten und Steeger sowie Oediger wollten wegen der Beziehung zu Viktor den Ort Bertuna mit Xanten in Verbindung bringen; mit Recht wiesen die Ersteren auf die Tatsache hin, daß, wenn Bertuna beim heutigen Birten läge, der Xantener Raum im 6. Jahrhundert dann zwei bedeutende Kultstätten hätte, was kaum anzunehmen wäre[34]. So

[24] BADER 1985, passim. Ausführliche Bibliographie zu den Grabungsberichten und -vorberichten bei BRIDGER, SIEGMUND 1987, 129–32 sowie in diesem Band S. 307 ff. Aus jener Liste wird es offensichtlich, daß wir hier nur eine Auswahl der zahlreichen Aufsätze, die unser Diskussionsthema berühren, selektiert haben; es sei hier insbesondere auf die übergreifenden Abhandlungen von W. BADER, K. BÖHNER und H. BORGER hingewiesen sowie auf die Arbeiten von H. Ament, H. Eiden, E. Ennen, E. Ewig, W. Janssen, Fr. Petri und H. v. Petrikovits zur spätantik-frühmittelalterlichen Besiedlung der Rheinlande.

[25] Ebd. 98 ff. Neulich spricht H. Borger von einer Unterbrechung von sogar drei bis vier Generationen: H. BORGER, Stadtarchäologie. Aufgaben und Aspekte. Arch. in Deutschland 1/1989, 22–33, bes. 27. Vgl. Beitrag F. SIEGMUND in diesem Band S. 191 ff. Ähnliche Skepsis ist auch bei den allzu schnell als frühchristliche Kultbauten interpretierten römischen Profanbauten unter dem Dom und der Severinskirche in Köln sowie dem Neusser Münster zu verzeichnen. Zu Köln: H. HELLENKEMPER, Wasserbedarf, Wasserverteilung und Entsorgung der Colonia Claudia Ara Agrippinensium, in: K. GREWE, Atlas der römischen Wasserleitungen nach Köln. Rhein. Ausgrabungen 26 (1986) 201 ff.; PÄFFGEN 1988, 725–48, bes. 745 ff. (Asclinius u. Pamphilius) sowie 776 ff. (Severin). Zu Neuss: G. MÜLLER, Zu den Anfängen von St. Quirin, in: Stadt Neuss [Hrsg.], Das römische Neuss (1984) 94.

[26] Vgl. BRIDGER, SIEGMUND 1987, 96 mit Anm. 237.

[27] Siehe unten S. 191 ff.

[28] Gregor v. Tours, In gloria martyrum 62: MG SS rer. Mer. I, 530. Diskussion zuletzt bei BRIDGER, SIEGMUND 1987, 102 f. mit älterer Literatur; DIES., Funde des 8. Jahrhunderts aus Xanten. Bonner Jahrb. 187, 1987, 560.

[29] Quellen bei M. GYSSELING, Toponymisch Woordenboek van België, Nederland, Luxemburg, Noord-Frankrijk und West-Duitsland (voor 1226) (1960) 147; BADER 1985, 59 f., gestützt auf CRAMER, a.a.O. (Anm. 6) 127 ff.

[30] V. ZEDELIUS, Bilo in Bertuno, in: Th. FISCHER, P. ILISCH (Hrsg.), Lagom. Festschr. P. Berghaus (Münster 1981) 67–86.

[31] Rav. anon. Cosmogr. 4,24: J. SCHNETZ, Itineraria Romana 2 (Leipzig 1940) 60.

[32] WEISGERBER, a.a.O. (Anm. 6), 99; vgl. BADER 1985, 59; auch schon F. CRAMER, Zwei denkwürdige Ortsnamen am Niederrhein (Xanten und Birten). Jahrb. Düsseldorfer Gesch.-Ver. 12, 1897, 375 ff. sowie O. BOHN, Rheinische 'Lagerstädte'. Germania 10, 1926, 34 f.

[33] Ruinart, Acta Martyrum (1859) 315; auch Acta Sanctorum, V. Oktoberband (1786) 29 ff. (nach RÜTTEN, STEEGER 1933, 282). St. BEISSEL, Baugeschichte der Kirche des heiligen Victors. Die Bauführung des Mittelalters ([2]Freiburg i. Br. 1889; Neudr. Osnabrück 1966) 1, 19: z. B. W. BADER, Bonner Jahrb. 139, 1934, 181; BADER 1985, 54 ff.; BORGER, in: BADER 1963, 65; BORGER 1979, 148, 169; BORGER 1985, 24; v. PETRIKOVITS 1959, 133.

[34] RÜTTEN, STEEGER 1933, 281f.; OEDIGER 1951, 19.

nennt der Historiker Eugen Ewig nur eine Kirche, und zwar in Birten[35]. Das Auffinden des sogenannten Märtyrergrabes im Jahre 1933, mit dem vermeintlich „wahren" Viktor, dessen Gebeine jedoch andererseits seit 1129 im Viktorschrein im Hochchor ruhen sollen, störte die gesamte Xantener Viktortradition; die irrige Datierung der steinernen Cella Memoriae in das 5. Jahrhundert hinderte eine Verbindung mit der Mallosus-Basilika Eberigisils. Wenn man aber diese Gleichsetzung annimmt, ergäbe sich eine Übereinstimmung des archäologischen Befundes mit der tradierten Geschichte. Demnach müßte auch der fränkische Ort Bertuna, der um 590 erstmals erwähnt und im Jahre 863 und 880 von den Wikingern heimgesucht wurde, nicht weit vom Dom zu suchen sein, da die Mallosus-Basilika „apud bertunensim oppidum" lag.

Die Präposition apud kann im spätantiken Sprachgebrauch sowohl „in der Nähe von" als auch einfach „in" bedeuten, wie z. B. häufig bei Ammian, so daß wir eine Siedlung namens Bertuna o. ä. recht nahe der Basilika vermuten dürfen[36]. Diese wäre ein neuer Siedlungsplatz, wie er vielleicht auch aus den Angaben der Cosmographia Ravenna zu erschließen wäre; denn dort finden sich die zwei Namen Beurtina und Troja für Traiana[37]. Die mit Xanten in Verbindung zu bringende Troiasage vermag nicht auf irgendwelche faktische Kontinuität hinzudeuten. Vielmehr müssen wir sie im Rahmen der merowingischen Machtpolitik verstehen, wobei der säkulare Adel stets bemüht war, seinen Herrschaftsanspruch durch die „nachgewiesene" Legitimität und Historizität seines hohen Alters zu untermauern. Die Ähnlichkeit des Namens Troia mit dem Namen Traiana, der auf Grab- und Weiheinschriften der Xantener Gegend zu lesen war, war eine willkommene Bestätigung dieses Machtanspruchs[38]. Die ehemalige Colonia und die Legionslager scheinen unbewohnt gewesen zu sein; zumindest sind keine Funde bekannt, die auf eine Weiter- oder Wiederbenutzung hindeuten. In diesem Zusammenhang wird man auch auf die von Walter Janssen angekündigte Bearbeitung des wichtigen fränkischen Gräberfeldes vom rechtsrheinischen Bislich gespannt sein[39].

Zur Frage des frühmittelalterlichen Besiedlungsbildes kann die Archäologie zur Zeit nur wenig beisteuern. Sowohl Borger als auch Bader waren der Überzeugung, daß die einstige CUT bzw. Tricensimae eine christliche Gemeinde hatte, wobei Borger sie für sehr gewichtig hielt[40]. Der Historiker Oediger nahm für die ehemalige CUT eine christliche Gemeinde an, deren Kirche aber am Domhügel gestanden hat[41]. Borger meinte, die CUT bzw. Tricensimae sei um 450 verlassen[42]. Bader hat die Situation etwas konkreter dargestellt; seines Erachtens stifteten die Christen der Stadt Tricensimae die Cella memoriae. Kurze Zeit später endete die Besiedlung; *„Die Bewohner der Stadt Tricensimae müssen dann größtenteils erschlagen, gefangen*

[35] EWIG 1980, 74 Abb. In ihrem Katalog der kirchlichen Bauten nach der Beschreibung Gregors von Tours setzt M. VIEILLARD-TROIEKOUROFF, Les monuments religieux de la Gaule d'après les oeuvres de Grégoire de Tours (Paris 1976) 343 f. die Basilika des Mallosus gleich mit bzw. 'plus tard' der heutigen Viktors-Kirche; in ihrem Register aber (464) gibt sie inkonsequenterweise Bertunensim oppidum als 'Birten' an. Auch M. WEIDEMANN, Kulturgeschichte der Merowingerzeit nach den Werken Gregors von Tours. Monogr. RGZM 3,2 (1982) spricht passim nur von 'Birten'.

[36] Zum Gebrauch von 'apud': K. E. GEORGES, Ausführliches Lateinisch-Deutsches Wörterbuch (^{8}1913) 522 f.: bei, neben, in der Nähe; in, an, auf. — Oxford Latin Dictionary (1968) 155 f.: 1) at, near, in the neighbourhood; 3) in.

[37] Vgl. oben Anm. 31.

[38] Zu den diversen Fragestellungen um die Troiasage (und das damit zusammenhängende Nibelungenlied) sowie ihre Bedeutung für die Kontinuitätsproblematik, siehe E. GERRITZ, Troia sive Xantum. Beiträge zur Geschichte einer niederrheinischen Stadt (1964) sowie BADER 1985, 49 ff., mit älterer Literatur.

[39] Einen in Arbeit befindlichen Vorbericht erwähnt W. JANSSEN, Arch. Korrbl. 11, 1981, 150. Erwähnung der römischen Reste bei RÜGER, in: J. E. BOGAERS, C. B. RÜGER (Hrsg.), Der Niedergermanische Limes. Kunst u. Altertum am Rhein 50 (1974) 105. Ch. REICHMANN, Wo lag Lippeham? Unser Bocholt, H. 3 — 4 (1980) 45 erwähnt frührömische Schanzgräben (Übungslager?), die an ähnliche Befunde in der benachbarten Ortschaft Westerheide erinnern; zum letzteren: Bonner Jahrb. 187, 1987, 607 f. (Ausgrabungen und Funde 1985).

[40] BORGER 1979, 145: *'Natürlich muß die Stadt, die zuletzt Tricensimae... hieß, eine Bischofskirche besessen haben.'* BADER 1985, 409.

[41] OEDIGER 1969, 210: *'Die römische Siedlung, auf deren Friedhof die Kirche stand, war seit etwa 428 verödet'.* Vgl. dazu seine frühere Meinung (OEDIGER 1951, 19), es habe sich um eine Friedhofskapelle gehandelt, was mit der Bezeichnung basilica bei Gregor übereinstimmen würde.

[42] BORGER 1979, 167.

oder zerstreut sein, spätestens vor dem Jahr 455 n. ...“[43]. Auch Kurt Böhner sah keine Kontinuität im Bereich der alten Colonia in die Merowingerzeit hinein, infolge der bislang negativen Ergebnisse der Ausgrabungen und wegen einer fehlenden Gemeindekirche; vielmehr vermutete er eine romanische Restbevölkerung um einen fränkischen Hof oder ein Stift; für seine Lokalisierung am späteren Rheintor sprechen allerdings keine bekannten Befunde oder Funde[44]. Wahrscheinlich handelt es sich um eine Verschiebung des Standortes des späteren Stifthofes, der vermutlich an der Parzelle Die Alte Borgh, d. h. neben dem Amphitheater zu lokalisieren ist[45]. Mit dem Amphitheater wollte Bader eine mögliche Fortsetzung der Besiedlung verbinden[46]. Borger hingegen knüpfte an die Meinung von v. Petrikovits an, daß sich eine Restbevölkerung an der Bislicher Insel fände und daß die Siedlung Bertunense dort läge[47]. Letztendlich scheitert die Diskussion an den fehlenden Siedlungsfunden des 5. Jahrhunderts; bisher ist keine Siedlungskeramik dieses Zeitraumes in Xanten gefunden bzw. als solche registriert worden, was ihr Vorhandensein natürlich nicht prinzipiell ausschließt.

SPÄTANTIK-FRÜHMITTELALTERLICHER FRIEDHOF

Da so wenig über die spätantik-fränkische Besiedlung bekannt ist, kommt ein großes Gewicht der Bearbeitung des kontemporären Bestattungsplatzes unterhalb des Domes zu, zumal an einem zentral gelegenen Doppelgrab die ganze Tradition einer christlichen Kontinuität hängt, die Xanten zum Beispiel par excellence für den Übergang von der Spätantike zum Frühmittelalter gemacht hat. Die Auswertung dieses Nekropolenteils wird längere Zeit in Anspruch nehmen. Es steht aber bereits fest, daß das sogenannte Märtyrergrab bei weitem nicht das erste Grab dieses Platzes darstellt, wie Bader und Borger stets behauptet haben, und daß es keineswegs beweisbar als julianisch zu datieren ist[48]. Etwas merkwürdig in diesem Zusammenhang ist dann Borgers Deutung eines benachbarten Grabes eines eindeutig enthaupteten Mannes; er lehnte es als mögliches Märtyrergrab ab, da es nach dem Vorkommen zweier valentinianischer Münzen nicht vor 364/72 bzw. 364/78 zu datieren und darüber hinaus in Vergessenheit geraten sei[49]. Die einzige Münze aus der Grabgrube ist jedoch etwa constanszeitlich[50]; daß auch ein Märtyrergrab

[43] BADER 1985, 409.

[44] BÖHNER 1969, 92 f.; DERS., Urban and Rural Settlement in the Frankish Kingdom, in: M. W. BARLEY (Hrsg.), European Towns. Their Archaeology and Early History (London, New York, San Francisco 1977) 185—202, bes. 198—200.

[45] Vgl. Plan bei BRIDGER, SIEGMUND 1987, 109 Abb. 3.

[46] BADER 1985, 473: *'Ebenso könnte man an eine Wiederherstellung* [des Amphitheaters] *nach einer Brandzerstörung der Stadt durch die Franken denken'.*

[47] BORGER 1979, 167: *'Eine fortdauernde Siedlung scheint bei dem Militärlager ... Vetera Castra secunda, dem Bertunensim oppidum des Gregor von Tours bestanden zu haben, und zwar vermutlich an der Stelle der Zivilsiedlung';* nach v. PETRIKOVITS 1951, 42.

[48] BADER 1985, passim; W. BADER, Die Stiftskirche des Hl. Viktor zu Xanten. Sanctos. Grabfeld, Märtyrergrab und Bauten vom 4. Jahrhundert bis um oder nach 752—68 n. Chr. Teil 1. Tafeln. = W. Bader [Hrsg.], Die Stiftskirche des Hl. Viktor zu Xanten, Bd. 1,1 Tafeln (Kevelaer 1960) 2; ihn zitierend H. BORGER, Die Ausgrabungen unter der Stiftskirche des hl. Viktor zu Xanten in den Jahren 1945—1960 (Vorbericht 2). Bonner Jahrb. 161, 1961, 404; BORGER 1969, 194; BORGER 1979, 154; BORGER 1985, 24.

[49] Dom, Joch H3, Grab 66/36. Ablehnung als Märtyrergrab: H. BORGER, Ausgrabungen unter dem Dom und der Stiftsimmunität zu Xanten. Das RLM Bonn 3/1966, 58; Münzdatierung 364/72: BORGER 1969, 26; 364/78: BORGER 1979, 161. Borgers Angaben zu den Münzen sind verwirrend: im Bericht vom Jahre 1969 erwähnt er zwei Münzen *'aus der Zeit Valentinians II... also nicht vor 364—72'.* In einem 1977 erschienenen Bericht gab er die korrigierte Datierung von 383/92 (Xanten. Entstehung und Geschichte eines niederrheinischen Stiftes [Xanten^{2}1977] 29). In seiner letzten längeren Darstellung (BORGER 1979, 161) ist die Rede von Münzen aus der Grabgrube, die lehren, *'daß der Tod nicht vor der Regierungszeit des Valentinian I. (364—378) erfolgt sein kann...'* (korrekt wäre 364—375).

[50] Fundnummer X 7713 = RLM Bonn Münzkabinett D 1618: Npr. Constantinopolis, Fol, nach 337/vor 350, Lug PLG, RIC 273 (Bestimmung V. Zedelius, RLMB, dem ich herzlich danke). Definitiv aus der Grabgrube ist nur diese, übrigens nur leicht abgenutzte Münze; aus dem 'Boden II Ka', also vermutlich aus der Baugrube der dem Grab zuzuordnenden Memoria, kommt ein zweites, schlecht erhaltenes und gebrochenes Kleinerz: X 7699 = D 1617: Honorius, HCen?, L, Typ Vict. Auggg, 392/5, RIC (Lug) 47(b); der Schichtzusammenhang bleibt bei diesem jedoch unklar.

in Vergessenheit geraten kann, bezeugt gerade die Überlieferung Gregors, wonach die Ruhestätten sowohl des Mallosus als auch des Victor zum Ende des 6. Jahrhunderts unbekannt waren[51]. Wir haben bereits andernorts darauf hingewiesen, weshalb es keine Kontinuität in einer vermeintlichen kultischen Verehrung gegeben haben kann[52]. Auch die Meinung Böhners, daß das Gräberfeld als solches von der spätrömischen bis in die fränkische Zeit kontinuierlich belegt war, scheint sich nicht auf die Gräberfeldbelegung zu stützen, zumal er auch gleichzeitig eine Besiedlungskontinuität ablehnte[53].

Das Gräberfeld ist oft gedeutet worden. Rütten und Steeger sahen hierin das Gräberfeld für das oppidum Bertunensim und für vornehme Franken der Umgebung im Schutz einer Märtyrerkirche[54]. In seiner Erstpublikation dachte Bader an ein Grabfeld der CUT: *„Daß der sich weit unter dem Bezirk des heutigen Domes hinziehende Friedhof zur Colonia Trajana gehört, ergibt die nordöstliche Ausrichtung aller römischen und nachrömischen Gräber."*[55] Genau das gleiche Argument der Ausrichtung benutzte er 1985 für eine Zuweisung der Gräber zur Tricensimae, aber nun lediglich begrenzt auf die Zeit 360 – 390 n. Chr.[56] Bader betrachtete den Friedhof aus drei Gründen als christliches Grabfeld: wegen der weitgehenden Beigabenlosigkeit, des angeblichen Bezugs zum Doppelgrab und wegen des Grabsteins eines Batimodus[57]. Borger erkannte in den römischen Bestattungen *„christliche Gräber ... einer christlichen Gemeinde der Colonia Traiana"* bzw. den fränkischen Friedhof der *„Bewohner nahe dem Gräberfeld gelegener Gehöfte"*[58]. Diese Meinung teilte in etwa Böhner, als er von dem Bestattungsplatz eines nahegelegenen Hofes [Stiftshof] eines Christen sprach[59]. Bereits 1926 hatte H. Friedrich festgestellt: *„der Nachweis von Spuren eines christlichen Friedhofes bedingt das gleichzeitige Vorhandensein eines kirchlichen Gebäudes mit amtierenden Priestern in der Nähe des Friedhofes"*[60]. Bislang ließ sich eine solche Institution für die spätrömisch-frühfränkische Zeit in Xanten archäologisch nicht nachweisen.

Die christlichen Aspekte des Friedhofs hat insbesondere Bader stets betont, obwohl seine letzte Darlegung mehrere nur schwer nachvollziehbare Gedanken beinhaltet. Er stellt fest: *„Die christliche Besonderheit des Xantener Gräberfeldes ist das Fehlen ausgesprochener heidnischer Totengebräuche, die Ostung der Toten und das Vorkommen von Kreuzzeichen."*[61] Die sogenannte Ostung liegt, um 43° nach Norden hin verschoben, im rechten Winkel zur römischen Besiedlungsachse; wie in Neuß, Köln etc. handelt es sich also um eine lokale „Orientierung" des Friedhofs und kann nicht als christlich beansprucht werden[62]. Noch dazu zitiert er das fränkische Gräberfeld in Eick *„mit ebenso deutlich sächsischen Grabsitten trotz der Ostung der Toten"*[63]. Sein Vergleich also negiert seine Behauptung. Weiter stellte er verschiedene Bestattungsformen fest (Grabkammern, mit Brettern verschalte Gruben, Baumsärge); er schreibt: *„diese bedeuten die verschiedene*

[51] Ähnlich ist auch die Situation in Köln-St. Severin, wo die beiden Märtyrer Asclinius und Pamphilius nach dem 9. Jh. aus der Literatur verschwinden, sowie in Krefeld-Gellep, wo ein Julius im Martyrologium Hieronymianum für 20. Dezember bezeugt ist; jetzt hierzu: PÄFFGEN 1988, 733 ff. mit Diskussion der älteren Literatur. Vgl. auch WEIDEMANN, a.a.O. (Anm. 35) 2, 21.

[52] Siehe oben Anm. 25.

[53] BÖHNER 1969, 88 f. und 92.

[54] RÜTTEN, STEEGER 1933, 317.

[55] BADER 1934, 112.

[56] BADER 1985, 69.

[57] BADER 1985, 69 ff.; BADER 1963, 68. Zum Batimodusstein, s. unten Beitrag F. SIEGMUND, S. 196 sowie ausführlich H. TIEFENBACH, Der Batimodus-Stein unter der Stiftskirche St. Viktor in Xanten. Beitr. z. Namensforschung 21 (1), 1986, 19 – 47 (diesen Hinweis verdanke ich Herrn Stefan Kraus, Xanten).

[58] BORGER 1969, 10 bzw. 45.

[59] BÖHNER 1969, 92.

[60] H. FRIEDRICH, Die Anfänge des Christentums und die ersten Kirchengründungen in römischen Niederlassungen im Gebiet des Nieder- und Mittelrheins und der Mosel. Bonner Jahrb. 131, 1926, 10 – 113, bes. 21.

[61] BADER 1985, 425.

[62] Zu Neuss-St. Quirin vgl. H. HÄRKE, Bonner Jahrb. 180, 1980, 517 mit 513 Abb. 12. Zu Köln-St. Severin PÄFFGEN 1988, 183; 736 ff. Die Grablegungen unter dem Xantener Dom weisen erst im 8./9. Jh. mit dem Einsetzen trapezförmiger Särge (hierzu BRIDGER, SIEGMUND 1987, 107) eine christliche Ostung auf. Die Frage der Grabausrichtung werden wir andernorts behandeln. Die ältere Literatur wurde zusammenfassend diskutiert von W. A. VAN ES, Grabsitten und Christianisierung in den Niederlanden, in: W. HAARNAGEL (Hrsg.), Probleme der Küstenforschung im südlichen Nordseegebiet 9 (1970) 77 – 90, bes. 79 ff. Jüngere Arbeiten dazu: C. WELLS, C. GREEN, Sunrise dating of death and burial. Norfolk Archaeol. 35, 1973, 435 – 42; P. RAHTZ, G. KENDALL, Grave orientation. Archaeol. Journ. 135, 1978, 1 – 14; M. A. BROWN, Grave orientation: a further view. Ebd. 140, 1983, 322 – 8.

[63] BADER 1985, 425.

Herkunft der Toten...“ Und weiter: *„Man kann einwenden, daß auch in Xanten Baumsärge vorkämen, also gleichfalls sächsisch-heidnische Gräber, was jedoch nur christliche Tote beweisen kann, die von auswärts kamen und nach heidnischer Sitte in Xanten begraben wurden“*[64]. Dieser Argumentationsweise vermögen wir nur schwerlich zu folgen.

Das Christliche beruht offenbar größtenteils auf der Deutung des Doppelgrabes als angeblich julianisches Märtyrergrab. Das spätantike Gräberfeld setzt jedoch nicht erst mit dem berühmten Doppelgrab unterhalb des Hochchors ein, sondern bereits im letzten Viertel des 4. Jahrhunderts, wie mehrere reich ausgestattete, bislang unveröffentlichte Gräber im nordwestlichen Friedhofsabschnitt verdeutlichen. Auch lassen die archäologischen, die historischen und, wie H. H. Henrix einleuchtend dargelegt hat, die theologischen Erwägungen eine Deutung des Doppelgrabes als julianisches Märtyrergrab kaum zu[65]. Der einzige datierbare Fund in der Grabgrube ist eine Münze, die nach dem neueren Handbuch 348/50 geprägt wurde, wobei die Grube stratigraphisch älter als die Lehmschicht Ib sein muß, die einen t.p.q. von 383/88 aufweist[66]. Aus diesen festen Daten haben sich zahlreiche verschiedene Datierungen des Grabes ergeben: Bader datierte es erst zwischen 348 und vor *„kurz nach 383 – 388“*, also *„nach um 350 und vor um 400 n.Chr.“*, was, archäologisch betrachtet, die einzig vertretbare Aussage darstellt[67]. Daraus zog er den die archäologische Aussagekraft sicherlich überinterpretierenden Schluß: *„Die uns bekannten Nachrichten führen zu einem Martyrium unter Julian“*. Borger, ihm folgend, bietet mehrere, z. T. sich widersprechende Datierungen an: z. B. *„zwischen 361 und 363 n. Chr.“*, *„nach 348, wohl zwischen 361 und 363...“*; *„nach 348 und vor 363 entstanden“*; *„nach 348 und nicht vor 361“*; *„nach 348 und vor 361“*; zuletzt *„nach 348, vor 364“*[68]. In seiner 1979 erschienenen Darlegung will Borger eine *„ganze Münzreihe“* kennen, die das Grab *„nicht vor 346 und nicht nach 363...“ bzw. „nach 346 und ziemlich sicher vor 363“* datiert[69]. Jean-Jacques Hatt datierte es zwischen 358 und 363, ebenfalls Edith Ennen[70]. Oediger datiert es *„nach 348, wahrscheinlich unter Kaiser Julian (361 – 363)“* bzw. *„zwischen 348 und 363“*, während Böhner zwischen dem historisch konstruierten Ansatz *„wohl zwischen 361 und 363“* und der archäologisch beweisbaren Datierung *„nach dem Jahr 348“* und vor *„nach 383 – 88“* schwankt[71]. Neulich beschrieb Hans Peter Hilger *„... die Beisetzung von zwei um 361/363 gewaltsam getöteten Männern“* in Anlehnung an die Interpretation Baders um 361 bis 363[72]. Damit sei das

[64] BADER 1985, 424 f.

[65] H. H. HENRIX, Was berechtigt, in Xanten von einer Martyrermemoria zu sprechen? Trierer Theol. Zt. 84, 1975, 216 – 35; DERS., Die Xantener Martyrermemoria. Eine theologische Erwägung zum historischen Befund, in: H. H. HENRIX, H. D. RAUH (Hrsg.), Der Christ und die Geschichte seiner Kirche. Aachener Beiträge zu Pastoral- und Bildungsfragen 9 (1978) 225 – 56. Vgl. Beitrag H. H. HENRIX in diesem Band S. 209 ff. Zusammenfassend C. BRIDGER, Die Frühgeschichte Xantens. Eine neue Deutung des archäologischen Befundes aus den Domgrabungen. Arch. in Deutschland 1/1990, 8 – 11.

[66] Münzverzeichnis W. Hagen in: BADER 1985, 291 Nr. 31 bzw. 297 Nr. 66. Hagen gibt die Datierung 346 – 50 für den Constans Centionalis mit Prägestempel TRS*, Neudatierung nach RIC 8 (1981) 154 Nr. 230 (dort Prägestempel TRP*).

[67] BADER 1963, 55.

[68] BORGER, a.a.O. (Anm. 48) 313; BORGER in: BADER 1963, 67; DERS., a.a.O. (Anm. 49 – 1966) 56; BORGER 1969, 194; BORGER 1985, 24; DERS., a.a.O. (Anm. 25) 27, wobei hier irrtümlicherweise das Anlegen des Grabes mit der Errichtung des Fachwerkbaus IA gleichgesetzt worden ist. Diesen Datierungen folgend auch W. BÖCKING, Der Niederrhein zur römischen Zeit (Kleve 1987) 233 bzw. 235, wörtlich wiedergegeben in: DERS., Xantener Chronik. Von der Römerzeit bis heute (Pulheim 1987) 23.

[69] BORGER 1979, 152 bzw. 163.

[70] J.-J. HATT, Les plus anciens témoignages du christianisme en Rhénanie d'après les fouilles et les découvertes archéologiques à Cologne, Bonn, Xanten et Trèves. Rome et la Christianisme dans la région rhénane. Colloque du Centre des recherches d'histoire des religions de l'Université de Strasbourg 19. – 21. mai 1960 (1963) 58; E. ENNEN, Das Städtewesen Nordwestdeutschlands von der fränkischen bis zur salischen Zeit, in: C. HAASE (Hrsg.), Die Stadt des Mittelalters 1. Wege der Forschung 243 (1978; Wiedergabe eines Aufsatzes des Jahres 1964) 156. Wahrscheinlich handelt es sich um einen Schreibfehler; gemeint war sicherlich 348.

[71] OEDIGER 1951, 17; OEDIGER 1969, 210; BÖHNER 1969, 89; DERS., Probleme der Kontinuität zwischen Römerzeit und Mittelalter in West- und Südwestdeutschland, in: Ausgrabungen in Deutschland 1,2 (Mainz 1975) 57.

[72] H. P. HILGER, Der Dom zu Xanten (Königstein i. T. 1984) 3. G. BINDING, Holzkirchen im Rhein-Maas-Gebiet, in: C. AHRENS (Hrsg.), Frühe Holzkirchen in Nordeuropa. Veröffentl. des Helms-Museums 39 (Hamburg 1981) 267 redet von einem Grab *'um 348/365 gewaltsam getöteter Männer'*. Ähnliche, kritiklose Übernahme eines angeblich fundierten archäologischen Befundes vermerkt B. Päffgen bei der Forschungsgeschichte zum Bau A unter Köln-St. Severin: PÄFFGEN 1988, 734 f.

einzig rekonstruierte, julianische Märtyrergrab Europas wissenschaftlich untermauert, rekonstruiert insofern, als keine historische Quelle irgendwelche Christenverfolgungen in Europa in der Zeit Julians erwähnt, wie Bader sie konstatiert hat[73].

Wir glauben, daß die Badersche Deutung des Befundes in zwei Sätzen des Ausgräbers selbst verdeutlicht wird: In seinem ersten Bericht schrieb der damals junge Kunsthistoriker, es *„war von Anfang an klar, daß im wesentlichen der Befund vom Bonner Münster sich hier wiederholte und daß, wenn irgendwo, nur hier nach den Gräbern der Märtyrer zu suchen war"*[74]. Noch deutlicher schrieb er 1963 in einer sehr persönlichen Darstellung: *„Ich kam vom damaligen Provinzialmuseum in Bonn, wo ich unter der Münsterkrypta seit 1928 gegraben und frühchristliche Anlagen gefunden hatte, nach Xanten, um dort das Märtyrergrab zu sehn"*[75]. Vor dem Hintergrund nationalsozialistischer Kirchenfeindlichkeit halten wir es für durchaus möglich, daß der Ausgräber unbewußt *„die Historizität der Kirche durch möglichst frühe Datierung noch nachdrücklicher demonstrieren wollte"*[76]. Archäologisch und historisch betrachtet, ist eine julianische Datierung des Befundes jedenfalls kaum erwiesen. Vielmehr glauben wir an eine den historischen Nachrichten entsprechende — und u. E. weit realistischere — kriegerische Erklärung des Grabes in den 350er Jahren, wie auch andere vorgeschlagen haben[77], wobei der archäologische Befund wenig gegen eine Datierung der Grabniederlegung selbst *„um oder kurz nach 383/388"* beisteuern kann. Auf der Stelle des darüber errichteten, hölzernen Totengedächtnishäuschens (cella memoriae, Bau IA) wurde erst in der Merowingerzeit eine Coemeterialkapelle mit steinernen Fundamenten (Bau IIIA) erbaut[78]. Erst seit der Erstehung dieses Baues kann von einer kontinuierlichen Verehrungsstätte in Xanten glaubhaft gesprochen werden.

'KONTINUITÄT'/'DISKONTINUITÄT'

Wie stehen die bisherigen Forscher zur Frage der Kontinuität im Xantener Raum? Vor der Auffindung des Doppelgrabes meinten Rütten und Steeger, daß nur der Name Beurtina die Antike überlebt habe[79]. Bader sah in dem Doppelgrab den Anfang der gesamten Entwicklung[80]. Ihm ist annähernd die gesamte Sekundärliteratur gefolgt[81]. Nach der ersten Bearbeitung seiner Grabungen in der Immunität konnte Borger hingegen keine Siedlungsbelege und Gräber von der Mitte des 5. bis zum Anfang des 6. Jahrhunderts feststellen, so daß *„für mindestens zwei Generationen eine Siedlungsunterbrechung"* wahrscheinlich zu sein

[73] BADER 1985, 313 ff. Früher spricht Bader (BADER 1963, 56) von der Grablegung *'noch im Zwielicht der heraufziehenden blutigsten Christenverfolgung...'* Für seine Tätigkeit in Gallien 355—61 wird Julian in den antiken Quellen, auch bei den christlichen Autoren (z. B. Gregor von Nazianz, Hieronymos, Orosius), allgemein gepriesen, von einer julianischen Politik der Christenverfolgung kann keine Rede sein. Die sehr wenigen Christen, die im Ostteil des Reichs ums Leben kamen, scheinen eher im Rahmen der Majestätsbeleidigung verurteilt worden zu sein. Neue Werke über das Christentum zur Zeit Julians: S. N. C. LIEU (Hrsg.), The Emperor Julian. Panegyric and Polemic (1986); V. NERI, Ammiano e il cristianesimo. Studi di Storia Antica 11 (1985); E. D. HUNT, Ammianus Marcellinus and Christianity. Class. Quarterly 25/1, 1985, 186—200.

[74] BADER 1934, 112.

[75] BADER 1963, 55.

[76] L. SCHMIDT-MÜHLISCH, Die Welt 231, 4. 10. 75; zitiert in BADER 1985, 9. Ähnliche Gedanken zum Wunsch eines archäologischen Nachweises für eine frühchristliche Tradition gegen den Hintergrund des Nationalsozialismus auch bei den Grabungen von F. Fremersdorf und P. A. Tholen in Köln-St. Severin 1938—45; dazu jetzt PÄFFGEN 1988, 38 ff.

[77] RÜGER, a.a.O. (Anm. 18 — 1979) 524; unlängst auch H. HILLER, in: HORN, a.a.O. (Anm. 18) 645 f.

[78] BRIDGER, SIEGMUND 1987, 98—101; neulich auch impliziert bei BORGER, a.a.O. (Anm. 25) 27.

[79] RÜTTEN, STEEGER 1933, 282. Hermann Aubin verband den Namen Birten mit Vetera. Trotzdem glaubte er, daß die friesische Siedlung Biorzuna eher eine Neugründung darstellte, die an die Stelle einer vorfränkischen Niederlassung anknüpfte: H. AUBIN, Zum Übergang von der Römerzeit zum Mittelalter auf deutschem Boden. Festschrift A. Schulte (1927) 35.

[80] BADER 1934, 117: *'Ein Märtyrergrab allein, sonst nichts, gründet eine Stadt'*; BADER 1963, 55: *'ein Märtyrergrab gründet die Grabkirche, Friedhof, Stift und Stadt!'*.

[81] So z. B. BÖHNER, a.a.O. (Anm. 71) 57: *'Während an der Kontinuität der Kultstätte über den Märtyrergräbern und des sie umgebenden Gräberfeldes kaum zu zweifeln ist...'*

scheint[82]. Ihm folgte Ewig: *„In Xanten lag eine unmittelbare Kontinuität aus römischer Zeit nicht vor“*[83]. Nur seine falsche Datierung der steinernen cella memoriae veranlaßte Bader, weiterhin an einer Kontinuität der Kultstätte festzuhalten; er meinte, sie sei bis ca. 500 noch gepflegt worden, so *„daß von der christlichen Bevölkerung ein kleiner Rest sich über diese dunkle Zeit der Verödung gerettet haben muß. Nur von diesen romanisierten Christen kann die örtliche Tradition des christlichen Märtyrergrabes und der Name Victor über die Völkerwanderung hinüber gerettet worden sein“*. Gleich danach stellte er jedoch fest: *„Andererseits ließen die Franken die spätrömischen Memorien zerfallen oder zerstörten sie, das heißt, daß von einer unmittelbaren Fortsetzung der romanisierten Restbevölkerung in die fränkische hinüber nicht die Rede sein kann“*[84]. Ähnlich sah Hermann Hinz die Situation, wobei er eher an einen *„wohl königlich-fiskalischen Hofesbezirk“* denkt, der dann *„als eigentliche Siedlungszelle der fränkischen Zeit“* anzusehen sei[85]. Auch für den Raum der Bislicher Insel mußte v. Petrikovits vor 30 Jahren zugeben, daß keinerlei Funde zwischen dem 3. und 10./11. Jahrhundert bekannt wären; seit jener Zeit hat sich das Bild auch nicht um eine Scherbe verbessert[86].

Gegen eine Kontinuität des Friedhofs am Dom als Märtyrerstätte sprechen die meisten Bearbeiter, was auch der Deutung des Doppelgrabes als Märtyrergrab entgegengesetzt werden muß; erst seit etwa 500 stelle der Platz eine Art Wallfahrtsort dar[87]. Die u. E. irrtümliche Gleichsetzung Bertuna mit Birten hat zum Verkennen der wahren Entwicklung des Platzes Xanten geführt. Ein ungutes Gefühl und eine gewisse Skepsis den vermeintlichen archäologischen Fakten gegenüber wird auch in der historischen Literatur deutlich; so datierte Ewig die Gründung der 1. Stiftskirche ins 3. Viertel des 8. Jahrhunderts. Diese habe zwischenzeitlich als Grab- und Friedhofskirche gedient. *„Indessen präludierte die Erhebung der Gebeine des Märtyrers Mallosus und ihre Übertragung in eine neu erbaute Basilika bei Birten* [sic!] *im Jahre 590 doch schon der späteren Gründung des Xantener Stifts“*[88]. Wenn Mallosus tatsächlich in Birten beheimatet wäre, weshalb soll das erste Birtener Patrozinium dem Peter unterstehen?[89] So stellte Oediger zu Recht fest: *„Als das Stift entstand — um 800 —, war der Leib eines Heiligen ein kostbarer Besitz, sein Grab eine geweihte Stätte...“*[90] Aus archäologischen Erwägungen scheint das Stift um die Mitte des 8. Jahrhunderts gegründet worden zu sein. Es entwickelte sich rasch, wie Ewig schrieb: *„Nach einer recht regen Bautätigkeit entstand in Xanten noch vor 863 eine dritte dreischiffige Kirche von 22 m Außenbreite und 58 m Gesamtlänge. Die Xantener Stiftskirche erreichte damit die Ausmaße einer ansehnlichen merowingischen Kathedrale, wenn sie auch hinter den größeren karolingischen Klosterkirchen zurückblieb“*[91].

Die fränkische Besiedlung Xantens dürfte wohl von wenigen Höfen geprägt gewesen sein, über das Umland wissen wir aber wenig. Außer dem wichtigen rechtsrheinischen Gräberfeld von Bislich sind nur vereinzelte merowingerzeitliche Funde nordwestlich und nördlich von Xanten bekannt[92]. Mit Ausnahme der Erwähnung bei Gregor von Tours setzen die historischen Quellen erst im 9. Jahrhundert ein. Nach der Zerstörung des Ortes ad Sanctos im Jahre 863 zogen die Wikinger flußaufwärts und brannten eine *„villam regiam grandem“* nieder. Die Annales Bertiniani erwähnen die Zerstörung einer *„villam non modicam, ad quam Frisii confugerant, occisis multis Frisiorum negotiatoribus...“* zwischen Dorestad und Neuss. Für das Jahr

[82] BORGER 1979, 169; BORGER 1969, 33; vgl. oben Anm. 25. Ein kontinuierlicher Belegungsablauf, wie er sich in Krefeld-Gellep, Köln-St. Severin, NL-Rhenen (?) und NL-Maastricht abzeichnet, liegt sicherlich nicht vor; Xanten ist somit z. Z. eher mit der Situation in Nijmegen und in Neuss zu vergleichen.

[83] EWIG 1980, 60.

[84] BADER 1985, 424. Zum Problem der archäologischen Erkennbarkeit der romanischen Bevölkerung: H. AMENT, Franken und Romanen als archäologisches Forschungsproblem. Bonner Jahrb. 178, 1978, 377–94.

[85] H. HINZ, Xanten zur Römerzeit ([6]1976) 60.

[86] v. PETRIKOVITS 1959, 132 f.

[87] W. CLASSEN, Das Erzbistum Köln. Archidiakonat von Xanten 1. Germania Sacra 3,1 (1938) 5; BORGER 1969, 45; BADER 1985, 424.

[88] EWIG 1980, 60. Schwierigkeiten der Deutung auch bei D. SOECHTING, in: W. SÖLTER (Hrsg.), Das römische Germanien aus der Luft (Bergisch-Gladbach 1981) 261.

[89] CLASSEN, a.a.O. (Anm. 87), 18; F. W. OEDIGER, Die Regesten der Erzbischöfe von Köln in Mittelalter 1 (1954) 131 Nr. 603; 196 Nr. 658; Th. J. LACOMBLET, Urkundenbuch für die Geschichte des Niederrheins 1 (1840) 244 f. Nr. 357.

[90] OEDIGER 1969, 209.

[91] EWIG 1980, 124.

[92] Fundstellen jetzt zusammengestellt bei F. SIEGMUND, Fränkische Funde vom deutschen Niederrhein und der nördlichen Kölner Bucht (Diss. Köln 1989).

880 erwähnen die Annales Fuldenses eine Friesensiedlung Biorzuna *„ubi pars maxima Frisionum habitabat"*[93]. Angesichts der vielen fränkischen Fundplätze am Rhein bzw. in seiner Nähe wäre die Frage des Standorts solcher friesischen Emporia und ihre Bedeutung für die fränkische Besiedlung erneut archäologisch zu überprüfen[94].

SCHLUSSBETRACHTUNG

Der obige Abriß der Forschungsgeschichte dürfte verdeutlicht haben, wie desolat zur Zeit die Grundlage für eine geschichtliche Beschreibung der spätrömisch-frühmittelalterlichen Übergangszeit im Xantener Raum ist. Nur wenige aussagekräftige Funde und Befunde helfen uns, die historische Lücke zu schließen. Stichhaltige Beweise zum Besiedlungsablauf lassen auf sich warten, nur eine chorologische Untersuchung der Friedhofsbelegung könnte zur Zeit die Situation etwas erhellen. Die aufgeführten Indizien aber deuten u. E. auf eine deutliche Platzdiskontinuität bzw. eine Schwerpunktverschiebung von den römischen Besiedlungszentren in einen Bereich der römischen Nekropole, der erst später vom mittelalterlichen Stift und der präurbanen Siedlung, aus der noch später die Stadt hervorging, beansprucht wurde. Eine ähnliche Entwicklung hat sich in Bonn, Kreuznach und Alzey abgezeichnet[95]. Ob sich dahinter auch eine echte demographische und wirtschaftliche Diskontinuität verbirgt, bedarf der vollständigen Aufarbeitung des bisherigen Erforschten und der weiteren Forschung.

[93] Quellen bei P. WEILER, Urkundenbuch des Stiftes Xanten. Veröffentl. Ver. Erh. d. Xantener Domes 2 (1935) 1 ff. Erst für diese spätkarolingische Zeit will Ewig zwei Ortschaften, Xanten und Birten, kennen: EWIG 1980, 172 Karte.

[94] SIEGMUND, a.a.O. (Anm. 92) kennt etwa 49 Fundplätze am Rhein zwischen der deutsch-niederländischen Grenze und Neuss. Friesische Handelsorte am Rhein sind auch in Worms, Mainz, evtl. Köln und Duisburg bezeugt: vgl. G. KRAUSE, Zu den Anfängen Duisburgs, in: Niederrhein. Mus. Duisburg (Hrsg.), Duisburg und die Wikinger. 1100 Jahre Duisburg 883–1983 (1983) 17. Friesische Sceattas und Nordseekeramik in Gellep: REICHMANN, a.a.O. (Anm. 20) 519. Zu friesischen Sceattas: V. ZEDELIUS, Neue Sceattas aus dem Rheinland – Bonn und Xanten. Zeitschr. Arch. Mittelalter 8, 1980, 139–52. Dazu Überlegungen zu einer friesischen Niederlassung in Rheinberg-Borth: Bonner Jahrb. 187, 1987, 636.

[95] Zu Bonn: EWIG 1980, 150 (Schwerpunktverschiebung um 8. Jh. vom Lager zum Cassiusstift und zur Remigiuskirche; Zerstörung des Vicus im J. 881 mit Rückzug ins Lager). Jetzt dazu M. GECHTER, im Jubiläumsband 2000-Jahre Bonn (in Vorbereitung). – Auflassung der alten römischen Kastelle in Bad Kreuznach (K. BÖHNER, in: Führer zu vor- u. frühgesch. Denkmälern 12 [1972] 144 ff. Im Westteil des valentinianischen Kastells Kirche St. Martin mit fränkischem Friedhof des 6./7. Jhs.) und Alzey (DERS., Vom Römerkastell zu Hof, Burg und Stadt, in: F. H. BEKKER [Hrsg.], 1750 Jahre Alzey [Alzey 1973] 61 ff.). – Verbleiben in den Kastellen in Andernach (H. AMENT, in: Führer zu arch. Denkmälern in Deutschland 12 [1986] 106 ff.; vgl. zuvor DERS., Mayen und Andernach im Übergang von der Spätantike zum frühen Mittelalter, in: J. WERNER, E. EWIG [Hrsg.], Von der Spätantike zum frühen Mittelalter. Vorträge und Forschung 25 [Sigmaringen 1979] 347–56) und Jülich (P. J. THOLEN, Bonner Jahrb. 175, 1975, 245 ff.).

FRANK SIEGMUND

Xanten im Frühen Mittelalter*

Eine Betrachtung der Geschichte Xantens im Frühen Mittelalter wird immer wieder von den Grabungen im Xantener Dom ausgehen, die Walter Bader, angeregt durch Zufallsfunde beim Bau einer Heizung, in den Jahren 1933 und 1934 durchführte und die später unter der Leitung von Wilhelm Piepers, Peter Josef Tholen und Hugo Borger fortgesetzt wurden[1]. Denn seit diesen Grabungen stehen der für die Frühzeit spärlichen schriftlichen Überlieferung reiche und bedeutende archäologische Funde und Befunde gegen-

Folgende Abkürzungen werden in den Anmerkungen verwendet:

BADER, Sanctos (Tafeln)
W. BADER, Die Stiftskirche des Hl. Viktor zu Xanten. Sanctos. Grabfeld, Märtyrergrab und Bauten vom 4. Jahrhundert bis um oder nach 752–68 n. Chr. Teil 1. Pläne und Lichtdrucktafeln, = W. BADER [Hrsg.], Die Stiftskirche des Hl. Viktor zu Xanten, Bd. 1,1 Tafeln. Veröff. d. Xantener Dombauvereins 7 (Kevelaer 1960).

BADER, Sanctos (Text)
W. BADER, Die Stiftskirche des Hl. Viktor zu Xanten. Sanctos. Grabfeld, Märtyrergrab und Bauten vom 4. Jahrhundert bis um oder nach 752–68 n. Chr. Teil 1. Text = W. BADER [Hrsg.], Die Stiftskirche des Hl. Viktor zu Xanten, Bd.1,1 Text. Veröff. d. Xantener Dombauvereins 8 (Kevelaer 1985).

BORGER, Vorbericht 2
H. BORGER, Die Ausgrabungen unter der Stiftskirche des hl. Viktor zu Xanten in den Jahren 1945–1960 (Vorbericht 2). Bonner Jahrb. 161, 1961, 396–448.

BORGER, Vorbericht 3
H. BORGER, Die Ausgrabungen unter dem Dom und in der Stiftsimmunität in den Jahren 1961–1969 (Vorbericht 3), in: H. BORGER u. F. W. OEDIGER, Beitr. z. Frühgeschichte d. Xantener Viktorstifts. Rhein. Ausgrabungen 6 (Düsseldorf 1969) 1–205.

BRIDGER u. SIEGMUND, Stiftsimmunität
C. BRIDGER u. F. SIEGMUND, Die Xantener Stiftsimmunität. Grabungsgeschichte und Überlegungen zur Siedlungstopographie. Beiträge z. Archäologie d. Rheinlands. Rhein. Ausgrabungen 27 (Bonn 1987) 63–133.

BRIDGER u. SIEGMUND, 8. Jahrhundert
C. BRIDGER u. F. SIEGMUND, Funde des 8. Jahrhunderts aus Xanten. Bonner Jahrb. 187, 1987, 543–562.

HOUBEN, FIEDLER, Denkmaeler
PH. HOUBEN u. F. FIEDLER, Denkmaeler von Castra Vetera und Colonia Traiana in Ph. Houben's Antiquarium zu Xanten (Xanten 1839).

OEDIGER, Regesten 1
F. W. OEDIGER (Bearb.), Die Regesten der Erzbischöfe von Köln im Mittelalter 1. Publ. d. Ges. f. Rhein. Geschichtskunde 21 (Bonn 1954).

RÜTTEN u. STEEGER, Xanten
F. RÜTTEN u. A. STEEGER, Das fränkische Xanten. Rhein. Vierteljahrsbl. 3, 1933, 281–320.

SIEGMUND, Fränkische Funde
F. SIEGMUND, Fränkische Funde vom deutschen Niederrhein und der nördlichen Kölner Bucht. Phil. Diss. Köln 1989.

SIEGMUND, Fränkische Funde (Ms.)
F. SIEGMUND, Fränkische Funde vom deutschen Niederrhein und der nördlichen Kölner Bucht. Phil. Diss. Köln 1989, ungedrucktes Manuskript.

STEINER, Xanten
P. STEINER, Xanten. Kataloge west- und süddeutscher Altertumssammlungen 1 (Frankfurt 1911).

WEILER, UB Xanten
P. WEILER (Bearb.), Urkundenbuch des Stiftes Xanten 1. (vor 590) – 1359. Veröffentl. Ver. Erhaltung d. Xantener Domes 2 (Bonn 1935).

XANTEN 1228–1978
Studien zur Geschichte der Stadt Xanten 1228–1978. Festschrift zum 750jährigen Stadtjubiläum. Herausgegeben von der Stadt Xanten (Köln 1978).

* Die folgenden Ausführungen sind die erweiterte Fassung eines Vortrags, der am 8. 6. 1988 in Xanten auf dem vom Rhein. Amt f. Bodendenkmalpflege ausgerichteten Kolloquium 'Die Entwicklungsstufen von der Spätantike bis ins frühe Mittelalter an Rhein und Maas am Beispiel Xantens' gehalten wurde.

[1] Eine zusammenfassende Darstellung der Grabungsgeschichte findet sich bei: BRIDGER u. SIEGMUND, Stiftsimmunität, 64 ff.; vgl. auch C. BRIDGER, in diesem Band S. 179 ff.

über, die tiefe Einblicke in die Geschichte des merowingerzeitlichen Xantens erlauben. Doch bevor auch hier die Grabungen unter dem heutigen Dom in den Mittelpunkt der Darstellung rücken, möchte ich zunächst das archäologische Umfeld zu fassen versuchen.

DIE RÖMISCHE HINTERLASSENSCHAFT

Im Süden der heutigen Stadt scheint das für die antike Geschichte Xantens so wichtige Legionslager Vetera II um 276 n. Chr. zerstört und aufgegeben worden zu sein; seitdem fehlen im Bereich der späteren Bislicher Insel Hinweise auf eine Besiedlung[2]. Im Norden dagegen hinterläßt die Spätantike eine zwar reduzierte, aber doch beachtliche, feste Stadt mit einer quadratischen Mauer von etwa 400 × 400 m Länge[3]; sie wird von vielen Archäologen neutral als 'Großfestung' bezeichnet und darf wohl mit der bei Ammian erwähnten Tricensima(e) identifiziert werden[4]. Sie war noch in der zweiten Hälfte des 4. Jahrhunderts bewohnt, zum Ende des 4. Jahrhunderts enden jedoch alle Nachweise für eine Besiedlung. Auch wenn das spätantike Gräberfeld unter dem heutigen Dom noch etwas länger benutzt wurde, deutet sich doch an, daß um 400 oder wenig später die römische Besiedlung Xantens sukzessive endet[5].

An diese Situation knüpft das Frühmittelalter an: ein wüst gefallenes, spätantikes Gräberfeld mit Totenmemorien im Bereich des heutigen Doms und eine Ruinenstadt nördlich davon[6]; denn die Mauern der Tricensima(e) haben noch lange aufrecht gestanden[7].

FRÄNKISCHE FUNDE IM RAUM XANTEN

Wie sieht nun die fränkische Besiedlung im größeren Umraum von Xanten aus? Von den meisten Fundstellen sind nur wenige, schlecht beobachtete Altfunde bekannt, und das nahegelegene und sicherlich wichtige Gräberfeld von Bislich ist unpubliziert. Ein systematisches Bild ergibt sich derzeit nicht.

Etwa 1,5 km nördlich der antiken Tricensima(e) und 2,1 km entfernt vom Dom entdeckte der bekannte Xantener Altertumsforscher Philipp Houben im Jahre 1838 'Am Hagelkreuz' zwischen den Orten Wardt und Lüttingen ein fränkisches Gräberfeld (Abb. 1 Nr. 1)[8]; es lieferte die ersten und bislang ältesten fränkischen Funde im Raum Xanten. Eine gewisse Berühmtheit erlangte das 'Deutsche Fürstengrab', die Bestattung eines fränkischen Kriegers aus der Zeit zwischen 440 und 485 n. Chr.[9]. In der damaligen Publikation wurde der Fund „in treuer Abbildung" wiedergegeben, wobei man die bronzenen Beschläge eines Holzeimers in Unkenntnis ihrer tatsächlichen Funktion dem Krieger als Fürstenkrone auf den Schädel

[2] Zusammenfassend: BRIDGER u. SIEGMUND, Stiftsimmunität, 92. – Zu den Rheinverläufen vgl. J. KLOSTERMANN, in diesem Band S. 11 ff.

[3] Grundlegend: C. B. RÜGER, Die spätrömische Großfestung in der Colonia Ulpia Traiana. Bonner Jahrb. 179, 1979, 499–524.

[4] Zu dieser von Rügers Deutung etwas abweichenden Meinung zusammenfassend: C. J. BRIDGER, in: BRIDGER u. SIEGMUND, Stiftsimmunität, 93 ff.

[5] Den jüngsten römischen Bau im Raum Xanten, den man bislang archäologisch erfaßt hat, bildet die sogenannte Memoria IIK unter dem heutigen Dom, die vom Ausgräber H. Borger in das Ende des 4. Jahrhunderts datiert wird (BORGER, Vorbericht 3, 28 f.; BRIDGER u. SIEGMUND, Stiftsimmunität, 96 f.).

[6] Vgl. die Karten bei BRIDGER u. SIEGMUND, Stiftsimmunität, 111 ff., Abb. 4,1-7, insbes. 4,4.

[7] Dazu: BRIDGER u. SIEGMUND, Stiftsimmunität, 110 f. mit Abb. 3. Für eine merowingerzeitliche Nutzung der Tricensima(e) fehlen bislang jegliche Hinweise.

[8] HOUBEN, FIEDLER, Denkmaeler, 67 mit Taf. XLVI Nr. 1–2, 4; XLVII, Nr. 12–13; XLVIII. – Bonner Jahrb. 36, 1864, 85 f. – RÜTTEN u. STEEGER, Xanten, 303 f. – Zum Sammler Ph. Houben: W. MÜLLERS, Das Museum des Herrn Notar Philipp Houben und sein Antiquarium zu Xanten. Heimatkalender des Kreises Wesel 1980, 45–52.

[9] HOUBEN, FIEDLER, Denkmaeler, 67 mit Taf. XLVIII. Datierung nach Franziska, Kamm, Glasflasche und dem Glokkenbecher mit Glasfadenauflage: Niederrhein Phase 2 (SIEGMUND, Fränkische Funde, 88 ff.).

1 Merowingerzeitliche Fundstellen im Umfeld von Xanten.
1: „Am Hagelkreuz" – 2: „Assmannshof" – 3: Xanten, St. Viktor – 4: Xanten, Hochstraße – 5: Xanten, Orkstraße – 6: Xanten, Engelbert-Humperdinck-Straße – 7: Birten-„Bahnlinie" – 8: Bislich.

setzte. Nach den wenigen überlieferten Funden setzen die Bestattungen hier um 440/485 n. Chr. ein und dauern zumindest bis zum Ende des 6. Jahrhunderts fort[10].

Wahrscheinlich lag in dieser Gegend, wohl auf einer Rheininsel[11], seit der frühen Merowingerzeit eine Siedlung. Denn bei Feldbegehungen wurden nach Westen hin bis zur großen Kiesbaggerei am Rhein häufig Streufunde des 8. — 10. Jahrhunderts aufgelesen[12]. Insofern erscheinen Überlegungen berechtigt, hier die im 10. Jahrhundert erwähnte 'villa Lidron' zu suchen[13].

Eine weitere fränkische Fundstelle lag im Nordosten von Xanten beim Assmannshof, nahe der heutigen B 57 (Abb. 1 Nr. 2); die Funde sind verschollen, genaue Aufzeichnungen liegen nicht vor, so daß weitergehende Aussagen derzeit kaum möglich sind[14].

Im Westen und Süden der Stadt Xanten kann bislang in einem weiten Umkreis kein fränkischer Fundort benannt werden; die nächste, gut lokalisierbare Fundstelle ist das immerhin 8,5 km entfernte Gräberfeld von Rill[15]. Allerdings wurden 1877 beim Bau der inzwischen wieder stillgelegten Boxteler Bahn der Nordbrabant-Deutschen Eisenbahngesellschaft verschiedene archäologische Funde gemacht, die später in die Sammlung des Xantener Altertumsverein gelangten; darunter befanden sich wohl auch drei merowingerzeitliche Objekte, deren genaue Fundstelle leider nicht mehr zu ermitteln ist. Sie muß im Verlauf der Strecke zwischen Birten und Xanten-Hochbruch gelegen haben (Abb. 1 Nr. 7)[16]. Die Funde sind heute leider verschollen; lediglich ein Krug der Zeit um 600 n. Chr. ist auf einem Photo überliefert[17]. Da das Gefäß vollständig war und es sich bei den beiden übrigen Funden um Waffen handelte, dürfte hier wohl ein Gräberfeld angeschnitten worden sein. Nimmt man eine karolingische, kreuzförmige Emailfibel vom Fürstenberg[18] und zwei unsichere Einzelfunde[19] hinzu, deutet sich damit an, daß irgendwo im Süden Xantens beim heutigen Birten zumindest eine weitere frühmittelalterliche Siedlung lag[20].

Diese Übersicht zur merowingerzeitlichen Umgebung Xantens wäre unvollständig ohne die Erwähnung des rechtsrheinisch direkt gegenüber gelegenen Bislich, wo 1972 — 74 ein großes Gräberfeld vollständig ausgegraben wurde (Abb. 1 Nr. 8). Leider wurden bisher nur knappe Vorberichte publiziert[21]. Der Fried-

[10] Bei den bei HOUBEN, FIEDLER, Denkmaeler, 57, Taf. XXII Nr. 1, 7 u. 9 — 10 vorgelegten Objekten bleibt nach Fiedlers Text unklar, ob sie ebenfalls von dieser Fundstelle oder von der Fundstelle 'Assmannshof' stammen; ersteres ist m. E. wahrscheinlicher. Dann wäre 'Am Hagelkreuz' mit der Goldscheibenfibel Taf. XXII,10 auch ein Fund aus der Mitte des 7. Jahrhunderts belegt.

[11] Vgl. hierzu J. KLOSTERMANN, in diesem Band S. 32 f. mit Abb. 9.

[12] Bonner Jahrb. 181, 1981, 573 (bei den dort gemeldeten 'fränkischen' Scherben handelt es sich um stempelverzierte Keramik jüngerer Badorfer Machart). — Bonner Jahrb. 183, 1983, 660. — BRIDGER u. SIEGMUND, 8. Jahrhundert. — Hinzu kommen drei noch unveröffentlichte Flügellanzenspitzen des 8. Jahrhunderts, die im Heimatmuseum Marienbaum aufbewahrt werden.

[13] Nennung für 965: F. W. OEDIGER, Die Kirchen des Archidiakonats Xanten (Bonn 1969) 320 mit Belegen. Der Ort Lüttingen wird erst 1258/86 urkundlich erwähnt (OEDIGER a.a.O.).

[14] STEINER, Xanten, 21 Nr. 28. — Vgl. auch: RÜTTEN u. STEEGER, Xanten, 303 f.

[15] RÜTTEN u. STEEGER, Xanten, 305 ff. — A. STEEGER, Der fränkische Friedhof in Rill bei Xanten. Bonner Jahrb. 148, 1948, 249 — 298.

[16] STEINER, Xanten, 42 f., Nr. 185, 187 u. 194. — Die Fundstelle lag zwischen den Punkten Nr. 24 und Nr. 45 in Steiners Karte.

[17] H. STOLL, 'Frankenkatalog', RLM Bonn Plattennr. 7880 (9 × 12). — Rauhwandiger Einhenkelkrug der Form 'Kru-1.1', Niederrhein Phase 7, nach: SIEGMUND, Fränkische Funde, 98 ff.

[18] STEINER, Xanten, 110 Nr. 176 mit Taf. 12, 26.

[19] Für den sicher fränkischen Grabstein, der vielleicht aus Kiesgruben bei Birten stammt, kann, wie mir der ursprüngliche Besitzer W. Gülich (Xanten-Birten) versicherte, kein zuverlässiger Fundort angegeben werden (Bonner Jahrb. 182, 1982, 512 mit Abb. 35). — Eine 1958 beim Dellmannshof im Süden der Bislicher Insel gefundene Lanzenspitze ist so schlecht erhalten, daß eine Datierung in die Merowingerzeit zu unsicher ist (Bonner Jahrb. 160, 1960 , 522).

[20] Ein topographischer Zusammenhang mit dem mittelalterlichen Birten besteht sicher nicht, denn dieses lag mindestens 2 km östlich in der Niederung. Zu dessen Lage: H. SCHELLER, Die Entstehung der Bislicher Insel. Bonner Jahrb. 157, 1957, 272 — 293; H. VON PETRIKOVITS, Die Legionsfestung Vetera II. Bonner Jahrb. 159, 1959, 89 — 133, insbes. 91 Abb. 1; A. KNAUF, W. THEUSSEN, TH. ZUMKLEY, in: XANTEN 1228 — 1978, 265 — 278.

[21] CH. REICHMANN, Wo lag Lippeham? Unser Bocholt 1980 (3-4) 44 — 48. — V. ZEDELIUS, Zeitschr. Arch. Mittelalter 8, 1980, 148 Anm. 50. — W. JANSSEN, Die Sattelbeschläge aus Grab 446 des fränkischen Gräberfeldes von Wesel-

hof ist mit etwa 840 Bestattungen ungewöhnlich groß. Anders als unter dem Xantener Dom, wo bis auf die unten noch zu diskutierende Gruft B 34 außergewöhnlich reiche Bestattungen fehlen, fanden sich hier mehrere Prunkgräber. Beispielhaft seien genannt ein Frauengrab der Zeit um 620–640 n. Chr., dem neben anderen wertvollen Gegenständen auch ein Sattel beigegeben war, der die Dame so als Reiterin ausweist, ein Männergrab mit einem der seltenen Lamellenpanzer und eines der acht überhaupt bekannten Gräber der Merowingerzeit, in denen sich ein Wagen fand. Offensichtlich lagen hier die Gräber einer sozialen und politischen Führungsschicht; in dem Gräberfeld unter dem Xantener Dom fehlt Vergleichbares[22].

DAS GRÄBERFELD UNTER DEM DOM

Auch für das Gräberfeld unter dem Dom ist vorerst die fehlende Gesamtpublikation zu beklagen; denn bislang hat lediglich W. Bader die wissenschaftliche Dokumentation seiner Grabungen vorgelegt, während über alle späteren Untersuchungen nur Vorberichte erschienen sind[23]. Zwar wurden die merowingerzeitlichen Bestattungen unlängst durch die Dissertation des Verfassers erschlossen[24], doch harren die römischen Gräber und vor allem die so wichtigen Baubefunde weiterhin ihrer abschließenden Veröffentlichung.

Kontinuität des Gräberfeldes?

Die ältesten fränkischen Bestattungen sind nach ihren Beigaben die Männergräber B 38 und 316[25], die beide in das ausgehende 5. Jahrhundert datiert werden können; daran anschließend lassen sich über die ganze Merowingerzeit Bestattungen unter dem heutigen Dom nachweisen. Typisch frühfränkische Objekte der ersten beiden Jahrhundertdrittel dagegen fehlen bislang sowohl unter den Grab- als auch unter den Einzelfunden.

Für das Problem einer Kontinuität oder Diskontinuität ist aber auch die Frage nach dem Alter der jüngsten römischen Bestattungen zu klären. Wie die von Bader und Borger erfaßten Memorialbauten der 2. Hälfte des 4. Jahrhunderts erkennen lassen[26], liegt der spätantike Bestattungsplatz Xantens im Bereich des heutigen Doms; demnach dürften hier trotz der ja letztlich nur ausschnitthaften Erfassung der Gräberfelder auch die jüngsten römischen Bestattungen zu erwarten sein. Ihr Alter läßt sich derzeit kaum zuverlässig angeben, da die fraglichen Funde noch nicht aufgearbeitet sind; nach dem Münzspektrum

Bislich. Arch. Korrbl. 11, 1981, 149–169. – Zum Wagen auch: CH. RÖRING, Wagen, in: R. PIRLING, Das römisch-fränkische Gräberfeld von Krefeld-Gellep 1964–1965. Germ. Denkmäler d. Völkerwanderungszeit Ser. B 10 (Berlin 1979) 140–142.

22 Die von Reichmann a.a.O. (Anm. 21) erwogene Identifizierung des Gräberfeldes von Bislich mit dem in der Karolingerzeit mehrfach erwähnten, an der Lippemündung gelegenen Lippeham ist nach den neueren Forschungen von J. Klostermann zu den Flußläufen wohl hinfällig (J. KLOSTERMANN, in diesem Band S. 27 ff.).

23 BADER, Sanctos (Tafeln); BADER, Sanctos (Text); H. BORGER, Die Ausgrabungen in der Dom-Immunität zu Xanten in den Jahren 1957 und 1958 (Vorbericht 1). Bonner Jahrb. 160, 1960, 313–341; BORGER, Vorbericht 2; BORGER, Vorbericht 3. – Eine ausführliche Bibliographie findet sich in: BRIDGER u. SIEGMUND, Stiftsimmunität, 129–132, sowie hier in diesem Band S. 307 ff.

24 SIEGMUND, Fränkische Funde (Ms.), passim.

25 Grab B 38: BADER, Sanctos (Text), 254 ff. mit Abb. 53; BADER, Sanctos (Tafeln), Taf. 4, 14 u. 38.

26 Einstweilen: BORGER, Vorbericht 3, 10–42 mit Falttafel 2–3. – Zu Bau 'II K' und 'III 1 B' auch: BRIDGER u. SIEGMUND, Stiftsimmunität, 97 f. Für die Antike ist die Memoria 'II E' zu streichen (BORGER, Vorbericht 3, 33 f., Falttafel 2–3); aus einer Schicht unter der Mauer 'II E-alpha' stammen u. a. Fragmente merowingerzeitlicher Knickwandgefäße (Fundnr. X 793: ca. 585–640 n. Chr.). Danach und wegen der Mauerfluchten möchte ich sie dem von Borger so genannten Bau 'IV 1A' zuweisen (BORGER, Vorbericht 3, 59 ff., Falttafel 9).

scheinen sie jedoch nicht über das erste Viertel des 5. Jahrhunderts hinauszureichen[27]. Typisch spätrömische Funde wie z. B. Rädchensigillaten fehlen[28].

Doch ist diese ausschließlich auf Grabbeigaben fußende Argumentation zuverlässig? Denn Bestattungen des 5. Jahrhunderts sind häufig beigabenlos und deshalb meist nicht ohne weiteres erkennbar[29]. Deshalb hat H. Borger als zusätzliches Indiz immer wieder auf die 'schwarze Erde' hingewiesen, die er bei seinen Ausgrabungen unter dem Dom und auch in der Immunität beobachten konnte; es handelt sich hierbei um eine schwarze, stark humose Schicht, die alle römischen Gräber überdeckt und in die die fränkischen Bestattungen eingetieft sind[30]. Wenn sich zwischen römischen und fränkischen Gräbern eine Humusschicht ausbilden konnte, muß der Platz eine längere Zeit öd gelegen haben, so daß Pflanzen wachsen und vergehen konnten.

Dieser Befund läßt sich erhärten, wenn man die Grabtiefen untersucht; römische Bestattungen liegen durchweg deutlich tiefer als die jüngeren. Sieht man einmal von seltenen Ausnahmen ab, bleibt zwischen hoch gelegenen römischen und tief gelegenen fränkischen Bestattungen ein Abstand von mindestens 20 Zentimetern; normalerweise beträgt diese Tiefendifferenz etwa einen Meter.

Nach dem Befund der Grabbeigaben, der 'schwarzen Erde' und der Grabtiefen läßt sich also Borgers These bestätigen, daß zwischen römischer und fränkischer Nutzung des Platzes eine Lücke von mindestens zwei Generationen liegt, in der der Bestattungsplatz nicht genutzt wurde.

In diese These einer Diskontinuität fügt sich auch der bekannte 'Batimodus-Stein' gut ein, dessen Inschrift von W. Bader nach epigraphischen Überlegungen in das Ende des 4. oder den Anfang des 5. Jahrhunderts datiert wurde: „In pace hic re/ceptvs est Bati/modvs qvi vixit annos / qvinqvagin/ta et recessit"[31]. Sie gilt einem Christen, einem Mann Namens Batimodus, der im Alter von 50 Jahren starb. Der Stein wurde 1954 von W. Piepers bei seinen Ausgrabungen unter dem Dom gefunden; er stand aufrecht auf Grab P 28, der Bestattung einer Frau (!) der ersten Hälfte des 6. Jahrhunderts[32]. Zwar wissen wir, daß im frühmittelalterlichen Xanten römisches Namensgut tradiert wurde — ich erinnere an Mallosus und Viktor —, doch möchte ich den Batimodus-Stein auf einem wesentlich jüngeren Frauengrab als Hinweis darauf sehen, daß die lateinische Inschrift von der Bevölkerung nun nicht mehr gelesen werden konnte.

[27] Die Beigaben der als 'späteströmisch' angesprochenen Kinderbestattung 85 in einem marmornen Sarkophag sind leider weitgehend verschollen (vgl. BORGER, Vorbericht 2, 420 mit Anm. 124). — Der bislang jüngste Fund ist eine Münze Constantins III. (t.p. 411/13), vgl. V. ZEDELIUS, in diesem Band S. 175 ff.

[28] Zur Spätantike einstweilen: C. J. BRIDGER, in: BRIDGER u. SIEGMUND, Stiftsimmunität, 87—97, insbes. 96 f.

[29] Man vergleiche die Situation in dem kontinuierlich belegten Gräberfeld von Krefeld-Gellep, wo auf ein beigabenführendes Grab dieser Zeit etwa 33 beigabenlose kommen. Zusammenfassend zuletzt: R. PIRLING, Römer und Franken in Krefeld-Gellep (Mainz 1986) passim. Zu den Bestattungen des 5. Jahrhunderts weiterhin: H. AMENT, Rhein. Vierteljahrsbl. 46, 1982, 316 ff.; SIEGMUND, Fränkische Funde, 169—173. — Mit einer Kontinuität in Xanten durch beigabenlose Bestattungen rechnet auch: K. BÖHNER, Probleme der Kontinuität zwischen Römerzeit und Mittelalter in West- und Süddeutschland, in: Ausgrabungen in Deutschland, gefördert von der Deutschen Forschungsgemeinschaft 1950—1975 (Mainz 1975) 57 mit Anm. 22.

[30] BORGER, Vorbericht 3, 108.

[31] BADER, Sanctos (Text) 481 f. — Übersetzung nach BADER a.a.O.: „In Frieden wurde hier aufgenommen Batimodus, der fünfzig Jahre lebte und von hinnen ging." Zum Stein jetzt ausführlich H. TIEFENBACH, Der Batimodus-Stein unter der Stifts-Kirche St. Viktor in Xanten. Beitr. z. Namensforschung 21 (1), 1986, 19—47.

[32] Zwei ähnliche, aber inschriftlose Platten auf anderen Gräbern (Grab P 18 u. P 20) belegen, daß die Sitte, einen Grabstein zu errichten, in Xanten in dieser Zeit keine Ausnahme bildet. Auch bei den von BADER, Sanctos (Text) 402 als 'III-alpha' und 'III-beta' bezeichneten Steinplatten (jünger als Bau II A, älter als Bau III A) handelt es sich m. E. um Reste von merowingerzeitlichen Grabsteinen, die bei der Errichtung von Bau III A behutsam in dessen Boden 'bestattet' wurden.

Dauer und Größe des fränkischen Gräberfeldes

Das fränkische Gräberfeld unter dem Dom ist nicht vollständig ergraben, und der ergrabene Teil ist durch die mittelalterlichen Bauten stark gestört; alle Zahlenangaben können deshalb nur grobe Näherungen an die historische Wirklichkeit sein.

Es sind bis heute 64 beigabenführende Bestattungen bekannt; darüber hinaus möchte ich nach dem Befund weitere 58 als vermutlich merowingerzeitlich ansprechen. Hinzu kommen 32 durchweg beigabenlose Bestattungen, die nach ihrer Bauweise und den stratigraphischen Zusammenhängen wohl ebenfalls noch in die Zeit vor der Mitte des 8. Jahrhunderts fallen[33]. Daraus ergäben sich zusammengenommen etwa 154 Gräber der Zeit zwischen 485 und 740 n. Chr.[34].

Diese Zahlen und die erschließbare Mindestausdehnung des Friedhofes lassen auf eine Gesamtzahl von ehedem mindestens 388 Gräbern schließen[35]; daraus läßt sich die Größe der hier bestattenden lebenden Bevölkerung auf etwa 66 Personen schätzen[36]. Zwar liegt in dieser Zahl manche Unsicherheit, doch gibt sie sicherlich eine richtige Vorstellung von der Größenordnung der Xantener Bevölkerung.

In der folgenden Tabelle (Tab. 1) sind zum Vergleich die entsprechenden Zahlen für einige andere fränkische Gräberfelder des Rheinlands zusammengestellt; sie zeigen, daß es sowohl erheblich größere als auch kleinere Siedlungen gab und Xanten sich eher im unteren Mittelfeld des Spektrums bewegt.

Die für Xanten nur grob zu schätzende Zahl gibt immerhin auch einen gewissen Anhaltspunkt dafür, wie groß wir uns die zugehörige Siedlung vorstellen müssen. Da man im Frühmittelalter eher von Kleinfamilien ausgeht, die die einzelnen Hofstellen bewohnten, dürfte sich eine Zahl von etwa 15 Höfen ergeben[37]. Sicherlich sind diese Schätzungen mit Vorsicht zu betrachten; sie zeigen jedoch hinreichend deutlich, daß die oft geäußerte Vermutung, das Gräberfeld unter dem Dom sei nur der Bestattungsplatz zweier größerer Höfe, nicht richtig sein kann[38].

33 Gemeint sind rechteckige Gräber mit unregelmäßig aus vielen Steinen gesetzten Einfassungen, die relativ hoch liegen und im Gegensatz zu den trapezförmigen Bestattungen der karolingischen Zeit noch relativ breit sind.

34 Die Grabbeigaben decken relativchronologisch die Phasen Niederrhein 3 bis 11 ab (nach: SIEGMUND, Fränkische Funde [Ms.] passim).

35 Im Dom ist eine Fläche von etwa 700 Quadratmetern archäologisch untersucht; die Grabdichte liegt zur Merowingerzeit bei 0,22 pro Quadratmeter. Im Süden und Osten sind die Grenzen des Gräberfeldes erreicht. Einzelfunde nördlich des Doms aus dem Bereich des Kreuzgangs zeigen an, daß das fränkische Gräberfeld noch mindestens weitere 1065 m² bedeckte. Da auf wiederum weiter nördlich gelegenen Grabungsflächen und westlich des Westwerks keine merowingerzeitlichen Bestattungen gefunden wurden, kann das Gräberfeld jedoch auch nicht wesentlich größer gewesen sein. Daraus ergibt sich eine Zahl von weiteren 234 Gräbern, die als relativ stabiler Schätzwert anzusehen ist.

36 Am Niederrhein sind auf den Reihengräberfeldern normalerweise nur etwa 4% Kindergräber vorhanden. Von den geschätzten 388 Bestattungen wären also etwa 373 Gräber Erwachsenen zuzuschreiben. Nach der gängigen Berechnungsformel ergäben sich bei einem tatsächlichen Kinderanteil von 45% und einer angenommenen mittleren Lebenserwartung von 20 Jahren etwa 58, von 25 Jahren etwa 73 Personen Gesamtbevölkerung, im Mittel also 66. Dazu: P. DONAT u. H. ULLRICH, Einwohnerzahlen und Siedlungsgröße der Merowingerzeit. Ein methodischer Beitrag zur demographischen Rekonstruktion frühgeschichtlicher Bevölkerungen. Zeitschr. f. Archäologie 5, 1971, 234–265; DIES., Bevölkerungszahlen, in: RGA² (1976) 349–353; U. KOCH, Das Reihengräberfeld bei Schretzheim. German. Denkmäler d. Völkerwanderungszeit Ser. A 13 (Berlin 1977) 190 f.

37 Für das Frühmittelalter werden Familien- und Hofgrößen von 4 bis 5 Personen (2 Erwachsene, 2–3 Kinder) angenommen; zusammenfassend: J. C. RUSSEL, Bevölkerung Nord-, Mittel-, West- und Südeuropa im Mittelalter, in: Lexikon des Mittelalters II (1983) 11–14; H.-W. GOETZ, Die Familie in der Gesellschaft des Mittelalters, in: Lexikon des Mittelalters IV (1987) 270–275. – Ohne zwingende Begründung nehmen wesentlich höhere Einwohnerzahlen pro Hofstelle an: P. DONAT u. H. ULLRICH, Gräberzahlen und Siedlungsgröße, in: RGA², 352 f.

38 So z. B. K. BÖHNER, Führer zu vor- und frühgeschichtlichen Denkmälern 14 (Mainz 1969) 88–93. – Böhners Lageplan wurde dann wiederum u. a. von Bader und Borger übernommen: W. BADER, Bischofshof, Bischofsburg, Bischofsplatz, in: XANTEN 1228–1978, 58 Abb. 1; BADER, Sanctos (Text) 522 Abb. 77; H. BORGER, Die Abbilder des Himmels in Köln. Kölner Kirchenbauten als Quelle zur Siedlungsgeschichte des Mittelalters 1 (Köln 1979) 169 f. – Daß die dort immer wieder eingetragene Stadtmauer der antiken CUT zu diesem Zeitpunkt sicher nicht mehr aufrecht gestanden hat, zeigen: BRIDGER u. SIEGMUND, Stiftsimmunität, 93 f. mit Anm. 216 und 110 f.

Tabelle 1: Geschätzte Größe der lebenden Bevölkerung zu einigen fränkischen Gräberfeldern im Rheinland.

Duisburg – Walsum		25
Köln – Müngersdorf		35
Düsseldorf – Stockum	>	35
Krefeld – Gellep (West)	>	60
Xanten		**66**
Eick		75
Iversheim	>	110
Köln – Junkersdorf		140
Rübenach		170
Krefeld – Gellep (Ost)		260

Es ist die Frage zu stellen, ob die geschätzten 15 Höfe in mehr geschlossener Form als Dorf beieinander standen oder ob wir verstreut liegende Einzelhöfe annehmen müssen, die lediglich unter dem späteren Dom einen gemeinsamen Bestattungsplatz nutzten. Der älteren, mehr von den Schriftquellen ausgehenden Forschung galt der Niederrhein, und mit ihm Xanten, als Gebiet der Einzelhofsiedlungen[39]. Überall dort, wo bei Ausgrabungen größere Flächen einer Siedlung erfaßt wurden, ließen sich jedoch auch am Niederrhein mehrere, beieinanderliegende Gebäude nachweisen[40], so daß ich auch für Xanten eher an ein kleines Dorf denken möchte.

Wo lag diese Siedlung? Konkrete, ergrabene Siedlungsbefunde liegen nicht vor. Aber aus dem Süden des mittelalterlichen Stadtgebietes von Xanten sind von drei verschiedenen Plätzen merowingerzeitliche Zufallsfunde bekannt geworden, die zumindest nicht aus Gräbern stammen (Abb. 1 Nr. 4-6)[41]. Inmitten dieser drei merowingerzeitlichen Fundstellen liegt ein Fundpunkt, bei dem Scherben der 1. Hälfte des 8. Jahrhunderts geborgen werden konnten[42]. Da potentielle Siedlungsfunde bislang nur aus diesem Bereich bekannt geworden sind, sehe ich in diesen Relikten die Reste der zugehörigen Siedlung. Ihre Entfernung zum Dom beträgt etwa 400–450 m; dies entspricht der am Niederrhein üblichen Entfernung zwischen fränkischem Gräberfeld und zugehöriger Siedlung.

DER BAU III A

So unterscheidet sich Xanten zunächst kaum von anderen merowingerzeitlichen Plätzen am Niederrhein; im späten 6. Jahrhundert lassen sich hier jedoch ungewöhnliche Aktivitäten archäologisch nachweisen. Unter dem heutigen Dom wurde an der Stelle einer spätantiken, hölzernen Cella Memoriae mit einer

[39] F. RÜTTEN und A. STEEGER, Studien zur Siedlungsgeschichte des Niederrheinischen Tieflandes, Rhein. Vierteljahrsblätter 2, 1932, 278–302, insbes. 285 ff.; K. BÖHNER, Führer zu vor- und frühgeschichtlichen Denkmälern 14 (Düsseldorf 1969) 75–98, bes. 79.

[40] Bekanntestes Beispiel ist immer noch die Siedlung von Gladbach im Kreis Neuwied (W. SAGE, K. H. WAGNER, L. HUSSONG, H. MYLIUS, Germania 22, 1938, 180 ff.; R. VON USLAR, Rhein. Vorzeit 2, 1939, 27 ff.; W. SAGE, Die fränkische Siedlung bei Gladbach, Kreis Neuwied. Kleine Museumshefte 7 [Düsseldorf 1969]). – Für den Niederrhein inzwischen z. B.: Haffen (CH. NEUFFER-MÜLLER, Bonner Jahrb. 178, 1978, 479–501), Haldern-Endshof (R. VON USLAR, Bonner Jahrb. 149, 1949, 105–145), Haldern-Wittenhorst (H. HINZ, Bonner Jahrb. 163, 1963, 368–392), Köln-Porz (W. JANSSEN, Bonner Jahrb. 178, 1978, 427–478) und Krefeld-Oppum (CH. REICHMANN, Die Heimat [Krefeld] 57, 1986, 151–160).

[41] Abb. 1 Nr. 4: Xanten-Hochstraße (Lanzenspitze, vermutlich 6. Jahrhundert). – Abb. 1 Nr. 5: Orkstraße (Knickwandtopffragment, um 485–530 n. Chr..). – Abb. 1 Nr. 6: Engelbert-Humperdinckstraße (bronzene Gürtelschnalle, um 620–640 n. Chr.). Vgl. BRIDGER u. SIEGMUND, 8. Jahrhundert, 561 Abb. 7.

[42] Xanten-Mühlenberg: BRIDGER u. SIEGMUND, 8. Jahrhundert.

steinernen Mensa am Ende des 6. Jahrhunderts ein größerer Bau auf steinernen, gemörtelten Fundamenten errichtet, dessen Baugeschichte dank der subtilen Grabungsdokumentation W. Baders heute weitgehend rekonstruiert werden kann.
Der Vorgängerbau war die Cella Memoriae II A, ein Nordwest-Südost-ausgerichteter, offener Holzpfostenbau von etwa 4,1 × 2,3 m Größe; der Boden bestand aus festgestampftem Lehm, an der schmalen Nordwestwand stand eine steinerne Mensa[43]. Der Bau wird von W. Bader nach Münzfunden in den Anfang des 5. Jahrhunderts datiert[44].
Der neue Bau, Memoria III A genannt, war etwa 8,8 × 7,0 m oder 30 × 24 römische Fuß groß und stand auf einem gut gemauerten Fundament aus Tuffsteinen[45]. Anders als der Vorgängerbau II A ist er Südwest-Nordost-orientiert. Der Bau III A greift jedoch seinen Vorgänger auf: die Nordwest- und Nordostmauer umschließen dicht die Nordwest- und Nordostwand des Baus II A, dessen Baufluchten übernommen werden; die alte Mensa bleibt leicht erhöht auch über dem neuen Fußboden sichtbar[46].
Innen ist der Bau III A durch eine Holzkonstruktion gegliedert, von der nur noch der Abdruck eines Schwellbalkens erhalten blieb[47]; dieser Schwellbalken verläuft abweichend von den übrigen Baufluchten etwas schräg und greift damit eine an dieser Stelle ebenfalls schräge Pfostenstellung des Vorgängerbaus II A auf[48]. Der Schwellbalken trug keine durchgehende Wand, denn zumindest an einer Seite endete er in 85 cm Abstand vor der Nordwand des Baus III A und ließ so einen Durchgang frei.
„Die Bauzeit des Martyriums ist schwer festzustellen", schreibt Bader in seinem Bericht[49], denn bei seinen Ausgrabungen hatte er keine datierenden Einschlüsse gefunden. Da keine fränkischen Gräber unter den von ihm erfaßten Fundamenten des Baus III A lagen und einige Bestattungen des 6./7. Jahrhunderts sich stratigraphisch als jünger erwiesen, ergab sich s. E. lediglich eine grobe Einengung der Bauzeit zwischen den Anfang des 5. Jahrhunderts (Bau II A) und die Mitte des 6. Jahrhunderts (Grab B 34). Deshalb behalf sich Bader mit indirekten Argumenten: Das fränkische Gräberfeld beginne um etwa 500 n. Chr.; die fränkischen Gräber setzten das Gebäude voraus, es sei also älter. So schlug er unter der Annahme einer recht dichten Bauabfolge eine Datierung noch kurz vor die Mitte des 5. Jahrhunderts vor[50].
Bei den Ausgrabungen nach dem Zweiten Weltkrieg konnte dann 1954 und 1957 von W. Piepers und H. Borger auch die von Bader nur an zwei Ecken angeschnittene Westmauer des Baus III A vollständig ergraben werden. Dabei zeigte sich, daß diese Mauer zwei fränkische Gräber überschneidet, der ganze Bau also jünger als ursprünglich angenommen sein muß[51]. Grab P 149 kann in die Zeit um 555 – 565 n. Chr. datiert werden[52]; in Grab 89 war eine wohl alte Frau bestattet, die ihre Trachtausstattung als junge Frau

[43] BADER, Sanctos (Text) 388 ff.

[44] Jüngste Münze wohl 'X 23', t.p. 388/408 n. Chr.: BADER, Sanctos (Text) 388. – Die Vorbehalte W. Baders gegen die datierende Wirkung zweier im Lehmestrich IIc gefundenen Scherben eines gläsernen Spitzbechers, der angeblich in das frühe 6. Jahrhundert zu datieren ist, kann ich nur unterstreichen (BADER, Sanctos [Text] 391; BADER, Sanctos [Tafeln] Taf. 63 oben rechts). Die erhaltenen Fragmente sind viel zu klein, um eine sichere Beurteilung zuzulassen; vergleichbare Spitzbecher sind auch im römischen Milieu bereits im 4. Jahrhundert möglich. Zudem handelt es sich bei der Verzierung nicht, wie Bader beschreibt, um aufgelegte und dann angeschmolzene Glasfäden, die tatsächlich eine fränkische Zeitstellung absichern würden, sondern um eine leichte Riefung der Glasoberfläche, wie sie auch an römischen Spitzbechern beobachtet werden kann.

[45] BADER, Sanctos (Text) 400 ff.; BRIDGER u. SIEGMUND, Stiftsimmunität, 98 ff. – Zum Aufgehenden vgl. auch G. BINDING, Bonner Jahrb. 170, 1970 , 281. Die Annahme von Binding, es läge eher ein auf Schwellbalken ruhendes, hölzernes Aufgehendes vor, scheint mir durch die ebenfalls auf einem hölzernen Schwellbalken ruhende Zwischenwand III-gamma gestützt zu werden (BADER, Sanctos [Text] 406 f.).

[46] Erhaltene Oberfläche der Mensa IA -0,67 m Grabungsnull (BADER, Sanctos [Text] 331 Abb. 33), Oberfläche Lehmtenne IIIA -0,85 m Grabungsnull (BADER, Sanctos [Text] 406).

[47] Befund III-gamma; BADER, Sanctos (Text) 406 f. mit 401 Abb. 47.

[48] Befunde II-kappa und II-theta: BADER, Sanctos (Text) 388 ff.

[49] BADER, Sanctos (Text) 408.

[50] BADER, Sanctos (Text) 408.

[51] Vgl. dazu den revidierten Gesamtplan bei BRIDGER u. SIEGMUND, Stiftsimmunität, Abb. 5.

[52] SIEGMUND, Fränkische Funde (Ms.) passim. Datierung in Niederrhein Phase 5 durch eine beschlaglose Schilddornschnalle mit violinförmigen Gürtelhaften, Knickwandtopf 'KWT-2.32' und Schale 'Sha-1.11'.

noch in der Zeit um 530 – 555 n. Chr. erhalten hatte, der aber bei der Bestattung ein etwas jüngeres Tongefäß beigegeben worden war[53].

Wie schon W. Bader festgestellt hatte, ergibt sich ein terminus ante quem zunächst aus Grab B 21, das an der Südwand den äußeren Estrich zu III A durchschlägt; diese beigabenlose Bestattung liegt über Grab B 22[54] und unter Grab B 27[55] und kann so auf die Zeit um 640 n. Chr. eingeengt werden. Eine weitere Eingrenzung ergibt sich aus Grab B 37, das die nachträglich in den Bau III A eingebrachte Gruft B 34 überschneidet; Grab B 37 war gestört und enthielt nur noch eine Lanzenspitze und einen Ango, nach denen es in die Zeit um 585 – 605 n. Chr. datiert werden kann[56]. Die nachfolgende Graphik (Abb. 2) zeigt schematisiert diese stratigraphischen Zusammenhänge und die Datierung der Gräber; die Errichtung des Baus III A kann demnach recht genau auf die Zeit um 565 – 585 n. Chr. eingeengt werden.

Baders Grabungen hatten auch gezeigt, daß später im Laufe der Nutzungsdauer des Gebäudes III A kleine Anbauten angefügt worden waren[57]; die späteren Untersuchungen von Piepers und Borger haben weitere Befunde dieser Art erbracht[58]. Von diesen Räumen sind nur Mauerzungen erhalten, die sich wegen jüngerer Zerstörungen nicht mehr zuverlässig ergänzen lassen; an der Nordwand des Baus III A lassen sich jedoch an zwei Räumen lichte Weiten von 2 bzw. 2,5 m bestimmen, so daß eine Vorstellung von ihrer Größe gewonnen ist.

Die Gruft B 34

Kurz nach der Errichtung von III A wurde im größeren Südteil eine in dieser Zeit ungewöhnliche Bestattung eingebracht, die Gruft B 34[59]. Sie wurde, einzigartig in dieser Zeit, aus Tuffquadern mit Kalkmörtel gemauert und innen verputzt. Bei der Ausgrabung 1933/34 hat W. Bader diese Gruft leer bzw. mit jüngerem Schutt verfüllt vorgefunden, Skelettreste oder Grabbeigaben fanden sich nicht mehr. Doch die Bauweise und die Größe der Kammer von etwa 3,6 × 2,5-2,6 m machen es wahrscheinlich, daß hier eine besondere Person bestattet war. Abb. 3 zeigt in einem Histogramm die Flächengröße der fränkischen Gräber unter dem Viktors-Dom, sie übersteigt 3,5 Quadratmeter nur im Ausnahmefall[60]. Die Gruft B 34 ist mit etwa 9,2 m² Fläche wesentlich größer. Daß sich die Gräber einer sozialen Führungsschicht bisweilen auch durch eine beträchtliche Größe von den übrigen Bestattungen absetzen, hat R. Pirling bei der

[53] SIEGMUND, Fränkische Funde (Ms.) passim. Befund im Photo bei: BORGER, Vorbericht 2, Taf. 93,2. – Datierung an den Übergang Niederrhein Phase 4/5 durch eine beschlaglose Schilddornschnalle, Perlenkette Kombinationsgruppe C, Bügelfibel 'Fib-12.10', Anhänger 'am langen Band' und Knickwandschale 'Sha-2.21'.

[54] Grab B 22: BADER, Sanctos (Text) 242 – 247 mit Abb. 15; BADER, Sanctos (Tafeln), Taf. 28 – 29. – Die spiraltauschierte Gürtelgarnitur und die Spathagarnitur vom Typ Civezzano wären am Niederrhein dem Beginn der Phase 9 (ca. 640 – 670 n. Chr.) zuzuweisen; in solcher Vollständigkeit können diese am Niederrhein fremden Garnituren jedoch nur in Süddeutschland erworben worden sein, wo das Ensemble eher etwas vor 640 zu datieren ist (SIEGMUND, Fränkische Funde [Ms.] 93 ff. und 245 f.).

[55] Grab B 27: BADER, Sanctos (Text) 248 – 250 mit Abb. 16; BADER, Sanctos (Tafeln) Taf. 30 – 33. – Zwei Knickwandgefäße der Form 'KWT-3.22', Niederrhein Phase 7B bis 8B, ca. 590 – 640 n. Chr. (SIEGMUND, Fränkische Funde [Ms.] 379 f.).

[56] BADER, Sanctos (Text) 253 f.; BADER, Sanctos (Tafeln) Taf. 37. – Lanzenspitze 'Lan-2.3', Niederrhein Phase 7 (SIEGMUND, Fränkische Funde [Ms.] 289).

[57] BADER, Sanctos (Text) 415 – 418. – Die dort in Anlehnung an Borger übernommene 'Totenmemoria III,2B' ist antik und hat in der Merowingerzeit sicher nicht mehr aufrecht gestanden; dazu: BRIDGER u. SIEGMUND, Stiftsimmunität, 98.

[58] Nachträglich an III A angebaut, aber noch merowingerzeitlich sind: Befund 'III 2-gamma' und 'III 2-delta' (BORGER, Vorbericht 3, 47 ff. mit 39 Abb. 15) und Befund 'IV D' nach Bader bzw. 'III 2C' nach Borger (BADER, Sanctos [Text] 427 Abb. 54; BORGER, Vorbericht 3, 53 mit 39 Abb. 15 und 51 Abb. 16).

[59] Eine ausführliche Beschreibung bei: BADER, Sanctos (Text) 418 – 422.

[60] Außer Gruft B 34 wurden nur die nach ihren Beigaben sicher als fränkisch ansprechbaren Bestattungen berücksichtigt. Da wegen jüngerer Störungen und unvollständiger Grabungsdokumentation nicht immer alle Grabmaße erfaßbar sind, gingen davon nur 28 Gräber in das Histogramm ein.

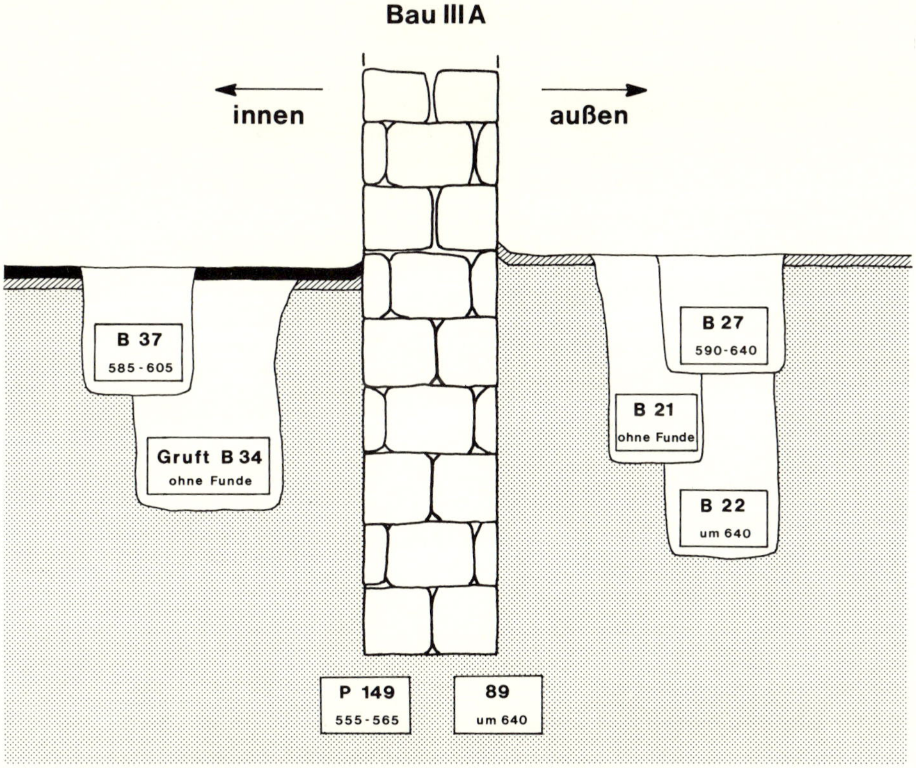

2 Schema zu Stratigraphie und Datierung des Baus III A.

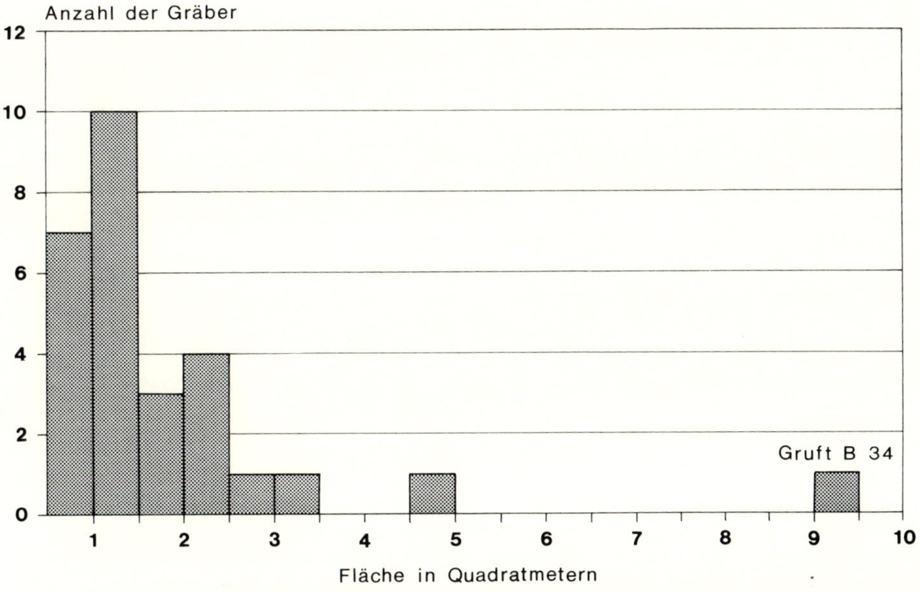

3 Xanten – St. Viktor. Fläche der fränkischen Särge oder Grabgruben.

Tabelle 2: „Fürstengräber“ der Merowingerzeit: Größe und Rauminhalt der Grabgruben.

Grab	Grubenlänge u. -breite	Tiefe	Aushub
Gellep 2268	6,5 x 4,2 m	3,55 m	97,0 m³
Gellep 2590	4,7 x 4,2 m	2,55 m	50,3 m³
Gellep 2589	4,5 x 3,6 m	2,85 m	46,2 m³
Gellep 2528	5,0 x 2,4 m	3,00 m	36,0 m³
Beerlegem Grab 111	4,7 x 3,6 m	1,60 m	27,1 m³
Hüfingen (Reitergrab)	3,5 x 2,2 m	2,75 m	21,2 m³
Gammertingen (Grab m. Helm)	4,0 x 3,5 m	2,50 m	20,0 m³
Großörner Grab 1	4,0 x 3,5 m	1,40 m	19,6 m³
Morken, Fürstengrab	2,9 x 2,2 m	2,75 m	17,5 m³
Stößen Grab 35	3,4 x 1,3 m	3,80 m	16,8 m³
Xanten-St. Viktor B 34	**3,6 x 2,6 m**	**1,80 m**	**16,5 m³**
Gellep 2613	3,4 x 2,3 m	2,00 m	15,6 m³
Güttingen Grab 28	3,9 x 2,3 m	1,60 m	14,4 m³
Orsoy Grab 3	3,1 x 1,9 m	2,30 m	13,5 m³
Wittislingen, Fürstengrab	3,0 x 2,0 m	1,80 m	10,8 m³
Beckum-II, Fürstengrab	3,2 x 2,0 m	1,10 m	7,0 m³

Vorlage der Gelleper Funde verdeutlicht[61]. Auch wenn die Gruft B 34 nicht annähernd die Dimension der Gelleper Fürstengräber erreicht, fügt sie sich doch recht gut in das Größenspektrum der übrigen, ungewöhnlich reichen Bestattungen der Merowingerzeit ein (Tab. 2)[62]. Sieht man einmal von der Bauweise in Stein ab, entspricht Xanten-St. Viktor Grab B 34 nach seiner Form, Datierung und Größe durchaus den reichen Kammergräbern der Merowingerzeit. So wird trotz des verlorenen Inhalts an Lage, Bauweise und Größe deutlich, daß die Gruft B 34 für einen außergewöhnlichen Toten errichtet worden sein muß.
Eine große Bedeutung für die Interpretation des Befundes hat der enge Zusammenhang von Bau III A und Gruft B 34, wie W. Bader ihn dank seiner sorgfältigen Grabungsmethode beobachten konnte: einzelne Steine und Mörtelpartien der Gruft waren auf Fundamentteile des Baus III A aufgesetzt, die Gruft wurde also nachträglich in ihn eingebracht[63]. Andererseits fanden sich auf den Decksteinen der Gruft Reste des Lehmestrichs IIIa[64]; er bildete den zum Bau III A zugehörigen Fußboden, der also nach der Einbringung der Gruft wieder sorgfältig ausgebessert worden war. Darüber hinaus unterstreichen die oben umrissenen Datierungen der einzelnen Befunde, daß zwischen der Errichtung des Baus III A und der Gruft B 34 kaum ein größerer Zeitraum verstrichen sein kann[65].

KAROLINGERZEIT

Zu wesentlichen Veränderungen kommt es dann kurz nach der Mitte des 8. Jahrhunderts. Wie W. Bader nachgewiesen hat, wurde in dieser Zeit der Bau III A durch einen Neubau, die sogenannte „Erste karlingische Märtyrerkirche“ ersetzt[66]. Auf den Fundamenten des Baus III A wurde eine Saalkirche 'IV AB' aufge-

[61] R. PIRLING, Das römisch-fränkische Gräberfeld von Krefeld-Gellep 1964 – 1965. Germ. Denkmäler d. Völkerwanderungszeit Ser.B 10 (Berlin 1979) 182 – 190.

[62] Zusammenstellung (ergänzt) nach PIRLING a.a.O. (Anm. 61) 184 ff. – Eine Tabelle für ein 'normales' Gräberfeld gibt: U. VON FREEDEN, Ber. RGK 68, 1987, 508 Abb. 7 (Moos-Burgstall).

[63] BADER, Sanctos (Text) 418.

[64] BADER, Sanctos (Text) 422.

[65] Vgl. dazu oben Abb. 2.

[66] BADER, Sanctos (Text) 427 ff. mit Abb. 54. – Datierung nach einem in der Estrichstickung gefundenen Denar Pipins des Kurzen (751 – 768): BADER ebd. 438.

führt, der nach Westen hin ein eingezogener, leicht erhöhter Rechteckchor 'IV C' hinzugefügt wurde; in das Kirchenschiff wurden Chorschranken eingezogen.

Auch dieser Bau IV wird durch Anbauten ergänzt, und zwar vor der Westfront durch die von Borger als 'III 2-zeta' und 'III 2-epsilon' bezeichneten Mauern[67]. Chor, Chorschranken und diese Anbauten machen es wahrscheinlich, daß mit der Kirche IV eine Stiftsgemeinschaft verbunden war.

Die oben beschriebene Gruft B 34 war noch vor Errichtung der Chorschranken umgestaltet worden[68]; zunächst wurde sie durch eine gemauerte Wand in zwei Hälften getrennt und so für die Bestattung von nunmehr zwei Toten hergerichtet. Später hatte man die südliche Kammer neu getüncht, während die nördliche mit Bauschutt verfüllt wurde. Über diese Umgestaltung geht die Chorschrankenmauer IV hinweg. Die Zweiteilung der Gruft muß demnach im 7. Jahrhundert oder in der ersten Hälfte des 8. Jahrhunderts erfolgt sein.

Mit der Errichtung dieser bislang so genannten 'Ersten Stiftskirche' geht eine Neuordnung des ganzen Terrains einher, was sich anhand der Gräber nachweisen läßt[69]. Im Westen der Immunität — im Bereich der späteren Bischofsburg — hat H. Borger ein Gräberfeld erfaßt, das dicht belegt war und beigabenlose, sich vielfach überschneidende Körperbestattungen aufwies. Davon kann Grab Z 363 nach Münzfunden in die Mitte des 9. Jahrhunderts datiert werden[70]; da dieses Grab andere Bestattungen überschneidet, setzt der Friedhof sicher schon etwas früher ein.

Im Osten — im Bereich der Saalkirche IV — findet sich dagegen ein Gräberfeld, das nun durch aufwendige, aber beigabenlose trapezförmige Steinsarkophage gekennzeichnet ist[71]; sie unterscheiden sich deutlich von den älteren, teilweise beigabenführenden Plattengräbern und dürften gegen Mitte des 8. Jahrhunderts einsetzen[72]. Während merowingerzeitliche Gräber unter dem Dom nach Westen hin bis an die Grabungsgrenze nachgewiesen werden konnten, kommen die trapezförmigen Steinsärge nur östlich einer geraden Linie vor, die durch die Pfeiler IX 50 und 52 des heutigen Doms beschrieben werden kann. So wird hier der alte, an der Kirche gelegene Bestattungsplatz nach Westen hin in seiner Fläche reduziert, während ein neues Gräberfeld mit sehr einfachen Erdbestattungen im Westen der Immunität einsetzt.

Der Kirche IV folgt im 9. Jahrhundert der Bau V, zu dem dann auch das erste große Monasterium gehört[73]; zu einer erneuten Ausweitung kommt es dann mit der großen „3. karolingischen Stiftskirche" VI[74]. Doch Baders ausführlicher Grabungsbericht endet mit dem Bau V, bislang sind nur knappe Vorberichte über ihn verfügbar[75]. So muß an diesem Punkt die Schilderung der archäologischen Befunde unter dem Dom abbrechen.

67 BORGER, Vorbericht 3, 47 ff. und 59 ff. mit Abb. 15—16. Die von Borger abweichende Datierung ist begründet bei: SIEGMUND, Fränkische Funde (Ms.) 738 ff. Es ist nach der Stratigraphie und wegen der abweichenden Baufluchten kaum möglich, das von Borger ursprünglich als Bau 'IV 1' bezeichnete große Monasterium (BORGER, Vorbericht 2, 408 mit Taf. 81) schon dem Bau IV zuzuweisen, wie Borger es zuletzt vorschlug. Inzwischen bereits in die Sekundärliteratur übernommen: K. SCHWARZ, in: Ausgrabungen in Deutschland, gefördert von der Deutschen Forschungsgemeinschaft 1950—1975 (Mainz 1975) 140 Abb. 11,8; G. BINDING u. M. UNTERMANN, Kleine Kunstgeschichte der mittelalterlichen Ordensbaukunst in Deutschland (Darmstadt 1985) 35 mit Abb. 39). Die Anlage gehört m. E. erst zur Kirche V.

68 Detaillierte Beschreibung bei: BADER, Sanctos (Text) 418 ff.

69 Vgl. dazu die Pläne bei BRIDGER u. SIEGMUND, Stiftsimmunität, Abb. 5 u. 6.

70 BRIDGER u. SIEGMUND, Stiftsimmunität, 107 mit Anm. 316—317 und Abb. 1.

71 Den Typ vertreten z. B. die von BADER, Sanctos (Text), 221 ff. vorgelegten Gräber B 1, B 2, B 14, B 15, B 25, B 33, B 43, B 85 und B 86. — Zur Datierung vorläufig: BRIDGER u. SIEGMUND, Stiftsimmunität, 106 f.

72 Die von BORGER, Vorbericht 3, 42 ff. mit Falttafeln 4 u. 5 vorgenommene Trennung in ein älteres und ein jüngeres fränkisches Gräberfeld ist insofern vom Grundgedanken her korrekt; allerdings sind unter den Steinsärgen, die Borger ohne Unterschied dem jüngeren fränkischen Gräberfeld zuordnet, bestimmte Formen zeitgleich mit den 'älteren' fränkischen Bestattungen in Holzsärgen. Eine genauere Differenzierung bei: SIEGMUND, Fränkische Funde (Ms.) 714 ff.

73 BADER, Sanctos (Text), 449 ff.; m. E. zugehörig das als 'IV 1' bezeichnete Monasterium, vgl. oben Anm. 68.

74 Erst bei ihrer Errichtung wurde die bislang offene, südliche Kammer der Gruft B 34 geleert und mit Schutt verfüllt (BADER, Sanctos [Text] 421, Abschnitte d u. e).

75 BORGER, Vorbericht 3, 74 ff. — Bestätigend zu Baders 'historischer' Datierung nun über die eingemauerten Schallgefäße: W. JANSSEN, Die Importkeramik von Hai-

ZUR HISTORISCHEN INTERPRETATION

Wer sich als Historiker mit der Geschichte der Neuzeit beschäftigt, steht vor einer überwältigenden Fülle schriftlicher Überlieferungen; Geschichtsschreibung bedeutet hier immer auch Informationsreduktion, um Strukturen und Grundtendenzen der Entwicklungen sichtbar machen zu können. Ganz anders stellt sich die Situation für den Mittelalterhistoriker dar: ihm stehen meist nur wenige, oft zufällig erhaltene Schriftquellen zur Verfügung[76]. Aus diesem dünnen und löchrigen Flickenteppich gewinnt er durch geschickte Kompilation und Interpretation sein Geschichtsbild. Recht ähnlich sieht es in den schriftlosen oder -armen Zeiten aus, mit denen sich die Archäologie beschäftigt; auch hier sind die wesentlichen Quellen — Funde und deren Fundzusammenhänge — vergleichsweise selten und meist unvollständig und nur zufällig überliefert. Viele Fragen an die Geschichte müssen offen bleiben, da sich aus den Bodenfunden nicht immer eine Antwort entwickeln läßt, manche Zeiten und Räume bleiben mangels hinreichender Belege 'dunkel'.

Einen wichtigen Unterschied gibt es jedoch für das Frühmittelalter zwischen dem Historiker, der sich der Geschichte über die Schriftquellen, und dem, der sich ihr über die Bodenfunde nähert: die Masse der schriftlichen Zeugnisse ist heute in Urkundenbüchern und Regesten übersichtlich gedruckt und in Bibliotheken leicht verfügbar, neue Dokumente werden nur noch selten entdeckt. Bodenfunde dagegen liegen häufig noch unpubliziert in den Sammlungen und Museumsmagazinen, und ständig kommen, zufällig oder durch gezielte Grabungen, neue Quellen hinzu. Gerade dieser fortdauernde und erfreuliche Quellenzuwachs mahnt bei der Interpretation immer wieder zur Vorsicht, denn 'neue' Fakten können das Geschichtsbild verändern. Natürlich werden durch Neuentdeckungen alte Beobachtungen nicht falsch, doch stellen sich dann die Zusammenhänge und Gewichtungen bisweilen anders dar. Die Lage ist vergleichbar mit der Berichterstattung über ein Fußballspiel: zu erfahren, daß die eigene Mannschaft zwei Tore geschossen hat, ist sicherlich erfreulich; hört man jedoch später, daß der Gegner drei Treffer erzielte, werden dadurch zwar die eigenen zwei Tore keineswegs 'falsch', doch stellt sich der Gesamtzusammenhang nun anders dar.

So ist es bei jeder Darstellung von Geschichte wichtig, den Bericht über die nicht mehr veränderlichen Fakten sorgfältig von den daraus entwickelten Interpretationen, die sich durch neue Beobachtungen verändern können, zu trennen. Auch hier hat das Werk von Walter Bader Vorbildcharakter. Zwar hat er schon frühzeitig, dem berechtigten Bedürfnis des Bürgers nach rascher Information nachgebend, seine Interpretation der Grabungsergebnisse veröffentlicht; in seinem wissenschaftlichen Grabungsbericht jedoch hat er programmatisch zuerst die wertfreie Dokumentation seiner Grabungsbeobachtungen betrieben, zunächst in Zeichnung und Photographie, dann in ausführlichen Protokollen und Beschreibungen[77]. In diesem Sinne wurden hier vorab die archäologischen Fakten beschrieben, die sich auch in Zukunft kaum verändern werden; aus deren Zusammenschau soll nun unter Hinzuziehung der Schriftquellen ein Bild der Geschichte entwickelt werden, von dem der Autor nur die Hoffnung, nicht aber die Gewißheit hat, daß es durch künftige Entdeckungen zwar verdichtet, nicht jedoch verändert werden dürfte.

thabu. Die Ausgrabungen in Haithabu 9 (Neumünster 1987) 44 (zu 'Typ 2'); vgl. W. BADER, Datierte Gefäße aus St. Viktor in Xanten. Bonner Jahrb. 162, 1962, 188—212. Doch scheint mir eine Errichtung von Bau VI *nach* 863 n. Chr. durchaus möglich; immerhin bliebe, folgt man Baders und Borgers Datierungen, Xanten für das Jahrhundert zwischen 863 (Normannen-Brand) und 967/69 (ottonische Weihe) ohne Stiftskirche; vgl. dazu die Übersicht bei: BRIDGER u. SIEGMUND, Stiftsimmunität, 124 f. Liste 4.

[76] Die frühe Überlieferung zu Xanten ist zusammengestellt bei: WEILER, UB Xanten; vgl. auch: F. W. OEDIGER, Monasterium beati Victoris Christi martyris. Zur Frühgeschichte des Xantener Stiftskapitels (vor 1300), in: H. BORGER u. F. W. OEDIGER, Beiträge zur Frühgeschichte d. Xantener Viktorstiftes. Rhein. Ausgrabungen 6 (Düsseldorf 1969) 207—271.

[77] BADER, Sanctos, passim. Man lese insbesondere sein Vorwort in: BADER, Sanctos (Tafeln) S. VII—VIII.

Die Erhebung des Hl. Mallosus

Das erste schriftliche Zeugnis zur nachantiken Geschichte Xantens ist die bei Gregor von Tours überlieferte Erhebung des Mallosus bei Bertuna[78]. Demnach kam der Kölner Erzbischof Eberigisil hierher und fand ein altes Oratorium vor, bei dem Mallosus verehrt wurde. Der Bischof erbaute eine Kirche (basilica); dabei errichtete er einen Bogen so, daß das alte Oratorium zur Apsis der neuen Kirche wurde. Aufgrund des Traumes eines Metzer Diakons fand eine Grabung nach den Überresten des Märtyrers statt; diese wurden unversehrt in der Mitte der Apsis gefunden, in den Hauptraum der Basilika überführt und unter dem Gesang des ganzen Klerus wiederbestattet. Das Ereignis muß kurz vor 590 n. Chr. stattgefunden haben; wahrscheinlich hat im Jahre 590 der Kölner Erzbischof selbst diese Geschichte Gregor von Tours erzählt[79].

Wie der archäologische Befund zeigt, wurde unter dem heutigen Xantener Dom um 565/585 n. Chr. ein Bau mit einer außergewöhnlichen Gruft errichtet. Schon die zeitliche Koinzidenz von archäologischem Befund und schriftlicher Überlieferung legt eine Identifizierung des Baus III A mit der von Gregor überlieferten Mallosus-Basilika nahe. Doch die Übereinstimmungen reichen weiter, denn alle bei Gregor genannten Bauten und Bauteile lassen sich wiederfinden (Abb. 4). Deshalb möchte ich beim derzeitigen Kenntnisstand diesen Bau III A mit der bei Gregor von Tours überlieferten Erhebung und Wiederbestattung des Hl. Mallosus 'apud bertunensim oppidum' identifizieren[80]. Die archäologisch nachweisbaren, nur wenig jüngeren Anbauten machen deutlich, daß hier schon im 7. Jahrhundert eine Priestergemeinschaft ansässig war.

Viktor

In Zusammenhang mit dem Wikingerüberfall im Jahre 863 werden jedoch Viktor(!)-Reliquien aus Xanten nach Köln gebracht[81]. Gregor kennt um 590 nur den Namen Viktors, 863 sind seine Reliquien der kostbarste Besitz der Xantener Kirche[82]. Während die Schriftquellen über den Zeitpunkt ihrer Erhebung nur ungenau Aufschluß geben, läßt sich ihr 'Fundort' präziser fassen.

Wie mittelalterliche Legenden berichten, wurden die Überreste des Märtyrers Viktor von der Hl. Helena bei der alten Kapelle St. Gereon in den Sümpfen gefunden, die dann zu seiner Verehrung erbaut wurde[83]. Die in den Legenden gegebene Beschreibung der alten Kapelle St. Gereon in den Sümpfen und ihre nach den Schriftquellen zu vermutende Lage lassen erkennen, daß hier im Frühmittelalter ein Wasserverteiler der alten römischen Wasserleitung der CUT als Kirchenraum genutzt wurde[84].

[78] WEILER, UB Xanten, 1 Nr. 1. Jetzt mit ausführlicher Diskussion der Datierung: BADER, Sanctos (Text) 54–58.

[79] Vgl. hierzu J. SEMMLER, in diesem Band S. 240 mit Anm. 48.

[80] Der von J. Semmler betonte Befund, daß Birten und Xanten in der schriftlichen Überlieferung sorgfältig getrennt bleiben, widerspricht dem m. E. nicht; vgl. J. SEMMLER, in diesem Band S. 239 mit Anm. 44. Der dort angeführte und in der Tat eindeutige Beleg für das Jahr 939 liegt zeitlich wesentlich nach der erneuten Stiftsgründung in der Mitte des 8. Jahrhunderts und sagt über die merowingerzeitlichen Verhältnisse wenig aus.

[81] SIMSON (Hrsg.), MG.SS. II (1909) 20 (Annales Xantenses); WEILER, UB Xanten, 2 Nr. 2.

[82] Zur schriftlichen Überlieferung vgl. J. SEMMLER, in diesem Band S. 240 ff.

[83] Überlieferung zusammengestellt bei: H. ENGELSKIRCHEN, Die Xantener Gereonskapelle in den Sümpfen. Ann. Hist. Ver. Niederrhein 162, 1960, 130–134.

[84] Zur mittelalterlichen Topographie nach den Schriftquellen s. den Plan bei: D. KASTNER, Stadterhebung, Stadtwerdung und das Privileg für Xanten vom 15. Juli 1228, in: XANTEN 1228–1978, 27 Abb. 4. – Zum Wasserverteiler: BRIDGER u. SIEGMUND, Stiftsimmunität, 104 ff. mit 116 f. Abb. 4,5–6.

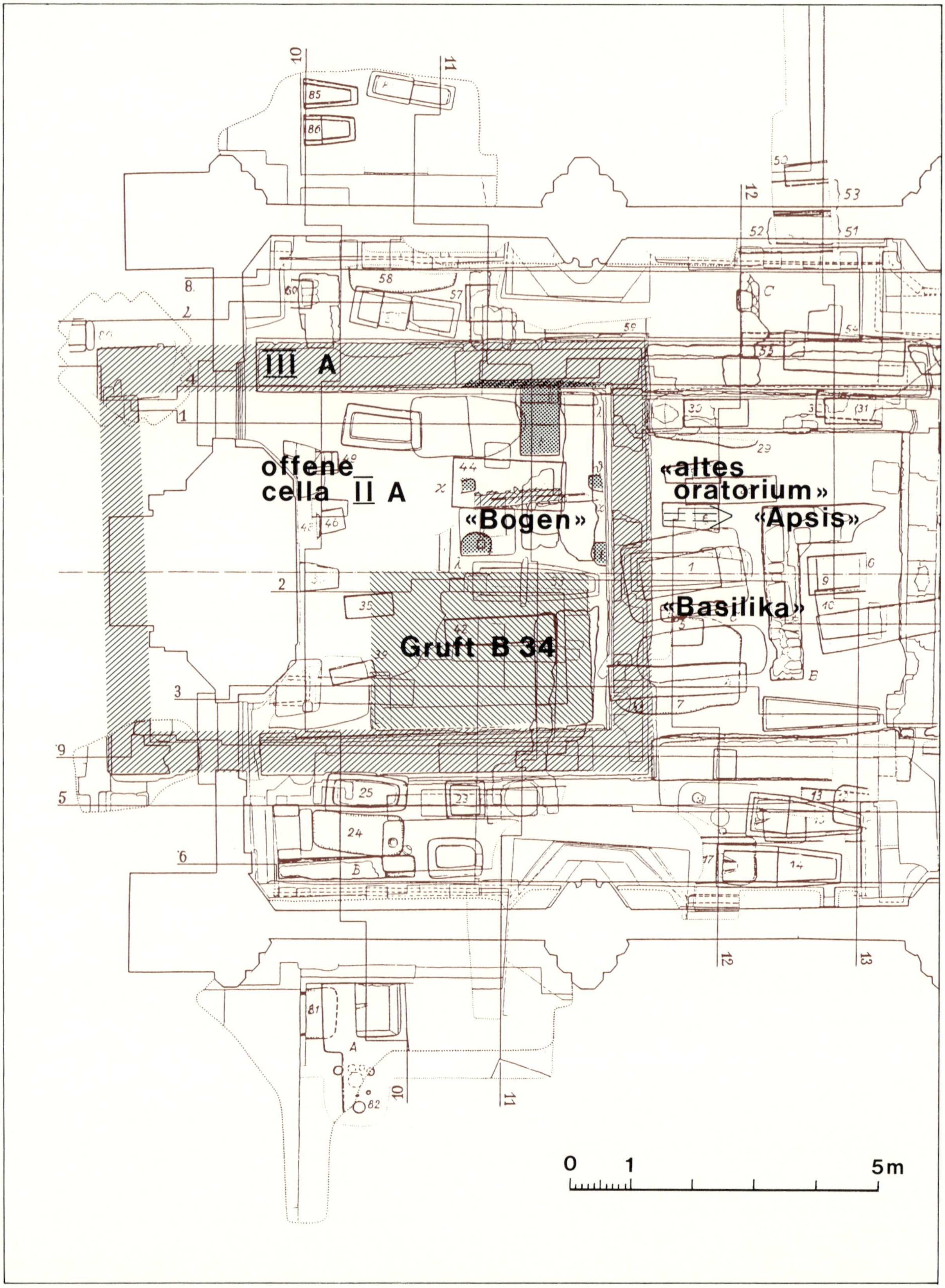

4 Befundplan nach Bader, Sanctos (Tafeln), Taf. 4 mit Eintragung der bei Gregor v. Tours verwendeten Benennungen.

Eine genauere Zeitbestimmung dieses Vorgangs erlaubt nun der archäologische Befund. Wenn wir die Gruft B 34 zunächst für den Bestattungsplatz der Mallosus-Reliquien halten, dann darf die Zweiteilung seiner Gruft mit der Überführung der Viktorreliquien von seiner ursprünglichen Verehrungsstätte 'in den Sümpfen' zur Stiftskirche verbunden werden. Diese Translatio müßte dann vor der Mitte des 8. Jahrhunderts erfolgt sein, denn die Zweiteilung der Gruft B 34 geht dem Bau IV voraus. Der Platz des Stifts trug nun nach der zumindest kurzfristig gleichzeitig geübten Verehrung von zwei Märtyrern, Mallosus und Viktor, den Namen ad sanctos — Xanten.

Festlegung der Immunität

Die oben skizzierte Neuordnung der Gräberfelder in der Mitte des 8. Jahrhunderts war ein wesentlich umfassenderer Vorgang. Die heute noch im Stadtbild Xantens erhaltene Stiftsimmunität hat erst in der Neuzeit vollständig zum Stift gehört. Wie C. Wilkes zeigen konnte[85], läßt sich mit dem Einsetzen einer intensiveren schriftlichen Überlieferung im 14. Jahrhundert nachweisen, daß sie ursprünglich wohl nur in ihrer östlichen Hälfte dem Stift zugewiesen war, während im Westen mit der Bischofsburg ein weltlicher Bereich angrenzte. Verbindet man die einzigen beiden Haupteingänge zur Immunität, Brück- und Michaelstor, mit einer geraden Linie, ergibt sich ein hypothetischer Weg, der recht genau der Westgrenze des karolingischen Gräberfeldes mit den Steinsarkophagen entspricht, so wie es durch die Neuordnung in der Mitte des 8. Jahrhunderts entstand[86]. Der etwas 'schräge' Verlauf dieser Grenzziehung spiegelt sich auch in den von den Vorgängern abweichenden Baufluchten der Kirche V wieder. Damit ist wahrscheinlich gemacht, daß es in dieser Zeit zu einer auch topographischen Festlegung der Besitzverhältnisse kam, die heute noch in der Lage der Tore erkennbar ist. In den Schriftquellen schlägt sich dieser Vorgang erst ein Jahrhundert später nieder[87].

Die Siedlung Bertuna

Wie oben beschrieben, lassen sich im Süden der heutigen Altstadt von Xanten, etwa 400 m südwestlich des Doms, Reste einer frühmittelalterlichen Siedlung nachweisen. Interessant ist ein Vergleich mit der mittelalterlichen Topographie; denn nach Untersuchungen von D. Kastner deckt sich die 1228 zur Stadt erhobene Siedlung Xanten räumlich nicht mit dem dann 1389 ummauerten Stadtareal, das heute noch das Stadtbild prägt[88]. Das 'alte Xanten' von 1228 griff weiter nach Norden aus, während im Süden genau jener Bereich unbesiedelt war, in dem wir archäologisch für das 6.—8. Jahrhundert eine Siedlung nachweisen können. So blieb von der fortdauernden Ausdehnung dessen, was das Frühmittelalter 'ad sanctos' nannte[89], zunächst genau jener nachweislich zuerst besiedelte Bereich ausgespart. Die oben begründete Identifizierung des Baus III A unter dem heutigen Dom mit der bei Gregor von Tours beschriebenen, 'apud bertunensim oppidum' gelegenen Mallosus-Basilika legt es nahe, diese Siedlungsfunde mit dem Namen

[85] C. WILKES, Studien zur Topographie der Xantener Immunität. Ann. Hist. Ver. Niederrhein 151/152, 1952, 7—153; vgl. BORGER, Vorbericht 3, 101 ff.

[86] Dieser Weg führte im Norden rheinseitig um die Tricensima(e) herum und im Süden direkt auf die merowingerzeitliche Siedlung zu; dazu: BRIDGER u. SIEGMUND, Stiftsimmunität, 109 f. mit Abb. 3. Vgl. H.-J. SCHALLES, Über die Straße. Xantener Straßen im Wandel der Geschichte. Führer des Regionalmuseums Xanten 23 (Köln 1987) 44.

[87] Sog. Guntharsche Güterumschreibung von 866: OEDIGER, Regesten 1, Nr. 216; WEILER, UB Xanten, 2 Nr. 3.

[88] D. KASTNER, in: XANTEN 1228—1978, 29 f. mit 27 Abb. 4; DERS., in: A. KOSTER, Die Verleihung der Stadtrechte. Führungsblätter Regionalmuseum Xanten 6 (Xanten 1985). — Vgl. den Übersichtsplan bei BRIDGER u. SIEGMUND, 8. Jahrhundert, 561 Abb. 7.

[89] Name erstmals 838/40 belegt: F. W. OEDIGER, Analecta Xantensia II. Das älteste Zeugnis für den Namen Xanten (Sanctos super Rhenum). Zur Datierung eines Briefes aus der Karolingerzeit. Ann. Hist. Ver. Niederrhein 154—155, 1946—47, 39—43.

'Bertuna' zu verbinden. Erst durch eine sukzessive Verlagerung des Siedlungsplatzes, wie sie im Frühmittelalter keinesfalls unüblich war[90], oder durch eine Namensübertragung wanderte der Ortsname später in der Form 'Birten' weiter nach Süden[91].

Xanten und der Niederrhein im 6. – 8. Jahrhundert

Wie fügen sich die Xantener Beobachtungen in einen größeren Rahmen ein? Nach dem Tod König Theudeberts I. (534 – 548) war Köln nur mehr selten fränkischer Königssitz. In der Folgezeit gewann der Kölner Erzbischof zunehmend an Bedeutung. Um 580 schafft sich Erzbischof Eberigisil an der Nordgrenze seiner Einflußsphäre in Bertuna einen festen Stützpunkt; ein alter, fast vergessener Märtyrerkult wird wiederbelebt, eine Kirche und ein Stift errichtet. Eine ähnliche Funktion hat Bonn an der Südgrenze des Kölner Bistums[92]. Sein Nachfolger Kunibert expandiert weiter nach Nordwesten und wiederholt den Vorgang in den 620/30er Jahren in Utrecht[93]. Doch seit der Mitte des 7. Jahrhunderts ist der Niederrhein fremdem Druck ausgesetzt, die Sachsen dringen von Osten her nach Westfalen und wohl bis an den Rhein vor, die Friesen besetzen weite Teile der Niederlande, unter anderem das bischöfliche Utrecht. In Xanten scheint die Mallosusverehrung nicht zu 'funktionieren': bei Errichtung des Baus IV in der Mitte des 8. Jahrhunderts war Viktor bereits erhoben und hierher überführt worden, Mallosus aus dem Nordteil der Gruft B 34 entnommen und nach Köln gebracht worden[94]. Vielleicht besteht auch ein Zusammenhang mit der konkurrierenden, iro-schottischen Friesenmission Willibrords, die von den aufstrebenden Karolingern unterstützt wurde; immerhin wird ihm in den 720er Jahren die nur 28 Kilometer von Xanten entfernte Kirche von Rindern geschenkt, wo er als Abt einer Klostergemeinschaft vorstand[95].

Gegen Ende von Willibrords Leben (gest. 739) unterstützten die fränkischen Herrscher dagegen eher die Missionsbemühungen des Bonifatius und die von ihm betriebene benediktinische Klosterordnung[96]. Für diese Zeit lassen die archäologischen Befunde dann in der Mitte des 8. Jahrhunderts eine gründliche Neuordnung der Verhältnisse in Xanten erkennen[97]: die Kirche IV wird errichtet, ein Stiftsbereich im Osten der späteren Immunität umrissen, die Bestattungsplätze in einen weltlichen und kirchlichen getrennt. Zu dieser Zeit ist in der Gruft B 34 nur noch die südliche Kammer offen, der Ort dient nun der alleinigen Verehrung Viktors.

Das hier entwickelte Bild von der Frühgeschichte Xantens weicht in wesentlichen Punkten von den Thesen W. Baders und H. Borgers ab, auch in dem hier vorliegenden Band vertritt J. Semmler eine entschieden andere Sicht der Dinge. Mögen diese Differenzen zeigen, wie viele Probleme noch zu lösen sind und wie wichtig auch künftig die archäologische Untersuchung des Xantener Bodens bleibt.

[90] Belege bei: BRIDGER u. SIEGMUND, Stiftsimmunität, 102 Anm. 282.

[91] Daß das Bertuna des 6.–8. Jahrhunderts und das Birten des 11. Jahrhunderts wenig Gemeinsames haben, diskutieren: RÜTTEN u. STEEGER, Xanten, 285 ff.; BRIDGER u. SIEGMUND, 8. Jahrhundert, 560 Anm. 50.

[92] Zusammenfassend: K. BÖHNER, Bonn im frühen Mittelalter. Bonner Jahrb. 178, 1978, 395 – 426.

[93] Dagobert I. (623 – 639) schenkte dem Kölner Erzbischof Kunibert (ca. 620/25 – ca. 650) die zerstörte Kirche von Utrecht mit Umgebung: R. RAU (Hrsg.), Briefe des Bonifatius (Darmstadt 1968) Nr. 109; J. SEMMLER, in diesem Band S. 244 mit Anm. 102.

[94] Mallosus wurde im 8. Jahrhundert in Köln verehrt (OEDIGER, Regesten 1, 87 mit Anm. 80; G. ZILLIKEN, Bonner Jahrb. 119, 1910, 20). Neben den schon 691 für Bonn bezeugten Märtyrern Cassius und Florentius ist dann ab 1166 auch Mallosus dort belegt (R. KNIPPING [Bearb.], Die Regesten der Erzbischöfe von Köln im Mittelalter 2. Publ. d. Ges. f. Rhein. Geschichtskunde 21 [Bonn 1901] 142 Nr. 834; D. HORÖLDT, Das Stift St. Cassius zu Bonn. Bonner Geschichtsbl. 11, 1957, 200 – 202; F. REUSCH, Lexikon christl. Ikonographie VI [1974] 482 f.).

[95] Ausführlich: F. GORISSEN, Rindern (Harenatium-Rinharen). Römisches Limeskastell, angloschottisches Coenobium Willibrords, feudale Grundherrschaft und Herrlichkeit, Deichschau 1. Von den Anfängen der Besiedlung bis zum Ende der Herrlichkeit. Darstellung und Quellen (Kleve 1985), 21 ff. mit 102 ff. Nr. 4.

[96] F. W. OEDIGER u. W. NEUSS (Bearb.), Das Bistum Köln von den Anfängen bis zum Ende des 12. Jahrhunderts. Geschichte des Erzbistums Köln 1 (Köln 1964) 138 ff.

[97] Auch in Bonn wird in der Mitte des 8. Jahrhunderts der spätrömische Bau unter dem heutigen Münster erneuert: H. LEHNER u. W. BADER, Bonner Jahrb. 136 – 137, 1932, 3 – 216; zuletzt K. BÖHNER, Bonner Jahrb. 178, 1978, 395 – 426, bes. 398 f.

HANS HERMANN HENRIX

Theologische Erwägungen zum historischen Befund der Xantener Martyrerverehrung*

Heilige bilden für katholische Christen einen Zugang zur Geschichte ihrer Kirche. Die Wirksamkeit dieses Zugangs erweist sich in Zeiten unangefochtener Heiligenverehrung als Mut und Fähigkeit, 'zu den Heiligen zu beten'. Solche Nähe im Gebet sucht die Anschaulichkeit. Sie wird erworben in der Beschäftigung mit dem Lebensweg und -werk, mit der besonderen Glaubensausprägung und der Wirkungsgeschichte der Heiligen. Findet das Drängen auf Anschaulichkeit nur wenige Anhaltspunkte, dann kann ein schöpferisches Fabulieren einsetzen, das eher einen idealtypischen Lebens- und Glaubensentwurf der Heiligenverehrer zeitigt, als es eine historisch getreue Spiegelung des verehrten Heiligen ergibt. So stellt die Heiligenverehrung einen originären und zugleich ambivalenten Zugang zur Kirchengeschichte dar. Nun ist die Geschichte, zu der durch die Heiligenverehrung Zugang gewonnen wird, nicht sogleich und unvermittelt die Geschichte der Welt- und Gesamtkirche. Der oder die einzelne Heilige hatte nicht grundsätzlich einen universalen Lebens- und Wirkbereich, sondern lebte und wirkte im begrenzten Kreis und gehörte zunächst einer einzelnen Orts- oder Teilkirche an. Die Verehrung beginnt in diesem begrenzten Raum, haftet am Grab, gedenkt in jährlicher Wiederkehr des Todes- oder Beisetzungstages und bezieht bald den weiteren Lebensumkreis des Heiligen ein. Heiligenverehrung entspringt dem teilkirchlichen Bereich. In ihm hat das Heiligenfest seinen Ursprung und sein Zentrum[1].

Die Martyrerverehrung von Xanten hat lokale Bindung und geschichtsvermittelnde Wirkung. Sie verweist auf die Frühgeschichte der Kirche am Niederrhein. Sie hat während einer langen Geschichte einen so vielfältigen und wirkmächtigen Niederschlag in Bauten und Dokumenten, in Legenden und Übungen der Frömmigkeit gefunden, daß ein Xantener Martyrium im vorherrschenden Bewußtsein am unteren Niederrhein als erwiesen gilt. Es ist nicht nur in der niederrheinischen Volksfrömmigkeit verankert. Es findet auch im neu geordneten Diözesankalender des deutschen Sprachgebietes von 1972 Berücksichtigung. Der Eigenkalender der Diözese Essen vermerkt unter dem Datum vom 10. Oktober als nicht gebotenen Gedenktag: 'Viktor und Gefährten, Märtyrer in Xanten — 4. Jh.'; der entsprechende Kalender der Diözese Münster hat die analoge Notiz, datiert die Zeit der Heiligen jedoch allgemein unter dem '3. Jh.'[2]. Dementsprechend heißt es im weit verbreiteten großen Namenstagskalender von Jakob Torsy unter dem Datum vom 10. Oktober u. a.: 'Viktor war ein Märtyrer in Xanten, dessen Grab, wie die Ausgrabungen erwiesen haben, bereits im 4. Jahrhundert verehrt wurde. Über seinem Grab erhebt sich der prachtvolle Viktorsdom. Die spätere Legende brachte Viktor in Verbindung mit der Thebäischen Legion. Doch hat Viktor wohl in den Verfolgungen des 3. Jahrhunderts oder in der Mitte des 4. Jahrhunderts unter Kaiser

* Der vorliegende Beitrag ist die überarbeitete Fassung früherer Studien des Verfassers zum Thema: Was berechtigt, in Xanten von einer Martyrermemoria zu sprechen? Trierer Theologische Zeitschrift 84, 1975, 216–235; Die Xantener Martyrermemoria. Eine theologische Erwägung zum historischen Befund, in: H. H. HENRIX u. H. D. RAUH (Hrsg.), Der Christ und die Geschichte seiner Kirche (Aachen 1978) 225–256 (dort ausgeführte Argumentation und Literatur). Diesem Beitrag liegt ein Vortrag zugrunde, der anläßlich eines Kolloquiums des Rheinischen Amtes für Bodendenkmalpflege im Regionalmuseum Xanten über 'Die Entwicklungsstufen von der Spätantike bis zum Frühmittelalter an Rhein und Maas am Beispiel Xanten' am 8. 6. 1988 gehalten wurde.

[1] Vgl. vor allem PH. HARNONCOURT, Erläuterungen und Kommentare zur Neuordnung der Eigenkalender für das deutsche Sprachgebiet, in: Die Neuordnung der Eigenkalender für das deutsche Sprachgebiet, Nachkonziliare Dokumentation 29 (Trier 1975) 181–267, 183 ff.

[2] Ebd. 96 und 111.

Julian den Tod erlitten'[3]. Und in der jüngsten Sammeldarstellung der Diözesanheiligen im deutschsprachigen Raum kann man unter 'Viktor und Gefährten, Märtyrer, 10. Oktober (Essen, Münster)' lesen: 'Zusammen mit Gereon und Cassius werden Viktor und seine Gefährten, einer Passio aus dem 10. Jahrhundert nach, als Mitglieder der Thebäischen Legion gemartert. Seit dem 4. Jahrhundert verehrte man Blutzeugen in Xanten (ad sanctos). Ausgrabungen haben den Nachweis erbracht, daß sich unter der Viktorskirche eine frühchristliche Märtyrerkultstätte befand'[4].
Die derzeitigen Diözesankalender von Essen und Münster sowie hagiographische Werke der Gegenwart betrachten die Xantener Erinnerung an ein Martyrium als rechtens und stehen damit in einer langen Belegkette der dortigen reichen Martyrermemoria[5]. Der Tatbestand der Xantener Martyrermemoria ist unbestritten. Steht aber auch ihr geschichtliches Recht außer Zweifel und Streit? Ist Xanten tatsächlich Ort eines Martyriums, welches die klassische Theologie und die Kirche als 'Tod um des christlichen Glaubens oder der christlichen Sitte willen', als Tod 'im Haß des Glaubens' oder als 'Leiden um des Glaubens willen' bzw. als 'Sterben aus Gründen des Christseins' verstehen[6]?
Das Problem der Xantener Martyrermemoria ist zunächst ein Problem auf der historischen Ebene: Hat der in der Heiligenverehrung zum Ausdruck kommende Glaube in Xanten und der dortigen Geschichte einen geschichtlich rechtmäßigen Haftpunkt? Ist Xanten wirklich Ort eines geschichtlich greifbaren Geschehens, das der Theologe nach gelungener historischer Vergewisserung als 'das äußere Phänomen des wirklichen Martyriums' zu verstehen hätte und bei dem er dementsprechend auch 'die innere Gesinnung der glaubend-liebenden Gottzugewandtheit' des getöteten Glaubenszeugen erschließen dürfte[7]? Die historische Frage ist der theologischen Frage vorgeordnet. Die erste ist vor der zweiten zu behandeln und zu klären.
Konsens unter den Historikern herrscht darüber, daß aufgrund der *schriftlichen Quellenlage* keine eindeutige positive Antwort auf die Frage nach dem geschichtlichen Recht der Xantener Martyrermemoria gegeben werden kann. Man kommt lediglich bis zum geschichtlichen Faktum einer Martyrermemoria in und um Xanten, welches seit dem 6. Jahrhundert und mit verschiedensten Genera literarisch belegt ist[8]. So reich die Belege der quaestio facti der Xantener Viktorverehrung als Martyrermemoria sind – ihre quaestio iuris bleibt offen.
Ob die *monumentale Quellenlage* der archäologischen Forschung die Lücke der schriftlichen Quellen füllen kann, ist unter Archäologen und Historikern strittig. Der um Xanten so verdienstvolle Walter Bader hat das von ihm am 26. Oktober 1933 unter dem Hochchor des Xantener Domes entdeckte Doppelgrab als christliches Martyrergrab gedeutet. Er hat das hinter dem archäologischen Befund stehende Geschehen als Martyrium qualifiziert und an dieser Deutung bis in seine letzten Publikationen hinein festgehalten[9]. Wäre das von Bader aus dem Doppelgrab erschlossene Geschehen die äußere Erscheinungsform eines

[3] J. TORSY (Hrsg.), Der große Namenstagskalender. 3550 Namen und 1540 Lebensbeschreibungen unserer Heiligen ([10]Einsiedeln-Freiburg 1985) 274.

[4] H. HINKEL, Die Diözesanheiligen im deutschsprachigen Raum (Mainz 1987) 158.

[5] Der Begriff Martyrermemoria wird hier im weiteren Sinn des Martyrergedächtnisses gebraucht und nicht auf den baugeschichtlich bedeutsamen Terminus der Gedenkstätte eingegrenzt.

[6] K. RAHNER, Zur Theologie des Todes. Mit einem Exkurs über das Martyrium, Quaestiones disputatae 2 ([4]Freiburg 1958) 73; Th. BAUMEISTER, Die Anfänge der Theologie des Martyriums, Münsterische Beiträge zur Theologie 45 (Münster 1980) 311, und DERS., Märtyrer und Verfolgte im frühen Christentum, Concilium 19, 1983, 169–173, 170.

[7] Vgl. K. RAHNER, Artikel Martyrium. Theologisch, in: Lexikon für Theologie und Kirche 7 ([2]1962), 136–138, 137.

[8] Die Prüfung der christlichen Quellen nahm der Verfasser in seinen genannten Arbeiten (siehe Anm.*) 217–223 (1975) bzw. 227–235 (1978) vor.

[9] Vgl. die letzten Publikationen Baders: Bischofshof, Bischofsburg, Bischofsplatz, in: Stadt Xanten (Hrsg.), Studien zur Geschichte der Stadt Xanten 1228–1978. Festschrift zum 750jährigen Stadtjubiläum (Köln 1978) 57–68; Der Dom zu Xanten. Erster Teil, Xantener Domblätter 8 (Kevelaer 1978); Die Stiftskirche des hl. Viktor zu Xanten. Band I, Sanctos – Grabfeld, Märtyrergrab und Bauten vom 4. Jahrhundert bis um und nach 752–68 n. Chr., Text (Xanten-Kevelaer 1985).

wirklichen Martyriums, dann folgerte der Theologe die gläubig hoffende Annahme, daß dem äußeren Phänomen des wirklichen Martyriums 'die innere Gesinnung der glaubend-liebenden Gottzugewandtheit' bei den beiden getöteten Männern entspricht. Dazu sahen sich z. B. Jakob Torsy oder Helmut Hinkel in ihren eingangs zitierten Vitenbeschreibungen zu Viktor berechtigt[10]. Sie stehen für eine am Niederrhein verbreitete kirchliche Rezeption der Sicht Baders und übersehen m. E. dennoch, daß Baders Befund — für den Theologen und Kirchenmann schmerzlich genug — weniger eindeutig ist, als historisch und in Folge dazu auch theologisch zu wünschen wäre. Die kritische Einschätzung des Baderschen Befundes habe ich an anderer Stelle zu begründen versucht[11]. Sie ist kein frömmigkeitskritischer Willmut. Vielmehr versucht sie auf ihre Weise, eine Empfehlung des vatikanischen Kommentars zur neuen Ordnung des Kirchenjahrs aus dem Jahr 1969 für die Xantener Martyrermemoria ernst zu nehmen: 'Die Christen unserer Zeit möchten ja ihre Heiligenverehrung durch die historische Wahrheit absichern, was durchaus angemessen ist'[12]. Ein Theologe ist zu solcher Absicherung besonders verpflichtet. Er muß dann auch jene archäologischen und historischen Positionen zur Kenntnis nehmen, die von der Baderschen Deutung abrücken und die Gewißheit der herkömmlichen Viktortradition problematisieren.

H. Borger hat in seinen Veröffentlichungen zu den eigenen Xantener Grabungen von 1955 bis 1966 die Badersche Interpretation des Doppelgrabes als Martyrergrab zunächst im großen und ganzen geteilt. Jedoch ist er seit seinem grundsätzlichen Beitrag zum Methodenbewußtsein der Archäologie[13] kritischer geworden, hat die kritische Einschätzung in seinen nachfolgenden Veröffentlichungen verdeutlicht und konstatierte schließlich in seiner Monographie zu den Kölner Kirchen, daß 'der gewaltsame Tod der beiden Männer' des Baderschen Doppelgrabes 'keineswegs ein Beweis für das Martyrium (ist), das die Männer erlitten haben'[14]. Borger hat damit jene Bedenken präzisiert, die bereits Friedrich Wilhelm Oediger in seiner Geschichte des Erzbistums Köln mit freundschaftlicher Milde vorgetragen hatte[15] und die auch Harald von Petrikovits in seiner imponierenden Zusammenfassung der geschichtlichen Entwicklungen der Germania Romana[16] formulierte. Nun hat Borger aber nicht nur Baders Interpretation des Doppelgrabes als Martyrergrab problematisiert, sondern sieht darüber hinaus die von Bader behauptete ununterbrochene Kontinuität von Doppelgrab, Grabzelle über ihm und alle späteren Bauten und Kirchen in einem kritischen Licht. Seine neue, mit mehr Diskontinuität rechnende Interpretation des archäologischen Befundes der Xantener Gräberfelder und Memorialbauten faßt er dahingehend zusammen: 'nicht direkt aus der spätrömischen Wurzel geht in Xanten die mittelalterliche Geschichte der Kirche und der Stadt hervor, sondern sie erwächst aus Umwegen. Bei aller nicht zu bestreitenden Verbindung mit der spätrömischen Zeit: auf dem Umwege einer ins Dunkle geratenen Überlieferung ergibt sich im Grunde ein neuer Anfang, der sein Gewicht durch den konkreten Fund der Heiligen-Leiber erhält. Das konkrete Auffinden der Zeugnisse des Heils ist der handfeste Ausgangspunkt für die Entwicklung des Stiftes des heiligen Viktor'[17].

Die jüngste archäologische Sichtung der Funde von Xanten durch Clive Bridger und Frank Siegmund hat zu weiteren Korrekturen und Differenzierungen der Baderschen Interpretation geführt[18]. Ihre für unsere

[10] Vgl. Anm. 3 und 4.

[11] Vgl. die in Anm. * genannten Arbeiten 225 – 230 (1975) und 238 – 246 (1978).

[12] Ritenkongregation, Der Römische Kalender gemäß Beschluß des Zweiten Vatikanischen Konzils erneuert und von Papst Paul VI. eingeführt. Nachkonziliare Dokumentation 20 (Trier 1969) 115.

[13] H. BORGER, Möglichkeiten und Grenzen der Archäologie des Mittelalters, dargelegt am Beispiel Xanten. Frühmittelalterl. Stud. 2, 1968, 251 – 277.

[14] H. BORGER, Die Abbilder des Himmels in Köln. Kölner Kirchenbauten als Quelle zur Siedlungsgeschichte des Mittelalters 1 (Köln 1979) 159.

[15] F. W. OEDIGER, Das Bistum Köln von den Anfängen bis zum Ende des 12. Jahrhunderts. Geschichte des Erzbistums Köln I (²Köln 1972) 38 ff.

[16] H. VON PETRIKOVITS, Artikel Germania (Romana), in: Reallexikon für Antike und Christentum X, 1977, 548 – 648, bes. 627 ff. und 633 f.

[17] BORGER, a.a.O. (Anm. 14) 184.

[18] C. BRIDGER und F. SIEGMUND, Die Xantener Stiftsimmunität. Grabungsgeschichte und Überlegungen zur Siedlungstopographie. Beiträge zur Archäologie des Rheinlandes, Rhein. Ausgrabungen 27 (Köln – Bonn 1987) 63 – 133. Vgl. desweiteren die Beiträge von C. BRIDGER und F. SIEGMUND in diesem Band.

Fragestellung wichtigen Erkenntnisse fassen die beiden Archäologen folgendermaßen zusammen: 'Der älteste Vorgängerbau des heutigen Domes ist der im letzten Viertel des 6. Jahrhunderts errichtete Bau III A (Mallosus-Basilika); die Vorstellung von der Kontinuität einer Märtyrerverehrung seit deren Bestattung bis ins Mittelalter ist hinfällig... Der später im Dom verehrte Hl. Viktor wurde beim Wasserverteiler des römischen Aquädukts gefunden, der im Frühmittelalter als Gereonskapelle diente. Für das 9. Jahrhundert lassen sich zwei getrennte Gräberfelder nachweisen. Die Gründung des Stifts erfolgte in der Mitte des 8. Jahrhunderts'[19]. Sollten diese Thesen sich in der archäologischen Diskussion als gut begründet erweisen, dann rückt das älteste schriftliche Zeugnis zur niederrheinischen Viktormemoria erneut in den Blickpunkt des Interesses. Freilich steht die Viktor-Notiz bei Gregor von Tours und seinem 'Buch zum Ruhm der Martyrer' im Schatten der Überlieferung vom Martyrer Mallosus und von der Erhebung seiner Gebeine durch den Kölner Bischof Eberigisil. Dieser herrschte in der Tradition am Niederrhein um 590 vor. Er erfährt durch den Identifizierungsvorschlag von Bridger und Siegmund eine neue Aufmerksamkeit: 'Die schriftliche Überlieferung und der archäologische Befund scheinen dann einen Sinn zu ergeben, wenn man annimmt, daß der unter dem heutigen Dom aufgedeckte Bau III A die von Bischof Eberigisil erbaute Basilika des Hl. Mallosus ist'[20]. So sehr der auf den ersten Blick verblüffende Identifizierungsvorschlag eine Lücke zwischen dem schriftlichen Zeugnis Gregors und dem archäologischen Befund der Xantener Memorialbauten zu schließen vermag, so erklärungsbedürftig bleibt das geschichtliche Verhältnis von Mallosus-Verehrung und Viktor-Verehrung. Dazu führen Bridger und Siegmund aus: 'Auf Betreiben des Kölner Erzbischofs entstand bei Bertuna an einer alten Kultstätte um 590 n. Chr. eine Basilika zur Verehrung des Hl. Mallosus; im späten 9. Jahrhundert ist an diesem *ad sanctos* genannten Heiligtum ein *monasterium* zur Verehrung des Hl. Viktor nachgewiesen. Es muß also in der Zwischenzeit zu einer Verdrängung des Mallosus-Kultes gekommen sein, der später in Köln und im 12. Jahrhundert unter den Bonner Märtyrern der Thebäischen Legion auftaucht'[21]. Mit dieser jüngsten Interpretation erfährt die Diskussion um die Xantener Martyrermemoria eine Art Inversion: von Mallosus zu Viktor, von Viktor zum Doppelgrab zurück zu Mallosus.

Was läßt sich zur heute deutlicher denn je vor Augen stehenden historischen Unsicherheit eines Xantener Martyriums theologisch sagen? Die historische Forschung zu Xanten hat uns nicht zum äußeren Phänomen eines wirklichen Martyriums führen können. Die Möglichkeit eines solchen Geschehens ist offen, die davon betroffene einzelne Gestalt ins kaum mehr aufhellbare Dunkel getreten. Die Lückenhaftigkeit und das Schwanken des historischen Befunds ist eine Instanz, von der ein Theologe in seiner Reflexion auf Xanten nicht einfach wegsehen kann; vielmehr hat er sie wahrzunehmen, um in solcher Wahrnehmung Historie und Theologie zu vermitteln und Glaube und Geschichte zu versöhnen. Wenn ihm auch eine Verehrungspraxis als der historischen Absicherung ermangelnd und also theologisch unangemessen erscheint, die zugespitzt einen konkreten Martyrer Viktor meint oder die beiden Toten des Doppelgrabes in der Krypta als sicher bezeugte Martyrer glaubt oder nun Mallosus als verifizierte Martyrergestalt des Niederrheins ansieht, so muß er nicht jede Praxis eines Martyrerkultes oder einer Heiligenverehrung in Xanten als unstatthaft erachten.

Der Name 'Xanten — *ad sanctos* — bei/zu den Heiligen'[22] zeigt nämlich nicht nur wie in einem Stenogramm das spätantike oder frühmittelalterliche Aufleben der Heiligenverehrung an, das 'Heiligenerhebungen' auslöst und durch deren Ergebnis gesteigert wird. Der Name ist auch nicht nur Zeugnis eines dann jahrhundertelang lebendigen Bewußtseins, an dem so benannten Ort habe ein historisch irgendwie greifbarer Mensch seinen Christusglauben bis zum Tod um Christi willen durchgehalten. Er steht nicht nur für die Verehrung, in der ungezählte Generationen diesen gemeinten, einzelnen Menschen um Fürsprache angerufen, zum Vorbild ihres eigenen Lebens und Glaubens genommen und daraus Segen und Frucht erhalten haben. Vielmehr verbürgt er mit der am Ort lange geübten Heiligenverehrung auch eine

[19] BRIDGER, SIEGMUND, Stiftsimmunität (Anm. 18) 119.

[20] Ebd. 101.

[21] Ebd. 103.

[22] Vgl. dazu W. BADER, Die Stiftskirche des hl. Viktor zu Xanten, a.a.O. (Anm. 9) 62 ff.

bestimmte 'Seite des Selbstverständnisses der Kirche'[23], eben die gläubige Hoffnung, daß das von Gott angebotene Heil tatsächlich unter ihren Gliedern ankommt. Für Xanten ist dieses Element der Heiligenverehrung über Jahrhunderte hin an den Namen Viktor gebunden und wird dennoch schon immer, wenn es bewußt wurde, über diese Bindung hinausgedrängt sein auf die Gesamtheit der Heiligen und Martyrer. Und in diesem Ausgreifen auf alle Heiligen hätte eine öffentlich-gemeindliche Xantener Heiligenverehrung auch noch heute, wo ihr die historische Sicherheit abhanden gekommen ist, ihren guten Sinn. Und im Horizont dieser Sinnperspektive hätte das Erzählen der traditionellen Viktorlegende als einer anschaulichen Ausdrucksweise des kirchlichen Selbstverständnisses im niederrheinischen Frühmittelalter und in den nachfolgenden Zeiten ebenso einen sinnvollen Platz wie das Betrachten der künstlerischen ‚Viktor'-Darstellungen im und am heutigen Xantener Dom.

Xanten könnte auf der Ebene der Stätten und Orte kirchlichen Gedenkens einen ähnlichen Stellenwert erhalten wie das Allerheiligenfest auf der Ebene der Zeiten und des Kalenders kirchlicher Heiligenverehrung. Es wäre dann ein Ort, wo man jener Heiligen gedenkt, die namenlos, unbekannt und ungerühmt geblieben sind und ihr endgültiges Ziel dennoch nicht weniger als die gerühmten großen Martyrer christlichen Glaubens gefunden haben. Wenn die Kirche an anderen Orten der Verehrung historisch legitimiert 'mit Namen auf die hinweist, die geglückte Heilige sind, die die Kirche selbst repräsentieren in ihrer Funktion, die Gegenwart des greifbar siegreichen Erbarmens Gottes in der Welt zu sein', dann mag sie in Xanten derer gedenken, welche 'die Wege der Gewöhnlichkeit, der Hoffnung wider alle Hoffnung' gegangen sind und darin — unscheinbar und von der Kirche unerkannt — tatsächlich das wurden, als was der Glaube die kanonisierten Heiligen preist: 'es gibt Angekommene, Vollendete, Geglückte, ... Menschen, die man nicht auf Hohlheit und verdeckte Selbstsucht hin entlarven kann, Menschen, die nicht vergeblich geweint haben, die durch den Tod das Leben fanden, durch den Verlust den ewigen Reichtum, durch die Gewöhnlichkeit jene unerhörte Einmaligkeit und Gewichtigkeit eines Lebens, das es würdig ist, in Ewigkeit nicht mehr unterzugehen'[24].

Xantener Frömmigkeitspraxis erhielte einen historisch und theologisch verantwortbaren Sinn, wenn sie die Begründung aus einem historisch nicht verifizierbaren Einzeldatum — sei es Viktor, sei es das als Martyrergrab aufgefaßte Doppelgrab — hinter sich läßt und in ihr Zentrum dasjenige rückt, was in jeder Memoria angezielt ist: 'das Geheimnis ... (der) Endgültigkeit der Gnade und ihres Sieges über die Schwachheit und Erbärmlichkeit des Menschen'[25]. In diese Sinnspitze ließe sich besonders die Erweiterung der Xantener Krypta zur Mahn- und Sühnestätte für die martyralen Opfer des Nazismus einbeziehen, die man 1966 vornahm.

In Aufnahme dieser Linie, die sich ja auch im ikonographischen Programm des wiederaufgebauten Viktordomes zeigt, erfährt die örtliche Martyrerverehrung Xantens einen Impuls gegenwartswacher Spiritualität, die sehr tief darum weiß, daß auch die Kirche der Gegenwart eine martyrale Kirche ist. Das martyrale Zeugnis der gegenwärtigen Kirche steht in einem geschichtlich-kulturellen Wandel des Typs des Martyriums. Das Profil des Martyrers ändert sich. Dies stellen führende Theologen im Blick auf die Glaubenszeugen in der Gegenwart fest: 'So etwa gibt es einen Wandel vom 'heldenhaften' Märtyrer zum 'anonymen' Märtyrer, vom individuellen Martyrium zu einer Art kollektiven Martyriums'[26]. Die Grund-

[23] B. KÖTTING, Entwicklung der Heiligenverehrung und Geschichte der Heiligsprechung, in: P. MANNS (Hrsg.), Die Heiligen in ihrer Zeit 1 (Mainz 1967) 27—39, 27. Vgl. zu diesem theologischen Grundgedanken auch W. BEINERT (Hrsg.), Die Heiligen heute ehren (Freiburg—Basel—Wien 1983) passim; K. HAUSBERGER, Artikel Heilige/Heiligenverehrung III.—V., in: Theologische Realenzyklopädie XIV, 1985, 646—660, 647; G. L. MÜLLER, Gemeinschaft und Verehrung der Heiligen. Geschichtlich-systematische Grundlegung der Hagiologie (Freiburg—Basel—Wien 1986) passim.

[24] K. RAHNER, Allerheiligen, in: DERS., Schriften zur Theologie 7 (Einsiedeln 1966) 304—309, 307 und 305.

[25] Ebd. 308.

[26] J. B. METZ u. E. SCHILLEBEECKX, Martyrium heute. Concilium 19, 1983, 167 f.; vgl. auch die diesem Vorwort folgenden Beiträge des Themenheftes 'Martyrium heute' von L. Boff, J. H. Pico, M. Barth, P. Casaldáliga oder D. Tutu sowie J. SOBRINO, Sterben muß, wer an Götzen rührt. Das Zeugnis der ermordeten Jesuiten in El Salvador (Fribourg 1990).

situation des frühchristlichen Martyriums war wohl so, daß der Glaubenszeuge ein öffentliches Bekenntnis seines Glaubens ablegte, darin den Mächten dieser Welt ihren Anspruch auf Absolutheit und Göttlichkeit bestritt und daraufhin den gewaltsamen Tod erlitt. Zum Paradigma heutigen Martyriums scheinen die Anonymität der Täter — seien sie Anstifter, seien sie Henkersknechte — und die Verborgenheit der Tat zu gehören; Christen werden aufgrund ihrer christlichen Lebenspraxis 'zum Verschwinden gebracht ... gefoltert ... gefangen gehalten, als Leichen aufgefunden'[27].
Das gestalterische und ikonographische Programm des wiederaufgebauten Viktordomes stellt Elemente einer neu akzentuierten Finalität der aus langer Geschichte abkünftigen Verehrung Xantens bereit. Sie ist auf dem Weg zu einer Martyrerverehrung, welche — angesichts einer deutlich gewordenen historischen Unsicherheit alter Ortstradition — der namenlosen, ungezählten und dennoch wirklichen Martyrer des christlichen Glaubens gedenkt und sie fürbittend anruft. Als solche wird sie in einen inneren Kontakt mit heutiger Wirklichkeit kommen und vor die Frage der Solidarität mit den bedrängten, verfolgten und getöteten Gliedern der gegenwärtigen Weltkirche gestellt. Die Zukunft der Xantener Verehrungspraxis wird weniger an der Frage hängen, ob es gelingt, das Dunkel der frühchristlichen Zeit am Niederrhein aufzuhellen. Sie wird sich eher der Vitalität eines Glaubens verdanken, der im verehrenden und fürbittenden Gedenken der namenlosen Glaubenszeugen aus Geschichte und Gegenwart einer Wahrheit inne wird, die ihre Kostbarkeit in der Hingabe des Lebens zu erweisen vermag und im Untergang und durch ihn hindurch die Ankunft eines endgültigen Heils verheißt.

[27] Erzbischof Oscar Romero, zitiert nach: J. H. PICO, Das Martyrium heute in Lateinamerika: Ärgernis, Wahnsinn und Kraft Gottes, a.a.O. (Anm. 26) 199 — 204, 201.

CHRISTOPH REICHMANN

Gellep und die Legende vom Martyrium der Thebäischen Legion*

Wenn am Niederrhein von der Thebäischen Legion die Rede ist, denkt man an Köln (St. Gereon), an Xanten (St. Victor), an Bonn (St. Cassius und Florentius) und schließlich vielleicht auch an den Hauptort des Martyriums St. Maurice in der Schweiz, das römische Agaunum, kaum jedoch an Krefeld-Gellep. Dennoch gab es im 17. Jahrhundert in Köln einen namhaften Gelehrten, Aegidius Gelenius, der auch Gellep als Ort eines thebäischen Martyriums ansah[1]. Der Grund war eine Erwähnung Gelleps im Martyrologium Hieronymianum, einem Heiligenverzeichnis aus dem 7. Jahrhundert[2]. Die Auslegung der fraglichen Stelle blieb allerdings in der theologischen Literatur immer umstritten. Es heißt dort zum 20. Dezember „in Tracia civitate Gildoba natale Juli". Während man im Mittelalter allgemein dazu neigte, Thrakien den Vorzug zu geben, stieß man sich seit der Renaissance wiederholt daran, daß sich ein Ort namens Gildoba trotz intensiver Suche in Thrakien nicht finden ließ[3]. Allseits bekannt war hingegen das schon von Tacitus erwähnte Gelduba am Rhein. Gelenius sah deswegen in Tracia eine Verschreibung und bemühte z. B. benachbarte Flurnamen, so die auf Karten des Niederstiftes verzeichnete Traarer Heide. Weiter dachte er an eine Ableitung von Traiectus (Rheinübergang, Brücke)[4] wohl in Anlehnung an die Ortsnamen Utrecht und Maastricht. Obwohl keine dieser Lösungen recht zu befriedigen vermochte, verzichtete man in vielen deutschen Heiligenverzeichnissen seitdem auf den Zusatz Thrakiens. Um die Mitte des 19. Jahrhunderts hatte dies dann auch Auswirkungen im Gelleper Raum. So versuchte der Pfarrer von Lank, das Martyrium des hl. Julius mit der in der Nähe Gelleps gelegenen Ossumer Kapelle zu verbinden[5] (Abb. 1). Diesen akademischen Bemühungen lag aber ganz offensichtlich keine alte Ortsüberlieferung zu Grunde.

* Erweiterte Fassung eines Vortrages im Rahmen eines Kolloquiums des Rheinischen Amtes für Bodendenkmalpflege im Regionalmuseum Xanten (8.–9. 6. 1988) 'Die Entwicklungsstufen von der Spätantike bis zum Frühmittelalter an Rhein und Maas am Beispiel Xanten.' Besonderer Dank gebührt Herrn Helmut Derichsweiler. Er gab mit der Wiederentdeckung des hl. Julius den Anstoß zur Aufnahme des Vortragsthemas und übernahm zudem die Durchsicht der älteren theologischen Literatur.

1 AEGIDIUS GELENIUS, De admiranda, sacra et civili magnitudine Coloniae Claudiae Agrippinensis Augustae Ubiorum urbis libri IV (Köln 1645) 749.

2 Vgl. Acta Sanctorum (Novembris), bearb. v. H. DELEHAYE, P. PEETERS und M. COENS, Tomi II pars posterior (Brüssel 1931) 655.

3 Vgl. z. B. Martyrologium Romanum, bearb. v. C. BARONIMO SORANO, Köln 1603 (Joannes Gymnicus) 789; ferner Ausgabe Lyon 1583 (Gulielmus Rouillius); zur Diskussion ausführlicher: Acta Sanctorum (Anm. 2) – Im 'großen vollständigen Universal Lexikon' von 1735 (J. H. ZEDLER) Bd. 10, 722 f. erscheint allerdings neben Gelduba am Rhein auch ein Gelduba in der Gegend von Heraclea in Thrakien. Als Belegstelle wird Leibnitz angegeben (Scriptorum Brunsvicensia illustrantium, Teil II, Hannover 1710 [K. FOERSTER] 765). Leibnitz bezieht sich jedoch offensichtlich auf die Acta Sanctorum, so daß hier ein Zirkelschluß vorliegt.

4 S. oben Anm. 1. – Vgl. auch F. STOLLWERCK, Die altgermanische Niederlassung und römischer Stationsort Asciburgium, Burgfeld-Asberg bei Moers. Erster Nachtrag zu Gelduba's Altertümern (Uerdingen 1879) 160. Er berichtet u. a. von einem Versuch, Thrakien als Verschreibung von Traiana (Bezirk Xanten) aufzulösen.

5 „Wo die Ossumer Capelle steht, soll, wie die Lokalsage berichtet, in römischer Zeit der hl. Julineus gemartert worden sein." So schrieb Landdechant H. J. Grüneschild, Pfarrer zu Lank, vor 1877 an den Aachener Canonicus Kessel; J. H. KESSEL, Der selige Gerrich (Düsseldorf 1877) 17. Vgl. dazu auch K. CORSTEN, Ann. d. Hist. Vereins f. d. Niederrhein 129, 1936, 7. – Der Grund für den Bezug zur Ossumer Kapelle liegt vermutlich in der Auffindung mehrerer Matronensteine nahe der Ossumer Kapelle wenige Jahre zuvor (1863). Vgl. E. STOLLWERCK, Die celtubisch-römische Niederlassung Gelduba (Uerdingen 1877) 167 ff.

1 Der Raum Gellep nach der Kartenaufnahme von Tranchot u. Müffling um 1806, 1 alte Kirche, 2 Wüstung Alt-Linn, 3 Kastell Gelduba, 4 Schiffslände Alt-Uerdingen (Up me Dinclo).

Die bekannteste Fassung der Legende, in der Gellep allerdings nicht vorkommt, wie oben bemerkt, ist bereits um 1000 in der sogen. Passio Gereonis, der Leidensgeschichte des hl. Gereon und seiner Gefährten, vollständig ausgebildet[6]. Erzählt wird ungefähr folgendes[7]: Als Kaiser Maximian in Italien ein Heer zusammenstellte, um es nach Gallien gegen die aufständischen Bagauden zu führen, verstärkte er es um eine Legion Thebäischer Soldaten. Die Thebäer waren Christen, und Papst Marcellinus, den sie vor Antritt des Feldzuges aufsuchten, bestärkte sie in ihrem Glauben. Nach der Überquerung der Alpen lagerte das Heer bei Agaunum (St. Maurice) und Octodurum (Martigny) am Fuß des großen St. Bernhard. Dort veranstaltete Maximian einen Gottesdienst, der den Beistand der Götter für das gallische Unternehmen erflehen sollte. Als sich die Thebäer weigerten, den heidnischen Göttern zu opfern, wurde Maximian von Zorn erfaßt. Er ließ die Thebäische Legion zweimal dezimieren und, als sie ihren Widerstand nicht aufgab, schließlich vollständig niedermetzeln. Das gleiche Schicksal erlitten wenig später einige Vorausabteilungen, die auf die Nachricht vom Aufstande des Carausius hin an den Niederrhein entsandt worden waren, und zwar Cassius und Florentius mit 7 Gefährten in Bonn, Gereon mit 318 Gefährten in Köln und Victor mit seiner ganzen 330 Mann starken Kohorte in Xanten.

Gegen die Geschichtlichkeit der Legende wurden schon früh stärkste Bedenken erhoben[8]. So ist die Regierungszeit Kaiser Maximians in Gallien (286—292) nicht mit der Amtszeit des Marcellinus (296—304) zu vereinbaren. Überhaupt erschien die Begründung für die Niedermetzelung einer ganzen Legion höchst unglaubwürdig, vor allem zu einem Zeitpunkt, wo das Operationsziel, die Niederwerfung der Aufstände, noch keineswegs erreicht war. Auch fanden sich in anderen Fassungen der Legende stark voneinander abweichende Zahlenangaben der mitgemarterten Gefährten der rheinischen Thebäer. Gregor von Tours[9] kannte z. B. um 590 in Köln nur 50 Gefährten Gereons. Er ist auch der erste, der die Kölner Märtyrer ausdrücklich zu den Thebäern rechnet. Da es ältere Fassungen der Legende ohne eine Erwähnung rheinischer Thebäer gab, glaubte man vielfach aus diesem Umstand den Schluß ziehen zu dürfen, daß die rheinischen Märtyrer, deren Verehrung sich ins 4. Jahrhundert zurückverfolgen ließ, ursprünglich nichts mit der Legende zu tun hatten[10]. Es stand auch außer Frage, daß die voneinander abweichenden und im Laufe der Zeit ansteigenden Zahlen der nicht namentlich genannten Gefährten durch die große Menge der mittelalterlichen Reliquienerhebungen beeinflußt worden waren[11]. Schließlich ließ sich auch die Anwesenheit einer Thebäischen Legion weder in der Schweiz noch am Rhein durch Parallelüberlieferung bzw. inschriftliche Zeugnisse belegen. D. v. Berchem[12] bezweifelte sogar die Existenz einer thebäischen Legion, wenigstens während des fraglichen Zeitraumes, der Regierungszeit Maximians. Die einzige ägyptische Stammlegion hatte ihr Standlager weder in der Thebais, noch führte sie einen entsprechenden Namen. In der Notitia Dignitatum werden später zwar Legiones Thebaeorum genannt, doch glaubte v. Berchem, daß sie alle erst nach der Neuordnung Ägyptens, also nach 297, ausgehoben worden seien.

[6] Vgl. W. LEVISON in: Brackmann Festschrift 1931, 43; ferner K. JÖRRES in: Wetzers u. Welters Kirchenlexikon 7, 1891, 1615 ff.

[7] Nach Edition MIGNE, Patrologia latina 212, Sp. 759 ff.; Übersetzung nach G. KENTENICH, Der Kult der Thebäer am Niederrhein, Ein Beitrag zur Heiligengeographie. Rhein. Vierteljahresbl. 1, 1931, 339 ff.

[8] J. A. BORDIEU, Diss. critique sur le Martyre de la légion Thèbéenne (Amsterdam 1705); F. STOLLE, Das Martyrium der thebäischen Legion (Münster 1891). Weitere Übersicht der Meinungen bei E. F. MÜLLER in: Lexikon für Theologie und Kirche 7, 1935, 6 f. s. v. Mauritius, Primicerius. — E. EGLI, Kirchengeschichte der Schweiz (Zürich 1893) glaubt z. B. an eine Verchristlichung der Lokalüberlieferung von Caesars Blutbad an den Helvetiern 58 v. Chr. B. KRUSCH, ed. der Passio Acaunensium Martyrium, MG Script, rer. Merow. III, 20/41, führt die Entstehung der Legende auf die Entdeckung eines gallo-römischen Friedhofs zurück. A. DUFOURCQ, Les Gesta Mart. II (Paris 1907) vermutet eine Verwechslung mit der griechischen Legende des hl. Mauritius v. Apamea. — Zuletzt zusammenfassend für die rheinischen Thebäer H. VON PETRIKOVITS in: Rheinische Geschichte 1,1. Altertum (Düsseldorf 1978) 254 f.

[9] Liber in gloria martyrum c. 61 (MGSS Merow. 1. 530).

[10] VON PETRIKOVITS a.a.O. (Anm. 8).

[11] F. W. OEDIGER, Geschichte des Erzbistums Köln 1 ([2]Köln 1972) 27 ff. bes. 31 f.

[12] D. VAN BERCHEM, Le martyre de la Légion Thébaine. Schweiz. Beitr. z. Altertumswiss. 8, 1956. — Vgl. dazu auch D. HOFFMANN, Das spätrömische Bewegungsheer und die Notitia Dignitatum. Epigraphische Studien 7/1 (Düsseldorf 1969) 233 f.

Angesichts dieses Diskussionsstandes leugneten nicht wenige jeden historischen Kern in der Legende. Besonders weit ging G. Kentenich[13], indem er den Nachweis zu führen suchte, daß es sich lediglich um einen Thebäerkult gehandelt habe, der bereits fertig ausgebildet durch italienische Bauhandwerker im frühen Mittelalter in die Schweiz und von dort an den Rhein übertragen worden sei. So schien es dann auch ins Bild zu passen, daß das von Bader 1933 als Märtyrergrab angesehene Doppelgrab unter dem Xantener Dom erst einer wesentlich späteren Zeit angehörte[14].

Betrachtet man die tatsächliche Quellenlage der Legendenüberlieferung jedoch genauer, so stellt man bald fest, daß eine derart rigorose Ablehnung der Geschichtlichkeit der Legende keineswegs gerechtfertigt ist. Die Überlieferungsgeschichte, am detailliertesten von Jörres 1891[15] zusammengestellt, führt jedenfalls, was Agaunum betrifft, fast unmittelbar in die Zeit des Geschehens zurück. Der erste (ganz erhaltene) ausführliche Bericht findet sich in einem Brief des Bischofs von Lyon, Eucherius, an seinen Amtsbruder Salvius v. Octodurum. Der Brief wurde im 2. Viertel des 5. Jahrhunderts abgefaßt. Eucherius beruft sich in einer Vorrede auf eine Darstellung des um 380 nachweisbaren Bischofs Theodor von Octodurum. Außerdem gibt es noch eine Anzahl weiterer von Eucherius unabhängiger Nachweise, die die Existenz einer Thebäerlegende mindestens seit der 2. Hälfte des 4. Jahrhunderts bezeugen. Der Bericht des Eucherius stimmt bereits im wesentlichen mit der Passio Gereonis überein, sieht man von der Behandlung der rheinischen Thebäer ab. Auch Papst Marcellinus wird nicht erwähnt. Eine wichtige Abweichung gibt es jedoch, und sie betrifft die Begründung des Martyriums. Nach Eucherius war es nicht die Ablehnung des heidnischen Opfers, die Maximian in Zorn brachte, sondern die Weigerung der Thebäer, die Christen der Umgebung zusammenzuschleppen, also eine Christenverfolgung durchzuführen. Diese Version ist allerdings nach allem, was man sonst über die Christenverfolgungen unter Diocletian und seinem Mitkaiser Maximian weiß[16], noch unwahrscheinlicher als die Darstellung der Passio Gereonis. Sie wurde deswegen auch schon in wenig jüngeren Überarbeitungen des Eucheriusbriefes im Sinne der späteren Passio abgeändert. Dieser Umstand verdient einiges Interesse, denn es zeigen sich hier offensichtlich schon ganz frühzeitig Tendenzen, die nicht auf eine Ausschmückung der Legende abzielen, sondern ganz im Gegenteil auf eine Abmilderung allzu unglaubwürdiger Passagen.

Die Opferversion ist allerdings keine Neuschöpfung des Bearbeiters im späteren 5. Jahrhundert, sondern eine Entnahme aus der älteren Parallelüberlieferung. Sie findet sich nämlich schon in den ältesten, unmittelbar zeitgenössischen Hinweisen auf das Geschehen, nämlich bei den im Osten schreibenden Kirchenlehrern Eusebius und Lactantius zu Beginn des 4. Jahrhunderts[17]. Zwar wurde vielfach bestritten, daß die entsprechenden Passagen auf die hier in Rede stehenden Ereignisse zu beziehen seien[18], zumal in ihnen nicht ausdrücklich von Thebäern die Rede ist, doch ist es mehr als unwahrscheinlich, daß es damals mehrere gleichartige Vorgänge gegeben hat. Berichtet wird von einer 'Heerschau', also einer Loyalitätsprüfung im Heer durch die Forderung des heidnischen Opfers, die mit zahlreichen Soldatenmartyrien verbunden gewesen sein soll. Man hat dies als Vorbereitung auf die 303 einsetzende große und allgemeine diocletianische Verfolgung beziehen wollen, doch ist dies aus chronologischen Gründen ziemlich ausgeschlossen, denn Eusebius gibt eine genauere Datierung auf 298[19]. 5 Jahre sind aber für eine Vorbereitung

[13] S. oben Anm. 7.

[14] Zuletzt ausführlich W. BADER, Die Stiftskirche des Hl. Victor zu Xanten. Sanctos. Grabfeld, Märtyrergrab und Bauten vom 4. Jahrhundert bis um oder nach 752–68 n. Chr. Teil 1. Text (Kevelaer 1985). Vgl. ferner H. BORGER, Ausgrabungen unter dem Dom und in der Stiftsimmunität in den Jahren 1961–1969 (Vorbericht 3), in: H. BORGER und F. W. OEDIGER, Beitr. z. Frühgeschichte des Xantener Viktorstiftes. Rhein. Ausgrabungen 6 (Düsseldorf 1969) 2 ff.

[15] S. oben Anm. 6.

[16] J. BURCKHARDT, Die Zeit Konstantins des Großen (Stuttgart 1852, ⁴1939) 309 ff.; J. MARTIN, Spätantike und Völkerwanderung (München 1987) 147 mit Zusammenfassung der Forschungstendenzen und Literaturübersicht.

[17] LACTANTIUS, De mort. pers. 10; EUSEBIUS, Hist. eccl. VIII, 1 u. 4.; DERS., Chron. zum Jahre 301 (= 298, vgl. BURCKHARDT a.a.O. 320 Anm. 3): „Veturis magister militie Christianos milites persequit, paulatim ex illo iam tempore persecutione adversum nos incipiente."

[18] z. B. G. UHLHORN, in: A. HAUCK (Hrsg.), Realencyclopädie für protestantische Theologie u. Kirche 12 (1903) s. v. Mauritius, Thebäische Legion.

[19] Diskussion bei BURCKHARDT a.a.O. (Anm. 16) 320 ff. Vgl. auch oben Anm. 17.

zu lang, zumal zahlreiche Christen noch bis 303 hohe Ämter am Hofe Diocletians zu Nicomedia bekleideten. Die Soldatenmartyrien müssen daher als ein gesondertes Ereignis angesehen werden.

Erinnern wir uns der merkwürdigen Erwähnung des Papstes Marcellinus in der Passio Gereonis. Die Amtsdaten des Papstes (296—304) passen recht gut zur Datierung des Eusebius. Daher liegt die Vermutung nahe, daß der Verfasser der Passio den Papst nicht als willkürliche Ausschmückung einfügte, zumal er damit einen Widerspruch erzeugte, sondern daß er ihn in einer älteren östlichen Quelle vorfand. Vielleicht handelt es sich hier sogar um eine der nicht erhaltenen Schriften des Eusebius[20].

Die Frage der Datierung allerdings ist von zentraler Bedeutung, denn sie führt zu entscheidenden Konsequenzen für den Hintergrund der Legende. Falls nämlich die Datierung auf 298 oder jedenfalls nach 292 richtig ist, und darauf scheint alles zu deuten, so fällt das Martyrium nicht in die Verantwortung Maximians, sondern in die seines Nachfolgers im örtlichen Kommando, und das war Constantius Chlorus, der Vater Constantins des Großen und der Ehemann der hl. Helena. Daß dieser Umstand äußerste Schwierigkeiten bereiten mußte, versteht sich von selbst. Er bietet auch eine Erklärung dafür, warum der Name Maximians im Brief des Eucherius so häufig genannt und warum sein Christenhaß so ausführlich beschrieben werden mußte[21]. Offenbar hatte die Legende einen bewußt handelnden Verfasser, eine auf ungenauer mündlicher Überlieferung basierende Volkslegende war sie ganz sicher nicht. Die Parallelüberlieferung bei Eusebius und Lactantius läßt keinen Zweifel, daß es damals größere Hinrichtungen beim Militär gegeben hat, und wollte man hieraus für die gallische Kirche bzw. die hiesige Märtyrerverehrung angemessenen Gewinn ziehen, so mußten der tatsächliche Hintergrund und die tatsächliche Urheberschaft ohne Frage möglichst verschleiert werden. Das betrifft zunächst die gut bezeugten Hinrichtungen in Agaunum und Octodurum. Aber auch die rheinischen Märtyrer wurden nicht ganz so willkürlich zu den Thebäern gerechnet, wie man vielfach zu glauben geneigt war. Sie fehlen zwar bei Eucherius, doch mußte dieser als Bischof von Lyon nicht unbedingt daran interessiert sein, die ganze Legende und damit auch für ihn weit entlegene Heilige zu verteidigen. Sicher ist jedenfalls, daß Gregor von Tours andere Quellen zur Verfügung standen als allein der Brief des Eucherius. Er berichtet z. B. ganz glaubwürdig von einer Übertragung thebäischer Reliquien und zitiert dabei aus einer den Gebeinen beigefügten Beschreibung. Auf ähnliche Weise könnte er auch an sein Wissen über die rheinischen Märtyrer gekommen sein. Abgesehen davon gab es öffentlichere Quellen, denn die sicher bezeugten gallischen Vorgänger des Martyrologium Hieronymianum sind ja nicht erhalten geblieben. Bereits sie können durchaus Hinweise auf rheinische Thebäer enthalten haben. Jedenfalls ist eine solche Vermutung wahrscheinlicher als die Annahme, daß Gregor von Tours seine Zuordnungen selber vorgenommen und nicht aus einer älteren Quelle geschöpft habe[22].

Aber verlassen wir zunächst die Legende und wenden wir uns neuen Funden in Gellep zu. Über das im Jahr 70 n. Chr. gegründete Hilfstruppenkastell Gelduba war schon durch frühere Grabungen einiges bekannt[23]. Man wußte auch, daß es im 2. Jahrhundert in Stein ausgebaut wurde und mindestens bis ins 3. Jahrhundert bestanden hatte. Völlig unklar blieb jedoch, wie die spätantiken Befestigungsanlagen ausgesehen hatten. Im Gegensatz dazu standen die Ergebnisse der Untersuchungen auf den bekannten, sehr

[20] O. HILTBRUNNER in: Der Kl. Pauly 2 (1962) 459 f. s. v. Eusebius; G. RADKE ebd. 3 (1969) 438 f. (s. v. Lactantius). Vgl. aber auch die Erwähnung bei EUSEBIUS, Cron. zum Jahre 297 (= 294), unmittelbar vor der Nennung ägyptischer 'Märtyrer': „Marcellinus XXVIII Romane ecclesiae Episcopatum suscepit annis 9. Alexandria cum omni Aegypto per Achilleum ducem a Romana potestate desistens, octavo obsidionis mense a (298:) Diocletiano capta est. Itaque plurimi per totam Aegyptu gravobus proscriptionibus exilaesque vexati, interfectis qui perduellionis causa fuerunt."

[21] „Maximian, ... der von Geiz, Wollust, Grausamkeit und allen Lastern erfüllt war, hatte sich die Auslöschung des christlichen Namens zur Aufgabe gemacht." JÖRRES a.a.O. (Anm. 6) 1616 (Fassung C, Kap. 2) oder „Maximian, blutrünstiger als ein wildes Tier", ebd. 1617 (Fassung C, Kap. 3).

[22] Ebd. 1619; GREGOR V. TOURS, Hist. Franc., 10,31. In der silbernen Kapsel mit der Thebäer-Reliquie lag ein Zettel mit der Aufschrift „beatae legionis testium". Der Ausdruck 'testis' für Märtyrer kommt nach Jörres im späteren 5. Jahrhundert nicht mehr vor.

[23] I. PAAR u. C. B. RÜGER, Kastell Gelduba. Rhein. Ausgrabungen 10 (Düsseldorf 1971) 242 ff. — I. PAAR in: W. S. HANSON u. L. J. F. KEPPIE (Hrsg.), Roman Frontier Studies 1979. BAR Int. Ser. 71, II (Oxford 1980) 515 ff.

ausgedehnten Gelleper Gräberfeldern[24]. Aus ihnen ging hervor, daß der Ort anfangs, zur Zeit des Hilfstruppenkastells, eher unbedeutend gewesen sein mußte und die eigentliche Blütezeit erst im 4., 5. und 6. Jahrhundert gelegen hatte. Bei den Grabungen der letzten Jahre konnte diese Lücke nun geschlossen werden[25]. Erbaut wurde das neue Kastell, den Münzfunden nach zu urteilen, wahrscheinlich zwischen 293 und 295. Wie alle spätantiken Festungen war es kein weiträumig umwehrtes Militärlager mehr, sondern eine auf möglichst effektive Verteidigung ausgelegte, massive Festung und darin eher den mittelalterlichen Burgen vergleichbar. Dennoch zeigte es eine für das Rheinland äußerst ungewöhnliche Form und Bautechnik[26]. Flächig ausgegraben wurde bislang allerdings nur die landseitige Toranlage. Immerhin ließen sich aber Gesamtumfang und Anlageschema auch durch einige kleinere Schnitte und Baubeobachtungen ungefähr erschließen. Danach war das neue Kastell eine zweiteilige Anlage (Abb. 2), bestehend aus einer annähernd quadratischen Kernfestung mit einer Seitenlänge von ca. 110 m und einer im Abstande zwischen 10 und 30 m vorgelagerten äußeren Zwingermauer. Die niedrigere Außenmauer scheint alle 30 m mit quadratischen Türmen besetzt gewesen zu sein. Das landseitige Haupttor befand sich in der Westecke des Kastells und war durch abknickende Torgassen, eine separate Ausfallpforte, 4 Türme und mehrere Zwingeranlagen gesichert. Es handelt sich also um eine äußerst komplizierte Verteidigungsanlage, für die sich bislang jedenfalls im Rheinland keinerlei Parallele beibringen läßt[27]. Die Festungen der konstantinischen Zeit, etwa das gut erforschte Divitia (Köln-Deutz), zeigen völlig andere Bauformen und auch einen anderen, klar gegliederten Grundriß mit deutlichen Bezügen zur mittelkaiserzeitlichen Bautradition.

Vorbilder für das Gelleper Kastell findet man hingegen, was die technischen Einzelheiten angeht, in der altgriechischen Festungsbaukunst und während des 3. Jahrhunderts im weiteren griechisch-orientalischen Raum. Ähnlichkeiten besitzt z. B. die unter Gordian III. errichtete Bergfestung von Kifrin am Euphrat[28]. Fortgeführt wird die Tradition schließlich, wenn auch meist stärker vereinfacht, im byzantinischen Festungsbau[29]. Man kann demnach davon ausgehen, daß die Erbauer des Kastells in Gellep aus dem Orient gekommen sind. Dafür sprechen schließlich auch die Münzfunde.

[24] R. PIRLING, Das römisch-fränkische Gräberfeld von Krefeld-Gellep. Germanische Denkmäler d. Völkerwanderungszeit 2 (Berlin 1966), 8 (Berlin 1974) u. 10 (Berlin 1979); DIES., Römer und Franken in Krefeld-Gellep (Mainz 1986).

[25] CH. REICHMANN, Die spätantiken Befestigungen von Krefeld-Gellep. Arch. Korrbl. 17, 1987, 507 ff.

[26] E. ANTHES, Spätrömische Kastelle und feste Städte im Rhein-Donaugebiet. Ber. RGK 10, 1917, 86 ff.; VON PETRIKOVITS a.a.O. (Anm. 8) 218 ff.; M. GECHTER in: H. G. HORN (Hrsg.), Die Römer in Nordrhein-Westfalen (Stuttgart 1987) 134 ff. — Ebenfalls in Anlehnung an orientalische Befestigungstechniken zeigen sich hingegen die Burgi der valentinianischen und späteren Zeit. Vgl. H. BERNHARD, Die spätröm. Burgi von Bad Dürkheim Ungstein und Eisenberg. Saalburg-Jahrb. 37, 1981, 23 ff. Schon früher gibt es Kastelle mit orientalischem Einschlag im raetischen Bereich: TH. FISCHER u. K. SPINDLER, Das römische Grenzkastell Abusina-Eining. Führ. zu arch. Denkm. i. Bayern. Niederbayern 1 (Stuttgart 1984); G. BERSU, Die spätrömische Befestigung Bürgle bei Grundremmingen (München 1964). Direkte Entsprechungen zum Kastell in Gellep bieten allerdings auch sie nicht.

[27] Das System der doppelten Wehrmauer findet sich z. B. bei einigen Burgi, so in Asperden (H. HINZ u. I. HÖMBERG, Rhein. Ausgrabungen 3 [Düsseldorf 1968] 167 ff.), Asberg (G. KRAUSE, Ein spätrömischer Burgus von Moers-Asberg am Niederrhein, in: R. STAMPFUSS [Hrsg.] Ausgrabungen am Niederrhein. Quellenschriften zur westdt. Vor- u. Frühgesch. 9 [Bonn 1974] 115 ff.), aber auch bei einem größeren, vermutlich valentinianischen Kastell bei Brittenburg/Katwijk (J. E. BOGAERS u. C. B. RÜGER, Der niedergermanische Limes. Kunst u. Altertum am Rhein 5 [Köln 1974] 36), das im 16. Jahrhundert abgespült wurde. Zur Datierung vgl. REICHMANN a.a.O. (Anm. 25).

[28] A. INVERNIZZI in: PH. FREEMAN u. D. KENNEDY (Hrsg.). The Defence of the Roman and Byzantine East. BAR Int. Ser. 297 I (Oxford 1986) 357 ff. mit Abb. 20, 2 u. 3. — Ähnliche Merkmale, bezogen auf die Form der Türme und die Mauertechnik, zeigt allerdings auch die für orientalisch-griechisch gehaltene Festung von Sacidava an der unteren Donau: C. SCORPAN, Sacidava — an unusual design and construction method on the later Roman limes, in: W. S. HANSON u. L. J. F. KEPPIE (Hrsg.) Roman Frontier Studies. BAR Int. Ser. 71 III (Oxford 1980) 787 ff.

[29] Vgl. z. B. D. PRINGLE, The Defence of Bycantine Africa from Justinian to the Arab Conquest. BAR Int. Ser. 99 (Oxford 1981); J. LANDER, Typology and late Roman fortification: The case of the 'Diocletianic type', in: W. S. HANSON u. L. J. F. KEPPIE (Hrsg.), Roman Frontier Studies. BAR Int. Ser. 71 III (Oxford 1980) 1051. Die weitverbreiteten Kastelle vom 'Quadriburgium Typ' bilden allerdings bereits eine römische Ausgleichsform. Sie sind regelmäßig gestaltet und in der Regel wesentlich kleiner.

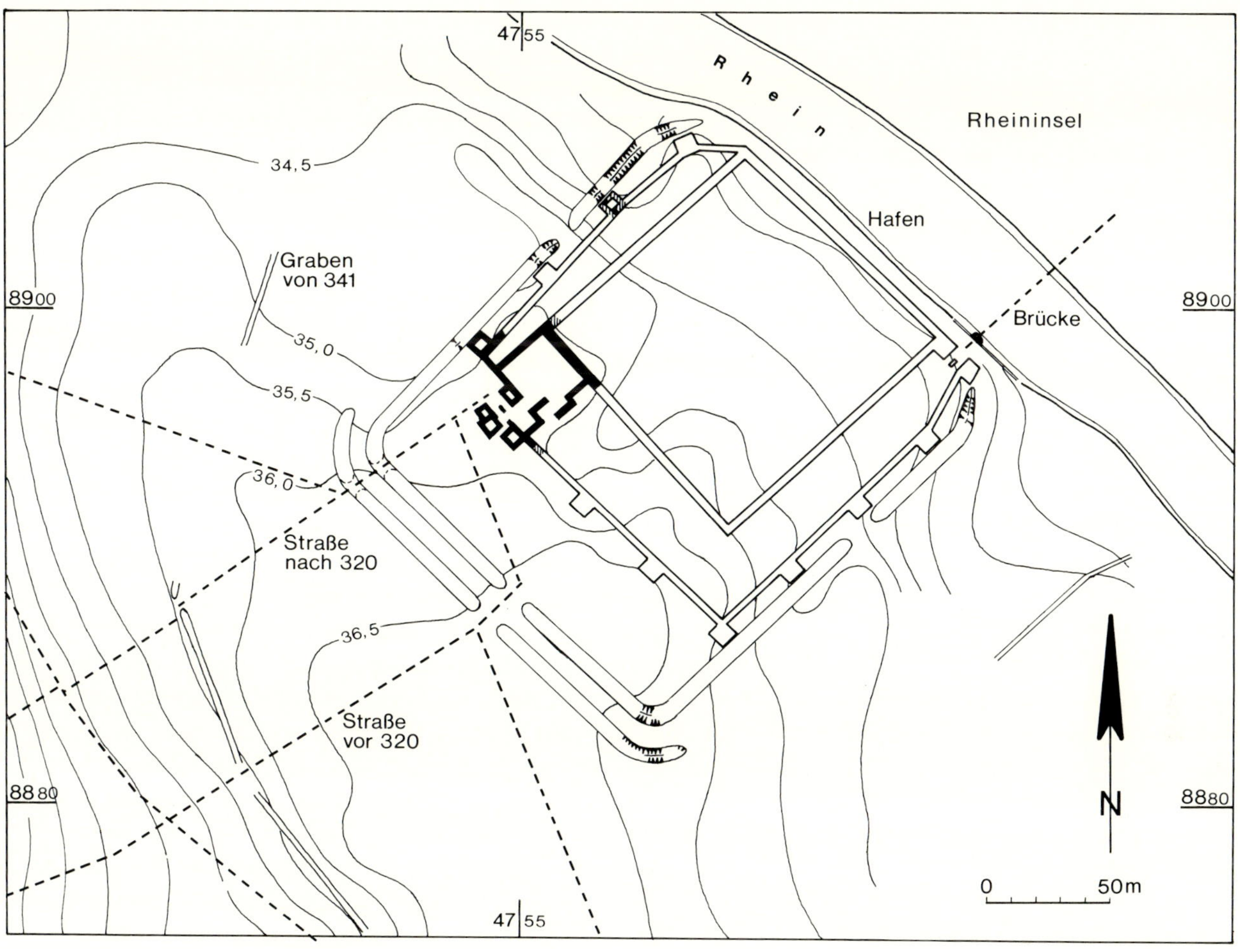

2 Übersicht mit Versuch einer Gesamtrekonstruktion der unter Diocletian (um 294/5) in Krefeld-Gellep neu erbauten Festung. Ausgegrabene Mauerzüge schwarz angelegt.

Die meisten Gräber dieser Zeit scheinen beigabenlos gewesen zu sein, so daß sie hier nur bedingt herangezogen werden können. Immerhin gibt es aber vereinzelte Brandgräber mit orientalischen Beigaben. Hervorzuheben ist vor allem Grab 533, das u. a. zwei orientalische Gläser enthielt[30]. Möglicherweise beginnt zu dieser Zeit die Belegung eines zunächst isoliert liegenden Gräberfeldabschnittes am Südrand der Nekropole. Die Bestattungen sind ausnahmslos Ost-West gerichtet. Vereinzelte Beigaben begegnen randlich erst im späteren 4. Jahrhundert. Dafür daß der Beginn dieses Gräberfeldes bis ins 3. Jahrhundert zurückreicht, spricht aber die Ausrichtung an den Vermessungsachsen des 3. Jahrhunderts bzw. die Abweichung von den in konstantinischer Zeit neu eingeführten Fluchtlinien und dem neu angelegten Wegenetz.

Bis 320/21 blieb die orientalische Einheit anscheinend in Gellep stationiert, denn um diese Zeit rückte u. a. nach Aussage der Münzen eine andere, zuvor in Britannien stationierte Truppe ins Kastell ein. Dementsprechend setzten jetzt, vor allem aber kurz nach 341, größere Umbauten ein, die alle zu einer Angleichung an den einheimischen Festungstyp führten[31]. Gellep erreichte in der ersten Hälfte des 4. Jahrhunderts die größte Blütezeit seiner Geschichte und wohl auch den höchsten Bevölkerungsstand[32]. Trotz ei-

[30] R. PIRLING, Das römisch-fränkische Gräberfeld von Krefeld-Gellep. Germ. Denkmäler d. Völkerwanderungszeit 2 (Berlin 1966) 70 m. Taf. 47, 13 – 14.

[31] REICHMANN a.a.O. (Anm. 25) 510 Abb. 3.

[32] R. PIRLING, Römer und Franken in Krefeld-Gellep (Mainz 1986) 49 ff.

niger Zerstörungen überlebte der Ort die Wirren der Jahre 352/55. Auch später blieb er eine starke Festung. Offenbar kam dem südlichen Niederrheinabschnitt in dieser Zeit eine gestiegene Bedeutung zu. Er lag als letzte Bastion vor dem immer noch dichter besiedelten Kölner Raum. Es gibt daher auch deutliche Hinweise auf eine Ausweitung des Gelleper Militärdistrikts in das nördlich benachbarte Gebiet der ehemaligen Civitas Traianensis. In diesem Zusammenhang ist es jedoch nicht möglich, näher darauf einzugehen.

Zusammenfassend läßt sich feststellen, daß Gellep im 4. u. 5. Jahrhundert ein bedeutender Ort innerhalb der Germania II gewesen sein muß. Umso erstaunlicher ist es daher, daß der Name Gelduba in der schriftlichen Überlieferung dieser Zeit nirgendwo erscheint. Bei den durch zufällige Auslese beeinträchtigten Kriegsberichten mag dies noch erklärbar sein[33], nicht jedoch in den erhaltenen Karten und Itinerarien. Wir wollen diese daher einer näheren Betrachtung unterziehen. Bekannt ist vor allem die sogen. Peutingersche Tafel, die mittelalterliche Kopie einer spätrömischen Straßenkarte[34]. Allerdings erhielt die Karte anscheinend ihre letzte Fassung nicht im Westen, sondern im Osten des römischen Reiches. Eigentlich handelt es sich auch nicht um eine neue spätrömische Karte, sondern um eine überarbeitete Version der alten Weltkarte des Agrippa aus augusteischer Zeit. Wahrscheinlich wurde diese Karte häufig bearbeitet. Das zufällig einzige erhaltene Exemplar, die Peutingersche Tafel, bringt für das Rheinland offenbar nur einen 'grob' nachgebesserten Zustand des 3. Jahrhunderts, wie u. a. der Eintrag Francia am rechten Niederrhein erkennen läßt. Gellep war zu dieser Zeit noch ein unbedeutendes Auxiliarkastell. Es gab im 3. Jahrhundert jedoch auch ausführlichere Karten bzw. genauere Bearbeitungen, wie eine Schriftfassung, das sogen. Antoninische Itinerar zeigt[35]. Hier ist Gellep als Alenkastell verzeichnet, was aber ebenfalls noch den Verhältnissen vor 275 entspricht. Eine jüngere Schriftfassung liegt uns indessen in der Cosmographie des anonymen Geographen von Ravenna vor[36]. Zwischen *Novesia* (Neuss) und *Ascibugio* (Moers-Asberg) steht hier tatsächlich ein Name, allerdings nicht Gelduba, sondern *Trepitia,* also ein völlig neuer, bislang unbekannter Name. Man hat verschiedentlich versucht, ihn mit Drüpt zu identifizieren[37], einem kleinen Dorf an der Limesstraße nördlich von Asberg. Zwar gibt es dort einzelne spätrömische Funde, doch deutet nichts auf einen bedeutenden Ort. Zudem hieße dies, daß sich der Name auf der Karte an der falschen Stelle befände. Ausgehend von der Bedeutung Gelleps in spätrömischer Zeit, scheint es deswegen naheliegender, die Reihenfolge in der Karte zu akzeptieren und Trepitia mit Gellep zu identifizieren. Gellep trug demnach in spätrömischer Zeit einen anderen Namen als zuvor. Das ist durchaus nichts Außergewöhnliches und auch an anderen Orten belegt. Das beste Beispiel bietet das benachbarte Xanten, wo der Name des alten Vetera durch den neuen Namen Tricensima(e), nach der 30. Legion, ersetzt wurde. Auch hier verband sich die Namensänderung offenbar mit der Errichtung eines neuen Kastells. Der Vorgang im Einzelnen ist allerdings bislang unklar[38]. Obwohl sich die Untersuchungen im Bereich des alten Kastells Vetera II wegen der späteren Abtragung des Platzes durch den Rhein schwierig gestalten, so scheint doch einigermaßen sicher, daß die Anlage noch im 3. Jahrhundert aufgegeben wurde. Dennoch nahm C. B. Rüger die vor 310 im Bereich der alten Zivilstadt Colonia Ulpia Traia-

[33] Vgl. dazu die weiter unten erläuterte Ortsangabe 'circa Nivisum' (GREGOR V. TOURS, Hist. Franc. 2,9) anläßlich des Rheinüberganges 388.

[34] Zur älteren Literatur vgl. F. LASSERRE in: Der Kleine Pauly 4 (1962) 679 f. s. v. Peutingeriana Tabula; E. WEBER, Tabula Peutingeriana. Codex Vindobonensis 324. Kommentar (1976).

[35] P. 250 (vgl. E. A. RIESE, Das rheinische Germanien in der antiken Literatur [Leipzig 1892] XIII, 102 u. zur Datierung E. KUBITSCHECK, RE IX [1916] 2336 ff. [s. v. Itinerarien]).

[36] 4,24 (vgl. RIESE a.a.O. [Anm. 35] XIII, 150; WEBER a.a.O. [Anm. 34] 22).

[37] z. B. RIESE a.a.O. (Anm. 35) 490; F. RÜTTEN u. A. STEEGER, Das fränkische Xanten. Rhein. Vierteljahresbl. 3, 1933, 281 ff.

[38] Vgl. RÜTTEN u. STEEGER (a.a.O.); C. B. RÜGER, Bonner Jahrb. 179, 1979, 499 ff.; BADER a.a.O. (Anm. 14) 44 ff. und zuletzt C. BRIDGER u. F. SIEGMUND, Die Xantener Stiftsimmunität. Grabungsgeschichte und Überlegungen zur Siedlungstopographie. Rhein. Ausgrabungen 27 (Bonn 1987) 63 ff. bes. 87 ff. Man vergleiche im übrigen auch gleichzeitige Namensänderungen in Britannien (z. B. York), Eboracum-Sextae, nach der dort stationierten 6. Legion. Die Festung wurde unter Diocletian wieder aufgebaut (vgl. E. BÖCKING, Ed. Notitia Dignitatum [Bonn 1853] 852 ff.).

na (CUT) errichtete Großfestung nicht für das Tricensima(e) Ammians in Anspruch. Da die Reihe der bislang geborgenen Münzen in der Mitte des 4. Jahrhunderts abbricht, könne der Wiederaufbau des Jahres 359 nicht auf diesen Platz bezogen werden. Er vermutet daher die neue Festung an anderer, bisher noch nicht aufgefundener Stelle, vor allem aber auch näher am Rhein gelegen. Gegen einen Siedlungsabbruch in der Mitte des 4. Jahrhunderts sprechen allerdings die durch L. Bakker bearbeiteten Keramikfunde. Von außen ist dieser Widerspruch natürlich nur schwer aufzuklären. Erfahrungen in anderen Militäranlagen dieser Zeit haben allerdings gezeigt, daß die Schichten der jüngsten Nutzungsperioden, vor allem die münzführenden Laufhorizonte stark gefährdet sind. Ihre Zerstörung bzw. ihr Abtrag vor Beginn der eigentlichen Grabung ist dort, wo Maschinen eingesetzt werden, nicht mit Sicherheit auszuschließen. In diesem Sinne sprachen sich daher jüngst auch C. Bridger und F. Siegmund wieder für eine Gleichsetzung der Großfestung mit Tricensima(e) aus. Unabhängig von der Identität der Plätze ist aber auf jeden Fall festzuhalten, daß Tricensima(e) nicht mit dem alten Vetera identisch sein kann und es daher nach 276 in jedem Falle einen Neubau gegeben haben muß. Weiter kann als gesichert gelten, daß der Name des neuen oppidum, wie es bei Ammianus heißt (20,10,1), nicht erst durch Julian verliehen wurde, sondern daß schon die ältere Anlage diesen Namen trug. Die alte Xantener Stammlegion, von der der Name ohne Zweifel abzuleiten ist, sei es nun direkt oder aber indirekt über den Nachfolgenamen Tricesimani, muß daher zur Zeit des Neubaus in Xanten stationiert gewesen sein. Wenn sie möglicherweise auch am Ende des 3. Jahrhunderts Truppen an die Küste abgegeben hat, so ist doch wenig wahrscheinlich, daß sie den Xantener Raum zwischen 276 und 359 jemals vollständig verließ.

Es ist daher naheliegend, auch in Gellep hinter dem Namen Trepitia den Namen einer militärischen Einheit zu sehen, und zwar den Namen der Erbauer des neuen Kastells. Es versteht sich, daß die namengebende Einheit wohl kaum im Umkreis der alten Auxiliarverbände oder der Limitantruppen gesucht werden kann. Eher wird man an eine Einheit im Range einer Legionsabteilung denken müssen. Die Namensform Tre — pitia deutet dann auch auf eine Kombination von Nummer und Beinamen, also eine dritte Legion mit Beinamen 'pitia' bzw. einem ähnlich klingenden Namen, denn eine Legion III pitia ist unbekannt.

Allerdings gibt es noch einen zweiten Hinweis auf diesen neuen Namen Gelleps, und damit sind wir wieder beim Ausgangspunkt, nämlich Gellep als Ort eines Martyriums. Im Martyrologium Hieronymianum findet sich der Eintrag „in Tracia civitate Gildoba natale Juli". Auf die Schwierigkeiten, diese Namen miteinander in Beziehung zu setzen, wurde oben bereits hingewiesen. In Anbetracht der Namensänderung Gelleps in spätrömischer Zeit ließe sich die anzunehmende Verschreibung vielleicht wie folgt auflösen: in Tertia (-) sive Gildoba. Verwechslungen von t und c bzw. s sind in mittelalterlichen Handschriften vielfach belegt[39], ebenso Abkürzungen häufig wiederkehrender Bezeichnungen wie civitate. In der Formulierung Xantum sive Troia[40] läge aus nächster Nachbarschaft zudem eine gute Parallele vor, wenn auch erst aus einer etwas späteren Zeit. Möglicherweise fand sich in der Vorlage des Martyrologiums auch noch der volle Beiname. Er könnte dem Schreiber als 'unbekannte Landschaft' Thrakiens erschienen und deswegen entbehrlich gewesen sein. Allerdings erklärt diese mögliche Parallelüberlieferung immer noch nicht den Beinamen und damit die Identität unserer 3. Legion. Sieht man sich um, so gibt es allerdings nicht viele Legionen, die einen ähnlich klingenden Beinamen geführt haben. Es bleiben nur die Legio III Partica und die Legio III Diocletiana Thebaiorum, wie noch näher zu erläutern sein wird. Doch zunächst zur Legio III Partica[41]. Es handelt sich um eine alte, schon im 2. Jahrhundert aufgestellte Einheit. Sie war im 3. Jahrhundert in Resaina in der Provinz Mesopotamien stationiert, später nur wenig entfernt an der Grenze der Nachbarprovinz Osrhoëne. Sie lag also immer an der äußerst gefährdeten Perserfront, und es gibt keinen Hinweis darauf, daß die Truppe diesen Frontabschnitt jemals verlassen hätte. Auch scheint sie keine größeren Vexillationen, vor allem aber keine gleichnamigen Tochterabteilungen an das Bewe-

[39] Vgl. z. B. F. HERMES, Gaesdoncker Blätter 1987, 6 (Verwechslung von t und c).

[40] BADER a.a.O. (Anm. 14) 62 ff.; E. GERRITZ, Troia sive Xantum. Beiträge zur Geschichte einer niederrheinischen Stadt (Xanten 1964) 21 ff.

[41] HOFFMANN a.a.O. (Anm. 12) 415.

gungsheer abgegeben zu haben. Ähnliches gilt für die anderen parthischen Legionen und deren Nachbareinheiten. Eine Ausnahme bildeten nur Sondereinheiten, wie berittene Bogenschützen, die nach Angabe der Notitia Dignitatum in Afrika eingesetzt wurden. Die verteidigungstechnischen Einzelheiten des Kastells in Gellep deuten jedoch eindeutig auf eine Fußtruppe als Besatzung.
Anders ist die Situation dagegen bei der Legio III Diocletiana Thebaeorum, wie sie in der Notitia Dignitatum genannt wird. Auf einem um 300 entstandenen ägyptischen Papyros trägt sie den griechischen Vermerk Thebaidos[42] ('aus der Thebais'), und griechisch wird auch anfangs ihr üblicher Beiname gewesen sein. Dies müssen wir folglich auch der Namensform Tre-pitia zugrundelegen. Auszugehen wäre dann von Tertia (Diocletiana) Thebaid(i)a und der Kurzform Tre-Thebaid(i)a. Das Tre-The der Kurzform wirkt wie eine Verdoppelung, so daß es in einem gesprochenen Namen sicherlich bald weiter verkürzt worden sein dürfte. Es bleibt Tre-baid(i)a. Diese Form aber entspricht bereits Tre-pitia, denn weiche oder harte Anlaute wechseln je nach Aussprache. Wir müssen schließlich berücksichtigen, daß wir es hier, wenn die vorgeschlagene Deutung stimmt, mit einem fremdsprachigen, genauer einem griechischen Namen zu tun haben. Im übrigen ist eine noch weitergehende Ähnlichkeit angesichts der sonstigen Namensentstellung im Verzeichnis des ravennatischen Cosmographen nicht zu erwarten. Auch wurde der Name anscheinend nicht sehr populär. Er beschränkte sich auf den Amtsgebrauch; ebenso wie im Falle Tricensima-Traiana (Xanten) hielt die orstansässige Bevölkerung auf die Dauer an ihrem traditionellen Namen fest. Immerhin reichte die dadurch ausgelöste Verunsicherung anscheinend, um eine Nennung des Namens zu umgehen. So lokalisiert Gregor von Tours bzw. sein Gewährsmann den Rheinübergang des Quintinus im Jahre 388 als „circa Nivisum castellum" (Hist. Franc. 2,9), obwohl der für diese Operation bedeutsamere Stützpunkt sicherlich das Kastell in Gellep gewesen ist. Anscheinend bestand hier sogar eine ausgebaute Rheinübergangsstelle. Der Name Nivisum war jedoch sehr viel bekannter als Trepitia.
Als Fazit können wir also festhalten, daß 1. Trepitia mit hoher Wahrscheinlichkeit ein anderer Name für Gellep war, daß 2. der Name von einer militärischen Einheit mit der Ziffer III abgeleitet ist und 3. eine Herleitung des Beinamens von Thebaidia zumindest möglich erscheint. Aber wie steht es mit der Truppengeschichte? Nach Hoffmann wurde die Einheit erst 297 bei der Neuordnung Ägyptens ausgehoben, so daß sie eigentlich von vornherein ausscheiden müßte. Dies steht jedoch im Widerspruch zu den von Hoffmann selbst getroffenen Feststellungen über die Reihenfolge der umfangreichen Aushebung der diokletianischen Zeit in Ägypten[43]. Neuaufgestellt wurden nämlich außerdem eine Legio I Maximiana Thebaeorum und eine Legio II Flavia Constantia. Abgesehen davon, daß es unwahrscheinlich ist, daß Aushebungen dieses Ausmaßes in einem so kleinen Gebiet gleichzeitig erfolgten, weist Hoffmann darauf hin, daß eigentlich die Legio I den Namen Diocletians tragen müßte. Da das nicht der Fall ist, geht er zu Recht davon aus, daß die Benennung der II Diocletiana nicht im Anschluß an die genannten Legionen erfolgte, sondern in Ergänzung zur alten oberägyptischen Stammlegion, der Legio II Traiana Fortis. Das bedeutet allerdings auch, daß der Zeitpunkt der Aushebung in diesem Falle früher angesetzt werden muß als bei den nach Maximian und Constantius Chlorus benannten Einheiten. Damit kommen wir aber in die Jahre vor 292, da zwischenzeitlich größere Aushebungen wegen des Aufstandes des Archillaeus in diesem Gebiet kaum möglich waren.
Kennzeichnend für das spätantike Bewegungsheer, das allerdings erst unter Konstantin zu einer festen Einrichtung wurde, war ein von Hoffmann genauer herausgearbeitetes Doppeltruppensystem[44]. Danach wurden kampfkräftige Legionen aufgeteilt in eine Stammeinheit und eine gleichstarke und gleichnamige Tochtereinheit für das Bewegungsheer. Innerhalb des Bewegungsheeres wurde die neue (Halb-)Legion dann wiederum mit einer ähnlich aufgestellten Schwestertruppe zu einem Legionspaar zusammengefaßt. Die parthischen Legionen waren, wie oben festgestellt, an diesem Prozeß kaum beteiligt. Zum einen wohl, weil ihre Kampfkraft außerhalb des Orients nur gering veranschlagt wurde, zum anderen aber auch

[42] Ebd. 235.
[43] Ebd. 233 ff. mit Anm. 233–34.
[44] Ebd. 226 ff. bes. 232.

wegen ihrer ständig hohen Verluste in den Perserkriegen. Anders war dies bei den nicht unmittelbar in vorderster Front stehenden ägyptischen Legionen. Die Stammlegion der III Diocletiana blieb zwar in ihrem Standort Andropolis in Oberägypten, daneben findet sich jedoch in der Notitia eine gleichnamige Tochtereinheit auf dem Balkan, in Thrakien. Sie erscheint hier zusammen mit der Tochtereinheit I Maximiana und nicht, wie man eigentlich erwarten würde, der II Traiana Fortis, die in der Notitia kurz den Namen Fortenses führt. Ungewöhnlich ist denn auch, daß es von der II Traiana Fortis nicht nur eine, sondern gleich zwei Tochterverbände gab. Einer stand Ende des 4. Jahrhunderts in Spanien, der andere in Afrika. Dies scheint darauf hinzudeuten, daß die erste Tochtereinheit der II Traiana Fortis eine größere Kopfstärke besaß als die später üblichen 2000 Mann[45], ihr also noch die alte prinzipatszeitliche Sollstärke zugrunde lag, was man wiederum als ein Indiz für eine vorkonstantinische Aushebung ansehen kann. Im Falle der III Diocletiana läßt die neue Schwestertruppe und das Fehlen einer dritten Einheit dementsprechend die Vermutung aufkommen, daß es zwischen der Aushebung in Ägypten und der Stationierung in Thrakien für die Einheit verlustreiche Einsätze gegeben hat. Festzuhalten bleibt in jedem Falle, daß die Legio III Diocletiana Thebaiorum zur fraglichen Zeit mit großer Wahrscheinlichkeit bestanden und eine gleichnamige Tochtereinheit an das Bewegungsheer abgegeben hat. Vermutlich erfolgte die Abgabe gleich bei der Aufstellung, allerdings — entsprechend der diokletianischen Organisation des Bewegungsheeres — noch nicht als Dauereinrichtung, sondern nur als vorübergehende Abordnung.

Schließlich haben wir in Gellep nicht nur den Beginn, sondern auch das mutmaßliche Ende der Stationierung zu berücksichtigen. Die Münzen sprechen — wie gesagt — für einen Abzug kurz nach 320. Um diese Zeit war es am Niederrhein relativ ruhig. Andererseits hatte Konstantin seine Residenz bereits 316 von Trier bzw. Arles nach Sirmium und Serdica auf den Balkan verlegt, wo er eine Entscheidung gegen den Herrscher des Ostreiches, Licinius, herbeizuführen suchte. Im Zuge dieser Maßnahmen wurden sicherlich Einheiten des Bewegungsheeres aus Gallien abgezogen und auf den Balkan verlegt. Unter diesen Einheiten scheint sich auch die Besatzung Gelleps befunden zu haben. Einer Gleichsetzung mit der später in Thrakien stationierten III Diocletiana Thebaeorum stünde damit von dieser Seite nichts im Wege. Im Widerspruch zur diokletianischen Heeresorganisation bzw. zum System der zeitlich befristeten Abordnung steht dann allerdings der mit mindestens 25 Jahren doch sehr lange Aufenthalt der Truppe am Niederrhein. Aber — und damit sind wir wieder am Ausgangspunkt angelangt — gerade für diesen Widerspruch scheint uns die Legende eine schlüssige Erklärung zu bieten. Der naheliegendste Grund für Massenhinrichtungen unter Soldaten ist aus der Sicht der militärischen Führung eine offene Meuterei[46]. Ein wesentlicher Grund für eine Meuterei läge aber zweifellos in der Nichteinhaltung einer befristeten Abordnung zum Bewegungsheer, mit anderen Worten: den Truppen könnte die nach Abschluß der Operationen vereinbarte Rückkehr an den Heimatstandort verweigert worden sein.

Unternehmen wir also den Versuch, mit Hilfe der herausgearbeiteten Indizien die Ereignisse zu rekonstruieren, die den Hintergrund für die Legende vom Martyrium der Thebäischen Legion abgegeben haben könnten.

Die Legio III Diocletiana Thebaiorum gehörte einer Armee an, die Constantius Chlorus zwischen 292 und 294 nach Gallien führte, um gegen Carausius vorzugehen. Carausius hatte nicht nur Britannien und einen Teil der gallischen Küste besetzt, sondern auch größere Abteilungen der niedergermanischen Truppen, darunter die 30. Legion, für sich gewinnen können. Anscheinend wurde die Gefahr eines neuen gallisch-britannischen Sonderreiches sehr hoch eingeschätzt. Der offensichtliche Wankelmut der nationalen gallisch-germanischen Verbände erforderte den Einsatz fremder, für die Propaganda des Carausius weniger empfänglicher Truppen.

Der Abfall der 30. Legion in Xanten schuf nun für Gellep die gleiche Situation wie zur Zeit des Bataveraufstandes im Jahre 70. Auch damals bildete der an der Grenze des Aufstandsgebietes gelegene Ort die

45 Ebd. 232 f.

46 Einen anderen Fall von Massenhinrichtungen an Soldaten beschreibt AMMIANUS XXIX 5 unter Theodosius d. Ä. in Africa. Vgl. dazu auch J. KROHMAYER u. A. VEITH, Heerwesen und Kriegsführung der Griechen und Römer. Handbuch der Altertumswiss. IV 3,2 (München 1928) 592.

Operationsbasis für die auf den unteren Niederrhein und das Batavergebiet zielenden Aktionen. Dieser Umstand erklärt vielleicht, warum gerade in Gellep die mit dem Thebäernamen versehene Hauptfestung angelegt wurde. Nach der Niederschlagung des Aufstandes scheint die alte Grenze der Xantener civitas und wohl gleichzeitig des Xantener Militärbezirkes aufgelöst worden zu sein, zugunsten einer kleinteiligeren Neugliederung. Gellep bzw. dem neuen Trepitia fiel jetzt ein eigener Mittelabschnitt zu, der nach Norden in das ehemalige Xantener Gebiet hineinreichte. Während des Aufstandes reichte der Aktionsradius der Gelleper Truppe jedoch noch wesentlich weiter nach Norden, wie z. B. aus dem Burgus von Heumen-Heumesoord bei Nijmegen hervorgeht[47], der offenbar in der gleichen 'orientalischen' Manier errichtet wurde wie das Kastell in Gellep. Falls die an den Operationen beteiligte Thebäische Legion tatsächlich die Stärke einer halben prinzipatszeitlichen Legion, also rund 3000 Mann umfaßt haben sollte, so war das Kastell Trepitia auch zu klein für die gesamte Einheit. Einschränkend ist allerdings zu sagen, daß es in Gellep noch eine Konterfestung auf einer vorgelagerten Rheininsel gegeben zu haben scheint, deren genaue Größe bisher unbekannt ist.

Eusebius datiert die große Heerschau bzw. die Massenhinrichtungen in das Jahr 298. Im vorausgehenden Jahr 297 wurde der Aufstand endgültig niedergeschlagen, so daß der Einsatz der orientalischen Truppen als beendet angesehen werden konnte. Die Gelleper Einheit rückte jedoch nicht ab, sondern blieb — wie oben festgestellt — noch bis 320. Der Rückmarschbefehl kam also nicht bzw. wurde wieder zurückgezogen. Es ist gut vorstellbar, daß es jetzt zur Meuterei kam und ein Teil der Truppen ohne Befehl den Rückmarsch antrat. Die am weitesten vorgerückte Einheit wurde in Agaunum vollständig hingerichtet, und in den übrigen Orten ging man unerbittlich zumindest gegen die Rädelsführer vor; genannt werden Bonn, Köln, Gellep und Xanten. Wie groß die Zahl der Opfer tatsächlich war, läßt sich natürlich nur schwer abschätzen. Immerhin fehlt später in der Notitia die zweite Tochtereinheit der III Diocletiana. Es fehlt also in der Tat eine ganze (spätrömische) Legion. Das muß natürlich nicht bedeuten, daß tatsächlich 2000 Soldaten hingerichtet wurden. Doch scheinen die Verluste so hoch gewesen zu sein, daß die Stammannschaft für die 2. Tochterlegion nicht mehr aufgestellt werden konnte.

Es fragt sich schließlich, was zur Aufhebung bzw. Verweigerung des Rückmarschbefehls geführt haben könnte. Naheliegend ist es, an die vorangegangenen Aufstände in den Heimatländern zu denken, so an die Erhebung des Archillaeus in Ägypten und an ungefähr zur gleichen Zeit belegte Unruhen in Afrika. Jedenfalls gedachte man in Köln auch einer Abteilung maurischer Soldaten. Anscheinend waren nicht allein die Thebäer von den disziplinarischen Maßnahmen betroffen.

Es bleibt die Frage, warum es mit den örtlichen Traditionen im Rheinland so unterschiedlich bestellt ist. In Gellep z. B., dem wichtigsten Ort der Thebäer, jedenfalls nach den hier vorgestellten Überlegungen, ist anscheinend nichts von einer Märtyrertradition bekannt, ja es gibt dort nicht einmal eine Kirche. Der Schein trügt indes, denn Gellep ist heute nur noch ein kleines Bauerndorf. Im Unterschied zu Köln und Xanten hat es hier einen längeren Wüstungsprozeß gegeben. Im 6. und 7. Jahrhundert war Gellep Sitz eines merowingischen Fürsten. Auch um 734 ist der Gellep-Gau (Gildegavia) noch ein Begriff, obwohl der Fürstensitz schon vor Ende des 7. Jahrhunderts nach Kaiserswerth verlegt worden war[48]. Der Hafen

[47] BOGAERS u. RÜGER a.a.O. (Anm. 27) 81.

[48] Zum Nachweis des Gellepgaues vgl. G. ROTTHOFF in: R. PIRLING, Das römisch-fränkische Gräberfeld von Krefeld-Gellep. Germanische Denkmäler d. Völkerwanderungszeit 8 (Berlin 1974) 215 ff.; DERS., Studien zur mittelalterlichen Geschichte im Raum Krefeld. Rhein. Vierteljahresbl. 41, 1977, 1 ff. Das Kaiserswerther Kloster verfügt später über umfangreichen Besitz in Gellep und den umliegenden Ortschaften. Auch vermutet E. WISPLINGHOFF in: C. M. ZIMMERMANN u. H. STÜCKER (Hrsg.), Kaiserswerth. 1300 Jahre Heilige Kaiser Reformer (Düsseldorf 1981) 23, daß das Kloster um 700 nicht auf der grünen Wiese, sondern neben einem bestehenden fränkischen Hof gegründet wurde. Die Annales Xantenses sprechen für 864 von einem Königshof, bei dem es sich, der Parallelüberlieferung der Annales Bertiniani folgend — sie sprechen von einer Rheininsel bei Neuss —, wohl nur um das spätere Kaiserswerth gehandelt haben kann. Die spätere Pfalz hatte demnach einen Königshof zum Vorgänger. Daß der Klostergrund auf ehemaligem Königsgut lag, erwähnt schon BEDA, Hist. Eccl. V 11: „. . . Pippin . . dedit ei locum mansionis in insula quadam Hreni, quae lingua illorum uocatur 'In Litore, . . .'" Schließlich erklärt sich der sonderbare Name der Insel 'Am Ufer' am ehesten durch einen für die Örtlichkeit wichtigen Bezugspunkt jenseits des Hauptarmes, also am gegenüberliegenden Ufer. Von

an der Mündung des Mühlenbaches, in der Flur Up me Dinclo, der wegen seiner friesischen Händlerkolonie nicht ganz unbedeutend gewesen sein kann[49], hielt sich etwas länger. Im 8. Jahrhundert begann aber auch er entsprechend der Verlandungsrichtung des Gelleper Rheinarmes weiter flußabwärts zu wandern (um 900 Undingi)[50]. Die endgültige Verlegung an den heutigen Standort, den Uerdinger Hafen, erfolgte allerdings erst in der Mitte des 13. Jahrhunderts[51].

Von vornherein liegt daher die Vermutung nahe, daß sich auch die kirchlichen Traditionen entsprechend verlagert haben, und zwar einerseits nach Kaiserswerth und andererseits nach Uerdingen. Zwar weiß man an keinem der beiden Orte etwas von einem heiligen Julius, doch ist interessant, daß es sich in beiden Fällen um Pfarrkirchen mit ursprünglichem Petrus-Patrozinium handelt. Daß die Uerdinger Pfarrkirche als Hohenbudberger Tochter und damit als verhältnismäßig junge Gründung gilt, besagt wenig, denn dies bezieht sich allein auf die Neugründung im 13. Jahrhundert[52]. Das alte Uerdingen lag offenbar auf Gelleper Gebiet außerhalb des Hohenbudberger Sprengels. Die anzunehmende ältere Peterskirche könnte danach durchaus auch im Gelleper Ortskern gestanden haben. In der Tat wird hier für 904 eine Kaiserswerther cellula genannt[53]. Zwar muß eine cellula nicht unbedingt eine kleine Kirche gewesen sein – der reinen Wortbedeutung nach könnte es sich auch nur um einen Hof gehandelt haben –, doch ist gerade diese Bezeichnung für die kleinen spätantiken 'Leutekirchen' der gallischen Städte vielfach belegt[54], und eine solche Kirche, ein kleiner Versammlungsraum, ist für das Gelände des spätrömischen Kastells in Gellep eigentlich zu fordern. Jedenfalls gab es sie in den meisten anderen spätantiken Kastellen[55]. Hinzu kommt die spezielle Bedeutung des Petruspatroziniums im Trierer und Kölner Bistum. Während der Aufbauphase hatte es seinen festen Platz in der bischöflichen Kirchenfamilie. Nach italisch-gallischem Vorbild bestand das bischöfliche Bauensemble normalerweise aus drei Kirchen: einer Basilika (Grabkirche und zumeist Bischofskirche im engeren Sinne), einer Leutekirche (Versammlungskirche 'intra muros', im Unterschied zur Grabkirche) und schließlich einer Taufkirche, einem Baptisterium. In Trier und Köln verband sich mit der Leutekirche in der Regel das Marienpatrozinium, mit der Basilika das des Pe-

Gellep aus gesehen lag die neue Festung am anderen Ufer des Rheins. Vgl. auch R. KAISER, Kaiserswerth. Rhein. Städteatlas, Lief. 7, 46 (Köln 1985).

49 Zur friesischen Händlerkolonie vgl. R. PIRLING, Römer und Franken (Anm. 24) 189 f. – Zur Bedeutung von Dingstätten (auch unter diesem Namen) als Orte mit Marktrecht an Hafenplätzen vgl. D. ELLMERS, Der mittelalterliche Hafen von Lehe. Jahrb. d. Männer v. Morgenstern 62, 1983, 45 f.

50 Namensbelege bei G. ROTTHOFF, Uerdingen. Rheinischer Städteatlas, Lief. 3,19 (Köln 1976).

51 Aus dem fraglichen Gelände gibt es eine Anzahl bislang unpublizierter mittelalterlicher Funde und Befunde. Gut belegt sind vor allem das 11. und 12. Jahrhundert, während sich die karolingischen Funde eher im Kastellbereich konzentrieren. Im Museum Burg Linn werden zudem Teile einer starken hölzernen Bohlenspundwand aufbewahrt (Kaianlage?), die ca. 1960 am Ende des damaligen Hafenbeckens, also unweit des Dinkeling ausgebaggert worden sein sollen. Kaianlagen begannen seit dem 12. Jahrhundert die älteren Schiffsländen und Landungsbrücken abzulösen. Vgl. dazu D. ELLMERS, Von der Schiffslände zum Hafenbecken. Jahrb. d. Hafenbautechnischen Gesellsch. 40, 1983/84, 5 ff. bes. 13 ff. Zu beachten sind ferner die beiden in den 70er Jahren in der benachbarten Verlandungszone des Altrheines aufgefundenen Schiffe. Die beigefundenen Scherben datieren sie in die erste Hälfte bis Mitte des 13. Jahrhunderts. Vgl. R. PIRLING, Römer und Franken (Anm. 24) 187 f.; DIES. in: Panta Rhei, Dokumentation über die Erweiterung des Krefelder Rheinhafens (Krefeld 1978) 7 ff.; ELLMERS a.a.O. 23 ff.

52 Nicht berührt ist die erneute Stadtverlegung unter Eb. Siegfried v. Westerburg vor 1293, da Kirche und Friedhof damals schon einige Zeit bestanden. Vgl. G. ROTTHOFF, Urkundenbuch der Stadt und des Amtes Uerdingen (Krefeld 1968) Nr. 83. Die wichtigere Verlegung des Hafens vom Nebenarm an den Hauptstrom und damit vermutlich auch die Gründung der neuen Kirche erfolgten wahrscheinlich im Zusammenhang mit der Stadtgründung 1255 (vgl. dazu auch die archäolog. Daten im alten Hafenbereich, s. oben Anm. 51). Schon 1257 wird Uerdingen als unmittelbar am Rhein gelegen bezeichnet (ROTTHOFF a.a.O. Nr. 26), und schon vor 1279 wurde hier der Rheinzoll von vorüberfahrenden Schiffen erhoben (J. LACOMBLET, Urkundenbuch für die Geschichte des Niederrheins 2 (Düsseldorf 1846) Nr. 728.

53 G. ROTTHOFF, Studien zur mittelalterlichen Geschichte im Raum Krefeld. Rhein. Vierteljahresbl. 41, 1977, 7.

54 Vgl. P. PERIN, Neuere archäologische Forschungen in Frankreich über die Anfänge der Christianisierung, 4.–8. Jh., in: C. AHRENS, Frühe Holzkirchen im nördlichen Europa (Hamburg 1982) 229 ff.

55 E. EWIG, Das Bistum Köln im Frühmittelalter. Ann. d. Hist. Vereins f. d. Niederrhein 155/156, 1954, 226; DERS., Frühes Mittelalter, in: F. PETRI u. G. DROEGE (Hrsg.) Rheinische Geschichte 1,2 (Düsseldorf 1980) 61.

trus und mit dem Baptisterium das Johannes des Täufers. Änderungen ergaben sich z. B. durch die Einbeziehung von Märtyrerkirchen und damit die Verschiebung des Petruspatroziniums zur Leutekirche oder die Ausweitung der Funktion in einer Kirche durch die Einrichtung zusätzlicher Nebenaltäre und Ausbauten, insbesondere im Falle des Baptisteriums[56].

Bischof Kunibert von Köln war der erste, der um 630 daranging, mit Unterstützung König Dagoberts eine dementsprechende Pfarrorganisation am Niederrhein aufzubauen, und zwar mit Standort in den wichtigsten spätrömischen Kastellen. Sicher bezeugt für diese Zeit ist Utrecht (Traiecto), wahrscheinlich sind aber auch Elst (bei Vectio), Rindern (Harenatium) und Xanten[57]. Anklänge an dieses System zeigt auch noch Kaiserswerth, das kirchlich erst um 700 gegründet wurde und noch dazu nicht direkt von Köln aus, sondern als Stift unter Leitung des angelsächsischen Missionars Suitbert[58]. Die heutige Suitbertuskirche trug ursprünglich das Petruspatrozinium. Die Fundamente der benachbarten kleinen Leutekirche, einer Saalkirche, an der jedenfalls bei ihrem Abbruch im 17. Jahrhundert noch das Marienpatrozinium haftete, wurden erst kürzlich wiederentdeckt[59]. Eng benachbart war im übrigen eine kleine Mauritiuskapelle (!). Ein deutlicher Hinweis auf Julius fehlt jedoch auch hier, doch ist nicht zu übersehen, daß die Kaiserswerther Gründung das bischöfliche Bauensemble nachahmt. Daß Suitbert bischöflichen Anspruch erhob, ist bekannt. Dieses entspricht auch der allgemeinen Tendenz der Auseinandersetzung zwischen fränkischer Reichskirche (und merowingischem Königshaus) auf der einen und anglo-irischer Mission (und karolingischen Hausmeiern) auf der anderen Seite[60]. Da Kaiserswerth zugleich weltlicher Stützpunkt war, liegt darüber hinaus die Vermutung nahe, daß Suitbert seinen Anspruch nicht allein aus der allgemeinen Tendenz ableitete, sondern parallel zur weltlichen Macht Bezug auf die ehemalige Stellung Gelleps nahm. Verlängert man die Liste Utrecht, Elst, Rindern, Xanten weiter nach Süden, so sollte man auch in Gellep einen kirchlichen Stützpunkt erwarten. Es spricht demnach einiges dafür, daß die 904 für Gellep bezeugte cellula ebenfalls eine Bischofskirche gewesen ist, auch wenn sie als alte spätrömische Leutekirche möglicherweise nicht sehr ansehnlich war. Die Kirche ist nicht erhalten, und ihre Fundamente sind noch nicht aufgefunden, doch kommt eine mutmaßliche, 'intra muros' gelegene Leutekirche als Juliusgedenkstätte ohnehin nicht in Betracht. Zu einem ordentlichen bischöflichen Bauensemble der Kunibertzeit gehörte indes mindestens noch eine zweite Kirche, eine Basilika. Der oben beschriebenen Regel zufolge sollte es sich um eine Märtyrerkirche handeln, denn die Patrozinien wurden offenkundig vertauscht, die Leutekirche im Kastell war nicht der Maria, sondern Petrus geweiht. Zu fordern wäre demnach eine Märtyrerkirche mit Friedhof sowie Marien-Nebenaltar.

Im späteren Mittelalter gehörte Gellep zum Kirchspiel Lank. Dort, bei der ca. 3,5 km entfernten Pfarrkirche St. Stefanus, bestattete die Gelleper Bevölkerung ihre Toten noch bis vor wenigen Jahren[61]. Patronatsherr der Kirche war, wie nicht anders zu erwarten, das Kaiserswerther Stift. Obwohl die Lanker Pfarrkirche dem Erzmärtyrer Stefanus geweiht (Inventio S. Stephani, d. h. der Auffindung des Heiligen; der Legende nach geschah dies im Jahre 415) und auch ein Marienaltar vorhanden ist, so fällt es wegen der großen Entfernung zum Kastell in Gellep und wegen des 'lokal' (zunächst) beziehungslosen Patroziniums doch schwer, hierin die gesuchte Kirche zu sehen. Eine Grabung, die zumindest Aufklärung in der Datierungsfrage bringen könnte, steht noch aus. Allerdings ist es auch nicht notwendig, sich in diesem Zusammenhang näher mit der Lanker Pfarrkirche zu beschäftigen, denn es gibt bzw. gab eine zweite, bedeutend näher gelegene Kirche (1,5 km vom Kastell entfernt), die alle Bedingungen weit besser erfüllte. Die „alde Kirke" von Linn, dicht am Mühlenbach und unmittelbar an der Verlängerung der nördlichen Ausfallstraße des Kastells, fiel nach lokaler Tradition dem großen Hochwasser des Jahres 1279 zum Opfer. Prof.

[56] E. EWIG, Das Bistum Köln (Anm. 55) 211; DERS., Frühes Mittelalter 65 f.; PERIN a.a.O. (Anm. 54) 232 ff. Zur Situation in Köln vgl. auch CORSTEN a.a.O. (Anm. 5).

[57] S. oben Anm. 56 u. zuletzt F. GORISSEN, Rindern (Kleve 1985) 23 ff.

[58] Vgl. oben Anm. 48.

[59] D. WEBER, Der Grabungsbefund auf dem Stiftsplatz in Kaiserswerth. Düsseldorfer Jahrb. 61, 1988, 1 ff.

[60] Vgl. oben Anm. 55; besonders GORISSEN a.a.O. (Anm. 57).

[61] ROTTHOFF a.a.O. (Anm. 53).

Rembert, der frühere Leiter des Linner Heimathauses, führte hier in den dreißiger Jahren eine kleinere Grabung durch, über die jedoch keine genaueren Unterlagen erhalten sind. Immerhin ist aber bekannt, daß er auf die Fundamente einer Steinkirche und Spuren eines umgebenden Friedhofes stieß[62]. Steeger stellte die damals geborgenen Scherben zwar „zur üblichen Keramik des 9. und 10. Jahrhunderts", doch erbrachten neuerliche Begehungen auch zahlreiche ältere Funde. Hervorzuheben ist dabei neben Scherben des 7. und 8. Jahrhunderts ein vergoldeter Bronzeanhänger in Form eines merowingerzeitlichen Gürtelbeschlages. Zahlreiche Knochen zeugen von einem dicht belegten Friedhof bei der Kirche. Vom Kirchengebäude selbst stammen Fundamentrollsteine, Gußmörtelbrocken und römische Baumaterialien wie Ziegel, Schiefer, Tuff und Grauwacken.

Außer dem Pfarrhof scheint es bei der Kirche jedoch nie eine weitere Ansiedlung gegeben zu haben. Ursache hierfür war vermutlich die ungünstige Lage der Kirche im niedrigen und feuchten Gelände der Bachniederung. Schließlich scheint das ja auch zu ihrer Zerstörung geführt zu haben. Der gleichnamige Ort lag vor der Stadtgründung um 1300 ungefähr 800 m weiter bachaufwärts am gegenüberliegenden hohen Ufer.

Nachfolger der untergegangenen Kirche wurde 20 Jahre später die in der neugegründeten Stadt Linn (1,5 km westlich) erbaute Pfarrkirche St. Margareta. Vermutlich verdankt sie ihr Patrozinium der Gräfin Margareta von Kiburg, der Gattin des Klever Grafen und Stadtgründers Dietrich VIII., denn die alte Kirche galt als Kreuzkirche (Inventio S. Crucis et S. Helena)[63]. Die Erinnerung an das Kreuz blieb in Linn lange lebendig, und die spätere Geschichte der Kreuztradition ist eigentlich ein gutes Lehrbeispiel für die Entstehung einer Legende. In Kurzform wiedergegeben, lautet die Linner Kreuzlegende etwa folgendermaßen: „Beim Bestellen eines Ackerfeldes am Sandberg *(später auch Kalvarienberg nördl. der Stadt)* fand man ein Bild im Boden. Die Ansichten gingen zunächst auseinander, ob man das Kreuz nach Linn oder Uerdingen in die Kirche bringen sollte. Doch, oh Wunder, das Pferd, welches das ziemlich schwere Kreuz ziehen mußte, bäumte sich und war nicht dahin zu bringen, den Karren in der Richtung nach Uerdingen zu fahren. Als jedoch der Weg nach Linn eingeschlagen wurde, da trabte das Tier leicht und sichtlich erfreut dem Bestimmungsort zu"[64]. Ein Teil der Geschichte, das sogen. Gespannwunder, ist ein alter und weitverbreiteter Legendenzug, der seine Beliebheit ohne Zweifel seiner guten Anwendbarkeit in nachbarschaftlichen Zwistigkeiten verdankt[65]. Hintergrund dieser Passage ist daher vermutlich der Streit um die ursprünglich in der alten Kirche aufbewahrte Kreuzreliquie. Vermutlich hatte man sie nach dem Hochwasser in die Uerdinger Peterskirche gebracht[66]. Nachdem man in Linn eine Herausgabe der Reliquie für die neue Margaretenkirche zunächst nicht hatte erreichen können, beschaffte man sich als Ersatz ein gro-

[62] Im Museum Burg Linn existiert lediglich ein Plan mit einer offensichtlich jedoch ungenauen Eintragung von zwei Grabungsschnitten. Vgl. A. STEEGER, Die Heimat (Krefeld) 18, 1939, 60.

[63] G. BUSCHER, Geschichte der niederrheinischen Pfarre Linn Teil II (maschinenschriftl. Linn 1949) 5. Irrtümlich wurde auch die spätere Stadtkirche noch verschiedentlich als Kreuzkirche bezeichnet. Vgl. auch die Urkunden zur Neudotierung des Kreuzaltars in der Stadtkirche: HSTAD Kurköln, Linn geistl. Sach. 4, 39 (Testament von 1438) u. Pfarrarchiv Linn VI 3, 389.

[64] Zitiert nach BUSCHER a.a.O. (Anm. 63) 75. Vgl. auch J. F. LEFRANC u. J. P. LENTZEN, Geschichte der Pfarreien des Dekanats Krefeld (Mönchengladbach 1889) 388; E. BOKKEMÜHL, Niederrheinische Sagen, Märchen und Legenden (Duisburg 1979) 94.

[65] Wörterbuch d. dt. Volkskunde, neubearb. v. R. BEITL (^{3}Stuttgart 1974) 280 (158 f.).

[66] Die Reliquie ist später allerdings in Uerdingen nicht mehr nachweisbar, so daß man sich 1848 — dazu wird eine rührende Geschichte erzählt — neue Kreuzreliquien besorgt hat (LEFRANC u. LENTZEN a.a.O. [Anm. 64] 451). 1597 wurde der Kirche ein (neuer) Kreuzaltar gestiftet (F. STOLLWERCK, Kirchen- und Profangeschichte der Stadt Uerdingen [Uerdingen 1881] 25 f.), was auf das Vorhandensein einer Reliquie zu dieser Zeit deutet. Schon wenig später geriet der Altar jedoch in Vergessenheit, so daß möglicherweise beim Kircheneinsturz von 1627 auch ein Verlust der Reliquie eintrat. — In Linn ist dagegen 1786 eine Kreuzreliquie nachweisbar (LEFRANC u. LENTZEN a.a.O. 383). Möglicherweise ist sie aber damals erst — einem Zuge der Zeit folgend — zusammen mit anderen Reliquien erworben worden. Wahrscheinlicher jedoch ist, daß man sich bereits bei der Neudotierung des Altares 1448 eine neue Reliquie besorgt hatte.

ßes Kreuz, das vorgeblich an der alten Kirche aufgefunden worden sein sollte[67]. Das 'Miraculöse Kreuz von Linn' wurde schon früh berühmt. Gelenius[68] zitiert z. B. aus einem 1517 abgefaßten Ablaßbrief wie folgt: „ein Kreuz, welches durch Wunder und jährlichen Bittgang berühmt ist", und auf einem Wallfahrtsbild aus der Mitte des 18. Jahrhunderts heißt es: „Wahre Abbildung des in der Stadt Lynn über 300 Jahr (*auf anderen Zetteln heißt es* über 400 Jahr) befindlichen Miracülösen Crucifix . . ."[69]. Das erhaltene Kreuz ist indes eine Arbeit des 14. Jahrhunderts und kann daher kaum aus der alten Kirche stammen[70]. Der eigentliche Grund für die Legendenbildung in der oben beschriebenen Form liegt jedoch in einer zusätzlichen Schwierigkeit. Die alte Kirche galt zwar immer, also auch vor 1279, als Linner Kirche — vermutlich bezeichnete Linn ursprünglich nicht primär die Siedlung, sondern das Sumpfland am Ufer des Mühlenbaches —, doch lag sie genau genommen außerhalb der späteren städtischen Gemarkung. Die Grenzen von Gellep, Linn, Stratum und Heulesheim trafen zwar dicht bei der Kirche zusammen, doch lag der Platz der Kirchenwüstung eindeutig auf Heulesheimer Gebiet[71] und damit im Zuständigkeitsbereich der Lanker Pfarrkirche. Da die Linner jedoch verständlicherweise ihr Kreuz nicht abgeben wollten, war es notwendig, mit Hilfe einer Legende einen neuen — innerhalb der städtischen Gemarkung gelegenen — Fundort beim Volk bekannt zu machen.

Kehren wir jedoch zum ursprünglichen Kreuzpatrozinium der alten Kirche zurück. Der Kreuzauffindung und der hl. Helena geweihte Kirchen sind nicht gerade häufig. Eine Helenalegende rankt sich jedoch sowohl um die Kölner und Bonner als auch um die Xantener Thebäergräber[72]. An allen drei Orten schlägt die Legende der hl. Helena die Errichtung der Märtyrerkirchen zu. Oediger[73] sieht hierin zwar erst eine späte Ausschmückung, doch datieren die ältesten Belege für diese Legendenfassung immerhin vor die spätmittelalterliche Welle der Kreuzerhöhungen und Helenaweihungen. Wahrscheinlich verkennt man die Kölner und Xantener Helenalegenden, wenn man sie als naive Geschichtsfälschungen oder, neutraler, als Produkte einfacher Volksfrömmigkeit abtut. Die Erfinder, und solche sind auch hier vorauszusetzen, dachten wohl kaum an eine tatsächliche Kirchengründung durch die 'leibliche' Helena oder an eine Kirchengründung zur Zeit Helenas, sondern an Helena als Begründerin und Patronin der Reliquiensuche. Im übertragenen Sinne sah man es als Helenas Verdienst an, wenn die Gebeine von Märtyrern gesucht und für sie Kirchen errichtet wurden. Helena steht daher in einer engen Beziehung zum Beginn der Reliquiensuche. Bekanntlich soll sie noch vor dem Jahre 300 nach Jerusalem gereist sein, um dort das Kreuz Christi zu erheben. Eine Hälfte des Kreuzes überführte sie anschließend nach Konstantinopel, wo die Reliquie im Jahre 353 öffentlich aufgestellt wurde.

Recht aufschlußreich für die Entwicklung der Reliquiensuche im Rheinland und damit zugleich für die Qualität der örtlichen Märtyrertradition ist das genauer dokumentierte Beispiel Xanten. Die erste offizielle und damit auch die erste 'erfolgreiche' Suche unternahm dort Bischof Everigisil um 590. Er suchte und 'fand' die Gebeine des hl. Mallosus an der Stelle eines älteren Oratoriums auf dem Gelände eines spätantiken Gräberfeldes. Die genaue Lage dieser Mallosusbasilika war lange unklar. Man vermutete sie meist außerhalb Xantens, da Gregor von Tours sie bei Bertuna (Birten) lokalisierte. Bridger und Siegmund[74] konnten jetzt den Nachweis erbringen, daß dieses Bertuna nicht fernab gelegen hatte wie das heutige Birten, sondern daß es mit der Händlersiedlung im Bereich des mittelalterlichen Xanten identisch war.

[67] Dies suggeriert die Ansprache als 'miraculöses' Kreuz schon gleich zu Beginn. Vgl. BUSCHER a.a.O. (Anm. 63) 75 nach Angaben des Linner Pfarrers F. K. L. Joesten (1898–1914).

[68] Staurologia Coloniensis; vgl. LEFRANC u. LENTZEN a.a.O. (Anm. 64) 390 f. u. BUSCHER a.a.O. (Anm. 63) 74. 76 f.

[69] Vgl. auch K. REMBERT, Die Heimat 5, 1926, 64 ff. u. G. ROTTHOFF, Linn. Rheinischer Städteatlas, Lief. 4, 23 (Köln 1978) Abb. 1.

[70] Zur Datierung vgl. E. BRUES, Krefeld 2. Denkmäler des Rheinlandes Nr. 13 (Düsseldorf 1967) 51 mit Abb. 147–149.

[71] Vgl. oben Anm. 62.

[72] BADER a.a.O. (Anm. 14) 93 ff.; BORGER u. OEDIGER a.a.O. (Anm. 14) 208. 210. Historia Xantensis B. L. 35 Pars III.

[73] 1415 wird der Platz der 'alden Kirken' als zum Gellep-Heulesheimer Kapitelhof des Kaiserswerther Stiftes gehörig beschrieben: H. KELLETER, Urkundenbuch des Stiftes Kaiserswerth (Bonn 1904) Nr. 377; vgl. auch R. PIRLING, Das römisch-fränkische Gräberfeld (Anm. 24) 17 u. A. STEEGER, Die Heimat (Krefeld) 18, 1939, 60.

[74] S. oben Anm. 38, 63 ff.

Das bedeutet, daß der heutige Xantener Dom durchaus an der gleichen Stelle erbaut worden sein kann wie die Mallosusbasilika Everigisils. Tatsächlich konnten Bridger und Siegmund nach einer Korrektur der Datierung den Bau IIa mit der gesuchten Basilika identifizieren. Der Nachweis, daß beide auf einem spätantiken Gräberfeld lagen, ist somit ebenfalls erbracht.

Interessant ist nun, daß die einige Jahre später stattfindene Suche nach dem hl. Victor ganz anders ablief. Man grub nicht mehr in der Kirche bzw. auf dem alten Friedhof, sondern in den Sümpfen bei der Gereonskapelle[75]. Auch hierzu konnten Bridger und Siegmund neue Erkenntnisse beibringen. Offensichtlich hatte man vor der Errichtung der Kapelle in den Sümpfen nach greifbaren Anhaltspunkten gesucht und diese dann auch in einer römischen Ruine gefunden. Was man allerdings nicht mehr gewußt zu haben scheint, ist, daß es sich hier um einen ehemaligen Wasserverteiler gehandelt hat, also ein ganz profanes Bauwerk. Es ist klar, daß die Ursache für diesen Wandel kaum in der örtlichen Überlieferung gelegen haben kann.

Ausschlaggebend müssen vielmehr die jeweils neuesten Fassungen der Martyrologien gewesen sein. Anscheinend verwendete man sie wie 'Handbücher für die Reliquiensuche'. Leider sind diese frühen Verzeichnisse nicht erhalten. Deutlich ist aber, daß das zwischen 590 und ca. 630 benutzte Martyrologium im Gegensatz zu seinem Vorgänger auf das römische Strafrecht Bezug genommen hat[76]. Es wurde anscheinend darauf hingewiesen, daß man die Leichen Hingerichteter, und als solche waren die Märtyrer zunächst einmal aus römischer Sicht zu betrachten, nur dann auf den ordentlichen Friedhöfen bestattet werden konnten, wenn sie von Angehörigen oder Freunden freigekauft worden waren. Üblicherweise übergab man ihre Leichen einem Fluß bzw. einem Sumpf. In Köln erfand man daher einen Brunnen unter St. Gereon, in den die Thebäer angeblich geworfen worden sein sollen[77]. Offenbar war der Standort der Kirche als Grabstätte angezweifelt worden. Bald nach 590 durfte sich die Reliquiensuche daher nicht mehr auf die antiken Friedhöfe beziehen, insbesondere wenn fremde Soldatenmärtyrer betroffen waren, sondern man benötigte Sümpfe in der Nähe mutmaßlicher Richtstätten, denn fließende Gewässer schlossen eine erfolgreiche Suche von vornherein aus.

Die Bedingung Sumpf traf auf den Standort der alten Linner Kreuzkirche in hervorragender Weise zu. Hinsichtlich der Richtstätte ist eine genaue Aussage schwierig, da die Lage der in Gellep sicher vorhandenen Richtstätte nicht bekannt ist. Immerhin befand sich die Kirche aber an einer der antiken Ausfallstraßen des Kastells. Auch entsprach der Ort mittelalterlichen Vorstellungen von der Lage einer Richtstätte, denn das Linnsche Halsgericht befand sich später, wenn auch in einiger Entfernung unterhalb der Kirche, dicht am Ufer des Mühlenbaches[78]. Im übrigen gilt für die Linner Kreuzkirche wie auch für die Xantener Gereonskapelle oder die Suitbertuskirche in Kaiserswerth, daß die Kirche den Namen des Heiligen bzw. Märtyrers erst dann führen durfte, wenn seine Gebeine in ihr ruhten. Im Unterschied zu Mallosus und Victor wurde der hl. Julius in Gellep jedoch nie gefunden, und der Grund dafür liegt auf der Hand. Es ist die Herausgabe des neuen Martyrologium Hieronymianum bald nach 628. Auf Grund der Namensverschreibung war Gellep als Ort des Martyriums zweifelhaft geworden, so daß man vermutlich schon kurz nach der Errichtung der Kirche von der Reliquiensuche an dieser Stelle Abstand nahm.

Einen verhältnismäßig genauen Hinweis auf den Zeitpunkt der Kirchengründung geben zum einen die Amtsdaten Kuniberts (625 – 663/5), denn die 'alte Kirche' war zugleich Teil des bischöflichen Kirchenen-

[75] H. ENGELSKIRCHEN, Die Xantener Gereonskapelle innerhalb der Stadt. Ann. d. Hist. Vereins f. d. Niederrhein 164, 1962, 197 ff.; BRIDGER u. SIEGMUND a.a.O. (Anm. 38) 103 ff.

[76] TH. MOMMSEN, Römisches Strafrecht (Leipzig 1899) 987 ff.; vgl. dazu auch BADER a.a.O. (Anm. 14) 98 f.

[77] W. SCHÄFKE, St. Gereon in Köln. Rhein. Kunststätten 300 (Neuss 1984) bes. 8 u. 12 f.; BADER a.a.O. (Anm. 14) 98 f. Zwar wird der Brunnen schon bei Gregor von Tours erwähnt, doch ist als sicher anzunehmen, daß die Diskussion über den Strafrechtsparagraphen schon länger zurückreichte. Die Mallosus-Basilika in Birten/Xanten von 590 war ja kein Neubau im strengen Sinne. Es gab ein älteres Oratorium (oder einen Bau, den man dafür ausgab). Anzunehmen ist aber, daß Bischof Everigisil vor dem Erscheinen des neuen Martyrologiums noch an der alten Auffassung festhielt, wohl nicht zuletzt, weil sie die Auffindung der Gebeine ohne große Schwierigkeiten gewährleistete.

[78] ROTTHOFF a.a.O. (Anm. 69).

sembles und damit Teil des ersten umfassenden Pfarrsystems am Niederrhein, als dessen Schöpfer Kunibert angesehen werden muß[79]. Zum zweiten ist es die Wahl des Kreuzpatroziniums, im Unterschied etwa zu Gereon in Xanten (Gereonskapelle in den Sümpfen) und eventuell auch Mauritius in Kaiserswerth, denn dies deutet zudem auf einen bestimmten aktuellen Anlaß, nämlich die Rückeroberung der Jerusalemer Kreuzreliquie durch Kaiser Heraklius im Jahre 627. Einige Jahre zuvor, 614, war sie durch den Perserkönig Choesroes II. von dort entführt worden. Als Patronin der Reliquiensuche stand Helena zwar ohnedies mit der Thebäersuche in enger Verbindung, wie die Kölner und Xantener Lokallegenden eindrücklich zeigen, doch lag es zunächst eigentlich näher, einen echten Märtyrer, d. h. einen der bereits aufgefundenen Gefährten als Patron zu wählen.

Als wahrscheinliches Datum für die Kirchengründung kommen daher die Jahre zwischen 627 und vielleicht 630 in Betracht, je nachdem wie schnell man sich die Verbreitung des neuen, um 628 fertiggestellten Martyrologiums vorstellt. Sicher ist jedenfalls, daß das neue Verzeichnis mit der Verschreibung Thrakien zur Zeit der Kirchengründung noch nicht bekannt gewesen sein kann. Natürlich setzt dies voraus, daß es erstens bei der Gründung der Kirche ganz allgemein einen lokalen Märtyrerbezug gab, daß zweitens dieser Märtyrer der genannte Julius von Gellep gewesen und die angenommene Verschreibung, wie oben angeführt, aufzulösen ist. Fassen wir daher die Argumente für einen allgemeinen Märtyrerbezug noch einmal zusammen. Unabhängig von Punkt 2, der Juliusnennung, sind dies erstens die ungewöhnliche Lage der Kirche im Sumpf, zweitens die parallelen Helenalegenden in Xanten, Köln und Bonn und drittens die Abweichung vom Kanon der bischöflichen Patrozinien. Den letzten Punkt gilt es noch etwas näher zu erläutern.

Theoretisch hätte die bischöfliche Basilika unmittelbar in Gellep, und zwar 'extra muros' im Gräberfeldbereich, angelegt und mit dem Peterspatrozinium ausgestattet werden müssen. Die Basilika erhielt jedoch einen abweichenden Standort, und das Peterspatrozinium haftete, wie oben dargelegt, wahrscheinlich an der Kastellkirche (intra muros), der 904 genannten cellula. Nun besaß die 'alte Linner Kirche' neben ihrem als Grund für die Abweichung zu fordernden Märtyrerpatrozinium anscheinend tatsächlich auch einen Marien-Nebenaltar; jedenfalls gab es einen alten Marienaltar mit späterer Vikarie und Marienbruderschaft in der Linner Nachfolgekirche. Vermutlich muß man aber auch die Ausstattung der Lanker Kirche vor diesem Hintergrund sehen, denn als spätere Pfarrkirche des 'Gelleper' Kirchspiels gehörte sie ebenfalls zu den Erben der alten Kirche in Linn. Stefanuspatrozinium und Marienaltar wählte man daher vermutlich nicht ganz zufällig. Allerdings umfaßte das Lanker Kirchspiel (und damit der neue Einflußbereich Kaiserswerths) nur einen Teil des alten bischöflichen Sprengels der Kirchenfamilie Gellep-Linn. Zum 'olden Buschdom' oder 'antiquus episcopatus', wie es bei Gelenius heißt[80], gehörte auch das Gebiet nördlich des Mühlenbaches, der Hohenbudberger Bezirk. Im späteren Mittelalter war das in dieser Gegend noch immer sehr genau bekannt[81]. Wahrscheinlich umfaßte der ursprüngliche Gelleper Kirchsprengel das gesamte Gebiet des 734 beschriebenen Gildegavia, des Gellepgaues. Während Gellep und die alte Linner Kirche im Lanker Kirchspiel eine Randlage einnahmen, ist ihre Position zentral bezogen auf die alten Grenzen (Abb. 3). Überdies gibt es noch weitere Belege für die ursprüngliche Bedeutung der Linner Kirche. Im Jahre 1575 meldete das Kölner Domkapitel als Inhaber des Sackzehnten überraschend seinen Anspruch auf ein „eigentlich gar nicht existierendes" Kirchspiel Linn an[82]. Es suchte dies freilich auf den Sprengel der städtischen Pfarrkirche in Linn zu beziehen. Zweifellos — und das zeigt auch bereits das überraschende Auftauchen dieses in Vergessenheit geratenen Anspruchs — handelt es sich um eine Lesefrucht oder, anders ausgedrückt, um ein Ergebnis damals verstärkt durchgeführter Ak-

[79] EWIG a.a.O. (Anm. 56); GORISSEN a.a.O. (Anm. 57).

[80] S. oben Anm. 1, 65.

[81] Vgl. L. WIRTZ, Düsseldorfer Jahrb. 26, 1913/14, 211; E. EWIG, Das Bistum Köln (Anm. 55) 227 m. Anm. 103a; G. ROTTHOFF, Studien zur mittelalterlichen Geschichte im Raum Krefeld. Rhein. Vierteljahresbl. 41, 1977, 23 mit Anm. 126 (hier die urkundlichen Belege für den Raum Hohenbudberg).

[82] HSTAD kurk. II 2709 p 93; vgl. H. KAISER, Territorienbildung in den Ämtern Kempen, Oedt und Linn (Kempen 1979) 217.

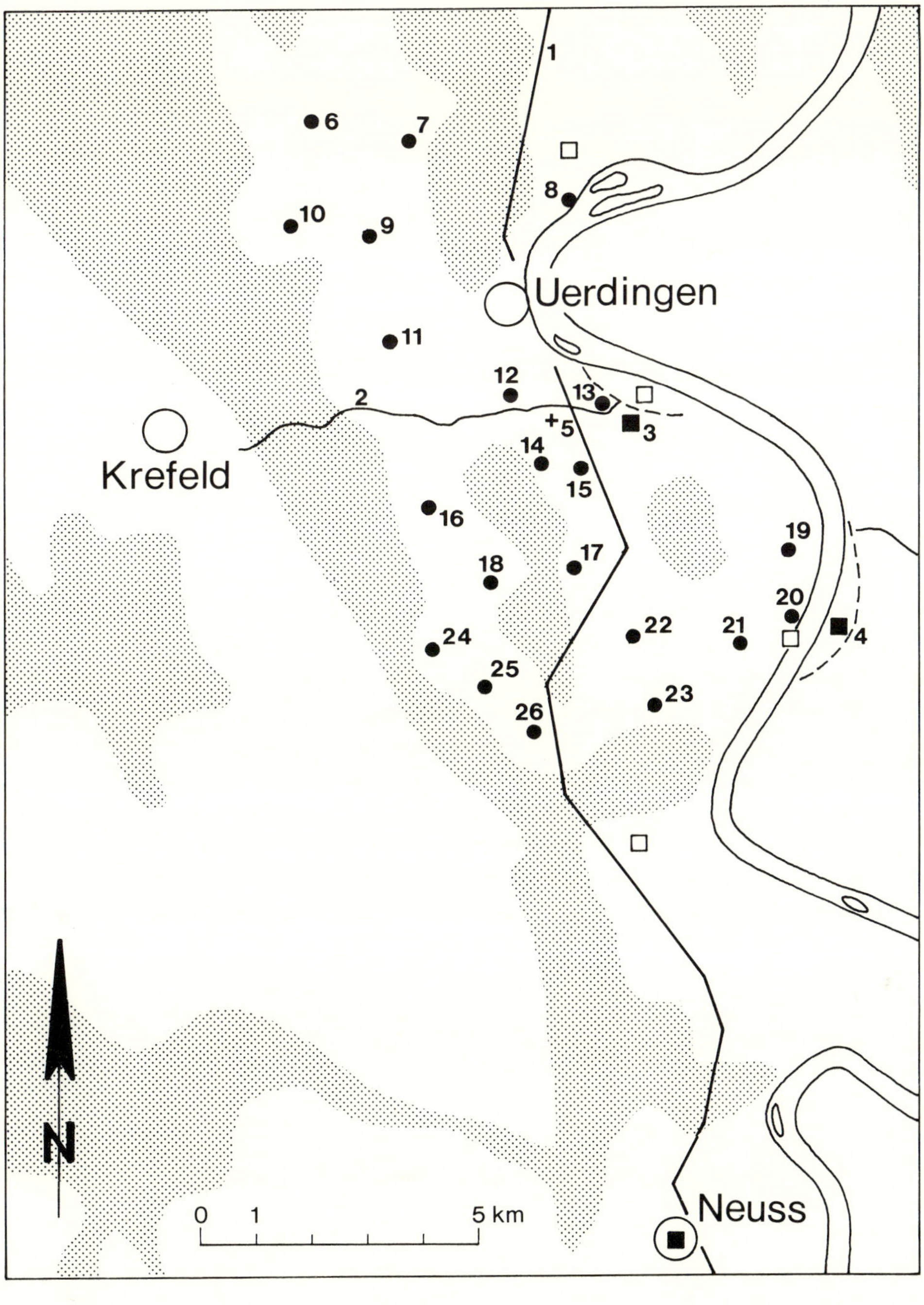

3 Der Raum Gellep in Spätantike und Frühmittelalter. Zustand des Rheinlaufes und der (gerastert angegebenen) Wald- und Ödlandflächen um ca. 1800, offene Quadrate: mutmaßliche Standorte spätrömischer Burgi bzw. befestigter Siedlungen. 1 römische Limesstraße, 2 Linner Mühlenbach (früher Gelfbach), alte Nordgrenze der Civitas Ubiorum, 3 Kastell Gelduba (Krefeld-Gellep), 4 Pfalz in Kaiserswerth, mutmaßlicher Standort eines fränkischen Kastells, 5 Wüstung „alte Kirche". Im Folgenden Ortslagen innerhalb des „alten Bistums" (frühmittelalterl. Standort archäolog. nachgewiesen = an): 6 Traar, 7 Vennikel, 8 Hohenbudberg, 9 Wetschinghusen (wüst, an), 10 Verberg, 11 Bockum, 12 Linn (an), 13 Uerdingen (an), 14 Heulesheim (an), 15 Stratum (an), 16 Oppum (an), 17 Latum (an), 18 Ossum (an), 19 Nierst, 20 Langst (an), 21 Kirst, 22 Lank (an), 23 Iverich (an), 24 Weiler (Wilere, wüst, an), 25 Lützelbockum (wüst, an), 26 Strümp (an).

tenstudien. Ursprünglich bezog sich der Kölner Sackzehnte wahrscheinlich nicht auf die Linner Stadtkirche oder auf verpfändete Ansprüche des früheren Stadtherren Johann von Kleve aus seiner Zeit als Kölner Domherr[83], sondern auf das alte Bistum Gellep-Linn, den Vorgänger der Kirchspiele von Lank und Hohenbudberg.

Abschließend können wir daher feststellen, daß es in der Tat Hinweise auf eine frühe Juliustradition in Gellep gibt, daß diese Tradition aber, wie im übrigen auch in Xanten, weniger auf lokaler Überlieferung beruhte als vielmehr auf den geschriebenen Martyrologien. Folgerichtig kam sie daher schon früh, nämlich fast gleichzeitig mit der Namenstilgung (bzw. Verschreibung) im Martyrologium Hieronymianum wieder zum Erliegen.

[83] Ebd.

JOSEF SEMMLER

Zur frühen Missions- und Kirchengeschichte am Niederrhein*

In einer Urkunde des Kölner Erzbischofs Adolf I. von Altena aus dem Jahre 1203 tritt uns erstmals der weite Pfarrsprengel entgegen, der dem Stifte St. Viktor zu Xanten als einer ecclesia matrix zugeordnet war[1]. Den seelsorgerlichen Erfordernissen vermochte er ob seiner Ausdehnung nur partiell gerecht zu werden: An seiner Peripherie lebten Gläubige, die ihrer Sonntagspflicht nur unregelmäßig genügen konnten, die Sakramente, die dem Pfarrzwang unterlagen, selten empfingen, die über unzumutbare Schwierigkeiten, über lange, im Winter teilweise unpassierbare Wegstrecken klagten, wenn ihre Kinder getauft und ihre Verstorbenen in geweihter Erde zur Ruhe gebettet werden sollten. Als verantwortlichen Seelsorgsgeistlichen in diesem Sprengel bezeichnete der Erzbischof den Dekan des Stiftes Xanten, dem die kirchenrechtliche Jurisdiktion in der gesamten parochia zustand[2]. Allerdings unterzog sich im ersten Drittel des 13. Jahrhunderts der Xantener Dekan seinen seelsorgerlichen Pflichten nicht persönlich. Er hatte sie übertragen dem plebanus, dem Pfründner des Kreuzaltares in der Stiftskirche[3], und beschränkte sich auf seine Funktion als Sendherr im gesamten Pfarrsprengel[4], der auch Seelsorger von Tochtergemeinden investierte und in ihr Amt einführte[5].

Der Dekan einer Gemeinschaft von Stiftsherren, die 1167 erstmals als capitulum angesprochen wurde[6], die karolingerzeitliche Quellen als fratres[7] oder canonici[8] bezeichnen, bekleidete ein Amt[9], mit dem nicht eigentlich oder gar zwangsläufig die Jurisdiktion über einen Pfarrsprengel verbunden war, schon gar nicht die Befugnisse des Vorstehers eines Kleinarchidiakonats im Erzbistum Köln[10]. Er amtierte vielmehr als Dignitär dieser Kommunität; seine Jurisdiktion erstreckte sich über deren Mitglieder. Er handhabte die Disziplinargewalt und regelte das geistliche Gemeinschaftsleben im gottesdienstlichen Vollzug und im klaustralen Tagesablauf[11].

* Die folgenden Ausführungen sind die erweiterte Fassung eines Vortrags, der am 8. 6. 1988 in Xanten auf dem vom Rhein. Amt f. Bodendenkmalpflege ausgerichteten Kolloquium 'Die Entwicklungsstufen von der Spätantike bis ins frühe Mittelalter an Rhein und Maas am Beispiel Xantens' gehalten wurde.

1 Vgl. dazu F. W. OEDIGER, Die Kirchen des Archidiakonats Xanten = Die Erzdiözese Köln um 1300 II = Erläuterungen zum Geschichtlichen Atlas der Rheinlande 9,2 = Publikationen der Gesellschaft für rheinische Geschichtskunde 12 (Bonn 1969) 70 ff.

2 P. WEILER, Urkundenbuch des Stiftes Xanten = Veröffentlichungen des Vereins zur Erhaltung des Xantener Domes 2 (Bonn 1935) 46 f. n° 58.

3 P. WEILER, Urkundenbuch (Anm. 2) 82 f. n° 106.

4 P. WEILER, Urkundenbuch (Anm. 2) 46 f. und 462 f. n°s 58 und 696.

5 P. WEILER, Urkundenbuch (Anm. 2) 84 n° 108.

6 P. WEILER, Urkundenbuch (Anm. 2) 30 f. n° 40.

7 Annales Xantenses ad a. 864, ed. B. v. SIMSON, MGH. SS. rer. Germ. in us. schol. (Hannover/Leipzig 1909) 20.

8 D Lothar II 25 = MGH. Diplomata Karolinorum III Lotharii I et Lotharii II diplomata (Berlin/Zürich 1966) 425 f.

9 Die Institutio canonicorum, die Kaiser Ludwig der Fromme 816 für alle Kanonikergemeinschaften im fränkischen Reiche erließ und die offenbar seit ca. 820 auch in Xanten galt (vgl. S. 236 Anm. 13), kannte den Dekan noch nicht. Vom Westfrankenreich ausgehend (vgl. Ebo von Reims, De ministris Remensis ecclesiae, MIGNE PL. 135, 407–410; H. DONIOL, Cartulaire de Brioude. Liber de honoribus s. Iuliano collatis (Clermont-Ferrand/Paris 1863) 289 f., 271 f. und 57 f. nos 282, 263 und 34), setzte sich das der monastischen Hierarchie entlehnte Amt rasch in allen kanonikalen Kommunitäten durch; vgl. R. SCHIEFFER, Die Entstehung von Domkapiteln in Deutschland = Bonner Historische Forschungen 43 (Bonn 1976) 241.

10 Vgl. J. RAMACKERS – F. GESCHER, Zum ersten Band der Germania Sacra für die Kirchenprovinz Köln, Annalen des Historischen Vereins für den Niederrhein 137, 1940, 67–71.

11 Vgl. H. E. FEINE, Kirchliche Rechtsgeschichte I (³Weimar 1955) 342.

In diesem stiftsinternen Aufgabenbereich löste der Dekan den Stiftspropst ab. Denn die Regel, die Kaiser Ludwig der Fromme im Jahre 816 den Kanonikern im weiten Karolingerreich nach ausgiebiger synodaler Beratung vorschrieb[12], die, wenn nicht alles trügt, seit etwa 820 auch in St. Viktor zu Xanten galt[13], um die sich Xantens Stiftsherren noch im 11. Jahrhundert mühten[14], kennt nur den praepositus[15]. Ihn nennen denn auch unsere dürftigen Quellen des 9. Jahrhunderts; sie stellen ihn vor als den Vorgesetzten der Gemeinschaft von fratres, die freilich wie die fratres oder canonici zu Bonn[16] im Kölner Erzbischof ihren eigentlichenVorsteher, den rector, erblickten[17].

Der praepositus der fratres zu Bonn fungierte nachweislich im zweiten Drittel des 9. Jahrhunderts als Chorbischof des Kölner Metropoliten, partizipierte also an dessen seelsorgerlichen Aufgaben[18]. Die Neubelebung des Rechtes der Alten Kirche im 9. und 10. Jahrhundert — des echten wie des fingierten — entzog dem Chorbischof die Würde und die bischöfliche Weihe[19]. In der Erzdiözese Köln beließ man zwar dem Propste von Bonn den Titel des Chorbischofs[20]; er wuchs in die Position eines Archidiakons hinein[21]. Dieselbe Stellung errang auch der Propst von Xanten; sie ist allerdings erst im 12. Jahrhundert bezeugt[22].

Die Würde des Archidiakons, die der Xantener Propst bis zur Aufhebung des Viktorstiftes und der Zerschlagung der alten Erzdiözese Köln beibehielt, mag ihm im 10. Jahrhundert zugewachsen sein[23]. Daraus den Schluß zu ziehen, der Propst habe damals seine Befugnisse als Pfarrer, die iurisdictio in tota parochia Xantensi, dem Dekan der ihm unterstellten Gemeinschaft abgetreten, erscheint unzulässig. Setzt doch eine solche Folgerung voraus, der praepositus zu Xanten habe im frühen Mittelalter die Pfarrechte im

[12] Institutio canonicorum Aquisgranensis, MGH. Concilia II,1 (Hannover 1908) 312—421.

[13] Im Umkreis des Erzbischof Hildibald von Köln unterstellten Klosters Mondsee entstand noch vor 819 eine Abschrift der in Anm. 12 genannten Institutio canonicorum; vgl. B. BISCHOFF, Die südostdeutschen Schreibschulen und Bibliotheken der Karolingerzeit II (Wiesbaden 1980) 11. Eine weitere Kopie befand sich 833 in der Kölner Dombibliothek; vgl. deren Katalog, ed. A. DECKER, Festschrift der 43. Versammlung deutscher Philologen und Schulmänner, dargebracht von den Höheren Lehranstalten Kölns (Bonn 1895) 227 n° 95. Der Kölner Erzbischof fungierte noch nach der Mitte des 9. Jahrhunderts als rector und episcopus nicht nur der canonici in Köln (D Lothar II 25), sondern auch der fratres und canonici zu Bonn (E. WISPLINGHOFF, Rheinisches Urkundenbuch I = Publikationen der Gesellschaft für rheinische Geschichtskunde 57 (Bonn 1972) 78 f., 83 f., 88 f. und 91 n°s 66, 69, 76 und 80), als deren Satzung die canonicae institutionis norma in eben diesen Jahren bezeugt ist (E. WISPLINGHOFF a.a.O. 81 ff. n° 68), und der fratres zu Xanten (Annales Xantentenses ad. a. 864, ed. B. V. SIMSON [1909] 20). Ein stringenter Beweis, daß die Institutio canonicorum von 816 im 9. Jahrhundert im Kölner Domstift befolgt wurde, daß sie die canonicae institutionis norma der Bonner Kanoniker war und infolge der gleichen Bezeichnung und der gleichen verfassungsrechtlichen Stellung der Xantener Stiftsgemeinschaft auch im Xantener Viktor-Stift des 9. Jahrhunderts galt, läßt sich nicht führen; wir müssen uns mit Indizien begnügen.

[14] Vgl. F. W. OEDIGER, Das älteste Totenbuch des Stiftes Xanten = Die Stiftskirche des hl. Viktor zu Xanten II, 3 = Veröffentlichungen des Xantener Dombauvereins 5 (Kevelaer 1958) XV.

[15] Institutio canonicorum Aquisgranensis, MGH. Concilia II, 1, 415 u. ö.

[16] Vgl. Anm. 13.

[17] Annales Xantenses ad a. 864, ed. B. V. SIMON (1909) 20.

[18] F. W. OEDIGER, Die Regesten der Erzbischöfe von Köln im Mittelalter I = Publikationen der Gesellschaft für rheinische Geschichtskunde 21 (Bonn 1954/61) Nrn. 157 und 161.

[19] Vgl. R. KOTTJE, Chorbischof (Westkirche), in: Lexikon des Mittelalters II (München/Zürich 1983) Sp. 1884 f.

[20] Vgl. F. W. OEDIGER, Regesten (Anm. 18) Nr. 665; DERS., Geschichte des Erzbistums Köln I ²(Köln 1972) 202.

[21] Vgl. E. EWIG, Frühes Mittelalter = F. PETRI — G. DROEGE (Hrsg.), Rheinische Geschichte I,2 (Düsseldorf 1980) 219. Für das Bistum Lüttich zeigt A. DIERKENS, La création des doyennés et des archidiaconés dans l'ancien diocèse de Liège (début du Xe siècle?). Quelques remarques de méthode, Le Moyen Age 92 (1986) 347—353 und 363 ff., daß der Archidiakon nicht der Amtsnachfolger des Chorbischofs in einem festumrissenen Sprengel, das archidiakonale Amt vielmehr eine bischöfliche Neuschöpfung des beginnenden 10. Jahrhunderts war.

[22] P. WEILER, Urkundenbuch (Anm. 2) 13 f. n° 22.

[23] Vgl. E. BOSHOF, Ottonen- und frühe Salierzeit = F. PETRI — G. DROEGE (Hrsg.), Rheinische Geschichte I,3 (Düsseldorf 1983) 90. Nach Wazo von Lüttich, Gesta episcoporum Leodiensium, MGH. SS. VII, 214, gab es gegen 1050 in der Erzdiözese und der Kirchenprovinz Köln keine Chorbischöfe alter Ordnung mehr.

Xantener Sprengel besessen. Die von unsern Schriftquellen unvergleichlich besser ausgeleuchtete Entwicklung des Cassius-Stiftes zu Bonn legt nahe, daß dem nicht so war[24].
St. Cassius zu Bonn fungierte im Frühmittelalter nicht als Pfarrkirche. Die Seelsorgskirche zu Bonn, die Dietkirche, um 800 gleich zweimal bezeugt[25], war dem hl. Petrus, dem Patron des Kölner Domes, geweiht[26]. Im Gegensatz zum Bonner Münster, das die Cassius- und Florentius-Basilika fortsetzt, lag sie innerhalb des castrum[27]. Auf die gleiche Situation treffen wir im alten Erzbistum Köln in Nimwegen[28], Jülich[29], Zülpich[30], Remagen[31] und Andernach[32], um nur die herausragenden Beispiele zu nennen.
Der Pfarrort der Spätantike und des frühen Mittelalters, den der zuständige Diözesanbischof ins Leben rief, in dem er seine Befugnisse noch nicht mit einem Eigenkirchenherrn oder gar mehreren teilen mußte, präsentiert sich uns als verkleinertes Abbild der Bischofsstadt selbst[33]. Die spätantike und frühmittelalterliche Bischofsstadt aber verfügte über mehrere Kirchen, nicht nur über die 'Kirchenfamilie' innerhalb des städtischen Areals, d. h. eine 'Doppelkathedrale' mit Baptisterium, sondern auch über einige extramurale Kirchen, die, durchgängig auf Friedhöfen an den Ausfallstraßen der Bischofsstadt errichtet, die Gräber als Märtyrer oder Bekenner verehrter Mitglieder der städtischen Christengemeinde und ihrer geistlichen Leiter bargen. Diese extramuralen Kirchen bezog der Bischof in die Abfolge der liturgischen Stationsgottesdienste ein; von deren Terminen abgesehen aber standen die Coemeterialbasiliken leer[34].
Doch stellte die Bischofsstadt der Spätantike und des frühen Mittelalters nicht nur das Vorbild bereit für die bauliche und topographische Ausgestaltung der ältesten Pfarrorte, von ihr ging auch die Verbreitung des christlichen Glaubens aus: Das frühe Christentum als Stadtreligion drängte den Vorsteher der städti-

24 Zum folgenden auch D. HÖROLDT, Das Stift St. Cassius zu Bonn von den Anfängen der Kirche bis zum Jahre 1580 = Bonner Geschichtsblätter 11 (Bonn 1957) 56–59; J. SEMMLER, Mission und Pfarrorganisation in den rheinischen, mosel- und maasländischen Bistümern (5.–10. Jahrhundert) = Cristianizzazione ed organizzazione ecclesiastica delle campagne nell'alto medioevo = Settimane di studio del Centro Italiano di Studi sull'Alto Medioevo 28 (Spoleto 1982) 828.

25 E. WISPLINGHOFF, Rheinisches Urkundenbuch (Anm. 13) 68 f. und 72 f. nos 50 und 57.

26 E. WISPLINGHOFF, Rheinisches Urkundenbuch (Anm. 13) 95 f. no 83.

27 K. BÖHNER, Bonn im frühen Mittelalter, Bonner Jahrb. 178, 1978, 401 f.; W. BADER, Sanctos. Grabfeld, Märtyrergrab und Bauten vom 4. Jahrhundert bis um und nach 752/768 n. Chr. = Veröffentlichungen des Vereins zur Erhaltung des Xantener Domes 8 (Xanten 1985) 173 f.

28 F. W. OEDIGER, Die Kirchen (Anm. 1) 79 ff. und 246 ff.

29 T. J. LACOMBLET, Urkundenbuch für die Geschichte des Niederrheins ... IV (Düsseldorf 1858) 761 f. no 604; dazu P. J. THOLEN, Iuliacum – Jülich. Eine topographische Studie, Bonner Jahrb. 175, 1975, 232 f. und 249.

30 Wandelbert von Prüm, Martyrologium zum 13. Oktober, MGH. Poetae latini II, 596 vv. 647 ff.; K. BÖHNER, Siedlungen des frühen Mittelalters am Nordostrand der Eifel = Führer zu vor- und frühgeschichtlichen Denkmälern 25 (Mainz 1974) 114–124.

31 H. HEMGESBERG, Die ersten Remagener Kirchen im Licht eines frühchristlichen Schrankenfragments, Annalen des Historischen Vereins für den Niederrhein 189, 1986, 9–20 und 26–29.

32 M. HUISKES, Andernach im Mittelalter = Rheinisches Archiv 111 (Bonn 1980) 70–75 und 95 f.

33 Vgl. E. GRIFFE, La Gaule chrétienne à l'époque romaine III (Paris 1965) 285–291; A. A. HÄUSSLING, Mönchskonvent und Eucharistiefeier. Eine Studie über die Messe in der abendländischen Klosterliturgie und zur Geschichte der Meßhäufigkeit = Liturgiewissenschaftliche Quellen und Forschungen 58 (Münster/W. 1973) 102–113 und 212–219.

34 Vgl. J. SEMMLER, Mission (Anm. 24) 821 ff.; vgl. ferner C. PIETRI, L'espace chrétien dans la cité: le vicus Christianorum et l'espace chrétien de la cité arverne (Clermont), Revue d'histoire de l'Eglise de France 66, 1980, 182–198; L. PIETRI, La ville de Tours di IVe au VIe siècle. Naissance d'une cité chrétienne = Collection de l'Ecole française de Rome 69 (Rom 1983) 405 ff. und 432–484; G. DE BOE, De archeologische getuigen van het eerste christendom in de Civitas Tungrorum = Sint Servatius, bisschop van Tongeren-Maastricht. Het vroegste christendom in het Maasland = Kunst en Oudheden in Limburg 28 (Borgloon-Rijkel 1986) 38–47; A. A. HÄUSSLING, Missarum sollemnia. Beliebige Einzelfeiern oder integrierte Liturgie = Segni e riti nella chiesa altomedievale occidentale = Settimane di studio del Centro Italiano di Studi sull'Alto Medioevo 33 (Spoleto 1987) 563 ff.; M. BORGOLTE, 'Bischofssitz' und 'Sitz der Ruhe'. Zur Kirchenorganisation gallischer Bischofsstädte nach Gregor von Tours und der Bistumsgeschichte von Auxerre = Litterae medii aevi. Festschrift für Johanne Autenrieth zu ihrem 65. Geburtstag (Sigmaringen 1988) 27–54.

schen Christengemeinde, den Bischof, gleichsam in die Nachfolge der Apostel hinein[35]. Seit dem beginnenden 4. Jahrhundert amtierte mit Maternus ein christlicher Bischof in der Colonia Claudia Ara Agrippinensium, der offenbar bald die Civitas Tungrorum in die Eigenständigkeit einer autonomen, von einem eigenen Bischof geleiteten Christengemeinde entließ[36]. Das gleiche 4. Jahrhundert konfrontierte die Christengemeinden von Köln und Tongeren, vorab ihre bischöflichen Leiter, mit der zwingenden Notwendigkeit, den Christen in den oppida, vici und castra, die zur Civitas Aggrippinensium oder zur Civitas Tungrorum und damit in den Zuständigkeitsbereich des im Civitas-Vorort residierenden Bischofs gehörten, nicht nur das Evangelium zu verkünden, sondern auch die von Christus gestifteten Heilsmittel bereitzustellen, die Taufe zu spenden, die Eucharistie zu feiern, die Sakramente anzubieten.

Von gallischen Bischöfen des 4. Jahrhunderts, nicht zuletzt von St. Martin[37], wissen wir, wie sie die Lösung dieser Aufgaben in Angriff nahmen: Sie riefen Filialen der städtischen Bischofskirchen ins Leben und gestalteten sie nach dem Vorbild der bischöflichen Muttergemeinde, beginnend mit jenen Siedlungsagglomerationen, die die weiteste Entfernung von der Bischofskirche trennte und die nicht selten die Grenzen des bischöflichen Jurisdiktionsbereichs markierten[38].

Im rheinischen Grenzraum des Imperium Romanum, in dem die Predigt des Christusglaubens angesichts personeller Engpässe auf den von der staatlichen Administration abgesteckten Raum nicht immer achten konnte, entzieht sich dieser Prozeß in seinem zeitlichen Ablauf und in allen Details dem Blick des Historikers. Lediglich eine Art Zwischenbilanz, beschränkt auf den dem Bischof in Köln zugeordneten Niederrhein, läßt sich ziehen: Zu Andernach, Remagen, Bonn, Dormagen, Worringen, Neuß, Zülpich, Jülich, Qualburg und Nimwegen lebten im beginnenden Frühmittelalter Christengemeinden, lückenhaft und meist nur durch Rückschlüsse nachweisbar, die sich um eine Seelsorgskirche scharten, deren priesterlicher Leiter den Bischof zu Köln als geistlichen Vorgesetzten anerkannt haben muß[39]. Manchmal bezeugen für diese frühen kirchlichen Zentren im Kölner Jurisdiktionsbereich Grabungsergebnisse und nicht zuletzt Inschriften die Existenz von Friedhofskirchen, von Coemeterialbasiliken, die sich gewiß bescheidener ausnahmen denn die der Bischofsstadt[40]. In die Geschichte traten die genannten Orte ein als spätrömische castra, Stützpunkte der militärischen Sicherung des Hoheitsbereichs des Imperium Romanum[41]. Das aber besagt, daß der in Köln residierende Bischof des 4. und 5. Jahrhunderts zu den ihm anvertrauten Gläubigen einzig und allein die Untertanen des römischen Kaisers zählte.

[35] Vgl. K. BAUS, Erwägungen zu einer künftigen Geschichte der christlichen Mission in der Spätantike (4.–6. Jahrhundert) = Reformata reformanda. Festgabe für Hubert Jedin zum 17. Juni 1965 I (Münster/W. 1965) 22–38; vgl. auch J. GAUDEMET, Charisme et droit. Le domaine de l'évêque, Zeitschrift für Rechtsgeschichte. Kanonist. Abt. 74, 1988, 44–70.

[36] F. W. OEDIGER, Regesten (Anm. 18) Nr. 1,7; E. DE MOREAU, Histoire de l'Eglise en Belgique I = Museum Lessianum 1 ²(Brüssel 1945) 28–36; W. VANVINCKENROYE, Tongeren, romeinse stad = Publikaties van het Provincial Gallo-Romeins Museum te Tongeren 23 (Tongeren 1975) 81 f.

[37] Sulpitius Severus, Vita s. Martini, ed. J. FONTAINE, Sources chrétiennes 133 (Paris 1967) 320 ff. und 336 ff.; Sulpitius Severus, Dialogi, ed. C. HALM, CSEL. 1 (Wien 1866) 190 und 206.

[38] Gregor von Tours, Historiae Francorum, MGH. SS. rer. Mer. I, 1², 527–533; Vita Germani episcopi Parisiaci, MGH. SS. rer. Mer. VII, 394, 396 und 399; vgl. I. MÜLLER, Die rätischen Pfarreien des Frühmittelalters, Schweizerische Zeitschrift für Geschichte 12, 1962, 449–497; E. GRIFFE, A travers les paroisses rurales de la Gaule au VIe siècle, Bulletin de littérature ecclésiastique 76, 1975, 3–10; C. E. STANCLIFFE, From town to countryside: The christianisation of the Touraine = D. BAKER (Hrsg.), Studies in Church History 16 (Oxford 1979) 45–51; M. AUBRUN, L'ancien diocèse de Limoges des origines au milieu du XIe siècle = Publications de l'Institut d'Etudes du Massif Central 31 (Clermont-Ferrand 1981) 234–245, 250 und 298 f.; L. PIETRI, La ville de Tours (Anm. 34) 371–397, 529–572 und 793 ff.

[39] Vgl. F. W. OEDIGER, Die bischöflichen Pfarrkirchen des Erzbistums Köln = Vom Leben am Niederrhein (Düsseldorf 1973) 23–26; E. EWIG, Das Bistum Köln im Frühmittelalter = Spätantikes und fränkisches Gallien II = Beihefte der Francia 3,2 (München/Zürich 1979) 92–110; vgl. auch H. VON PETRIKOVITS, Germania (Romana), in: Reallexikon für Antike und Christentum X (Stuttgart 1978) Sp. 615 f. und 638 f.

[40] Vgl. U. KRINGS, Kirchenbauten der Romanik in Köln = Ornamenta ecclesiae. Kunst und Kultur der Romanik in Köln. Katalog II (Köln 1985) 94 f. und 105 f.

[41] Tabula Peutingeriana (2. Jahrhundert), ed. K. MILLER, Itineraria Romana I (Stuttgart 1916) Sp. 41–47; Ravennatis anonymi cosmographia (um 500), ed. J. SCHNETZ, Itinera-

Als Knotenpunkt römischer Grenzbefestigung, gleichsam als rückwärtige Festung fungierte auch Xanten[42]. In Anlehnung an die Gliederung der Garnison entwickelten sich hier zwei Zivilsiedlungen, die Colonia Ulpia Traiana, das Troja der Franken[43], und die den Castra Vetera zugeordnete Niederlassung Birten[44]. Daß in den beiden Zivilsiedlungen[45] seit dem 4. Jahrhundert auch Christen lebten, kann der Historiker allein erschließen aus der nachweisbaren und nachgewiesenen Existenz zweier Kultbauten[46]. Um

ria Romana II (Leipzig 1940) 60; dazu F. STAAB, Ostrogothic geographers at the court of Theoderic the Great. A study of some sources of the anonymous cosmographer of Ravenna, Viator 7, 1976, 26–64.

[42] Vgl. Ammianus Marcellinus, Res gestae XVIII, 2,4 und XX, 10,1, ed. W. SEYFARTH, Römische Geschichte II (^{4}Darmstadt 1978) 8 ff. und 114; dazu C. B. RÜGER, Die spätantike Großfestung in der Colonia Ulpia Traiana, Bonner Jahrb. 179, 1979, 499–524; zuletzt C. BRIDGER – F. SIEGMUND, Die Xantener Stiftsimmunität. Grabungsgeschichte und Siedlungstopographie = Beiträge zur Archäologie des Rheinlandes = Rheinische Ausgrabungen 27 (Köln/Bonn 1987) 93 ff. und 119.

[43] Ravennatis anonymi cosmographia, ed. J. SCHNETZ (Anm. 41) 60; Fredegarii chronicon, MG. SS. rer. Mer. II, 93; Passio ss. Gereonis, Victoris, Cassii et Florentii martyrum, MIGNE PL. 212, 766; zur Datierung dieser Quelle ins 10. Jahrhundert W. LEVISON, Bischof Eberigisil von Köln = Aus rheinischer und fränkischer Frühzeit (Düsseldorf 1948) 59–63. – Zum Troja-Problem F. GRAUS, Lebendige Vergangenheit. Überlieferungen im Mittelalter und in den Vorstellungen vom Mittelalter (Köln/Wien 1975) 82–86; R. A. GERBERDING, The rise of the Carolingians and the Liber historiae Francorum (Oxford 1987) 13–30.

[44] Ravennatis anonymi cosmographia, ed. J. SCHNETZ (Anm. 41) 60; Gregor von Tours, Liber in gloria martyrum, MGH. SS. rer. Mer. I,2^2,80; Annales Fuldenses ad a. 880, ed. F. KURZE, MGH. SS. rer. Germ. in us. schol. (Hannover 1891) 160; Liutprand von Cremona, Antapodosis, ed. J. BECKER, MGH. SS. rer. Germ. in us. schol. (Hannover/Leipzig 1915) 117; Widukind von Corvey, Res gestae Saxonicae, edd. P. HIRSCH – H.-E. LOHMANN, MGH. SS. rer. Germ. in us. schol. (Hannover 1935) 62, 77 und 112. – Wenn auch die Militärsiedlung Vetera II um 275 aufgegeben worden sein mag (vgl. C. BRIDGER – F. SIEGMUND, Die Xantener Stiftsimmunität [Anm. 42] 92 f.), die Zivilsiedlung Birten ist um 500, etwa 580, ausgangs des 9. Jahrhunderts und während des ganzen zweiten Drittels des 10. Jahrhunderts relativ dicht bezeugt. Entgegen der von F. RÜTTEN – A. STEEGER, Das fränkische Xanten, Rheinische Vierteljahrsblätter 3, 1933, 281–295, vertretenen und von C. BRIDGER – F. SIEGMUND, Die Xantener Stiftsimmunität (Anm. 42) 102 und 119, aufgegriffenen These, die Siedlung Birten müsse mit der Siedlung Xanten identisch sein, halten unsere Quellen Birten und Xanten strikt auseinander, was F. RÜTTEN – A. STEEGER a.a.O. zugegebenermaßen verblüffte. Mit Recht berief sich daher W. BADER, Sanctos (Anm. 27) 49 f., 56 f. und 59 auf diese Zeugnisse, um die Verschiedenheit beider Siedlungsplätze darzutun. Die absolut eindeutige Stelle bei Widukind von Corvey, Res gestae Saxonicae, edd. P. HIRSCH-H.-E. LOHMANN (Hannover 1935) 82, ordnet er, a.a.O. 60, in einen anderen Zusammenhang ein, in dem sie leicht übersehen werden kann: Unmittelbar vor der entscheidenden Auseinandersetzung mit den Herzögen Lotharingiens und Frankens im Jahre 939, die Widukind von Corvey den 'Krieg von Birten' (Biertanicum bellum) nennt, entledigte sich die linksrheinisch postierte Streitmacht Ottos I. ihres Trosses und kampfhindernden Gepäcks und sandte beides nach – Xanten. Wenn somit die Kontinuität der Birten genannten Siedlung nicht bezweifelt werden kann (vgl. H. VON PETRIKOVITS, Beiträge zur römischen Geschichte und Archäologie = Beihefte der Bonner Jahrbücher 36 [Bonn 1976] 121–132), ist damit über die topographische Siedlungskontinuität nichts ausgesagt; in der Tat wurde die Siedlung Birten infolge von Veränderungen der Stromführung des Rheines mehrmals verlegt; vgl. F. RÜTTEN – A. STEEGER a.a.O. 295 ff. und C. BRIDGER – F. SIEGMUND a.a.O. 96 f.

[45] Die 'Sanctos' genannte Zivilsiedlung ist unter diesem Namen erst seit den enddreißiger Jahren des 9. Jahrhunderts bezeugt: MGH. Epistulae VI,131 f. n°2 – dazu F. W. OEDIGER, Analecta Xantensia, Annalen des Historischen Vereins für den Niederrhein 144/145, 1946/47, 39–43; Annales Xantenses ad a. 864, ed. B. VON SIMSON (1909) 20; Widukind von Corvey, Res gestae Saxonicae, edd. P. HIRSCH – H.-E. LOHMANN (Hannover 1935) 82; Passio ss. Gereonis, Victoris, Cassii et Florentii Thebanorum martyrum, MIGNE PL. 212, 766 und 770 f.

[46] Eine christliche Memoria des dritten Viertels des 4. Jahrhunderts, die Keimzelle des Xantener Domes, wies die archäologische Forschung zweifelsfrei nach. Umstritten freilich bleiben hinsichtlich ihrer Zeitstellung und ihres Verwendungszweckes die bis zur Mitte des 8. Jahrhunderts vorgenommenen Veränderungen an Bausubstanz und Konstruktion, die Um- und Anbauten; vgl. u. a. H. BORGER, Xanten. Entstehung und Geschichte einer mittelalterlichen Stadt = Beiträge zur Geschichte und Volkskunde des Kreises Dinslaken am Niederrhein. Beiheft 2 (Xanten 1960) 11–34; DERS., Möglichkeiten und Grenzen der Archäologie des Mittelalters, dargelegt am Beispiel Xanten, Frühmittelalterliche Studien 2 (1968) 258–277; F. W. OEDIGER, Monasterium beati Victoris martyris. Zur Frühgeschichte des Xantener Stiftskapitels (vor 1300) = H. BORGER – F. W. OEDIGER, Beiträge zur Frühgeschichte des Xantener Viktorstiftes = Rheinische Ausgrabungen 6 (Düsseldorf 1969) 210 ff.; W. BADER, Sanctos (Anm. 27) passim; E. HEGEL, Die rheinische Kirche in römischer und frühfränkischer Zeit = Ecclesiastica Rhenana. Aufsätze zur rheinischen Kirchengeschichte = Veröffentlichungen des Historischen Vereins für den Niederrhein 16 (Bonn 1986) 16–22; T. SCHIEFFER, Germania Pontificia

590 fand ein Diakon aus Metz auf Geheiß des zuständigen Bischofs Evergisil von Köln beim oppidum Birten die Gebeine des hl. Mallosus auf, der dort das Martyrium erlitten haben soll und in einem oratorium begraben lag. Der Bischof bezog das oratorium in den Neubau einer Basilika ein und rekondierte die Reliquien an würdiger Stelle[47]. Unser Gewährsmann, Bischof Gregor von Tours († 595), erfuhr überdies von seinem Kölner Amtsbruder[48], auch der hl. Märtyrer Viktor sei, wie man ihm versicherte (ut fertur), in der Umgebung beigesetzt worden; doch konnte Bischof Evergisil seine Gebeine nicht finden[49].

Der Märtyrer Mallosus erscheint nur wenige Jahre später in einer zusätzlichen Variante zum Tageseintrag für den 10. Oktober im sog. Martyrologium Hieronymianum, dessen älteste uns erhaltene gallische Version entweder kurz vor oder kurz nach 600 in Auxerre oder im Umkreis von Luxeuil zusammengestellt wurde[50]. Diese Notiz im ältesten überlieferten Heiligenkalender trennt nicht nur Mallosus von Viktor, den sie nach Köln verweist, sondern stellt ihn als einzigen namentlich bekannten Vertreter von 330 Heiligen vor[51]. Um 850/60 erscheinen Viktor und Mallosus im Martyrologium des Erzbischofs Ado von Vienne, ebenfalls zum 10. Oktober. Der offenbar durch Florus von Lyon vermittelte Eintrag[52] läßt klar erkennen, daß der Lyonneser Diakon und der Vienneser Erzbischof lediglich den Bericht Gregors von Tours über die Elevation des hl. Mallosus ausschrieben[53]. Das Martyrologium des Xantener Viktorstiftes von 1036/46, das allerdings auf eine (nicht aus Xanten stammende) Vorlage des 10. Jahrhunderts zurückgeht[54], versetzt schließlich Mallosus nach Bonn, wo es die 1166 erfolgte Translation in einem Nachtrag vermerkt[55].

Während Mallosus, nachdem Gregor von Tours von seiner Auffindung berichtet hatte, dem Raum Birten-Xanten gleichsam verloren ging[56], während man folgerichtig die von Bischof Evergisil erbaute Mallosus-Basilika bei Birten als unwiederbringlich abgegangen ansehen muß[57], trat bis zum 9. Jahrhundert hin der hl. Viktor sozusagen an seine Stelle[58]. Ihn bezeichnet die erwähnte Variante des Martyrologium Hieronymianum als einen Kölner Heiligen[59]. Als solchen führen ihn auch die um 810 in einem Kölner Skrip-

VII,1: Provincia Coloniensis – Archidioecesis Coloniensis (Göttingen 1986) 207 f.; C. BRIDGER – F. SIEGMUND, Die Xantener Stiftsimmunität (Anm. 42) 98–101. Während der Historiker die Diskussion der die Xantener Memoria betreffenden Fragen den allein kompetenten archäologischen Kollegen überlassen muß, berichtet eine Schriftquelle von einem oratorium zu Birten, das die Gebeine eines 'heiligen Märtyrers' barg, dessen Namen man gegen Ende des 6. Jahrhunderts noch wußte und den man nach entsprechenden Vorbereitungen auch fand: Gregor von Tours, Liber in gloria martyrum, MGH. SS. rer. Mer. I, 2^2, 80. Wie alt dieses oratorium war, teilt uns der Bischof von Tours nicht mit.

47 Gregor von Tours, Liber in gloria martyrum, MGH. SS. rer. Mer. I,2^2, 80 und MGH. SS. rer. Mer. VII, 733.

48 Die Bischöfe Gregor von Tours und Evergisil von Köln lernten sich persönlich kennen, als König Childebert II. sie 590 beauftragte, den Streit unter den Nonnen des Radegundis-Klosters zu Poitiers und ihre Differenzen mit dem Ortsbischof zu bereinigen; vgl. W. LEVISON, Aus rheinischer und fränkischer Frühzeit (1948) 58 f.; G. SCHEIBELREITER, Königstöchter im Kloster. Radegund († 587) und der Nonnenaufstand von Poitiers (589), Mitteilungen des Österreichischen Instituts für Geschichtsforschung 87, 1979, 2 ff.

49 Gregor von Tours, Liber in gloria martyrum, MGH. SS. rer. Mer. I,2^2,80.

50 Vgl. W. WATTENBACH – W. LEVISON, Deutschlands Geschichtsquellen im Mittelalter. Vorzeit und Karolinger I (Weimar 1952) 59 f.

51 Martyrologium Hieronymianum zum 10. Oktober, AA. SS. Nov.II,2 (Brüssel 1931) 547.

52 H. QUENTIN, Les martyrologes historiques au moyen âge (Paris 1908) 316; J. DUBOIS, Le martyrologe d'Usuard = Subsidia hagiographica 10 (Brüssel 1965) 318 f.

53 Ado von Vienne, Martyrologium zum 10. Oktober, MIGNE PL. 123, 377.

54 Vgl. F. W. OEDIGER, Das älteste Totenbuch (Anm. 14) XIX.

55 Martyrologium von Xanten zum 2. Mai, ed. F. W. OEDIGER, Das älteste Totenbuch (Anm. 14) 37.

56 Vgl. C. BRIDGER – F. SIEGMUND, Die Xantener Stiftsimmunität (Anm. 42) 103 f.

57 Vgl. W. BADER, Sanctos (Anm. 27) 56 f. Die gegenteilige These spricht logischerweise die von Bischof Evergisil errichtete Mallosus-Basilika als Fortsetzungs- und Erweiterungsbau der Xantener Memoria an; vgl. C. BRIDGER – F. SIEGMUND, Die Xantener Stiftsimmunität (Anm. 42) 101 f. und 103 f.; DIES., Funde des 8. Jahrhunderts aus Xanten, Bonner Jahrb. 187, 1987, 560 f.

58 H. H. HENRIX, Was berechtigt, in Xanten von einer Martyrermemoria zu sprechen?, Trierer Theologische Zeitschrift 84, 1975, 222 ff.

59 Martyrologium Hieronymianum zum 10. Oktober, AA SS Nov.II,2 (1931) 547: . . . Victoris Agripinae Mallusi cum aliis CCCXXX. Der Bezug des Lokativs Agripinae auf Mallosus und Gefährten läßt sich freilich nicht eindeutig ausschließen.

torium[60] wohl für Erzbischof Hildibald (785 – 818) zusammengestellte Litanei auf[61], Wandelbert von Prüm († ca. 870) in seinem Martyrologium[62] und ebenso der zwischen 891 und 896 geschriebene Codex 137 der Kölner Dombibliothek[63], aber auch die Kölner[64] und Essener Kalendare[65] des ausgehenden 9. Jahrhunderts, die sämtlich Mallosus nicht mehr kennen[66]. Die Bischofsstadt selbst verfügte außerhalb der römischen Mauern über eine dem hl. Viktor geweihte Kapelle, über deren Alter und Entstehung uns die Quellen die Auskunft verweigern[67].

Mag auch Bischof Evergisil von Köln um 600 St. Viktor gleichsam den Weg nach Xanten gewiesen haben, als er seine Gebeine in der Nähe der Mallosus-Basilika bei Birten suchte, ohne ihn zu finden, unseren Schriftquellen zufolge[68] hielt der Märtyrer seinen Einzug in Xanten erst, nachdem sich im ausgehenden 8. oder beginnenden 9. Jahrhundert eine Kanonikergemeinschaft konstituiert hatte[69], die seine Verehrung als eine ihrer wichtigsten Aufgaben ansah. Etwa 835/40 überließ der Kölner Erzbischof Hadebald (819 – 841) dem 'heiligen Viktor', d. h. seiner Kirche und damit auch dem Xantener Stift, eine im Kölner Skriptorium gefertigte Kopie der Briefe Gregors des Großen[70]. Gegen 870 versetzte Usuard von Saint-Germain-des-Prés in seinem Martyrologium den hl. Viktor ins territorium eiusdem urbis, d. h. Kölns[71]. Daß ihn eine Kommunität von Kanonikern unter Leitung eines praepositus in Xanten in einer prachtvollen Kirche verehrte, wissen die sog. Xantener Annalen zum Jahre 863 zu vermelden[72]. Die lotharingische Königskanzlei fügte kurz darauf hinzu, daß diese Gemeinschaft sich in einem monasterium niedergelassen habe, das indes integrierender Bestandteil von Kirche und Erzstift des hl. Petrus zu Köln sei[73]. Ende des 10. Jahrhunderts wußte die Legende Näheres: Der hl. Viktor und 330 Gefährten, Soldaten der legendären Thebäischen Legion, waren einst im Sumpfgelände bei Xanten beigesetzt worden[74]. Spätere Ortstradition schrieb die Auffindung des Blutzeugen und seiner Mitstreiter für den Glauben niemand Geringerem denn Helena, der Mutter Konstantins des Großen, zu[75]. Die Xantener Stiftsherren verabsäumten

[60] Vgl. B. BISCHOFF, Die Kölner Nonnenhandschrift und das Skriptorium von Chelles = Mittelalterliche Studien I (Stuttgart 1966) 17 f.; DERS., Panorama der Handschriftenüberlieferung aus der Zeit Karls des Großen = Mittelalterliche Studien III (Stuttgart 1981) 7 mit Anm. 8.

[61] M. COENS, Litanies du manuscrit 106 de la cathédrale de Cologne = Recueil d'études bollandiennes = Subsidia hagiographica 37 (Brüssel 1963) 141; zur Datierung der Litanei ebd. 147.

[62] Wandelbert von Prüm, Martyrologium, MGH. Poetae latini II, 596 vv. 640 f. – Erstaunlicherweise nimmt das Martyrologium des Hrabanus Maurus († 856), ed. J. MC CULLOH, Corpus Christianorum. Continuatio mediaevalis 44 (Turnhout 1979) 103, von keinem unserer Heiligen Notiz, auch nicht von dem am gleichen 10. Oktober gefeierten Gereon.

[63] Vgl. L. W. JONES, The script of Cologne from Hildibald to Hermann (Cambridge/Mass. 1932) 70.

[64] G. ZILLIKEN, Der Kölner Festkalender. Seine Entstehung und seine Verwendung zu Urkundendatierungen, Bonner Jahrb. 119, 1910, 26.

[65] Düsseldorf, Universitätsbibliothek, Handschrift D 1, fol. 221v: Das Kalendar führt zum 10. Oktober Viktor allein auf; vgl. G. ZILLIKEN a.a.O. 29 f. und 104.

[66] G. ZILLIKEN a.a.O. 104 f. mit Anm. 1.

[67] Vgl. E. HEGEL, St. Viktor zum Alten Dom = Ecclesiastica Rhenana, Aufsätze zur rheinischen Kirchengeschichte = Veröffentlichungen des Historischen Vereins für den Niederrhein 16 (Bonn 1986) 47 – 53.

[68] Vgl. H. H. HENRIX, Trierer Theologische Zeitschrift 84, 1975, 220 ff.

[69] Die baulichen Voraussetzungen für die Ansiedlung einer Kanonikergemeinschaft in Xanten wurden in der zweiten Hälfte des 8. bis in die ersten Jahre des 9. Jahrhunderts hinein geschaffen; vgl. H. BORGER, Frühmittelalterliche Studien 2 (1968) 270 – 277. Um 820 könnte die Kommunität der Xantener Kleriker die inzwischen kraft kaiserlich-synodaler Satzung vorgeschriebene Institutio canonicorum Aquisgranensis übernommen haben; vgl. oben S. 236.

[70] L. W. JONES, The script of Cologne (Anm. 63) 58 ff.; vgl. auch H. TIEFENBACH, Xanten – Essen – Köln. Untersuchungen zur Nordgrenze des Althochdeutschen an niederrheinischen Personennamen des neunten bis elften Jahrhunderts = Studien zum Althochdeutschen 3 (Göttingen 1984) 279.

[71] Usuardi martyrologium zum 10. Oktober, ed. J. DUBOIS, Le martyrologe (Anm. 52) 318.

[72] Annales Xantenses ad a. 864, ed. B. VON SIMSON (1909) 20.

[73] D Lothar II 25.

[74] Passio ss. Gereonis, Victoris, Cassii et Florentii martyrum, MIGNE PL. 212, 766.

[75] Vgl. H. ENGELSKIRCHEN, Die Xantener Gereonskapelle in den Sümpfen, Annalen des Historischen Vereins für den Niederrhein 162, 1960, 131; vgl. auch C. BRIDGER – F. SIEGMUND, Die Xantener Stiftsimmunität (Anm. 42) 103 ff.

nicht, jeweils am 31. Oktober die Translatio s. Victoris patroni nostri zu feiern[76] und auch der hl. Helena am 18. August eine liturgische Kommemoration zu gewähren. War damit den Erfordernissen des Kultes zweifelsohne Genüge getan, so muß der Historiker dennoch auf Widersprüche hinweisen, die zusammen mit der äußerst lückenhaften Dokumentation ihn in unlösbare Rätsel entlassen: Das Translationsfest zu Ehren des hl. Viktor am 31. Oktober knüpft an kein bekanntes Ereignis in der Geschichte des Stiftes Xanten an: Es wurde erst im letzten Viertel des 11. Jahrhunderts im Xantener Martyrologium nachgetragen[77], und das Fest der hl. Helena am 18. August gilt gar noch dem zwischen 1256 und 1286 erstellten ältesten Liber ordinarius des Stiftes als eine erst kurz zuvor eingeführte Feier[78].

Nachdem bereits das sog. Martyrologium Hieronymianum durch seine Einträge zum 9. und zum 10. Oktober Viktor und Mallosus mit Gefährten umgeben, sie mit dem Kölner Heiligen Gereon verknüpft und sie in die Nähe der Thebäischen Legion gerückt hatte[79], nimmt es wunder, daß die Martyrologien des 9. Jahrhunderts – von den im Rhôneraum entstandenen abgesehen – Mallosus ebenso fallen lassen wie die Kölner Litaneien. Dafür verbinden sie Gereon fest mit den Thebäern[80], zu denen im 10. Jahrhundert im Kölner Erzstift auch Viktor cum sociis stieß[81]. Nicht auszuschließen ist, daß auf diesem Wege Mallosus als namenloser Heiliger in der Schar der Märtyrer aufging[82], und denkbar wäre sogar, daß seine Gebeine aus der von Bischof Evergisil von Köln erbauten Basilika zu Birten transferiert wurden in die Grabkirche der Xantener Heiligen, die im Gegensatz zur Evergisil-Basilika bis heute allen Gefährdungen trotzte[83].

Das oratorium, das Bischof Evergisil von Köln gegen Ende des 6. Jahrhunderts bei Birten vorfand und zu einer Basilika zu Ehren des hl. Mallosus ausgestaltete, barg Gräber und lag außerhalb (apud) der Siedlung Birten[84]. Falls die gewichtige Umdatierung der steinernen, im Innern durch eine Holzkonstruktion gegliederten memoria in der heutigen Krypta des Xantener Domes ins letzte Viertel des 6. Jahrhunderts sich erhärten läßt[85], wäre auch in Xanten eine Coemeterialbasilika entstanden bzw. ausgestaltet worden[86]. Coemeterialbasiliken, auch wenn sie nur das Ausmaß von bescheidenen Friedhofskapellen erreichten, setzten eine christliche Gemeinde voraus, die die Begräbniskirchen unterhielten, um in ihrem Bereich die Toten zu begraben. Eine christliche Gemeinde jedoch bildet sich kontinuierlich neu, wenn sie zur Verkündigung des Wortes Gottes, zur Feier der Eucharistie, zum Empfang der kirchlichen Sakramente regelmäßig zusammenkommt. Dazu aber bedarf sie einer Gemeindekirche, deren Funktionen eine Coemeterialbasilika, ob sie nun den Leib eines Heiligen barg oder nicht[87], von ihrer Zweckbestimmung her nicht zu übernehmen vermochte[88]. Unsere Annahme, gegen 600 seien im Xantener Raum zwei Coemeterialbasili-

[76] Martyrologium von Xanten zum 31. Oktober, ed. F. W. OEDIGER, Das älteste Totenbuch (Anm. 14) 83.

[77] F. W. OEDIGER, Der älteste Ordinarius des Stiftes Xanten = Veröffentlichungen des Xantener Dombauvereins 9 (Kevelaer 1963) 5.

[78] F. W. OEDIGER a.a.O. 1.

[79] Martyrologium Hieronymianum zum 10. Oktober, AA SS Nov. II,2 (1931) 547 und 549.

[80] Ado von Vienne, Martyrologium zum 10. Oktober, MIGNE, PL. 123, 376; 'Bedanisches' Martyrologium zum 10. Oktober, MIGNE PL. 94, 1063; Usuardi Martyrologium zum 10. Oktober, ed. J. DUBOIS (Anm. 52) 518.

[81] Kölner Litanei der Zeit um 1000, ed. M. COENS, Le calendrier et les litanies du manuscrit 45 de Cologne = Recueil (Anm. 61) 158; zu Datierung und Herkunft ebd. 151 – 157 und 160 ff.

[82] Dagegen spricht allerdings die Bonner Translation zusammen mit Cassius und Florentius im Jahre 1166: Martyrologium von Xanten zum 2. Mai, ed. F. W. OEDIGER, Das älteste Totenbuch (Anm. 14) 57.

[83] C. BRIDGER – F. SIEGMUND, Die Xantener Stiftsimmunität (Anm. 42) 103 f., plädieren dafür, daß St. Viktor von Mallosus 'aufgenommen' worden wäre.

[84] Gregor von Tours, Liber in gloria martyrum, MGH. SS. rer. Mer. I, 2^2, 80.

[85] C. BRIDGER – F. SIEGMUND, Die Xantener Stiftsimmunität (Anm. 42) 97 – 102.

[86] Vgl. dazu auch H. VON PETRIKOVITS, Reallexikon für Antike und Christentum X (1978) Sp. 638.

[87] Vgl. F. W. DEICHMANN, Märtyrerbasilika, Martyrion, Memoria und Altargrab, Mitteilungen des Deutschen Archäologischen Instituts. Römische Abt. 77, 1970, 158 – 169.

[88] Mit Recht betont H. HEMGESBERG, Annalen des Historischen Vereins für den Niederrhein 189, 1986, 20 f. und 34, daß in Spätantike und Frühmittelalter keineswegs eine jede Seelsorgskirche auch eine Coemeterialbasilika errichten mußte. Der Umkehrschluß aber ergibt sich zwingend: Totenfeiern und Heiligenkult machen nur einen Bruchteil des christlichen Gemeindelebens aus, dessen Zentrum die Seelsorgskirche bildete.

ken gebaut worden, die von Gregor von Tours bezeugte des hl. Mallosus bei Birten und die im Brennpunkt des Interesses der archäologischen Forschung stehende zu Xanten, erfordert somit, eine christliche Gemeinde zu postulieren, die, noch in der römischen Tradition stehend, eine Gemeindekirche innerhalb der Siedlung besessen haben muß. Doch aus Schriftquellen erfahren wir nicht das Geringste von einer solchen Pfarrkirche[89]. Ob Xantens Boden Spuren von ihr noch verborgen hält, steht dahin.

Wenn wir den Befund in Xanten-Birten mit der gleichgelagerten historischen, topographischen, administrativen und kirchenrechtlichen Situation in anderen ehemals römischen Kastellorten wie Neuß[90], Bonn[91] oder gar Andernach[92] vergleichen, so eröffnet sich die Möglichkeit, für Xanten-Birten nur eine einzige Seelsorgs- und Gemeindekirche für das 5. bis 8. Jahrhundert in Betracht zu ziehen, von der aus beide Coemeterialbasiliken betreut worden wären[93]. Von ihrem quellenmäßig nachweisbaren Status her böte sich die Peterskirche zu Birten an: Ihr Patrozinium weist auf die Kölner Bischofskirche; zu Beginn des 11. Jahrhunderts erscheint sie als erzbischöflich kölnisches Lehen[94], das Erzbischof Heribert für seine Stiftung Deutz zurückzuerwerben glückte[95]. Vor allem zahlte sie als Sendkirche den höchsten Satz des cathedraticum[96], damit ihr Alter und die Bedeutung ihres Pfarrsprengels dokumentierend[97].

Wie dem auch immer sei, wir werden wohl nie erfahren, wie sich die christliche(n) Gemeinde(n) zu Xanten-Birten zusammensetzte(n), wie stark sie war(en). Das vereinzelte Zeugnis vom Wirken des Kölner Bischofs Evergisil zugunsten der dem hl. Mallosus geweihten Coemeterialbasilika weckt doch Zweifel daran, ob sie bei ihrem Bischof stets den nötigen Rückhalt, den geistlichen und ggf. auch materiellen Beistand fand(en), dessen sie bedurft hätte(n). Noch im ersten Drittel des 6. Jahrhunderts stellte ein am Hofe König Theuderichs I. weilender auvergnatischer Kleriker mit Entsetzen fest, daß die Bischofsstadt Köln tatsächlich ein Heiligtum der heidnischen Franken beherbergte[98]. Es kann dies nur bedeuten, daß der Kölner Bischof seine Hirtensorge nach wie vor vornehmlich oder womöglich ausschließlich der christlichen Bevölkerung romanischer Herkunft zugewandt haben muß. Galt dies für die Bischofsstadt, dann erst recht für die Gemeinden in den castra, oppida und vici des Raumes, der seiner oberhirtlichen Leitungsgewalt zugewiesen war.

Einen geradezu grundstürzenden Wandel in Mentalität und Amtsverständnis des in einer römischen Civitas residierenden Bischofs vermag der Historiker überhaupt nicht zu erfassen: Je nach Persönlichkeit und Engagement für die Sache Christi, aber auch je nach den äußeren militärischen, herrschafts- und bevölkerungspolitischen Umständen erkannten die Bischöfe in Gallien, daß Christi Missionsbefehl sich nicht in der Bewahrung des Überkommenen erschöpfe, nicht nur die Hirtenpflicht gegenüber den altein-

[89] Sowohl K. BÖHNER als auch G. BINDING, Führer zu vor- und frühgeschichtlichen Denkmälern 14 (Mainz 1969) 91 f. und 193 f., setzen eine Gemeindekirche in der spätrömischen Zivilsiedlung voraus. H. VON PETRIKOVITS, Reallexikon für Antike und Christentum X (1978) Sp. 638 und 640, hält das Amphitheater für den immerhin möglichen christlichen Versammlungsraum, der allerdings extra muros gelegen hätte. Ebd. Sp. 602 billigt er der Xantener Christengemeinde des zweiten Drittels des 4. Jahrhunderts sogar einen bischöflichen Leiter zu.

[90] Vgl. H. BORGER, Die Ausgrabungen an St. Quirin zu Neuß = Rheinische Ausgrabungen 1 = Bonner Jahrbücher Beiheft 28 (Köln/Graz 1968) 183 f., 194 f., 205 f. und 236–239; dazu aber F. W. OEDIGER, Die bischöflichen Pfarrkirchen (Anm. 39) 38 f. über die intramurale Pfarr- und Sendkirche.

[91] Vgl. dazu W. BADER, Sanctos (Anm. 27) 210 ff. und 371–378.

[92] Die spätantik-frühmittelalterliche Christengemeinde zu Andernach verfügte gar über drei oder vier Coemeterialbasiliken; vgl. M. HUISKENS, Andernach (Anm. 32) 69–83 und 95 f.; H. HEMGESBERG, Annalen des Historischen Vereins für den Niederrhein 189, 1986, 20 f.

[93] Träfe dies zu, müßten wir mit dem Abgang der supponierten Seelsorgskirche in Xanten selbst (vgl. oben Anm. 89) rechnen.

[94] Vgl. F. W. OEDIGER, Die bischöflichen Pfarrkirchen (Anm. 39) 31.

[95] Theodericus Aedituus, Opuscula, MGH. SS. XIV, 564; JW. 9081 = T. SCHIEFFER, Germania Pontificia VII,1 (wie Anm. 46) 244 Nr. 5 = T. J. LACOMBLET, Urkundenbuch für die Geschichte des Niederrheins ... I (Düsseldorf 1840) 244 f. n°357.

[96] Registrum decimarum omnium ecclesiarum infra et extra civitatem (Liber valoris), ed. F. W. OEDIGER, Die Erzdiözese Köln um 1300 I = Erläuterungen zum Geschichtlichen Atlas der Rheinlande 9,1 = Publikationen der Gesellschaft für rheinische Geschichtskunde 12 (Bonn 1967) 73.

[97] Vgl. F. W. OEDIGER, Die Kirchen (Anm. 1) 44 f.

[98] Gregor von Tours, Liber vitae patrum, MGH. SS. rer. Mer.I, 2^2, 231.

gesessenen romanischen Gläubigen beinhalte, sondern sich auch und gerade auf die in ihre Amtsbezirke eingedrungenen, eingewanderten, eingesickerten Germanen beziehe[99]. Täuschen wir uns nicht, vollzog im Kölner Sprengel Bischof Evergisil vielleicht noch nicht einmal als erster, so doch konsequent diese Wendung, der erste Kölner Bischof, der einen germanischen Namen trägt[100]. Er überschritt offenbar die Grenzen seines Jurisdiktionsbereichs und griff auch im Bistum Tongeren-Maastricht ein, wo er auch seine letzte Ruhe fand[101]. Die Richtung seines Wirkens jedenfalls zeigt der Ausbau der Coemeterialbasilika bei Birten an. Seinem Nachfolger Kunibert (ca. 620/25 – ca. 650) erschloß König Dagobert I. Friesland als Missionsfeld; der merowingische König überwies der Kölner Kirche das castellum Utrecht, in dem sich eine St. Martin geweihte Kirche erhob[102].

Die fränkische Herrschaft über den Südteil Frieslands erwies sich jedoch schon bald als nicht solide genug: Köln verlor nach 650 Utrecht wieder an die heidnischen Friesen[103]. Damit rückte auch Xanten aufs neue in die Position der gefährdeten Außenbastion der Kölner Kirche ein. Als Pippin der Mittlere und im zweiten Anlauf Karl Martell Friesland von Süden her fränkischer Botmäßigkeit wieder unterwarfen[104], wirkte dort der hl. Willibrord mit seinen Schülern, die bis Egmond und Elst vordrangen[105], gestützt auf das enge Einvernehmen mit dem pippinidisch-karolingischen Hausmeier[106], vom Papste, dem die Errichtung einer friesischen Kirchenprovinz vorschwebte[107], geweiht und mit dem Titel des Erzbischofs ausgezeichnet[108]. In zwischenzeitlichem Gegenschlag, ausgelöst durch den nahezu völligen Zusammenbruch der karolingischen Machtstellung nach Pippins des Mittleren Tod[109], drang der Friesenfürst bis Köln vor[110], die mit ihm verbündeten Sachsen verwüsteten das Land von der Maas bis zum Rhein[111]. Die Kölner Kirche hingegen unternahm, wie es scheint, keinerlei Anstrengungen, das ihr einst zugewiesene Ter-

[99] Vgl. J. SEMMLER, Mission (Anm. 24) 836 f.; R. KLEIN, Hinc barbaries – illinc Romania. Zum Wandel des Romdenkens im spätantiken und frühmittelalterlichen Gallien, Römische Quartalschrift für christliche Altertumskunde und Kirchengeschichte 83, 1988, 116, geht auf dieses Problem nur knapp im Zusammenhang mit Caesarius von Arles ein.

[100] Vgl. S. WEINFURTER – O. ENGELS, Series episcoporum ecclesiae occidentalis ab initio usque ad annum 1198. Series V tomus 1: Archiepiscopatus Coloniensis (Stuttgart 1982) 8 f.

[101] Heriger, Gesta episcoporum Leodiensium, MGH. SS. VII,176; Vita Brunonis archiepiscopi Coloniensis, ed. I. OTT, MGH. SS. rer. Germ. NS. 10 (Köln/Graz 1958) 32; De translatione Evergisili archiepiscopi, MGH. SS. IV,279 f.; vgl. dazu W. LEVISON, Bischof Evergisil (Anm. 43) 59 f. und 63; E. EWIG, Die Merowinger und das Frankenreich = Urban-Taschenbücher 392 (Stuttgart / Berlin / Köln / Mainz 1988) 114.

[102] Bonifatii et Lulli epistolae, MGH, Epistolae selectae I (Berlin 1916) 234 ff. nº 109; vgl. J. M. VAN WINTER, Utrecht am Rhein. Mittelalterlicher Rheinlauf und die Entstehungsgeschichte der Stadt Utrecht = Die Stadt in der europäischen Geschichte. Festschrift Edith Ennen (Bonn 1972) 150 ff.; R. SCHIEFFER, Die Entstehung (wie Anm. 9) 176 f.; zuletzt ausführlicher H. MÜLLER, Bischof Kunibert von Köln. Ein Staatsmann im Übergang von der Merowinger- zur Karolingerzeit, Zeitschrift für Kirchengeschichte 98, 1987, 167 – 205, bes. 185 f.

[103] Vgl. W. H. FRITZE, Zur Entstehungsgeschichte des Bistums Utrecht. Franken und Friesen 690 – 734, Rheinische Vierteljahrsblätter 35, 1971, 110 f.; E. EWIG, Das Bistum Köln (Anm. 39) 110 f.

[104] Vgl. S. LEBECQ, Francs contre Frisons (VIe – VIIIe siècles) = La guerre et la paix au moyen âge. Actes du 101e Congrès national des Sociétés savantes . . . (Paris 1978) 59 ff.

[105] W. H. FRITZE, Universalis gentium confessio, Frühmittelalterliche Studien 3, 1969, 81 ff.; DERS., Rheinische Vierteljahrsblätter 35, 1971, 143 – 147.

[106] Vgl. A. ANGENENDT, Willibrord im Dienste der Karolinger, Annalen des Historischen Vereins für den Niederrhein 175, 1973, 68 – 82.

[107] W. H. FRITZE, Rheinische Vierteljahresblätter 35, 1971, 118 – 129; A. ANGENENDT, Kaiserrecht und Königstaufe. Kaiser, Könige und Päpste als geistliche Patrone in der abendländischen Missionsgeschichte = Arbeiten zur Frühmittelalterforschung 15 (Berlin/New York 1984) 196 – 202.

[108] Beda Venerabilis, Historia ecclesiastica gentis Anglorum, ed. C. PLUMMER, Venerabilis Bedae opera historica (Oxford 1896) 302 f.; Liber Pontificalis I, ed. L. DUCHESNE (Paris 1886) 376; vgl. E. EWIG, Die Merowinger (Anm. 101) 191 f.

[109] Vgl. J. SEMMLER, Zur pippinidisch-karolingischen Sukzessionskrise 714 – 723, Deutsches Archiv für Erforschung des Mittelalters 33, 1977, 5 – 24; R. A. GERBERDING, The rise (Anm. 43) 114 f. und 132 f.

[110] Annales s. Amandi ad a. 715, MGH. SS. I,6; Annales Petaviani ad a. 715, MGH. SS. I,7.

[111] Liber historiae Francorum, MGH. SS. rer. Mer. II, 326; Annales Mettenses priores, ed. B. VON SIMON, MGH. SS. rer. Germ. in us. schol. (Hannover 1905) 21; vgl. R. A. GERBERDING, The rise (Anm. 43) 139 ff. und 144 f.; W. BLEIBER, Das Frankenreich der Merowinger (Wien/Köln/Graz 1988) 175 f.

rain wiederzuerlangen. Ja, selbst das Köln wesentlich nähergelegene Gebiet der Brukterer zwischen Ruhr und Wupper hatte sie vor dem durch die pippinidisch-karolingische Sukzessionskrise bedingten Rückschlag des Jahres 715/17 dem angelsächsischen Bischof Suitbert überlassen[112], der wie Willibrord unter dem Schutze des karolingischen Hausmeiers stand[113]. Auch im Xantener Raum überließen Bischof und Kirche von Köln auswärtigen Kräften das Feld. 721/22 fungierte Willibrord als custos der Peterskirche zu Rindern bei Kleve[114], d. h. als der für die von dieser Pfarrkirche[115] ausgehenden Seelsorge Zuständige, dessen Bischofsweihe die Jurisdiktion und damit auch den Einfluß des Kölner Ordinarius de facto suspendierte[116]. Adlige statteten die Kirche zu Rindern weiter aus[117], unter ihnen Graf Ebroin[118], der Willibrord die Marienbasilika zu Millingen, eine Eigenkirche des Grafen, übertrug[119]. Selbst zu Mülheim vor den Toren Kölns ging eine Kirche in Willibrords Verfügungsgewalt über[120]. Als der Kölner Bischof um die Mitte des 8. Jahrhunderts den Anspruch seiner Kirche auf Utrecht wieder anmeldete, erklärte ihn niemand anders als der hl. Bonifatius für verwirkt[121]. Noch Karl der Große schenkte zwischen 775 und 784 die Rheininsel Wardhausen bei Rindern an das Willibrord-Kloster Echternach[122]. Den Wirkungsbereich Suitberts allerdings vermochte Köln wohl im letzten Drittel des 8. Jahrhunderts dem Bistum zu integrieren[123].

Die pax Karolina, die nach der völligen Unterwerfung der Friesen und der Zernierung der Sachsen in ihren nördlichen Residuen gegen 800 im niederrheinischen Raum einkehrte, ließ etwa in Rheinhausen-Hochemmerich, Rommerskirchen, Kempen, Wesel, Nieukerk und anderswo Kirchenbauten entstehen, Kirchen, die keine spätrömische Vergangenheit aufwiesen, die auch nicht mehr allein der Kölner Bischof ins Leben rief[124]. Schloß in spätrömischer und noch in merowingischer Zeit die Sepultur im Bereich oder gar im Innern eines Gotteshauses dessen Funktion als Seelsorgskirche aus, so wies von frühkarolingischer Zeit an die Beisetzung 'ad sanctos', auf dem 'Kirchhof', die bald einen integrierenden Bestandteil des sog. 'Pfarrzwanges' bilden und sich zum Sepulturrecht verdichten sollte[125], die betreffende Kirche nun gerade als Pfarrkirche aus.

[112] Das Gebiet der Brukterer hatten allerdings die heidnischen Sachsen in den letzten Jahrzehnten des 7. Jahrhunderts stark dezimiert: Beda Venerabilis, Historia ecclesiastica gentis Anglorum, ed. C. PLUMMER (wie Anm. 108) 302.

[113] J. F. BÖHMER – G. BAAKEN, Regesta imperii IV,3 (Köln/Wien 1972) Nr. 322 = H. KELLETER, Urkundenbuch des Stiftes Kaiserswerth (Bonn 1904) 27 ff. n°18. Zu Suitbert W. STÜWER, Suidbertus. Sein Leben und Nachleben = C. M. ZIMMERMANN – H. STÖCKER (Hrsg.), Kayserswerth. 1300 Jahre Heilige, Kaiser, Reform (Düsseldorf 1981) 7 – 18.

[114] C. WAMPACH, Geschichte der Grundherrschaft Echternach im Frühmittelalter I, 2 (Luxemburg 1930) 74 f. n°31.

[115] Registrum decimarum . . ., ed. F. W. OEDIGER (Anm. 96) 73.

[116] Vgl. A. ANGENENDT, Annalen des Historischen Vereins für den Niederrhein 175, 1973, 89 f. Willibrords Zugriff auf zum Kölner Sprengel zählende Kirchen im Raum Xanten-Kleve stellt keineswegs die Folge von Spannungen des Kölner Bischofs im Verhältnis zum Hausmeier Karl Martell und damit (indirekt) auch zu Willibrord dar. 723 nimmt Bischof Haduinus von Köln an einem Gerichtstag Karl Martells zu Zülpich teil: Gesta ss. patrum Fontanellensis coenobii, ed. F. LOHIER – J. LAPORTE (Rouen/Paris 1936) 32 f.

[117] C. WAMPACH, Geschichte (Anm. 114) 108 n° 44.

[118] Ebd. 76 n° 32.

[119] Ebd. 74 f. n° 31.

[120] 'Testament' des hl. Willibrord, ed. C. WAMPACH, Geschichte (Anm. 114) 95 ff. n° 39; dazu zuletzt J. VAN AKKER, De Echternachteksten en Oud-Antwerpen, Bijdragen tot de Geschiedenis 69, 1986, 157 – 165.

[121] MGH. Epistolae selectae I, 234 ff. n° 109.

[122] D Karl der Große 184 = MGH. Diplomata Karolinorum I (Hannover 1906) 248 f.

[123] Im 9. Jahrhundert deutet darauf die Aufnahme des hl. Suitbert unter die confessores der Kölner Litanei von ca. 810, ed. M. COENS, Litanies (Anm. 61) 143, hin; für die spätere Zeit die Belege bei R. KAISER, Kaiserswerth = Rheinischer Städteatlas Lief. VIII Nr. 16 (Bonn 1985) 22.

[124] Vgl. F. W. OEDIGER, Geschichte (Anm. 20) 216 f.; vgl. auch G. BINDING, Niederrheinische Holzkirchen auf Schwellbalken, Bonner Jahrb. 170, 1970, 284 f.

[125] Zum Sepulturrecht im Rahmen des Pfarrzwanges Concilium Aquisgranense (836) can. 5, MG. Concilia II,2, 712; Concilium Meldense – Parisiense (845/46) can. 72, MGH. Concilia III, 118 f.; Hinkmar von Reims, Capitula synodica (852) cap. 12, MIGNE PL. 125, 775; Hinkmar von Reims, Capitula superaddita (853) cap. 2, MIGNE PL. 125, 794; Ps.-Somatius, Statuta (9. Jahrhundert) cap. 7, MIGNE PL. 80, 443; Riculf von Soissons, Statuta (889) cap. 13, MIGNE PL. 131, 21; Concilium Treburiense (895) can. 15, MG. Capit. II, 221 f.; Regino von Prüm, Liber de synodalibus causis et disciplina ecclesiastica I capp. 127 f., ed. F. G. A. WASSERSCHLEBEN (Leipzig 1840) 80 f.; Ruotger von Trier, Capitula (916/30) cap. 20, MGH. Capitula episcopo-

Nun standen kirchliche Tradition und Rechtspraxis nicht mehr im Wege, daß auch der Coemeterialbasilika zu Xanten, im letzten Drittel des 8. Jahrhunderts einer großangelegten Umgestaltung unterzogen[126], Pfarrechte zuwuchsen. Die personellen Voraussetzungen für die seelsorgerliche Betreuung eines weiten Sprengels waren gegeben: Die ständig in einem monasterium residierende, die Xantener Heiligen Tag und Nacht durch Meßfeier und Offizium ehrende, ihre Fürbitte heischende Klerikergemeinschaft verfügte über genügend Geistliche, die die für die Sakramentenspendung und die Seelsorge erforderlichen Weihen besaßen und wohl auch über eine gewisse Ausbildung verfügten. Unter der Leitung ihres praepositus bildeten sie eine congregatio[127].

Solchen congregationes vertraute der spätantike und der frühmittelalterliche Bischof die Seelsorge in den Tochterkirchen der Kathedrale innerhalb seines Jurisdiktionsbereichs an[128], ehe die auf einen reduzierten Personalbestand angewiesenen Eigenkirchen das Pfarrnetz des Mittelalters durchwegs engmaschiger knüpften[129]. Die vom Bischof geförderten oder gar gegründeten geistlichen Gemeinschaften, die ihren 'Innendienst' nach der stiftischen Verfassung und Regel ausrichteten, erlangten, mit dem Bischof aufs engste verbunden, eine hervorragende Stellung in der mittelalterlichen Diözesanorganisation. Das monasterium s. Victoris, das im 9. Jahrhundert zum episcopatus des Erzbischofs von Köln gehörte und ein herausragendes Glied der ecclesia s. Petri zu Köln bildete[130], erwarb das Anrecht, in seinem Vorsteher, dem praepositus, einen der vier Großarchidiakone des Kölner Erzbistums zu stellen[131].

Unsere Überlegungen dürften das ganze Dilemma des Historikers deutlich gemacht, die Rat- und Hilflosigkeit aufgezeigt haben, in der er einem Phänomen wie dem Xantener Dom und seiner Frühgeschichte gegenüberzutreten gezwungen ist. Die Schriftquellen, die seiner Wissenschaft anvertraut sind, karge Notizen aus dem 6. und aus dem 9. Jahrhundert, wirken wie Spurenelemente, die den historischen Prozeß allenfalls punktuell erfassen und schemenhaft erkennen lassen. So bleibt am Ende kaum mehr als ein Komplex von Fragen, auf die der Historiker keine Antwort zu geben vermag:

1) Eine spätrömisch-frühmittelalterliche cella memoriae, eine Coemeterialbasilika, in welcher Funktion uns dank jahrzehntelanger archäologischer Forschung anfangs auch der Xantener Dom sich darbietet, gehörte jeweils zu einem 'Kirchensystem', das, dem der Bischofsstadt nachgestaltet, in seiner Seelsorgskirche oder gar Kirchengruppe seinen liturgischen und organisatorischen Mittelpunkt besaß. Im niederrheinischen Raum sind manche spätrömisch-frühmittelalterlichen Seelsorgskirchen erhalten geblieben, haben Nachfolgebauten am gleichen Platz und in der gleichen Funktion erhalten. Wenn wir ausnahmsweise die Grenzen des alten Erzbistums Köln überschreiten dürfen, können wir als interessante und mehr oder weniger gut erforschte Beispiele Dinant, Huy, Tongeren und Maastricht in der ehemaligen Lütticher Diözese, Boppard, Ivois-Carignan, Karden und Koblenz in der einstigen Erzdiözese Trier nennen. Im Bereich des Kölner Bischofs fehlen solche Gemeindekirchen auch nicht, die noch heute den ortsansässigen Kirchengemeinden als Gotteshäuser dienen. Hingewiesen sei auf Andernach, Jülich, Zülpich und Nimwegen. In Xanten, Neuß und Bonn aber gehen die Münster dieser Städte auf einstige Coemeterialbasiliken zurück. In Bonn bezeugt uns eine Urkunde des 8. Jahrhunderts die intramurale Seelsorgskirche; in Neuß

rum I,68; vgl. auch J. SEMMLER, Zehntgebot und Pfarrtermination in karolingischer Zeit = Aus Kirche und Reich. Studien zu Theologie, Politik und Recht im Mittelalter. Festschrift für Friedrich Kempf (Sigmaringen 1983) 41 f.

126 Vgl. H. BORGER, Frühmittelalterliche Studien 2 (1968) 270–277.

127 Annales Xantenses ad a. 864, ed. B. VON SIMSON (1909) 20. Der Terminus 'congregatio' ist der Institutio canonicorum Aquisgranensis von 816 entnommen, MGH. Concilia II, 1, 398 ff. u. ö.

128 Vgl. J. SEMMLER, Mission (Anm. 24) 837–858 und 865–869.

129 W. HARTMANN, Der rechtliche Zustand der Kirchen auf dem Lande: Die Eigenkirche in der fränkischen Gesetzgebung des 7. bis 8. Jahrhunderts = Cristianizzazione ed organizzazione ecclesiastica delle campagne nell'alto medioevo. Espansione e resistenze = Settimane di studi del Centro Italiano di Studi sull'Alto Medioevo 28 (Spoleto 1982) 397–416; vgl. auch M. AUBRUN, La paroisse en France des origines au XVe siècle (Paris 1986) 19 f.

130 D Lothar II 25.

131 Vgl. F. GESCHER, Der kölnische Dekanat und Archidiakonat in ihrer Entstehung und ersten Entwicklung = Kirchenrechtliche Abhandlungen 95 (Stuttgart 1919) 44 f.; F. W. OEDIGER, Geschichte (Anm. 20) 201 f.

galt noch im 17. Jahrhundert eine unscheinbare innerstädtische Marienkirche als Sitz des Dekanats und vor allem als Sendkirche. Im Falle Xanten verschwand die Seelsorgskirche, ohne auch nur die geringste Spur zu hinterlassen. Da das Stift Xanten, die cella memoriae und Coemeterialbasilika der spätrömisch-frühmittelalterlichen Christengemeinde, Pfarr- und Seelsorgsrechte zu einem Zeitpunkt erhalten haben muß, der zwischen dem ausgehenden 8. und beginnenden 12. Jahrhundert anzusiedeln ist, erhebt sich die Frage, wo sich vordem das Seelsorgszentrum für Xanten befand. In Birten, das nie zum Xantener Pfarrsprengel zählte, überdauerte die Gemeindekirche die Jahrhunderte, von der Ende des 6. Jahrhunderts bei Birten zu Ehren des hl. Mallosus errichteten Coemeterialbasilika fehlen bis heute spätere Schriftquellen und archäologische Nachweise. Mehr als die Möglichkeit in Erwägung zu ziehen, die Peterskirche zu Birten habe zeitweise auch den in Xanten ansässigen Christen als Seelsorgskirche gedient, solange das Viktorstift der Pfarrechte noch entriet, darf sich der Historiker nicht erlauben.

2) Die spätrömische Diözesanorganisation, deren sich der Kölner Bischof bediente, um die seiner Hirtensorge anvertrauten Gläubigen in die christliche Lehre und die christliche Lebensführung einzuweisen, ihnen die sakramentalen Heilsmittel bereitzustellen und zu vermitteln, beruhte im ehemaligen Erzbistum Köln ebenso wie in den Nachbardiözesen auf den von Romanen besiedelten castra, oppida und vici der Zivil- und Militäradministration. Innerhalb dieser Organisation fehlt jeder Hinweis auf die Verkündigung des Gotteswortes, auf Missionsmethode und Missionserfolge. Nicht einmal die Legende kennt Missionare, die das Evangelium an den Niederrhein gebracht hätten. Wann aber brach man die Geschlossenheit der romanischen Christengemeinden auf, um auch die eingewanderten oder eingewiesenen 'Barbaren' mit der christlichen Botschaft vertraut zu machen und sie in die ecclesia, die Gemeinschaft der Christgläubigen aufzunehmen? Bischof Evergisil könnte mit seinem Ausgriff in den Xantener Raum und ins Nachbarbistum Maastricht den Anfang gesetzt, er könnte jedoch auch nur das Werk seiner uns allenfalls namentlich bekannten Vorgänger weitergeführt haben. Läßt es sich allein mit den Wechselfällen der Politik, des Ringens um die Herrschaft im merowingischen Frankenreich, mit den erst allmählich erfolgreichen Gegenschlägen gegen das Vordringen der heidnischen Friesen und Sachsen erklären, wenn die Bischöfe Evergisil und vor allem Kunibert keine Nachfolger fanden, die sich wie sie in der Organisation ihres Bistums engagierten, sich im Rahmen ihres Amtsauftrags im niederrheinischen Bereich ihres Sprengels um die Seelsorge und die Aufsicht über ihre geistlichen Helfer mühten? Bis zur Mitte des 8. Jahrhunderts war der Kölner Oberhirte am Niederrhein nicht mehr präsent. Seine Aufgaben in der Betreuung der Gläubigen übernahmen zwei Angelsachsen, die vom karolingischen Hausmeier zum Einsatz an den Niederrhein berufenen Heiligen Suitbert und Willibrord.

3) Die Stabilisierung der karolingischen Herrschaft im Frankenreich des zweiten Drittels des 8. Jahrhunderts dürfte, wie die Ergebnisse mancher mühseliger archäologischer Grabung und einige aufsehenerregende Entdeckungen anzudeuten scheinen, die Voraussetzungen geschaffen haben für die Neuorganisation der Seelsorge im gesamten Bereich der Kölner Diözese, für die Verdichtung des Pfarrnetzes. Wenn auch der Oberhirte zu Köln nicht mehr als alleiniger Initiator der kirchlich-organisatorischen Regeneration seines Bistums auftrat, sondern die materielle und damit zwingende Hilfe der Eigenkirchenherren, des Königs, auswärtiger Prälaten und Adliger annahm, seine Zustimmung zur Erhebung einer Kirche zur Pfarrkirche blieb erforderlich; unter dem Zwang des karolingischen Zehntgebots hatte er die Grenzen des Pfarrbezirks zu umschreiben, er mußte die Geistlichen weihen oder doch bestätigen, die an einer solchen Eigenkirche ihres Amtes walteten, die in seinem Sprengel in der Seelsorge tätig waren. Über all diese Vorgänge schweigen unsere Quellen. Der Liber valoris der Erzdiözese Köln von etwa 1300 dokumentiert uns zwar das Resultat der Entwicklung, läßt aber sämtliche Fragen nach der Genese des hochmittelalterlichen Pfarrnetzes im Jurisdiktionsbereich des Erzbischofs von Köln unbeantwortet. Folglich bleibt auch die Frage offen, wann das Stift Xanten seinen hervorragenden Platz innerhalb der kirchlichen Organisation der alten Kölner Erzdiözese einnahm, von welchen Zentren die Vertiefung des christlichen Glaubens im Xantener Raum ausging, wo in diesem Gebiet die Quellen des religiösen Lebens und der christlichen Kultur zu suchen sind.

Mit der Auffindung bislang unbekannter Schriftquellen kann der Frühmittelalterhistoriker nicht mehr rechnen; Rückschlüsse aufgrund von Quellenberichten des Spätmittelalters und der frühen Neuzeit sind stets mit dem Risiko des Irrtums und der Fehldeutung befrachtet; Analogieschlüsse unterliegen in der Regel unzulässigem 'Systemzwang'. Unter diesen Umständen hofft der Historiker, wenigstens einige Antworten auf seine Fragen von der archäologischen Nachbardisziplin zu erhalten, Antworten, die womöglich ebenso aufregend sind, wie sie es im Falle Xanten bis zur Stunde waren.

DIETER SCHELER

Pächter und Herren
Die Zehntverpachtung des Stiftes Xanten am Ende des Mittelalters

Der Besitz von Grund und Boden und von Kirchen bildete auch im späten Mittelalter nicht anders als in den vorausgegangenen Jahrhunderten die wirtschaftliche Grundlage des Stiftes Xanten. Inzwischen neu hinzugekommene Einnahmen wie die von Häuserzinsen aus der Immunität und der Stadt blieben von untergeordneter Bedeutung[1]. Dagegen wuchs der Wert der Zehnten, die dem Stift als größtem geistlichen Patronatsherrn am Niederrhein und zwischen Maas und Waal aus 24 Kirchen zustanden[2]. Unverändertes Ziel der Wirtschaftsorganisation blieb ein sicherer und regelmäßiger Ertrag, der wenig Unkosten verursachen und effektiv zu kontrollieren sein sollte. Die Organisation selbst hatte sich jedoch tiefgreifend verändert. Neue Nutzungsformen der Grundherrschaft und ein neues Verteilungsmuster der Erträge hatten dazu geführt. Die alte Form der Grundherrschaft, die eine Kombination aus Eigenwirtschaft mit persönlich abhängigen Arbeitskräften und von Rentenbezug aus abhängigen, aber selbständig wirtschaftenden Höfen darstellte, hatte sich aufgelöst. Der Ersatz der alten Frondienste durch die zunehmende Lohnarbeit machte bei steigenden Löhnen die Eigenwirtschaft unrentabel. Stattdessen wurden die alten Herrenhöfe zu festen Sätzen auf Zeit oder Lebenszeit verpachtet. Der größte Teil der von diesen Höfen ursprünglich abhängigen Hufen mit abgabe- und frondienstpflichtigen Bauern war zu sogenannten Behandigungsgütern geworden, die der Verfügung des Stiftes weitgehend entzogen waren. Inhaber solcher Güter zahlten einen fixierten Zins, waren grundsätzlich erbberechtigt und verfügten über diesen Besitz in selbständigen Hofgerichten (Latengerichten), in denen das Stift jedoch meist noch den formalen Vorsitz beanspruchen konnte. Für den fallenden Ertragswert der fixierten Abgaben versuchte man sich über den 'Handwechsel', bei dem der halbe bzw. doppelte Jahreszins fällig wurde, zu entschädigen[3]. Doch selbst diese Einnahmen spielten im 15. Jahrhundert eine so untergeordnete Rolle, daß sie der Kellner als leiten-

Folgende Abkürzungen werden in den Anmerkungen verwendet:

HStAD – Hauptstaatsarchiv Düsseldorf

StAX – Stiftsarchiv Xanten

BRIEFBÜCHER – Zwei Briefbücher des Stiftes Xanten 1469–1484 und Briefe zumeist aus den Jahren 1506–1512, hrsg. v. F. W. Oediger, Die Stiftskirche des Hl. Viktor zu Xanten 4/3 (Xanten 1979).

INVENTAR – Inventar der Urkunden des Stiftsarchivs Xanten (1119–1449), bearb. v. C. Wilkes, Inventare nichtstaatlicher Archive 2 (Köln 1952).

QUELLEN – Quellen zur Rechts- und Wirtschaftsgeschichte des Archidiakonats und Stifts Xanten 1, hrsg. v. C. Wilkes, Veröffentlichungen des Vereins zur Erhaltung des Xantener Doms 3 (Bonn 1937).

[1] Für das Jahr 1461 ergibt sich beispielsweise anhand der Kellnerei- und Präsenzrechnungen (StAX, K 16, Bl. 197–209b, P 14) ein Anteil der Häuserzinsen am dort nachgewiesenen Einkommen von 8,3%.

[2] Die Erzdiözese Köln um 1300, 2: Die Kirchen des Archidiakonats, bearb. von F. W. OEDIGER, Publikationen der Gesellschaft für Rheinische Geschichtskunde 12, 9 (Bonn 1989) 95.

[3] 'Behandigung' heißt die Vergabe auf Lebenszeit – in Xanten gewöhnlich an zwei bis drei Personen ('Hände') –, die in der Regel miteinander verwandt waren. Beim Nachrükken eines 'Behandigten' an die verantwortliche Stelle des 'Erstbehandigten', dem sogenannten 'Handwechsel' wurde der halbe, bei 'Neubehandigung' der doppelte Jahreszins des Gutes fällig. Das Verfahren diente natürlich auch der Kontrolle des Besitzstands an Behandigungsgut.

der Wirtschaftsbeamter des Stifts in seinen Rechnungen nicht mehr verzeichnete[4]. Daß offensichtlich meist Bürger mit diesen Gütern behandigt waren, erleichterte die Kontrolle der verbliebenen Abgaben natürlich nicht[5]. Ein dauerndes Kontroll- und Kostenproblem bildeten die Zehnten. Als Teilquote des jährlich schwankenden Ertrags der Zehntpflichtigen mußten sie immer wieder neu geschätzt, eingesammelt und die Kornzehnten außerdem noch gereinigt und ausgedroschen werden. Dies trug nicht nur dazu bei, die Zehntleistungen der Pflichtigen zu fixieren und sie damit langfristig zu entwerten, sondern auch dazu, ihre Erhebung auf Zeit zu verpachten.

Die Verpachtung von Höfen und Zehnten vereinfachte zwar die Verwaltung des einzelnen Besitzes, erhöhte jedoch gleichzeitig die Zahl der Vertragspartner. Damit wurde die Besitzverwaltung außerhalb der nächsten Umgebung Xantens zunehmend unübersichtlich. Der Handlungsspielraum der stiftischen Wirtschaftsbeamten vergrößerte sich und wurde schwerer kontrollierbar. Das Problem löste man zu Beginn des 14. Jahrhunderts durch die Einführung eines neuen Wirtschaftsverwaltungsbezirks, der sogenannten 'Pension'. Man verpachtete alte Oberhofbezirke mit ihren Behandigungsgütern und den darin gelegenen Zehnten und sonstigen Einkünften als einen geschlossenen Komplex an zahlungsfähige und möglichst gut kontrollierbare Pächter, denen bis zu 40% des Ertrags als Bruttogewinn überlassen wurden. Dafür bevorzugte man die eigenen Kanoniker, weil sie der Disziplinargewalt des Stifts unterstanden und mit ihrem Pfründeneinkommen für ordentliche Verwaltung und pünktliche Pachtleistung hafteten[6]. Die alten Oberhöfe selbst wurden aus den Pensionen herausgenommen und blieben zusammen mit den Höfen in der Xantener Umgebung direkt dem Kellner unterstellt. Dasselbe galt für die nicht den Pensionen einverleibten Zehntbezirke. Zusammen mit kleineren Ländereien, die in unterschiedlichen Rechtsformen vergeben wurden, hatte es die stiftische Güterverwaltung seit dieser Zeit mit vier klassischen Besitzkomplexen in unterschiedlichen Pachtformen zu tun: mit den Pensionen (pensiones), den Höfen (curtes), den Zehnten (decimae) und den Gütern (bona).

Der Anstoß zur Neuorganisation der Besitzverwaltung kam aber nicht nur von außen, sondern auch von innen. Das Bedürfnis und die Möglichkeit, die Wirtschaftsführung des Stiftes genauer zu kontrollieren, hat die Entstehung von Pfründen und eines eigenen, vom Propsteigut getrennten Kapitelguts im Laufe des 13. Jahrhunderts zur Voraussetzung. Seit nämlich die Kanoniker das gemeinsame Leben aufgegeben hatten, mußten die Erträge sorgfältig unter den Anspruchsberechtigten verteilt werden. Bei allein sieben Arten von Pfründenempfängern war dies für den Kellner keine leichte Aufgabe. Dementsprechend machte sich das Kapitel seit dem Ende des 13. Jahrhunderts, als der Propst mit der Ausscheidung seines eigenen Besitzes auch die Kellnereiverwaltung an das Kapitel abgeben mußte, daran, die Wirtschaftsführung des Stiftes aus wohlverstandenem Eigeninteresse in mehreren Anläufen neu zu ordnen.

So ergibt sich das paradoxe Phänomen, daß gerade dezentrale Bewirtschaftung (Verpachtung) und dezentraler Verbrauch (Pfründen) wachsende zentralisierte Kontrolle verlangen. Die mündliche Verwaltungspraxis, die das Wirtschaften in den alten Hofverbänden und in der Stiftsküche kennzeichneten, wird den neuen Bedürfnissen nicht mehr gerecht. Nur genaue Besitzbeschreibungen und Vertragsaufzeichnungen können bei wechselnden Pächtern den Vermögensbestand garantieren und nur die sorgfältige Aufzeichnung der Kapitelsbeschlüsse über den Pfründenbezug und der Praxis ihrer Anweisung können dem einzelnen Kanoniker ein berechenbares jährliches Einkommen garantieren. Am folgenreichsten ist jedoch, daß diese schriftliche Verwaltung unter den neuen Bedingungen auf Dauer gestellt werden muß. Fristen beginnen eine wesentliche Rolle zu spielen. Ausstehende Leistungen sowohl der Pächter an den Kellner

[4] Sie waren bei der Behandigung in Xanten zu zahlen und wurden sofort unter die Kanoniker verteilt. Im 15. Jahrhundert lassen sie sich im Bereich der Kellnerei nur noch über die Anteile, die an die Kirchenfabrik fielen, in den Baurechnungen (Die Stiftskirche des Hl. Viktor in Xanten, IV,2: Die Baurechnungen der Jahre 1356–1437, hrsg. u. bearb. v. C. WILKES u. G. ROTTHOFF [Berlin 1957], Sachreg. s. v. 'Behandigungswesen') nachweisen.

[5] So befanden sich nach Ausweis der Namen die Behandigungsgüter des Propsteihofs Mehr und des Stiftshofs Ginderich in den Händen von Weseler und Büdericher Bürgern (Behandigungsbuch von Mehr im Stadtarchiv Wesel, A 1/Caps. 348, Nr. 43; Abschrift im StAX, A 119; QUELLEN, 377 ff.).

[6] F. WEIBELS, Die Großgrundherrschaft Xanten im Mittelalter, Niederrheinische Landeskunde 3 (Krefeld 1959) 41 ff.

wie des Kellners an die Kanoniker müssen regelmäßig und frühzeitig festgestellt und angemahnt werden. Mit jährlich neu angelegten Voranschlägen über die zu erwartenden Einkünfte zur Kontrolle der Lieferungen und jährlicher schriftlicher Rechnungslegung des Kellners gegenüber seinen Mitkanonikern über die Verteilung hat man dieses Problem zu lösen versucht. So entstehen die Serien der Rechnungen und der Pachtroteln, die unabhängig von der Information des einzelnen Kellners, der sein Amt kaum länger als je zwei bis drei Jahre ausübt, das 'Gedächtnis' der Wirtschaftsverwaltung über lange Zeiträume bilden. Für den heutigen Historiker ist diese Überlieferung, wenn sie sich wie im Fall Xanten in Serien erhalten hat, die teilweise über mehrere Jahrhunderte reichen, ein besonderer Glücksfall. Wo Urkunden und Güteraufzeichnungen nur Ausschnitte und Momentaufnahmen bieten, erlauben sie, Entwicklungen und Relationen zu rekonstruieren.

Im Folgenden soll nun versucht werden, schwerpunktmäßig anhand einer dieser Serien, der der Pachtroteln, die Entwicklung der Zehntnutzung durch Stiftsherren und Zehntpächter im 15. und beginnenden 16. Jahrhundert zu verfolgen.

Zehnten, insbesondere die Kornzehnten, um die es im folgenden alleine gehen wird, wurden im späten Mittelalter für die Grundherren immer wichtiger. Obwohl ihr Anteil in der Regel nicht mehr den 'zehnten' Teil des Ertrags ausmachte, waren sie grundsätzlich als Anteilsquote dem Wertverfall der fixierten Abgaben nicht ausgesetzt. In jedem Fall war der Zehntherr an ihrem Wertzuwachs wie ihrem Wertverlust, den die Getreidepreise bestimmten, automatisch mitbeteiligt. Andererseits war die Erhebung umständlich, schwer zu kontrollieren und kostenintensiv. Deshalb bürgerte sich ihre Verpachtung schon im hohen Mittelalter ein. Im Moselgebiet und am Mittelrhein war sie schon in der ersten Hälfte des 13. Jahrhunderts üblich[7]. In der Xantener Überlieferung läßt sie sich erst in der zweiten Hälfte dieses Jahrhunderts nachweisen, ist aber damals schon so verbreitet, daß nur noch bei zwei Zehntbezirken der Kellnerei ausdrücklich vermerkt wird, daß der Zehnt auf dem Feld entrichtet wird[8]. Das Recht des direkten Zehntenempfangs auf dem Feld behielt sich das Stift auch in späteren Jahrhunderten grundsätzlich noch vor, verfuhr danach aber offensichtlich nur noch in besonderen Konfliktfällen[9]. Da die Zehntpacht in den folgenden drei Jahrhunderten die durchgängige Form der Zehntnutzung ist, muß sie auch für die Pächter lohnend gewesen sein. Leider läßt sich für die Zehnten, die außerhalb der Pensionen verpachtet wurden, für das 14. und 15. Jahrhundert nicht mehr ihr Gesamtwert und damit die Pachtquote und der Gewinn für Pächter und Verpächter rekonstruieren. Doch dürften die erwähnten Verpachtungsbedingungen der Pensionen im 14. Jahrhundert einen groben Anhaltspunkt liefern, die für den Pächter einen Bruttogewinn von etwa 40% erschließen lassen[10].

Welche enorme wirtschaftliche Bedeutung die Zehnten für das Stift hatten, läßt sich daran ablesen, daß sie im 14. und 15. Jahrhundert knapp die Hälfte des gesamten Jahreseinkommens der Kellnerei ausmachten und den größten Teil der Naturallieferungen erbrachten. Und dabei handelt es sich nur um den stiftischen Pachtanteil, also vielleicht nur um 60% des gesamten Zehntertrags. Der durchschnittliche Zehntblock bringt in der ersten Hälfte des 15. Jahrhunderts etwa das 1½fache der Pacht eines Hofes und gut die Hälfte der Pachterträge einer Pension[11].

Zumindest in guten Zeiten ließ sich der höchste Nutzen nur bei jährlicher Verpachtung erzielen, vorausgesetzt, man fand den geeigneten Pächter. Anders als bei der Verpachtung eines Hofs benötigte man keinen fähigen Wirtschafter, nicht einmal einen Bauern, sondern jemanden, der sich als Pächter einer Abga-

[7] K. LAMPRECHT, Deutsches Wirtschaftsleben im Mittelalter 1.1 (Leipzig 1886) 614.

[8] QUELLEN, 56 f.

[9] So im Konflikt um den Zehnt Alpen 1506 und 1509 (BRIEFBÜCHER, nr. 419, 456).

[10] Berechnung nach QUELLEN, 390 für die Pension Uedem gegen WEIBELS a.a.O. (Anm. 6) 42, der 25 – 30% behauptet. – In der Verpachtungsordnung der Münstermaifelder Zehnten beginnt die Versteigerung bei 50% des Werts (K. LAMPRECHT, Deutsches Wirtschaftsleben im Mittelalter 3 [Leipzig 1885] 532).

[11] Zum Anteil der Naturallieferungen WEIBELS a.a.O. (Anm. 6) 45. – Die Ausrechnung der Angaben des Pachtrotulus von 1400 (QUELLEN, 163 ff.) ergibt einen erwarteten Anteil der Zehnten von 55%, eine solche der Kellnereirechnung von 1461 einen eingegangenen von 46% (StAX, K 16, Bl. 197 – 209b). – Die typischen Durchschnittswerte anhand der Pachtroteln von 1430 – 1435 errechnet.

be zu einer für den Verpächter nicht ungünstigen Pachtquote verstand, selbst aber zahlungskräftig war. Es ist bezeichnend, daß anders als bei Höfen in diesem Fall das Stift nicht nur eine Pachturkunde, sondern auch eine persönliche Schuldurkunde des Pächters verlangte[12]. Offensichtlich entsprachen den Anforderungen der Kanoniker im 15. Jahrhundert eine ganze Anzahl von Zehntpächtern, denn einschließlich der Zehnten zwischen Maas und Waal wurden in dieser Zeit weit mehr als die Hälfte aller Zehnten jährlich neu verpachtet. Es kann keine Rede davon sein, daß auch für die Zehnten seit dem Ende des 14. Jahrhunderts die Sechsjahrespacht die typische Form der Vergabe gewesen sei[13].

Es sind gerade die jährlichen Neuverpachtungen der Zehnten, die zeigen, welchen Verwaltungsaufwand diese Nutzungsform noch immer mit sich brachte, und wie er durch die Regelmäßigkeit dieser Pachtform zur typischen Verwaltungsroutine wurde, an der nicht nur der Kellner, sondern auch andere Kanoniker beteiligt waren. Es ergab sich ein Arbeitsturnus, der im Frühjahr mit der eventuellen Neuvermessung des Zehntlandes begann und über die Besichtigung zur Abschätzung des Ertrags im Hochsommer, die Einteilung der Verpachtungsblöcke, die Ausbietung, Verpachtung und Bürgenstellung bis zur Kontrolle der Ablieferung im Herbst und eventueller Anmahnung bzw. gerichtlicher Verfolgung bei Säumigkeit in den Monaten darauf reichte[14].

Diese Jahrespachten fanden wie die anderen Zeit- und Lebenszeitpachten Eingang in den schon erwähnten jährlich zu erstellenden Pachtrotulus, der, da Urkunden über Zehntjahrespachten im Umland von Xanten so gut wie nicht erhalten geblieben sind, die Hauptquelle für diese Vergabepraxis bildet. Diese offensichtlich am Niederrhein nur in Xanten nachweisbaren Aufzeichnungen verdanken ihre Entstehung der oben angesprochenen Reform der Kellnerei im frühen 14. Jahrhundert, ja sie bilden geradezu den Angelpunkt der Neuordnung. Sie schreibt nämlich die jährliche Einsetzung von vier stiftischen Verpächtern vor, von denen zwei die Pachten zwischen Maas und Waal und zwei jene im Xantener Feld und in den Orten der weiteren Umgebung ausbieten sollen. Was und zu welchen Bedingungen sie verpachtet haben, müssen sie genau aufzeichnen und sich in jedem Fall Sicherheiten geben lassen. Von den so entstandenen Verpachtungsurkunden wird eine Abschrift für das Kapitel hergestellt, das auf einer eigens dazu anberaumten Sitzung alle zu erwartenden Summen aus diesen Pachturkunden, deren Erträge von Jahr zu Jahr variieren, zusammen mit jenen festen Einkünften, die auf der Grundlage von Lebens- und Zeitpachten auf mehrere Jahre berechnet sind, zu einer Gesamtsumme zusammenzieht, „so daß jeder (Kanoniker), der dabei anwesend sein will, ohne Schwierigkeiten erkenne, wieviel einem jeden in diesem Jahr zustehen wird"[15].

Beide Vorschriften sind in die Tat umgesetzt worden. Die Tätigkeit der Verpächter läßt sich relativ regelmäßig in den Ausgaben der Kellnereirechnung belegen[16]. Die erste Zusammenstellung der Ertragserwartungen hat sich aus dem Jahre 1332 erhalten[17]. Sie ist also nur wenig jünger, wenn nicht gleichzeitig mit der auf die Zeit nach 1318 datierten Verfügung. Allerdings stammt der nächste erhalten gebliebene Pachtrotulus erst vom Jahre 1380, während von 1400 bis 1473 eine fast geschlossene Serie vorhanden ist[18].

[12] INVENTAR, nr. 727, 728 (1381), 780, 781 (1386), 815, 816 (1389).

[13] So nach Ausweis des Pachtrotulus von 1461 (StAX, K 14) gegen WEIBELS a.a.O. (Anm. 6) 98, 100. — K. S. BADER, Rechtsformen und Schichten der Liegenschaftsnutzungen im mittelalterlichen Dorf (Köln — Graz 1973) 49 f. ist das Vorkommen jährlicher Zehntpacht entgangen.

[14] Vgl. die Belege bei D. SCHELER, Das Xantener Kapitel des 15. Jahrhunderts im Spiegel seiner Literatur und seiner Rechnungen, in: Ecclesia et regnum, Festschrift für F.-J. Schmale, hrsg. v. D. BERG u. H.-W. GOETZ (Bochum 1989) 326.

[15] QUELLEN, 113 f.: „deinde die capitulari ad hoc prefixa computentur ibi omnes summe in litteris pactalibus contente, que secundum diversitatem temporum sunt incerte, adiectis aliis summis, que consistunt in certis redditibus, videlicet de bonis ad vitam ad certos annos locatis, et omnibus his summis in unam summam recollectis sive computatis, quantum illo anno, quo fit talis omnis summacio, cuilibet competere poterit, faciliter apparebit et sciet unusquisque, qui voluèrit esse presens" (114).

[16] z. B. 1436 (WEIBELS a.a.O. [Anm. 6] 136) oder 1461 (StAX, K 16, Bl. 206b).

[17] QUELLEN, 141 ff.

[18] Erhalten sind die Pachtrotuli für die Jahre 1380, 1396, 1398 und 1400—1473 mit Ausnahme der Jahre 1402, 1408—1409, 1412, 1418, 1422, 1427, 1428 und 1439. — Die Rotuli von 1400 und 1436 sind ediert (QUELLEN, 163 ff.; WEIBELS a.a.O. [Anm. 6] 112 ff.). Die Rotuli von 1398, 1403, 1404, 1406 und 1414 befinden sich in HStAD, Stift Xanten, Akten 8e I und die von 1401, 1411, 1413, 1415, 1423, 1425,

Bei der Auswertung ist der typische Charakter solchen Verwaltungsschriftguts zu berücksichtigen. Genauigkeit ist nur dort zu erwarten, wo es um den eigentlichen Verwaltungszweck geht, nicht aber bei ergänzenden Informationen, die im Belieben des Verwaltungsbeamten oder seines Schreibers stehen. Aus dem unsystematischen Auftauchen oder Fehlen solcher Zusätze lassen sich keine Schlüsse auf den Zeitpunkt der Entstehung oder des Verschwindens von erwähnten Einrichtungen oder Verfahren ziehen. Man wird vielmehr versuchen müssen, sie zunächst als Funktion des Verwaltungsvorgangs, in dessen Zusammenhang sie auftauchen, zu begreifen.

Die Pachtroteln untergliedern die Erträge in Zehnte, Höfe, Pensionen, Güter und Geldeinkünfte aus den Zehnten zwischen Maas und Waal. Auf der linken Spalte werden die zu erwartenden Einkünfte aufgeführt und rechts der Name des Pächters. Bei mehrjähriger Pacht werden darunter in der Regel auch noch die gesamte und bisher abgelaufene Pachtzeit vermerkt. Eine auffällig große Zahl von Namen findet sich bei den Zehntverpachtungen in Xanten und seinem Umland und zwischen Maas und Waal. Die Namen werden schon im ältesten Pachtrotel von 1332 unterschieden nach „principales" und „fideiussores"[19]. Der erste Begriff ist zu 'debitores principales', Hauptschuldnern, zu ergänzen, wie aus den beiden einzigen erhalten gebliebenen Urkunden über Jahrespachten von weit südlich von Xanten gelegenen Zehnten (Repelen, Niephausen) von 1348 hervorgeht[20]. Der zweite 'fideiussor', d. h. der Bürge, wird im Pachtrotel von 1380 identisch mit dem Begriff 'condebitor', d. h. Mitschuldner, gebraucht[21]. Erstmals 1401 und dann 1403-07 taucht mit der Nennung von „scabini" unter den Namen der Pächter im Xantener Bereich ein weiterer Zusatz auf. Es handelt sich um die Nennung der Xantener Schöffen, vor denen die entsprechenden Pachtverträge eingegangen wurden. Hier wird nur in einem Ausnahmefall die gängige Praxis notifiziert, die sich schon in den erwähnten Urkunden von 1348, die von Rheinberger Schöffen ausgestellt sind, fassen läßt[22]. 1423 gibt es schließlich eine weitere auffällige Ergänzung, die den Hauptschuldner statt als „principalis" mit dem Vermerk „habet ictum" charakterisiert[23]. Damit ist nicht die Inhaberschaft eines 'Zehntschlags', also eines Zehntblocks gemeint, sondern der Zuschlag bei einer Versteigerung. Für diese Interpretation spricht die Terminologie von Verpachtungsvorschriften vom Ende des 15. Jahrhunderts, welche die herkömmliche Versteigerungspraxis für die Ausbieter des Stifts aufzeichnen. So heißen in der entsprechenden Ordnung für Maas und Waal von 1490 diejenigen, die den Zuschlag erhalten haben, die „den slach hebben", und die Anweisung zum Ausbieten der Haffener Propsteizehnten von 1513 bezeichnet das Zuschlaggeben als „ictum dare"[24].

Da entsprechende Ordnungen für die Zehnten in und um Xanten sich offensichtlich nicht erhalten haben, kann man sich nur anhand der Anweisungen für Maas und Waal und für Haffen ein Bild von der Versteigerungspraxis zu machen versuchen. Wie auch heute noch üblich, zielte das öffentliche Bietungsverfahren darauf ab, höhere Pachtpreise zu erzielen, als dies bei freier Vereinbarung möglich war. Dies setzt

1471 und 1472 in StAX, K 7, die der Jahre 1405, 1410, 1416, 1417, 1420, 1421, 1426, 1429 und 1473 in StAX, K 8 und die für die Zeit von 1430–1438 und 1440 in StAX, K 14. Der einst in StAX, K 8 enthaltene Pachtrotulus von 1397 fehlt heute. – Für die vorliegende Untersuchung sind systematisch nur die Rotuli bis 1449 (also insgesamt 44) ausgewertet worden, weil die Publikation der Xantener Urkunden nur so weit vorliegt. – Beim Zitieren wird im weiteren auf die Wiederholung der Angabe der jeweiligen Archivsignatur verzichtet.

[19] QUELLEN, 141 ff.

[20] Urkundenbuch des Stiftes Xanten 1, bearb. v. P. WEILER, Veröffentlichungen des Vereins zur Erhaltung des Xantener Domes 2 (Bonn 1935) nr. 780, 781.

[21] Pachtrotulus 1380.

[22] Pachtrotuli 1401, 1403–07. – Die Schöffen sind nach Ausweis des Registers des INVENTARS (377 ff.) die von Xanten. – Bei den Pachtverträgen wird man wohl nach dem Vorbild der Urkunden für Repelen und Niephausen (vgl. Anm. 20) und denen für die Zehnten im Maas-Waal-Gebiet, die von den Nymweger Schöffen ausgestellt werden (vgl. Anm. 12), von Beurkundung und nicht von der Eintragung in ein verlorenes Schöffenbuch ausgehen müssen. Dafür spricht auch, daß im Pachtrotel von 1401 (Zehnt Appeldorn) auch von einer Schuldanerkennung vor dem Stiftsnotar und in dem von 1404 (Zehnt Pijst) von einer solchen vor dem 'officialis decani' gesprochen wird, die sicher Urkunden ausstellten.

[23] Pachtrotuli 1423 ff.

[24] QUELLEN, 557 ff., unten Anhang I.

eine breite Teilnahme von Interessenten und deren Bereitschaft zu bieten voraus. Man versuchte den Kreis der Pachtinteressenten zunächst dadurch zu erweitern, daß man durch Aufteilung der Zehntblöcke und Zulassung gemeinschaftlicher Pacht auch weniger Vermögenden eine Pachtchance einräumte. Außerdem war es offensichtlich üblich, dem Ersteigerer einen Abschlag von einem Drittel oder Viertel der gesamten Steigerungsquote einzuräumen[25]. Besonders beliebt scheinen die Zehntessen gewesen zu sein, die in Haffen sowohl vom Zehntherrn wie von den Zehntpächtern bezahlt wurden. Dabei war es in den 70er und 80er Jahren des 15. Jahrhunderts üblich, die Bereitschaft zu bieten dadurch zu erhöhen, daß während der Versteigerung bestimmte Erhöhungen des Angebots ausdrücklich für das 'ghelach' in Form von Geld oder Wein bestimmt wurden[26]. Man kann verstehen, daß das Stift die Neigung von Zehntpächtern, Zehntessen auf seine Kosten einzuführen, mit Mißtrauen verfolgte, wenn man sieht, daß der Anteil des Propstes am Haffener Mahl allein 10% des gesamten Gewinns der Verpachtung ausmachte. Allerdings wurde bei dieser Gelegenheit das 1½fache dieses Zuschusses für Wein für die mitgereisten Stiftsherren, den anwesenden Richter und die Gerichtsleute ausgegeben[27].

Um gute Gebote zu erhalten, ist es weiterhin wichtig, Mindestangebote und Mindeststeigerungsraten festzulegen. Auch dies sehen die Ordnungen der Zeit um 1500 vor. Vor allem versuchen sie damit, Absprachen und Kniffe der Anbieter zu unterlaufen. Die Anweisung für die Haffener Pachtausbietung bietet dafür ein bezeichnendes Beispiel. Zur Deckung der Unkosten war es in Haffen üblich, auf das Erstgebot eine 10%ige Gebühr aufzuschlagen. Der Verfasser der Anweisung warnt nun vor den schlauen Bauern, die unter dem Vorwand, viel steigern zu wollen, nur das halbe Mindestangebot abzugeben versuchen. Dies sei aber nur der Versuch, die anfallenden Gebühren zu halbieren. Wenn Anbieter gar zu weit gingen, indem sie z. B. nach dem Zuschlag ihr letztes Gebot zurückzuziehen versuchten, wie dies in Haffen nach Ausweis der Rechnung 1499/1500 geschah, konnte der Ausbieter den Zuschlag verweigern und statt dessen — in diesem Fall aber offensichtlich mit Verlust — einen Pachtvertrag mit der gesamten Kirchengemeinde abschließen. Eine andere Möglichkeit bestand darin, den Bieterkreis durch die Einbeziehung interessierter zahlungskräftiger Bürger zu erweitern[28].

Der schwächste Punkt des öffentlichen Bietungsverfahrens ist die Auswahl des Pächters. Da das Verfahren selbst den Pächter bestimmt, kommt es darauf an, von vornherein unerwünschte Bieter auszuschließen und die eingegangene Leistungsverpflichtung abzusichern. In den behandelten Pachtordnungen werden Herrschaften, Amtleute und Schuldner des Stiftes von der Versteigerung ausgeschlossen. Diese selbst findet im Beisein des örtlichen Richters und der Gerichtsleute statt. Die Haftung wird durch das Versprechen, Bürgen zu stellen, sowie die Ausstellung von Urkunden abgesichert. Die Unkosten schließlich werden heute wie damals auf den Pächter abgewälzt. Dies geschieht gewöhnlich in der Form eines Aufschlags, etwa von der Art des eben erwähnten in Haffen, und kann mit der Verpflichtung sofortiger Zahlung verbunden sein.

Das Steigerungsprotokoll der Archidiakonatsrechnung von 1499/1500 zeigt, daß mit diesem Verfahren

[25] Das Folgende, wenn nichts anderes vermerkt, aufgrund der beiden Pachtordnungen (wie Anm. 24). Zur Frage der Gebühren und des Ausschlusses von Schuldnern ließe sich auch eine Reihe von unpublizierten Bestimmungen über Pachtversteigerungen des Stiftes Rees vom Anfang des 16. Jh. heranziehen (HStAD, Stift Rees, Akten, 4, Bl. 1b). — Ein Beispiel für eine Pachtgesellschaft bietet BRIEFBÜCHER, nr. 310 (1479) für Sulen.

[26] Das geht z. B. aus den Ersteigerungsprotokollen der Archidiakonatsrechnungen von 1477, 1478, 1481 und 1482 hervor (StAX, A 16, Bl. 147b — 149, 150b — 151b); vgl. auch die entsprechende Bestimmung des Urbars der Propstei (QUELLEN, 31). — Das Urteil von WEIBELS a.a.O. (Anm. 6) 61 f. über die relative Unergiebigkeit der Archidiakonatsrechnungen ist unbegründet.

[27] Zehntmähler im Gebiet zwischen Maas und Waal: BRIEFBÜCHER, nr. 457 (1500). — Haffen: Anhang I; Abrechnung über Nebenkosten der Versteigerung in derselben Archidiakonatsrechnung von 1499/1500 (StAX, A 14, Bl. 116b).

[28] Anhang II: Beispiel des Zehnten Renrevelt. — So beim Zehnt Niephausen, den das Stift 1505 nicht mehr der dortigen Gemeinde, sondern Rheinberger Bürgern verpachtet (BRIEFBÜCHER, nr. 415); vgl. schon eine ähnliche Praxis 1481 (ebd. nr. 336).

die Zahl der Bieter relativ hoch gehalten werden konnte und der Teilnehmerkreis auch ländliche Handwerker wie Schmiede und Weber umfaßte[29].

Eine solche 'Innenansicht' der Zehntverpachtung läßt sich für die Zehntbezirke in Xanten und der weiteren Umgebung vorderhand nicht bieten[30]. Dafür lassen sich hier anhand der Pachtroteln relativ kontinuierlich über ein halbes Jahrhundert die Auswirkungen dieser Praxis überprüfen. Man muß dabei im Auge behalten, daß die Roteln unter der Rubrik der Zehnten relativ heterogene Bezirke zusammenstellen. Neben dem eigentlichen Kernbereich um Xanten und Wardt gehören im Süden die Zehnten Niephausen, Repelen und Rheinkamp in der Grafschaft Moers dazu, nördlich davon Menzelen und der Bezirk 'Transsilvam' bei Issum im kurkölnischen Amt Rheinberg, im Westen bei Winnekendonk im klevischen Amt Schravelen der Zehnt Rondenrade und schließlich noch im Norden im klevischen Amt Altkalkar der Zehntbezirk Appeldorn. Für Xanten, das in der ersten Hälfte des 15. Jahrhunderts unter gemeinsamer Herrschaft von Kurköln und Kleve stand, mußte die Lage solcher Zehnten im 'Ausland' ihre Nutzung im Konfliktfall erschweren. Das konnte umso folgenreicher werden, als der Zehntbezirk Menzelen der absolut ertragreichste überhaupt war und auch die Zehnten Appeldorn, Rondenrade, Alpen und Niephausen zu den großen und einträglichen gehörten[31].

In der Größe unterschieden sich die einzelnen Zehnten erheblich. Zum Zweck des Vergleichs auf den Ertragswert in Maltern Hafer umgerechnet, reichen sie von einem Wert von 15 bis zu einem von 600 Maltern. Die überwiegende Mehrzahl bewegt sich jedoch zwischen 60 und 120 Maltern[32]. Wenn man die Zehntbezeichnung 'Cleynvelt' wörtlich nehmen darf, galt eine Ertragsfläche von 60 Maltern Hafer als klein, der normale Zehntblock dürfte also bei einem Ertrag von 120 Maltern gelegen haben. Die bemerkenswerte Regelmäßigkeit der Abstufungen ist sicher auf den Wunsch nach einfacher Teilung oder Zusammenlegung von Zehntblöcken zurückzuführen, wodurch das Ausbieten erleichtert und für 'Pachtgesellschaften' die Aufteilung in Anteile vereinfacht wurde.

Überblickt man nun die Praxis der Zehntverpachtung in dem halben Jahrhundert zwischen 1396 und 1449, so fällt sofort der unerwartet hohe Anteil von Zehntpachten auf gewöhnlich sechs Jahre auf. 11 von 26 Zehnten, die ⅖ des Gesamtertrags erbringen, unter ihnen drei der ertragsreichsten, werden während des gesamten Zeitraums in Sechsjahrespacht vergeben oder gehen dazu über[33]. Bei genauerem Hinsehen könnte man zu der Vermutung kommen, daß es sich dabei um die schwierigeren Außenposten handelt.

[29] Anhang II: 6 Bieter und 9 Gebote für den Zehnt Rotvelt; ebd. der 'faber' (Schmied) als Pächter des Zehnts Eynwillighe. — 1482 ersteigert in Haffen ein Weber den kleinen Zehnt Broickdaill (StAX, A, Bl. 151b).

[30] Doch ließe eine gezielte Auswertung der parallelen Kellnereirechnungen weitere Informationen darüber erwarten. — Den Quellenwert der Pachtroteln kann man daran ablesen, daß sich bei etwa 1400 zu erschließenden Zehntpachtabschlüssen zwischen 1380 und 1449 nur ganze 6 Urkunden darüber erhalten haben (INVENTAR, nr. 1144 — Menzelen; nr. 1145 — Rondenrade; nr. 1310 — Menzelen; nr. 1337 — Appeldorn; nr. 1533 — Repelen; nr. 1150 — Rondenrade), darunter keine über eine Jahrespacht.

[31] Um eine Vorstellung von den Größen der einzelnen Zehnten zu erhalten, wurden die Durchschnittserträge der 44 von den Pachtroteln abgedeckten Jahre zugrunde gelegt und mit Hilfe der Geldwert- und Preislisten von St. BEISSEL, Die Bauführung des Mittelalters II (Freiburg i. Br. 1889, Nachdruck Osnabrück 1966) 71 ff., 112 ff. auf ihren Wert in Maltern 'avena' umgerechnet. Auf die Heranziehung des Zehntatlasses des Stifts aus dem 17. Jh. wurde dagegen verzichtet, weil seine Flächeninformationen sich schon wegen der Rheinverlagerungen (vgl. J. KLOSTERMANN, Die Entstehungsgeschichte der Xantener Landschaft, in diesem Band S. 11 ff.) nicht einfach auf das 15. Jh. zurückschreiben lassen. Selbst die Namen einiger Xantener Zehntblöcke finden sich darin nicht mehr, wie ein Vergleich mit H. ENGELSKIRCHEN, Der Xantener Stiftsatlas vom Jahre 1697 ff., AHVN 166 (1964) 106—128 zeigt. — Nach dieser Umrechnung besitzt der Zehnt Menzelen den höchsten Ertragswert mit 598 Maltern, Appeldorn bringt 189, Rondenrade 141 und Alpen 111 Malter.

[32] Nach dieser groben Charakterisierung gehören in die Kategorien bis 30 Malter: Diewegh, Langacker (2); um 30 Malter: Rheinkamp (1); um 60 Malter: Repelen, Transsilvam, Sonsbeck, Hurden, Novalium Duncke, Cleynvelt (6); um 90 Malter: Niephausen, Novalium, Episcopi, Ursel, Retro Werdam, Retro S. Andream, Verwegh, Brant (7); um 120 Malter: Alpen, Bernerholt, Lampeler, Veteris Urbis, Voskule, Pijst (6); um 150 Malter: Rondenrade (1); um 180 Malter: Appeldorn, Montis (2). Darüber liegen noch Werdervelt (um 240 Malter) und Menzelen (um 600 Malter).

[33] Menzelen; Alpen, Niephusen; Repelen, Rheinkamp; Rondenrade, Transsilvam; Retro Werdam, Ursel, Novalium Duncke.

Dagegen spricht jedoch, daß Menzelen und Appeldorn nahe genug an Xanten liegen, um jährlich verpachtet werden zu können. Den Schlüssel zur Erklärung bietet die Ertragsentwicklung. Von den dreien über die ganze Zeit längerfristig verpachteten Zehnten weist einer, der kleine Zehnt von Rheinkamp, eine negative, der mittelgroße 'Retro Werdam' eine schwankende, aber insgesamt leicht positive Entwicklung auf, und der dritte, der große Zehnt in Alpen, fällt ganz aus dem Rahmen, weil er auf Lebenszeit verpachtet ist. Weitere acht Zehnten waren dagegen zunächst jährlich verpachtet und gestatten deshalb, den Übergang zur Sechsjahrespacht daraufhin zu überprüfen, ob sie — wie zu erwarten steht — im Schnitt eine Minderung des Ertrags gegenüber der jährlichen Verpachtung bedeuten oder nicht. Das Ergebnis ist überraschend: Bei sechs Zehnten kommt es zu einer Steigerung des Pachtertrags, davon bei vieren sogar zu einer erheblichen, nur zwei sinken ab. Von den Zehnten, deren Ertrag am stärksten wächst, befindet sich einer — Menzelen, der wertvollste Zehnt — in der Hand von Xantener Einwohnern, ein weiterer wechselt zwischen Xantener und bäuerlichen Pächtern, und zwei sind dauernd in der Hand von Bauern, darunter auch der bedeutende Zehnt Rondenrade. Die Zehnten mit negativer Tendenz — Repelen und Niephausen — liegen wie der oben erwähnte Zehnt Rheinkamp in der Grafschaft Moers, wo die Zehntnutzung für die Kanoniker während des ganzen 15. Jahrhunderts problematisch blieb[34]. Dasselbe gilt für den auf Lebenszeit ausgegebenen Zehnt Alpen, der seit dem Anfang des 13. Jahrhunderts zwischen den jeweiligen Ortsherren und dem Stift umstritten war[35]. Die beiden Zehnten schließlich, die nur geringfügige Steigerungen aufweisen, haben Xantener Einwohner bzw. Geistliche zu Pächtern. In der Hand des Ortspfarrers befindet sich auch dauernd der schon erwähnte Zehnt bei Wardt. Das bedeutet also, daß aus der Sicht des Zehntherrn Pachtverluste bei Zehnten unter anderen Herrschaften und in adeliger Hand entstanden, Zehntgewinne aber bei Verpachtung an Stadtbewohner und vor allem an Bauern zu erreichen waren. Einbußen sind nicht das Ergebnis der veränderten Pachtform, sondern der politischen Umstände. Im Normalfall werden Zehnten offensichtlich nur dann auf mehrere Jahre vergeben, wenn sich ihr Ertrag damit gegenüber der Jahresverpachtung steigern läßt. Ein extremes Beispiel dafür ist der Neubruchzehnt 'Ingen Donck', dessen Pachtform im Untersuchungszeitraum zweimal von jährlicher zu Sechsjahrespacht wechselt und gewöhnlich an Bauern vergeben ist. Dieser kleine Zehnt wird 1410 erstmalig auf sechs Jahre bei Verdoppelung der Pachtquote vergeben, danach bei leicht steigendem Ertrag wieder bis 1339 jährlich verpachtet, um seitdem — bei einer Erhöhung der Pacht um ¼ — wieder auf sechs Jahre ausgetan zu werden. Mag auch die Verdoppelung ihre Ursache in einer unterdurchschnittlichen vorangegangenen Leistung oder einer danach eingetretenen Vergrößerung des Zehntlandes begründet sein, die letzte Steigerungsrate von 25% entspricht durchaus dem durchschnittlichen Satz der drei anderen, besonders deutlich beim Wechsel zur Mehrjahrespacht angestiegenen Zehnten. Dennoch ist nicht auszuschließen, daß Steigerungen dieser Art auch etwas mit vorher eingetretenen Einbußen zu tun haben, die nun wieder ausgeglichen werden, denn ein vergleichbarer Trend zeigt sich bei den Zehnten, die im selben Zeitraum immer jährlich verpachtet wurden, nicht.

Die 15 Zehnten dieses Typs, die sich, wie ein Vergleich mit der Preisentwicklung zeigt, natürlich im großen und ganzen an den jährlichen Ernteerträgen orientieren, zeigen keine ganz einheitliche Entwicklung. Soviel läßt sich immerhin sagen, daß sie gemessen an diesen Erträgen das Pachtniveau halten. Das Stift erhält also insgesamt ungeschmälert seinen proportionalen Anteil über die Pacht. Die Ursache dafür liegt offensichtlich im Pächterwechsel. Denn bei näherer Betrachtung der Entwicklung zeigt sich, daß der Wechsel des Pächters in der Regel mit einer — im Trend der Entwicklung der Ernteerträge liegenden — relativen Steigerung gegenüber dem Vorgänger verbunden ist. Man darf sich aber nicht vorstellen, daß es zu einer ständigen Rotation der Pächter gekommen wäre. Schon beim Stand der jetzigen unbefriedigenden Möglichkeiten, die in den Pachtroteln genannten Personen immer zu identifizieren, läßt sich feststellen, daß in der Hälfte der untersuchten 44 Pachtjahre sich drei bis vier Jahre dauernde Inhaberschaften

[34] BRIEFBÜCHER, nr. 336 (1481), 415 (1506), 476 (1510).

[35] Urkundenbuch (wie Anm. 20), nr. 668 (1335), 684 (1337), 698, 699 (1339), 831 (1351); INVENTAR nr. 1067 (1407), 1255 (1423); BRIEFBÜCHER, nr. 47, 67 (1470), 420 (1507), 430 (1507), 456 (1509), 480, 489 (1510), 531 (1512).

abwechseln. Wo der Durchschnittszeitraum noch höher liegt, handelt es sich meist um bäuerliche Pächter[36]. Doch sind dies nur grobe Annäherungswerte. Tatsächlich dürfte die Kontinuität der Pächter noch beträchtlich größer gewesen sein.

Das gilt allerdings streng genommen nur, wenn man unter Pächter neben dem Hauptschuldner auch seine Bürgen und Mitschuldner versteht. Denn es fällt auf, daß beide Beteiligte über Jahre und Jahrzehnte bestehende Gruppen bilden, die im Falle großer Zehntbezirke drei bis fünf Personen umfassen, die sich in der Rolle des Hauptschuldners abwechseln[37].

Obwohl von Seiten des Stifts deutlich zwischen gemeinsamer Pachtübernahme und Einzelzuschlag mit Bürgenstellung unterschieden wurde, wobei der erste Fall eine seltene Ausnahme darstellt, scheinen die Bieter sich unter der Decke dieser Rechtsform zu kleinen Pachtkonsortien zusammengeschlossen zu haben[38]. Für eine solche Annahme spricht auch, daß solche kleinen Gruppen nicht selten auch noch einen zweiten oder dritten Zehntblock hinzupachteten[39].

Wer sich hier zusammenschließt, ist nur ansatzweise zu erkennen. Und noch seltener läßt sich feststellen, welche Berufe die Partner ausüben oder welcher sozialen Schicht sie angehören. Das liegt nicht nur an der ganz willkürlichen Praxis der Schreiber, solche für den Zweck der Roteln nebensächlichen Vermerke anzubringen, und an den im 15. Jahrhundert noch immer nicht fixierten Nachnamen der Personen, die eine Identifikation so schwierig machen, sondern auch an der besonderen Struktur Xantens als einer Landstadt[40]. Ob etwa eine Hofstatt im Stadtgebiet nur ein Haus mit Schuppen und Remisen für verschiedene gewerbliche Zwecke darstellte oder einen Bauernhof in der Stadt, läßt sich ohne eine Geschichte der Topographie Xantens ebensowenig entscheiden, wie sich nicht ohne Familienrekonstruktionen sagen läßt, ob der Besitz eines Hofes im nächsten Umland auf einen selbst wirtschaftenden Bauern oder auf einen Bürger hinweist, der Vermögen in Land angelegt hat. Ähnliches gilt auch für die Dorfbewohner, die keineswegs nur Bauern gewesen sein können, sondern auch Handwerker[41].

Und schließlich muß man in der Landschaft Xanten auch damit rechnen, daß Berufe und Schichten weniger streng voneinander geschieden sind als man annehmen möchte. Wie in die Kegelgilde des Kapitels neben ritterlichen Kanonikern und Angehörigen der städtischen Schöffenfamilien auch Handwerker und große Bauern aufgenommen werden, finden sich auch verschiedene Berufe und Schichten in den Pächterkonsortien nebeneinander[42].

Bei dieser Lage der Dinge lassen sich deshalb nur erste und notwendig vorläufige Eindrücke vom sozialen Profil der Zehntpächter wiedergeben. Schöffenfamilien der Stadt wie die Bemel, Helsekem oder Arnhem tauchen nur in den ersten beiden Jahrzehnten regelmäßig als Zehntpächter auf. Danach kommen sie nur noch vereinzelt vor – es sei denn, daß der Johann ten Have, der den größten jährlich versteigerten Xantener Zehnten 'Werdervelt' mit seinem Konsortium bis Ende der 40er Jahre oft übernimmt, zur Schöffenfamilie der ten Have gehört[43].

[36] So z. B. beim Zehnt 'Hurden' (Hürdemannshof).

[37] Den zweitgrößten Zehnt Wardervelt hat z. B. eine Gruppe von Pächtern um Johan ten Have erstmals 1403/04 und dann fast kontinuierlich in der Hand von 1410–1441. Aus ihr wächst die spätere von Johan Vronenbruych, der 1420 erstmals auftaucht, von 1429–1441 zu den Bürgen Johannes ten Have gehört, um dann bis 1449 den Zehnt allein mit anderen Bürgen innezuhaben.

[38] Dann ist von gemeinsamer Übernahme ('insolidum') die Rede, wie 1437 beim Zehnt Hurden und 1438 beim Zehnt Montis.

[39] So pachten die beiden Anm. 37 genannten Gruppen zum Zehnt Wardervelt noch Voskule oder Brant hinzu (Johann ten Have in 6 Fällen) bzw. Voskule und Pijst (Johann Vronenbruych in 3 Fällen) hinzu.

[40] Als Nachnamen können noch nebeneinander der Vorname des Vaters, der Hofesname (Flur- oder Vorbesitzername), die Berufsbezeichnung oder ein charakteristischer Beiname vorkommen. Nur sehr selten gibt der Schreiber der Pachtrotuli einen Hinweis auf die Identität der Personen mit unterschiedlichen Nachnamen durch den Vermerk 'alias'.

[41] So gibt es in Haffen neben dem Schmied auch Weber (vgl. Anm. 29); in Wardt einen Schreiber (Pachtrotulus 1424, Brant).

[42] Vgl. etwa die Baurechnung von 1434/5 (Die Stiftskirche des Hl. Viktor IV, 2 a.a.O. [Anm. 4] Sp. 367): „intraverunt in fraternitatem kegelorum ... Henricus de Ilt, colonus capituli, ... Theodericus filius Ade carpentatoris ...".

[43] F. WEINFORTH, Studien zu den politischen Führungsschichten in den klevischen Prinzipalstädten vom 14. zum 16. Jh., Kölner Schriften zur Geschichte und Kultur 2 (Köln 1982) 80 ff. – Vgl. Anm. 37, 39.

'Beamte' wie Küster oder Gerichtsboten finden sich gelegentlich, Handwerker verhältnismäßig oft. Sie erscheinen sowohl als Mitglieder größerer Konsortien wie als Einzelpächter der kleinsten Zehntblöcke. Dementsprechend finden sich Berufe vom Goldschmied über den Schmied, den Stellmacher, den Schneider bis zum Schuhmacher und Fischer[44].
Deutlicher lassen sich eigentlich nur die Bauern erkennen, und zwar dann, wenn sie als geschlossene Gruppe über lange Jahre einen Zehnt pachten, wie sich dies bei den Bauern in 'Hurden' (Hürdemannshof) verfolgen läßt, denen offensichtlich daran gelegen ist, diesen Besitz auch nach der Verpachtung an andere immer wieder in ihre Hand zu bekommen, auch in der Form, daß sie nur als Bürgen neben nichtbäuerlichen Pächtern auftauchen[45]. Es scheint, als käme diese Kombination nicht ganz selten vor. Sie könnte darauf hindeuten, daß Xantener Bürger auch Bauern an Pachtkonsortien beteiligten, weil man ihnen — vielleicht gegen Überlassung der Zehnten ihres eigenen Landes oder wie in Haffen gegen Stroh und Spreu des Zehntgetreides — die eigentliche Zehnterhebung übertrug[46]. Gerade bei Bauern läßt sich in einigen Fällen nachweisen, daß sie die Zehntbezirke pachteten, in denen ihre Höfe lagen[47]. Sie konnten damit gegen eine Pachtgabe ihr Land zehntfrei machen.
Hinweise auf ähnliche Motive der Einwohner Xantens — seien es Händler oder Handwerker —, Zehnten zu pachten, bietet das Material nicht. Selbst begründete Annahmen sind kaum möglich, da man dazu ihren Haushalt und ihre Vermögenslage kennen müßte. Man kann höchstens bei einem Mann wie dem Fischer Reynken, der 1460 die winzige Zehnt 'Diewech' in Xanten pachtet, vermuten, daß er den Ertrag für den Lebensunterhalt seiner Familie verwendete. Allerdings hätte es sich dabei auch nur um ein Zubrot gehandelt. Setzt man nämlich voraus, daß die zwei Malter Gerste und drei Malter Mischgetreide im Wert von damals 39 Schilling 60% des gesamten Zehntertrags dargestellt hätten, so wäre ihm ein Wert von 26 Schilling geblieben, für den ein Holzsäger als der am Xantener Dom damals geringst entlohnte Arbeiter gut 8½ Tage im Sommer hätte arbeiten müssen und dafür dann 220,5 kg Roggen hätte kaufen können[48]. Theoretisch jedenfalls kommen auch für die Xantener Einwohner je nach Besitzverhältnissen alle genannten Motive von der Zehntbefreiung über die Versorgung des eigenen Haushalts bis hin zur gewerblichen Verwendung und zum Verkauf des Getreides in Betracht.
Aber auch wenn sich über die Interessenlage der Xantener Zehntpächter nur Vermutungen anstellen lassen, darf angesichts der zahlreichen Pächternamen in den Rotuli das anhaltende Interesse an dieser Form der Pacht als grundsätzlich erwiesen gelten.
Die Zehntversteigerung war offensichtlich ein Verfahren, das beiden Seiten entgegenkam. Den Verpächtern bot es — wenn auch in Grenzen — die Möglichkeit, geeignete Pächter, wenn nötig, in raschem

44 z. B. 'coster' (1396, Voskule), 'bade' (1411); 'aurifaber' (1413, Langacker), 'faber' (1405, Verwegh), 'rotifex' (1430), 'piscator' (1416, Dewegh), 'schroeder' (1404, Langacker), 'schoemeker' (1443, Cleynvelt), 'holtsnider' (1404, Transsilvam), 'hueffsleger' (1449, Montis). — An den Pachtkonsortien von Johann ten Have und Johan Vronenbruych (vgl. Anm. 37) sind auch ein Schmied (1423, 1429) und zwei Schneider (1424, 1431, 1440, 1448, 1449) als Bürgen beteiligt.

45 Die bäuerliche Pacht wird nur 1403—1406, 1413, 1415, 1420/21, 1430, 1438, 1444/5, also nur während eines Viertels der untersuchten Pachtzeit, von anderen Pächtern (Xantener Einwohnern, auch Handwerkern, diese jedoch auch vom Umland) unterbrochen. In zwei Fällen sind Hürdener Bauern als Bürgen beteiligt (1403, 1421). — Für 1446, 1447 und 1449 wird ausdrücklich gemeinsame Pacht der Bauern vermerkt.

46 Henricus Bertkens, der 1421 als Bürge erscheint (Lampeler), während ein Xantener Einwohner Hauptschuldner ist, läßt sich nicht nur als Bauer, sondern auch gelegentlich als Arbeiter am Dom nachweisen (INVENTAR nr. 813 (1389), 831 (1390), Baurechnung a.a.O. [Anm. 4] Sp. 324: 1423/24). — Bertkens taucht im Pachtkonsortium dieses Zehnts noch häufig bis 1445 auf, 1437 ist er selbst Hauptschuldner. — Stroh und Spelz: Vgl. die Abmachung mit der Haffener Kirchengemeinde über die Einbringung des Zehnts Renrevelt: Anhang II.

47 Dies läßt sich in einigen Fällen, in denen die bäuerlichen Hofpächter zu identifizieren sind, feststellen: Der Bebauer des Hofs 'opper Benthem' (Pachtrotel 1405) hat 1404 den Zehnt Rondenrade gepachtet; der Bebauer des Hofs 'ter Plancken' (1405) gehört zum Pachtkonsortium von Menzelen (1401), der Pächter des Hofes Juttendonck (1400: QUELLEN, 165) gehört 1403 zu den Pächtern des Zehnts Ursel.

48 Pachtrotel 1416 (Diewegh). Berechnung nach BEISSEL (wie Anm. 31), 120 (Getreidepreise von 1415) u. 172 (Lohndurchschnitte 1410—19).

Wechsel zu finden und ihnen die Kosten und das Risiko der Zehnterhebung aufzubürden. Die Verpächter erwarben einen abschätzbaren Ertrag zu einem kalkulierbaren, weil kurzfristigen Risiko oder eine Zehntablösung gegen eine fixe Getreideabgabe. Darüber hinaus konnten sie, wenn sie die Mittel dazu besaßen, ihre eigenen Getreideeinkünfte erheblich erhöhen, ohne dafür Eigenwirtschaft betreiben zu müssen. Da die Pacht ein Vertrag war, der vor Gericht abgeschlossen wurde, war er öffentlich sanktioniert und trat aus der kirchlichen Gerichtsbarkeit, zu der Zehntsachen klassischer Weise gehörten, heraus. Dies erlaubte dem Verpächter eine marktorientierte Entscheidung, von der er nicht befürchten mußte, daß sie über den privilegierten Gerichtsstand der Gegenseite einseitig in Frage gestellt werden würde. Mit dem Aushandeln des Vertrags über die Versteigerung wurde der Zehnt unter dem Gesichtspunkt des Gewinns mobilisiert, was auf beiden Seiten Orientierung am Markt und seinen Preisen voraussetzte. Der kirchliche Steueranspruch wurde immer mehr zur kalkulierbaren Reallast. Denn obwohl das Zehntrecht auch weiterhin eine der wirtschaftlichen Grundlagen kirchlicher Herrschaft blieb, trat es gegenüber den Zehntleistenden selbst nicht mehr als solches in Erscheinung. Die Übernahme der Ausübung dieses Rechts durch Dritte aus deren eigenem Interesse objektivierte sozusagen den Zehnteneinzug.
An der Zehntversteigerung läßt sich ablesen, wie im späteren Mittelalter Herrschaftsrechte unter Marktbedingungen modernisiert werden konnten. Das schloß bei kleinen Zehnten Erscheinungsformen nicht aus, in denen sich die Versteigerung noch ganz im alten Gegenüber von Stiftsherren und Bauern in Formen, die an die Abhaltung der alten Hofgerichte erinnerten, abspielte[49]. Doch waren offensichtlich die großen Versteigerungen, bei denen auch städtische Interessenten beteiligt waren, wie etwa in Xanten selbst oder im Gebiet zwischen Maas und Waal, die für die wirtschaftliche Zukunft der Zehnten bis zur Französischen Revolution wichtigeren Formen. Wie 'lebensfähig' diese alte Berechtigung blieb, zeigen die zuletzt genannten Zehnten, die dem Stift auch in den unabhängig gewordenen protestantischen Generalstaaten erhalten blieben. Für ihre Verpachtung wurden noch 1749 neue Bestimmungen getroffen, die sich aber — auch dies eine Modernisierung — nicht mehr auf Getreide, sondern auf Tabakzehnten beziehen[50].

ANHANG I

Anweisung zur Ausbietung der propsteilichen Zehnten in Haffen (1513)

Archidiakonatsrechnung: 1513 März — Juli. StAX, A 23 (f. 5 — 6b)

Informatio modica circa impositionem et expositionem decimarum parrochie in Haffen alias Renen ratione prepos 1ture Xanctensis et nomine illius pro tempore prepositi singulis annis colligendarum.

Advertendum est per exponentem dictarum decimarum, quod antequam coloni ibidem vel aliquis alius antedictas decimas imponant vel pro eisdem aliquam oblationem faciant, ipse exponens primo loquatur magistris fabrice prefati ecclesie in Haffen ratione prandii per dominum prepositum et pro tempore exponentem

Kurze Unterweisung über das Versteigern und die Vergabe der Zehnten in der Pfarrei Haffen oder Renen, die jährlich von Seiten der Propstei Xanten und im Namen des jeweiligen Propstes einzusammeln sind.

Zunächst hat der Ausbieter der genannten Zehnten darauf zu achten, daß er, bevor die dortigen Bauern oder sonst jemand auf die vorgenannten Zehnten ein Erstgebot oder sonst ein Gebot abgeben, mit den Kirchenmeistern der vorgenannten Kirche in Haffen wegen des Mahls spreche, das der Herr Propst und der je-

[49] Vgl. die Darstellung der Anweisung zur Zehntversteigerung in Haffen und im Versteigerungsprotokoll Anhang I, II.

[50] QUELLEN, 559 f.

parrochianis eiusdem parrochie tempore expositionis prelibatorum decimarum ut pretenditur debiti; et ipse exponens conveniat cum dictis magistris fabrice super eodem prandio, an videlicet velint prandium eis fieri et dari loco huiusmodi prandii unam summam pecuniariam utpote 9 vel 10 aut 11 florenos pactales seu infra vel supra, et ultra premissa 4 tonnas cerevisie.

Qua conventione sit ut prefertur facta, exponens antedictus admittat colonos vel alios ad impositionem decimarum et augmentationem etc. in presentia iudicis secularis et scabinorum ad hec vocandorum et requirendorum.

Item quando fit impositio decimarum et illarum augmentatio, tunc non fiat illico expositio seu non detur alicui ictus. Sed dicat exponens nomine domini sui prepositi quod 'tali die N. volo decimas huiusmodi nomine domini mei prepositi solito more exponere et plus augmentanti ictum dare'.

Et sic recedat, cimbolo hospiti per singulos exsoluto, quia tunc dominus prepositus seu pro eo comparens tantum pro se et iudice et duobus scabinis cimbolum suum ad instar aliorum assedentium exsolvit.

Item ultimus ex colonis augmentationem seu additionem faciens, est arrendator decime talismodi partis et cogitur pro illis solvendis ponere fideiussores et necesse habet solvere tociens unum maldrum accrescens, quotiens denarius numerus in prima impositione occurrit, sed in Groetfelt duo maldra. Deinde ad singulas decimas supputatur unum maldrum, sed ad maiorem campum videlicet Groetfelt supputantur duo in subsidium expensarum et dicuntur 'voerloeper'.

Item quilibet augmentationem seu additionem faciens lucratur sibi quartam partem illius numere videlicet augmentationis seu additionis quem seu quam addit; et illa quarta pars defalcatur de summa illius.

Item decima maioris campi videlicet Groitfelt augmentatur per 'mael'; quod 'mael' facit duo maldra. Sed relique partes decimarum augmentantur per unum maldrum.

Tandem dictus exponens decimas sit cautus circa impositionem, quia coloni sunt callidi ad imponendum de circumveniendo non habentem scientiam aut practicam huiusmodi impositionis. Ubi enim debent imponere 30 maldra, aliqui imponunt 15 vel 20 maldra dicentes hec verba videlicet: 'volumus melius augmentare vel addere'. Sed per hec verba circumvenitur ipse exponens quoad numerum denarium. Ideo attendat, quod coloni

weilige Ausbieter den Pfarrangehörigen dieser Pfarrei anläßlich der Ausbietung der vorgenannten Zehnten — wie behauptet wird — schulden. Der Ausbieter soll sich mit den genannten Kirchenmeistern darüber verständigen, ob ihnen das Mahl ausgerichtet werden oder ihnen stattdessen eine Geldsumme in Höhe von 9 oder 10 oder 11 Pachtgulden oder darüber und darunter gegeben werden soll, dazu in jedem Fall noch vier Tonnen Bier.

Nach dieser Absprache lasse der vorgenannte Ausbieter die Bauern zum Erstgebot auf die Zehnten und zur Steigerung usw. in Gegenwart des weltlichen Richters und der Schöffen zu, die dazu erforderlich und zu berufen sind.

Wenn dann das Erstgebot auf die Zehnten und seine Erhöhung stattfinden, werde nicht sofort ausgetan oder jemandem der Zuschlag gegeben. Vielmehr erkläre der Ausbieter zunächst im Namen seines Herrn des Propstes, daß 'an diesem Tage, ich N. die Zehnten im Namen meines Herrn des Propstes in gewohnter Weise vergeben und dem Meistbietenden den Zuschlag geben will.'

Mit diesen Worten ziehe er sich zurück, bis jeder Anwesende dem Gastgeber seinen Geldbetrag entrichtet hat, da erst dann der Herr Propst oder sein Sachwalter — und nur für sich, den Richter und die beiden Schöffen — den Betrag nach dem Vorbild der anderen Anwesenden entrichtet.

Der letzte der Bauern, der das Gebot erhöht, ist der Pächter dieses Teils der Zehnten und muß Bürgen für die Zehntleistung stellen. Außerdem muß er so oft ein Malter Zuwachs (accrescens) geben, wie das Erstgebot durch 10 teilbar ist; für das 'Groetfeldt' jedoch 2 Malter. Danach wird auf die einzelnen Zehnten ein Malter aufgeschlagen, auf das größte Zehntfeld jedoch, nämlich 'Groetfeldt', 2 Malter, die als Unkostenbeitrag dienen und 'voerloeper' heißen.

Jeder Ersteigerer darf von dem (letzten) Steigerungsgebot, das er machte, ein Viertel behalten — und jenes Viertel wird von seiner Summe abgezogen.

Das größte Zehntfeld nämlich 'Groetfeldt' wird um 'mael' ersteigert; welches 'mael' 2 Malter macht; die anderen Zehntpartien werden jedoch um (mindestens) 1 Malter erhöht.

Schließlich sei der Ausbieter der Zehnten vorsichtig wegen des Erstgebots, denn die Bauern sind in diesem Punkte schlau und täuschen denjenigen, der sich mit dem Erstgebot nicht auskennt und damit keine Erfahrung hat. Wo sie nämlich 30 Malter bieten müßten, bieten einige 15 oder 20, indem sie sagen: 'Wir wollen um so höher steigern und überbieten'. Aber mit diesen Worten wird der Ausbieter hinsichtlich des 10%-Auf-

bene imponant, non animadvertens antedicta verba etiam propter collusionem, quam aliqui faciunt coloni inter se et circa augmentationem seu additionem antedictam.

Item sciendum, quod ante tempora consueverunt antedicte decime imponi et exponi in pecuniis, sed expost in evidentem utilitatem preposture et pro tempore illius prepositi fuit immutatio facta quoad pecuniam in frumentum et ita ab aliquibus annis circa fuit observatum.

Item decime huiusmodi exponuntur ad triplicia blada, qualia ibidem crescunt prout frequentius scilicet triticum, ordeum et commune. Est autem commune, cuius due partes havena est et tercia ordeum.

schlags (auf das Erstgebot) betrogen. Er achte also darauf, daß die Bauern ein gutes Erstgebot abgeben und übergehe die vorgenannten Worte auch deshalb, weil manche Bauern auch untereinander geheime Absprachen wegen der Steigerungsgebote treffen.

Es ist auch zu wissen, daß früher auf die vorgenannten Zehnten in Geld geboten und sie für Geld ausgetan wurden. Später – und unter dem derzeitigen Propst – fand zum offenbaren Nutzen der Propstei die Umwandlung von Geld in Getreide statt, und so wird es seit einigen Jahren gehalten.

Diese Zehnten werden nun um die drei Getreidesorten ausgetan, die dort am häufigsten wachsen, nämlich Weizen, Gerste und Mengfrucht (commune). Mengfrucht ist aber das Getreide, das zu zwei Teilen aus Hafer und einem aus Gerste besteht.

ANHANG II

Einkünfte des Xantener Propstes aus den Zehnten in Haffen (1499/1500)

Archidiakonatsrechnung des propsteilichen 'familiaris redditus' Bernhardus de Buxfort 1499/1500. StAX, A 14 f. (113b)

	Recepta decimarum prepositure Xantensis.		Einkünfte aus den Zehnten der Propstei Xanten.
Groetvelt	Decima Groetvelt pro qua Jo. ter Vayg obtulit maldra 100. Idem addidit maldra 8. Custos in Haffen Johannes Kech maldra 8. Ruthgerus then Pasch fideiussor.	Groetfelt	Zehnt 'Groetfelt', für den Jo. ter Vayg 100 Malter bot. Derselbe erhöhte um 8 Malter; der Küster in Haffen Johann Kech um weitere 8 Malter. Ruthger then Pasch ist Bürge.
Renrevelt	Decima Renrevelt Arnoldus de Ryngenbergh obtulit 26. Idem addidit maldra 4. Johannes ten Bellinkoven[51] maldra 2. Sed postea dicto Johanne negante se 2 maldra addidisse, quia ribaldus, nolui eidem impensionare, sed retinui pro domino, et ego ipse auxilio pastoris in Haffen et Johannes de Lawich[52] parochiani feci congregari et concordavi de laboribus et	Renrevelt	Zehnt Renrevelt, für den Arnold von Ryngenbergh 26 bot. Derselbe erhöhte um 4 Malter. Johann ten Bellinkoven erhöhte um weitere 2 Malter. Aber als nachher der genannte Johann bestritt, um weitere 2 Malter erhöht zu haben, weil er ein Schurke ist, war ich nicht bereit, ihm (den Zehnten) zu verpachten, sondern hielt ihn für den Herrn zurück. Vielmehr ließ ich mit Hilfe des

[51] Versteigerungsprotokoll Haffen 1478: 'Jan to Bellinkkoven ackerman' (Archidiakonatsrechnung 1486, StAX, A 16, Bl. 149).

[52] Vielleicht 'Jan van Loerwijch' (Versteigerungsprotokoll Haffen 1478: Archidiakonatsrechnung 1478, StAX, A 16, Bl. 148b).

	expensis pro quibus reliqui eis stramina et paleas excepto salarium eorum, qui trituraverunt et dedi eisdem stuferos 12 et erant tritici maldra 6 scepelinum ½, siliginis maldra 4, ordei maldra 3, communis maldra 9 scepelinum ½, pisarum maldrum 1 spint 1, boeckweit maldra 4½. Summa illius decime Renrevelt facit maldra 27 scepelina 3 spynt 1[53].		Pfarrers und des Johann von Lawich die Pfarrangehörigen zusammenkommen und einigte mich mit ihnen über den Arbeitsaufwand und die Kosten in der Weise, daß ich ihnen dafür Stroh und Spreu überließ – ausgenommen den Lohn für die Drescher, denen ich 12 Stüber gab. Danach kamen ein: 6 Malter und ½ Scheffel Weizen, 4 Malter Roggen, 3 Malter Gerste, 9 Malter ½ Scheffel Mengfrucht, 1 Malter 1 Spint Erbsen, 4½ Malter Buchweizen[54]. Der Gesamtertrag dieses Zehnts Renrevelt beläuft sich auf 27 Malter, 3 Scheffel 1 Spint.
Rotvelt	Decima Roetvelt Everhardus Heynen obtulit maldra 26. Idem addidit maldra 2. Gerardus Brunckhorst maldra 2. Faber ibidem maldrum 1. Gerardus Brunckhorst maldra 2. Johannes Wilhelms maldrum 1. Theodericus ingen Rayg maldrum 1. Ruthgerus ten Pasch fideiussor.	Rotvelt	Zehnt Rotvelt, wofür Eberhard Heynen 26 Malter bot. Derselbe erhöhte um 2 Malter; Gerard Brunckhorst um weitere 2 Malter; der dortige Schmied um 1 Malter; Johann Wilhems um 1 Malter. Ruthger ten Pasch ist Bürge.
– – –	Decima Eynwillighe Johannes Wilhems obtulit maldra 26. Idem addidit maldra 4. Ruthgerus then Pasche maldra 3. Faber maldrum 1. Et Theodericus to Holthusen fideiussor.	– – –	Der Zehnt Eynwillighe, für den Johann Wilhems 26 Malter bot. Derselbe erhöhte um 4 Malter; Ruthger then Pasch um weitere 3; der Schmied um einen. Und Diedrick to Holthusen ist Bürge.
Broick	Decima Broick Theodericus ingen Broick obtulit maldra 15. Idem addidit maldra 4. Maes ingen Smytten maldra 2. Jochenchen then Nyenhuys fideiussor.	Broick	Der Zehnt Broick, für den Diedrick ingen Broick 15 Malter bot. Derselbe erhöhte um 4 Malter; Maes ingen Smytten um weitere 2 Malter. Jochenchen then Nyenhuys ist Bürge.

[53] 'Decime Renrevelt' mit anderer Tinte eingefügt.

[54] Nach BEISSEL a.a.O. (Anm. 31) 113 war 1 Malter = 4 Scheffel = 16 Spint. – Das Gewicht eines Stiftsmalters berechnet DERS., 117 folgendermaßen: Weizen = 120 kg; Roggen = 106 kg; Gerste = 100–120 kg; Hafer = 66 kg; Buchweizen = 106 kg.

Broickdaell	Broickdaell Quirinus ingen Pasch obtulit maldra 19. Idem addidit 1. Henr. Heger maldra 2. Theodericus Gysen fideiussor.	Broickdaell	Broickdaell, für den Quirinus ingen Pasch 19 Malter bot. Derselbe erhöhte um 1 Malter; Henr. Heger um weitere 2 Malter. Diedrick Gysen ist Bürge.
Accrescentia denariorum	Item accrescit ad decimarum primam oblationem per parrochianos factam, qui est illarum 5 decimarum 186 maldra, accrescit decima pars videlicet 18½ maldra.	10%-Zuwachs	Dem Erstgebot auf die Zehnten, das die Pfarrangehörigen machten und das sich für diese 5 Zehnten auf 186 Malter beläuft, wächst der zehnte Teil, nämlich 18½ Malter zu.
Secunda additio dicta 'vorloper'	Item adduntur ad decimam maiorem 2 maldra, ad alias decimas 1 maldrum, dicta 'voerloeper' et hec adduntur propter pecunias expensas, quas prepositus simul suffert, dum ista oblatio maldrorum fit, et faciunt maldra 6.	Zweiter Aufschlag genannt 'vorloper'	Auf den großen Zehnt werden 2 und auf die anderen Zehnten 1 Malter, genannt 'vorloper' aufgeschlagen wegen der Geldausgaben, die dem Propst während des Bietens der Malter entstehen; macht 6 Malter.
Ex additione sublatio	Item ex additionibus maldrorum tempore expositionis decimarum quilibet addens lucratur quartam partem. Fuit autem additio in decimis maldra 42, ex quibus sublata quarta parte remanent domino meo 31½.	Abschlag von der Gebotserhöhung	Von den Gebotserhöhungen in Maltern während der Ausbietung des Zehnten darf jeder der Bieter für sich ein Viertel behalten. Die Erhöhungen betrugen bei den Zehnten 42 Malter, von denen der vierte Teil abgezogen wird, so daß meinem Herrn 31½ bleiben.
Summa omnium decimarum	Summa ergo illarum 5 decimarum sub triplici specie solvendarum videlicet in tritico, in ordeo et in communi, quod est una pars ordei et due partes avene dicte 'gemancks', maldra 242, et hoc tripartite divisum facit 80½ maldra 2 spynt[55].	Summe aller Zehnten	Die Summe (der Einkünfte) aus diesen 5 Zehnten, die in drei Sorten zu liefern sind, nämlich in Weizen, in Gerste und in Mengfrucht, genannt 'gemancks', wovon 1 Teil Gerste und die beiden anderen Teile Hafer sind, beläuft sich auf 242 Malter, und diese Summe gedrittelt macht je 80½ Malter 2 Spint.

[55] Es folgt mit anderer Tinte die Addition des in dieser Summe nicht berücksichtigten Zehnten 'Renrevelt' zu einer nicht mehr ausgeführten neuen Gesamtsumme. — Die Gesamtsumme setzt sich aus dem Grundgebot, der Steigerungssumme des Letztbietenden abzüglich 25% und den beiden Gebührenanteilen 'accrescentia denariorum' und 'voerloeper' zusammen.

MARTINA STERCKEN

Zunftwesen in Xanten*

Entstehung und Entwicklung des Zunftwesens in Xanten sind kaum untersucht worden[1]. Dies mag unter anderem daran liegen, daß keine der Zünfte dieser Stadt zu einer überregionalen Bedeutung hat gelangen können wie etwa die Wollweberzünfte in den umliegenden Städten Kalkar, Goch, Emmerich oder Wesel[2]. Auch die Quellenlage zur Xantener Wirtschaftsgeschichte ist nicht gerade dicht zu nennen[3]. Bürgerbücher und Stadtrechnungen, die für andere niederrheinische Städte im Hinblick auf soziale und wirtschaftliche Verhältnisse im Mittelalter eine wichtige Quelle bedeuten, haben sich für Xanten nicht erhalten. Zunftordnungen der Xantener Handwerker sind in Abschriften und als Sammlungen des 17. und 18. Jahrhunderts überliefert. Ein besonderes Zeugnis für die soziale Stellung der Zünfte in Xanten ist das Verzeichnis der Eligiusgilde der Schmiede von 1467; ebenfalls liegen, wenngleich in schlechtem Zustand, die Rechnungsbücher der Bäcker-, Brauer- und Schankwirtezunft aus den Jahren 1615 und 1616 wie der Schuhmacherzunft von 1634 vor[4]. Ein klareres Bild der wirtschaftlichen Situation Xantener Zünfte, ihrer Größe, ihrer Einnahmen und Ausgaben vermitteln erst Berichte des 18. Jahrhunderts, die im Zuge der vereinheitlichenden Maßnahmen des brandenburgisch-preußischen Staates, dem das Herzogtum Kleve seit 1666 zugehört, erstellt werden müssen[5].
Zwar konnte offenbar keine der Xantener Zünfte im niederrheinischen Wirtschaftsleben eine besondere Rolle spielen, jedoch hat schon Erich Liesegang beobachtet, daß sich in Xanten die zünftische Organisation der Gewerbe früher und kontinuierlicher durchsetzt als in den benachbarten Städten[6]. Vom Ausgang des 14. Jahrhunderts an mehren sich die Nachrichten über Zusammenschlüsse der Handwerker. Mitte des 16. Jahrhunderts ist die Zunftbildung augenscheinlich abgeschlossen. Zu dieser Zeit sind Kaufleute und Krämer, Wollweber, Leineweber, Schmiede, Schuster, Fleischer, Schneider, Zimmerleute, Kürschner und schließlich die Bäcker, Brauer und Schankwirte in Zünften organisiert. Eine Zunft der Rheinschiffer entsteht erst 1749, also nur wenige Jahrzehnte bevor die Gewerbefreiheit endgültig durchgesetzt und damit dem mittelalterlichen Zunftwesen ein Ende bereitet wird[7].

Schon mehrfach ist darauf hingewiesen worden, daß Xanten lange vor der Stadterhebung eine Siedlung mit städtischem Gepräge war[8]. Der archäologische Befund hat schon für die karolingische Zeit eine Kauf-

* Vortrag, gehalten im Frühjahr 1984 am Regionalmuseum Xanten.

1 Vgl. Hinweise bei LIESEGANG, E., Niederrheinisches Städtewesen vornehmlich im Mittelalter, Breslau 1897 (Untersuchungen zur deutschen Staats- und Rechtsgeschichte, Heft 52) S. 683 ff.; HOLLAND, W., Die Gilden, in: 700 Jahre Stadt Xanten, Xanten 1928, S. 113–199.

2 LIESEGANG, Städtewesen, S. 623 ff.; vgl. BERGRATH, P. B., Das Wüllenamt in Goch, in: AHVN 1858, S. 41–83; s. auch PRIEUR, J., REINIGHAUS, W. (Hrsg.), Wollenlaken, Trippen, Bombasinen, Wesel 1983 (Studien und Quellen zur Geschichte von Wesel 5).

3 Stiftsarchiv Xanten, Stadt Xanten I (Gildenbuch), Urkunde 1462 April 22, Handschrift 64; HStAD, Kleve-Mark I 387 (Xantener Zunftprivilegien 1416–1698).

4 Stiftsarchiv Xanten, Stadt Xanten 2, Stadtarchiv Xanten, Kasten 181.

5 HStAD, Xanten, Kreisregistratur 782; s. auch Stadtarchiv Xanten, Kasten 90.

6 LIESEGANG, Städtewesen, S. 683.

7 Stadtarchiv Xanten, Kasten 90; vgl. zur allgemeinen Entwicklung: ZORN, W., Zünfte, in: Handbuch der Sozialwissenschaften Bd. 12 (1965) S. 484–489, bes. S. 488.

8 Vgl. KASTNER, D., Stadterhebung, Stadtwerdung und das Privileg für Xanten vom 15. Juli 1228, in: Studien zur Geschichte der Stadt Xanten 1228–1978, Köln 1978, S. 23 ff.; FLINK, K., Zur Stadtentwicklung von Xanten, in: AHVN 182 (1979) S. 62–88.

leute-Siedlung westlich der Viktorskirche nachgewiesen[9]. Für die Mitte des 12. Jahrhunderts ist bereits ein reger Handelsaustausch zwischen Xanten und anderen niederrheinischen Städten bezeugt. 1142 bestätigt Erzbischof Arnold von Köln die gegenseitige Zollfreiheit der Kaufleute von Rees, Xanten, Wesel, Emmerich, Elten, Doetinchem und Schmitthausen[10]. Die günstige Verkehrslage, die Nähe zum Rhein, der Dombau und die Wallfahrt zum Viktorsgrab begünstigten die Entwicklung Xantens zum Handelsplatz mit lokaler, vielleicht regionaler Bedeutung[11].

Der Xantener Markt entwickelte sich südlich der Immunität des Viktorsstifts, gefördert durch Privilegien der Kölner Erzbischöfe, die bis 1444 Stadtherrn von Xanten sind. Mit der Erhebung zur Stadt 1228 wird Xanten einen Bevölkerungszuwachs verzeichnet haben können; die Stadt gewann an wirtschaftlicher Bedeutung. Gegen eine Recognitionsgebühr von 16 Solidi befreit Erzbischof Heinrich von Köln 1237 alle Händler in Xanten vom täglichen Zoll, dem Schiffszoll wie dem Zoll auf Vieh und Handelsgut und gewährt allen Besuchern des Marktes den stadtherrlichen Schutz[12]. Aus diesem Privileg geht ferner hervor, daß es neben dem täglichen und dem Wochenmarkt am Samstag noch zweimal im Jahr einen Jahrmarkt am St. Viktors- und am St. Thomas-Fest gab.

Dem Interesse der wachsenden Stadtgemeinde kommt schließlich 1281 ein Privileg des Kölner Erzbischofs Siegfried von Westerburg entgegen, das allen im Gerichtsbezirk Xanten wohnenden Händlern oder Gewerbetreibenden gebietet, sich den bürgerlichen Pflichten zu unterwerfen[13].

Anhand von Quellen des 13. und 14. Jahrhunderts, die aber auf frühere Zustände schließen lassen, hat Dieter Kastner den Xantener Markt beschrieben[14]. Neben festeingerichteten Verkaufsräumen, „kremersteden" und „gewantsteden" an der nördlichen Marktseite gab es einen Markt für Weizen und Lebensmittel sowie Verkaufsstellen für Weizenbrot, Fleisch und Fisch an der südlichen Marktseite.

Die Entwicklung des Handwerks in Xanten gegen Ende des 13. und zu Beginn des 14. Jahrhunderts wird auch in den Straßenbezeichnungen augenfällig. 1284 ist zum ersten Male die Scharnstraße erwähnt, die sich nach den „scharnen", den Fleischbänken der Metzger, so nennt, 1290 die Weberstraße, die heutige Kleverstraße, und 1303 die Schmiedegasse, deren Lage man nicht mehr eindeutig identifizieren kann[15]. Zumindest die Siedlungsgemeinschaft und Nachbarschaft der Schmiede scheint sich bis ins 14. Jahrhundert hinein erhalten zu haben. Um die Mitte dieses Jahrhunderts wohnen noch eine Reihe von Schmieden, etwa der Schlosser Theodericus Locheter oder der Schmied Johann Hufnagel, „prope forum in vico fabrorum" oder, wie es in den deutschen Urkunden heißt, in der „smeddegassen"[16]. Zur gleichen Zeit sind in der Weberstraße und in der Scharnstraße Handwerker unterschiedlichen Gewerbes anzutreffen[17]. Die Berufsbezeichnungen der Xantener Bürger geben einigen Aufschluß über die gewerbliche Arbeitsteilung im Xanten des 14. Jahrhunderts. Es werden genannt: Wollschläger, Messerschmiede, Goldschmiede, Radmacher, Schieferdecker, Leistenmacher, Sargmacher, Faßbinder, Sparrenmacher, Stellmacher, Schreiner, Pantoffelmacher, Holzschnitzer, Täschner, Flickschneider, Glasmacher, Sattler u. s. f.[18]. Auch das

[9] BORGER, H., Xanten. Entstehung und Geschichte der mittelalterlichen Stadt, in: Beiträge zur Geschichte des Kreises Dinslaken am Niederrhein, Beiheft 2, Xanten 1960, S. 45; s. auch BORGER, H., OEDIGER, W., Beiträge zur Frühgeschichte des Xantener Viktorstiftes, Düsseldorf 1969 (Rheinische Ausgrabungen 6).

[10] Regesten der Erzbischöfe von Köln im Mittelalter Bd. II, bearb. v. R. KNIPPING, Bonn 1901, Nr. 410.

[11] FLINK, Stadtentwicklung, S. 84 mißt dem Xantener Markt nur lokale Bedeutung bei im Gegensatz zu VOLLMER, G., Stadtentstehung am unteren Niederrhein, Bonn 1952 (Rheinisches Archiv 41) S. 74.

[12] Regesten der Erzbischöfe von Köln Bd. III, bearb. v. R. KNIPPING, Bonn 1901, Nr. 868 f.

[13] RegEbK III Nr. 2870.

[14] KASTNER, Stadterhebung, S. 25.

[15] WEILER, P., Urkundenbuch des Stiftes Xanten, Bonn 1935 (Veröffentlichungen des Vereins zur Erhaltung des Xantener Domes e. V. II) Nr. 274, 364, 300; KASTNER, Stadterhebung, S. 23 ff.

[16] WILKES, C., Inventar der Urkunden des Stiftsarchivs Xanten (1119–1449), Köln 1952 (Inventare nichtstaatlicher Archive 2) Nr. 541, 569.

[17] WILKES, Inventar, Nr. 530, 548, 621, 682, 813.

[18] WILKES, C., Quellen zur Wirtschaftsgeschichte des Archidiakonats und Stifts Xanten, Bd. 1, Bonn 1937 (Veröffentlichungen des Vereins zur Erhaltung des Xantener Domes e. V. III) S. 171, 319; WILKES, Inventar, Nr. 993, 777, 893, 1138, 344, 905, 559, 744, 967, 1412, 1; WEILER, Urkundenbuch Nr. 596, 274; WEISE, E., Die Memorien des Stiftes Xanten, Bonn 1938 (Veröffentlichungen des Vereins zur Erhaltung des Xantener Domes e. V. IV) 192, s. auch VOLLMER, Stadtentstehung, S. 75; FLINK, Stadtentwicklung, S. 85.

Barbiergewerbe ist im 14. Jahrhundert vertreten durch einen Johannes Barbitonsor und eine Bela Barbitorix[19].

Wie auch sonst im deutschen Nordwesten wird in Xanten der heute übliche, eigentlich oberdeutsche Begriff 'Zunft' für die gewerblichen Verbände erst spät, das heißt im 16. Jahrhundert, und zunächst nur für die Kürschner üblich[20]. Gilde ist die geläufige Bezeichnung für die Zusammenschlüsse der Handwerker und Kaufleute.
Anscheinend geht in Xanten der Organisation von Handwerkern in wirtschaftlichen Zweckgemeinschaften ihre Vereinigung in einer kirchlich-sozial ausgerichteten Bruderschaft voraus. Ehe wir von der zünftischen Organisation der Krämer, Schuster und Schneider erfahren, hören wir von ihren Bruderschaften. Die Rechnungen des St. Viktorstifts in Xanten vermerken etwa für die Jahre 1393/94 und 1371/72 Zahlungen der Schneider und Schuster für das Glockenläuten zu den Feiern ihrer Bruderschaften[21]. Wie die Bruderschaften der Handwerker werden gegen Ende des 14. Jahrhunderts auch die Xantener Schützenbruderschaften zum ersten Mal urkundlich erwähnt. Genannt werden die Liebfrauengilde, die spätere Helenagilde, die Viktor- und Andreasgilde, wie auch die heute nicht mehr bestehende Sebastianusgilde. Neben kirchlichen Aufgaben oblag es diesen Bruderschaften, die Wehrfähigkeit der Xantener Bürger zu üben[22].
Um diese Zeit beginnen jedoch offenbar Kaufleute und Handwerker in Xanten, ihre Vereinigung als wirtschaftlichen Zweckverband zu organisieren und Zünfte zu bilden. Einige der überlieferten Zunftordnungen weisen mit Stolz auf das Alter der Zunft hin. Nicht nur die Formulierung, daß die Zunft bereits seit Menschengedenken existiere, deutet darauf hin, daß sie bereits zum Zeitpunkt der schriftlichen Ausfertigung ihrer Statuten auf eine längere Geschichte zurückblicken kann[23]. Als im Jahre 1486 die Nikolaus- und Katharinagilde der Kaufleute und Krämer vor den Vertretern der städtischen Regierung die Bestätigung ihrer Zunftordnung begehrt, kann sie schon auf eine ältere Urkunde verweisen, die 1371 ausgestellt worden ist[24]. Auf die augenscheinlich wichtige Funktion der Kaufleute in der mittelalterlichen Wirtschaft Xantens wurde bereits eingegangen. Sichtbarer Beweis ihrer tragenden Bedeutung sind die frühen Zeugnisse der Verehrung des Heiligen Nikolaus, des Patrons der Kaufleute und Schiffer in der Stadt[25]. In begrenztem Maße beteiligten sich Xantener Kaufleute auch am überregionalen Handel an Messen in Frankfurt wie an den Brabanter Messen; auch sind ihre Beziehungen nach Antwerpen nachgewiesen[26]. Xanten gehörte zwar bis 1572 im klevischen Städtekreis um Wesel zur Hanse, doch schätzen schon die Zeitgenossen die Mitgliedschaft dieser Stadt in dem Verbund für beide Teile als kaum bedeutsam ein[27].
Zu den ältesten Zünften in Xanten gehören ebenfalls die Wollweber; sie sind vor 1397 in der Barbaragilde organisiert[28]. Für die Schafzucht und damit die Wollproduktion bietet die niederrheinische Landschaft gute natürliche Voraussetzungen. Es wird immer wieder betont, daß das Wollgewerbe seinen Aufstieg im späten Mittelalter nicht zuletzt auch den Pestwellen verdankte, denn mit der Lebenslust der Überlebenden stieg der Bedarf an Kleidung und Luxus[29]. In Xanten jedoch blieb diese Wirkung weitgehend aus.

[19] WILKES, Inventar, Nr. 740; WILKES, Quellen, Nr. 442.

[20] Vgl. HERBORN, W., Zunftwesen und Handwerk im Schatten einer Großstadt: das Beispiel Deutz, in: RhVjBll 45 (1981) S. 135; s. auch IRSIGLER, F., Zur Problematik der Gilde- und Zunftterminologie, in: Gilden und Zünfte, hrsg. v. B. SCHWINEKÖPER, Sigmaringen 1985 (Vorträge und Forschungen Bd. 29) S. 53–70.

[21] WILKES, Quellen, S. 90; ROTTHOFF, G., WILKES C., Die Stiftskirche des Heiligen Viktor zu Xanten Bd. III, Berlin 1957, S. 153, 64, 129, 140, 155, 173; vgl. auch FLINK, Stadtentwicklung, S. 85.

[22] REINTGES, T., Ursprung und Wesen der spätmittelalterlichen Schützengilden, Bonn 1963 (Rheinisches Archiv 58); s. a. HOLLAND, W., Die Bruderschaften der Stadt Xanten, in: 700 Jahre Stadt Xanten, Xanten 1928, S. 120 ff.

[23] Stadtarchiv Xanten HS 64 fol. 233 ff. (Antoniusgilde), fol. 229 ff. (Nikolaus- und Katharinagilde), Stadt Xanten I fol. 49 (Helenagilde) fol. 56 f. (Martinsgilde).

[24] Vgl. LIESEGANG, Städtewesen, S. 684.

[25] KASTNER, Stadterhebung, S. 22 ff.

[26] ENNEN, E., Grundzüge des niederrheinischen Städtewesens, in: Klever Archiv 3, Kleve 1981, S. 76 f.

[27] Inventare hansischer Archive des 16. Jahrhunderts Bde. 1 u. 2, Kölner Inventar, bearb. v. K. HÖHLBAUM, Leipzig 1896 u. 1903, s. Bd. 1, S. 17, 369, Bd. 2, S. 9, 31, 327.

[28] HStAD Kleve-Mark I 387.

[29] ENNEN, Grundzüge, S. 62; PRIEUR, Wollenlaken, S. 13.

Die Barbaragilde der Wollweber zählt zwar zu den ältesten Zünften in Xanten, erreichte aber nie die Bedeutung, die die Wollweber in den umliegenden Städten gehabt haben. Goch oder Kalkar entwickelten sich zu Zentren der Tuchproduktion[30]. Anfang des 14. Jahrhunderts gab es in Kalkar bereits ein Gewandhaus, das 1318 zum ersten Mal erwähnt wird. 1325 schließen sich die Wollweber von Kalkar, Goch und Emmerich zusammen, um in einem gleichberechtigten Verband ihre Wollproduktion zu vereinheitlichen. Man kann also davon ausgehen, daß um diese Zeit in allen genannten Orten ein fest installiertes Wollamt existierte. Wesel wurde zum Stapelplatz für den Export von niederrheinischen Laken. Außer dem Wollamt haben dort im 13. und 14. Jahrhundert keine anderen Zünfte bestanden.
In Xanten bildeten dagegen recht bald nach den Krämern und Wollwebern, nämlich vor 1416, die Leineweber eine Zunft, die Severusgilde[31]. Von den anderen Handwerkern liegen Zunftstatuten aus dem Zeitraum zwischen der Mitte des 15. Jahrhunderts und der Mitte des 16. Jahrhunderts vor. Die Schmiede organisierten sich in der Eligiusgilde (vor 1449), die Schuster in der Crispin- und Crispianusgilde (vor 1516), die Fleischer in der Annagilde, die Schneider in der Helenagilde (beide vor 1518), die Zimmerleute in der Martinsgilde (vor 1521), die Kürschner, wie es scheint, in einer Gilde ohne Patron (vor 1559) und die Bäcker, Brauer und Schankwirte in der Antoniusgilde (vor 1562)[32].

In den Quellen finden sich nur vereinzelte Hinweise zur Größe der mittelalterlichen und frühneuzeitlichen Zünfte in Xanten. Die Zunftordnung der Antoniusgilde von 1562 wird namentlich von zehn Brauern, sieben Bäckern und zwei Hausleuten unterzeichnet. 1682 wenden sich die dreizehn Bäcker der Stadt („XIII pistores urbis") an die Vertreter der städtischen Regierung wegen neuer Preise für Wecken und Brot[33]. Für die Eligiusgilde der Schmiede ist zwar ein Mitgliederverzeichnis erhalten geblieben, aber die Mitglieder in der Bruderschaft sind offensichtlich nicht identisch mit den Handwerkern in der Zunft. Die Liste, die zu Zeiten der Gildemeister Johann Wrenger und Clais Mesmeker vom Stadtschreiber von Xanten angefertigt worden ist, enthält ungefähr 500 Eintragungen, die fast immer nebeneinander Männer und Frauen aufführen[34]. Unter den ca. 1000 aufgelisteten Personen befinden sich auch Kanoniker, Vikare und Klosterfrauen. Das Verzeichnis der Eligiusgilde gibt also weniger Aufschluß über die Größe der Zunft als vielmehr über die soziale Bedeutung der Gilde, der sich offenbar ein hoher Prozentsatz der Xantener Bevölkerung, auch der städtischen Oberschicht, angeschlossen hat. Erst mit der Überwachung der Zünfte in Xanten durch den preußischen Staat liegen jährlich Berichte über die Zunftstärke in Xanten vor.

Bis zu den preußischen Generalprivilegien für Handwerker herrschte in Xanten ein straffer Zunftzwang. Der große Einfluß, den die Handwerker auf die städtische Wirtschaft ausübten, bestimmte das Verhältnis von Stadt und Zünften. Wollte man in Xanten ein Gewerbe ausüben, so mußte man sich der entsprechenden Zunft anschließen. Die Zünfte verwalteten sich selbst, hatten eigene Gerichtsbarkeit, bestimmten sowohl Mitgliederzahl als auch Lehrlingsausbildung und kontrollierten Menge und Güte der Produktion. Das Verhältnis von Zünften zur Stadtregierung und zum Stadtherrn ist nur schwierig zu fassen. Für die Xantener Zünfte wird zwar der Begriff 'Amt' verwendet, der darauf hinweisen kann, daß die Zunftordnungen nicht ohne weiteres nur aufgrund der Übereinkunft der Handwerker bestehen, sondern vom Stadtherrn erlassen sind, doch wird andererseits von Seiten der Zünfte eine gewisse Unabhängigkeit ihrer Absprachen hervorgehoben. Die Schmiede betonen etwa in ihren Statuten, daß sie vor den Schöffen, gemäß den alten Urkunden, alle Regeln der Zunftordnung mit freiem Willen beschlossen haben, und versprechen nun erneut, diese fest und unverbrüchlich zu halten[35]. Auch die Handwerker anderer Ge-

[30] Vgl. Anm. 2.
[31] Stiftsarchiv Xanten HS 64 fol. 225 f.
[32] ebenda, s. a. Stadt Xanten I fol. 14 ff., Urkunde 1462 April 22, HStAD Kleve-Mark I 387.
[33] HStAD ebenda, Stiftsarchiv Xanten HS 64 fol. 233 ff.
[34] KASTNER, D., 750 Jahre Stadt Xanten, Xanten 1978, S. 52–54.
[35] Stiftsarchiv Xanten, Stadt Xanten I fol. 49.

werbe stellen mehr oder weniger selbstbewußt ihre Zunft als unabhängigen Zusammenschluß von Handwerkern dar, die zwingende Richtlinien für ihren Berufsstand aufstellen.

Der Stadtherr von Xanten, zunächst der Erzbischof von Köln und später, ab 1444 endgültig, der Herzog von Kleve, ist nie Aussteller einer Zunfturkunde. In Kalkar, der klevischen Gründungsstadt, stellt dagegen Graf Dietrich von Kleve 1342 den Amtsbrief der Wollweber aus; in Wesel privilegiert 1384 Graf Dietrich von der Mark die Weber[36]. In Xanten suchen die Wollweber und anderen Handwerker um Anerkennung ihrer Gewerbeordnung vor dem Bürgermeister, dem Rat, den Schöffen und ab 1444 auch dem neu eingerichteten Geschworenenkollegium der Stadt und verschaffen auf diese Weise ihrer Zunftordnung allgemeine Geltung.

Die Veränderung der einmal festgelegten Statuten war nur mit Zustimmung der Stadtregierung möglich. Bürgermeister, Schöffen, Rat und Geschworene der Stadt bildeten die übergeordnete Instanz für das zunfteigene Gericht, das zunftinterne Streitigkeiten regeln sollte. Eigentlich waren die Zunft betreffende Angelegenheiten der städtischen Gerichtsbarkeit entzogen, jedoch konnte das Stadtgericht in Anspruch genommen werden, sobald ein Fall die Möglichkeiten des Zunftgerichtes überstieg. Diese Voraussetzung war etwa dann gegeben, wenn die Zunftmeister untereinander in Streit gerieten. Eine Auseinandersetzung zwischen den Werkmeistern der Barbarazunft der Wollweber mußte vor dem städtischen Gericht ausgetragen werden.

Die Stadt hatte auch Anteil am finanziellen Gewinn aus dem Zunftgericht und den Bußen, die bei Verstoß gegen die Zunftordnung erhoben wurden. Meist ging die Hälfte der Einnahmen an die Stadt, während die andere der Zunft verblieb. Die Bußen bestanden üblicherweise aus einer Abgabe in Geld oder Naturalien (Wachs oder Getreide), die Höhe der Bußsätze war von Zunft zu Zunft verschieden. Die beiden einzigen Belege für eine Beteiligung des Stadtherrn an den Einnahmen der Zunft findet man in den Statuten des Xantener Wollamtes. Das Fragment einer Abschrift aus dem Ende des 14. Jahrhunderts hält fest, daß dem Stadtherrn ⅓ des Gewinns aus den Eintrittsgeldern neuer Zunftmitglieder zusteht[37]. Nach der Wollweberurkunde von 1397 soll die Buße für den Mißbrauch des Zunftsiegels an den Herrn und die Stadt gehen[38]. Ganz im Gegenteil dazu bestimmen die Fleischer – allerdings erst 1518 –, daß all ihre Gefälle nur zum Nutzen der Zunft dienen sollen[39].

Die Stadt überprüfte auch die internen Finanzangelegenheiten der Zünfte. Diese Kontrolle nahm augenscheinlich im Laufe der Jahrhunderte stetig zu; sie wird in den älteren Zunfturkunden weniger deutlich als in den Urkunden ab Mitte des 15. Jahrhunderts. Bei den Schmieden und wohl auch bei anderen Zünften in Xanten war der Festtag des Zunftpatrons der Termin, an dem unter Androhung von Strafen der Beweis aller Renten und Aufkommen der Zünfte verlangt und dem Rentmeister der städtische Anteil aus den Abgaben übergeben wurde[40].

Welchen Einfluß die Zünfte auf die Verfassung und in der Verwaltung der Stadt hatten, ist nicht ohne weiteres faßbar. Ein Hinweis auf die bedeutende Rolle der Kaufleute in der Stadtregierung Xantens ist das Schöffensiegel. Es trägt von 1336 bis 1671 das Abbild des Zunftpatrons der Kaufleute, des heiligen Nikolaus[41]. Doch sind Anfang des 14. Jahrhunderts auch Handwerker in den städtischen Gremien vertreten. Der Schlosser Theodoricus Locheter ist als Schöffe um 1330 bis in die Mitte des Jahrhunderts bezeugt[42]. Um diese Zeit sind Handwerker auch Mitglieder in der elitären Kegelgilde der Stiftsherren und städtischen Oberschicht[43].

[36] LIESEGANG, Städtewesen, S. 628.

[37] Stiftsarchiv Xanten, Stadt Xanten I fol. 14, 19.

[38] HStAD Kleve-Mark I 387, S. 68.

[39] Stiftsarchiv Xanten HS 64 fol. 241 f.

[40] ebenda fol. 244 ff.

[41] Vgl. Anm. 25.

[42] WEILER, Urkundenbuch, Nr. 622, 644, 655, 746, 773.

[43] WEINFORTH, F., Studien zu den politischen Führungsschichten in den klevischen Prinzipalstädten vom 14. bis 16. Jahrhundert, Köln 1983 (Kölner Schriften zu Geschichte und Kultur 2) S. 83 ff.; FLINK, Stadtentwicklung, S. 87.

Die Statuten sämtlicher Xantener Zünfte legen fest, daß grundsätzlich jeder, der in Xanten ein Gewerbe ausüben will, Bürger und Mitglied der Zunft sein muß. Einige der Zunftstatuten bestimmen, daß auch Handwerker, die außerhalb der Stadtgrenzen wohnen, der Zunft beitreten dürfen. Diese Regelung war wohl abhängig von der jeweiligen wirtschaftlichen Situation der Zünfte, denn die Absatzbedingungen mußten wohl gut sein, wenn man die Zunft für Nicht-Xantener öffnete. Die Leineweberurkunde von 1416 regelt, daß Meister aus dem Hochbruch, dem Feuchtgebiet westlich der Stadtmauern, dieselben Rechte haben sollen wie die Meister in der Stadt[44]. Die Bäckerzunft läßt im 16. Jahrhundert nicht nur Handwerker in die Zunft eintreten, die das Bürgerrecht der Stadt Xanten besitzen, sondern auch solche, die im Amte Xanten wohnen[45]. Zur gleichen Zeit, um 1562, verbieten die Schneider jedoch den Handwerkern aus Hochbruch oder Lüttingen, ihr Handwerk in der Stadt auszuüben oder sich Aufträge aus der Stadt kommen zu lassen[46]. War es zum Teil schon für Handwerker aus den nahegelegenen Siedlungen und Dörfern nicht ohne weiteres möglich, ihr Handwerk in der Stadt auszuüben, so wurde es Fremden erst recht schwer gemacht, in der Stadt zu arbeiten. Augenscheinlich hatten es einige Xantener Zünfte zeitweilig bitter nötig, sich gegen Eindringlinge abzuschotten, die die Zunft zahlenmäßig vergrößerten und dadurch das Auskommen der einzelnen Handwerker in der Stadt verkleinerten. Zunftrecht zu erhalten, war wesentlich einfacher für die Kinder der Meister als für Bürgerkinder oder von außerhalb kommende Handwerker. Wollte ein Zimmermann in Xanten sein Handwerk ausüben, so mußte er zunächst das Bürgerrecht erwerben, das er erwerben konnte, wenn er Jahr und Tag unbehelligt in der Stadt gewohnt hatte. Darauf sollte er in die Martinsgilde der Zimmerleute eintreten und als Gebühr dafür vier Pfund Wachs, vornehmlich wohl für kirchliche Zwecke, wie eine Tonne Bier an die Gildebrüder zum Zunftgelage entrichten und tausend Steine der Stadt zukommen lassen, möglicherweise für Verteidigungszwecke. Meistersöhne der Zimmerleute haben nach dieser Zunfturkunde von 1521 lediglich drei Pfund Wachs und den Zunftbrüdern ½ Tonne Bier zu stellen[47]. Anfang des 16. Jahrhunderts hat ein Fleischer, der sich in Xanten niederlassen will, der Zunft zwei Pfund Wachs zu entrichten und fünfzig Raderalbus zu zahlen[48]. Der Eintritt in die Zunft war teuer, wenn man bedenkt, daß um diese Zeit für fünfzig Raderalbus zwei Malter (ca. 6 hl) Weizen zu kaufen waren, und daß der Baumeister am St. Viktorsdom im Sommer täglich 3½ Albus verdiente[49]. Je schlechter es dem Handwerk ging, desto geringer waren die Chancen, das Meisterrecht zu erwerben. Gerade wegen der ungünstigen Aufstiegschancen sind vor allem im 15. und 16. Jahrhundert Auseinandersetzungen zwischen Knechten und Meistern auch in Xanten denkbar. Die hohen Kosten und die Schwierigkeiten, das Meisterrecht zu erwerben, waren zu umgehen, wenn man in einen bereits bestehenden Betrieb einheiratete. Die Meisterfrauen zählten zu den Mitgliedern in der Zunft, wenn auch nicht vollberechtigt. Wer das Zunftrecht in Xanten erwarb, tat dies nicht nur für sich, sondern ebenfalls für seine Hausfrau. Reine Frauenzünfte, wie wir sie aus der mittelalterlichen Großstadt Köln kennen, gab es in Xanten nicht.

Für eine volle Mitgliedschaft in der Zunft war die Meisterschaft im Handwerk notwendig. Bei den Zimmerleuten haben 1521 Spezialisten wie Sargmacher, Pflugmacher, Bildschnitzer, Faßmacher, Stuhldreher, Rahmenmacher oder Schieferdecker eine Chance. „Pellenweber", die besonders feine Stoffe und Bahrtücher herstellten, können nach der Zunfturkunde von 1416 dieselben Rechte wie die Leineweber genießen. Die Meisterschaft wird danach durch eine Spende an die Gilde und durch die Meisterstücke erworben, die von drei Meisterleuten begutachtet werden. Die Schmiede verlangen 1449 von einem Grobschmied, eine Pflugschar und ein Beil schmieden zu können[50]. Bei den Schneidern muß 1562 in Anwesenheit des Gildemeisters ein Tabbert, also ein Überrock mit langen, geschlitzten Ärmeln, ein Rock, ein Paar Hosen oder ein Wams zugeschnitten werden. Gelingt dies nicht, so soll der angehende Schneider der Zunft verwiesen werden und darf erst nach Jahr und Tag sein Können wieder unter Beweis stellen[51].

[44] Stiftsarchiv Xanten HS 64 fol. 225 ff.

[45] ebenda, fol. 233 ff.

[46] ebenda, fol. 249 ff.

[47] ebenda, fol. 244 ff.; s. auch Stadt Xanten I fol. 56.

[48] Stiftsarchiv Xanten HS 64 fol. 241 ff.

[49] BEISSEL, S., Die Bauführung des Mittelalters, Osnabrück 1966 (Nachdr. d. Ausg. 1897) S. 162.

[50] Stiftsarchiv Xanten HS 64 fol. 231 ff.

[51] ebenda, fol. 249 f.

Die Zünfte regelten auch die Lehrlingsausbildung, die in den Händen und der Verantwortung der Meister lag. Bevorzugt waren auch hier die Kinder der Meister, die im Hause ihres Vaters das Handwerk erlernen konnten, wohingegen Bürgerkinder und Lehrjungen von außerhalb der Stadt eine Wachsspende an die Gilde entrichten mußten. Bei den Xantener Schneidern wurden auch Mädchen als Lehrlinge aufgenommen, allerdings nur in der Anfertigung von Frauenkleidern unterwiesen. Sie konnten in Xanten nicht, wie es zeitweilig in Wesel möglich war, später als selbständige Meisterinnen dem Amt angehören. Der Lehrling mußte das Lehrjahr bei ein und demselben Meister verbringen, es sei denn, ein Wechsel war abgesprochen.

Allein den Meistern war es vorbehalten, jährlich am Festtag des Zunftpatrons aus ihrer Mitte zwei Gilde- oder Werkmeister zu wählen, die die Amtsgeschäfte der Zunft wahrnahmen. Bei den Wollwebern werden gemäß den Statuten von 1397 vier Werkmeister bestimmt, von denen zwei Weber und die beiden anderen Drapeniere sein müssen. Unter Androhung von Strafen sollen die zu Gilde- oder Werkmeistern gewählten Meister gezwungen werden, das Amt anzunehmen. Man wollte offenbar dieses wohl unter keinen Umständen vakant lassen, denn dem Gildemeister war aufgetragen, sämtliche Angelegenheiten der Zunft zu regeln. Er fungierte sozusagen als Geschäftsführer der Zunft, überwachte die Einhaltung der Zunftordnung, die zur Erinnerung einmal im Jahr den Zunftbrüdern vorgelesen wurde. Ein Gildebote, meist der jüngste Meister, stand dem Gildemeister zur Seite und führte dessen Aufträge aus. Wie dieser hatte auch der Gildebote einen Amtseid zu leisten.
Eine Hauptaufgabe der Gildemeister bestand in der Kontrolle von Produktion, von Preis- und Verkaufspolitik der Zunft. Die Werkmeister der Wollweberzunft etwa brachten die fertig gewebten, geprüften Tuche zum Speicherhaus und setzten die Preise dafür fest. Bei den Schmieden mußte dem Gildemeister gemeldet werden, wenn Eisenwarenhändler in der Stadt waren und vor allem, wenn jemand mit diesen Handel treiben wollte.
Um sinnvoll für das wirtschaftliche Auskommen der Zunft sorgen zu können, sollten die Gildemeister auch die Mitgliederzahl der Zunft überwachen. Ferner lag es in ihrer Kompetenz, die Finanzen der Zunft zu prüfen, sich um Einkünfte aus Besitzungen und Renten, wie auch aus Eintritts- oder Strafgebühren zu kümmern. Über die Rechnungslegung der Zunft mußten die Gildemeister am Tage ihrer Amtsniederlegung Bericht erstatten.
Die Gildemeister bildeten ebenfalls das Gericht für zunftinterne Angelegenheiten; vor ihnen hatten sich die Zunftmitglieder zu verantworten. Noch 1650 berichtet der Richter von Winnenthal und Xanten an den Großen Kurfürsten Friedrich Wilhelm, Markgraf von Brandenburg, von den weitreichenden Befugnissen der Gildemeister, die „Gebot, Verbot, Arrestieren, Strafen und dergleichen exercieren dürfen"[52].
Auch die kirchlichen und sozialen Aktivitäten der Zunft wurden durch die Gildemeister geregelt; sie riefen auf zu Messen, Vigilien und sonstigen Feiern und organisierten die Armenfürsorge.

Dem Hauptziel der Zunftbildung, das Auskommen der Handwerker zu gewährleisten, diente die straffe Reglementierung der Mitgliedschaft und Ausbildung, aber auch der Qualität und Quantität der Produktion. Vor allem bei den textilproduzierenden Zünften stand die einheitliche Regelung von Menge, Güte und Beschaffenheit der Produkte im Zentrum der Zunftordnung. Bei diesen, wie auch bei den textilverarbeitenden Zünften, wurde die Arbeitszeit genau festgelegt. Die Xantener Leineweber halten in ihren Zunftstatuten fest, daß sonntags wie Allerseelen und am Heiligen Abend ab mittags nicht mehr gearbeitet werden darf. Im Winter, nach Allerheiligen, soll man nicht bei Kerzenlicht der Arbeit nachgehen[53]. Ein gutes Beispiel für die strengen Herstellungs- und Qualitätsvorschriften bietet die Zunftordnung der Wollweber vom Ende des 14. Jahrhunderts, die die Tuchherstellung durch über 50 Massregeln festlegt. Danach wurde im ausgehenden Mittelalter in Xanten neben weißem und grauem auch das moderne rote,

[52] HStAD Kleve-Mark I Nr. 599 fol. 280; s. Anm. 50.
[53] s. Anm. 31, 51, 38.

blaue, grüne und schwarze Tuch hergestellt. Aber erst nach einem langen Arbeitsgang wurde die Wolle mit Krapp oder Waid gefärbt. Die frisch geschorene Wolle sollte zunächst gesäubert, nach Qualität sortiert, geschlagen und vom Staub befreit, gekämmt und gekrempelt werden, bis sie weich war, um dann gesponnen zu werden. Die Verwendung von minderer Wolle (etwa Schüttelwolle) war verboten. Die Breite der auf dem Webstuhl stehenden Kette war bei den Webern streng reglementiert, wie auch die Länge der zu webenden Stoffstücke und die Farbe und Beschaffenheit der Stoffleisten. Handelte ein Weber gegen diese Bestimmungen, so mußte er eine Geld- oder Wachsbuße leisten. Bestraft wurde auch derjenige, der ein Stück unregelmäßig verwebte oder verschmutzte und kotige Wolle verwendete. Vom Webstuhl kam das Tuch in die Walke, wo es erneut gereinigt wurde und dabei ca. ⅓ seiner ursprünglichen Größe einbüßte. Danach mußten die Stoffstücke zur Dehnung an einen Rahmen geschlagen werden. Unter Strafe stand ebenfalls, das Tuch vom Rahmen zu nehmen, ehe der Werkmeister es begutachtet hatte. Nur in Maßen durfte das Tuch am Rahmen überdehnt werden und über die festgesetzte Größe hinausgehen. Mit dem Rahmen wurde das Wollstück dann in das Farbbad gegeben. Schließlich mußten die Werkmeister der Barbarazunft das fertige Stück mit einem Gütesiegel versehen, sofern dies in Qualität und Größe der Norm entsprach. Sie sollten auch, jeweils nach ihrer Wahl, den Stückpreis für das Wolltuch festsetzen.

Inwieweit es eine Entwicklung in der Wollproduktion gegeben hat und wie sich das Wollamt in Xanten gegenüber den neuen Produktionsmethoden verhielt, die dem Weseler Amt zu einem erneuten Aufstieg im 16. Jahrhundert verhalfen[54], läßt sich anhand des vorliegenden Quellenmaterials nicht verfolgen. Trotz der umfangreichen Qualitätsvorschriften hat sich Xanten jedoch auch im Mittelalter nicht zu einem größeren Tuchmarkt entwickeln können. Xantener Tuch wird wahrscheinlich nur in Xanten verkauft worden sein; vielleicht waren aber auch Stoffe aus Xanten unter den „niederrheinischen Laken", die neben Weseler und englischem Tuch auf den umliegenden Tuchmärkten angeboten wurden.

Eine Kontrolle der Produkte Xantener Zünfte durch die Stadt ist am stärksten beim Lebensmittel verarbeitenden Handwerk zu spüren. Als unter Herzog Adolf II. von Kleve Mitte des 15. Jahrhunderts die Stadtverfassung von Xanten erweitert wird, werden unter anderem Institutionen eingerichtet, die für die Prüfung der Lebensmittel auf dem Markt zuständig sind. Diese sogenannten Kurmeister, die aus dem neu eingesetzten Geschworenengremium gewählt werden sollen, müssen Fisch, Bier, Brot und Eier prüfen und Maß und Gewicht überwachen[55]. Im Privilegienbuch der Stadt Xanten heißt es, daß Fleischhauer und Fischmenger kein Fleisch oder Fisch zu den Verkaufsbänken bringen dürfen, sofern diese Lebensmittel nicht zuvor einer Prüfung unterzogen worden sind[56]. Den Bäckern wurde schon durch die Zunftordnung vorgeschrieben, wieviel ihre Brote wiegen mußten und wieviele Laibe von einer Sorte Brot aus einem Sack Mehl zu backen waren[57]. Bevor das Brot auf den Markt kam, sollte es nochmals von den Kurmeistern überprüft werden. Brot, das dabei zu leicht befunden wurde, mußte den Armen der Stadt gegeben werden.

Für den Xantener Handwerker war, wie die Beispiele gezeigt haben, eine eigene Initiative undenkbar. Der Wettbewerb wurde durch die erdrückenden, ausführlichen Zunftordnungen weitgehend ausgeschlossen. Während sich in größeren rheinischen Städten bereits moderne Wirtschaftsformen anzeigten, blieb man in Xanten beim starren Zunftzwang. Die Xantener Schuster etwa gingen strikt gegen die Annahme von Lohnarbeiten in einen Betrieb vor[58]. Für einige Xantener Zünfte bestand eine weitere Schwierigkeit in der Abgrenzung des zunftgebundenen, städtischen Handwerks von unzünftischem Gewerbe in der Stadt und auf dem Lande. Abgrenzen mußten sich die Handwerker in Xanten zum einen von den Xantener Bürgern, die zuhause selbst Wolle verarbeiteten, Vieh schlachteten oder Bier brauten. Abgrenzen mußte

[54] PRIEUR, Wollenlaken, S. 9 ff.; vgl. auch FLINK, Stadtentwicklung, S. 85.

[55] KASTNER, Stadtentstehung, S. 38; vgl. Stiftsarchiv Xanten, Eidenbuch.

[56] Privilegienbuch der Stadt Xanten, Nürnberg, Germ. Nationalmuseum fol. 32v.

[57] Vgl. Anm. 45.

[58] Vgl. Anm. 46.

man sich ferner von den Handwerkern der näheren Umgebung und vor allem von den fahrenden, ungebundenen Handwerkern, die auf den Märkten die Qualitäts- und Preispolitik und das Arbeits- und Absatzgebiet der Zünfte gefährdeten.
Vor allem die Xantener Schmiede sahen in fahrenden Händlern eine Gefahr für ihren Absatzmarkt. Am Niederrhein, so etwa in der Umgebung von Geldern, gab es Genossenschaften von Eisenwarenhändlern, die zwischen Rhein und Maas Handel trieben[59]. Während der Ein- und Verkauf der Zunft über den Gildemeister lief, waren die Eisenwarenhändler an keine Absprache, keine Festpreise gebunden. Um die drohende Konkurrenz zu unterbinden, legt die Zunftordnung der Schmiede 1449 fest, daß die Anwesenheit von fremden Händlern sofort dem Gildemeister gemeldet werden muß. Offenbar war deren Konkurrenz für die Schmiede ein ständiges Problem. Auf Klagen der Schmiedezünfte im Herzogtum Kleve hin unterstützt 1666 Friedrich Wilhelm, Markgraf von Brandenburg, die niederrheinischen Städte in ihren Maßnahmen gegen die fahrenden Eisenwarenhändler[60].
Eine andere Schwierigkeit für die Xantener Zünfte stellte das sogenannte „Landwerk" dar. Was auf dem Lande privat produziert wurde, war nicht kontrollierbar und hintertrieb die Qualitäts- und Preispolitik der Zünfte. In den Statuten des Wollenamtes gegen Ende des 14. Jahrhunderts vereinbaren die Xantener Wollweber, gegen den Absatz von außerhalb der Stadt produzierten Wollaken auf dem Markt vorzugehen, und untersagen ferner den Wollwebern in der Stadt, sich Arbeit von außerhalb der Stadtmauern wohnenden Auftraggebern geben zu lassen[61].
Eine Konkurrenz für die Fleischer der Annazunft konnten auch Xantener Bürger darstellen, die in oder am Rande der Stadt ihr eigenes Vieh hielten. Daß Viehhaltung in der Stadt durchaus üblich war, darauf deutet etwa eine Urkunde des Kölner Erzbischofs Friedrich von Saarwerden vom 2. April 1372 hin, mit der dieser den Bürgern von Xanten gestattet, zum besseren Schutz ihrer Viehweiden drei oder vier Hufen Wiese in dem Allmendsumpf zwischen der Stadt und dem Kloster Hagenbusch mit Gräben zu durchziehen[62]. Mit der Zunfturkunde der Fleischer von 1518 wird festgesetzt, daß Bürger ihr Vieh nur für den Eigenbedarf schlachten und allenfalls gegen die Ableistung einer Gebühr ihr Fleisch zu den „scharnen" bringen dürfen. In ähnlicher Weise regelt auch die Zunfturkunde der Bäcker-, Brauer- und Schankwirtezunft von 1562, daß die Xantener Bier nur für den eigenen Bedarf brauen sollen[63].

Erich Liesegang hat schon vermerkt, daß sich die Xantener Zünfte nicht nur als wirtschaftliche Zweckverbände darstellten, sondern — stärker als in Rees oder Emmerich, wo das gesellige Leben der Zunft im Vordergrund stand, oder in Kleve, wo die Zünfte Einheiten zur Stadtverteidigung bildeten — die kirchlich-soziale Dimension im Zunftleben eine bedeutende Rolle spielte[64]. In Xanten erscheinen Bruderschaft und Amt als kaum voneinander getrennte Funktionen der Zunft. Von der Erstnennung Xantener Handwerkervereinigungen als kirchliche Gilden war schon die Rede, wie auch von den Aufwendungen der Zunftgenossen für kirchliche Zwecke, von den Wachsspenden als Aufnahmegebühr und Buße, und schließlich von der Pflicht der Zunftbrüder, vor allem am Festtag des Zunftpatrons und an weiteren Zunftfesten zur Kirche zu gehen. Der Patronatstag wurde feierlich unter Glockengeläut begonnen, dem Hochamt im Dom folgte die Versammlung der Handwerker und Kaufleute zur Regelung der Zunftangelegenheiten und das Gelage. Das kirchliche Engagement der Zünfte läßt sich schließlich ablesen an ihren zahlreichen Stiftungen, den Altären, Plastiken und Bildnissen, die zum Teil heute noch im Dom oder Museum erhalten sind[65].

[59] Vgl. HENRICHS, L., Die ehemaligen Innungen der Stadt Geldern, Geldern 1887.
[60] Stiftsarchiv Xanten, Stadt Xanten I fol. 55.
[61] Vgl. Anm. 38.
[62] Regesten der Erzbischöfe von Köln Bd. VIII, bearb. v. N. ANDERNACH, Düsseldorf 1981, Nr. 513.
[63] Vgl. Anm. 45, 48.
[64] LIESEGANG, Städtewesen, S. 684; KLEY, H., Geschichte und Verfassung des Aachener Wollambachts, Siegburg 1916, S. 84; SCHNYDER, A., Die St. Ursula-Bruderschaft der Kölner Leyendecker, in: Jahrbuch des Kölnischen Geschichtsvereins 52 (1981) S. 52 ff.
[65] St. Helena-Altar, um 1518, Holzskulpturen des Heiligen Crispin und Crispianus, Altar um 1498 gestiftet; s. dazu BEISSEL, Bauführung, S. 125.

Messen am Patronatstag und an weiteren Feiertagen, Vigilien, Seelenmessen gehörten notwendig zum Zunftleben wie ferner die Armenfürsorge und die Hilfe für einen sterbenden Zunftgenossen oder für dessen Hinterbliebene. Wie auf den regelmäßigen Kirchgang der Zunftgenossen wurde auch darauf Wert gelegt, daß zumindest alle Meisterleute an der Beerdigung eines Zunftbruders teilnahmen. Was diesen Bereich des Zunftlebens angeht, sind die Statuten der Leineweberzunft am ausführlichsten. Darin wird genau beschrieben, was zu geschehen hat, wenn ein Meister oder seine Frau stirbt, wie lange zu trauern ist und wie die Beerdigung vonstatten zu gehen hat. Auch wird ein „innigh geld", von einem Raderalbus erhoben, das anscheinend als Beerdigungsbeitrag von allen Zunftmitgliedern gefordert wird[66].

Die hohe gesellschaftliche Bedeutung der Handwerkerverbände in Xanten wurde schon angesprochen. Offenbar ist das soziale Engagement der Zünfte, vor allem die von den Gildemeistern organisierte Armenfürsorge, von der Xantener Bevölkerung gefördert worden. Die Unterstützung der Armen galt als Beitrag zum eigenen Seelenheil. 1366 etwa gewährt der Bischof Johannes von Skopje, Weihbischof des Kölner Erzbischofs, allen Xantener Gläubigen einen Ablaß von 40 Tagen, wenn sie nach der Beichte den Armen im Hospital ein Almosen geben oder sie besuchen würden[67].
Ein übliches Verfahren, um die Tätigkeit der Zünfte zu unterstützen, war die Überlassung einer Rente. Ab 1399 erhält beispielsweise die Nikolausgilde der Kaufleute jährlich aus dem Hause des Xantener Aelbert Wijsse und seiner Frau Drude, sowie aus Haus und Hofstatt des Heyn Mostart 2 Mark[68]. 1433 schenkt Lubbert Schepolt für sein und seiner Eltern Seelenheil der Severusgilde der Leineweber eine Rente von 4 Scheffeln Roggen aus Steenberg (Schlag) im Amte Xanten[69].
In besonderer Weise sind Zunftmitglieder durch die Zunftordnung aufgerufen, sich mildtätig gegenüber den Armen zu erweisen. Bei den Schneidern fiel ein Teil des Eintrittsgeldes neuer Zunftgenossen den Armen zu. Mitte des 16. Jahrhunderts hat sich jedoch offensichtlich die Situation der Zünfte und ihr wirtschaftliches Auskommen soweit verschlechtert, daß es immer schwieriger wird, soziale Aufgaben zu finanzieren. Aus der Zunftordnung der Krämer geht etwa hervor, daß die Zeiten teuer geworden sind und man nicht mehr ohne weiteres wie früher vom Geld aus Privilegien und Jahresrenten die Armen unterstützen kann, da die Zunfteinkünfte zu gering sind[70]. Im Zusammenhang mit der Erneuerung ihrer Zunftstatuten im Jahre 1692 beklagen die Schneider, daß statt für das große Gelage der Zunft das Geld nun für die armen und unvermögenden Meister der eigenen Reihen ausgegeben wird[71]. In Xanten hat offensichtlich keine Zunft einen ähnlichen Aufschwung verzeichnen können wie das Weseler Tuchgewerbe, das im 16. und 17. Jahrhundert neue Produktionsverfahren adaptierte und so erneut zur Blüte gelangte.

Die Zunfturkunde der Schneider vom Ende des 17. Jahrhunderts gibt auch Aufschluß über eine Zunahme der staatlichen Überwachung und Eingrenzung des Zunftwesens in Xanten. Nicht nur aus wirtschaftlicher Not fällt das Meisteressen bei den Schneidern jetzt aus, sondern auch, weil größere Zusammenkünfte vom Landesherrn nicht gerne gesehen werden. Allgemeine Handwerksordnungen im Herzogtum Kleve seit dem 17. Jahrhundert und die preußische Gewerbereform lösen die mittelalterlichen, relativ autonomen Zunftstrukturen sukzessive ab. Die Gerichtsbarkeit der Zünfte in Xanten wurde verboten, die Lage des Handwerks und der Handwerker überwacht und in jährlichen Tabellen nachgewiesen[72]. Die Aufrichtung einer Schiffergilde in Xanten 1749 wird sorgsam verfolgt, protokolliert und der zuständigen Behörde bzw. letztlich dem König von Preußen, Friedrich II., referiert[73]. In dieser Zeit allerdings zeichnete sich deutlich ab, daß das Zunftwesen in Xanten als Wirtschaftsform das Wohl der Handwerker nicht mehr garantieren kann. 1768 vermerkt der Berichterstatter über die Xantener Zünfte: „sämmtliche hiesige Zünfte haben nur eine geringe Bagatelle zur Einnahme"[74].

[66] Vgl. Anm. 31.
[67] RegEbK VIII Nr. 389.
[68] WILKES, Inventar, Nr. 972.
[69] ebenda, Nr. 1370.
[70] Stiftsarchiv Xanten HS 64 fol. 229 ff.
[71] Vgl. Anm. 46.
[72] HStAD Kleve-Mark Akten I, Xanten, Kreisregistratur 742.
[73] Stadtarchiv Xanten, Kasten 90.
[74] Vgl. Anm. 72; s. auch VOLLMER, G., Handel und Gewerbe im Xantener Städtekreis nach dem siebenjährigen Krieg, in: Aus Geschichte und Landeskunde, Festschrift Steinbach, Bonn 1960, S. 597–620.

JÜRGEN ROSEN

Zur Geschichte des Niederrheinischen Altertumsvereins Xanten

I. GRÜNDUNGSGESCHICHTE UND PROGRAMM

Am 29. März des Jahres 1910 sprach „nach freundlichen Begrüßungsworten . . . Sanitätsrat Dr. Steiner über die Geschichte der Xantener Altertumsforschung, indem er die Leistungen der früheren einheimischen Archäologen wie Pighius, Ewich und Teschenmacher, dann aus neuerer Zeit Houben und Fiedler würdigte“[1]. An diese Leistungen der Vorfahren wollte man endlich anknüpfen und archäologische Arbeit und Forschung in Xanten auch auf wissenschaftlicher Basis sichern. Deshalb hatte es bereits 1870 Beschlüsse des Stadtrates auf Antrag interessierter Bürger in Xanten gegeben. Diese Bestrebungen waren in die Zeit nationalen Erwachens unmittelbar vor der Gründung des zweiten deutschen Kaiserreiches gefallen.

Steiner hatte seine Worte an die zweite gemeinsame Tagung des Südwestdeutschen und Nordwestdeutschen Verbandes für Altertumsforschung gerichtet, die in Xanten und Bonn stattfand. Dieser Verband gehörte zu einem Gesamtverein, der alle deutschen Geschichts- und Altertumsvereine umfaßte. Steiner sprach zu einem Zeitpunkt über die Geschichte der Altertumsforschung in Xanten, als der dortige, 1877 nun endgültig gegründete Verein seinem Höhepunkt in der Erhellung der römischen Vergangenheit Xantens zustrebte. Zehn Jahre später, als der Kaiser gegangen und das Deutsche Reich in die Phase der Weimarer Republik eingetreten war, begann die lange Periode der Umorientierung des Vereins, die sich in drei Abschnitten vollzog: 1. Einstellung aktiver Ausgrabungstätigkeit, 2. Aufbewahrung und Ausstellung des Ergrabenen und von den Bürgern Xantens Erworbenen, 3. Begleitung archäologischer Arbeit seitens der in Xanten angesiedelten Dienststellen des Landschaftsverbandes Rheinland in den Jahren nach der Wiedergründung des Vereins 1950.

Der Gründung des Vereins 1877 waren mehrere Versuche vorausgegangen, den Fehler zu vermeiden, den der Verkauf der Sammlung des Notars Houben dargestellt hatte. Der Besitz Houbens konnte nach seinem Tod von der Stadt nicht gehalten werden, obwohl Fiedler[2] mit seiner Veröffentlichung den Wert der Sammlung publik gemacht hatte.

Am 28. 4. 1870 wurde ein Statutenentwurf durch den damaligen Bürgermeister Schleß in Umlauf gesetzt[3]. Angesprochen wurden Dechant Brockelmann, Konrektor Freudenhammer, Rittergutsbesitzer von Haeften, Rittergutsbesitzer von Hochwächter, Gastwirth Ingenlath, Dr. med. Lensing und Postexpedient Ottersky.

Drei Jahre später wandte sich von Haus Erprath bei Xanten einer der Angeschriebenen „mit vorzüglicher Hochachtung“ offenbar an Bürgermeister Schleß, um Auskunft über den Verbleib der „Statuten zur Gründung eines Niederrheinischen Alterthum-Vereins hierselbst“ zu erhalten. Rittergutsbesitzer von Haeften wollte wissen, ob die Statuten, „welche seiner Zeit von Euer Wohlgeboren mit vielem Fleiße und großer Umsicht entworfen sein sollen, noch in Wohlderen Besitz sich befinden“. Von Haeften konnte

[1] Korrespondenzblatt des Gesammtvereins der deutschen Geschichte und Alterthumsvereine, 1910, Sp. 449.

[2] F. FIEDLER, Römisches Antiquarium etc., Denkmäler von Castra Vetera und Colonia Trajana in Ph. Houbens Antiquarium zu Xanten (Xanten 1839).

[3] Stadtarchiv Xanten (SAX) Acta Specialia Nr. 311. Der größte Teil der im folgenden verwendeten Akten befindet sich im Stadtarchiv Xanten. Zugrunde lagen weiter das erste Protokollbuch des Vereins von 1877 – 1937. Weitere Akten befinden sich im Bundesarchiv in Koblenz, konnten jedoch an dieser Stelle noch nicht verwendet werden.

mitteilen, daß „regierungsseitig die Gründung eines solchen Vereins gewünscht würde und bin ich angegangen worden mich dieser Sache zu unterziehen".

Die Gründer hatten sehr konkrete Vorstellungen von den Aufgaben eines Altertumsvereins. Allgemein hatte man es auf das Sammeln „der noch im Schoße der Erde ruhenden Alterthumsgegenstände durch direkte Nachgrabungen abgesehen. Desweiteren sollten die Fundorte der Altertümer zusammengestellt werden". Man strebte Nachgrabungen u. a. „auf dem Schlachtfeld des Claudius Civilis zwischen Birten und Winnenthal/Veen" an. Außerdem sollten, soweit nicht vom Düsseldorfer Staatsarchiv übernommen, alte Bücher und Pergamente geordnet und katalogisiert werden. Man erkannte, daß dazu „noch ein ganz besonderes Studium der verschiedenen deutschen Dialekte und Idiome nöthig (sei), sowie auch eine gründliche Kenntnis des mittelalterlichen Latein". Daß 'Siegfried der Gehörnte' eine Rolle spielte, ist wohl aus der Begeisterung der Zeit für die mit Xanten in enge Beziehung gebrachte Sagengestalt verständlich. Vor 120 Jahren konnten sich die Vereinsgründer vorstellen, einmal einen Wissenschaftler ausschließlich für die Zwecke des Vereins zu beschäftigen.

Alle Zeiten haben in den Schulen ein ideales Feld erkannt, um erziehend bei der Jugend Interesse für die eigene Sache zu gewinnen. Man entwarf auch ein „Circular" für die Schulen in der Erkenntnis, daß hier „Arbeit für ganze Generationen vorliegt". Man war sich bewußt, daß wohl das „Lehrer Personal oder die gereiften Schüler einer Anstalt" geeignet sein würden. Schulen sollten Ausgrabungsgegenstände kostenlos ausleihen können. Für den Gebrauch durch die Mitglieder war an die Herstellung von Lithographien und Abgüssen gedacht.

1877 erfolgte endlich am 16. Mai die Gründung des Vereins mit einer Erstzeichnungsliste von 49 Mitgliedern aus Xanten, aber auch schon aus Plätzen wie Rheinberg und Berlin. Die Zahl konnte bereits in der ersten Woche auf 65 erhöht werden. Aus den Annalen des Vereins ergeben sich folgende Zahlen für die Mitgliederbewegung:

1877	65	1934	53	1950	47
1974	104	1976	120	1988	180

Lag die Zahl der weiblichen Mitglieder bei der Gründung noch unter zehn, beobachtet man 1913 bei einer Versammlung bereits derer fünfzehn. In den zwanziger Jahren erscheinen Frauen erstmals im Vorstand. Bis zum ersten Weltkrieg setzt sich die Mitgliedschaft aus einem repräsentativen Querschnitt der Bürgerschaft mit allen denkbaren Berufen zusammen. Dann ist eine spürbare Verlagerung zur Berufsgruppe der Lehrer festzustellen. Dies zeigt sich auch bei der Wiedergründung nach dem zweiten Weltkrieg. Daran läßt sich ablesen, welch ein starkes Element nun die Beschäftigung mit Heimatgeschichte über das Fach Heimatkunde darstellt. Schulrat Basqué, der den Verein seit 1920 leitete, sah darin überhaupt den Grund, daß der Verein in den Jahren der Gleichschaltung überleben konnte[4]. Dieses bestimmende Element der Lehrerschaft ist nach über einhundertjähriger Vereinstätigkeit in den Hintergrund gerückt.

1929 regte Dr. Engelskirchen den Verein zu kühnen Zukunftsträumen an. Er gab „beachtenswerte Anregungen zur Belebung der Vereinstätigkeit und sagte, daß zu einer Werbung für den Verein unbedingt etwas geboten werden müsse". Man setzte spontan Vorträge an, und zum Schluß „sprachen sich die Anwesenden für eine lebhafte Propaganda für den Altertumsverein aus. Man hofft die Zahl der Mitglieder auf 400 – 500 zu bringen"! Diesem fügte der Protokollant wohl zurecht ein Fragezeichen hinzu[5].

II. AUSGRABEN UND AUSSTELLEN

Steiner verwies in seiner Ansprache 1910 auf die in den voraufgegangenen 33 Jahren geleistete Ausgrabungstätigkeit. Sie erstreckte sich „auf die Überreste der Colonia Traiana, während sie das große Lager nicht berührten; nur eine Ziegelwerkstätte der 30. Legion aus dem 3. und 4. Jahrhundert wurde festgestellt und das Amphitheater nachgewiesen". Steiner konnte sich bei diesen Angaben auf den Band 1 in

[4] AVK (Altertumsverein Korrespondenz) 8. 6. 1950.

[5] AVP (Altertumsverein Protokollbuch) 12. 12. 1929.

einer Reihe 'Kataloge West- und Süddeutscher Altertumssammlungen' beziehen, den sein Sohn Paul Steiner im genannten Jahr herauszubringen gedachte[6].
Den ersten Grabungsbericht lieferte Bauführer de Ball am 13. November 1881. Der Bericht wurde im Jahrbuch des Vereins von Alterthumsfreunden im Rheinland im Heft 74 gedruckt. Er trug den Titel 'Bericht über die Ausgrabungen auf der alten Burg zu Xanten'.
In einer Fußnote teilte die Redaktion mit, daß von den beiden die Ausgrabungen leitenden Mitgliedern, den Herren Mölders und de Ball, Mölders nach längerem Leiden verstorben sei. Damit sei der Fortgang der Arbeiten in Frage gestellt. Der Leser des ersten Ausgrabungsberichtes erfährt zudem von einer Kontroverse um die Ergebnisse dieser Ausgrabung.
„Beiträge und Geldschenkungen, sowie eine Unterstützung der Provinzialverwaltung waren eingelaufen", man konnte 1880 die Ausgrabungen fortsetzen. Man entdeckte auf dem Gelände des „Oekonomen Beckmann auf Schottshof" eine „mächtige Thoranlage, die dem brandenburger Thor in Berlin an Länge beinahe gleichkommt"[7]. Die ganze Palette der Kleinfunde, die bis heute eine so wichtige Rolle in den Ausgrabungen der Colonia Ulpia Traiana spielen, erfreute damals die Herzen der Hobby-Archäologen und bildete zugleich mit den zutagetretenden Mauerresten Streitpunkte unter den Altertumsforschern. Die ergrabenen Gegenstände bildeten den Grundstock für die Sammlung, um die der Verein vor allem nach dem 1. Weltkrieg seine Tätigkeit rankte[8].
„Unterdessen hatte die Rheinische Museumskommission in Bonn und namentlich die Provinzverwaltung der Rheinlande in Anerkennung der bisherigen selbständigen Leistungen des Vereins demselben namhafte Summen überwiesen." Neben finanziellen Zuwendungen wurde die Tätigkeit des Vereins in realistischer Einschätzung der Situation der Hobby-Archäologen von Wissenschaftlern begleitet. Aus Bonn stand Prof. Dr. aus'm Weerth und aus Düsseldorf Prof. Dr. Schneider „nach örtlicher Besichtigung der Ausgrabungen" zur Verfügung. Spenraths und Moorens Abhandlung über 'Alterthümliche Merkwürdigkeiten der Stadt Xanten und ihrer Umgebung' lieferte wertvolle Hinweise auf die Interpretation der Grabungsergebnisse[9]. Dort war u. a. von Tuffsteinausgrabungen in den Jahren 1714, 1715 und 1716 berichtet worden. Paul Steiner beschreibt sämtliche Grabungskampagnen des Vereins nach Berichten in der 'Museographie der Westdeutschen Zeitschrift' zwischen 1881 und 1907. Der Verein hatte ab 1879 auf dem Gelände 'vor dem Clever Tor' begonnen. 1882/83 entdeckte man beim Neubau des Amtsgerichts vor dem Marstor und dem Lehrerinnenseminar, dem heutigen Rathaus, römische Gräber. Auf dem bis dahin nicht benutzten Teil des kommunalen Friedhofs kamen römische Tongefäße zutage. Grabungen auf dem Fürstenberg dagegen waren erfolglos, was sie auch bei späteren Versuchen blieben. 1883/84 wird weiter auf der Alten Burg gegraben, wo Steiner in der Nähe der Piestley Land besaß. Zum Grabungsbereich gehörten ferner der Felixsche Garten und der Mölderssche Acker. 1885/86 war man im Coloniabereich wieder erfolgreich, im Land der Witwe Th. Brinck, in Cüppers Garten links von der Chaussee nach Cleve und in van Plürens Garten. 1886/87 kamen Grabungen auf dem Land Joseph Roters und dem Armenland hinzu. 1887/88 schnitt man das Amphitheater an. Diese Grabungen wurden 1891 fortgesetzt und ab 1902 unter der Regie des Provinzialmuseums betrieben. 1888/89 grub man am Nord-Tor. Im darauffolgenden Jahr fand man vor dem Marstor auf Mölders Acker ca. 30 Gräber. In den nächsten zehn Jahren erreichte man das Heiligenhäuschen vor dem Clever Tor, fand aber nichts Spektakuläres außer 1899 den Silvanusstein, den man reinigte und abgoß. 1900 entdeckte der Verein einen Legionsziegelofen an der Hohen Stege, der, wie es damals bedauernd hieß, wegen Geldmangels nicht erhalten werden konnte (Taf. 20.1). Das Modell steht heute noch im Museum. Der Eberzahn, den der Verein vor einigen Jahren als Weihnachtsgabe aufgelegt hat, gehörte zu Anschwemmgut, das man an der Clossen Woy entdeckte.
Ab 1901 leitet das Provinzialmuseum Bonn beim Bau der Staatsbahn von Duisburg nach Kleve Ausgra-

[6] Vgl. Anm. 1.

[7] Vgl. Grabungsberichte 1881 – 1907 in: P. STEINER, Kataloge west- und süddeutscher Altertumssammlungen Bd. I (Xanten 1911) 10 ff.

[8] AVP 11. 6. 1920 u. ff.

[9] J. P. SPENRATH in: J. MOOREN (Hrsg.), Alterthümliche Merkwürdigkeiten der Stadt Xanten und ihrer Umgebung (Crefeld 1837).

bungen im Bereich der Colonia. Damit ist die von Paul Steiner berichtete Grabungstätigkeit des Vereins im wesentlichen abgeschlossen.

Der erste Vorsitzende des Vereins war der schon mehrfach genannte Hauptmann a. D. Rittergutsbesitzer von Haeften, der aus einer evangelischen Familie Xantens stammte. Unter seinem Vorsitz tagte man zunächst in einem Turm der ehemaligen Stadtmauer, in dem sich der Besitzer Schwerdt ein Gartenhaus eingerichtet hatte. Dieser Turm gehört heute der Stadt Xanten und dient als Ferienwohnung.

„Seit dem 4. 6. 1879 war Notar Busch Vorsitzender"[10]. Die Jahre von 1881 bis 1955 werden von zwei Vorsitzenden bestimmt. Am 24. 9. 1881 übernahm Dr. Joseph Steiner die Vereinsleitung, die er 1914 an den Oberlehrer Habrich abgab.

Bis zu seinem Tode am 21. Februar hatte der Stadtverordnete, Beigeordnete und Sanitätsrat 33 Jahre die Geschicke des Vereins geleitet, hatte sich der Erforschung der Colonia Ulpia Traiana gewidmet und so den Boden für die touristische Erschließung des sich später Siegfried-, Dom- und Römerstadt nennenden Xanten bereitet. Am 30. Mai wählte der verbliebene Vorstand seinen neuen Vorsteher.

Nach kriegsbedingter dreijähriger Unterbrechung lud der Verein 1920 zur Mitgliederversammlung ein. Habrich war zum Professor avanciert und verzogen, der evangelische Gemeindepfarrer Schlarb und Rektor Schmitz wegen Erkrankung an weiterer Mitarbeit verhindert. Am 11. Juni wählten die Mitglieder einen Vorstand, der Namen auswies, die bis in die Zeit nach dem 2. Weltkrieg im Vereinsleben eine herausragende Rolle spielen sollten. Kreisschulinspektor Matthias Basqué, später Schulrat, leitete den Verein bis zum 4. Mai 1955. Der Verleger Dr. Theodor Gesthuysen löste ihn ab. Basqué wurde zum Ehrenvorsitzenden gewählt. Als er am 16. November 1958 starb, dankte ihm der Verein in einem Nachruf. „Vier Jahrzehnte hat er als Vorsitzender unter schwierigsten Verhältnissen die Geschicke des Niederrheinischen Altertumsvereins Xanten geleitet. Auch als Ehrenvorsitzender galt seine ganze Sorge der Erhaltung und Vermehrung der Funde des Altertumsvereins. . . Sein Wunsch, das neue Heimatmuseum erstehen zu sehen und mit einweihen zu können, ging leider nicht in Erfüllung"[11].

Dreiundzwanzig Jahre stand Dr. Gesthuysen an der Spitze des Vereins. Als er am 27. Februar 1978 starb, bedankte sich der Vorstand in einem Nachruf für Bemühungen um die Errichtung des Heimatmuseums, den Ankauf der Marxschen Fossiliensammlung und die Vorbereitungen zur Feier des 100jährigen Bestehens[12].

Dr. Gesthuysen konnte den Wunsch seines Vorgängers in die Tat umsetzen. Im Mai 1974 erhielten die Sammlungen des NAVX erstmals nach dem Krieg einen angemessenen Rahmen im Regionalmuseum Xanten. Die Feier des 100jährigen Vereinsjubiläums mußte krankheitshalber ohne ihn stattfinden.

1976 wurde Dr. Gesthuysen von den Mitgliedern wiedergewählt und ihm ein verjüngter Vorstand an die Seite gegeben. Zu lange hatte sich die Vereinstätigkeit auf Exkursionen mit familiärem Ausklang beschränkt, die jüngeren Mitglieder drängten darauf, den Verein wieder stärker in das kulturelle Leben der Stadt einzubinden. Nach dem Tode Dr. Gesthuysens übernahm der Verfasser den Vorsitz, konnte ihn bei der Vorstandsneuwahl 1979 noch einmal an Josef Tillmann für eine Amtszeit abgeben.

Die Ausgrabungen in den ersten Jahrzehnten des Vereinslebens im vorigen Jahrhundert, zahlreiche Zukäufe aus privater Hand in Xanten und von Auktionen im Rheinland ließen den ersten Aufbewahrungsort im Schwerdt'schen Gartenturm schnell zu klein werden. 1882 kaufte der Verein aus einem Kleinmünzfund in Weeze für 36 Mark 1196 Stücke. 1886 erwarb er von einem Schreinergesellen auf dem Fürstenberg gefundene Gemmen, Münzen, Kleinbronzen, Millefioriglasfragmente, Perlen und Spielsteine. 1901 folgten nahezu 80 Stücke aus einem Garten der Arbeiterhäuser am Erprather Weg. Zum Schluß berichtet Paul Steiner von der Entdeckung eines Grabes im Niederbruch aus dem Jahre 1904, dessen Inhalt der Verein ebenfalls erwarb.

Im Vereinsprotokoll von 1883 erscheint der Hinweis, daß die Stadt für die inzwischen stark angewachse-

[10] AVP 4. 6. 1879.

[11] Nachruf Rheinische Post 17. 11. 1958.

[12] Nachruf Rheinische Post 3. 3. 1978.

nen Sammlungen zwei Zimmer im 2. Stock des Rathauses unentgeltlich zur Verfügung gestellt habe. Erst 1908 fanden die Sammlungen mit der Einrichtung eines Museums im Klever Tor einen Platz, der es Besuchern ermöglichte, das Ausstellungsgut optimal zu betrachten. Auch dieser Ort war dem Verein kostenlos überlassen worden (Taf. 20.2).

Nachteile machten sich jedoch sehr bald unangenehm bemerkbar. Der Besucher mußte sich eine schmale Steintreppe hinaufbewegen. Im Winter fror man beträchtlich. Das archäologische Sammlungsgut und vor allem die Bücher litten erheblich.

„Die Einrichtung der Sammlung ist in kurzem folgende: Am Eingang des Treppenhauses steht der Mithrasaltar. Der erste Stock enthält die Anfänge einer geologisch, historisch und kulturgeschichtlich interessierenden Sammlung von Dingen aller Art aus dem Xantener Gau. Eine Zelle, der mit Absicht konservierte Rest des vordem in dem Tor untergebrachten Kantonalgefängnisses, enthält neben der Büchersammlung die Münzen, Gemmen und Buntglasfragmente. Hier unten ist außerdem alles Nichtrömische, das wenige Praehistorische und Fränkische zu finden.

Das nächste Stockwerk enthält in 4 Schränken und auf Wandbrettern die Grabfunde, nach Grabfeldern und Gräbern geordnet: die nordwärts von der durch den Turm markierten Grenze gefundenen sind in dem Schrank zur Rechten vor dem Abguß des Caeliussteins untergebracht, die südwärts gefundenen in dem Schrank neben dem Eingang und den beiden geradeaus vor den Fenstern. Von den zwei weiteren Schränken im Hintergrund enthält der linke Funde vom Fürstenberg und einige von weiter entfernten Fundplätzen (Vynnen, Kalkererberg u. a.), der rechte Funde aus der Colonia Traiana. Ein Schrank an der Rückwand dieses Saales enthält die Sammlung der Terrasigillata-Scherben. Darüber stehen auf den Wandbrettern Tongefäße, die als Geschenke in die Sammlung des Vereins kamen, ohne daß die Herkunft genannt wurde. Sie stammen ohne Zweifel alle aus Xanten und zum größten Teil wohl aus der Sammlung Houbens. Der Saal enthält ferner alle Skulpturen und Steindenkmäler, auch die Gegenstände von Bronze und Eisen. An den Wänden hängen Pläne und Karten.

Das dritte Stockwerk endlich mußte die roheren Funde aufnehmen, die anderswo in den Kellern zu ruhen pflegen. Es sind da die Aschenkisten aus Tuff und aus Ziegeln, Architekturreste aus Marmor, Kalkstein u. a., Wandverputz, Schieferplatten, Wasserleitungsrohre u.s.w., Rammpfähle, Reste größerer Tongefäße, das Modell des Ziegelofens, die Ziegel (die wichtigeren Stempeltypen in 3 Schränken, Duplikate ferner im Dachgeschoß) und schließlich die Rückenwirbel eines diluvialen Riesentieres aufgestellt"[13].

Zwischen 1925 und 1929 erscheinen immer wieder Hinweise in den Versammlungen, man solle darauf drängen, die Kartause wiederherzustellen und darin ein Heimatmuseum neben dem Museum des Altertumsvereins unterzubringen. Der Hoffnung des Vereins wehte der Wind einer sogenannten neuen Zeit entgegen, die Kartause wurde Bauernschule.

1935 war die Stadtverwaltung in die ehemalige Villa Langen an der Poststraße umgezogen. Das Rathaus bot sich als besser zugängliche Stätte für die Sammlungen an. Der Vorsitzende Basqué hat sich intensiv mit der Einrichtung befaßt. Man zog aus einem „Verließ", dem Klever Tor, in zwei Stockwerke „lichtdurchfluteter Räume"[14].

Die Ausgrabungsergebnisse vom Fürstenberg wurden durch Modelle eines Legatenpalastes und des Prätoriums dokumentiert.

Bedauernd heißt es schon 1935 in einem ganzseitigen Artikel über das Museum im neuen Heim: „Leider wird der umfangreiche und überaus wertvolle Münzen- und Gemmenschatz vorerst noch nicht zugänglich sein"[15]. Vielleicht wird der 1987 erfolgten Publikation 'Die antiken Gemmen aus Xanten' die Präsentation in neuen Ausstellungsräumen folgen.

1935 lobte der Berichterstatter im 'Boten für Stadt und Land': „Einer der jungen Fachgelehrten, die bei der Einrichtung der neuen Räume mit Sachkenntnis und Begeisterung geholfen haben, erklärte dem Verfas-

[13] STEINER, a.a.O. (Anm. 7) 14 ff.

[14] Bote für Stadt und Land 21. 4. 1935.

[15] Ebenda.

ser, daß er kaum ein Heimatmuseum kenne, das sich nach Zweckmäßigkeit der Unterbringung und Wert und Bedeutung seiner Bestände mit dem Xantener messen könne"[16].

Nur fünf Jahre war es den Sammlungen beschieden, in den so freudig begrüßten Räumen sich den Besuchern zu zeigen. Im Februar 1940 erfolgt die Verpackung der „Gegenstände in einer Holzkiste", wie der Vorsitzende des Vereins in einem Protokoll vermerkt[17]. Zu diesem Vorgang existiert weder ein Protokoll einer Vorstandssitzung noch einer Mitgliederversammlung. Auch liegt kein Schriftverkehr zwischen dem Verein und der veranlassenden Stelle vor, weder beim Verein noch im Archiv der Stadt.

Es war geplant, die Kiste durch Vermittlung des Landeskonservators in Mitteldeutschland unterzubringen. Mit welcher Präzision vor allem die Gemmen verpackt wurden, ergibt sich aus der detaillierten Beschreibung im Protokoll. „Gemmensammlung aus dem in eine Wand des Arbeitszimmers des Museums (Altes Rathaus am Markt) eingelassenen Schauschrank. Auf drei mit Plüsch überzogenen Brettern waren die Gegenstände mit Nadeln aufgesteckt. Die Nadeln sind auf den Brettern stecken geblieben, um später die Wiedereinordnung zu erleichtern"[18]. Die Gemmen wurden gerettet, ob die Plüschbretter die endgültige Zerstörung des Rathauses am 21. Februar 1945 überlebt haben, war nach dem Ausmaß dieser Zerstörung belanglos geworden.

Die Befreiung Xantens von der nationalsozialistischen Willkürherrschaft geschah am 4. 3. 1945. Von Rheinberg aus leitete Matthias Basqué die Zusammenführung der verstreuten Sammlung des NAVX. Auslagerungsplätze waren das Stiftsarchiv in Xanten, das Frauengefängnis zu Warstein, das Salzbergwerk in Borth neben weiteren nicht näher bezeichneten Plätzen. Noch im November 1950 mußte Basqué der Staatlichen Münzsammlung eine abschlägige Antwort erteilen, da „wir bisher in Ermangelung eines Museumsgebäudes — unser altes Heim wurde im Kriege zerstört — unsere Bestände bisher noch nicht wieder neu haben ordnen können"[19].

Ähnlich wird der Museumspfleger Nordrhein im Januar 1951 beschieden. Es gibt zwar in Gestalt des jeweiligen Vorsitzenden des Vereins einen Museumsleiter, eine Unterkunft der Bestände „ist noch nicht vorhanden". Es wird wohl über Zukunftspläne gesprochen. Man denkt an die Unterbringung „in einem alten Haus am Kapitel"[20] (früheres Kanonikerhaus). Ein Jahr später wird über den Stand der Ausbesserungsarbeiten am Wielerschen Haus gesprochen und damit verraten, welches Haus im Kapitel als Museum vorgesehen war. Wenig später ist sogar von Zuschüssen und einer Beteiligung des Vereins über eine Anleihe die Sprache. Die Stadtverwaltung wurde angeregt, das Haus vom Besitzer, dem Dombauverein, zu erwerben, damit „der frühere Zustand wieder hergestellt" würde. Im Tätigkeitsbericht des Vorsitzenden zur Jahreshauptversammlung am '76. Stiftungsfest' berichtet Professor Walter Bader, als „besonderer Freund und Förderer" des Vereins, „wie er sich die weitere Entwicklung des geplanten Museums denkt". Der Vorsitzende vermutet, daß das Beispiel des Dombauvereins den Oberkreisdirektor angeregt habe, für die Inneneinrichtung eine „hochherzige Stiftung" zu leisten[21]. Bei der nächsten Versammlung wird weiter von dem unvollendeten Haus und den hohen Kosten für seine Instandsetzung gesprochen. Die Sammlungen sind nie in dieses Haus gebracht worden. Bis zur Einrichtung des später so bezeichneten Regionalmuseums am Domplatz kehrten die musealen Güter des NAVX in die alte Bleibe im Klever Tor zurück. Sie begaben sich damit auch wieder in die alten Leiden, die vor dem Umzug in das Rathaus 1935 zu beklagen waren.

In den sechziger Jahren wurde es deutlich, daß Xanten auf Dauer nicht ohne ein eigens für diesen Zweck geplantes Museum würde auskommen können. Der Altertumsverein war an keiner Stelle seiner Geschichte in der Lage, diese Notwendigkeit aus eigenen Kräften in die Tat umzusetzen. Alle Sammlungsräumlichkeiten der Vergangenheit mußten ihm aus kommunaler Hand zur Verfügung gestellt werden. In Professor Bader fand Xanten in seinen Mauern einen eifrigen Förderer dieses Gedankens nach dem II. Weltkrieg. Der Landschaftsverband Rheinland übernahm es, in der Südwestecke der Immunität einen

[16] Ebenda.
[17] AVK 7. 2. 1940.
[18] AVK 10. 8. 1945.
[19] AVK 16. 11. 1950.
[20] AVK 19. 2. 1951.
[21] AVK 4. 3. 1951.

Ableger des Rheinischen Landesmuseums Bonn zu planen und zu errichten. Die zwei größten Leihgeber in Xanten, die Gemeinde St. Viktor und der Altertumsverein, stellten ihre Sammlungen teilweise oder ganz für das Museum bereit[22]. Es wurde die größte jemals in der Geschichte vorhandene Ausstellungsfläche, noch nicht groß genug, um alles zu zeigen, was im Verlaufe vieler Jahre zusammengekommen war. Seit dem Umzug aus dem Klever Tor in die Gebäude zwischen Kapitel und Kurfürstenstraße 1974 steht nun wieder ein Wechsel ins Haus. Die Trennung des Regionalmuseums von der Bonner Mutter macht es notwendig, daß im Blick auf den Archäologischen Park sein Ort fern von den römischen Ausgrabungen neu überdacht werden muß. Der Verein beginnt, sich auf den letzten Umzug in diesem Jahrhundert einzurichten.

III. AUSGRABUNGSGESETZ UND ALTERTUMSVEREINE

Um den zahlreichen Raubgräbern in Preußen das Handwerk zu legen, hatten preußischer Landtag und Herrenhaus am 26. Mai 1914 ein Ausgrabungsgesetz verabschiedet. Durch den Krieg konnte es wegen fehlender Ausführungsbestimmungen jedoch noch keine Anwendung finden. Mit dem 30. Juli 1920 endete diese Phase. Außerhalb dieses Gesetzes konnte nun nicht mehr gegraben werden. Damit waren gleichzeitig die Tätigkeiten der zahlreichen Altertums- und Geschichtsvereine weitgehend lahmgelegt. Das Recht, Ausgrabungen vorzunehmen, ging im Bereich des Altertumsvereins in Xanten an das Provinzialmuseum Bonn über, das bereits seit der Jahrhundertwende die Grabungen im Bereich der Colonia und des Fürstenberges übernommen hatte. Für den Altertumsverein begann die Periode der Umorientierung. Man mußte sich, wollte man weiter existieren, neue Felder der Forschung suchen.

Bereits vor Verabschiedung des Gesetzes hatte die Vereinsführung eingestehen müssen, daß die Kosten für Ausgrabungen zu hoch waren, um sie selbst ausführen zu können[23].

Erst 1928 schlägt sich das Bedauern über den Verlust des ureigensten Vereinsziels in einer Bemerkung nieder, die im Rahmen des Berichts über die Zusammenarbeit mit dem Kreis Moers erscheint. „Die Arbeiten der Provinz im Süden und Norden der Stadt wurden aufmerksam verfolgt. Wir bedauern nur, daß dem Verein diese lohnende Arbeit von der Provinz ganz aus der Hand genommen worden ist. Die Mittel hätten freilich auch nicht gereicht. Das war früher ganz anders; Staat und Provinz haben früher Tausende bewilligt, um den Verein in den Stand zu setzen, solche Ausgrabungen selbst vorzunehmen. Es ist da nun ein sehr einfaches Mittel, eine solche unliebsame Eigentätigkeit dadurch zu unterbinden, indem man diese früheren Zuschüsse glatt strich. Und da klagt das Provinzialmuseum, daß wir hier kein genügendes Interesse an seinen Arbeiten und Bestrebungen hätten"[24]. Der Verein weiß um seine begrenzten Finanzmittel, kann sich in seiner Unzufriedenheit jedoch von den gelegentlichen Hilfen seitens der Provinzialverwaltung nicht lösen. Denn selbst den laufenden Unterhalt des Museums im Klever Tor konnte man nicht aus Eigenmitteln bestreiten.

In der Zeit nach dem Antritt der nationalsozialistischen Regierung dürften die desolaten Finanzverhältnisse des Vereins mit ein Grund gewesen sein, die Bestände des Museums ganz in städtische Regie übernehmen zu wollen. Seit 1934 war Bürgermeister Schöneborn Mitglied im Vorstand und begann ein eifriges Werben, um den Verein in seinem Sinne umzustimmen[25]. Später schaltete sich auch Standartenführer Landesrat Dr. Apfelstaedt in diese Bemühungen ein. 1937 heißt es in einem Schreiben an den Verein: „Die Neugestaltung des Heimatmuseumswesens am Niederrhein, die in den letzten Jahren so erfolgreich fortgeschritten ist, verlangt meines Erachtens gebieterisch auch in Xanten endlich eine klare Lösung, die bei der großen Bedeutung der Stadt Xanten wie auch des vorhandenen Materials besonders notwendig

[22] H. HILLER, Ein Blick zurück, ein Blick nach vorn. Regionalmuseum Xanten 1974 – 1984. Das RLM Bonn 3/1984, 34 – 45, bes. 34 f.

[23] AVP 13. 5. 1914.

[24] AVP 28. 3. 1928.

[25] AVP 19. 2. 1934.

ist." Und weiter heißt es: „Wichtig erscheint mir vor allem, daß endlich eine enge Bindung mit der Stadt Xanten zustandekommt, um die vielerorts so bewährte Form, daß der Bürgermeister der Vorsitzende des Museumsvereins ist und die Stadt die Eigentumsverhältnisse über die in ihren Mauern vorhandenen Sammlungen erhält, für deren Betreuung sie im Rahmen ihrer Finanzlage alljährlich naturgemäß entsprechende Aufwendungen zu machen hätte, zu erreichen"[26].

Der Verein nimmt zunächst die Rolle eines Beobachters wahr. Das Protokoll einer Vorstandssitzung 1920 erhellt, wie man vorging. Als bei Anlage einer Heizung in der Evangelischen Kirche am Markt Mauerreste im Boden erscheinen, wird das Provinzialmuseum in Bonn informiert. Direktorialassistent Dr. Oelmann nimmt einen Lageplan auf[27].

Ein Jahr später trafen sich die Mitglieder im Kolpinghaus an der Kurfürstenstraße, um einem „äußerst interessanten Lichtbildervortrag des Herrn Professors Dr. Lehner aus Bonn über: Leben und Treiben der Römer im Rheinlande" zu folgen. In der anschließenden Aussprache erscheint zum ersten Mal die Aufforderung, vorgetragen vom Landrat des Kreises Moers, van Endert, „daß man auch die Geschichte des Mittelalters vom Altertumsverein pflegen müsse und das Vorhandene an Bauten, Büchern etc. erhalten müsse, besonders, da augenblicklich während der Besatzung an Ausgrabungen nicht zu denken sei". Van Endert wies vor allem auf die Gefahr hin, daß „Schätze ins Ausland verschleppt würden, was schon im südl. Teile des Kreises vorgekommen sei nach dem Kriege"[28].

1923 erscheint im Protokoll die Aufforderung, „der Altertumsverein soll sein Auge auf die Domschätze nach Möglichkeit wenden"[29]. Ein Jahr später „trat die Versammlung dem Vorschlag bei", wie das Protokoll der General-Versammlung vermerkt, „der Verein solle sich wieder mehr, als bisher, seiner ursprünglichen Aufgabe: Erforschung römischer Altertümer widmen". In diesem Zusammenhang heißt es, „daß auch das Mittelalter, sogar jegliche Heimatkultur vom A. V. gepflegt werden müsse"[30]. Der eigentliche Grund für die Neuorientierung der Vereinstätigkeit wurde allerdings in den Protokollen der Vorstandssitzungen und weniger häufig stattfindenden Mitgliederversammlungen an keiner Stelle genannt. Die 50. Wiederkehr des Gründungstages war kein Grund für den Verein zu einer umfangreicheren Feier. Die Tatsache eines derartigen Ereignisses ergab sich „bei Durchsicht der älteren Akten"[31]. Die Aufforderung an die Vereinsspitze, sich neben der römischen Antike in Xanten auch der nachfolgenden Heimatgeschichte zu widmen, wurde bei der Vorstandssitzung im Januar 1925 sehr aktualitätsbezogen umgesetzt. Im Protokoll wurde vermerkt: „6. Wegen der zunehmenden Bauschäden, namentlich durch den großen Autoverkehr, besonders in der Marsstraße sollen Erhebungen veranstaltet werden über den Umfang der Schäden, die bisher schon entstanden sind. Auf Grund dieser Unterlagen soll an die Provinz herangetreten werden, entweder die Marsstraße zu asphaltieren, oder eine Umgehungsstraße zu bauen"[32]. 1928 wurde bereits von einem Erfolg dieses Vorstoßes berichtet. Seit 1928 war der Altertumsverein Mitglied im Verkehrsverein der Stadt Xanten. Man war im Vorstand des Vereins vertreten und arbeitete an Werbematerial mit. Über einen verstärkten Besuch des Museums erhoffte man steigende Einnahmen, die dem Ankauf von Büchern und Altertümern dienen sollten.

Im Auftrage der Stadt Xanten war zum 29. Juli 1928, dem Tag, an dem das 700jährige Bestehen der Stadt gefeiert wurde, ein Heimatbuch herausgegeben worden, für das fast alle renommierten Vorstandsmitglieder des Altertumsvereins Beiträge geliefert hatten[33]. Vorbesprechungen und Nachüberlegungen schlugen sich jedoch nicht in Protokoll oder Korrespondenz des Vereins nieder. Alle Aufsätze zeigen, daß die Heimatgeschichte nach der Römerzeit, wie es seit Beginn der zwanziger Jahre vom Verein gefordert wurde, tatsächlich zum Forschungsgegenstand geworden war.

[26] AVK 23. 4. 1937.
[27] AVP 29. 11. 1920.
[28] AVP 24. 10. 1921.
[29] AVP 12. 10. 1923.
[30] AVP 10. 11. 1924.
[31] AVP 28. 3. 1928.
[32] AVP 21. 1. 1925.
[33] Xanten. 700 Jahre Stadt 1228 – 1928 (Xanten 1928).

IV. BETRIEBSAMKEIT UND SCHWEIGEN – DER ALTERTUMSVEREIN IM III. REICH

1932 waren nach dem damals der Satzung folgenden vierjährigen Rhythmus Neuwahlen zum Vorstand geboten. Seit 1928 gab es einen erweiterten Vorstand. Zu den damals gewählten Beisitzern gehörte der Bürgermeister der Stadt, Wegenaer. 1932 wurde er im Amt bestätigt.
Der Übergang von der Weimarer Republik in die Diktatur der Nationalsozialisten fand in den Akten des Vereins an keiner Stelle einen Niederschlag. Für 1933 ist weder eine Vorstandssitzung noch eine Jahreshauptversammlung protokolliert worden. 1934 wird bei einer Vorstandssitzung im Februar Bürgermeister Schöneborn als neues Beiratsmitglied begrüßt. Bis in das Jahr 1938 wird er nun die Geschicke des Vereins zugunsten der Stadt, d. h. einer Übernahme der Sammlungen in städtische Verwaltung, bestimmen[34].
Aus der Korrespondenz, die für die Jahre 1935 bis 1937 umfangreich erhalten ist, geht hervor, daß der Verein außerordentlich kräftig in die Bemühungen um Heimatpflege, wie sie die Jahre vor Ausbruch des Krieges kennzeichneten, eingeschaltet wurde. Da gleichzeitig die durch einen Verkehrsverein seit 1928 betriebene Werbung für ein Xanten der Touristen erheblich verstärkt wurde, ist der versuchte Zugriff der Stadt auf den Verein erklärbar. Möglicherweise hat der 1939 begonnene Krieg das Interesse der Nationalsozialisten an der Spitze der Stadt auf andere Ziele gelenkt.
In einer Erklärung zugunsten des Schriftführers des Vereins, der seiner Meinung nach zu Unrecht von der Entnazifizierungskammer in die Gruppe IV der Belasteten eingestuft worden war, beschrieb der Vorsitzende, Schulrat Basqué, die Bemühungen des Bürgermeisters Schöneborn. „Mit der Machtübernahme setzte ein Kampf um dieses Museum ein, da das Nazi-Oberhaupt der Stadt den Plan verfolgte, die wertvollen Sammlungen in den Alleinbesitz der Stadt zu überführen. Die Hintergründe dieses Treibens wurden offenbar, als der Bürgermeister Schöneborn das Ansinnen an mich stellte, die schönste Gemme aus unserer Sammlung der Stadt zur Verfügung zu stellen; sie sollte nämlich Hermann Göring bei Gelegenheit eines Besuchs als Geschenk der Stadt Xanten überreicht werden. Wir lehnten diese Zumutung ab und galten infolgedessen – noch mehr als seither schon – als ausgesprochene Gegner des Systems"[35].
In seiner Rede zum Neuanfang des Vereins 1950 in der Aula der Bemmelschule – ein Knabenchor hatte die Versammlung mit einem niederrheinischen Heimatlied eingestimmt – griff Basqué diesen Vorfall zur Charakterisierung der Beziehungen zwischen Verein und Stadt auf. „Nachts träumte ich vom KZ – Meine Ablehnung mußte ja als Mangel an nationalpolitischer Gesinnung gedeutet werden. Ich kam aber noch einmal mit einem blauen Auge davon"[36].
Ein ähnlich gelagerter Fall, bei dem die Stadt den Verein um ein Gastgeschenk aus seinen Beständen erleichtert hat, betraf den Besuch des Kyffhäuserbund-Vorsitzenden Reinhard im Jahre 1935. Schöneborn ließ bei Basqué anfragen, ob er es für möglich halte, „daß der Altertumsverein einen überzähligen römischen Krug dem Oberst Reinhard als Erinnerung und Geschenk überläßt?"[37] Schöneborn schreibt, er habe „dem Oberst R. . . . gesagt, daß ich es versuchen würde, für ihn einen Krug zu bekommen". Basqué schrieb selbst an Reinhard: „Mit großer Genugtuung habe ich erfahren, daß Sie gelegentlich Ihres Besuches in unserer Stadt auch für unser Heimatmuseum und die Bestrebungen unseres Vereins warmes Verständnis bewiesen haben. Ich beehre mich, Ihnen namens des Vereins herzlichst zu danken und Ihnen zur dauernden Erinnerung an das schöne alte Xanten aus unseren Beständen einen römischen Krug zu überreichen. Nach dem Grabungsbericht vom Jahre 1891 handelt es sich um eine Totenbeigabe, die bei Entdeckung eines Römergrabes gehoben wurde. Wir sind stolz darauf, hier zeigen und dem deutschen Empfinden nahe bringen zu können, wie an der Kraft und Treue unseres Volkes die hohe Strategie und die Weltmacht des römischen Reiches ihre Grenzen fanden. Für Sie als Soldaten muß es ein besonderer Genuß sein, den Quellen und der weltgeschichtlich bedeutsamen Schicksalswende unseres Volkstums

[34] Bote für Stadt und Land 19. 4. 1933.
[35] AVK 8. 12. 1949.
[36] AVK 8. 6. 1950.
[37] AVK 4. 11. 1935.

an seinen Anfängen nachzugehen." Reinhard bedankte sich nach Rückkehr aus Berlin mit dem Wunsch, „daß ich sehr bald Xanten einmal wieder aufsuchen und stets mit regem Interesse den Forschungen des Altertumsvereins folgen werde"[38].

In seiner Ansprache anläßlich der Wiederbegründung des Vereins gibt Basqué den einzigen Hinweis auf Ablehnung des Übernahmeansinnens der Sammlungen durch die Stadt bei der Hauptmitgliederversammlung am 19. Januar 1938. Die äußerst stark besuchte Versammlung habe wohl die drohende Gefahr der Gleichschaltung erkannt und sich einstimmig für den Verbleib in Vereinsbesitz ausgesprochen.

Der nächste Hinweis auf die Verfügungsgewalt durch den Verein ist dann das Protokoll über die Verpakkung der Sammlungen, um sie vor Kriegsgefahren zu schützen. Der Verein muß aufgrund der Aktenlage als ruhend betrachtet werden, auch wenn in der unmittelbaren Nachkriegszeit der Vorsitzende in dieser Eigenschaft auftrat.

V. DER ALTERTUMSVEREIN MELDET SICH ZURÜCK

Fünf Jahre nach dem bitteren Ende für Xanten und seine historisch bedeutsamen Gebäude erklärten bei der Wiedergründungsversammlung 1950 47 von 63 Anwesenden ihren Beitritt zum Verein. Die Tätigkeit erstreckte sich zunächst auf die Rückführung der ausgelagerten Sammlungen nach Xanten. Das Vereinsleben selbst verlief in den seit dem Gründungstag bekannten Aktivitäten. Ausgespart blieb jedoch auch nach dem Krieg jede Ausgrabungstätigkeit. Die Worte des Jahresberichts von 1932 lassen sich auch für die Zeit nach 1950 jährlich wiederholen, ohne der Begeisterung der Mitglieder für das Tun des Vereins und seines Vorstands allzu kritisch gegenüber treten zu wollen. „Der 1. Vorsitzende berichtet über die rege Tätigkeit des Vereins, besonders des Vorstandes für das verflossene Jahr. Mehrere Vorstandssitzungen, Veranstaltung von altertums- und heimatkundlichen Vorträgen, Mitwirkung bei der Jahrhundertfeier der Xantener Schützengesellschaft, schriftstellerische Arbeiten im Interesse der Altertums- und Heimatkunde, umfangreiche Schriftwechsel nach dem In- und Auslande, Führung von auswärtigen wissenschaftlichen Vereinigungen, Neuerwerbungen für den Verein . . . mögen einen kleinen Einblick in die Arbeit des Vereins vermitteln"[39].

Erich Stecher, der manches kulturelle Ereignis seit den dreißiger Jahren kommentierend im Lokalblatt 'Bote für Stadt und Land' und später in der 'Rheinischen Post' begleitet hat, schrieb ein Jahr vor dem Hundertjährigen des Vereins: „Wenn auch seit 1962 keine Generalversammlung mehr stattgefunden hatte, so ist der Niederrheinische Altertumsverein Xanten e. V. in dieser Zeit doch nicht untätig gewesen. In jedem Jahr wurden, so berichtete Schriftführer Herman Schmitz in der Hauptversammlung im Hotel van Bebber, zwei Vortragsabende und zwei Exkursionen durchgeführt mit einer Teilnehmerzahl von 50 bzw. 70 Personen im Durchschnitt"[40].

Wenn „Schulrat Basqué den geschätzten wissenschaftlichen Mitarbeitern für ihre wertvollen Anregungen und für das Versprechen allzeitiger Unterstützung der Vereinsarbeit" dankt[41], als sich der Verein 1950 wiedergegründet hatte, ist die Situation in den achtziger Jahren weitestgehend zugunsten der Wissenschaftler verändert worden. Heute lädt sie der Verein zu sich, z. B. zu den Historischen Stammtischen, wo sie in zwangloser Runde erste Mitteilungen über Arbeitsergebnisse bei den Grabungen in Xanten machen können. Vorträge werden nur noch unter Mitarbeit des Vereins veranstaltet. Eine Professionalisierung der ursprünglich in der Freizeit privater Bürger geleisteten Arbeit für die römische Archäologie und die Heimatgeschichte ist unübersehbar geworden. Wieder einmal muß der Verein sich umorientieren.

[38] AVK 23. 11. 1935.
[39] AVP 16. 3. 1932.
[40] Rheinische Post 28. 2. 1976.
[41] AVP 8. 6. 1950.

VI. ZUKUNFTSAUSSICHTEN

„Der Historismus ist heute historisch überwunden. Und historisch in solchem Maße, daß man ihn nicht mehr als aktuelle Herausforderung oder als zu überwindendes Prinzip empfindet, sondern als abgeschlossene Größe"[42]. In den Versuch, den Historismus zu deuten, den Heinz Gollwitzer 1982 anläßlich des 150jährigen Bestehens des Historischen Vereins Münster vortrug, läßt sich auch die Frage nach der Überlebenschance des Altertumsvereins in Xanten einbeziehen. Historismus definiert Gollwitzer als Bildungsbewegung „mit führendem Anteil deutscher Geschichtsdenker. Sie setzt nach überwiegender, wenn auch nicht einhelliger Meinung im 18. Jahrhundert ein, findet ihren Höhepunkt im 19. Jahrhundert, hielt und hält aber auch im 20. noch stattliche Positionen"[43]. Die Gründung des Altertumsvereins in Xanten geht, wie die Quellen ausweisen, auf einen Anstoß von Regierungsseite aus. Dies hat Gollwitzer fallweise für die Gründung Historischer Vereine nachgewiesen. Die von Gollwitzer behauptete „patriotisch-integrierende Wirkung"[44] trifft insofern für den Xantener Verein zu, als neben der Neugier, nun endlich zu erfahren, was es mit den Mauerresten und den Krügen und, was man alles bei sich und den Nachbarn fand, auf sich hatte, auch sogleich in den Einladungsbroschüren hinwies, daß ein derartiger Verein die Stärke des Germanischen und damit des Zweiten Deutschen Reiches gegenüber allem Undeutschen, hier in Gestalt der Römer, herausstellen könne. „Doch nicht das römische Zeitalter allein macht unsere Gegend wichtig, vielmehr bewegt sich auf demselben auch ein großes Stück bis jetzt zum Teil noch in dunkler Sage deutscher Geschichte"[45]. Xanten sollte zunehmen an Bedeutung als 'Geburtsort Siegfrieds des Gehörnten'.

Als Georg Bleibtreu am 16. Oktober 1892 in Charlottenburg verstorben war, machte sich ein unbekannter Verfasser aus den Reihen des Altertumsvereins zum Fürsprecher einer Gedächtnistafel an seinem Geburtshaus auf dem Markt. „Ein reiches und ruhmvolles Tagewerk hat er vollbracht." Die Vaterstadt könne stolz sein, „einen solchen Sohn zu haben".

Zwar hat der Verein in Xanten keine Institution hervorgebracht wie anderenorts die Monumenta Germaniae Historica, erwachsen „aus dem Honoratioren- und Gebildetenmilieu"[46]. Der NAVX begnügt sich mit der Erforschung der Straßennamen. Er hat sich damit auf soziokulturelles Gebiet gewagt, indem er Namen von Persönlichkeiten aus der Geschichte der Stadt einem interessierten Publikum nahebringt, das aus Gründen der Distanz zum Anlaß der Namensgebung keine Beziehung mehr hat. Erst der Historismus hat diese oft sehr ungetümen Benennungen in unsere Straßenverzeichnisse gebracht. „Bis zum Beginn des 19. Jahrhunderts hing die Benennung der Straßen und Plätze primär mit topographischen und sozioökonomischen, nicht zuletzt mit kirchlichen Gegebenheiten der Gemeinden zusammen. Ausfallstraßen hat man nach anderen städtischen Zentren benannt"[47]. Dechant Franz Bens, der 1928 die Straßen Xantens beschrieb und ihre Namen erklärte, wurde nach dem Zweiten Weltkrieg selbst zum Namengeber für eine Straße in seiner Wirkungsgemeinde Lüttingen; der Historismus lebt, wie Gollwitzer bemerkt, auch im späten 20. Jahrhundert fort. Seine Wirkung läßt sogar die ursprünglich topographisch bedingten Namen durch historisierende ersetzen. In Xanten heißt heute ein Teil der ehemaligen 'Clever Straße' Siegfriedstraße und kann damit Gegenstand der Forschungen des Vereins werden.

„Als Massenphänomen bricht sich das Jubiläumswesen aber erst im 19. Jahrhundert Bahn"[48]. Der Altertumsverein hat im Gegensatz zu der weithin geübten Praxis der Versuchung in seiner Geschichte widerstanden, die üblichen sogenannten runden Jubiläen zu feiern. Sogar das doch auch heute recht seltene Ereignis der Hunderjahrfeier 1977 sollte mehr ein fröhlich-beschauliches Ereignis werden als steife Begehung des Vereinsstolzes. Man verzichtete bewußt auf eine Festschrift und stieg stattdessen in eine viel-

[42] H. GOLLWITZER, Historismus als kultur- und sozialgeschichtliche Bewegung, in: Geschichte, Politik und ihre Didaktik. Heft 1/2, 1982, 14.

[43] Ebenda 5.

[44] Ebenda 13.

[45] SAX Nr. 311, 1870.

[46] GOLLWITZER a.a.O. (Anm. 42) 13.

[47] Ebenda 9.

[48] Ebenda 11.

leicht auch wieder dem Historismus verpflichtete Publikation des Regionalmuseums ein. Die Nr. 3 des Xantener Historien-Kuriers zeigte als Sonderausgabe Ausschnitte aus dem reichlich vorhandenen Aktenmaterial des Vereins.

Als sich der Gründergeist von 1870 fünf Jahre später wieder regte, sprach Hauptmann a. D. von Haeften auf Haus Erprath vor den Toren der mittelalterlichen Stadt in einem Schreiben an den damaligen Bürgermeister und späteren Vereinsmitbegründer Gerhard Schleß eine Hoffnung aus, die auch heute immer noch nicht zur allseitigen Zufriedenheit in Erfüllung gegangen zu sein scheint. „Der hier zu gründende Altertumsverein wird sich jedoch nur dann einer Lebensfähigkeit zu erfreuen haben, wenn er von dem Gemeinsinn der Bürger der Stadt Xanten getragen wird. Hoffen wir, daß er dereinst dieser Stütze nicht entbehren möge!"

Ende 1987 erschien das Buch 'Die antiken Gemmen aus Xanten'. Der Vorsitzende des Vereins, dem das Regionalmuseum einen wesentlichen Teil seiner allerdings kaum ausgestellten Sammlung von Gemmen verdankt, nahm aus den Händen des Kulturdezernenten des Landschaftsverbandes ein erstes Exemplar entgegen. An der Aufarbeitung der Gemmensammlung hatte der Verein keinen Anteil. Der Aufruf, den der Museumsleiter zum traditionellen Weihnachtsgruß des Vereins beisteuerte, mitzuhelfen, „daß das Wissen über die Xantener Gemmen Stück für Stück erweitert wird", und die Bitte, „auch die Gemmenbesitzer in Ihrem Freundes- und Bekanntenkreis um Unterstützung und Mithilfe bei diesem Vorhaben" anzuhalten, rief zunächst nicht das gewünschte Echo hervor. Fehlt den Vereinsmitgliedern das nötige Verständnis für den Zweck des Vereins, nämlich Interesse, vielleicht sogar Liebe zur Geschichte zu wecken? Erwachsene setzen immer große Hoffnungen auf die Schule. Was sie für ihre Generation nicht erreicht haben, glauben sie über eine entsprechende Erziehung sicherstellen zu können. „Ist es ja doch grade die auf den Höheren Schulanstalten gepflegte und auch uns gewissermaßen für's ganze Leben eingeimpfte Liebe für das Altertum, die gefördert durch die lokale Anregung uns zur Bildung des Altertumsvereins veranlaßt hat"[49]. Von den 180 Mitgliedern des Vereins im Jahre 1988 sind genau vier Schüler im Alter unter sechzehn Jahren, Jugendliche anderer Altersstufen kommen kaum im Verein vor.

Als der langjährige Vorsitzende Matthias Basqué 1958 verstorben war, rühmte sein Verein ihn unter anderem wegen 'der Verbreitung geschichtlichen Wissens vor allem an die Jugend, um in ihr die Liebe und Treue zur Heimat zu wecken und zu vertiefen'. Er selbst hat dieses Ziel seines Auftrags als Vorsitzender eines Altertumsvereins gerade in seiner Eigenschaft als Leiter von Arbeitsgemeinschaften junger Lehrer in seinem Schulamtsbezirk immer wieder hervorgehoben.

Trotz der ehrenden Aufrufe hat sich an dem Bild nicht viel geändert. Die Klage um den Verfall des Geschichtsbewußtseins und den mangelnden Geschichtsunterricht, die in den siebziger Jahren begonnen, in den Achtzigern immer vehementer zu vernehmen ist[50], vermögen auch Geschichtslehrer nicht aus der Welt zu schaffen. Möglicherweise ist die bei Jugendlichen wie Erwachsenen gleichermaßen beklagte Geschichtslosigkeit belanglos. Jugendliche interessieren sich nur bedingt für Geschichte, vor allem lehnen sie die Beschäftigung mit ihr dann ab, wenn rein restaurative Tendenzen seitens der regierenden Kräfte im Staat damit verbunden werden. Die Erwachsenen mögen bei dem mittlerweile reichlichen Angebot an kulturellen Veranstaltungen übersättigt sein. Devise sollte sein, der Pflege der Heimatgeschichte ohne Klagen, aber mit viel Eifer nachzugehen. Ein gutes Beispiel verspricht immer noch die beste Langzeitwirkung.

[49] SAX Nr. 311, 1870.

[50] So z. B. Beilage zur Wochenzeitung Das Parlament B 45/79, B 17/81, B 41/84.

NORBERT ZIELING

110 Jahre Erforschung der großen Thermenanlage in der Colonia Ulpia Traiana

110 Jahre ist es jetzt her, daß die große römische Badeanlage der Colonia Ulpia Traiana entdeckt wurde. Seit dem Sommer 1988 werden diese Thermen nun — nach mehrmaligen Ausgrabungen — wieder freigelegt, um sie interessierten Besuchern künftig zugänglich zu machen. Anlaß genug, in der hier vorgelegten Publikation die wechselhafte Forschungsgeschichte dieser Thermen seit ihrer Entdeckung noch einmal zu skizzieren.

Es war Mitte November des Jahres 1879, als Herr Mölders, Mitglied des Niederrheinischen Altertumsvereins zu Xanten und Entdecker und erster Ausgräber der Thermenanlage, mit der Spitze seines Eisenstockes die ersten Spuren einer mächtigen Mauer ertastete[1]. Der Alterthumsverein hatte es sich bei seiner Gründung am 4. Mai 1877 zur Aufgabe gestellt, „nach und nach die Aufdeckung der Castra Vetera und der Colonia Trajana zu bewirken"[2]. Eben unter diesem Motto stand die Erkundung des Geländes nordwestlich der heutigen Stadt Xanten. Besagter Herr Mölders, der sich sogleich „mit seltener Ausdauer und Hingebung" an die Ausgrabungsarbeiten machte, konnte bis zum Berichtsjahr 1880 bereits ein Fünftel der Gesamtanlage freilegen[3]. Dabei handelte es sich vor allem um den Südtrakt der Thermen mit Eingangshalle, Apodyterium, Latrine und weiteren Räumen unbekannter Funktion (Abb. 1).

Natürlich sind diese damaligen Ausgrabungen nicht mit den archäologischen Untersuchungen unserer Tage zu vergleichen, doch soll hier kein Zweifel daran gelassen werden, daß die Grabungen des Altertumsvereins im vorigen Jahrhundert nicht der Schatzsuche, sondern der Erkundung der Mauerstrukturen der Römerstadt dienten. Die Methoden waren eben damals noch andere als heute, wobei das bloße Verfolgen von Mauerzügen ohne generelles Abtragen des umliegenden Erdreiches dem archäologischen Befund meist nur wenig Schaden zufügt.

Aber zunächst zum Grabungsbericht des Herrn Mölders. Er verfolgt vor allem die Südmauer der Thermen über ihre ganze Länge, ermittelt aber auch die Nordwestecke des Gebäudekomplexes. Dabei beobachtet er, daß große Flächen der Mauern noch glatten, verschiedenfarbig bemalten Putz tragen, während andere Fugenstrich aufweisen. Von den Böden sind nur noch vereinzelte Reste einer 20 bis 30 cm starken Estrichschicht mit ursprünglicher Plattenauflage erhalten. Nur in einem Raum finden sich noch Reste der weißen Marmorplatten. Insgesamt untersucht Mölders fünf Räume und hält ihre Ausmaße im Plan fest. Sein Raum V, die Latrine, zeichnet sich durch einen 60 cm breiten, innen an den Wänden entlanglaufenden Umgang aus, für den Mölders völlig zu Recht eine Deutung als Kanal vorschlägt. In der Nordmauer seines Raumes II, der Eingangshalle, beobachtet er schließlich vier Mauerdurchbrüche, von denen drei nischenartig ausgebildet sind. Dies sind die Portale zum nordwestlich anschließenden unbeheizten Baderaum, dem Frigidarium.

E. aus'm Weerth, der den Ausgrabungsbericht des Herrn Mölders in seinem Aufsatz über die Xantener Ausgrabungen wörtlich zitiert, schlägt als Deutungsmöglichkeit für die aufgefundenen Gebäudereste der Thermenanlage das Praetorium eines Römerlagers vor. Größe und Grundriß des Gebäudes und vor allem seine Lage zur turmbewehrten Umfassungsmauer der CUT führen aus'm Weerth zu dem Schluß, daß es

[1] A. DE BALL, Bericht über die Ausgrabungen auf der alten Burg zu Xanten bis Mitte November des Jahres 1881. Bonner Jahrb. 74, 1882, 76—80.

[2] E. AUS'M WEERTH, Vorläufiger Bericht über die neuen Ausgrabungen bei Xanten. Bonner Jahrb. 69, 1880, 69.

[3] Ebd. 69.

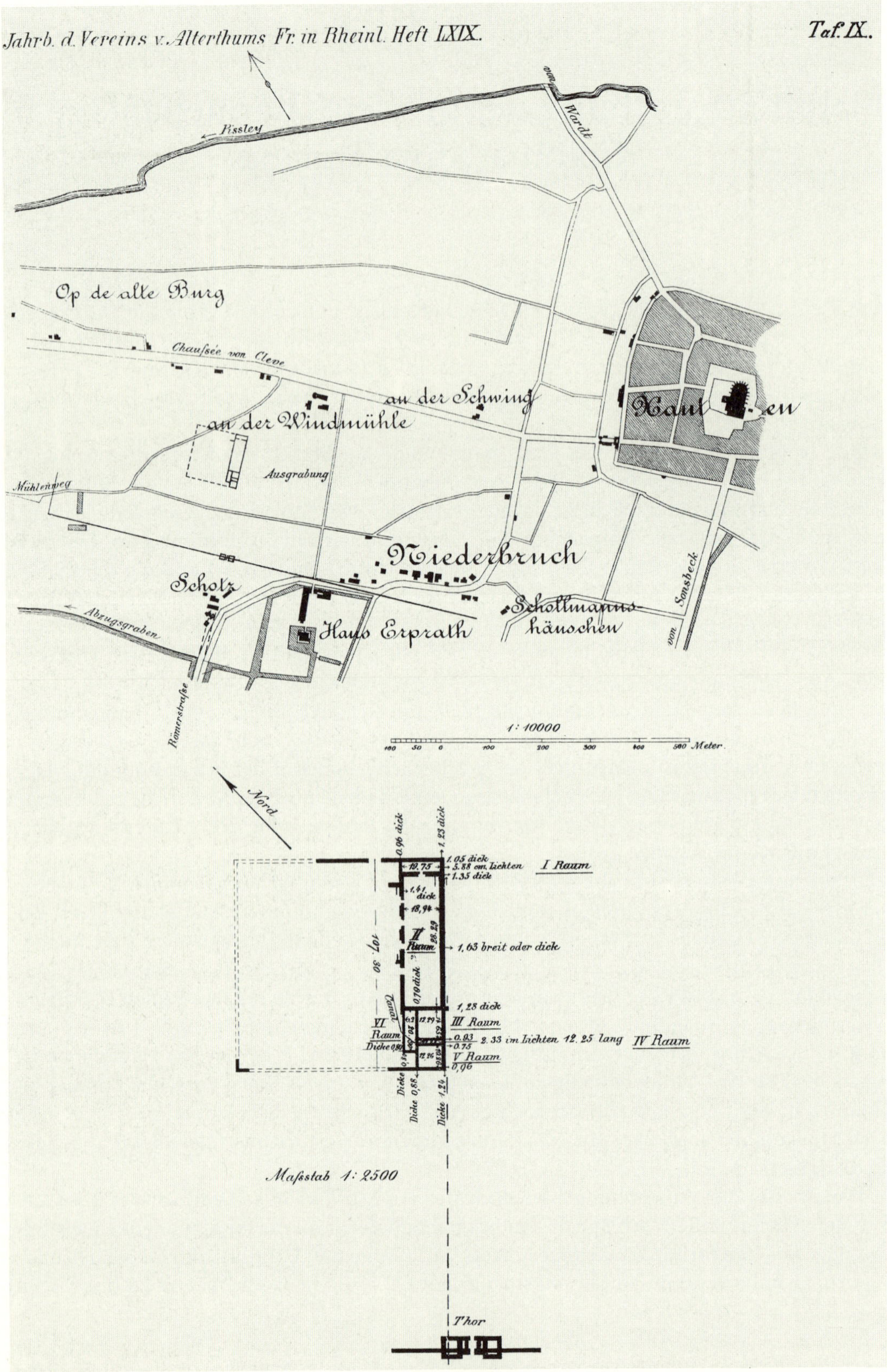

1 1879/80 freigelegte Mauerzüge der Thermenanlage.

sich bei der Gesamtanlage nur um ein Castrum, bei dem teilweise ausgegrabenen Gebäude damit wahrscheinlich um das Praetorium dieses Castrums handeln könne[4].

Der Königliche Baumeister Alfons de Ball geht in seinem 1882 veröffentlichten Bericht über die Ausgrabungen auf der alten Burg zu Xanten noch einmal auf die ersten Grabungsergebnisse Mölders' ein und berichtet von der Fortsetzung der Arbeiten nach Eingang von Mitgliedsbeiträgen, Spenden und einem Zuschuß der Provinzialverwaltung ab Herbst des Jahres 1880[5]. Wegen einer schweren Erkrankung des vorjährigen Ausgrabungsleiters übernimmt de Ball selbst die Leitung der Ausgrabungen im September 1881, kann sie aber nur bis zum Einbruch des Winters fortsetzen.

Immerhin gelingt es ihm, noch weitere große Teile der nordwestlich anschließenden Baderäume zu verfolgen, so vor allem das Frigidarium mit seinen beiden Badebecken, die beiden Tepidarien, also die nur schwach beheizten Baderäume, und schließlich die beiden Schwitzräume, die in römischer Zeit Laconica oder Sudatoria genannt wurden (Abb. 2). Weiterhin kann de Ball den Abwasserkanal, Teile der Innen- und Außenportikus und die zentrale Nischenmauer, die das Badegebäude von der Palaestra, dem Gymnastikplatz, trennt, ermitteln. Mittlerweile hatte sich zu der Deutung des Gebäudes als Praetorium eines römischen Kastells auch die als Mansio, also als Herberge, hinzugesellt. De Ball mag sich aber noch nicht festlegen, betont jedoch völlig richtig die Nutzung des Gebäudes zu öffentlichen Zwecken[6].

Die geplante Fortsetzung der Grabungsarbeiten kommt nach dem Tode Herrn Mölders im Jahre 1882 nicht mehr zustande. Die Diskussion über die Deutung der aufgefundenen Gebäudereste wird allerdings noch fortgesetzt.

Auch im Jahre 1911, als Paul Steiner die Sammlung des Niederrheinischen Altertumsvereins als Bd. 1 der Kataloge west- und süddeutscher Altertumssammlungen veröffentlicht, ist die Deutung der Anlage noch unklar. „Von Innenbauten sind bisher eine gewaltige Anlage von 107 m im Quadrat bekannt mit Säulenreihen und Gemächern, aber noch ungeklärter Bestimmung"[7].

In seinem Aufsatz über die Anfänge Xantens, der aus Anlaß der 700-Jahr-Feier der Stadt im Jahre 1928 erscheint, geht Steiner noch einmal kurz auf die bis dahin vorliegenden Ausgrabungsbefunde an der Thermenanlage ein. Er lehnt eine in der Diskussion befindliche Deutung als Forum ab und spricht sich für eine Deutung der Baubefunde als Badeanlage aus[8].

Während der Diskussionen um die Deutung der Badeanlage finden keine weiteren Ausgrabungsarbeiten auf dem Thermengelände statt. Diese werden erst wieder im Jahre 1957 aufgenommen, nachdem dem Rheinischen Landesmuseum in Bonn bekannt geworden war, daß die Stadt Xanten den Thermenbereich als Industriebauland ausgewiesen hatte und beabsichtigte, dort eine Fabrik für Stahlbeton-Fertigteile anzusiedeln. Unter der Leitung von Hermann Hinz finden daher in den Jahren 1957 bis 1963 groß angelegte Notuntersuchungen statt, bei denen die Deutung der Anlage als Thermen letztendlich bewiesen und der größte Teil dieses Bades aufgedeckt und teilweise untersucht werden kann (Abb. 3).

Einen ersten Bericht über die Ausgrabungen der Thermen gibt Hinz 1961 in den Bonner Jahrbüchern[9]. Aus den vorliegenden Grabungsbefunden kann er bereits drei Perioden ermitteln, nämlich 1. geringe Teile eines Vorgängerbaues, 2. die Therme der mittleren Kaiserzeit und 3. die späteren Umbauten[10]. Hinz untersucht vor allem große Teile der Eingangshalle und die östlichen und westlichen Teile der Baderäume. Die Mitteltrakte dieser Räume kann er aus zeitlichen Gründen und wegen moderner Versorgungsleitungen nicht mehr untersuchen, gleiches gilt für die Palaestra. Darüber hinaus kann er aber viele Details der Badeanlage beobachten und dokumentieren, so z. B. die verschiedenen Ofenanlagen und die teilweise erhaltenen Badebecken. Als Endzeitpunkt für die Thermenanlage gibt Hinz die zweite Hälfte des 4.

[4] Ebd. 70.

[5] A. DE BALL a.a.O. (Anm. 1).

[6] Ebd. 77.

[7] P. STEINER, Xanten. Sammlung des Niederrheinischen Altertumsvereins. Kataloge west- und süddeutscher Altertumssammlungen 1 (Frankfurt 1911) 18.

[8] P. STEINER, Die Anfänge Xantens, in: 700 Jahre Stadt Xanten. Ein Heimatbuch zur Erinnerung an das 700jährige Bestehen der Stadt (Xanten 1928) 48.

[9] H. HINZ, 1. Bericht über die Ausgrabungen in der Colonia Traiana nördlich von Xanten. Bonner Jahrb. 161, 1961, 343 – 395, Taf. 67 – 76.

[10] Ebd. 346.

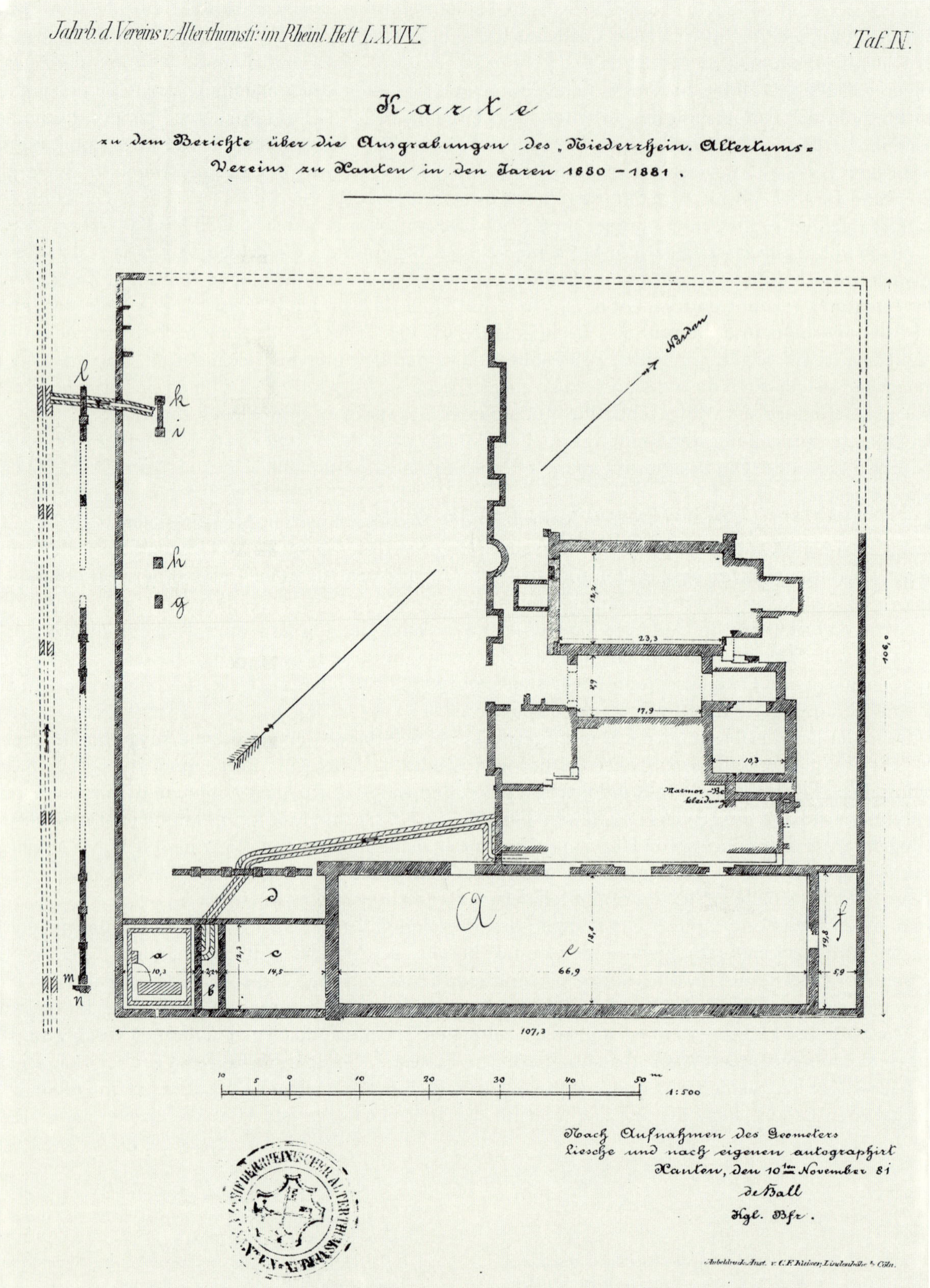

2 Die Thermenanlage nach Abschluß der Ausgrabungen de Balls 1881.

Jahrhunderts n. Chr. an, da viele Münzen und andere Kleinfunde dieser Zeit aus dem Abbruchschutt stammen. Eine gewaltsame Zerstörung der Anlage leitet er aus ausgedehnten Brandschichten über den ungestörten Horizonten her[11].

Die von H. Hinz veröffentlichten Befunde geben schon ein recht vollständiges Bild vom Aufbau der Thermenanlage der CUT, das auch durch jüngere Untersuchungen nur ergänzt, nicht aber entscheidend verändert wurde[12]. Im Jahre 1963 wird schließlich – bei gleichzeitiger vorläufiger Fertigstellung der Stahlbeton-Fabrik – das Notgrabungsprojekt 'Thermen' beendet (Taf. 21.1). 1964 kommt es nur noch zu einer kleineren Untersuchung im Süd-Teil der Palaestra, die aber keine neuen Baubefunde erbringt[13].

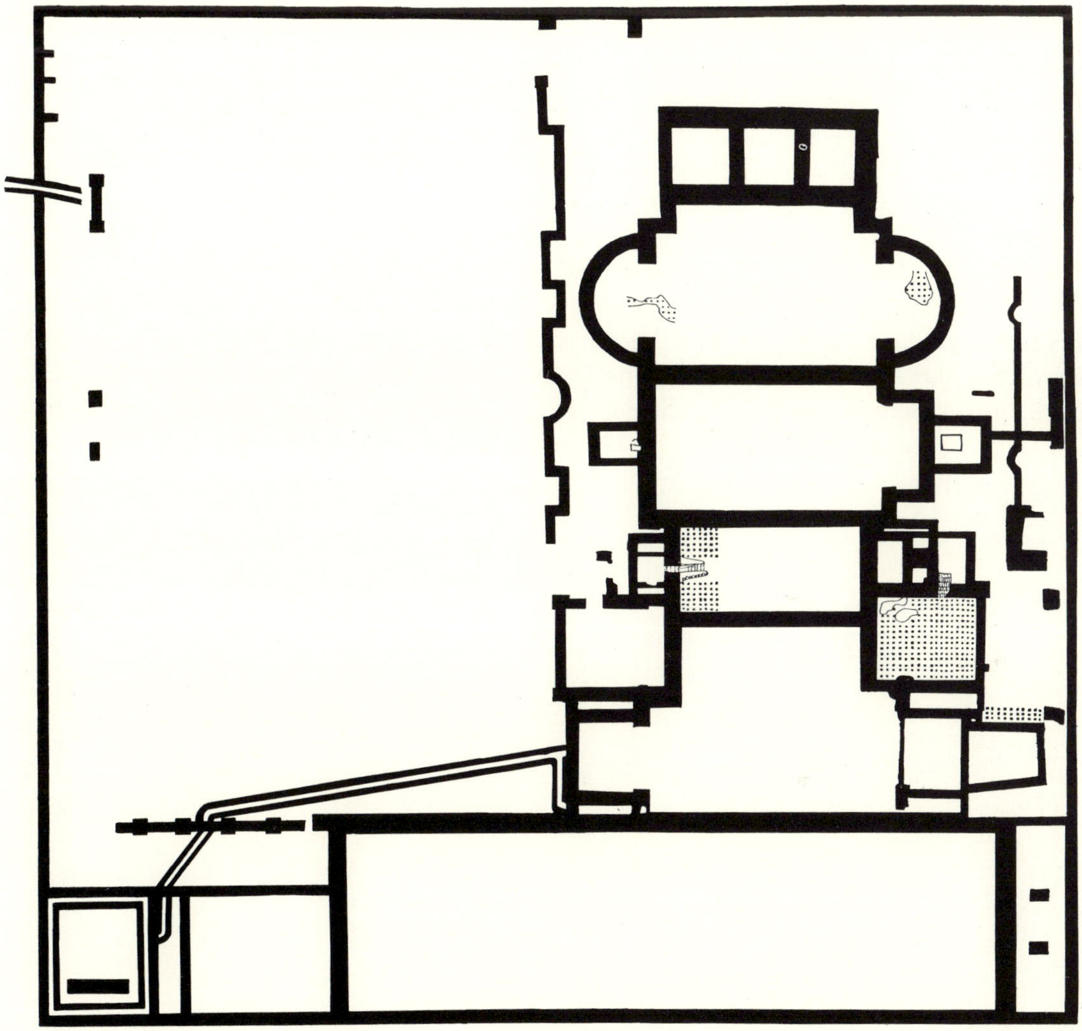

3 Grundriß der Thermenanlage nach H. Hinz 1961.

[11] Ebd. 349.

[12] Vgl. den schematischen Mauerplan ebd. Taf. 75.

[13] H. VON PETRIKOVITS, Bonner Jahrb. 166, 1966, 522 f.

Die weiteren Untersuchungen bzw. Publikationen der Folgezeit konzentrieren sich vor allem auf Details oder Befunde aus dem Randbereich der Thermen. So kann Hinz beispielsweise in einem Raum, der sich westlich an die große Eingangshalle anschließt, eine — wahrscheinlich „nachthermenzeitliche" — Darr-Anlage nachweisen[14]. Ch. B. Rüger veröffentlicht 1979 einen Aufsatz über die spätrömische Großfestung in der CUT, in deren Westecke die Thermeninsula liegt[15]. Bereits bei den Untersuchungen der sechziger Jahre war auf Insula 3, der südwestlichen Nachbarinsula der Thermen, der Nachweis eines Doppelgrabensystems, das die coloniazeitlichen Befunde durchschnitt, gelungen[16].
Eine entscheidende Wende nahm die jüngere Geschichte der römischen Thermenanlage der Colonia Ulpia Traiana im Jahre 1984, als die Stahlbetonfabrik mit hohen finanziellen Mitteln des Landes Nordrhein-Westfalen abgerissen wurde und einen neuen Standort — auf weniger geschichtsträchtigem Boden — bekam[17]. Die Betonpfeiler, auf denen die Produktionshallen errichtet worden waren, wurden mit schwerem Hebegerät wieder aus dem Boden gezogen und ihre Baugruben mit Sand verfüllt, dies alles im Hinblick auf eine neuerliche, nun aber endgültige Freilegung und Konservierung der Thermenfundamente. Erste Grabungsarbeiten nahm Gudrun Gerlach bereits 1985 wieder auf, als sie die östliche und südliche Portikus der Thermen und einen Teil der Eingangshalle untersuchte[18].
Die im Juli 1988 begonnene Freilegung der Thermen dauert bei Drucklegung dieses Bandes noch an. Inzwischen sind bereits größere Teile der Eingangshalle und der Sudatorien, weiterhin die Hauptofenanlage im Norden des Caldariums, die Öfen der Tepidarien und Teile des Frigidariums und des Caldariums wieder ans Tageslicht gekommen (Taf. 21.2). Mitte 1990 soll der Grundriß der Gesamtanlage sichtbar und für interessierte Besucher zugänglich sein. Die wissenschaftlich bedeutenden Fragen nach der Vorgängeranlage, nach Bauphasen und Datierungen und nach der Funktion und Nutzung der Thermen innerhalb der spätantiken Befestigung werden die archäologische Forschung aber noch weit länger beschäftigen.

[14] H. HINZ, 3. Bericht über die Ausgrabungen in der Colonia Ulpia Traiana bei Xanten. Bonner Jahrb. 167, 1967, 325–346.

[15] C. B. RÜGER, Die spätrömische Großfestung in der Colonia Ulpia Traiana. Bonner Jahrb. 179, 1979, 499–524.

[16] Bonner Jahrb. 168, 1968, 411; Bonner Jahrb. 170, 1970, 418–420.

[17] G. PRECHT, Ausgrabungen und Funde 1984. Bonner Jahrb. 186, 1986, 636 f.

[18] Bonner Jahrb. 187, 1987, 564.

ANITA RIECHE

Besucherinformation im Archäologischen Park Xanten

Zehn Jahre nach der Eröffnung des Archäologischen Parks Xanten bestand die Notwendigkeit, die Beschriftungen der Bauten und Objekte im Gelände zu erneuern. Bis zu diesem Zeitpunkt waren die Schrifttafeln nach dem Muster der Erstausstattung ergänzt worden. Die Erfahrungen des ersten Zeitabschnitts hatten die Nachteile des früheren Systems aufgedeckt und die Anforderungen deutlich werden lassen, die an eine neue Beschriftung zu stellen waren. Neue Ausgrabungen im Bereich der römischen Stadt hatten zu neuen wissenschaftlichen Ergebnissen geführt; der Ausbau des Archäologischen Parks erforderte und ermöglichte statt weitgehend isolierter stärker vernetzte Information; Besucherreaktionen zeigten das Bedürfnis nach mehr leicht zugänglicher, technikorientierter Sachinformation; die didaktische Konzeption des Archäologischen Parks verlangte nach einer deutlich an den Methoden der Ausgrabung und Rekonstruktion orientierten Darstellung, die die Architekturmodelle als Ergebnis eines Prozesses sichtbar werden läßt; wissenschaftliche Erkenntnisse im Bereich der zielorientierten musealen Präsentation und medialen Vermittlung hatten Hinweise auf aktuelle Seh- und Rezeptionsgewohnheiten gegeben; zudem machten die häufigen Zerstörungen an den Tafeln auch in dieser Hinsicht eine Neuerung unumgänglich.

Diese Erfahrungen lieferten die Kriterien für die Entwicklung des neuen Beschriftungssystems, das nun in einem Umfang von ca. 60 Tafeln installiert ist und fortlaufend erweitert werden kann. Grundlegende Änderungen im Vergleich zum alten System betrafen

- Technik des Trägers
- Gestaltung der Schrifttafel/Layout
- Auswahl, Art und Inhalt der Informationen
- Grafik
- Leitsystem.

TECHNIK DES TRÄGERS

Das früher verwendete Trägermaterial – bedruckte selbstklebende Kunststoff-Folie auf Aluminiumtafeln – hatte sich als wenig haltbar erwiesen. Dieses Verfahren war seinerzeit gewählt worden, um nach Bedarf Beschriftungen ersetzen zu können. Verschmutzung und mutwillige Zerstörung der Folien nahmen jedoch erhebliche Ausmaße an, punktuelle Reparaturen waren nicht möglich, Reservefolien hatten nach einigen Jahren ihre Haftfähigkeit verloren.

Das neue Verfahren verbindet den Druck fest mit dem Träger. Es handelt sich um 4 mm starke Aluminiumplatten, die lackiert und bedruckt sind. Verschmutzungen lassen sich relativ leicht entfernen, Witterungseinflüsse bleiben ohne Auswirkung. Das Problem mutwilliger Zerstörung ist auch mit dem neuen Träger nicht völlig ausgeschaltet, die Schwelle liegt aber relativ hoch, da die Lackoberfläche einen erheblichen Härtegrad besitzt. Die Tafeln sind mit vier Schrauben an Ständern oder Wänden befestigt.

GESTALTUNG DER TAFELN

Den Tafeln (Taf. 22.1 – 2) liegt ein einheitliches Maß von 1 m x 1 m zugrunde. Ein Raster gliedert jede Tafel in gleicher Weise in eine Kopfzeile, drei mal drei quadratische Felder und einen unteren Rand. Das Raster bleibt als Liniennetz in der Ausführung sichtbar erhalten. Es ermöglicht dem Leser die Orientierung innerhalb einer Tafel und von einer Tafel zur anderen.

Die Kopfzeile enthält – vor der schlagwortartigen Überschrift plaziert – ein Piktogramm zum jeweiligen Sachgebiet, das neben der Erstinformation auch einen optischen Reiz darstellt und in seiner modernen Symbolik den Sehgewohnheiten der Leser entgegenkommt. Bei den im Gelände aufgestellten Hauptbeschriftungen ist das rechte untere Feld den Verweisungen vorbehalten: mit einem oder zwei Piktogrammen geben sie Vorschläge zur Lektüre weiterer, thematisch zugehöriger Tafeln. Die verbleibenden Felder enthalten den Text und eine oder zwei Grafiken, wobei durch freie Felder eine zusätzliche Auflokkerung erzielt wird, die entweder spannungsvoll oder erholsam wirken kann.

Die Rasterlinien werden auch in die Grafikfelder bis nahe an die Zeichnung gezogen und verleihen den Darstellungen auf diese Weise ausschnitthaften Charakter; die Grafik bleibt so als Hilfsmittel der Information bewußt und ohne wirklichkeitsnahe Illusion. Die alten Beschriftungen waren in der Helvetica gedruckt. Im Gegensatz dazu wurde nun die Garamond verwendet, die durch die Querhasten den Vorteil einer deutlichen horizontalen Führung besitzt. Dem Blocksatz wurde Flattersatz vorgezogen, der unsinnig erscheinende Trennungen vermeidbar macht und in der Wirkung weniger hermetisch ist, so daß unnötige Lesehürden entfielen. Bei einer Länge von maximal 50 Zeichen und einer Blockhöhe von maximal zehn Zeilen entstand ein angenehmes Schriftbild von hoher Akzeptanz.

AUSWAHL, ART UND INHALT DER INFORMATIONEN

Der Textumfang auf den einzelnen Tafeln ist knapp gehalten. Er verkürzt nicht eine Gesamtdarstellung des Objekts, sondern behandelt einen oder zwei Aspekte. Je nach Gegenstand ist ein Schwerpunkt im archäologisch-methodischen, technischen oder historischen Bereich gewählt; die Auswahl ist durch das Piktogramm bereits angezeigt.

Den fünf oder sechs Schriftfeldern entsprechen ebensoviele gedankliche Einheiten. Sie sind im Idealfall auch jeweils für sich ohne weiteres zu verstehen, nehmen aber aufeinander Bezug. Da sich herausgestellt hat, daß die Leserichtung – horizontal den Blöcken folgend oder in Kolumnen – nicht bei jedem Rezipienten gleich und auch nicht in jedem Fall durch die Plazierung der Grafik zu steuern ist, bieten die Tafeln mehrere logische Leselinien, die aber auch ohne Verlust des Zusammenhangs verlassen werden können.

In Texteinheiten und Sätzen wurden Kürze und Klarheit angestrebt, gleichwohl wurden schlagwortartige Formulierungen vermieden. Der Satzaufbau zielt auf Neugier und Informationsbedürfnis, vermeidet also nicht logische Verschränkungen oder spannungsvolle Bögen. So wurden auch Fachausdrücke oder lateinische Begriffe verwendet: die Formulierungen richten sich an Besucher durchaus unterschiedlicher Vorkenntnisse und Bedürfnisse. Wie der Besucher die Wahlmöglichkeiten in thematischer Hinsicht erhält, kann er auch Textteile nach eigenen Voraussetzungen wählen. Der Rezeptionsradius der Beschriftungen konnte auf diese Weise vergrößert werden und kommt damit der heterogenen Struktur der Besuchergesamtheit des APX entgegen.

GRAFIK

Die Teilrekonstruktionen im Archäologischen Park erfordern die Darstellung eines sachlichen Zusammenhangs, wie er verbal kaum herzustellen ist. Die Bauten sind als Modelle im Maßstab 1:1 zu definieren. Wie jedes Modell gibt der einzelne Bau Teile einer komplexen Gesamtheit wieder. Er verstärkt zum Beispiel konstruktive Aspekte auf Kosten einer realistischen Darstellung; dies ist etwa bei den nur teilweise wiederaufgebauten Gebäuden der Fall, die einen Blick in 'unfertige', offene Gebäudeteile erlauben. In diesen Fällen muß sich der Betrachter das unvollständige Objekt schlüssig ergänzen oder es in den Zusammenhang nicht sichtbarer anschließender Gebäude stellen.
Andere Rekonstruktionen sind zwar vollständig, stellen aber ihrem Charakter nach einen besonderen Modelltyp dar. Die Herberge zum Beispiel ist als idealtypisches Modell zu betrachten, denn die Vollständigkeit konnte nur erreicht werden durch die Verwendung von Vorbildern, die nicht vom Ort stammen (Wandmalereien, Möblierung). Hier muß der Betrachter erfahren, auf welcher Basis die Rekonstruktion erstellt ist; er muß die Bedingungen und damit die Bedingtheit der jeweiligen Rekonstruktion kennenlernen, die sich ihm ja zunächst als schlüssig und mit allen Merkmalen der nicht hinterfragbaren Sachinformation präsentiert.
Diese Relativierung der scheinbaren Sachinformation, die Kriterien der Rekonstruktion aus Ausgrabung, Analogie und fallweise literarischer Quelle wäre durch eine rein textliche Beschriftung nicht zu leisten: sie müßte zu lang sein und würde damit den Rahmen der geforderten Kurzinformation sprengen. Und sie müßte in Sprache umsetzen, was vom Besucher zunächst optisch bildlich erfaßt wird und schließlich nach der Information wieder in ein Bild umzusetzen wäre.
Hier bot sich die Grafik an. Jede Tafel besitzt mindestens eine Zeichnung. Sie gibt nicht das im Gelände Sichtbare realistisch wieder. Vielmehr ist der betreffende Gegenstand eher skizzenhaft in Details oder in jenen Zügen ausgeführt, die dem jeweiligen thematischen Zugriff der Einzelinformation entsprechen. Nicht zeichnerisch wiedergegeben sind all jene Züge, die am Objekt selbst gut zu sehen und besser zu studieren oder zu entdecken sind (im Sinne des Entdeckenden Lernens). Dagegen ist zum Beispiel mehrfach der archäologische Befund (steingerechte Wiedergabe eines Fundaments) mit dem Grundriß oder einer Perspektive der Rekonstruktion kombiniert; oder es wird ein Einzelobjekt (wie eine Zisterne) im Funktionszusammenhang (der Traufdächer) gezeigt; oder aber nicht sichtbare Gebäudeteile (wie der Schacht eines Brunnens im Schnitt) werden mit der identifizierbaren Andeutung des im Gelände Sichtbaren verbunden.
Wesentliche Elemente in der Grafik sind farblich hervorgehoben. Die Farben sind eher abstrakt gewählt (Rot für Rekonstruktion; Gelb für Technik) und bilden so ein zusätzliches Informationssystem, das außerdem die Funktion eines Leitsystems übernehmen kann, wenn die Betrachter die Farbe als weiteren Hinweis auf Wahlmöglichkeiten akzeptieren.
Die Grafiken besitzen den Charakter eigenständiger Informationen. Ihr ausschnitthaft-verstärkender Charakter wirkt zudem auf die Betrachtung des Gegenstands selbst zurück, indem die Grafik für den Betrachter als Anleitung zum (Hin-)Sehen dient.

LEITSYSTEM

Der in der früheren Beschriftung angebotene Rundgang und die auf ihn bezogene Numerierung der Denkmäler bzw. der Beschriftungen wurden aufgegeben. Die abstrakte Ordnung durch Nummern erweckte den — hier unzutreffenden — Eindruck eines inhaltlichen Aufbaus. Den Vorteilen der Numerierung in Korrespondenz mit einem Plan des Geländes standen erhebliche Nachteile gegenüber: die scheinbare Transparenz besaß keinen inhaltlichen Bezug; der geschlossene Rundgang war eher geeignet, inhaltliche Bezüge zu verdecken, bzw. stand ihrer Entdeckung durch den Besucher entgegen. Zudem hat-

ten Erweiterungen und Veränderungen jeweils umfangreiche Neunumerierungen zur Folge, die in dem korrespondierenden Kurzführer ebenfalls hätten berücksichtigt werden müssen. Aus praktischen und technischen Gründen war daher Aktualität in dieser Hinsicht nicht jederzeit erreichbar.
Daher wurde ein inhaltlich orientiertes, lockeres Leitsystem gewählt. Die Beschriftungen wurden dem jeweils als Schwerpunkt gewählten Thema entsprechend einem Sachgebiet zugeordnet, das durch ein Piktogramm dargestellt ist. Hierbei wurde eine Serie von Logos fortgesetzt, die bereits seit mehreren Jahren im Informationszentrum des APX verwendet wird. Beispiele sind Ausgrabung, Bautechnik, Stadtplanung, Wasserversorgung und Kanalisation, Tempel, Wohnhäuser.
Diese Logos geben eine erste thematische Information und ermöglichen dem Besucher die Wahl ihn interessierender Texte. Durch die Verweisungen auf andere Beschriftungen, die im rechten unteren Feld mit dem zugehörigen Logo auftauchen, werden andere Objekte desselben Themenkreises genannt oder Bezüge angedeutet, die das Objekt auch in anderen Sachzusammenhängen besitzt. So steht es dem Besucher frei, seinen Rundgang selbst nach thematischen Gesichtspunkten zu gestalten. Anders als das Zahlensystem gibt diese Lösung dem Besucher die Möglichkeit zu inhaltlicher Wahl nach einleitender Vorinformation. Hier ist den Bedürfnissen der Besucher ebenso Rechnung getragen wie dem Charakter des APX, der keine geschlossene, in einer Richtung 'lesbare' Informationseinheit darstellt, sondern eine Vielzahl thematischer Zugriffe ermöglicht.
Neben den allgemeinen Beschriftungen sind im Podium des Hafentempels und im Nordtor Serien von jeweils 10 Tafeln angebracht, die die Rekonstruktionskriterien des Hafentempels und 'römische Straßen' zum Gegenstand haben. Sie besitzen in der Gestaltung im wesentlichen dieselben Merkmale wie die Hauptinformationen, sind jedoch inhaltlich detaillierter.
Die Entwicklung von Methoden der didaktischen Aufbereitung von musealen Objekten hat schon immer dort neue Impulse erhalten, wo Mangel an sichtbaren oder originalen Objekten Erläuterung in besonderem Maße erforderte. Erst danach fanden sie auch Eingang in jene Museen und Ausgrabungsstätten, in denen die Fülle scheinbar sich selbst erklärender Objekte weniger deutlich machte, daß erst die Information das Auge des Betrachters lenkt. Gerade was als Original oder komplexe Kopie selbst den Charakter einer Information zu besitzen scheint, ist in seinen historischen oder seinen wissenschaftlichen Begründungszusammenhängen erklärungsbedürftig. Die Architektur-Modelle im APX sind es in besonderer Weise: die Befunde und der Weg der wissenschaftlichen Rekonstruktion sind dem Modell selbst nicht mehr zu entnehmen. Hier stellt die Beschriftung den Zusammenhang her zwischen der wissenschaftlichen Arbeit und dem, was für den Besucher nur ausschnitthaft sichtbar gemacht werden kann. Es macht die Entstehung der Modelle verständlich – und damit kritisierbar.

GUNDOLF PRECHT UND HANS-JOACHIM SCHALLES

Archäologischer Park/Regionalmuseum Xanten – Entwicklungsmöglichkeiten und Zukunftsperspektiven

Vor ziemlich genau vierhundert Jahren – im Jahre 1587 – erschien in Antwerpen die Abhandlung *Hercules Prodicius* von Stephan V. Pighius. Dieses Werk legte den methodischen Grundstein für die römische Topographie Xantens: Pighius verband als erster die Angaben der antiken Historiker und Geographen mit seinen Beobachtungen zu Funden und Befunden vor Ort – den gestempelten Ziegeln, den Mauerzügen und anderen baulichen Resten, die zu seiner Zeit noch zu sehen waren.

Das Interesse des Xantener Kanonikers war aus dem Geiste des Humanismus gespeist. Gut zweihundert Jahre später ist es das aufgeklärte Bürgertum, das sich diesem Gebiet zuwendet: „für Jedermann zur Beschauung offen", vermerkt der Weseler Gymnasialprofessor Franz Fiedler, sei das Antiquarium von Philipp Houben. Der Xantener Notar beschränkte sich nicht darauf, Ausgrabungen durchzuführen und die betreffenden Fundstücke der Öffentlichkeit zugänglich zu machen. Die Ergebnisse seiner Forschungs- und Sammlungstätigkeit erschienen 1839 unter Houbens und Fiedlers Namen als *Denkmaeler von Castra Vetera und Colonia Traiana in Ph. Houben's Antiquarium zu Xanten.* Bemerkenswert an diesem Werk ist, daß erstmals überhaupt in einer wissenschaftlichen Publikation Gemmen in handkolorierten Lithographien vorgelegt wurden.

Seit dieser Zeit ist das wissenschaftliche Interesse an der Archäologie Xantens unvermindert wachgeblieben. Heute kann Xanten als eine archäologische Zone von europäischem Rang eingestuft werden: Das 60 Hektar große Doppellegionslager Vetera I auf dem Fürstenberg, die Colonia Ulpia Traiana und deren Vorgängersiedlung, die Gräberfelder vor der römischen Stadt, ihr Hafen und die spätantike Festung Tricensimae bilden ein weitgehend unüberbautes Ensemble, das seinesgleichen sucht. Hinzu kommen die reichen Fundstellen aus den Kiesgruben in Xantens unmittelbarer Umgebung. Mit gutem Grund hat H. Borger den Gedanken in die Diskussion gebracht, den Xantener Raum insgesamt zu einem archäologischen Nationalpark zu erklären.

Entsprechend umfänglich sind die Bemühungen zur Erforschung dieses Komplexes und zur Vermittlung der Forschungsergebnisse an die interessierte Öffentlichkeit. Die Grabungsaktivitäten, mit Houben beginnend, gingen zunächst an den Niederrheinischen Alterstumsverein, später dann an das Provinzialmuseum Bonn – das heutige Rheinische Landesmuseum Bonn – über. Das Rheinische Landesmuseum war es auch, das im Jahre 1974 das Regionalmuseum Xanten als seine Außenstelle einrichtete. Das alte, vom Niederrheinischen Altertumsverein betriebene Museum war in den letzten Kriegstagen zerstört worden. Seit der Eröffnung des Regionalmuseums kann der Besucher wieder unmittelbar vor Ort einen Einblick in die materielle Kultur des römischen Niederrheins und in andere Epochen, in die Entwicklung von Stift und Stadt erhalten.

Die Gründe, die 1973 zur Einrichtung des Archäologischen Parks als weiterer Xantener Außenstelle des Landesmuseums führten, und die Zielsetzung dieses Parks sind vielfach ausführlich dargelegt worden. Mit dieser Maßnahme gelang es, die unwiderrufliche Zerstörung eines Bodendenkmals von überragender Bedeutung zu verhindern. Als „bildungsbezogene Freizeitmöglichkeit populärwissenschaftlichen Charakters" zieht der Archäologische Park derzeit jährlich mehr als 350 000 Besucher an, Tendenz steigend.

1985 wurden beide Einrichtungen vom Landesmuseum abgekoppelt und zum Archäologischen Park/Regionalmuseum Xanten zusammengefaßt. Die ständig steigenden Besucherzahlen und der dadurch bedingte Zuwachs an Vermittlungsaufgaben, aber auch verwaltungstechnische Überlegungen führten zu dieser Entscheidung. Die organisatorische Integration beider Einrichtungen findet in deren Aufgabenbereichen selbstverständlich auch eine inhaltliche Begründung. Der Park mit seinen vorbildgerecht rekonstruierten Bauten — Modellen im Maßstab 1:1 — und das Museum mit den Fundstücken und anderen historischen Originalzeugnissen bieten jeweils unterschiedliche Möglichkeiten der Annäherung an die Kultur der römischen Antike: Hier das in Teilausschnitten erlebbare Gefüge einer römischen Stadt — Straßensystem, Stadtbefestigung, öffentliche und private Bauten der verschiedensten Zweckbestimmung (Abb. 1) —, dort die materiellen Relikte, die Gegenstände, die den Alltag jener Epoche dokumentieren. Beide Einrichtungen verweisen somit wechselseitig aufeinander und ergänzen sich in idealer Weise. Gemeinsam bilden sie ein Vermittlungspotential römischer Stadt- und Alltagskultur, das in der Bundesrepublik in dieser Größenordnung ohne Beispiel ist.

Dieses Vermittlungspotential ist noch lange nicht ausgeschöpft — die Integration von Archäologischem Park und Regionalmuseum steht, sieht man von der organisatorischen Ebene ab, derzeit im wesentlichen noch auf dem Papier. Die entsprechenden Defizite resultieren aus der unterschiedlichen Entstehungsgeschichte beider Einrichtungen, insbesondere aber aus der rasanten Entwicklung, die der Archäologische Park in den letzten zehn Jahren genommen hat. Begreift man diese Defizite als eine Chance, so bieten sie zahlreiche Ansatzpunkte, die Gesamteinrichtung auf eine Weise weiterzuentwickeln, die vor der Öffentlichkeit auch künftig Bestand haben wird — vor den politischen Entscheidungsträgern, insbesondere aber auch vor dem Steuerzahler, der für dieses Projekt erhebliche Mittel bereitgestellt hat.

Für den Besucher Xantens am wenigsten verständlich ist zweifellos die bestehende räumliche Trennung von Museum und Freigelände. Der Grund dafür ist einfach: Als in den sechziger Jahren erste Überlegungen zu einem Museumsneubau und zu dessen Standort angestellt wurden, dachte noch niemand an den Archäologischen Park. Heute erwartet der Besucher allerdings mit gewissem Recht, daß die authentischen Zeugnisse der materiellen Kultur — die Fundstücke, die römischen Alltag sinnfällig machen — in unmittelbarer Gegenüberstellung zu den zugehörigen Rekonstruktionen präsentiert werden. Bildlich ausgedrückt: Von einer Vitrine mit römischer Keramik sollte der Museumsbesucher aus dem Fenster auf ein Gebäude blicken können, in dem solche Keramik benutzt worden ist — etwa auf ein Handwerkerhaus.

Erst die Integration der Schausammlung in das Freigelände wird den Vermittlungsanspruch einlösen, in Xanten den Alltag einer römischen Provinzstadt gewissermaßen ganzheitlich erfahrbar zu machen. Mehr noch: Das Museum wäre für diejenigen, die nicht genau hinsehen können oder wollen, ein wesentliches Unterscheidungskriterium zu vermeintlich ähnlichen Einrichtungen — der Einstufung des Archäologischen Parks als 'Freizeitpark' im Sinne von Fantasialand würde die Grundlage entzogen. Museum und Park würden sich dann als geschlossenes archäologisches Zentrum darstellen, in dem der Besucher mehr sehen kann als anderswo — vom kleinsten Gegenstand des Alltags bis zum Großbau.
Die Standortwahl für das Museum und die Frage nach der architektonischen Gestaltung dieses Baus lassen sich durch eine Reihe von Entscheidungskriterien und grundsätzlichen Überlegungen sinnvoll einschränken. Wesentlich ist zunächst, daß die bei einer solchen Maßnahme unumgänglichen baulichen Eingriffe das Bodendenkmal CUT so wenig wie möglich beeinträchtigen dürfen. Somit kommen als Museumsstandort nur Flächen infrage, die entweder bereits in der Antike oder aber modern weitgehend gestört bzw. zerstört sind. Desweiteren darf ein Museumsstandort innerhalb des Gesamtkomplexes CUT nicht sich selbst genügen, sondern muß sinnvoll, d. h. begründbar definiert sein: Das Museum muß auch für das antike Stadtareal einen architektonischen Bezugspunkt bilden, der Museumsstandort zum Verständnis der Anlage beim Besucher beitragen. Schon aus diesem Grund scheidet eine randständige Lage aus. Schließlich ist damit zu rechnen, daß dieses Museum jährlich von 300- bis 400 000 Menschen besucht wird. Mit dieser Größenordnung ist der Raumbedarf an Ausstellungs- und Verkehrsfläche grob umrissen. Die Unterbringung dieses Volumens in der Rekonstruktion eines ehemaligen Gebäudes der

antiken Stadt verbietet sich aus Kostengründen ebenso wie aus konzeptionellen Erwägungen. Als einziger antiker Großbau käme für einen solchen Zweck die Forumsbasilika der CUT infrage; ihre Ausgrabung und Herrichtung zu einem Museum würde jedoch einen Museumsneubau hinsichtlich der anfallenden Kosten um ein Vielfaches übersteigen. Ebenso bedenklich bei dieser Lösung wäre aber auch, daß eine solche Rekonstruktion von ihrem Volumen her die Maßstäblichkeit und das Gefüge nicht nur der unmittelbaren Umgebung, sondern des Archäologischen Parks insgesamt erheblich stören würde. Demgegenüber bietet ein Museumsneubau völlig andere Möglichkeiten, das anfallende Bauvolumen in sinnvoller und verträglicher Weise aufzulösen. Bündelt man diese Überlegungen, so kommt als Standort des künftigen Museums am ehesten das antike Stadtzentrum, als Fläche der Bereich des Doppelgrabensystems der spätantiken Festung oder modern zerstörte Flächen in dessen Umgebung in Betracht, als architektonische Lösung ein modernes Museumsgebäude (Abb. 2).

Mit einer bloßen Verlegung des Museums in den Park ist es allerdings nicht getan. Jedem aufmerksamen Museumsbesucher muß auffallen, daß die derzeitige Präsentation der Schausammlung in einer Zeit entwickelt wurde, in der der Park noch nicht existierte. Unter den ausgestellten Stücken sind Funde aus den letzten eineinhalb Jahrzehnten kaum vertreten; die Entwicklung des Parks bis zum gegenwärtigen Zeitpunkt und die hinter dieser Entwicklung stehenden Grabungs- und Forschungsarbeiten werden im Museum bislang wenig thematisiert. Auch ist die ursprüngliche Konzeption des Regionalmuseums mittlerweile nicht mehr stimmig; die heutige Zielsetzung kann nicht mehr die gleiche sein wie vor fünfzehn Jahren. Dies läßt sich an der Darstellung der römischen Epoche exemplarisch verdeutlichen: Dem Museum war die Aufgabe zugewiesen worden, ganz allgemein eine Anschauungshilfe für diese Zeit zu geben – abgesehen von den freiliegenden Substruktionen des Amphitheaters in der CUT und dem idyllischen, baumbestandenen Rund des Amphitheaters in Birten gab es zwischen 1945 und 1974 ja nichts zu sehen, was dem Besucher Xantens die römische Präsenz vor Ort in irgendeiner Weise hätte sinnfällig machen können. Dieses Defizit war es, das den Museumsplanern vor Augen stand; beseitigt wurde es mit originalen Ausstellungsstücken – in der Mehrzahl aus dem durch Kriegsverluste erheblich zusammengeschmolzenen Fundus des Altertumsvereins –, mit Modellen und Nachbildungen bedeutender Originale aus dem Besitz des Landesmuseums in Bonn. Bei diesem Konzept ging es offensichtlich nicht darum, ein Museum im eigentlichen Sinne zu schaffen, sondern eher ein anspruchsvolles Informationszentrum, das dem Bedürfnis des Publikums nach grundlegender Orientierung entgegenkam. Dieses Vermittlungsziel war aus damaliger Sicht ebenso sinnvoll wie im Ergebnis erfolgreich – derzeit jährlich knapp 70 000 Museumsbesucher sind auch für erheblich größere Kommunen häufig eine unerreichbare Größenordnung. Der Verzicht auf manche Originale war vor diesem Hintergrund ebenso begründet wie die ausschließliche Wahrnehmung der wissenschaftlichen Aufgaben dieser Einrichtung durch das Landesmuseum. In jedem Fall besaß das Regionalmuseum – und dies ist heute entscheidend – auf archäologischem Gebiet keinen Konkurrenten vor Ort mit auch nur annähernd vergleichbarer visueller Anziehungskraft.

Diesen Sachverhalt hat der Archäologische Park in seiner nunmehr zwölfjährigen Existenz stetig und tiefgreifend verändert, und zwar auf zweierlei Weise: Er hat das Museum sehr schnell hinsichtlich der öffentlichen Aufmerksamkeit überflügelt – ein Faktum, das man bedauernd hinnehmen mag oder nicht –, und er hat umgekehrt dem Museum einen Rang zugewiesen, der über dessen ursprüngliche Konzeption und Intention – Informationszentrum und Kopienmuseum – weit hinausgeht.

Obwohl dieser Prozeß, durch den der Museumsstandort Xanten insgesamt immer attraktiver wird, sich seit längerem abzeichnet, hat die Entwicklung des Museums mit der des Parks nicht Schritt halten können. Die entsprechenden Defizite sind leicht auszumachen: Erwartet wird nicht allein die enge räumliche Bindung beider Einrichtungen, sondern eine möglichst breite und umfassende Präsentation der Xantener Fundstücke in der Schausammlung. Dies schließt selbstverständlich in der Besuchererwartung manches ein, was derzeit in Xanten nicht zu sehen ist. Eine solche Erwartung leistet keineswegs einer Provinzialisierung Vorschub, wie manchmal zu hören ist: Kulturpolitische Entscheidungen haben in Xanten Ent-

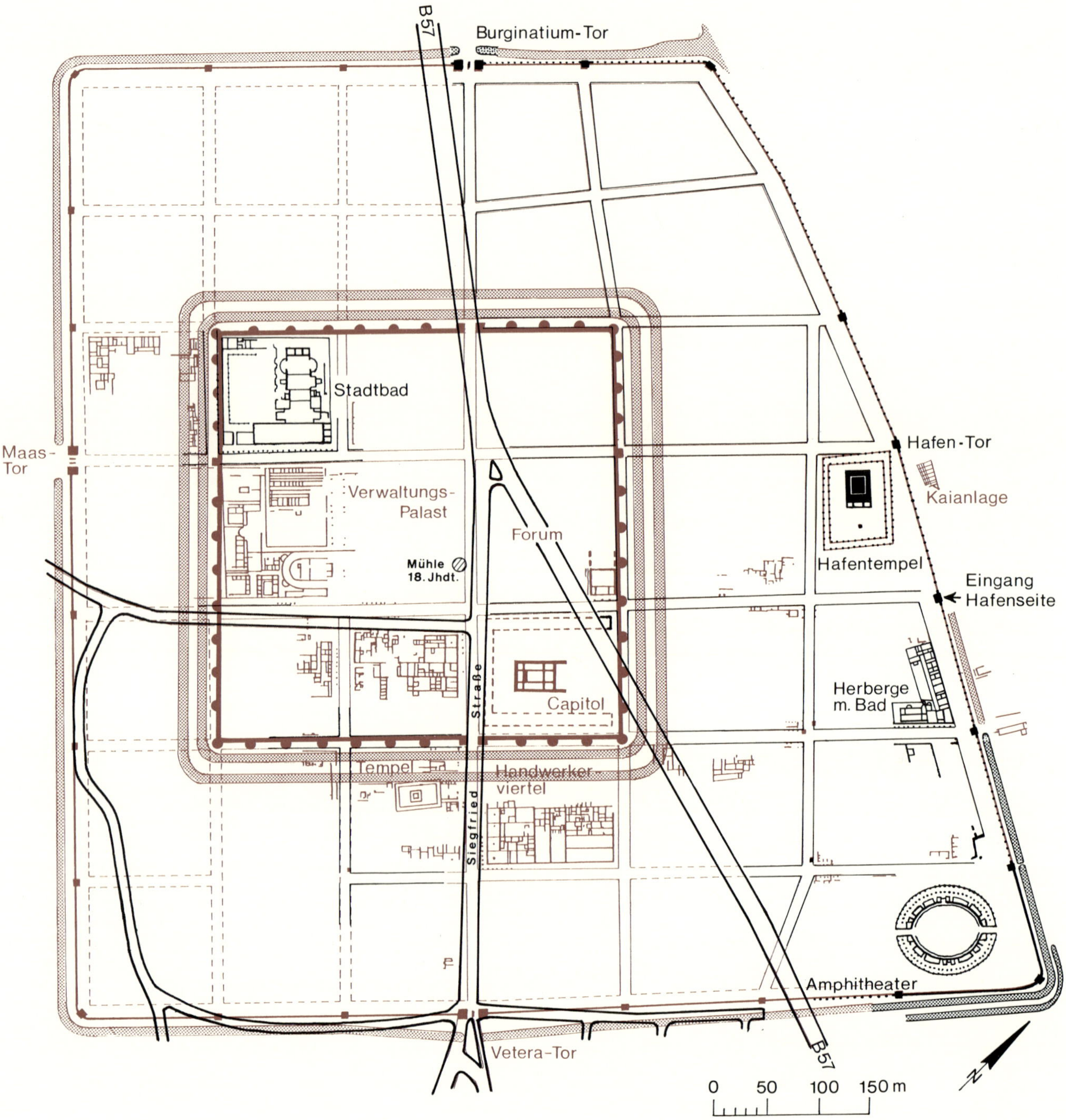

1 Archäologischer Park Xanten, Ausbauzustand 1989.

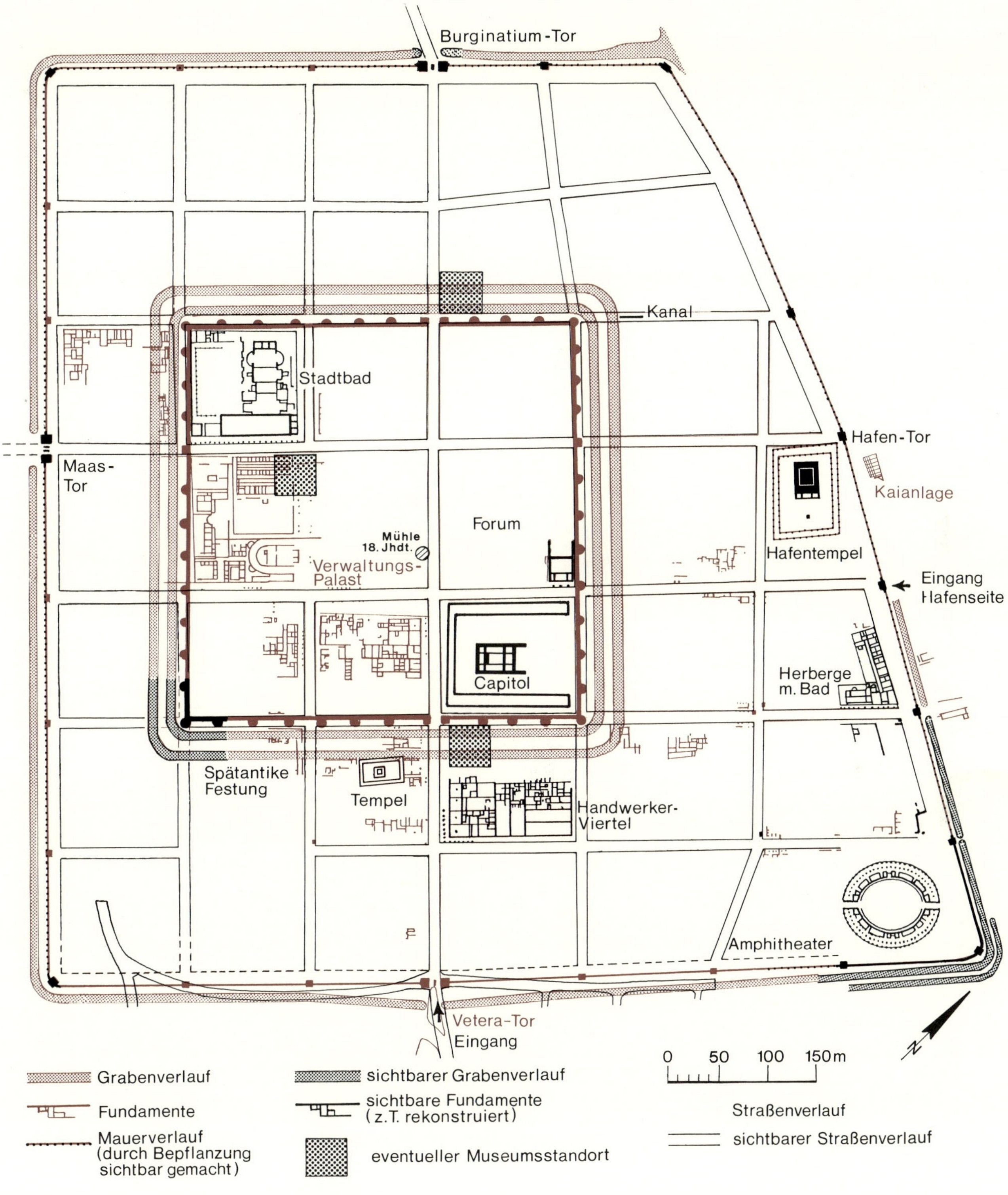

2 Archäologischer Park/Regionalmuseum Xanten, künftige Ausbaumöglichkeiten.

wicklungen in Gang gesetzt, an deren Umkehrung niemand Interesse hat. Die häufig bemühte 'Abstimmung mit den Füßen' über diese Entscheidungen ist längst erfolgt und positiv ausgegangen: Der Standort Xanten wird, was das Publikumsinteresse für provinzialrömische Archäologie in all ihren Aspekten betrifft, in der Bundesrepublik einzig noch von Köln übertroffen.

Die Überführung der Schausammlung in den Park und ihre Erweiterung muß schließlich mit einem wesentlichen konzeptionellen Schritt verknüpft werden — mit der stärkeren Vermittlung historischer Abläufe und Entwicklungen. Diese Aufgabe wird im Museum bisher nur unzureichend, im Archäologischen Park gar nicht erfüllt. Das Museum beschränkt sich — im Sinne der oben beschriebenen Zielsetzung seiner Gründungsphase — darauf, dem Besucher im wesentlichen ein grobes Raster für die verschiedenen historischen Perioden zu liefern, die präsentiert werden (die nach anderen Kriterien konzipierte stadtgeschichtliche Abteilung, die in der Hauptsache Dokumentationscharakter hat, soll hier außen vor bleiben). Dieses Raster ist — um beim Beispiel der römischen Epoche zu bleiben — einerseits mit 'Militär' zu überschreiben, dem ein Raum vorbehalten ist, andererseits mit 'Zivilstadt', die einen zweiten Ausstellungsraum füllt. Dieses Raster ist in der Hauptsache ein strukturelles, kein historisches; es wird weder den vielfältigen und komplexen Beziehungen zwischen beiden Erscheinungsformen römischer Präsenz in Xanten gerecht, noch vermag es innerhalb des jeweiligen Sachbereichs dessen Entwicklung — etwa von der vorcoloniazeitlichen Siedlung zur CUT — zu verdeutlichen.

Dabei sind gerade in Xanten erneut die Bedingungen zur Darstellung solcher Entwicklungen — unter Berücksichtigung bestimmter Kenntnis- und Forschungslücken — außerordentlich günstig. Die Entwicklung läßt sich über Jahrhunderte verfolgen und sinnfällig machen — von den ersten Lagern und der frühen Siedlung bis zur spätantiken Festung auf dem Areal der römischen Stadt. Neuere Forschungen zur fränkischen Siedlungsgeschichte haben selbst diese quellenarme Periode ein wenig aufhellen können. Selbstverständlich ist für einen solchen Vermittlungsansatz noch viel Grundlagenarbeit notwendig, doch bietet sich langfristig mit dem Xantener Material die Möglichkeit, die Entwicklung eines Siedlungsraumes in seiner Kontinuität, aber auch in seinen diskontinuierlichen Sprüngen exemplarisch zu vermitteln. Das neue Museum sollte sich somit zur Aufgabe machen, dem Besucher die historische Entwicklung des Xantener Raumes in ihren Besonderheiten, aber auch in ihrer Abhängigkeit von allgemeinen Entwicklungen zu verdeutlichen; zugleich aber muß ein solches Konzept dem berechtigten Besucherinteresse an Alltags- und Sachgeschichte (Wohnen, Arbeiten, konkrete Lebensverhältnisse) sowie attraktiver Präsentation Rechnung tragen. Dies bedeutet aber, daß zwischen dem historisch-chronologischen Rahmen und den verschiedenen Sachthemen ein enger Zusammenhang hergestellt werden muß: Der geschichtliche Faden wird sich im Idealfall aus einer dichten Folge von Sachthemen zusammensetzen. So würde der Handwerksberuf des Malers — um ein Beispiel zu nennen — nicht im Rahmen einer allgemeinen Behandlung des römischen Handwerks vorgestellt, sondern dort, wo er historisch belegt ist — in der zweiten Hälfte des ersten Jahrhunderts n. Chr. In diesem Fall gibt er einen zwar knappen, aber sehr konkreten Hinweis auf die wirtschaftliche Entwicklung der vorcoloniazeitlichen Siedlung. Umgekehrt wird etwa die dauerhafte Präsenz des römischen Militärs für den Besucher deutlicher, wenn Soldatengrabsteine des späten 2./ frühen 3. Jahrhunderts n. Chr. primär als Zeugnisse dieser Epoche präsentiert werden und nicht bloß als Dokumente einer idealtypischen Darstellung der römischen Legion und ihrer Chargen.
Ein solcher Ansatz bietet eine ganze Reihe von Vorzügen: Er ist offen für künftige Ergänzungen und Veränderungen, ohne daß größere Teile der Konzeption geändert werden müssen; er spiegelt den unterschiedlichen Erschließungsgrad des Materials wider und informiert den Besucher damit indirekt über die Arbeit der Archäologen vor Ort und den jeweiligen Kenntnisstand. Und schließlich besteht für den Besucher dabei die Möglichkeit, sich einzelnen Themen auch unabhängig von ihrer chronologischen Einordnung in der Ausstellung zuzuwenden bzw. gezielt diejenigen Themen aufzusuchen, die ihn besonders interessieren. Diese Möglichkeit ist auch für die museumspädagogische Arbeit (sachbezogene Projekte, Gruppen mit spezifischen Interessen und Fragestellungen) von Vorteil.

Noch deutlicher ist der Mangel an historischer Dimension im Archäologischen Park. Er wurde in der ersten Realisierungsphase des Parks bewußt in Kauf genommen, galt es doch zunächst, die städtische Struktur auf dem östlichen Stadtareal der Kolonie, das zunächst für den Archäologischen Park vorgesehen war, zu erforschen und erfahrbar zu machen. Daß dies nicht von vornherein selbstverständlich war, lassen erste Planungsüberlegungen erkennen. Sie zeigen einen Parkgrundriß, dessen äußere Begrenzung die Trasse der antiken Stadtmauer bildet, markiert durch eine Hecke. Neben wenigen aus Prospektion und Luftbildaufnahmen erschlossenen Stadtstraßen sollte das Gelände im Sinne eines englischen Landschaftsgarten erschlossen werden, wobei die nach den Ausgrabungsbefunden rekonstruierten Bauten der antiken Stadt über eine organisch angeordnete Wegeführung besucht werden sollten. Dieses erste Konzept wurde nicht weiter verfolgt. Es hätte den rational geplanten antiken Stadtgrundriß verunklärt. So wurde schließlich das rasterähnlich angelegte Straßenschema, das das Grundgerüst für die Anlage der antiken Stadt bildete, der Erschließung des Archäologischen Parks zugrunde gelegt. Markiert wurden die ehemaligen Straßen mit hochstämmigen Bäumen, die zugleich die Reihung der Stützen der Straßenportiken darstellen sollten. Eingebunden in dieses städtebauliche Raster, liegen die exemplarisch rekonstruierten Bauten der Coloniazeit wie der sog. Hafentempel als Beispiel einer römischen Tempelarchitektur offizieller Ausprägung, das Amphitheater oder die Herberge mit den Herbergsthermen als Beispiel des hohen Standards der antiken Stadt. Doch mit diesen im Stadtgrundriß weit auseinanderliegenden Einzelbauten kann die ehemalige Stadtgestalt mit ihrer Wohn- und Arbeitssituation nicht veranschaulicht werden. So soll in den kommenden Jahren versucht werden, in unmittelbarer Nähe des Herbergskomplexes, nach hoffentlich erfolgreichem Grabungsabschluß, eine derartige bauliche Anlage zu rekonstruieren, so daß mit der Herberge und den Thermen ein kleines funktionsfähiges städtebauliches Ensemble entstehen könnte. Heizvorführungen in den kleinen Herbergsthermen und handwerkliche Vorführungen in den zur Straßenseite auch gewerblich genutzten Privatbauten werden im Rahmen der experimentellen Archäologie wichtige Forschungsergebnisse erschließen helfen. Die Wohn- und Arbeitssituation, das Badewesen und die Badekultur würden im Museum begleitend dargestellt.
Römische Tempelarchitektur ist im Archäologischen Park bisher nur in ihrer offiziellen Ausprägung — in Gestalt des Hafentempels — vertreten. Doch wurden in der mittleren Kaiserzeit neben diesen offiziellen Kulten mit ihren Göttern einheimische Kulte immer beliebter. Dieses charakteristische Phänomen kann die Sichtbarmachung der baulichen Reste des Matronentempels, gegebenenfalls dessen Rekonstruktion, verdeutlichen. Er besitzt die typische Form des gallo-römischen Umgangstempels und ist bislang das einzige architektonische Zeugnis einheimischer Kulte in der CUT. Das einheimische Element in der Tempelarchitektur würde durch eine solche Rekonstruktion ebenso deutlich wie die Vielschichtigkeit der römischen Religion und Gesellschaft.

Aus dem oben dargestellten Planungs- und Realisierungsprozeß wird deutlich, daß wesentliche Strukturen dieses römischen Siedlungsplatzes bisher im Archäologischen Park nicht dargestellt wurden. So erfährt der Besucher über das Vorher und Nachher dieser Bauten ebenso wenig wie über die weitere städtebauliche Entwicklung. Wenn sich heute dieser 'Mangel' zeigt, so nur deshalb, weil während der Errichtung des Archäologischen Parks eine Fülle von neuen Forschungsergebnissen gewonnen werden konnte, die uns einen Einblick in die Genese dieses Siedlungsplatzes geben: Seine Ursprünge konnten wesentlich weiter zurückverfolgt werden, als bisher vermutet wurde.

Um geschichtliche Abläufe innerhalb des Archäologischen Parks darzustellen, wird man sich dieser bis in die Hallstattzeit zurückreichenden Siedlungsbefunde kaum bedienen können. Auch die römerzeitlichen, der Coloniagründung vorausgehenden Siedlungsphasen scheinen sich, zumindest zunächst noch, der Integration und damit der Darstellung von Entwicklungsphasen zu entziehen. Sie liegen zum Teil dekkungsgleich unter den coloniazeitlichen Bauten und bestehen hauptsächlich aus Bodenverfärbungen. Um dennoch geschichtliche Entwicklung erfahrbar zu machen, könnte ein besonders vielschichtiger Grabungsbefund innerhalb einer späteren Bauperiode konserviert werden. Doch es gibt andere Möglichkeiten, im Freigelände geschichtliche Abläufe ablesbar zu machen. So wäre beispielsweise die Rekonstruktion eines kurzen Abschnitts der spätantiken Festung (Doppelgrabensystem, Mauer mit Turm) zu erwägen. Der betreffende Abschnitt sollte so gewählt werden, daß er das Straßensystem der CUT zerschneidet. Diese 'Störung' der Infrastruktur würde dem Besucher die historische Veränderung des Siedlungsplatzes plastisch vor Augen führen.

Nicht zu leugnen ist allerdings, daß solche Maßnahmen im Freigelände immer nur punktuellen Charakter haben können. Die Hauptlast der Vermittlung historischer Entwicklungen muß das Museum durch entsprechende Konzeptionen und Vermittlungsformen tragen.

Noch völlig ungelöst ist zur Zeit die Einbindung des antiken Hafens in das Freigelände des Archäologischen Parks. Sahen die ersten Planungsvorstellungen von 1972/73 die Ausgrabung des antiken Rheinhafens mit seinen hölzernen Kaianlagen als Abschluß eines von Vynen und Wardt bis in unmittelbarer Nähe der Colonia heranreichenden Baggersees vor, so wurden in den letzten Jahren zunehmend Bedenken gegenüber diesen Plänen laut: das Bodendenkmal Hafen sollte unangetastet erhalten bleiben.
Jüngste Beobachtungen zur Entwicklung der Grundwasserstände im ehemaligen Hafenbereich deuten jedoch auf eine dramatische Verschlechterung der Situation hin, in der die organischen Befunde bisher durch das Grundwasser geschützt waren. Das zunächst im Boden am sichersten zu erhaltene Denkmal droht derzeit unaufhaltsam trockenzufallen und damit endgültig zerstört zu werden. Die Ursachen sind vielfältiger Natur. Auf der einen Seite lassen sich die starken Grundwasserentnahmen durch das nahe gelegene Wasserwerk und die bereits weit vorangeschrittene Auskiesung anführen. Bedeutsamer wirkt sich aber offensichtlich die Rheinerosion aus, die ständig weiter fortschreitet und im Verbund mit der Grundwasserentnahme bereits zum zeitweiligen Absinken des Grundwasserspiegels unter die antike Hafensohle geführt hat. Gelingt es nicht, den Grundwasserspiegel mit technischen Mitteln wieder anzuheben — und zwar erheblich —, so wird die Entscheidung zu treffen sein, die einzigartigen Bodenbefunde des Hafens entweder zu dokumentieren und wenn möglich zu konservieren, d. h. auszugraben, oder das Bodendenkmal auf lange Sicht aufzugeben. Eine Hafengrabung, die nach Erkenntnissen einschlägig versierter Archäologen mehr als zwanzig Jahre dauern würde, wäre aber nur als nationale oder gar europäische Aufgabe und dementsprechendem finanziellen Engagement europäischer Behörden sowie von Bund und Land denkbar.

Schließlich sei das Verhältnis von Rekonstruktionen und Befunden angesprochen. Der Besucher des Archäologischen Parks interessiert sich stark für Befundsituationen, wie sie etwa am Hafentempel sichtbar belassen wurden. In den allermeisten Fällen sind diese jedoch wegen ihres dürftigen Erhaltungszustandes nur wissenschaftlich dokumentierbar, nicht aber präsentabel. Mit den großen städtischen Thermen wird derzeit ein Objekt freigelegt, das diesen Mangel nicht aufweist: Mauerzüge, Böden, Badebecken mit Putzresten sind für Xantener Verhältnisse hervorragend erhalten. Mit dem Thermenkomplex besteht die Möglichkeit, das bisher von den Rekonstruktionen geprägte Bild des Archäologischen Parks um die Präsentation eines eindrucksvollen und weitläufigen Befundes zu erweitern. Eine solche Präsentation würde auch die vorhandenen oder künftig geplanten Rekonstruktionen stützen, denn sie kann die baulichen Voraussetzungen, auf denen die Rekonstruktionen fußen, exemplarisch und anschaulich dokumentieren. Die Erschließung der Thermen würde darüber hinaus der in der Gesamtplanung von vornherein angelegten und dementsprechend im kontinuierlich betriebenen Geländeerwerb des Zweckverbandes CUT weiterverfolgten Anbindung der CUT-West an das jetzige Areal des Parks entsprechen. Die Topographie der römischen Stadt in ihrer Gesamtheit, besonders deren Ostwest-Ausdehnung, ist für den Besucher bisher nur andeutungsweise — in den Anpflanzungsmaßnahmen, die Straßenverläufe kenntlich machen — erkennbar. Die Thermenanlage setzt hier einen wesentlichen städtebaulichen Akzent.
Dieser Akzent würde umso sinnfälliger erfahrbar sein, als die jetzige Zuwegung zum Archäologischen Park über den Eingang am kleinen Hafentor keine Dauerlösung sein kann. Dieser Eingang begründet sich aus der Entwicklung des Archäologischen Parks, der zunächst nur über dem östlich der Bundesstraße 57 (B 57) gelegenen Areal vorgesehen war. Im Jahre 1978 haben sich der Zweckverband CUT und der Landschaftsverband Rheinland mit Unterstützung des Landes NRW dafür ausgesprochen, langfristig auch das westliche Stadtareal der CUT in den Archäologischen Park zu integrieren. Inzwischen sind die

baurechtlichen Verfahren dazu abgeschlossen. Damit der Besucher den Bereich der antiken Stadt als zusammenhängende Park- und Erholungsanlage erleben kann, müßte die zur Zeit noch beide Parkteile trennende Bundesstraße 57 verlegt werden. Planungsvorstellungen, die eine Verlegung dieser Straße östlich des antiken Hafenbereichs vorsehen, existieren bereits. In gut zehn Jahren könnte die Verlegung erfolgt sein.

Unter diesen Voraussetzungen würde die Anbindung des antiken Stadtareals an die moderne Stadt Xanten am sinnvollsten über das südliche Stadttor und den Cardo Maximus — die jetzige Siegfriedstraße — erfolgen. Der Besucher wird dann den Park nicht nur auf dem kürzesten Weg erreichen, sondern gleichzeitig ein Charakteristikum der Xantener Topographie und Geschichte direkt erleben: die Kontinuität der Verkehrswege, die sich in einer seit der römischen Epoche nahezu unveränderten Trassenführung darstellt, gleichzeitig aber die Diskontinuität des Siedlungsplatzes Xanten, die sich im unmittelbaren Nebeneinander von mittelalterlicher Stadt und Klever Tor, von römischer Colonia und ihrem südlichen Zugang manifestiert.

CLIVE BRIDGER

Bibliographie (1800 – 1989) zur Archäologie, Alten und Frühen Geschichte Xantens bis ca. 1000 n. Chr.

Berücksichtigt werden diejenigen Arbeiten, die unmittelbar mit der Archäologie Xantens bis zum entwikkelten Stift in Verbindung gebracht werden können. Dieses schließt kleine Notizen und Hinweise in 'nicht xantenspezifischen' Abhandlungen ein, nicht jedoch kurze Erwähnungen oder kleine Fundbehandlungen in der reichen Palette des archäologischen Schrifttums. Auch ist die Bibliographie nicht als 'Zettelkasten' gedacht; demnach erscheinen Titel, die mehrere Erwähnungen Xantens beinhalten, mit der Angabe 'passim'. Miteingeschlossen sind die wenigen Arbeiten über die wichtigen archäologischen Plätze südlich von Birten (Alpen-Veen), die außerhalb der Gemeinde Xanten liegen, aber archäologisch betrachtet zum Xantener Raum gehören.
Wiederholungen von Titeln in mehreren Kategorien werden nur im Falle eines größeren Beitrages zur jeweiligen Thematik angegeben. Funde, die Wesentliches zu einer Problematik beisteuern, werden sowohl in der Sparte 'Funde' als auch im entsprechenden Sachgebiet wiederholt.
Historische Beiträge finden sich in der entsprechenden topographisch betitelten Sparte, die jedoch eigentlich chronologisch zu betrachten wäre (Vorgeschichte bis 12 v. Chr.; Vetera I 12v. – 70n.; Vetera II 70 – 275; 'Vorgängersiedlungen' 12v. – 100n.; CUT 100 – 275; Tricensimae, Spätantike 275 – ca. 400; Späteströmisch, Merowingerzeit ca. 400 – 750; Stiftsimmunität nach 750).
Beiträge, die in Festschriften, Sammelwerken, Ausstellungskatalogen etc. erschienen sind, werden durch 'in:' gekennzeichnet; ansonsten handelt es sich um gängige Zeitschriften – insbesondere die Publikationsreihen des Rheinischen Landesmuseums Bonn – oder um Monographien.
Bei längeren Beiträgen und bei Monographien werden Rezensionen oder Ergänzungsnotizen hinzugefügt.
Wenn der Inhalt der Arbeit nicht deutlich aus dem Titel hervorgeht, wird in Eckklammern eine kleine Inhaltsangabe aufgeführt.
Das Zeichen = kennzeichnet diejenigen Arbeiten, die unverändert oder kaum verändert an mehreren Stellen veröffentlicht wurden.

2.5. FRÜHMITTELALTER, STIFTSIMMUNITÄT, DOM, STADT

3. FUNDE

4. EPIGRAPHIK, ANTIKE NACHRICHTEN, NAMEN

5. NATURWISSENSCHAFTLICHE STUDIEN

6. FORSCHUNGSGESCHICHTE

7. NAVX, MUSEEN, AUSSENSTELLE RLMB/RAB, APX/RMX

8. DIVERSES

1. TOPOGRAPHIE

1.1. GEOLOGIE UND UMWELT

BENS, F., Geschichtliche Nachrichten über die Insel hinter Lüttingen und der Rheinverlauf unterhalb des Fürstenberges bei Xanten. Ann. Hist. Ver. Niederrhein 90, 1911, 101 – 19.

BRAUN, F. J., Die Terrassengliederung am linken Niederrhein zwischen Geldern und Kalkar, in: Simposium. Das Quartär an Maas und Niederrhein. Geologie en Mijnbouw, NS 18 Nr. 12, 1956, 374 – 8.

BRAUN, F. J., Endmoränen… bei Xanten, in : Fortschr. Geol. Rheinland u. Westfalen 4, 1959, 247 – 54.

BRAUN, F. J., Zur Geologie des Niederrheingebietes. Führer zu vor- u. frühgeschichtl. Denkmälern 14 (Mainz 1969) 8 – 12 = W. Bader, Die Stiftskirche des Hl. Viktor zu Xanten. Sanctos. Grabfeld, Märtyrergrab und Bauten vom 4. Jahrhundert bis um oder nach 752 – 68 n. Chr. Teil 1. Text. Veröff. d. Xantener Dombauvereins 8 = W. Bader [Hrsg.], Die Stiftskirche des Hl. Viktor zu Xanten, Bd. 1,1 Text (Kevelaer 1985) 34 f.

BRAUN, F. J., DAHM-ARENS, H., BOLSENKOTTER, H., Übersichtskarte von Nordrhein-Westfalen, 1:100 000. Erläuterungen zu Blatt C4302 Bocholt. Geolog. Landesamt NRW (Krefeld 1968) passim.

BURCKHARDT, H., BURGSDORF, H. L., Flora des Altrheins und seiner Umgebung. Gewässer und Abwässer 37, 1964, 7 – 45.

GERLACH, G., KLOSTERMANN, J., Witterung und Klima am Niederrhein von der Zeitenwende bis zum Beginn der Neuzeit. Natur am Niederrhein (N. F.) 4 (2), 1989, 35 – 43.

HOPF, M., SCHIEMANN, E., Untersuchung von Pflanzenresten aus der Kernsiedlung der Colonia Traiana bei Xanten, in: H. v. Petrikovits, Die Ausgrabungen in der Colonia Ulpia Traiana. Die Ausgrabung der Kernsiedlung und der Uferanlagen (1934 – 1936) 1. Bericht. Bonner Jahrb. 152, 1952, 159 – 61.

HOPPE, C., Die großen Flußverlagerungen am Niederrhein in den letzten 2000 Jahren und ihre Auswirkungen auf Lage und Entwicklung der Siedlungen (Bonn 1970) passim.

KLOSTERMANN, J., Rheinstromverlagerungen bei Xanten während der letzten 10 000 Jahre. Natur am Niederrhein (N. F.) 1 (1), 1986, 5 – 16.

KLOSTERMANN, J., Die Entstehungsgeschichte der Xantener Landschaft, in: G. Precht u. H.-J. Schalles [Hrsg.], Spurenlese. Beiträge zur Geschichte des Xantener Raumes (Köln 1989) 11 – 38.

KNÖRZER, K.-H., Römerzeitliche Pflanzenfunde aus Xanten. Archaeo-Physika 11 (Bonn 1981).

KNÖRZER, K.-H., Römerzeitliche Pflanzenfunde von Xanten: CUT, Insula 25 und 26, in: G. Precht u. H.-J. Schalles [Hrsg.], Spurenlese. Beiträge zur Geschichte des Xantener Raumes (Köln 1989) 105 – 112.

v. PETRIKOVITS, H., Die römische Besiedlung der Bislicher Insel … als geomorphologisches Problem. Mitt.Geolog.Ges. Essen 3, 1959, 24 – 6 = Beih. Bonner Jahrb. 36 (Bonn 1976) 282 – 4.

REICHMANN, C., Zur Besiedlungsgeschichte des Lippemündungsgebietes während der jüngsten vorrömischen Eisenzeit und der ältesten römischen Eisenzeit (Wesel 1979) 14 – 25.

SCHELLER, H., Die Entstehung der Bislicher Insel. Bonner Jahrb. 157, 1957, 272 – 93.

SCHELLER, H., Birten auf der Flucht vor dem Rhein. Heimatkal. Kr. Moers 1963, 87 – 92.

SCHNEIDER, J., Die Rheinlandschaft von Nymwegen bis Xanten unter der Herrschaft der Römer, in: Neue Beiträge zur alten Gesch. u. Geogr. d. Rheinlande 1 (Düsseldorf 1860) passim.

STEEGER, A., Zur Quartärgeologie des Raumes der

Colonia Ulpia Traiana, in: H. v. Petrikovits, Die Ausgrabungen in der Colonia Ulpia Traiana. Die Ausgrabung der Kernsiedlung und der Uferanlagen (1934–1936) 1. Bericht. Bonner Jahrb. 152, 1952, 157–9 = W. Bader, Die Stiftskirche des Hl. Viktor zu Xanten. Sanctos. Grabfeld, Märtyrergrab und Bauten vom 4. Jahrhundert bis um oder nach 752–68 n. Chr. Teil 1. Text. Veröff. d. Xantener Dombauvereins 8 = W. Bader [Hrsg.], Die Stiftskirche des Hl. Viktor zu Xanten, Bd. 1,1 Text (Kevelaer 1985) 31–4.

WAGNER, E., Xanten und die Hees, in: Landesvermessungsamt NRW [Hrsg.], Topographischer Atlas Nordrhein-Westfalen (Düsseldorf 1968) 216 f.

1.2. STRASSEN

BORGER, H., Die Ausgrabungen in der Dom-Immunität zu Xanten in den Jahren 1957 und 1958 (Vorbericht 1). Bonner Jahrb. 160, 1960, 320–4.

BRIDGER, C., SIEGMUND, F., Die Xantener Stiftsimmunität. Grabungsgeschichte und Überlegungen zur Siedlungstopographie. Beiträge zur Archäologie des Rheinlandes. Rhein. Ausgrabungen 27 (Bonn 1987) 86 f.

HAGEN, J., Römerstraßen der Rheinprovinz ([2]Bonn 1931) 79–84; 217 f.

HINZ, H., Jahresbericht. Bonner Jahrb. 162, 1962, 574 f.

HINZ, H., Colonia Ulpia Traiana. Die Entwicklung eines römischen Zentralortes am Niederrhein, in: H. Temporini [Hrsg.], Aufstieg u. Niedergang der römischen Welt II,4 (Berlin 1976) 865 f.

SCHALLES, H.-J., Über die Straße. Xantener Straßen im Wandel der Geschichte. Führer des RMX 23 (Köln 1987).

SCHMIDT, E. [Bearb.], F. W. Schmidt's hinterlassene Forschungen über noch vorhandene Reste von den Militairstraßen, Befestigungen, Aquäducten etc. der Römer. Bonner Jahrb. 31, 1861, 103–14.

SCHNEIDER, J., Xanten. Rheinisch-westfälische Monatsschrift 7, 1881, 87–90.

WEGNER, H.-H., Jahresbericht. Bonner Jahrb. 180, 1980, 673.

1.3. WASSERVERSORGUNG

GREWE, K., Römische Wasserleitungen nördlich der Alpen, in: Frontinus Gesellschaft [Hrsg.], Die Wasserversorgung antiker Städte. Bd. 3 (Mainz 1988) 47 (Vetera), 83 f. (CUT).

HINZ, H., Römische Wasserleitung südlich von Xanten. Bonner Jahrb. 159, 1959, 134–48.

HINZ, H., Eine römische Wasserleitung bei Xanten. Der Niederrhein 27, 1960, 16 f.

HINZ, H., Jahresbericht. Bonner Jahrb. 163, 1963, 413 f.

SAMESREUTHER, E., Römische Wasserleitungen in den Rheinlanden. Ber. RGK 27, 1937, 133 f.

WEGNER, H.-H., HEIMBERG, U., Wasser für die CUT. Das RLM Bonn 6/1975, 81–4.

WEGNER, H.-H., Die römische Wasserleitung von Labbeck, Gemeinde Sonsbeck, Kreis Wesel. Das RLM Bonn. Sonderheft. Rhein. Ausgrabungen '75 (Bonn 1976) 73 f.

WEGNER, H.-H., Als das Wasser knapp wurde. Neue Ergebnisse zur Wasserversorgung des römischen Xanten. Der Niederrhein 43, 1976, 155–9.

WEGNER, H.-H., Wasser für die CUT. Colonia Ulpia Traiana. 1. u. 2. Arbeitsber. z. d. Grabungen u. Rekonstruktionen ([1]Köln o. J.; [2]Bonn 1978) 36–9.

WEGNER, H.-H., Wasser aus Labbeck für die Römer in Xanten. Auf den Spuren der römischen Wasserleitung. Heimatkal. Kr. Wesel 1980, 34–9.

WEGNER, H.-H., Jahresbericht. Bonner Jahrb. 181, 1981, 553 f.

2. BESIEDLUNGSGESCHICHTE

2.1. GENERELLE STUDIEN, ÜBERSICHTSWERKE

BECHERT, T., Römisches Germanien zwischen Rhein und Maas. Die Provinz Germania Inferior (Feldmeilen/Zürich 1982) passim.

BÖCKING, W., Xanten – Archäologischer Schwerpunkt am Niederrhein. Antike Welt H. 1/1979, 45–57.

BÖCKING, W., Die Römer am Niederrhein und in Norddeutschland ([1]Frankfurt 1974) = Die Römer am Niederrhein. Die Ausgrabungen in Xanten, Westfalen und Niedersachsen ([2]Frankfurt 1978) = Der Niederrhein zur römischen Zeit. Archäologische Ausgrabungen in Xanten ([3]Kleve 1987).

BÖCKING, W., Xantener Chronik. Von der Römerzeit bis heute (Pulheim 1987).

CLEMEN, P. [Hrsg.], Xanten, in: Die Kunstdenkmäler des Kreises Moers. Die Kunstdenkmäler der Rheinprovinz Bd. 1,3 (Düsseldorf 1892) 72–164.

FIEDLER, F., Geschichte und Alterthümer des unteren Germaniens oder des Landes am Nieder-Rhein aus dem Zeitalter der römischen Herrschaft. I. Römische Denkmäler der Gegend von Xanten und Wesel am Nieder-Rhein und an der Lippe (Essen 1824).

GECHTER, M., Xanten, in: J. E. Bogaers u. C. B. Rüger [Hrsg.], Der Niedergermanische Limes, Materialien zu seiner Geschichte. Kunst u. Altertum am Rhein 50 (Köln 1974) 106 – 11.

GERLACH, G., Römer und Germanen, in: Heimat und Arbeit, Der Kreis Wesel (Stuttgart 1983) 80 – 93.

HINZ, H., Xanten zur Römerzeit (1 – 6 Xanten 1960 – 1976).

HINZ, H., BORGER, H., ROTTHOFF, G., Xanten, in: W. Zimmermann u. H. Borger [Hrsg.], Handbuch der historischen Stätten Deutschlands 3 (Stuttgart 1963) 802 – 7 (Hz.), 807 – 9 (Bo.), 809 – 11 (Rf.).

HINZ, H., Der Xantener Raum zur Römerzeit, in: Führer zu vor- und frühgesch. Denkmälern 14 (Mainz 1969), 173 – 88.

HINZ, H., Colonia Ulpia Traiana. Die Entwicklung eines römischen Zentralortes am Niederrhein, in: H. Temporini [Hrsg.], Aufstieg u. Niedergang der römischen Welt II,4 (Berlin 1976) 825 – 69.

JANSSEN, L. J. F., Gedenkteekenen der Germanen en Romeinen aan de Linker Oever van den Neder-Rijn (Utrecht 1836) 86 – 104.

v. PETRIKOVITS, H., Birten. Niederrheinisches Jahrb. 3, 1951 (Festschr. A. Steeger) 37 – 44 = Beih. Bonner Jahrb. 36 (Bonn 1976) 121 – 34.

v. PETRIKOVITS, H., Birten & Xanten. Saalburg Jahrb. 14, 1955, 10.

v. PETRIKOVITS, H., Das Römische Rheinland. Archäologische Forschungen seit 1945. Beih. Bonner Jahrb. 8 (Köln, Opladen 1960) passim.

v. PETRIKOVITS, H., Xanten in römischer Zeit. Das RLM Bonn 3/1966, 50 f.

RÜGER, C. B., Germania Inferior. Untersuchungen zur Territorial- und Verwaltungsgeschichte Niedergermaniens in der Prinzipatszeit. Beih. Bonner Jahrb. 30 (Köln-Graz 1968) passim.

RÜGER, C. B., Einige archäologische Aspekte des römischen Rheinlands, in: Renania romana. Atti dei Convegni Lincei (Roma 1976) 9 – 29, passim.

RÜGER, C. B., Colonia Ulpia Traiana, in: H. G. Horn [Hrsg.], Die Römer in Nordrhein-Westfalen (Stuttgart 1987) 626 – 38.

PRECHT, G., SCHALLES, H.-J. [Hrsg.], Spurenlese. Beiträge zur Geschichte des Xantener Raumes (Köln 1989).

SPENRATH, J. P., Alterthümliche Merkwürdigkeiten der Stadt Xanten und ihrer Umgebung, Bde. 1 – 2 [Hrsg. J. Mooren] (Krefeld 1837 – 38); Bd. 3 J. MOOREN (Krefeld 1839).

STEINER, J., Xantener Zeitgeschichte von dem Jahre 16 vor Christi Geburt bis zu dem Jahre 1900 nach Chr. (Xanten 1900).

STEINER, P., Xanten. Sammlung des Niederrheinischen Altertumsvereins. Kataloge west- und süddeutscher Altertumssammlungen 1 (Frankfurt 1911).

STEINER, P., Die Anfänge Xantens. Die Schicksale des Xantener Gebietes in älterer Zeit, in: 700 Jahre Stadt Xanten (Xanten 1928) 18 – 51.

TERNES, C.-M., Römisches Deutschland. Aspekte seiner Geschichte und Kultur (Stuttgart 1986) 257 – 62.

2.2. VORGESCHICHTE

APFELSTAEDT, H. J., Die Ausgrabungen in der Colonia Trajana. Die Rheinprovinz 11 Nr. 7 (Düsseldorf 1935), 463 – 70.

BOELICKE, U., Zur Vorgeschichte des Xantener Raumes I. Die Steinzeit, in: G. Precht u. H.-J. Schalles [Hrsg.], Spurenlese. Beiträge zur Geschichte des Xantener Raumes (Köln 1989) 39 – 48.

BRIDGER, C., SIEGMUND, F., Altneolithisches aus Xanten. Bonner Jahrb. 185, 1985, 301 – 12.

BRIDGER, C., SIEGMUND, F., Hallstattzeitliches aus Xanten. Bonner Jahrb. 187, 1987, 373 – 85.

HINZ, H., Neolithische, eisenzeitliche und römische Fundstellen am Kaninkenberg in Veen, Kr. Moers, in: Führer zu vor- und frühgesch. Denkmälern 14 (Mainz 1969) 170 – 2.

HINZ, H., Die steinzeitlichen und frühbronzezeitlichen Funde der Grabung in Veen, Kr. Moers. Beitr. z. Urgesch. d. Rheinlands 1. Rhein. Ausgrabungen 15 (Köln 1974) 193 – 241.

HINZ, H., Die Ausgrabungen auf dem Friedhof der vorrömischen Eisenzeit von Veen, Kreis Moers. Beitr. z. Urgesch. d. Rheinlands 1. Rhein. Ausgrabungen 15 (Köln 1974) 243 – 346.

HINZ, H., Funde vorrömischer Zeit aus dem Gebiet der CUT nördlich von Xanten. Beitr. z. Urgesch. d. Rheinlands 1. Rhein. Ausgrabungen 15 (Köln 1974) 347 – 73.

JOACHIM, H.-E., Zur Vorgeschichte des Xantener Raumes II. Die Bronze- und Eisenzeit, in: G. Precht u. H.-J. Schalles [Hrsg.], Spurenlese. Beiträge zur Geschichte des Xantener Raumes (Köln 1989) 49 – 57.

v. PETRIKOVITS, H., Die Ausgrabungen bei Xanten. Nachrichtenbl. f. d. dt. Vorzeit 13, 1937, 116.

v. PRITTWITZ und GAFFRON, U., Ein Grab der älteren Eisenzeit aus der Colonia Ulpia Traiana. Archäologie im Rheinland 1987 (Köln 1988) 52 f.

REICHMANN, C., Zur Besiedlungsgeschichte des Lippemündungsgebietes während der jüngsten vorrömischen Eisenzeit und der ältesten römischen Eisenzeit (Wesel 1979) passim.

SCHMIDT, F. M. W., Ein Gräberfeld der späten Bronzezeit und der vorrömischen Eisenzeit unter dem Forum der Colonia Ulpia Traiana (CUT) bei Xanten. Ausgrabungen im Rhld. 1983/84. Kunst u. Altertum am Rhein 122 (Bonn 1985) 98 – 100.

WEGNER, H.-H., Nicht erst die Römer... Jungsteinzeitlicher Riesenbecher aus Xanten. Das RLM Bonn 4/1977, 49 f. = Colonia Ulpia Traiana. 1. u. 2. Arbeitsber. z. d. Grabungen u. Rekonstruktionen (²Bonn 1978) 42 f.

WEGNER, H.-H., Ein neolithischer Riesenbecher aus der Colonia Ulpia Traiana bei Xanten. Arch. Korrbl. 8, 1978, 177–9.

2.3. RÖMISCHE BESIEDLUNGSZEIT

2.3.1. Militärgeschichte

2.3.1.1. Vetera I

ENGELSKIRCHEN, H., Das Drama vom Fürstenberg im Jahre 69/70 im Lichte der Oertlichkeit. Heimatkal. Kr. Moers 1940, 51–9.

GECHTER, M., Die Anfänge des niedergermanischen Limes. Bonner Jahrb. 179, 1979, 1–138, passim.

GECHTER, M., Der Niedergermanische Limes 1. 12 v. Chr. – 70 n. Chr. Heimatkal. Kr. Wesel 1986, 95–105.

GECHTER, M., in: H. G. Horn [Hrsg.], Die Römer in Nordrhein-Westfalen (Stuttgart 1987) 619–25.

GRENIER, A., Manuel d'archéologie gallo-romaine 1 (Paris 1931) 258–63 (Un camp romain du Rhin au cours du 1er siècle: Vetera, près de Xanten); 3,2 (Paris 1958) 578 f. [zum Amphitheater Birten].

HAGEN, J., Augusteische Töpferei auf dem Fürstenberg. Bonner Jahrb. 122, 1912, 343–62.

HAGEN, J., Einzelfunde von Vetera 1910–1912. Bonner Jahrb. 122, 1912, 363–420.

HAGEN, J., Einzelfunde von Vetera 1913/1914. Bonner Jahrb. 124, 1914, 152–69.

HANEL, N., Die Funde aus den Ausgrabungen auf dem Fürstenberg bei Xanten (unveröffentl. Diss. Freiburg 1987).

HANEL, N., Vetera I und der Beginn der römischen Herrschaft am Niederrhein, in: G. Precht u. H.-J. Schalles [Hrsg.], Spurenlese. Beiträge zur Geschichte des Xantener Raumes (Köln 1989) 59–68.

HARTH, H., Das Römerlager 'Vetera' bei Xanten und die an ihm vorgenommenen Ausgrabungen, in: Heimatspiegel (Wesel) 5, 1938, Nr. 27.

KANNEGIETER, J. Z., De Romeinsche legerplaats Vetera ten tijde von Claudius Civilis. Historia 1936, II, 190–3.

KURENT, T. u. a., Modulare Komposition römischer Städte (Bonn, Vetera, Novaesium). Bonner Hefte z. Vorgesch. 18, 1977, 395–402.

LEHNER, H., Vetera. Ausgrabungen auf dem Fürstenberg bei Xanten. Bonner Jahrb. 114/15, 1906, 318–30.

LEHNER, H., Vetera. Ausgrabungen in den Jahren 1906–1907. Bonner Jahrb. 116, 1907, 302–43.

LEHNER, H., Vetera. Ausgrabungen in den Jahren 1908 und 1909. Bonner Jahrb. 119, 1910, 230–300.

LEHNER, H., Vetera. Ausgrabungen in den Jahren 1910, 1911, 1912. Bonner Jahrb. 122, 1912, 311–42.

LEHNER, H., Vetera. Ausgrabungen in den Jahren 1913 und 1914. Bonner Jahrb. 124, 1914, 133–51.

LEHNER, H., Das Römerlager Vetera bei Xanten. Ein Führer durch die Ausgrabungen des Bonner Provinzialmuseums (Bonn 1926).
[Rez. G. Rodenwaldt, in: Gnomon 2, 1926, 337 ff.].

LEHNER, H., Ausgrabung in Vetera 1927. Forschungen u. Fortschritte. Nachrichtenbl. d. Dt. Wissenschaft u. Technik 4 Nr. 11 (Berlin 1928) 105 f.

LEHNER, H., Ausgrabungen in Vetera 1928. Germania 13, 1929, 126–32.

LEHNER, H., Die Ausgrabung von Vetera bei Xanten, in: G. Rodenwaldt [Hrsg.], Neue deutsche Ausgrabungen (Münster 1930) 177–89.

LEHNER, H., Vetera. Die Ergebnisse der Ausgrabungen des Bonner Provinzialmuseums. Röm.-German. Forsch. 4 (Berlin 1930).

LEHNER, H., Vetera bei Xanten. Verein f. Dkmlpfl. u. Heimatsch. Rhein. Kunststätten 14, Der Linke Niederrhein 2 u. 3 (Düsseldorf 1935).

MÜLLERS, W., Der Bataveraufstand 69/70 n. Chr. Zerstörung und Schlacht von Vetera (Köln 1978).

MYLIUS, H., Die Rekonstruktion des sogenannten Legatenpalastes im römischen Lager Vetera bei Xanten. Bonner Jahrb. 126, 1921, 22–44.

MYLIUS, H., Die Tribunenbauten von Vetera. Bonner Jahrb. 134, 1929, 67–78.

OELMANN, F., Ausgrabungen in Vetera 1930. Germania 15, 1931, 221–9 = Jahresbericht 1930. Bonner Jahrb. 136/37, 1932, 273–80.

OELMANN, F., Jahresbericht (Vetera). Bonner Jahrb. 138, 1933, 153 f.

OELMANN, F., Die Ausgrabung des Doppellegionslagers Vetera bei Xanten. Ausgrabungen im Dome zu Xanten. Bonner Jahrb. 139, 1934, 174–84.

OELMANN, F., Ausgrabungen in Vetera 1932–1934. Germania 18, 1934, 263–71.

v. PETRIKOVITS, H., Art. 'Vetera', in: Pauly's Realencyclopädie der class. Altertumswiss. 8 A, 2 (Stuttgart 1955) col. 1801–34.

RITTER, F., Gründung der Stadt Neuß im Jahre 69 unserer Zeitrechnung. Birten der Schauplatz eines nächtlichen Sieges der Germanen über die Römer. Bonner Jahrb. 32, 1862, 1–17.

RITTER, F., Die Stelle der ersten Rheinbrücke Cäsars. Das alte und neue Römische Lager bei Xanten. Bonner Jahrb. 44/45, 1868, 46–57.

RITTERLING, E., KUBITSCHECK, W., Art. 'Legio', in: Pauly's Realencyclopädie der class. Altertumswiss.

12,1 (1957) col. 1567–9 (Legio V), 1759–60 (XV), 1782–3 (XXI).

RÜGER, C. B., Das Amphitheater in Birten bei Xanten. Das RLM Bonn 5/1969, 67.

SCHULTZE, R., Das Prätorium von Vetera und seine Architekturreste in ihrer Stellung zur römischen Provinzialarchitektur des Rheinlands. Bonner Jahrb. 126, 1921, 1–21.

SCHULTZE, R., Die römischen Legionslazarette in Vetera und anderen Legionslagern. Bonner Jahrb. 139, 1934, 54–63.

SOECHTING, D., Birten / Vetera Castra, in: W. Sölter [Hrsg.], Das antike Germanien aus der Luft (Bergisch Gladbach 1981) 257–60.

v. VEITH, C., Vetera Castra mit seiner Umgebung als Stützpunkt der römisch-germanischen Kriege im 1. Jahrhundert v. u. n. Chr. (Berlin 1881).

2.3.1.2. Vetera II

BAATZ, D., Ziegelstempel der legio XXII primigenia pia fidelis domitiana in Obergermanien? Saalburg-Jahrb. 26, 1969, 126–8.

BAATZ, D., Einige Funde obergermanischer Militär-Ziegelstempel in Germania inferior. Archeologie en historie. Opgedragen aan H. Brunsting (Bussum 1973) 221, 223.

GECHTER, M., in: H. G. Horn [Hrsg.], Die Römer in Nordrhein-Westfalen (Stuttgart 1987) 625.

GECHTER, M., Der Niedergermanische Limes 2. 70 n. Chr. – 250. Heimatkal. Kr. Wesel, 1988, 31–5.

MANN, J. C., Colonia Ulpia Traiana and the occupation of Vetera II. Bonner Jahrb. 162, 1962, 162–4.

v. PETRIKOVITS, H., Die Legionsfestung Vetera II. Bonner Jahrb. 159, 1959, 89–133 = Beih. Bonner Jahrb. 36 (Bonn 1976) 229–81.

RITTERLING, E., KUBITSCHECK, W., Art. 'Legio', in: Pauly's Realencyclopädie der class. Altertumswiss. 12,1 (1957) col. 1602–4 (VI), 1802–3 (XXII), 1823–7 (XXX).

STROBEL, K., Bemerkungen zum Wechsel zwischen den Legionen XIV Gemina und XXII Primigenia in Mainz und zur Struktur des untergermanischen Heeres in trajanischer Zeit. Germania 66, 1988, 441–8.

2.3.1.3. Sonstige militärische Reste

HINZ, H., Römische Übungslager in Veen, Kr. Moers. Beitr. z. Arch. d. röm. Rhlds. 4. Rhein. Ausgrabungen 23 (Bonn 1984) 371–9.

SCOLLAR, I., ANDRIKOPOLOU-STRACK, N., Römische Übungslager südlich von Xanten im Luftbild. Einige technische Einzelheiten. Beitr. z. Arch. d. röm. Rhlds. 4. Rhein. Ausgrabungen 23 (Bonn 1984) 381–90.

WEGNER, H.-H., Neue archäologische Befunde aus der römischen Legionsziegelei bei Xanten. Das RLM Bonn. Sonderheft. Ausgrabungen im Rhld. '77 (Bonn 1978) 207–9 = Colonia Ulpia Traiana. 3. Arbeitsber. z. d. Grabungen u. Rekonstruktionen (Bonn 1978) 57–9.

WEGNER, H.-H., Eine Brennofenanlage aus der Legionsziegelei bei Xanten, Kreis Wesel. Das RLM Bonn. Sonderheft. Ausgrabungen im Rhld. '78 (Bonn 1979) 165–71 = Colonia Ulpia Traiana. 4. Arbeitsber. zu. d. Grabungen u. Rekonstruktionen (Bonn 1980) 44–50.

2.3.2. Zivilgeschichte

2.3.2.1. 'Vorgängersiedlungen'

BINDING, G., Holzbauperioden des 1. Jahrhunderts unter der Colonia Ulpia Traiana in Xanten. Arch. Korrbl. 1, 1971, 219–25.

BINDING, G., Holzbauperioden des 1. Jahrhunderts unter der Colonia Ulpia Traiana in Xanten. Beitr. z. Arch. d. röm. Rhlds. 3. Rhein. Ausgrabungen 12 (Bonn 1972) 1–23.

BRIDGER, C., Colonia Ulpia Traiana, Insula 38. Die Befunde der Grabungen 1979–1983. Rhein. Ausgrabungen 31 (Köln 1989).

v. DETTEN, D., Ein Fachwerkgebäude am Hafentempel der Colonia Ulpia Traiana. Das RLM Bonn. Sonderheft. Ausgrabungen im Rhld. '79 (Bonn 1980) 123–6 = Colonia Ulpia Traiana. 5. Arbeitsber. z. d. Grabungen u. Rekonstruktionen (Bonn 1981) 31–4.

v. DETTEN, D., Die Straßengrabung CUT Schnitt 80/23-24. Ausgrabungen im Rhld. '81/82. Kunst u. Altertum am Rhein 112 (Bonn 1983) 114–8 =Colonia Ulpia Traiana. 6. Arbeitsber. z. d. Grabungen u. Rekonstruktionen (Bonn 1984) 29–31.

GERLACH, G., Zwei vorcoloniazeitliche Spitzgräben in der Südostecke der CUT. Ausgrabungen im Rhld. '79/80. Kunst u. Altertum am Rhein 104 (Bonn 1981) 106–110 = Colonia Ulpia Traiana. 6. Arbeitsber. z. d. Grabungen u. Rekonstruktionen (Bonn 1984) 36–8.

GERLACH, G., Die Grabungen im Südosten der Colonia Ulpia Traiana. Bonner Jahrb. 182, 1982, 325–47.

HEIMBERG, U., Das Haus am kleinen Hafentor in der Colonia Ulpia Traiana. Bonner Jahrb. 181, 1981, 355–81.

HEIMBERG, U., Colonia Ulpia Traiana. Die früheste Keramik aus der Forumsgrabung. Bonner Jahrb. 187, 1987, 411–74.

HINZ, H., Xanten, Dorf der Cugerner, Kern der römischen Colonia, in: Kölner Römer-Illustrierte 2 (Köln 1975) 148 f.

KÜHLBORN, J.-S., Die Cugernersiedlung unter der Colonia Ulpia Traiana zu Xanten. Das RLM Bonn. Sonderheft. Rhein. Ausgrabungen '76 (Bonn 1978) 64 – 7 = Colonia Ulpia Traiana. 1. u. 2. Arbeitsber. z. d. Grabungen u. Rekonstruktionen ([1]Köln o. J.; [2]Bonn 1978) 27 – 30.

OELMANN, F., Jahresbericht. Bonner Jahrb. 140/41, 1936, 429 – 64.

v. PETRIKOVITS, H., Neue Ausgrabungen bei Xanten. Geistige Arbeit 4, H. 12, 1937, 7 f. = Beih. Bonner Jahrb. 36 (Bonn 1976) 39 – 41.

v. PETRIKOVITS, H., Die Ausgrabungen bei Xanten. Rhein. Blätter 15, 1938, 244 – 6.

v. PETRIKOVITS, H., Die Ausgrabungen in der Colonia Ulpia Traiana. Die Ausgrabung der Kernsiedlung und der Uferanlagen (1934 – 1936). 1. Bericht. Bonner Jahrb. 152, 1952, 41 – 161.
[Rez. J. Guey, in: Rev. Etudes Anciennes 56, 1954, 517 – 20]

RÜGER, C. B., Colonia Ulpia Traiana (Vorgängersiedlung), in: H. G. Horn [Hrsg.], Die Römer in Nordrhein-Westfalen (Stuttgart 1987) 626 – 9.

SCHMIDT, F. W. V., Die Grabung im südöstlichen Forumsbereich der Colonia Ulpia Traiana bei Xanten. Bonner Jahrb. 184, 1984, 317 – 26.

SCHMIDT, F. M. V., Die Forumsgrabung in der Colonia Ulpia Traiana (CUT) bei Xanten. Ausgrabungen im Rhld. 1983/84. Kunst u. Altertum am Rhein 122 (Bonn 1985), 104 – 9.

VÖLLING, T., Die Cugerner. Zur Besiedlungsgeschichte des unteren linken Niederrheins in der älteren römischen Kaiserzeit. An Niers und Kendel. Hist. Ztschr. f. Stadt Goch u. Umgebung 13, Mai 1985, 1 – 5.

ZIELING, N., Zum Stand der Vorcoloniaforschung auf dem Gebiet der Colonia Ulpia Traiana, in: G. Precht u. H.-J. Schalles [Hrsg.], Spurenlese. Beiträge zur Geschichte des Xantener Raumes (Köln 1989) 69 – 76.

2.3.2.2. Colonia Ulpia Traiana

ANON., Ausgrabungen zu Xanten. Monatsschr. f. d. Geschichte Westdeutschlands [Picks Monatsschr.] 6, 1880, 70 f.; 217 f.

ANON., Römisches, Allzurömisches. Zu den Ausgrabungen bei Xanten. Nat. Soz. Monatsheft 6 (1935) 939 – 41.

ALTHAUS, G., Insula 27 der Colonia Ulpia Traiana bei Xanten. Befund und Auswertung (unveröffentl. Magister-Arbeit Münster 1989).

APFELSTAEDT, H., J., Die Ausgrabungen in der Colonia Trajana. Die Rheinprovinz 11 Nr. 7 (1935) 463 – 70.

de BALL, A., Bericht über die Ausgrabungen auf der alten Burg in Xanten bis Mitte September des Jahres 1881. Bonner Jahrb. 74, 1882, 76 – 80.

BASQUÉ, M., Colonia Trajana bei Xanten, in: Ze Xanten. Beiträge zur Geschichte des Xantener Raumes (Xanten 1936) 3 – 15.

BINDING, G., Ausgrabungen in Xanten 1967. Heimatkal. Kr. Moers 1968, 33 – 5.

BRIDGER, C. J., Neue Funde am 'Haus am kleinen Hafentor' im Archäologischen Park Xanten. Das RLM Bonn. Sonderheft. Ausgrabungen im Rhld. '79 (Bonn 1980) 127 – 30 = Colonia Ulpia Traiana. 5. Arbeitsber. z. d. Grabungen u. Rekonstruktionen (Bonn 1981) 35 – 8.

BRIDGER, C. J., Neue Ergebnisse zur Badeanlage am 'Haus am kleinen Hafentor'. Ausgrabungen im Rhld. '79/80. Kunst u. Altertum am Rhein 104 (Bonn 1981) 111 – 4.

BRIDGER, C. J., Die Badeanlage am sog. Haus am kleinen Hafentor – Ergebnisse der Ausgrabungen 1981. Colonia Ulpia Traiana. 6. Arbeitsber. z. d. Grabungen u. Rekonstruktionen (Bonn 1984) 18 – 21.

BRIDGER, C. J., The Pes Monetalis and the Pes Drusianus in Xanten. Britannia 15, 1984, 89 – 98.

BRIDGER, C., Colonia Ulpia Traiana, Insula 38. Die Befunde der Grabungen 1979 – 1983. Rhein. Ausgrabungen 31 (Köln 1989).

DEDERICH, U., Zur Frage über die Colonia Trajana bei Xanten. Rheinisch-westfälische Monatsschrift 7, 1881, 170 – 2.

v. DETTEN, D., Die Kapitolsgrabung 1982 in der CUT. Ausgrabungen im Rhld. '81/82. Kunst u. Altertum am Rhein 112 (Bonn 1983) 108 – 13 = 6. Arbeitsber. z. d. Grabungen u. Rekonstruktionen (Bonn 1984) 32 – 5.

FRERE, S. S., Town Planning in the Western Provinces. Ber. RGK 58 (Festschrift), 1977, 88 – 91; 100 – 2
[zur Größe der 'Insulae' in der CUT und Vetera I].

FOLLMANN-SCHULZ, A.-B., Die römischen Tempelanlagen in der Provinz Germania inferior, in: H. Temporini [Hrsg.], Aufstieg und Niedergang der römischen Welt II, 18, 1 (Berlin 1986) 766 – 76; 783 f.

GERLACH, G., Das Burginatium-Tor in der Colonia Ulpia Traiana bei Xanten und sein nördliches Vorfeld. Ausgrabungen im Rhld. '81/82. Kunst u. Altertum am Rhein 112 (Bonn 1983) 105 – 7 = Colonia Ulpia Traiana. 6. Arbeitsber. z. d. Grabungen u. Rekonstruktionen (Bonn 1984) 39 – 41.

GERLACH, G., Die Basilika des mittelkaiserzeitlichen Forums der Colonia Ulpia Traiana. Archäologie im Rheinland 1987 (Köln 1988) 85 f.

GERLACH, G., Gestempelte Ziegel aus der Colonia Ulpia Traiana. Zur Frage ihrer Verteilung auf städtische Bauten, in: G. Precht u. H.-J. Schalles [Hrsg.], Spurenlese. Beiträge zur Geschichte des Xantener Raumes (Köln 1989) 113 – 23.

GRENIER, A., Manuel d'archéologie gallo-romaine 3,2 (Paris 1958) 579 – 83 [zum Amphitheater CUT].

GREWE, K., Geodäsie und Archäologie. Der Vermessungsingenieur 28 (5) (Wiesbaden 1977), 130 – 60, bes. 132 – 35 [zum Stadtplan der CUT].

HAMACHER, K.-W., Die Bestimmung der plausibelsten Ellipse für die Arena von Xanten (Dipl.-Arbeit Köln 1958).

HEIDENREICH, K., Ein Rekonstruktionsversuch des römischen Amphitheaters in Xanten, in: Vorträge gehalten anläßlich der 12. Tagung der Koldewey-Gesellschaft vom 9. – 12. 6. 1938 im Hörsaal des Landesmuseums in Bonn a. Rh. (maschinenschr. Manuskript o. J.) 8 f.

HEIDENREICH, K., Das Amphitheater der CUT bei Xanten, ein Versuch seiner Wiederherstellung. Bonner Jahrb. 145, 1940, 33 – 62.

HEIMBERG, U., Neue Ausgrabungen in der Colonia Ulpia Traiana. Das RLM Bonn 3/1972, 39 – 42.

HEIMBERG, U., RIECHE, A., Colonia Ulpia Traiana. Die römische Stadt. Planung, Architektur, Ausgrabung. Führer u. Schriften des APX 8 (Köln 1986).

HINZ, H., Römerforschung im Xantener Raum. Der Niederrhein 25, 1958, 109 – 11.

HINZ, H., Das Römerbad in der Colonia Ulpia Traiana bei Xanten. Der Niederrhein 26, 1959, 100 – 2.

HINZ, H., Ausgrabungen in der Colonia Ulpia Traiana. Germania 37, 1959, 212 – 4.

HINZ, H., Römisches Badeleben bei Xanten. Ein Bericht von den Ausgrabungen in der Colonia Ulpia Traiana. Heimatkal. Kr. Moers 1960, 97 – 100.

HINZ, H., Die Xantener Therme und ihre Umgebung, in: Neue Ausgrabungen im Nahen Osten, Mittelmeerraum und in Deutschland. Ber. ü. d. Tagung d. Koldewey-Gesell. in Xanten 19. – 23. Mai 1959 (Bonn 1960), 33 – 5.

HINZ, H., Die Colonia Ulpia Traiana bei Xanten, in: Germania Romana I. Römerstädte in Deutschland. Gymnasium Beih. 1 (Heidelberg 1960) 29 – 50.

HINZ, H., Römische Heizkunst am Niederrhein. Heimatkal. Kr. Moers 1961, 28 – 31.

HINZ, H., 1. Bericht über die Ausgrabungen in der Colonia Ulpia Traiana nördlich von Xanten. Bonner Jahrb. 161, 1961, 343 – 95.

HINZ, H., BRUCKNER, A., Jahresbericht. Bonner Jahrb. 162, 1962, 572 – 81.

HINZ, H., 2. Bericht über die Ausgrabungen in der Colonia Traiana nördlich von Xanten. Bonner Jahrb. 163, 1963, 393 – 415.

HINZ, H., Die Römerstadt bei Xanten. Ein Bericht über die Ausgrabungen der letzten Jahre. Heimatkal. Kr. Moers 1963, 53 – 7.

HINZ, H., Heerlen und die Civitas der Traianenser. Het Land van Herle 14, 1964, 42 f.

HINZ, H., 3. Bericht über die Ausgrabungen in der Colonia Ulpia Traiana nördlich von Xanten. Bonner Jahrb. 167, 1967, 325 – 46.

HINZ, H., 4. Bericht über Ausgrabungen in der Colonia Ulpia Traiana bei Xanten. Beitr. zur Arch. des röm. Rhlds. 2. Rhein. Ausgrabungen 10 (Bonn 1971), 96 – 199.

HINZ, H., Colonia Ulpia Traiana. Die Entwicklung eines römischen Zentralortes am Niederrhein, in: H. Temporini [Hrsg.], Aufstieg u. Niedergang der römischen Welt II, 4 (Berlin 1976) 825 – 69.

HINZ, H., KRÄMER, J., KÜHN, H., Architekturglieder aus einem Bau in der Insula V (11/18) der Colonia Ulpia Traiana – Xanten. Beitr. z. Arch. d. röm. Rhlds. 3. Rhein. Ausgrabungen 12 (Bonn 1972) 119 – 46.

KÜHLBORN, J.-S., Die Grabungen im Archäologischen Park Xanten im Jahre 1977. Das RLM Bonn. Sonderheft. Ausgrabungen im Rhld. '77 (Bonn 1978) 192 – 9 = Colonia Ulpia Traiana. 3. Arbeitsber. z. d. Grabungen u. Rekonstruktionen (Bonn 1978) 42 – 9.

KÜHLBORN, J.-S., Einige Bemerkungen zum Bau der Stadtmauer der Colonia Ulpia Traiana. Bonner Jahrb. 187, 1987, 475 – 94.

KÜNZL, E., Operationsräume in römischen Thermen. Zu einem chirurgischen Instrumentarium aus der Colonia Ulpia Traiana. Bonner Jahrb. 186, 1986, 491 – 509.

LEHNER, H., Xanten. Ausgrabungen vor dem Clever Tor (Bericht P. Steiner). Bonner Jahrb. 110, 1903, 182 – 7.

PETERS, R., Zur Cella-Wandgliederung des Hafentempels der CUT, in: G. Precht u. H.-J. Schalles [Hrsg.], Spurenlese. Beiträge zur Geschichte des Xantener Raumes (Köln 1989) 159 – 70.

v. PETRIKOVITS, H., Die Grabungen in der Colonia Ulpia Traiana. Bonner Jahrb. 142, 1937, 248 f., 340.

v. PETRIKOVITS, H., Die Ausgrabungen in Xanten. Nachrichtenbl. f. Dt. Vorzeit 13, H. 5/6, 1937, 116.

v. PETRIKOVITS, H., Das Römische Rheinland, Archäologische Forschung seit 1945. Beih. Bonner Jahrb. 8 (Köln-Opladen 1960) 96 – 102.

PRECHT, G., Städte erhalten römisches Bürgerrecht. Xanten, die Colonia Ulpia Traiana, in: Kölner Römer-Illustrierte 2 (Köln 1975) 154 – 6.

PRECHT, G., The Town Walls and Defensive Systems of Xanten-Colonia Ulpia Traiana, in: J. Maloney u. B. Hobley [Hrsg.], Roman Urban Defences in the

West. Council Brit. Arch. Research Report 51 (London 1983) 29 – 39.

PRECHT, G., Die geplante Stadt. Römischer Städtebau am Beispiel der Colonia Ulpia Traiana. Arch. in Deutschland 2/1988, 29 – 35.

PRECHT, G., Das Capitol der Colonia Ulpia Traiana, in: G. Precht u. H.-J. Schalles [Hrsg.], Spurenlese. Beiträge zur Geschichte des Xantener Raumes (Köln 1989) 125 – 57.

PRECHT, G., RÜGER, C. B., Archäologischer Stadtplan. Colonia Ulpia Traiana (Xanten, Kreis Wesel) (Köln ⟨1⟩ 1976, ⟨2⟩ 1978, ⟨3⟩ 1980, ⟨4⟩ 1983).

PRECHT, G., RUPPRECHT, G., Xanten, Colonia Ulpia Traiana. Bericht über die Forschungen vom 1. 4. 1974 bis 28. 2. 1975. Bonner Jahrb. 176, 1976, 337 – 56.

RAEPSAET-CHARLIER, M.-Th. u. G., Gallia Belgica et Germania Inferior. Vingt-cinq années de recherches historiques et archéologiques, in: H. Temporini [Hrsg.], Aufstieg u. Niedergang der römischen Welt II, 4 (Berlin 1976) 134 – 7.

RÜGER, C. B., Zur Rekonstruktion der Handwerkerviertel in der CUT bei Xanten. Das RLM Bonn 3/1969, 36 – 8 = Heimatkal. Kr. Moers 1970, 62 – 4.

RÜGER, C. B., Das Amphitheater der Colonia Ulpia Traiana bei Xanten. Das RLM Bonn 5/1969, 67 f.

RÜGER, C. B., Grabungen in der Colonia Ulpia Traiana 1969 und 1970. Das RLM Bonn 2/1971, 17 f.

RÜGER, C. B., Neues zum Plan der Colonia Ulpia Traiana. Bonner Jahrb. 172, 1972, 293 – 302.

RÜGER, C. B., Der römische Rheinhafen der Colonia Ulpia Traiana. Heimatkal. Kr. Moers 1974, 41 – 6.

RÜGER, C. B., Colonia Ulpia Traiana in: H. G. Horn [Hrsg.], Die Römer in Nordrhein-Westfalen (Stuttgart 1987) 629 – 38.

SCHALLES, H.-J., RIECHE, A., PRECHT, G., Die römischen Bäder. Führer u. Schr. des APX 11 (Köln 1989).

SPETHMANN, H., Ausgrabungen in der römischen Bürgerstadt Colonia Ulpia Traiana bei Xanten. Zechenzeitung Nr. 19 vom 27. 9. 1935, 5.

STEINER, J., Das Trümmerfeld vor dem Clever Thore der Stadt Xanten. Bonner Jahrb. 87, 1889, 87 – 96.

STEINER, J., Die Ruinen des Amphitheaters in der CUT bei Xanten. Bonner Jahrb. 114/15, 1906, 447 – 63.

STEPHAN, H., Grabungen im Bereich der südlichen Umgrenzungsmauer des Hafentempelbezirkes. Das RLM Bonn. Sonderheft. Ausgrabungen im Rhld. '79 (Bonn 1980) 135 – 8 = Colonia Ulpia Traiana. 5. Arbeitsber. z. d. Grabungen u. Rekonstruktionen (Bonn 1981) 43 – 6.

STOLL, H., Die Ausgrabungen des Rheinischen Landesmuseums Bonn in der Colonia Ulpia Traiana bei Xanten, in: Land und Leute der Grafschaft Moers 17, 1935, Nr. 2, 5 f.

STOLL, H., Ergebnisse der Ausgrabungen bei Xanten im Winter 1934/35. Germania 20, 1936, 184 – 8.

aus'm WEERTH, E., Vorläufiger Bericht über die neuen Ausgrabungen bei Xanten. Bonner Jahrb. 69, 1880, 68 – 71.

WEGNER, H.-H., Bezirkstelle Niederrhein und neue Grabungen in Xanten. Das RLM Bonn 3/1974, 36 – 8.

WEGNER, H.-H., Archäologische Forschungen am Niederrhein. Heimatkal. Kr. Moers 1975, 109 – 11.

WEGNER, H.-H., Das Matronenheiligtum an der Siegfriedstraße. Colonia Ulpia Traiana. 1. u. 2. Arbeitsber. z. d. Grabungen u. Rekonstruktionen (²Bonn 1978) 40 f.

ZIELING, N., Ein hölzerner Abwasserkanal im Westteil der Colonia Ulpia Traiana. Archäologie im Rheinland 1988 (Köln 1989) 51 – 3.

ZIELING, N., 110 Jahre Erforschung der großen Thermenanlage in der Colonia Ulpia Traiana, in: G. Precht u. H.-J. Schalles [Hrsg.], Spurenlese. Beiträge zur Geschichte des Xantener Raumes (Köln 1989) 287 – 92.

2.3.2.3. Tricensimae, Spätantike

BRIDGER, C., SIEGMUND, F., Die Xantener Stiftsimmunität. Grabungsgeschichte und Überlegungen zur Siedlungstopographie. Beitr. z. Arch. des Rheinlandes. Rhein. Ausgrabungen 27 (Bonn 1987) 63 – 133.

v. PETRIKOVITS, H., Reichs-, Macht- und Volkstumsgrenze am linken Niederrhein im 3. und 4. Jahrhundert n. Chr., in: Festschrift A. Oxé (Darmstadt 1938) 220 – 40 = Rhein. Vorzeit in Wort u. Bild 2, 1939, 2 – 6 (stark gekürzt) = Beih. Bonner Jahrb. 36 (Bonn 1976) 69 – 88.

RÜGER, C. B., Die spätrömische Großfestung in der Colonia Ulpia Traiana. Bonner Jahrb. 179, 1979, 499 – 524.

2.3.2.4. Siedlungsreste extra muros

GERLACH, G., Eine Siedlungsstelle am Nordhang des Fürstenbergs. Luftbild und Lesefund. Archäologie im Rheinland 1988 (Köln 1989) 66 f.

HEIMBERG, U., RÜGER, C. B., Eine Töpferei im Vicus vor der Colonia Ulpia Traiana. Das RLM Bonn 1/1972, 1 – 3.

HEIMBERG, U., RÜGER, C. B., Eine Töpferei im Vicus vor der Colonia Ulpia Traiana. Beitr. z. Arch. d. röm. Rhlds. 3. Rhein. Ausgrabungen 12 (Bonn 1972) 84 – 118.

HEIMBERG, U., RÜGER, C. B., Ein Töpfereibetrieb bei

der Colonia Ulpia Traiana. Heimatkal. Kr. Moers 1973, 79–83.

HINZ, H., Jahresbericht. Bonner Jahrb. 160, 1960, 494–506.

2.3.3. Gräberfelder

BOELICKE, U., Römische Kindergräber in einem Stadtgraben der CUT-West. Archäologie im Rheinland 1988 (Köln 1989) 57 f.

BRIDGER, C., SIEGMUND, F., Die Xantener Stiftsimmunität. Grabungsgeschichte und Überlegungen zur Siedlungstopographie. Beiträge zur Archäologie des Rheinlandes. Rhein. Ausgrabungen 27 (Bonn 1987) 63–133.

BRIDGER, C. J., STORCH, H.-P., Eine weitere Grabung im römischen Gräberfeld von Xanten, Viktorstraße. Ausgrabungen im Rhld. '81/82. Kunst und Altertum am Rhein 112 (Bonn 1983) 119–23.

FIEDLER, F., HOUBEN, Ph., Denkmäler von Castra Vetera und Colonia Ulpia Traiana in Ph. Houbens Antiquarium zu Xanten (Wesel 1839).
[Rez. H. Düntzer, in: Bonner Jahrb. 3, 1843, 166–74].

HEIMBERG, U., Jahresbericht. Bonner Jahrb. 173, 1973, 351.

HEIMBERG, U., Jahresbericht. Bonner Jahrb. 174, 1974, 643–5.

HEIMBERG, U., Jahresbericht. Bonner Jahrb. 177, 1977, 555–81.

HEIMBERG, U., Ein Grabfund aus Xanten. Ausgrabungen im Rhld. '79/80. Kunst u. Altertum am Rhein 104 (Bonn 1981) 115–8.

HINZ, H., Jahresbericht. Bonner Jahrb. 160, 1960, 494–506.

HINZ, H., Ein frührömisches Gräberfeld auf dem Kirchhügel in Birten, Kreis Moers. Beitr. z. Arch. d. röm. Rhlds. 3. Rhein. Ausgrabungen 12 (Bonn 1972) 24–83.

HINZ, H., Römische Gräber in Xanten 1962–1965. Beitr. z. Arch. d. röm. Rhlds. 4. Rhein. Ausgrabungen 23 (Bonn 1984) 301–70.

SAWIUK, M., STORCH, H.-P., Römische und mittelalterliche Befunde aus Xanten, Hühnerstraße. Ausgrabungen im Rhld. '81/82. Kunst und Altertum am Rhein 112 (Bonn 1983) 124–7.

WEGNER, H.-H., Neues vom römischen Gräberfeld von Xanten, Viktorstraße, Kreis Wesel. Das RLM Bonn. Sonderheft. Rhein. Ausgrabungen '76 (Bonn 1977) 119 f.

WEGNER, H.-H., Neue Grabungen im römischen Gräberfeld von Xanten, Viktorstraße, Kreis Wesel. Das RLM Bonn. Sonderheft. Ausgrabungen im Rhld. '77 (Bonn 1978) 209–11 = Colonia Ulpia Traiana. 3. Arbeitsber. z. d. Grabungen u. Rekonstruktionen (Bonn 1978) 59–61.

WEGNER, H.-H., Neue Grabungen im römischen Gräberfeld von Xanten, Viktorstraße, Kreis Wesel. Das RLM Bonn. Sonderheft. Ausgrabungen im Rhld. '79 (Bonn 1980) 140–3 = Die Grabung im römischen Gräberfeld von Xanten 1979. Colonia Ulpia Traiana. 5. Arbeitsber. z. d. Grabungen u. Rekonstruktionen (Bonn 1981) 48–51.

2.4. SPÄTESTRÖMISCH, MEROWINGERZEIT

BADER, W., Ausgrabungen unter dem Xantener Dom. Germania 18, 1934, 112–7.

BADER, W., Jahresbericht. Bonner Jahrb. 139, 1934, 181–4.

BADER, W., Die christliche Archäologie in Deutschland nach den jüngsten Entdeckungen an Rhein und Mosel. Ann. Hist. Ver. Niederrhein 144/45, 1946/47, 5–31.

BADER, W., Der Anfang der gotischen Viktorkirche 1. Niederrhein. Jahrb. 3, 1951, 114–8.

BADER, W., Das Grab des hl. Petrus und das Xantener Märtyrergrab. Ein Vergleich. Rhein. Ver. f. Dkmlpfl. u. Heimatschutz 1953, 63–9.

BADER, W., Die Kirche des Hl. Viktor zu Xanten (Kevelaer 1960).

BADER, W., Der Anfang der gotischen Viktorkirche zu Xanten 3, in: Zur Geschichte und Kunst im Erzbistum Köln. Stud. z. Kölner Kirchengesch. (Festschr. W. Neuß) (Köln 1960) 315–31.

BADER, W., Die Stiftskirche des Hl. Viktor zu Xanten. Sanctos. Grabfeld, Märtyrergrab und Bauten vom 4. Jahrhundert bis um oder nach 752–68 n. Chr. Teil 1. Pläne und Lichtdrucktafeln. Veröff. d. Xantener Dombauvereins 7 = W. Bader [Hrsg.], Die Stiftskirche des Hl. Viktor zu Xanten, Bd. 1,1 Tafeln (Kevelaer 1960).

BADER, W., Der Anfang der gotischen Viktorkirche zu Xanten 2. Bonner Jahrb. 161, 1961, 6–24.

BADER, W., Das Xantener Grab der Märtyrer. Der Niederrhein 30, 1963, 168–79.

BADER, W. [Hrsg.], Sechzehnhundert Jahre Xantener Dom. Xantener Domblätter 6 (Köln 1963).

BADER, W., Der Dom zu Xanten 1. Xantener Domblätter 8 (Kevelaer 1978).

BADER, W., Die Stiftskirche des Hl. Viktor zu Xanten. Sanctos. Grabfeld, Märtyrergrab und Bauten vom 4. Jahrhundert bis um oder nach 752–68 n. Chr. Teil 1. Text. Veröff. d. Xantener Dombauvereins 8 = W. Bader [Hrsg.], Die Stiftskirche des Hl. Viktor zu Xanten, Bd. 1,1 Text (Kevelaer 1985).

BINDING, G., Holzkirchen im Rhein-Maas-Gebiet, in: C. Ahrens [Hrsg.], Frühe Holzkirchen in Nordeuropa. Veröffentl. d. Helms-Museums 39 (Hamburg 1981) 267 f.

BÖHNER, K., Zur frühmittelalterlichen Besiedlungsgeschichte des Niederrheingebietes zwischen Krefeld und Kleve. Führer zu vor- und frühgesch. Denkmälern 14 (Mainz 1969) 88 – 93.

BÖHNER, K., Urban and Rural Settlement in the Frankish Kingdom, in: M. W. Barley [Hrsg.], European Towns. Their Archaeology and Early History (London – New York – San Francisco 1977) 198 – 200.

BORGER, H., Ad Sanctos. Land zwischen Rhein und Maas (Oldenburg 1958).

BORGER, H., Das Märtyrergrab im Dom zu Xanten. Die Geschichte einer mittelalterlichen Stadt. Mitt. d. Ges. f. vergl. Kunstforsch. in Wien 10, 1958, Nr. 4, 44 – 7.

BORGER, H., Xanten. Entstehung und Geschichte einer mittelalterlichen Stadt. Beitr. z. Gesch. d. Kr. Dinslaken am Niederrhein, Beih. 2 (Xanten 1960).

BORGER, H., Die Ausgrabungen in der Dom-Immunität zu Xanten in den Jahren 1957 und 1958 (Vorbericht 1). Bonner Jahrb. 160, 1960, 313 – 341.

BORGER, H., Die Ausgrabungen unter der Stiftskirche des Hl. Viktor zu Xanten in den Jahren 1945 – 1960 (Vorbericht 2). Bonner Jahrb. 161, 1961, 396 – 448.

BORGER, H., Die ehemalige Stiftskirche St. Viktor und die Stiftsimmunität in Xanten, in: Kirche und Burg in der Archäologie des Rheinlandes. Kunst u. Altertum am Rhein. Führer des RLM Bonn 8 (Düsseldorf 1962) 115 – 26.

BORGER, H., Die Ausgrabungen unter der Stiftskirche des Hl. Viktor und in der Stifts-Immunität zu Xanten. Der Niederrhein 30, 1963, 181 – 6 = Kunstchronik 16, 1963, 117 – 37.

BORGER, H., Die Anfänge des Christentums am Niederrhein in römischer und frühfränkischer Zeit, in: K. Abels, P. Dyckmanns u. G. Hovelmann [Hrsg.], Niederrheinische Kulturgeschichte (Kevelaer 1965) 16 – 21.

BORGER, H., Ausgrabungen unter dem Dom und der Stifts-Immunität zu Xanten. Das RLM Bonn 3/1966, 56 – 62.

BORGER, H., Die Große Viktorstracht in Xanten und die Ergebnisse der neuen Ausgrabungen unter dem Xantener Dom. Der Niederrhein 33, 1966, 97 – 100.

BORGER, H., Xanten. Entstehung und Geschichte eines niederrheinischen Stiftes (Xanten 1966).

BORGER, H., Ausgrabungen unter dem Dom und in der Stifts-Immunität in den Jahren 1961 – 1966 (Vorbericht 3), in: H. Borger u. F. W. Oediger, Beitr. z. Frühgeschichte d. Xantener Viktorstiftes. Rhein. Ausgrabungen 6 (Düsseldorf 1969) 1 – 205.

BORGER, H., Frühgeschichte der Xantener Immunität, in: Das neue Bild der alten Welt. Kölner Römer-Illustrierte 2 (Köln 1975) 250 – 3.

BORGER, H., Die Abbilder des Himmels in Köln. Kirchenbauten als Quelle zur Siedlungsgeschichte des Mittelalters 1 (Köln 1979) passim, bes. 142 – 82.

BORGER, H., Ad Sanctos – Xanten. Legenden als Geschichtsquelle? Archäol. in Deutschland 1/1985, 22 – 5 = Der Niederrhein 52, 1985, 145 – 7.

BORGER, H., Stadtarchäologie. Aufgaben und Aspekte. Archäol. in Deutschland 1/1989, 26 – 9 = Denkmalpflege in Baden-Württemberg 1/1989, 37 – 40.

BRIDGER, C., Forschungsgeschichtliche Betrachtungen zur spätantiken und frühmittelalterlichen Besiedlung des Xantener Raumes, in: G. Precht u. H.-J. Schalles [Hrsg.], Spurenlese. Beiträge zur Geschichte des Xantener Raumes (Köln 1989) 179 – 90.

BRIDGER, C., SIEGMUND, F., Die Xantener Stiftsimmunität. Grabungsgeschichte und Überlegungen zur Siedlungstopographie. Beiträge z. Arch. d. Rheinlandes. Rhein. Ausgrabungen 27 (Bonn 1987) 63 – 133.

CLAUSSEN, H., Heiligengräber im Frankenreich (Diss. Marburg 1950) 50 – 65.

ENGEL, J., Freilegungsarbeiten im Xantener St. Viktordom. Fundamente, Grabfeld und Bodenfunde erbringen bedeutsame Erkenntnisse über die Baugeschichte frühchristlicher Kirchen. Heimatkal. Kr. Moers 1957, 69 – 72.

EUWENS, J.-W., Der Steinberg in Bislich bei Wesel und das oppidum Bertunense des Gregor von Tours, eine archäologische Hypothese. Der Niederrhein 49, 1982, H. 2, 56 – 64.

GERRITZ, E., Troia sive Xantum. Beiträge zur Geschichte einer niederrheinischen Stadt (Xanten 1964).

GERRITZ, E., Das trojanische Xanten. Heimatkal. Kr. Moers 1965, 145 – 9.

HARTUNG, H. R., Legenden – und was die Scherben sagen. Neues Rheinland 1958, H. 4, 18 – 20.

HENRIX, H. H., Was berechtigt, in Xanten von einer Martyrermemoria zu sprechen? Trierer Theolog. Ztschr. 84, 1975, 216 – 35.

HENRIX, H. H., Die Xantener Martyrermemoria. Eine theologische Erwägung zum historischen Befund, in: H. H. Henrix u. H. D. Rauh [Hrsg.], Der Christ und die Geschichte seiner Kirche. Aachener Beitr. zu Pastoral- und Bildungsfragen 9 (Aachen 1978) 225 – 56.

HENRIX, H. H., Theologische Erwägungen zum historischen Befund der Xantener Martyrerverehrung, in: G. Precht u. H.-J. Schalles [Hrsg.], Spurenlese. Beiträge zur Geschichte des Xantener Raumes (Köln 1989) 209 – 14.

HILLER, H., Xanten in Sage und Legende. Regionalmuseum Xanten Führungsblatt 2 (Köln 1984).

HILLER, H., Gedächtniskapelle, in: H. G. Horn [Hrsg.], Die Römer in Nordrhein-Westfalen (Stuttgart 1987) 645 f.

KIRSCH, G. P., Scoperta di una chiesa cimiteriale del 5. s. in cristiano antico a Xanten sul Reno. Riv. di Arch. Cristiana 11, 1934, 363–71.

KLOIDT, F., Ad sanctos martyres. Martyrergedanken in Xanten am Rhein (Xanten 1968).

KNAUF, A., THEUSSEN, W., ZUMKLEY, T., Oppidum Bertunense — Beurtina — Biorzuna — Bierzuni — Biertona — Birthine — Birten. Beiträge zur Geschichte des Dorfes, in: Studien zur Geschichte der Stadt Xanten 1228–1978. Festschr. zum 750-jährigen Stadtjubiläum (Köln 1978) 265–78.

NEUSS, W., Eine altchristliche Märtyrerkirche unter dem Chore der St. Viktors-Kirche in Xanten. Röm. Quartalsschr. f. christl. Altertumskunde u. f. Kirchengesch. 42, 1934, 177–82.

OSWALD, F., SCHAEFER, L., SENNHAUSER, H. R. [Bearb.], Vorromanische Kirchenbauten. Veröffentl. d. Zentralinst. f. Kirchengesch. in München 3 (München 1966) 386–9.

v. PETRIKOVITS, H., Art. 'Germania Romana', in: Th. Klauser u. a. [Hrsg.], Reallexikon für Antike und Christentum 10 (Stuttgart 1978) col. 548–654, bes. 638–640.

DE PINHO BRANDAO, D., Escavaçoes Arqueológicas em Xanten-Alemanha. Diário e ideário de um participante. Técnica de escavaçao arqueológica importancia da arqueologia medieval (Porto 1961).

POMPEN, A., Sint Victor van Xanten. Enziges betekenis voor de geschiedenis van Nederland (Roermond 1955).

RÜTTEN, F., STEEGER, A., Das fränkische Xanten. Rhein. Vierteljbl. 3, 1933, 281–320.

SIEGMUND, F., Fränkische Funde vom deutschen Niederrhein und der nördlichen Kölner Bucht (Diss. Köln 1989) passim.

SIEGMUND, F., Xanten im frühen Mittelalter, in: G. Precht u. H.-J. Schalles [Hrsg.], Spurenlese. Beiträge zur Geschichte des Xantener Raumes (Köln 1989) 191–208.

STEEGER, A., Vom Xanten des Nibelungenliedes. Die Heimat (Krefeld) 13, 1934, 78–89.

VIEILLARD-TROIEKOUROFF, M., Les monuments religieux de la Gaule d'après les oeuvres de Grégoire de Tours (Paris 1976) 343 f.

WESSEL, K., Neue Funde und Untersuchungen zum frühchristlichen Kirchenbau in Deutschland. Wissensch. Ztschr. d. E. M. Arndt-Universität Greifswald 4, 1954/5, 364 f.

ZEDELIUS, V., Münzprägung in Xanten, in: Studien zur Geschichte der Stadt Xanten 1228–1978. Festschr. zum 750jährigen Stadtjubiläum (Köln 1978) 47–56.

ZEDELIUS, V., Neue Sceattas aus dem Rheinland — Bonn und Xanten. Ztschr. f. Arch. d. Mittelalters 8, 1980, 139–52.

ZEDELIUS, V., Bilo in Bertuno, in: Th. Fischer u. P. Ilisch [Hrsg.], Lagom. Festschr. P. Berghaus (Münster 1981) 67–86.

2.5. FRÜHMITTELALTER, STIFTSIMMUNITÄT, DOM, STADT

BADER, W., Der Xantener Dom und seine Stadt. Niederrhein. Jahrb. 2, 1948, 24–9.

BADER, W., Der Dom zu Xanten (Kevelaer [1]1949, [2]1956).

BADER, W., Zu einer Archäologie des Mittelalters. Kirche und Burg in der Archäologie des Rheinlandes. Kunst u. Altertum am Rhein = Führer des RLM Bonn 8 (Düsseldorf 1962) 11 f.

BADER, W. [Hrsg.], Sechzehnhundert Jahre Xantener Dom. Xantener Domblätter 6 (Köln 1963).

BADER, W., Stiftskirche und Stiftsbezirk, in: Landeskonservator Rheinland [Hrsg.], Xanten, europäische Beispielstadt. Arbeitsheft 9 (Köln 1975).

BADER, W., Bischofshof, Bischofsburg, Bischofspfalz, in: Studien zur Geschichte der Stadt Xanten 1228–1978. Festschr. zum 750jährigen Stadtjubiläum (Köln 1978) 57–68.

BEISSEL, St., Die Bauführung des Mittelalters. Studie über die Kirche des hl. Victor zu Xanten. Teil 1: Baugeschichte der Kirche des heiligen Victors ([2]Freiburg i. Br. 1889, Neudruck Osnabrück 1966) 1–99.

BINDING, G., Stift, Burg und Stadt Xanten. Führer zu vor- und frühgeschichtl. Denkmälern 14 (Mainz 1969) 192–8.

BORGER, H., Xanten. Entstehung und Geschichte einer mittelalterlichen Stadt. Beitr. z. Gesch. d. Kr. Dinslaken am Niederrhein, Beih. 2 (Xanten 1960).

BORGER, H., Die Ausgrabungen in der Dom-Immunität zu Xanten in den Jahren 1957 und 1958 (Vorbericht 1). Bonner Jahrb. 160, 1960, 313–41.

BORGER, H., Die Ausgrabungen unter der Stiftskirche des hl. Viktor zu Xanten in den Jahren 1945–1960 (Vorbericht 2). Bonner Jahrb. 161, 1961, 396–448.

BORGER, H., Die ehemalige Stiftskirche St. Viktor und die Stiftsimmunität in Xanten. Kirche und Burg in der Archäologie des Rheinlandes. Kunst u. Altertum am Rhein = Führer des RLM Bonn 8 (Düsseldorf 1962) 115–26.

BORGER, H., Die Ausgrabungen unter der Stiftskirche des Hl. Viktor und in der Stifts-Immunität zu Xanten. Der Niederrhein 30, 1963, 181 – 6.

BORGER, H., Die Ausgrabungen unter der Stiftskirche des Hl. Viktor und in der Stifts-Immunität zu Xanten. Kunstchronik 16, 1963, 117 – 37.

BORGER, H., Xanten. Entstehung und Geschichte eines niederrheinischen Stiftes (Xanten 1966).

BORGER, H., Archäologische Untersuchungen in rheinischen Stadtkernen, in: Château Gaillard. Studien zur mittelalterl. Wehrbau- und Siedlungsforsch. 2. Kolloquium Büderich bei Düsseldorf 1964. Beih. Bonner Jahrb. 27 (Köln-Graz 1967) 13 – 8.

BORGER, H., Möglichkeiten und Grenzen der Archäologie des Mittelalters dargelegt am Beispiel Xanten. Frühmittelalterl. Stud. 2, 1968, 251 – 77.

BORGER, H., Ausgrabungen unter dem Dom und in der Stifts-Immunität in den Jahren 1961 – 1966 (Vorbericht 3), in: H. Borger u. F. W. Oediger, Beitr. z. Frühgeschichte d. Xantener Viktorstiftes. Rhein. Ausgrabungen 6 (Düsseldorf 1969) 1 – 205.

BORGER, H., Bemerkungen zu den 'Wachstumsstufen' einiger mittelalterlicher Städte im Rheinland, in: Landschaft und Geschichte. Festschr. F. Petri zu seinem 65. Geburtstag (Bonn 1970) 52 – 89.

BORGER, H., Die Entstehung der mittelalterlichen Stadt und der Altag des Menschen im Mittelalter, in: Rhein und Maas. Kunst u. Kultur 800 – 1400. Kat. Schnütgen Museum 2 (Köln 1973) 129 – 39.

BORGER, H., Die mittelalterliche Stadt als Abbild des himmlischen Jerusalems. Symbolon NF 2, 1974, 21 – 48.

BORGER, H., Kirche, Burg und Stadt. Kölner Römer-Illustrierte 2 (Köln 1975) 250 – 3.

BORGER, H., Xanten. Entstehung und Geschichte eines niederrheinischen Stiftes (^{2}Xanten 1977).

BORGER, H., Stadtarchäologie. Aufgaben und Aspekte. Archäol. in Deutschland 1/1989, 26 – 9.

BRIDGER, C., SIEGMUND, F., Die Xantener Stiftsimmunität. Grabungsgeschichte und Überlegungen zur Siedlungstopographie. Beiträge zur Archäologie des Rheinlandes. Rhein. Ausgrabungen 27 (Bonn 1987) 63 – 133.

BRIDGER, C., SIEGMUND, F., Funde des 8. Jahrhunderts aus Xanten. Bonner Jahrb. 187, 1987, 543 – 62.

CLASSEN, W., Das Erzbistum Köln. Archidiakonat von Xanten 1. Germania Sacra 3 (Berlin 1938).

ENGELSKIRCHEN, H., Die Xantener Gereonskapelle in den Sümpfen. Ann. Hist. Ver. Niederrhein 162, 1960, 130 – 4.

ENGELSKIRCHEN, H., Der Bischofshof und der Swynbierhof der Stiftskirche des Hl. Viktor zu Xanten. Ann. Hist. Ver. Niederrhein 168/9, 1967, 293 – 6.

FLINK, K., Zur Stadtentwicklung von Xanten. Ann. Hist. Ver. Niederrhein 182, 1979, 63 – 88 = Rees, Xanten, Geldern. Formen städtischer und territorialer Entwicklung am Niederrhein 1. Schriftenreihe d. Kr. Kleve 2 (Kleve 1981) 33 – 56.

HILGER, H. P., Der Dom zu Xanten. Rhein. Kunststätten 275 (Neuss 1975).

HILGER, H. P., Der Dom zu Xanten (Königstein im Taunus 1984).

KARPA, O., Jahresbericht 1932. Bonner Jahrb. 138, 1933, 180 f.

KARPA, O., Baugeschichtliche Untersuchungen am Xantener Dom. Erster Grabungsabschnitt (Januar bis März 1933). Die Denkmalpflege. Ztschr. f. Dkmlpfl. u. Heimatschutz 1933, 154 – 60 = Nachrichtenbl. f. rhein. Heimatpfl. 5, 1933/34, 3 – 12.

KUBACH, H. E., VERBEEK, A., Xanten, in: Romanische Baukunst an Rhein und Maas. Kat. d. vorroman. u. roman. Baukunst 2 (Berlin 1976) 1264 – 75.

KÜSTERS, L., Der Dom in Xanten von seiner Entstehung bis zur Vollendung, in: 700 Jahre Stadt Xanten (Xanten 1928) 134 – 61.

OEDIGER, F. W., Analecta Xantensia I. Die Heimat der Annales Xantenses. Ann. Hist. Ver. Niederrhein 154/55, 1946/47, 32 – 8.

OEDIGER, F. W., Analecta Xantensia II. Das älteste Zeugnis für den Namen Xanten (Sanctos super Rhenum). Zur Datierung eines Briefes aus der Karolingerzeit. Ann. Hist. Ver. Niederrhein 154/55, 1946/47, 39 – 43.

OEDIGER, F. W., Die ältesten niederrheinischen Kirchen. Möglichkeiten und Grenzen der Forschung, in: Das Gold-Blaue Buch Geldrischer Geschichte. Festschr. Hundertjahrfeier Hist. Ver. Geldern u. Umgebung (Kevelaer 1951) 17 – 46, passim, bes. 17 ff.

OEDIGER, F. W., Die Weihe des ottonischen Kirchenbaues von St. Viktor in Xanten. Xantener Domblätter 3,2 u. 4 (Köln 1952).

OEDIGER, F. W., Noch einmal die „Annales Xantenses". Ann. Hist. Ver. Niederrhein 157, 1955, 181 – 90.

OEDIGER, F. W., Das älteste Totenbuch des Stiftes Xanten = W. Bader [Hrsg.], Die Stiftskirche des Hl. Viktor zu Xanten 2,3. Veröffentl. d. Xantener Dombauvereins 5 (Kevelaer 1958/59).

OEDIGER, F. W., Der älteste Ordinarius des Stiftes Xanten = W. Bader [Hrsg.], Die Stiftskirche des Hl. Viktor zu Xanten 2,4. Veröffentl. d. Xantener Dombauvereins 9 (Kevelaer 1965).

OEDIGER, F. W., Die Kirchen des Archidiakonats Xanten (Bonn 1969).

OEDIGER, F. W., Monasterium beati Victoris Christi martyris, in: H. Borger u. F. W. Oediger, Beitr. z.

Frühgesch. d. Xantener Viktorstiftes. Rhein. Ausgrabungen 6 (Düsseldorf 1969) 207 – 71.

OEDIGER, F. W., Geschichte des Erzbistums Köln [Hrsg. E. Hegel] (²Köln 1972) passim.

OELMANN, F., Die Ausgrabung des Doppellegionslagers Vetera bei Xanten. Ausgrabungen im Dome zu Xanten. Bonner Jahrb. 139, 1934, 174 – 84.

RAU, R. [Bearb.], Annales Xantenses, in: Quellen zur karolingischen Reichsgeschichte 2 (Darmstadt 1980) 339 – 77.

SEMMLER, J., Zur frühen Missions- und Kirchengeschichte am Niederrhein, in: G. Precht u. H.-J. Schalles [Hrsg.], Spurenlese. Beiträge zur Geschichte des Xantener Raumes (Köln 1989) 235 – 48.

SIEGMUND, F., Xanten im frühen Mittelalter, in: G. Precht u. H.-J. Schalles [Hrsg.], Spurenlese. Beiträge zur Geschichte des Xantener Raumes (Köln 1989) 191 – 208.

VOLLMER, G., Die Entstehung der mittelalterlichen Stadt Xanten. Xantener Domblätter 3,2 u. 4 (Köln 1952) 73 f.

WEIBELS, F., Die Großgrundherrschaft Xanten im Mittelalter. Niederrhein. Landeskunde 3 (Krefeld 1959).

WEILER, P., Urkundenbuch des Stiftes Xanten 1. Veröffentl. d. Ver. z. Erh. d. Xantener Domes e. V. 2 (Bonn 1935).

WEISE, E., Die Memorien des Stiftes Xanten. Veröffentl. d. Ver. z. Erh. d. Xantener Domes 4 (Bonn 1937).

WILKES, C., Quellen zur Rechts- u. Wirtschaftsgesch. d. Archidiakonats u. Stiftes Xanten 1. Veröffentl. d. Ver. z. Erh. d. Xantener Domes e. V. 3 (Bonn 1937).

WILKES, C., Der Xantener Dom und seine Stadt. Niederrhein. Jahrb. 2, 1948, 27.

WILKES, C., Die Bischofsburg zu Xanten. Niederrhein. Jahrb. 3, 1951 (Festschr. A. Steeger), 92 – 105.

WILKES, C., Studien zur Topographie der Xantener Immunität. Ann. Hist. Ver. Niederrhein 151/52, 1952, 7 – 153.

3. FUNDE

BADER, W., Ein frühfränkischer Münzanhänger aus Xanten. Germania 27, 1943, 35 – 45.

BADER, W., Datierte Gefäße aus St. Viktor in Xanten. Bonner Jahrb. 162, 1962, 188 – 212.

BAUCHHENSS, G. [Bearb.], Corpus Signorum Imperii Romani – Deutschland Bd. 3,2 (Bonn 1979) passim.

BOELICKE, U., Mammute in Marienbaum. Heimatkal. Kr. Wesel 1989, 156 f.

BOSCHUNG, D., Römische Glasphalerae mit Porträtbüsten. Bonner Jahrb. 187, 1987, 193 – 258; Xanten: 239 Nr. 15; 247 Nr. 34; 255 Nr. 44.

BRUCKNER, A., Römischer Balkenkopf aus dem Rhein bei Wardt-Lüttingen, Kreis Moers. Bonner Jahrb. 163, 1963, 11 – 6.

BRIDGER, C., SIEGMUND, F., Altneolithisches aus Xanten. Bonner Jahrb. 185, 1985, 301 – 12.

BRIDGER, C., SIEGMUND, F., Hallstattzeitliches aus Xanten. Bonner Jahrb. 187, 1987, 373 – 85.

BRIDGER, C., SIEGMUND, F., Funde des 8. Jahrhunderts aus Xanten. Bonner Jahrb. 187, 1987, 543 – 62.

BRUNSTING, H., Das Houbensche Lichthäuschen aus Xanten. Bonner Jahrb. 163, 1963, 17 – 20.

v. BUCHEM, H. J. H., A bronze 'head of Trajan' at Nijmegen. BABesch. 31, 1956, 26 – 31.

v. BUCHEM, H. J. H., Hermeneus 29, 1957/58, 107 [o. Titel; 'Trajankopf'].

v. BUCHEM, H. J. H., Heeft Nijmegen in de Romeinse tijd Ulpia Noviomagus geheten? Numaga 6, 1959, 42 Abb. 1 ['Trajankopf'].

CHARLESWORTH, D., The Xanten Glass. Beitr. z. Arch. d. röm. Rhlds. 4. Rhein. Ausgrabungen 23 (Bonn 1984) 283 – 300.

v. DETTEN, D., Funde aus einem Brandschutthorizont der vorcoloniazeitlichen Siedlung in Xanten. Das RLM Bonn. Sonderheft. Ausgrabungen im Rhld. '78 (Bonn 1979) 147 – 51 = Colonia Ulpia Traiana. 4. Arbeitsber. z. d. Grabungen u. Rekonstruktionen (Bonn 1980) 26 – 30.

v. DETTEN, D., GECHTER, M., Ein römischer Reiterhelm aus Xanten. Archäologie im Rheinland 1987 (Köln 1988) 63 f.

DÜNTZER, H., Neue Mithrasdenkmale in Xanten. Monatsschr. f. d. Geschichte Westdeutschlands 4, 1878, 51 – 6.

ELLMERS, D., Schiffsbalkenbeschlag aus dem Rhein bei Lüttingen, in: Führer zu vor- und frühgeschichtl. Denkmälern 14 (Mainz 1969) 190 f.

ENGELSKIRCHEN, H., Römermünzen. Heimatkal. Kr. Moers 1967, 61 f.

ESPÉRANDIEU, E., Recueil général des bas-reliefs, statues et bustes de la Gaule romaine 9 (Paris 1925) bes. 14 – 32 zwischen Nrn. 6577 u. 6617.

van ES, W. A., Late-roman pins from Xanten/Dodewaard and Asselt. Berichten Rijksdienst voor het

Oudheidkundig Bodemonderzoek 17, 1967, 121–8.

FIEDLER, F., Antike Erotische Bildwerke in Houbens roemischem Antiquarium zu Xanten (Wesel 1839).

FIEDLER, F., Über eine römische Neujahrslampe. Bonner Jahrb. 22, 1855, 36–40.

FIEDLER, F., In Blei gefaßter Glasdeckel mit griechischer Inschrift. Bonner Jahrb. 47/48, 1869, 157–9.

GABELMANN, H., Die Typen der römischen Grabstelen am Rhein. Bonner Jahrb. 172, 1972, 73–8.

GELSDORF, F., Ein käuflicher Schatz. Silberlöffel aus dem Xantener Schatzfund. Das RLM Bonn 2/1984, 17–20.

GELSDORF, F., Unter dem Schutz der Nemesis. Noch einmal: Römischer Schatzfund aus Xanten. Das RLM Bonn 4/1984, 60 f.

GELSDORF, F., Revision einer Rekonstruktion. Der römische Anker in der Schausammlung des Rhein. Landesmuseums Bonn. Das RLM Bonn 5/1989, 65–9.

GERLACH, G., Gestempelte Ziegel aus der Colonia Ulpia Traiana. Zur Frage ihrer Verteilung auf städtische Bauten, in: G. Precht u. H.-J. Schalles [Hrsg.], Spurenlese. Beiträge zur Geschichte des Xantener Raumes (Köln 1989) 113–23.

HABEREY, W., Ein römischer Schatzfund aus Xanten. Das RLM Bonn 3/1966, 64.

HAGEN, J., Augusteische Töpferei auf dem Fürstenberg. Bonner Jahrb. 122, 1912, 343–62.

HAGEN, J., Einzelfunde von Vetera 1910–1912. Bonner Jahrb. 122, 1912, 363–420.

HAGEN, J., Einzelfunde von Vetera 1913–1914. Bonner Jahrb. 124, 1914, 152–69.

HANEL, N., Die Funde aus den Ausgrabungen auf dem Fürstenberg bei Xanten (unveröffentl. Diss. Freiburg 1987).

HANEL, N., Die Alpen am Niederrhein. Zu einem Lavezbecher aus dem Zweilegionslager Vetera I. Das RLM Bonn 5/1988, 38 f.

HASSEL, F. J., Der Xantener Knabe, in: Führer zu vor- und frühgeschichtl. Denkmälern. Bd. 14 (Mainz 1969) 188.

HAUPT, D., Neue Funde aus der Colonia Ulpia Traiana zu Xanten. Das RLM Bonn. Sonderheft. Rhein. Ausgrabungen '76 (Bonn 1977) 59–63 = Colonia Ulpia Traiana. 1. u. 2. Arbeitsber. z. d. Grabungen u. Rekonstruktionen ([1]Köln o. J., [2]Bonn 1978) 31–5.

HAUPT, D., Neue Funde aus der Colonia Ulpia Traiana. Töpfereiabfall aus dem ersten Jahrh. n. Chr. Das RLM Bonn. Sonderheft. Ausgrabungen im Rhld. '77 (Bonn 1978) 199–207 = Colonia Ulpia Traiana. 3. Arbeitsber. z. d. Grabungen u. Rekonstruktionen (Bonn 1978) 49–57.

HAUPT, D., Lampen und Terrakotten aus dem Schutt einer römischen Töpferei in der CUT. Das RLM Bonn. Sonderheft. Ausgrabungen im Rhld. '78 (Bonn 1979) 151–5 = Colonia Ulpia Traiana. 4. Arbeitsber. z. d. Grabungen u. Rekonstruktionen (Bonn 1980) 30–4.

HAUPT, D., Ein römisches Wetzsteindepot aus Xanten. Das RLM Bonn. Sonderheft. Ausgrabungen im Rhld. '78 (Bonn 1979) 155–8 = Colonia Ulpia Traiana. 4. Arbeitsber. z. d. Grabungen u. Rekonstruktionen (Bonn 1980) 34–7.

HEBERLÉ, J. M., Catalogue de la collection des antiquités romaines laissées par feu mr. Phil. Houben notaire à Xanten. Auktionskatalog Lempertz (Bonn 1860).

HEIMBERG, U., 'Goldene Hetäre' aus Xanten. Ein römisches Maskenfragment. Das RLM Bonn 3/1976, 33–5.

HEIMBERG, U., Aus dem Kies bei Xanten. Beschlag einer römischen Dolchscheide. Das RLM Bonn 3/1976, 36 f.

HEIMBERG, U., Einzelfunde aus Xanten. Das RLM Bonn. Sonderheft. Ausgrabungen im Rhld. '79 (Bonn 1980) 131–5 = Colonia Ulpia Traiana. 5. Arbeitsber. z. d. Grabungen u. Rekonstruktionen (Bonn 1981) 39–43.

HEIMBERG, U., Ein Grabfund aus Xanten. Ausgrabungen im Rhld. '79/80. Kunst u. Altertum am Rhein 104 (Bonn 1981) 115–8.

HEIMBERG, U., Das Haus am kleinen Hafentor in der Colonia Ulpia Traiana. Bonner Jahrb. 181, 1981, 355–81.

HEIMBERG, U., Colonia Ulpia Traiana. Die früheste Keramik aus der Forumsgrabung. Bonner Jahrb. 187, 1987, 411–74.

HINZ, H., Jahresbericht. Bonner Jahrb. 160, 1960, 494–506.

HINZ, H., Funde aus der Römerzeit. Der Niederrhein 29, 1962, 101–4.

HINZ, H., Der Xantener Römerschatz aus den Frankenkriegen. Heimatkal. Kr. Moers 22, 1965, 129–31.

HINZ, H., Einige römische Bronzegefäße vom Niederrhein. Bonner Jahrb. 169, 1969, 407–9.

HINZ, H., Eine gefleckte Glaskanne aus Xanten. Archeologie en Historie. Opgedragen aan H. Brunsting (Bussum 1973) 343–8.

HOOF, D., Die Steinbeile und Steinäxte im Gebiet des Niederrheins und der Maas. Die neolithischen und frühbronzezeitlichen Großsteingeräte. Antiquitas Reihe 2, Bd. 9 (Bonn 1970) 180–2 Nrn. 129, 130, 138, 139, 157–65.

HORN, H.-G., Wandmalereien aus Xanten. Das RLM Bonn 5/1971, 68–72.

HORN, H.-G., Eine Victoria aus Xanten. Das RLM Bonn 4/1972, 58 f.

HORN, H.-G., Zwei neue Bronzen im Rheinischen Landesmuseum Bonn. Bonner Jahrb. 172, 1972, 164–74 [eine Bacchusbüste aus Xanten, Kr. Moers].

HORN, H.-G., Ein neuer Messingeimer vom Hemmoorer Typus aus Xanten/Kr. Wesel, in: U. Gehrig [Hrsg.], Toreutik und figürliche Bronzen römischer Zeit. Akten der 6. Tagung über antike Bronzen 13–17. Mai 1980 in Berlin (Berlin 1984) 142 f.

JANSSEN, W., Eine Reiterfibel aus Xanten. Das RLM Bonn 3/1966, 63.

JANSSEN, W., Neue Metallarbeiten aus fränkischen Gräbern des Rheinlandes. Eine Reiterfibel aus Xanten. Bonner Jahrb. 168, 1968, 370–7.

JANSSEN, W., Die Goldscheibenfibel aus Grab 42 des älteren fränkischen Gräberfeldes unter dem Dom St. Viktor zu Xanten. Stud. z. Sachsenforsch. 1, 1977, 235–71.

JENKINS, I., A Group of Silvered-Bronze Horse-Trappings from Xanten (Castra Vetera). Britannia 16, 1985, 141–64.

KRAUSE, G., Römische Anker aus Xanten und Duisburg. Das RLM Bonn. Sonderheft. Ausgrabungen im Rhld. '78 (Bonn 1979) 172 f. = Colonia Ulpia Traiana. 4. Arbeitsber. z. d. Grabungen u. Rekonstruktionen (Bonn 1980) 51 f.

KÜHLBORN, J.-S., ZEDELIUS, V., Ein Fund römischer Goldmünzen aus Xanten. Das RLM Bonn. Sonderheft. Ausgrabungen im Rhld. '78 (Bonn 1979) 159–65 = Colonia Ulpia Traiana. 4. Arbeitsber. z. d. Grabungen u. Rekonstruktionen (Bonn 1980) 38–44.

KÜNZL, E., Wichtige neue römische Wandmalereien aus der Colonia Ulpia Traiana. Das RLM Bonn 3/1969, 38 f.

KÜNZL, E., Ein römischer Silberbecher aus der Zeit des Kaisers Augustus. Das RLM Bonn 6/1969, 90 f.

KÜNZL, E., Der augusteische Silbercalathus im Rheinischen Landesmuseum Bonn. Bonner Jahrb. 169, 1969, 321–92.

KÜNZL, E., Venus vor dem Bade – ein Neufund aus der Colonia Ulpia Traiana. Das RLM Bonn 6/1969, 88 f.

KÜNZL, E., Venus vor dem Bade – ein Neufund aus der Colonia Ulpia Traiana und Bemerkungen zum Typus der 'sandalenlösenden Aphrodite'. Bonner Jahrb. 170, 1970, 102–62.

KÜNZL, E., Operationsräume in römischen Thermen. Zu einem chirurgischen Instrumentarium aus der Colonia Ulpia Traiana. Bonner Jahrb. 186, 1986, 491–509.

LEHNER, H., Zwei Trinkgefäße aus Vetera. Bonner Jahrb. 122, 1912, 421–35.

LEHNER, H., Die antiken Steindenkmäler des Provinzialmuseums in Bonn (Bonn 1918) passim.

LEIH, S., Bemerkenswerte Fibeln aus der CUT-West. Archäologie im Rheinland 1988 (Köln 1989) 54 f.

LEIH, S., Eine Matronenstatuette der Colonia Ulpia Traiana? in: G. Precht u. H.-J. Schalles [Hrsg.], Spurenlese. Beiträge zur Geschichte des Xantener Raumes (Köln 1989) 171–74.

MEGOW, W.-R., Kameen im Rheinischen Landesmuseum Bonn. Bonner Jahrb. 186, 1986, 458–68 [zu Xanten].

MENZEL, H., Die römischen Bronzen aus Deutschland 3. Bonn (Mainz 1986), Katalognummern 1, 6, 24, 31, 51, 63, 85, 93, 98, 108, 115, 121, 139, 167, 168, 203, 209, 214, 215, 223, 240, 292, 300, 302, 352, 362, 369, 374, 387, 394, 398, 409, 411, 412, 424, 432, 433, 435, 436, 444, 487, 493, 507, 510, 518, 519, 549, 553, 554.

NOELKE, P., Unveröffentlichte 'Totenmahlreliefs' aus der Provinz Niedergermanien. Bonner Jahrb. 174, 1974, 545–60, passim.

PETERS, R., Eine neue Gemme aus der CUT-West. Archäologie im Rheinland 1988 (Köln 1989) 56.

PETERS, R., Ein korinthisches Pilasterkapitell des 1. Jahrhunderts n. Chr. aus der CUT, in: G. Precht u. H.-J. Schalles [Hrsg.], Spurenlese. Beiträge zur Geschichte des Xantener Raumes (Köln 1989) 89–90.

PETERS, R., v. PRITTWITZ und GAFFRON, U., Römische Wandmalerei aus der Colonia Ulpia Traiana bei Xanten. Archäologie im Rheinland 1987 (Köln 1988) 87 f.

v. PETRIKOVITS, H., Die Legionsfestung Vetera II. Bonner Jahrb. 159, 1959, 248–67.

v. PETRIKOVITS, H., Römische Denkmäler aus Xantens Umgebung. Das RLM Bonn 3/1966, 52–4.

v. PETRIKOVITS, H., Fragment eines römischen Grabreliefs. Das RLM Bonn 4/1966, 81.

PICK, R., Römische Funde bei Xanten. Monatsschr. f. d. Geschichte Westdeutschlands 4, 1878, 367.

PLATZ-HORSTER, G., Die antiken Gemmen aus Xanten (Köln 1987).

v. PRITTWITZ und GAFFRON, H.-H., Die Kultkrone aus Vetera. Bonner Jahrb. 189, 1989, 121–37.

v. PRITTWITZ und GAFFRON, U., Ein Grab der älteren Eisenzeit aus der Colonia Ulpia Traiana. Archäologie im Rheinland 1987 (Köln 1988) 52 f.

RIECHE, A., Gladiator als Symbol des Sieges. Ein Spielstein mit Graffito aus Xanten. Das RLM Bonn 4/1985, 56–8.

RIECHE, A., SCHALLES, H.-J., Arbeit. Handwerk und Berufe in der römischen Stadt. Führer u. Schriften des APX 10 (Köln 1987).

SCHALLES, H.-J., Römischer Anker: Ein Neufund vom unteren Niederrhein. Archäologie im Rheinland 1988 (Köln 1989) 88 f.

SCHALLES, H.-J., Zeugnisse römischer Schiffahrt: Neue Ankerfunde vom unteren Niederrhein, in: G. Precht u. H.-J. Schalles [Hrsg.], Spurenlese. Beiträge zur Geschichte des Xantener Raumes (Köln 1989) 81-8.

SIEGMUND, F., Fränkische Funde aus dem deutschen Niederrhein und der nördlichen Kölner Bucht (Diss. Köln 1989) passim.

STEINER, P., Ziegelstempel von Vetera castra. Bonner Jahrb. 117, 1908, 246 – 56.

aus'm WEERTH, E., Die Bronce-Statue von Xanten, gefunden am 16. Februar 1858 (Bonn 1858).

WEGNER, H.-H., Nicht erst die Römer... Jungsteinzeitlicher Riesenbecher aus Xanten. Das RLM Bonn 4/1977, 49 f. = Colonia Ulpia Traiana. 1. u. 2. Arbeitsber. z. d. Grabungen u. Rekonstruktionen ([2]Bonn 1978) 42 f.

WEGNER, H.-H., Ein neolithischer Riesenbecher aus der Colonia Ulpia Traiana bei Xanten. Arch. Korrbl. 8, 1978, 177 – 9.

WILD, J. P., Zwei Textilproben aus Xanten. Bonner Jahrb. 165, 1965, 275 – 7.

WILD, J. P., Die Textilfunde aus der Memoria II K in Xanten. Bonner Jahrb. 170, 1970, 267 – 70.

WILLER, F., Restaurierung eines römischen Auxiliar-Reiterhelms. Archäologie im Rheinland 1988 (Köln 1989) 89 – 91.

WOLTERS, P., Der Knabe von Xanten. Forschungen u. Fortschritte. Nachrichtenbl. d. Dt. Wissenschaft u. Technik 4 Nr. 28 (Berlin 1928) 281 f.

ZEDELIUS, V., Geld in Xanten. Regionalmuseum Xanten, Führer des Regionalmuseums 10 (Köln 1978).

ZEDELIUS, V., Cantorix in Xanten. Bemerkungen zur Ausstellung 'Geld in Xanten' im Regionalmuseum. Das RLM Bonn 3/1978, 40 – 2.

ZEDELIUS, V., Neue Sceattas aus dem Rheinland – Bonn und Xanten. Ztschr. f. Arch. d. Mittelalters 8, 1980, 139 – 52.

ZEDELIUS, V., Kein As mehr für Kleopatra. Eine späthellenistische Fundmünze vom Niederrhein. Das RLM Bonn 1/1980, 5 – 7.

ZEDELIUS, V., Der Münzschatzfund von Köln-Dünnwald II und der Heller am Niederrhein. Beitr. z. Süddt. Münzgesch. (Stuttgart 1981) 11 – 3.

ZEDELIUS, V., De falsis. Ein nachgegossener Denar des Septimius Severus aus Xanten. Das RLM Bonn 5/1983, 71 – 3.

ZEDELIUS, V., Eisen im Silbergeld. Ein Legionsdenar des Marcus Antonius aus Vetera. Das RLM Bonn 1/1985, 10 f.

ZEDELIUS, V., Mars Ultor. Ein anonymer Denar aus der CUT in Xanten. Das RLM Bonn 1/1986, 8 f.

ZEDELIUS, V., Die Münzen aus der 'Forumsgrabung' in der Colonia Ulpia Traiana. Bonner Jahrb. 188, 1988, 331 – 40.

ZEDELIUS, V., Venus victrix. Ein seltener Denar der Julia Domna im Rheinischen Landesmuseum Bonn. Das RLM Bonn 4/1989, 57.

ZEDELIUS, V., Obolos oder Signum Christi? in: G. Precht u. H.-J. Schalles [Hrsg.], Spurenlese. Beiträge zur Geschichte des Xantener Raumes (Köln 1989) 175 – 8.

4. EPIGRAPHIK, ANTIKE NACHRICHTEN, NAMEN

ALFÖLDY, G., Epigraphisches aus dem Rheinland 3. Epig. Stud. 5 (Düsseldorf 1968), 1 – 17 (Nr. 7 = Ein Militärdiplom aus der Colonia Ulpia Traiana), 27 – 32 (Nr. 9 = Neue Inschriften aus Vetera und der Colonia Ulpia Traiana).

ALFÖLDY, G., Die Hilfstruppen der römischen Provinz Germania Inferior. Epig. Stud. 6 (Düsseldorf 1968) passim.

AMMIANUS MARCELLINUS, Res Gestae 18, 2.4; 20, 10.1.

ANNÉE EPIGRAPHIQUE, 1929, 223; 1958, 303; 1959, 9; 1967, 345; 1968, 398 – 401; 1981, 690.

BOGAERS, J. E., Zum Namen des 'oppidum Cugernorum'. Naamkunde 16 (1984). Feestbundel voor M. Gysseling 1, 33 – 9 = G. Precht u. H.-J. Schalles [Hrsg.], Spurenlese. Beiträge zur Geschichte des Xantener Raumes (Köln 1989) 77 – 80.

BOGAERS, J. E., Bedenkingen bij een beer uit Xanten. Westerheem 33, 1, 1984, 2 – 4.

BRAMBACH, W. [Bearb.], Corpus Inscriptionum Rhenanarum (Elberfeld 1867), 44 ff. Nrn. 145 – 6, 149 – 51, 153 – 4, 159; 54 – 64 Nrn. 196 – 223.

CLAUSS, M., Neue Inschriften im Rheinischen Landesmuseum Bonn. Epig. Stud. 11 (Köln 1976) 30 – 9 Nrn. 45 – 61.

CRAMER, F., Zwei denkwürdige Ortsnamen am Niederrhein (Xanten und Birten). Jahrbuch d. Düsseldorfer Geschichts-Vereins 12, 1897, 375 ff.

CRAMER, F., Rheinische Ortsnamen aus vorrömischer und römischer Zeit (Düsseldorf 1901) 114 – 32.

DIEDENHOFEN, W., Die Antikensammlung aus Schloß Wissen (1591 – 1648). Geldrischer Heimatkal. 1974, 136 – 66.

DIEDENHOFEN, W., Johann Moritz und die Klever

Antikensammlung, in: Stadt Kleve [Hrsg.], Soweit der Erdkreis reicht. Johann Moritz von Nassau-Siegen (²Kleve 1980) 233 – 48.

v. DOMASZEWSKI, A. [Bearb.], Corpus Inscriptionum Latinarum Bd. 13, Germania inferior (Berlin 1907) passim, bes. Nrn. 8606 – 8660.

ECK, W., Die Statthalter der germanischen Provinzen vom 1. – 3. Jahrhundert. Epig. Stud. 14 (Bonn 1985) 137 f., 141 f.

ENGELSKIRCHEN, H., Nachlese von Inschriften der Stiftskirche zu Xanten. Ann. Hist. Ver. Niederrhein 134, 1939, 125 Nr. 9.

FIEDLER, F., Die römischen Inschriften in Xanten (Wesel 1839).

FINKE, H., Neue Inschriften aus dem römischen Germanien und den angrenzenden Gebieten. 1. Nachtrag zum CIL 13. Ber. RGK 17, 1927, 101 Nr. 305.

GERLACH, G., Ein Mahlstein mit Inschrift – ein Siedlungsfund des 1. Jahrhunderts n. Chr. aus Xanten. Archäologie im Rheinland 1987 (Köln 1988) 64 f.

HOLWERDA, J. H., EVELEIN, M. A., KROM, N. J., Catalogus van het Rijksmuseum von Oudheden te Leiden... (Leiden 1908) passim.

HORN, H. G., Ein Siegesmonument der legio VI victrix. Ausgrabungen im Rhld. '79/80. Kunst u. Altertum am Rhein 104 (Bonn 1981) 223 – 5.

HÜPSCH, J. W. C. A., Epigrammatographie oder Samml. von Inschriften der Niederdeutschen Provinzen (Köln-London 1802) passim.

JENKINS, I., A Group of Silvered-Bronze Horse-Trappings from Xanten (Castra Vetera). Britannia 16, 1985, 154 – 6.

KUHOFF, W., Epigraphisches Register zum deutschen Teil der römischen Provinz Germania inferior für die Jahre 1958 bis 1973. Epig. Stud. 11 (Köln 1976) 129.

LEHNER, H., Die antiken Steindenkmäler des Provinzialmuseums in Bonn (Bonn 1918) passim.

MEYER, A., Xantener Flurnamen in ihrer Bedeutung für die Altertumskunde. Rhein. Vierteljbl. 4, 1934, 302 – 11.

NESSELHAUFF, H., Neue Inschriften aus dem römischen Germanien und den angrenzenden Gebieten. 2. Nachtrag zum CIL 13. Ber. RGK 27, 1937, 116 Nr. 243.

NISTERS-WEISBECKER, A., Die Grabsteine des 7. – 11. Jahrhunderts am Niederrhein. Bonner Jahrb. 183, 1983, 175 – 326; bes. 278 u. 282.

v. PETRIKOVITS, H., Zu CIL XIII 8648 aus Vetera (Caeliusstein). Bonner Jahrb. 151, 1951, 116 – 8 = Beih. Bonner Jahrb. 36 (Bonn 1976) 103 – 7.

v. PETRIKOVITS, H., Ein römisches Meilensteinfragment aus dem Xantener Dom, in: W. Bader [Hrsg.], Sechzehnhundert Jahre Xantener Dom (Köln 1963) 93 – 101 = Beih. Bonner Jahrb. 25. Epig. Stud. 4 (Düsseldorf 1967) 114 – 8 = Beih. Bonner Jahrb. 36 (Bonn 1976) 459 – 62.

RÜGER, C. B., Ein Siegesdenkmal der Legio VI Victrix. Bonner Jahrb. 179, 1979, 187 – 200.

RÜGER, C. B., Vindex cum inermi provincia? Zu einer weiteren neronischen Marsinschrift vom Rhein. Ztschr. f. Papyrologie u. Epigr. 43, 1981 (Gedenkschr. für H.-G. Pflaum) 329 – 35.

RÜGER, C. B., Siegesdenkmal der 'Siegreichen'. Eine wichtige Inschrift der 6. Legion bei Xanten. Das RLM Bonn 5/1982, 68 – 71.

RÜGER, C. B., Mars regiert die Stunde. Der Zwilling von Rindern, Friedrich Gorissen gewidmet. Das RLM Bonn 1/1983, 1 – 4.

RÜGER, C. B., Römische Inschriften aus dem Rheinland 1978 – 1982. Epig. Stud. 13 (Bonn 1983), 160 – 2.

RUMPF, M., Griechische Inschriften aus Trier und Xanten. Bonner Jahrb. 50/51, 1871, 153 – 8.

RUPPRECHT, G., Ein Militärgrabstein aus Xanten. Das RLM Bonn. Sonderheft. Rhein. Ausgrabungen '77 (Bonn 1978) 110 f.

SCHILLINGER-HÄFELE, U., Vierter Nachtrag zu CIL 13 und zweiter Nachtrag zu Fr. Vollmer, Inscriptiones Baivariae Romanae. Ber. RGK 58, 1977, 554 – 6 Nrn. 207 – 212; 559 f. Nr. 218.

TACITUS, Annalen I, 45, 48.

TACITUS, Historien IV, 18, 21, 23, 35, 36, 57, 60, 62; V, 14.

TIEFENBACH, H., Der Batimodus-Stein unter der Stiftskirche St. Viktor in Xanten. Beitr. z. Namenforschung 21 (1), 1986, 19 – 47.

WEISGERBER, L., Das römerzeitliche Namengut des Xantener Siedlungsraumes. Bonner Jahrb. 154, 1954, 94 – 136.

5. NATURWISSENSCHAFTLICHE STUDIEN

BOESSNECK, J., Der kleinste Zwerghund aus der römischen Kaiserzeit. Tierärztl. Praxis 17, 1989, 89 – 91.

DRIEHAUS, J., Archäologische Radiographie. Archaeo-Physika 4 (Köln, Graz 1968) 101 f.

HAUPTMANN, A., MAI, P., Chemische und mineralogische Untersuchungen an Schlacken aus der Colonia Ulpia Traiana, in: G. Precht u. H.-J. Schalles [Hrsg.], Spurenlese. Beiträge zur Geschichte des Xantener Raumes (Köln 1989) 93 – 104.

HINZ, H., Moderne Wissenschaften im Dienst der Archäologie. Der Niederrhein 26, 1959, 55 f.

HINZ, H., Einige naturwissenschaftliche Untersuchungsergebnisse an niederrheinischen Fundstellen. Bonner Jahrb. 164, 1964, 241 – 5 [Pfosten aus der Befestigung der Colonia Ulpia Traiana bei Xanten; römische Kalkgrube in der Colonia Ulpia Traiana bei Xanten].

HOMILIUS, J., Geoelektrische Tiefensondierungen zur Untersuchung verdeckter archäologischer Befunde. Bonner Jahrb. 163, 1963, 177 – 87.

HOPF, M., Die Untersuchung von Getreideresten und anderen Feldfrüchten aus Altkalkar, Kr. Kleve, und Xanten, Kr. Moers. Bonner Jahrb. 163, 1963, 416 – 23.

KNÖRZER, K.-H., Römerzeitliche Pflanzenfunde aus Xanten. Archaeo-Physika 11 (Bonn 1981).
[Rez. K.-E. Behre, in: Germania 62, 1984, 157 – 60].

KNÖRZER, K.-H., Römerzeitliche Pflanzenfunde von Xanten: CUT, Insula 25 und 26, in: G. Precht u. H.-J. Schalles [Hrsg.], Spurenlese. Beiträge zur Geschichte des Xantener Raumes (Köln 1989) 105 – 12.

MÜLLER, E. C., Tierknochenfunde aus dem Gelände einer Herberge in der Colonia Ulpia Traiana bei Xanten am Niederrhein I. Nichtwiederkäuer (Diss. München 1989).

SCHMIDT, B., Ein dendrochronologischer Befund zum Bau der Stadtmauer der Colonia Ulpia Traiana. Bonner Jahrb. 187, 1987, 495 – 503.

SCHWARZ, W., Tierknochenfunde aus dem Gelände einer Herberge in der Colonia Ulpia Traiana bei Xanten am Niederrhein II. Die Wiederkäuer (Diss. München 1989).

SCOLLAR, I., ANDRIKOPOULOU-STRACK, N., Römische Übungslager südlich von Xanten im Luftbild. Rhein. Ausgrabungen 23 (Köln 1984) 381 – 90.

SCOLLAR, I., A magnetometer survey of the Colonia Ulpia Traiana near Xanten, West Germany. Prospezioni Archeologiche 6, 1971, 83 – 92.

SCOLLAR, I., Magnetometermessungen in der Colonia Ulpia Traiana 1969 – 70. Bonner Jahrb. 172, 1972, 308 f.

SCOLLAR, I., Antiquity 49, 1975, 58 [Magnetometer].

WALDMANN, K., Die Knochenfunde der Colonia Ulpia Traiana, einer römischen Stadt bei Xanten am Niederrhein. Archaeo-Physika 3. Beih. Bonner Jahrb. 24 (Köln-Graz 1967).
[Rez. E. Kühn-Schnyder, Erasmus 20, 1970, 621 f.; C. Eibner, Arch. Austriaca 46, 1969, 130 f.; H. Reichstein, Germania 48, 1970, 206 – 8].

6. FORSCHUNGSGESCHICHTE

BRIDGER, C., Forschungsgeschichtliche Betrachtungen zur spätantiken und frühmittelalterlichen Besiedlung des Xantener Raumes, in: G. Precht u. H.-J. Schalles [Hrsg.], Spurenlese. Beiträge zur Geschichte des Xantener Raumes (Köln 1989) 179 – 90.

v. BUGGENHAGEN, J. E., Nachrichten über die zu Cleve gesammelten theils römischen theils vaterländischen Alterthümer und andere daselbst vorhandenen Denkwürdigkeiten (Berlin 1795, Nachdruck Kleve 1977).

DIEDENHOFEN, W., Roma Traiana. Hermann Ewich und die Überlieferung römischer Funde aus Xanten. Boreas. Münstersche Beitr. z. Arch. 5, 1982, 206 – 31.

FIEDLER, F., Der Diebstahl im Houbenschen Antiquarium. Bonner Jahrb. 27, 1859, 142 – 4.

FÖHL, H., Xantener Kanoniker als Schriftsteller I. Stephanus Vinandus Pighius 1520 – 1604. Heimatkal. Kr. Moers 1964, 68 – 72.

GORISSEN, F. [gesammelt], Florilegium Xantense. Xanten in der Literatur von 1464 – 1892. Schr. des RLM Bonn 5 (Köln 1984).

HILLER, H., Wiederentdeckung der Antike. Regionalmuseum Xanten, Führungsbl. 12.1 – 2 (1987).

HILLER, H., Archäologische Studien von St. V. Pighius in Xanten, in: R. Harprath u. H. Wrede [Hrsg.], Antikenzeichnung u. Antikenstudium in Renaissance u. Frühbarock. Akten des internationalen Symposions 8. – 10. 9. 1986 in Coburg (Mainz 1989) 167 – 83.

HOUBEN, C., Philipp Houben. Notar und Archäologe in Xanten. Sein Leben und sein Werk. Die Heimat. Ztschr. f. niederrhein. Heimatpflege 22, 1951, 158 – 62.

JUNG, H., Geschichtsbewußtsein in Xanten. NAV Xanten. Geschichte und Zielsetzungen des Vereins. Rhein. Heimatpflege. Nachrichten-Blatt f. Rhein. Heimatpflege 3, 1931/32, 288.

JUNG, H., Geschichtsbewußtsein in Xanten. Jedes zweite Haus ein Museum. Kalender für das Klever Land auf das Jahr 1967, 87 f.

MÜLLERS, W., Das Museum des Herrn Notar Philipp Houben und sein Antiquarium zu Xanten. Heimatkal. Kr. Wesel 1980, 45 – 52.

MÜLLERS, W., Bacchus, Jacchos, Achilles oder Stummer Diener? Zur Interpretationsgeschichte des Lüttinger Knaben. Heimatkal. Kr. Wesel 1983, 117 – 23.

v. PETRIKOVITS, H., Vier Jahrhunderte Archäologie in Xanten. Das RLM Bonn 3/1966, 49.

PIRLING, R., Forschungsgeschichte. Linker Niederrhein. Krefeld. Xanten. Kleve. Führer zu vor- und frühgesch. Denkmälern 14 (Mainz 1969) 1 – 7.

PRIEUR, J., Die Entdeckung des Lüttinger Knaben. Mitt. Hist. Vereinig. Wesel 44, Juni 1986, 52 – 6.

ROSEN, J., Gründungsjahr 1877. Der niederrheinische Altertumsverein Xanten e. V. Das RLM Bonn 3/1984, 53 f.

ROSEN, J., Zur Geschichte des Niederrheinischen Altertumsvereins Xanten, in: G. Precht u. H.-J. Schalles [Hrsg.], Spurenlese. Beiträge zur Geschichte des Xantener Raumes (Köln 1989) 275 – 86.

SCHNEIDER, B., Alterthümliche Merkwürdigkeiten in Xanten. Wie man im 19. Jh. über Xanten berichtete und seine Schätze sammelte. Das RLM Bonn 3/1978, 43 f.

SCHROEDER, F. [Hrsg.], Die Chronik des Johannes Turck. Ann. Hist. Ver. Niederrhein 58, 1894, 1 – 175.

ZIELING, N., Zum Stand der Vorcoloniaforschung auf dem Gebiet der Colonia Ulpia Traiana, in: G. Precht u. H.-J. Schalles [Hrsg.], Spurenlese. Beiträge zur Geschichte des Xantener Raumes (Köln 1989) 69-76.

7. NAVX, MUSEEN, AUSSENSTELLE RLMB/RAB, APX/RMX

ANON., Der Niederrhein 41, 1974, 25 f. [zum APX].

ANON., Regionalmuseum eröffnet. Der Niederrhein 41, 1974, 107 f.

ANON., Archäologischer Park und Regionalmuseum Xanten im Jahr 1985. Bonner Jahrb. 187, 1987, 563 – 6.

ANON., Von der „CUT" zum „APX". In Xantens Archäologischem Park wird Geschichte lebendig, in: Wir am Niederrhein 3 (Krefeld) Heft Dez. 1987, 39 – 41.

ANON., Archäologischer Park/Regionalmuseum Xanten im Jahr 1986. Bonner Jahrb. 188, 1988, 357 – 63.

ANON., Archäologischer Park/Regionalmuseum Xanten im Jahr 1987. Bonner Jahrb. 189, 1989, 487 – 91.

ADELMEIER, E., Xantens Vergangenheit – Xantens Zukunft. Archäologischer Park und Freizeitzentrum. Kalender für das Klever Land auf das Jahr 1974, 142 – 6.

CASPAR, A., 16 Ausflüge zu den alten Römern an Mosel und Rhein (Bern – Stuttgart 1976) 209 – 13.

v. ELBE, J., Roman Germany. A guide to sites and museums (Mainz 1975) 473 – 6.

v. ELBE, J., Die Römer in Deutschland. Ausgrabungen, Fundstätten, Museen (Berlin – Stuttgart 1980) 311 – 5.

GERLACH, G., Archäologie und Tourismus – der Archäologische Park Xanten. Archäologische Informationen 12 H. 1, 1989, 38 – 46.

GOLDKUHLE, F., Ein Museum für Xanten. Das RLM Bonn 3/1966, 55 f.

HILLER, H., Xanten – vom Mittelalter bis heute. Eine neue Abteilung im Regionalmuseum Xanten. Das RLM Bonn 6/1983, 83 – 8.

HILLER, H., Ein Blick zurück, ein Blick nach vorn. Regionalmuseum Xanten 1974 – 1984. Das RLM Bonn 3/1984, 34 – 45.

HILLER, H., Das Regionalmuseum Xanten – das Dach für archäologische Funde aus Xanten und dem unteren Niederrhein. Heimatkal. Kr. Wesel 1986, 115 – 20.

HILLER, H., Regionalmuseum Xanten. Ein Gang durch die Geschichte der Stadt, in: Niederrhein-Kammer 42, 1986, 344 f.

HILLER, H., Das Regionalmuseum Xanten, in: H. G. Horn [Hrsg.], Die Römer in Nordrhein-Westfalen (Stuttgart 1987) 646 – 50.

HINZ, H., Außenstelle Niederrhein, ein neues archäologisches Arbeitszentrum der Heimat. Heimatkal. Kr. Moers 1958, 20 – 4.

KÜHLBORN, J. S., Der Archäologische Park Xanten. Vom Hafentempel zur Schänke der Legionäre: Spaziergang in die Römerzeit. Die Waage 17, 6/1978, 236 – 42.

LANDSCHAFTSVERBAND RHEINLAND, Archäologischer Park Xanten, Kurzführer. Führer u. Schriften des APX 1 (Köln 1977 [1], 1978 [2], 1980 [3], 1981 [4], 1985 [5]).

v. LOM, W., Archäologischer Park Xanten – Infrastrukturmaßnahmen 1977. Das RLM Bonn. Sonderheft. Ausgrabungen im Rhld. '77 (Bonn 1978) 188 – 91 = Colonia Ulpia Traiana. 3. Arbeitsber. z. d. Grabungen u. Rekonstruktionen (Bonn 1978) 38 – 42.

PRECHT, G., Der Archäologische Park Xanten. Das RLM Bonn 3/1974, 39 – 42 = Kreis Moers Jahrb. 1975, 79 – 82.

PRECHT, G., Der Archäologische Park Xanten. Planungsgrundlagen (1974). Colonia Ulpia Traiana. 1. u. 2. Arbeitsber. z. d. Grabungen u. Rekonstruktionen ([1]Köln o. J.; [2]Bonn 1978) 5 f.

PRECHT, G., Der Archäologische Park Xanten. Kreis Wesel. Das RLM Bonn. Sonderheft. Rhein. Ausgrabungen '75 (Bonn 1976) 55 – 62 = Der Archäologische Park Xanten – 1. Arbeitsbericht (1974 – 1975). Colonia Ulpia Traiana. 1. u. 2. Arbeitsber. z. d. Grabungen u. Rekonstruktionen ([1]Köln o. J.; [2]Bonn 1978) 7–14.

PRECHT, G., Der Archäologische Park Xanten. Kreis Wesel. Das RLM Bonn. Sonderheft. Rhein. Ausgrabungen '76 (Bonn 1977) 67–78 = Der Archäologische Park Xanten – 2. Arbeitsbericht (1976). Colonia Ulpia Traiana. 1. u. 2. Arbeitsber. z. d. Grabungen u. Rekonstruktionen ([1]Köln o. J.; [2]Bonn 1978) 15–26.

PRECHT, G., Der Archäologische Park Xanten, Kreis Wesel. Das RLM Bonn. Sonderheft. Ausgrabungen im Rhld. '77 (Bonn 1978) 156–87 = Colonia Ulpia Traiana. 3. Arbeitsber. z. d. Grabungen u. Rekonstruktionen (Bonn 1978) 6–37.

PRECHT, G., Der Archäologische Park in Xanten. Deutsche Architekten u. Ingenieur Ztschr. H. 1/1978, 26 f.

PRECHT, G., Der Archäologische Park Xanten, in: A. Kuhn u. G. Schneider [Hrsg.], Geschichte lernen im Museum (Düsseldorf 1978) 151–7.

PRECHT, G., Von der Colonia Ulpia Traiana zum Archäologischen Park Xanten, in: Studien zur Geschichte der Stadt Xanten 1228–1978. Festschr. zum 750-jährigen Stadtjubiläum (Köln 1978) 223–8.

PRECHT, G., Der Archäologische Park Xanten, Kreis Wesel. Das RLM Bonn. Sonderheft. Ausgrabungen im Rhld. '78 (Bonn 1979) 132–47 = Colonia Ulpia Traiana. 4. Arbeitsber. z. d. Grabungen u. Rekonstruktionen (Bonn 1980) 11–26.

PRECHT, G., Der Archäologische Park Xanten – eine bodendenkmalpflegerische Maßnahme zur Rettung der Colonia Ulpia Traiana. Koldewey-Gesellschaft. Ber. ü. d. 30. Tagung f. Ausgrabungswiss. u. Bauforsch. vom 24.–28. Mai 1975 in Colmar (Bonn 1980) 111–4.

PRECHT, G., Der Archäologische Park Xanten. Das RLM Bonn. Sonderheft. Ausgrabungen im Rhld. '79 (Bonn 1980) 100–23 = Colonia Ulpia Traiana. 5. Arbeitsber. z. d. Grabungen und Rekonstruktionen (Bonn 1981) 7–30.

PRECHT, G., Xanten / Colonia Ulpia Traiana, in: W. Sölter [Hrsg.], Das antike Germanien aus der Luft (Bergisch Gladbach 1981) 264–70.

PRECHT, G., Die Colonia Ulpia Traiana – der Archäologische Park Xanten, in: Der Kreis Wesel. Heimat und Arbeit (Stuttgart 1983) 197–205.

PRECHT, G., Der Archäologische Park Xanten, Kr. Wesel. Ausgrabungen im Rhld. '79/80. Kunst u. Altertum am Rhein 104 (Bonn 1981) 90–105 = (gekürzt) Colonia Ulpia Traiana. 6. Arbeitsber. z. d. Grabungen u. Rekonstruktionen (Bonn 1984) 7–10.

PRECHT, G., Zur Rekonstruktion und Sicherung des „Hafentempels" in der Colonia Ulpia Traiana (CUT). Koldewey-Gesellschaft. Ber. ü. d. 31. Tagung f. Ausgrabungswiss. u. Bauforsch. Osnabrück 1980 (Bonn 1982) 89–91 = Colonia Ulpia Traiana. 6. Arbeitsb. z. d. Grabungen u. Rekonstruktionen (Bonn 1984) 22 f.

PRECHT, G., Römisches „Hotel" am Niederrhein. Eine Herberge in der Colonia Ulpia Traiana. Das RLM Bonn 2/1983, 28–32 = Zum Thema „Rekonstruktionen" im Archäologischen Park Xanten. 6. Arbeitsber. z. d. Grabungen u. Rekonstruktionen (Bonn 1984) 24–8.

PRECHT, G., Der Archäologische Park Xanten. Ausgrabungen im Rhld. '81/82. Kunst u. Altertum am Rhein 112 (Bonn 1983) 65–76 = Colonia Ulpia Traiana. 6. Arbeitsber. z. d. Grabungen u. Rekonstruktionen (Bonn 1984) 11–7.

PRECHT, G., Der Archäologische Park Xanten. Ausgrabungen im Rhld. '83/84. Kunst u. Altertum am Rhein 122 (Bonn 1985) 78–86 = (gekürzt) APX '83/84. Die Arbeiten im Archäologischen Park Xanten 1983 und 1984. Das RLM Bonn 4/1985, 52–5.

PRECHT, G., Der Archäologische Park Xanten – Konzeption und Realisation, in: G. Ulbert u. G. Weber [Hrsg.], Konservierte Geschichte? Antike Bauten und ihre Erhaltung (Stuttgart 1985) 82–98.

PRECHT, G., Der Archäologische Park Xanten. Heimatkal. Kr. Wesel 1986, 110–4.

PRECHT, G., Xanten, Römisches und mittelalterliches Ensemble. Wie reagieren die Touristen auf die Rekonstruktionen? in: Ch. Becker [Hrsg.], Denkmalpfl. u. Tourismus 15 (Trier 1987) 222–31.

PRECHT, G., 10 Jahre APX. 2,5 Millionen Besucher bestätigen das Konzept, in: Niederrhein-Kammer 43, 1987, 352–5.

PRECHT, G., Colonia Ulpia Traiana – Archäologischer Park Xanten, in: H. G. Horn [Hrsg.], Die Römer in Nordrhein-Westfalen (Stuttgart 1987) 639–44.

PRECHT, G., Archäologie im Experiment. Die Herbergsthemen der Colonia Ulpia Traiana im Archäologischen Park Xanten. Arch. in Deutschland 4/1989, 18–27.

PRECHT, G., SCHALLES, H.-J., Archäologischer Park/Regionalmuseum Xanten – Entwicklungsmöglichkeiten und Zukunftsperspektiven, in: G. Precht u. H.-J. Schalles [Hrsg.], Spurenlese. Beiträge zur Geschichte des Xantener Raumes (Köln 1989) 297–305.

RIECHE, A., Modelle im Museum – Vorsicht bei Gebrauch. Nachbildungen antiker Architektur im Regionalmuseum Xanten und im Archäologischen Park Xanten. Hephaistos 5/6, 1983/4, 227–36.

RIECHE, A., Il Parco Archeologico di Xanten, in: B. Amendolea u. a. [Hrsg.], I siti archeologici, un problema di musealizzazione all'aperto. Primo Seminario di studi (Roma 1988) 236 – 40.

RIECHE, A., Rekonstruktionen römischer Bauten im Archäologischen Park Xanten. Ein Beitrag zur Rekonstruktion von Geschichte. Praxis Geschichte 4/1989, 58 – 61.

RIECHE, A., Besucherinformation im Archäologischen Park Xanten, in: G. Precht u. H.-J. Schalles [Hrsg.], Spurenlese. Beträge zur Geschichte des Xantener Raumes (Köln 1989) 293 – 6.

ROSE, C., „Ins Museum gehört Leben". Das Regionalmuseum Xanten im Spiegel der Presse. Das RLM Bonn 3/1984, 51 f.

ROSEN, J., Gründungsjahr 1877. Der niederrheinische Altertumsverein Xanten e. V. Das RLM Bonn 3/1984, 53 f.

ROSEN, J., Der niederrheinische Altertumsverein Xanten zu Xanten. Heimatkal. Kr. Wesel 1988, 119 – 21.

ROSEN, J., Zur Geschichte des Niederrheinischen Altertumsvereins Xanten, in: G. Precht u. H.-J. Schalles [Hrsg.], Spurenlese. Beiträge zur Geschichte des Xantener Raumes (Köln 1989) 275 – 86.

RÜGER, C. B., Das römische Rheinufer der Colonia Ulpia Traiana. Beitr. zur Rheinkunde 25, 1973, 42 – 8 [Ideenentwurf zum APX].

RÜGER, C. B., Stammbuchblatt zum Archäologischen Park Xanten. Das RLM Bonn. Sonderheft. Ausgrabungen im Rhld. '78 (Bonn 1979) 127 – 32 = Colonia Ulpia Traiana. 4. Arbeitsber. z. d. Grabungen u. Rekonstruktionen (Bonn 1980) 6 – 11.

RÜGER, C. B., CUT – Archäologischer Park Xanten. Ein nordrhein-westfälisches Denkmal. Bonner Universitätsblätter 1980, 107 – 17.

SCHALLES, H.-J., Museum auf der Bischofsburg. Ein Ideenentwurf zum Bau des Regionalmuseums Xanten. Das RLM Bonn 3/1984, 46 – 50.

SCHALLES, H.-J., Capitulum ecclesie Xanctensis – das Viktorstift von Xanten. Ein neuer Ausstellungsbereich im Regionalmuseum. Heimatkal. Kr. Wesel 1988, 15 – 21.

SCHMIDT, H., Schutzbauten. Denkmalpflege an archäologischen Stätten 1. Architekturreferat des Dt. Arch. Inst. [Hrsg.] (Stuttgart 1988), bes. 19 f.; 149.

SOECHTING, D., Ein Museum für Xanten. Das RLM Bonn 3/1974, 43 – 7 = Kreis Moers Jahrbuch 1975, 74 – 8.

SOECHTING, D., Ein Jahr Regionalmuseum Xanten. Kal. für den Kreis Kleve 1976, Ausgabe Süd (Kleve 1975) 30 f.

SOECHTING, D., Filiale am Niederrhein. Das Regionalmuseum Xanten nach zwei Jahren. Das RLM Bonn 2/1976, 29 – 32.

SOECHTING, D., Das Regionalmuseum Xanten. Antike Welt 8, 1977, Nr. 1, 57 – 60.

VALAVANIS, P. D., Protaseis gia Archaiologiko Parko. Archaiologia 16, 1985, 78 – 82.

WEGNER, H.-H., Bezirksstelle Niederrhein und neue Grabungen in Xanten. Das RLM Bonn 3/1974, 36 – 8.

ZADOKS-JOSEPHUS JITTA, A.-N., Twee nieuwe musea in W. Duitsland. Hermeneus 46, 1974 – 75, 31 – 3.

20 MUSEEN AN RHEIN UND RUHR, Schr. d. Rhein. Museumsamtes 31 (Köln 1985) 79 – 82 (RMX), 83 – 6 (APX).

8. DIVERSES

BECHERT, T., Marcus der Römer: Ein historisches Lebensbild aus dem römischen Xanten (Gummersbach 1985).

BÖCKING, W., Die Bataver berennen Vetera Castra. Die Heimat (Krefeld 1973) 156 f.

BÖCKING, W., Daß diese Steine zu Brot werden. Römische Ruinen als Steinbrüche. Die Heimat (Krefeld 1973) 79 – 82.

BROUWER, G., Stadtreste gegen Wein eingetauscht. Römischer Hafen in Xanten vor 2000 Jahren. Binnenschiffahrts-Nachrichten 32, 1977, Nr. 8, 140.

CHRIST, K., Bezüge der Nibelungensage zur Colonia Traiana (Xanten). Monatsschr. f. d. Geschichte Westdeutschlands 6, 1880, 68 – 70.

CHRIST, K., Zur angeblichen Colonia Traiana. Monatsschr. f. d. Geschichte Westdeutschlands 6, 1880, 330 – 4.

ENGEL, J., Große Freude in Klein-Troja. Heimatkal. Kr. Moers 1960, 101 f. [zum Stadtbad].

FÖRSTER, R., In der Römerstadt von Xanten. Reader's Digest. Das Beste, Mai 1988, 33 – 8.

GERLACH, G., Aus Gallien und Germanien – frisch auf den Tisch. Zu den Eßgewohnheiten der „Römer" in der CUT. Ausgrabungen im Rhld. '83/84. Kunst u. Altertum am Rhein 122 (Bonn 1985) 110f.

GERLACH, G., CUT-West: Bagger graben unter Beton. Ausgrabungen im Rhld. '83/84. Kunst u. Altertum am Rhein 122 (Bonn 1985) 112 – 4.

GERLACH, G., Colonia Ulpia Traiana. Essen und Trinken in römischer Zeit. Führer u. Schriften des APX 9 (Köln 1986).

GERLACH, G., Die Eßgewohnheiten der Römer am Niederrhein. Natur am Niederrhein 1,1 (Krefeld 1986) 17 – 22.

GERLACH, G., Zur Vorgeschichte des Xantener Raumes – ein museumspädagogisches Projekt des Niederrheinischen Altertumsvereins Xanten. Arch. im Rheinland 1988 (Köln 1989) 22–4.

GERLACH, G., Das Wetter am Tag der Schlacht von Vetera, in: G. Precht u. H.-J. Schalles [Hrsg.], Spurenlese. Beiträge zur Geschichte des Xantener Raumes (Köln 1989) 91–2.

HILGERS, W., Der Caelius-Stein; Römischer Silberbecher; Krone eines Kultbildes; Sandalenlösende Venus. Das RLM Bonn 3–6/1970, 66–9.

HILLER, H., Die römischen Ruinen Xantens als Steinbruch. Regionalmuseum Xanten Führungsbl. 1 (Köln 1984).

HÜNEBORN, H., Xanten und Saintes – ein europäisch-abendländisches Städtepaar, in: Studien zur Geschichte der Stadt Xanten 1228–1978. Festschr. zum 750-jährigen Stadtjubiläum (Köln 1978) 229–64.

RIECHE, A., Wandertag. Schüler in Xanten, in: 75 Jahre Viktoriaschule Essen 1912–1987 (Essen 1987) 80–2.

RIECHE, A., SCHALLES, H.-J., Arbeit. Handwerk und Berufe in der römischen Stadt. Führer u. Schriften des APX 10 (Köln 1987).

SCHMIDT, F. W. V., Steinraub archäologisch erfaßt. Befunde zur Mauerwerksprospektion in der Colonia Ulpia Traiana (CUT) bei Xanten. Das RLM Bonn 5/1984, 75 f.

SCHNEIDER, J., Colonia Traiana. Monatsschr. f. d. Geschichte Westdeutschlands 6, 1880, 445.

STANG, R., Centurio Marcus Caelius, oder: wer waren die Römer in Xanten? Sachquelle und fragendforschendes Lernen. Geschichtsdidaktik: Probleme, Projekte, Perspektiven 9, 1984, 4.

WILKES, C., Die römischen Ruinen bei Xanten als Steinbruch. Bote für Stadt und Land, Nr. 97, Xanten, April 1935.

EDELTRAUD MITTAG

Die Archäologie Xantens im Spiegel der Jahresberichte der Bonner Jahrbücher 1842 – 1988

Die Fundnotizen sind den Bonner Jahrbüchern entnommen. Als Grundlage dienten die Registerbände: 65 (1879), 91 (1892), 121 (1914), 181 (1981).
Die Jahrgänge 122 (1912) bis 140/41 (1936), die nicht in den Registern enthalten sind, und die Jahrgänge 161 (1961) bis 188 (1988) mit jeweiligen Einzelregistern wurden bandweise durchgesehen. Die Notizen schließen mit Band 188 (1988).
Die Fundmitteilungen, die längeren Aufsätzen der Bonner Jahrbücher entstammen, wurden hier nicht berücksichtigt und können über die Bibliographie von C. J. Bridger erschlossen werden.

	100, 1896, 223;
	102, 1898, 290;
	103, 1898, 258;
	108/09, 1902, 382;
	110, 1903, 343, 349;
	113, 1905, 178;
	116, 1907, 102, 271;
	117, 1908, 395;
	131, 1926, 376;
	134, 1929, 177;
	135, 1930, 196;
	142, 1937, 197.

2.2.9. Bein

Messergriff-fragmente	133, 1928, 290;
Nadeln	102, 1898, 289;
	133, 1928, 289;
Relief	5/6, 1844, 369 f.;
Scheibchen	133, 1928, 289;
Schnalle	133, 1928, 289;
Stilus	102, 1898, 289;
Würfel	90, 1891, 23.

2.2.10. Organisches Material

Austernschalen	133, 1928, 290;
Hirschgeweihe	3, 1843, 171;
Holzanalysen	174, 1974, 656 ff.;
Holzbalken	31, 1861, 103 ff.;
	188, 1988, 433;
Hülsenfruchtreste	171, 1971, 453;
Insektenreste	171, 1971, 453;
Lederteile	176, 1976, 365;
Salz	181, 1981, 567;
Tierknochen	133, 1928, 290;
	155, 1955, 422;
	176, 1976, 418;
	181, 1981, 567;
Obstfruchtreste	171, 1971, 453;
Weizenkörner	133, 1928, 290.

2.3. Epigraphik

2.3.1. Steindenkmäler

Weihestein für Alateivia (CIL XIII, 8606)	36, 1864, 41;
Grabstein für M. Ulpius Aspadius (CIL XIII, 8654)	93, 1892, 190;
Grabstein für Candidinius Simplex (CIL XIII, 12080)	116, 1907, 242;
Votivaltar Forum CVT	80, 1885, 151 f.;
Weihestein für Hercules Magusanus (CIL XIII, 8610)	107, 1901, 290;
Weihestein für Jupiter Optimus Maximus	60, 1877, 82;
Grabstein der Legio V und Inschrift von 1529	117, 1908, 395;
Bauinschrift Schola (CIL XIII, 8643)	23, 1856, 59;
Weihestein für Silvanus (CIL XIII, 8639)	106, 1901, 248;
Grabstein für Verecundus	139, 1934, 181;
Weihestein für Vesta (CIL XIII, 8642)	107, 1901, 290.

2.3.2. TS-Stempel

ALBINI MA	133, 1928, 286;
ALBVS	102, 1898, 289;
ALBVS FE. AQVITAN(I)	134, 1929, 174;
ALBVSFE u. Graffito MAXVMI	140/41, 1936, 452;
ANTIOCHVS	134, 1929, 174;
APRONIV(S)	133, 1928, 286;
AQVITANI	140/41, 1936, 452;
ATEI	134, 1929, 174;
ATEI MAHE(TIS)/ET ZOEL(I)	134, 1929, 174;
ATEIVS	101, 1897, 29;
AVF	134, 1929, 174;
///AVS///	102, 1898, 288;
BASS	173, 1973, 438;
[BA]SSI	181, 1981, 550;
BELATVLLVS F	103, 1898, 258;
BOT (linksläufig)	102, 1898, 288;
C·|'AS (FASTIDIENVS)	102, 1898, 158;
CASSV F,	104, 1899, 114;
CELEROS	140/41, 1936, 452;
CN. ATEIVS	173, 1973, 438;

CORISO FEC.	104, 1899, 113;
CRESTI	134, 1929, 174;
CRESTVS/ANNI	133, 1928, 286;
C.S.RUF.O.	133, 1928, 286;
DIILI Λ XV T	102, 1898, 289;
DIOCARI	181, 1981, 556;
DON[ATVS F]	182, 1982, 510;
§ENISO	135, 1930, 193;
FASTI	102, 1898, 153;
FELIC(IS)	173, 1973, 439;
FORMOSVS	135, 1930, 193;
GAIVS ET GAIVS	133, 1928, 286;
GALBINIM	102, 1898, 208;
GERMANI	10, 1847, 66;
HABITVS	102, 1898, 288;
IVLLIN	102, 1898, 289;
	181, 1981, 549;
L.GELLI/L. SEMP-R(ONI)	134, 1929, 174;
[LI] PUCA F.	133, 1928, 286;
LVPVS	134, 1929, 174;
MAC // II	140/41, 1936, 452;
MARTIAL FE.	139, 1934, 188;
MASCLVS bzw. MASCVLVS	10, 1847, 66;
	96, 1895, 262, 265;
M BILLICEDO FI	96, 1895, 147;
MEDIVS F	133, 1928, 286;
ME⊕ILLVS	102, 1898, 289;
M.VAL	173, 1973, 438;
NOVIVW	96, 1895, 148;
OCE	5, 1844, 423;
OFAQVIN	5, 1844, 423;
OF AQVITANI	140/41, 1936, 452;
. . . QVIT.AN (= OF AQVIT.AN)	173, 1973, 439;
OF·ARDA///	102, 1898, 289;
OF BA . . . (= OF BASSI)	173, 1973, 439;
OF·BASSI	96/97, 1895, 141;
	133, 1928, 286;
. . . . . . I.CO (= OF BASSI.CO)	173, 1973, 439;
OF BASSI COEL(I)	133, 1928, 286;
OF CAS	133, 1928, 286;
[OF]COELI	133, 1928, 286;
OF COELI	103, 1898, 258;
OF CRESI	103, 1898, 258;
OF CRES(TI)	133, 1928, 286;
OF FIRM	173, 1973, 439;
OF FL GER.	162, 1962, 572;
OF FL(AVI) GE(RMANI)	133, 1928, 286;
[O] F FLA(VI) GER(MANI)	133, 1928, 286;
OF·FR(ONTINI)	10, 1847, 66;
OF. LVCCE (2X) FELICIS SCOTTIVS	135, 1930, 193;
OF.M.	133, 1928, 286;
OF.MAS	135, 1930, 193;
OF·MASCLI	10, 1847, 66;
OF MASCVLI	173, 1973, 439;
OF MO	173, 1973, 439;
OF PRIM	106, 1901, 249;
[OF PRI] MI	181, 1981, 550;
OF · PRИ	96, 1895, 86;
OF PVDENT	173, 1973, 439;
OF SCOTI	10, 1847, 66;
.F SEC (= OF SEC)	173, 1973, 439;
OF·VIRID	96, 1895, 86;
ΘFVITA	102, 1898, 289;
OFVITAL	103, 1898, 258;
OFIC. AQ(VITANI)	135, 1930, 193;
OFIC.N.	135, 1930, 193;
. . . . . PRIM (= OFIC.PRIMI)	173, 1973, 439;
OPONII	140/41, 1936, 452;
PATRIC(I)	133, 1928, 286;
PRM	96, 1895, 141;
PRMV	96, 1895, 86;
ROGAV//	102, 1898, 289;
RVFRENI/T. RVFIO(NIS)	134, 1929, 174;
RVSTICIO	102, 1898, 289;
SABELLVS	133, 1928, 286;
. . .VETU (= SALVETV)	173, 1973, 439;
SATVRIO linksläufig	182, 1982, 510;
SCOTIVS	140/41, 1936, 452;
SECVNDI	181, 1981, 556;
SEN/////	102, 1898, 289;
////SIVS	102, 1898, 289;
SO[CCO FEC]	133, 1928, 289;
TA[N]TALVS	103, 1898, 258;
TASSCA FE	133, 1928, 286;

VAPISO FE	102, 1898, 289;
VAPVSO	173, 1973, 439;
VERVSFEC	102, 1898, 289;
VIRTVS FE	108/9, 1902, 382;
VITAL	102, 1898, 289.

2.3.3. Amphorenstempel

AMI	106, 1901, 249;
IICAMILI MELISSI	160, 1960, 506;
FIGL(INAE)--- /M.S( )M---.	160, 1960, 503;
POLYCLITI	135, 1930, 193;
POR[APA darunter eingeritzt 'X	102, 1898, 289;
P.S. AVF	134, 1929, 174;
QPPHR	102, 1898, 290.

2.3.4. Lampenstempel

CVT	88, 1889, 100;
ERACLIV	88, 1889, 100;
EVCARPVS	93, 1892, 43;
S T/FEC	88, 1889, 106;
STRO (= STROBILVS)	162, 1962, 578;
STROB(ILI)	162, 1962, 579;
VITF	102, 1898, 290.

2.3.5. Ziegelstempel

COHORS I BRIT.	110, 1903, 316;
COH·II BR(IT)	181, 1981, 549;
EXGERINF	113, 1905, 89;
F	102, 1898, 288;
LEG (?)[. . .]	182, 1982, 510;
L(EGIONIS) I M(INERVIAE)	160, 1960, 499;
[LEG(IONIS)I] M(INERVIAE)	160, 1960, 499;
LV/NIICERFE	102, 1898, 290;
LEG V	110, 1903, 106;
	128, 1923, 144;
LEGTMPFPPF	106, 1901, 249;
LEG.V/EIBONI	133, 1928, 287;
LEG.V mit Randmarke X	131, 1926, 374;
LEG. VI	111/12, 1904, 290;
L VI VI PF	160, 1960, 499;
L VI VIC PF	160, 1960, 499;
	164, 1964, 545;
[LEG] VI VIC P F	182, 1982, 509;
L(EGIONIS) VI VIC(TRICIS) P(IAE) F(IDELIS)/C(AIVS) I(VLIVS) LO(N)GIN(VS) F(ECIT)	160, 1960, 499;
LEG V [I VIC PF]	182, 1982, 510;
LEG(IONIS) VI V(ICTRICIS) P(IAE) [F(IDELIS)]/SEVE(RIVS?) P[L]AC̣(IDVS) [F(ECIT)]	160, 1960, 499;
LEG(IONIS) VI VIC(TRICIS)P(IAE) [F(IDELIS)]	160, 1960, 499;
LXGPFTVTVSF	103, 1898, 258;
L XV	133, 1928, 287;
LE XV	133, 1928, 287;
	135, 1930, 194;
LE XVP	133, 1928, 287;
LEG. XV	116, 1907, 366;
	131, 1926, 374;
	133, 1928, 287;
	135, 1930, 194;
	160, 1960, 505;
LEG XV linksläufig	135, 1930, 194;
LEG XV LSN	133, 1928, 287;
LEGXVPRLSN	135, 1930, 194;
XXRP (= LEGIO XX(I)RAPAX)	108, 1902, 382;
LEG. XXII P.F.	99, 1896, 35;
	176, 1976, 418, 420;
LEG. XXII PPF	102, 1898, 288;
LEG XXII PR	182, 1982, 509;
(L)EG XXII PRI	160, 1960, 505;
[LE]GXXIIPRPFDO	182, 1982, 510;
LEG XX[X]	182, 1982, 509;
[L·X]XX VV	182, 1982, 509;
L·XXXVV	102, 1898, 290;
	182, 1982, 510;
LEG XXXVV	36, 1864, 85;
	87, 1889, 212;
	100, 1896, 107;
	102, 1898, 290;
	110, 1903, 315;
	160, 1960, 504;
	164, 1964, 545;
	182, 1982, 510;
NIICERFE	102, 1898, 290;
P(IAE)F(IDELIS)	160, 1960, 499;
R	133, 1928, 287;

TEGVL/IVLIVS 108/9, 1902, 382;
TRA, auch rückläufig 135, 1930, 194;
TR[A(NS)]-R(H)ENANA 160, 1960, 499;
TRANS-RHENANA 111/12, 1904, 292;
[TRANS-RHE]NANA 133, 1928, 287;
(TRANS-RHENA)NA 111/12, 1904, 302.

2.3.6. Graffiti 102, 1898, 288, 289; 106, 1901, 249; 111/12, 1904, 85, 330; 114/15, 1906, 39; 135, 1930, 193, 194; 160, 1960, 503.

2.3.7. Sonstige
DAMI, Spruchbecher 135, 1930, 189;
DIILI∧XVT, TN-Stempel 102, 1898, 289;
EVHELPIƧI, Doliumscherbe 133, 1928, 286;
LEGTM, Tonscherbe einer Wasserleitung? 102, 1898, 290;
LORV, Marmorplattenfragment 133, 1928, 284;
///'LYI, Schalenrandstück 102, 1898, 290;
MISCE ME, schwarzer Spruchbecher 116, 1907, 271;
R, Fingermarke auf einem ungestempelten Dachziegel 131, 1926, 374;
SACER·F, Kragenrandmortarium 181, 1981, 550;
SIICA, graubelgischer Gefäßboden 135, 1930, 193;
SVAVIS, sechseckige Gemme 102, 1898, 290
TIVNI = T(URMA) IUNI(I),
VIIRVS = VERVS (?), Bleischeibe 133, 1928, 258;
VIVA, Spruchbecher 135, 1930, 190;
[VO] CARA F., rotbelgischer Teller 135, 1930, 193;
VT/ER/E/DI/GN/A, Karneol mit Merkurbild 131, 1926, 376.

2.3.8. Allgemein
Hinweis auf Xantener Inschriften im Korrespondenzblatt der Westdt. Zeitschrift 113, 1905, 245.

2.4. Bildthemen und Ikonographie
Isisbilder 3, 1843, 171; 76, 1883, 37;
Medusenhaupt 3, 1843, 172;
Achill auf Skyros 5/6, 1844, 369 f.

2.5. Varia
Houben, Fundprotokoll 5/6, 1844, 422 f.
NAVX 102, 1898, 288 f.; 103, 1898, 258 f.; 106, 1901, 248 f.; 110, 1903, 342 f.; 113, 1905, 88 f.; 177 f.; 117, 1908, 3.
Sammlung Alsters 170, 1970, 416; 181, 1981, 549.

3. NACHRÖMISCHE ZEIT

3.1. Befunde
Brunnen 160, 1960, 500 ff.; 183, 1983, 683;
Gräber 28, 1860, 64; 164, 1964, 483; 165, 1965, 397; 168, 1968, 499; 183, 1983, 683;
Landwehrgräben 183, 1983, 683; 184, 1984, 654 f.;
Mauerfundamente 188, 1988, 499 f.;
Stadtmauerfundament 181, 1981, 591;
Töpferofen 181, 1981, 591;

Tuffmauer im Kirchenschiff St. Pantaleon, Lüttingen 183, 1983, 683;
Vorgängerbau der kath. Pfarrkirche, Vynen 173, 1973, 352;
Wallanlage, jüd. Friedhof 139, 1934, 209.

3.2. Funde

3.2.1. Steindenkmäler
'Bischofsstein' 184, 1984, 655;
Grabstein, fränkisch 182, 1982, 512;
Sarkophag, fränkisch 138, 1933, 181.

3.2.2. Keramik, mittelalterlich 159, 1959, 431; 164, 1964, 611; 166, 1966, 611; 167, 1967, 476 f.; 173, 1973, 440; 181, 1981, 551, 573, 591; 183, 1983, 683, 685; 184, 1984, 626, 655 f.; 188, 1988, 433, 500.

3.2.3. Keramik, neuzeitlich 167, 1967, 459, 476; 181, 1981, 551, 591; 182, 1982, 540; 183, 1983, 683; 184, 1984, 655 f.; 188, 1988, 500.

3.2.4. Ziegel 184, 1984, 655 f.; 188, 1988, 500.

3.2.5. Metall 184, 1984, 655 f.; 186, 1986, 671; 187, 1987, 612; 188, 1988, 433, 434, 500.

3.2.6. Münzen, mittelalterl. bis neuzeitl. 134, 1929, 180; 138, 1933, 181 f.; 150, 1950, 137, 237 f., 606 f.; 155, 1955, 601; 160, 1960, 418, 541; 167, 1967, 459; 168, 1968, 499; 184, 1984, 655.

3.2.7. Glas 181, 1981, 551.

3.2.8. Organisches Material
Knochenreste mittelalterl. u. neuzeitl. 181, 1981, 591;
Skeletteile mittelalterl. 160, 1960, 504;
Tierknochen 184, 1984, 655 f.

Abbildungsnachweis

APX/RMX 107, 193, Taf. 13, Taf. 14, Taf. 15.1, Taf. 16, Taf. 21.2

APX/RMX (W. Böcking) 116, 117, 118, 119, 120

APX/RMX (G. Precht) 126, 129, 130, 133, 134, 135, 137, 142, 145, 146, 147, 149

APX/RMX (G. Precht/W. Böcking) 139

APX/RMX (H. Stelter) 45 Abb. 6, 61, 64, 65, 70, 82, 87, 88, 94, 111, 114, 122, 136, 161, 162, 201, 206, 300, 301

Deutsches Bergbau-Museum, Bochum 100, 101, 102, Taf. 9, Taf. 10, Taf. 11

Geologisches Landesamt Nordrhein-Westfalen, Krefeld 11, 12, 15, 16, 19, 20, 21, 25, 26, 28, 29, 32, 33, 35, Taf. 1.1-2, Taf. 2, Taf. 3

Landesbildstelle Rheinland, Düsseldorf Taf. 4, Taf. 6, Taf. 7, Taf. 8.1, Taf. 12, Taf. 17, Taf. 18, Taf. 22

nach Ankel, C., Bronzeschwerter am Niederrhein, Taf. I.3: 50 Abb. 1

nach Ausgrabungen im Rheinland 83/84, 99 Abb 54: 56 Abb. 9

nach Bonner Jahrb. 69, 1880 Taf. 9: 288

nach Bonner Jahrb. 74, 1882 Taf. 4: 290

nach Bonner Jahrb. 152, 1952 Abb. 2: 71

nach Bonner Jahrb. 159, 1959 Taf. 1.12: 50 Abb. 3

nach Bonner Jahrb. 161, 1961 Taf. 75 (l): 291

nach Bonner Jahrb. 162, 1962, 531 Abb. 1: 42

nach Bonner Jahrb. 174, 1974, 603 Abb. 12 B: 46 Abb. 10

nach Bonner Jahrb. 177, 1977, 687 Abb. 7.2: 47

nach Bonner Jahrb. 183, 1983, 618 Abb. 5.2 – 3: 50 Abb. 2

nach Bonner Jahrb. 185, 1985, 303 Abb. 1 – 2: 45

nach Bonner Jahrb. 186, 1986, 586 Abb. 19.2 (l) u. 563 Abb. 3.3 (r): 46 Abb. 9

nach Bonner Jahrb. 187, 1987, 377 Abb. 2.5 u. 2.9: 54 Abb. 6

nach Creutz, Die Heimatmuseen. Monographien deutscher Landkreise, Bd. III Der Landkreis Moers (Berlin 1926) 144: Taf. 20.2

nach Ellmers, D., Frühmittelalterliche Handelsschiffahrt in Mittel- und Nordeuropa (1984) 132 Abb. 113: 83

nach Funde und Ausgrabungen im Bezirk Trier 16, 1984, 23 Abb. 3: 44

nach Kölner Jahrb. f. Vor- u. Frühgesch. 15, 1975 – 77, 191 Abb. 1: 41

nach Rhein. Ausgrabungen 15, 1974, 198 Abb. 3: 45 Abb. 7; 199 Abb. 4: 45 Abb. 8; 203 Abb. 6: 47 Abb. 11; 266 Abb. 17: 55; 328 Abb. 47: 54 Abb. 7; 353 Abb. 4: 51; 361 Abb. 9: 53

NAVX Taf. 20.1

RAB Taf. 1.3

Reichmann, Chr. 221, 233

RGZM Taf. 8.2

RLMB 66, 78, Taf. 5, Taf. 15.2, Taf. 19, Taf. 21.1

unpubliziert 56 Abb. 10

1 Schnecken, Muscheln und Haifischzähne aus dem Tertiär Xantens.

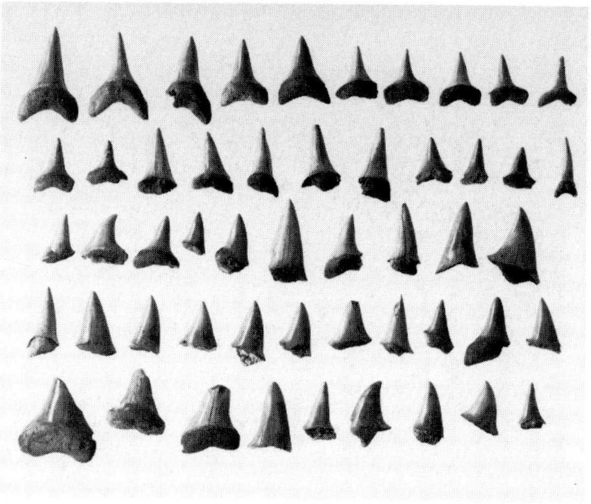

2 Haifischzähne aus dem Tertiär von Kervenheim.

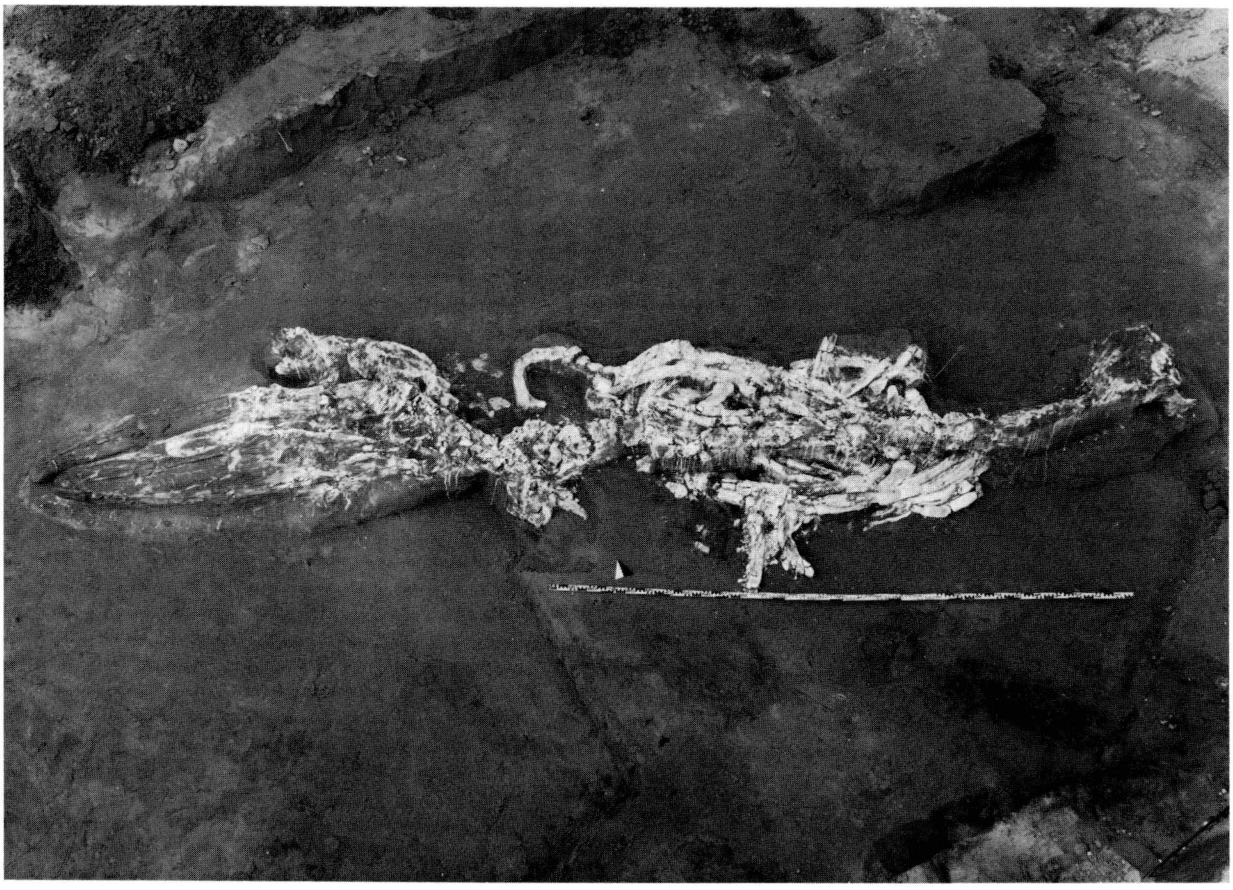

3 Gesamtaufnahme des Wales von Kervenheim.

1 Stauchmoräne der Saale-Kaltzeit bei Kleve.

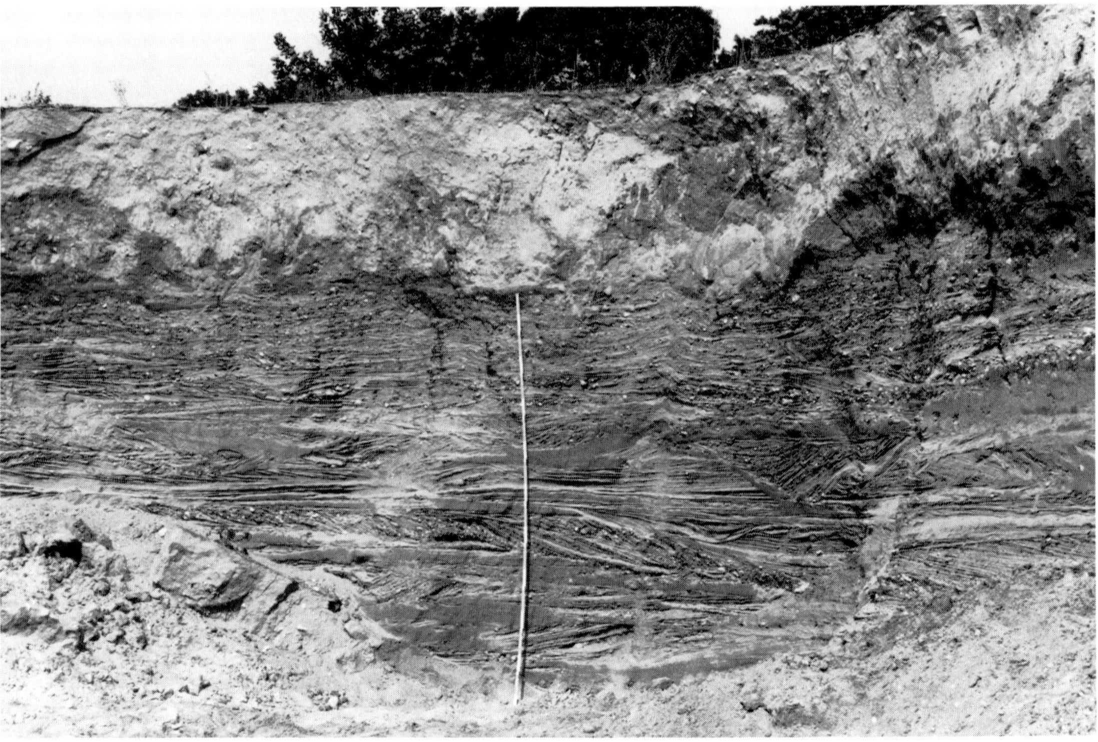

2 Schmelzwasserablagerungen des Inlandeises in der Bönninghardt.

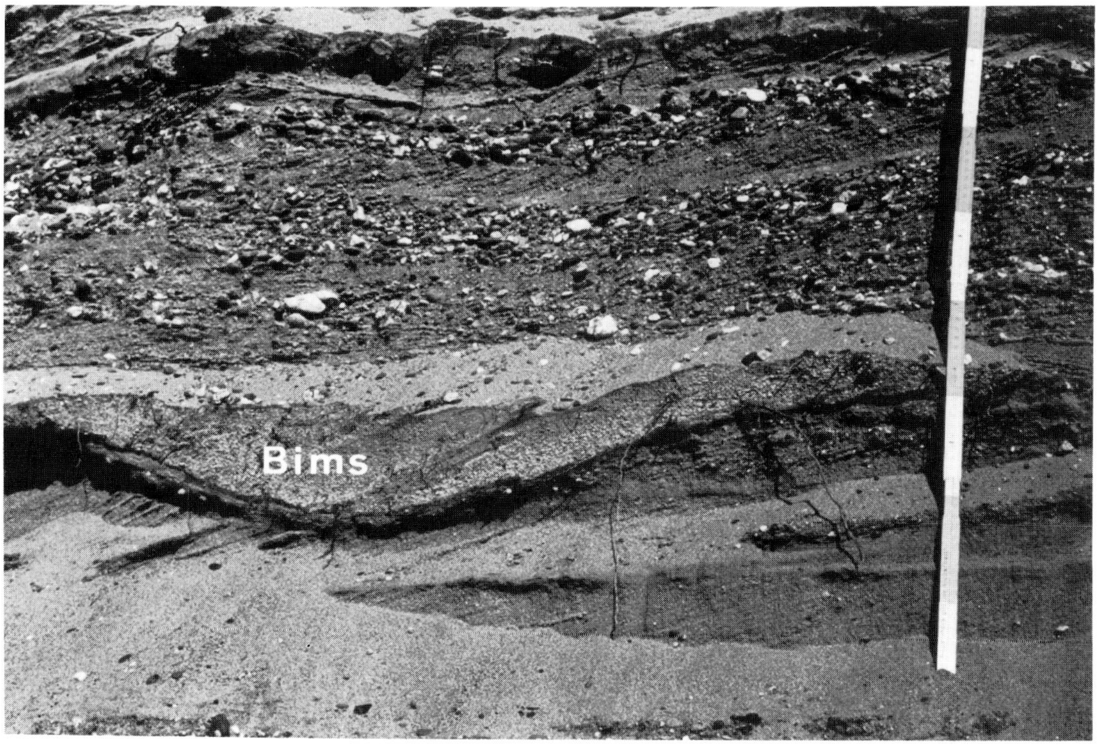

1 Bimseinschaltung in der jüngeren Niederterrasse.

2 Der 'Alte Rhein' am Fuße des Fürstenberges unterhalb der Ortschaft Birten.

Boelicke

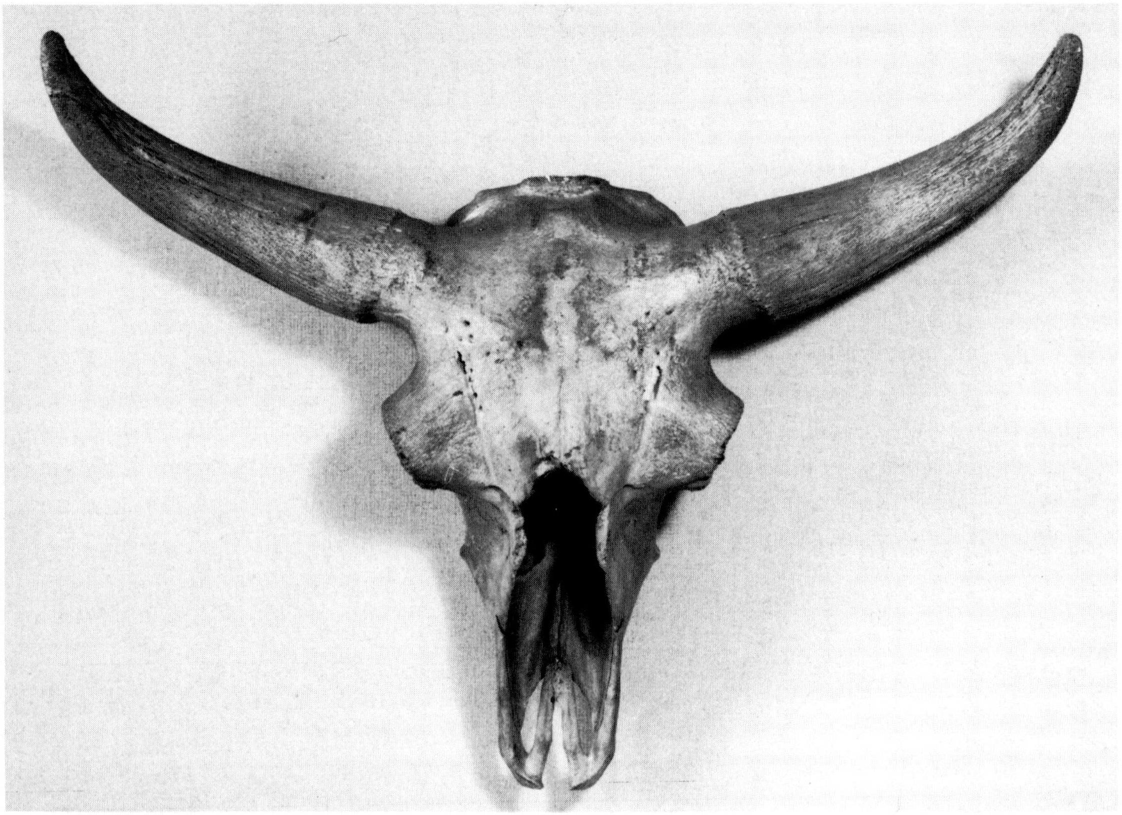

1 Xanten, Bislicher Insel, Schädel eines Steppenwisents (H. 68 cm).

Hanel

2 Vetera I. Rekonstruktionsmodell der Kommandantur (principia) des neronischen Doppellegionenlagers.

Mars Cicolluis-Altar aus Xanten; 82 × 66 × 55 cm.

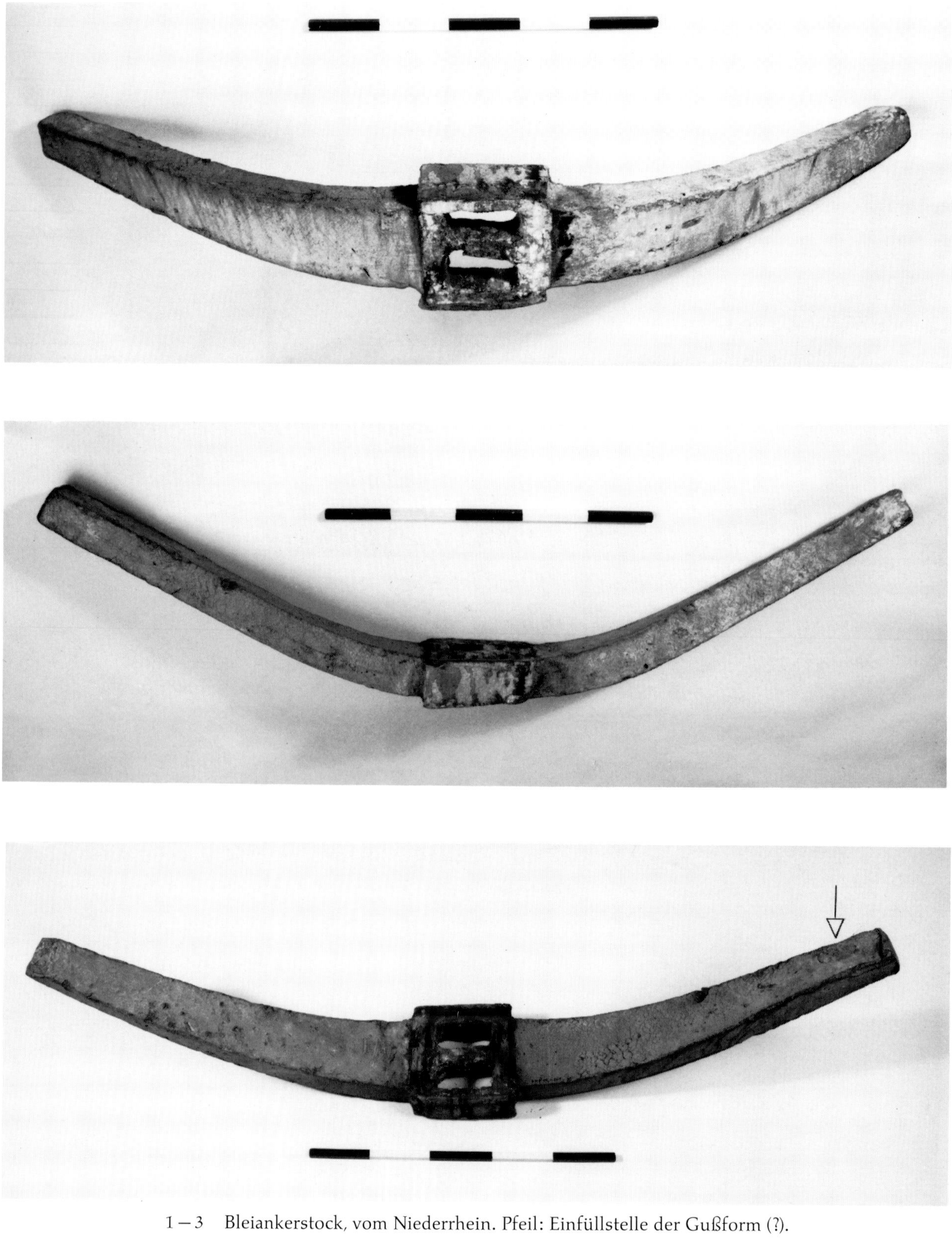

1 – 3 Bleiankerstock, vom Niederrhein. Pfeil: Einfüllstelle der Gußform (?).

1 Bleiankerstock, vom Niederrhein.
Auge des Ankerschafts.

2 – 3 Bleiankerstock, vom Niederrhein. Abdrücke an den Kanten.

4 – 5 Reparaturteil, Blei, für Holzanker. Vom Niederrhein.

1 Korinthisches Pilasterkapitell aus der CUT, Fundnummer 15524.

2 Korinthisches Kapitell der Großen Jupitergigantensäule aus Mainz.

1 Xanten, Fundpunkt ■, Probe D-7/1a
Schlackenkuchen überwiegend silikatischer Zusammensetzung (Hauptbestandteil Fayalit Fe_2SiO_4). In der Mitte (A) zeichnen sich Wüstitreiche, scharf begrenzte Bereiche ab, die vermutlich mechanisch inkorporiert sind.

2 Xanten, Fundpunkt ■, Probe D-7/2
Im Mikrobereich sind hier Quarzkörner in einer Glasmatrix erkennbar, wie in Taf.10.1 dargestellt.

3 Xanten, Fundpunkt ●, Probe D-7/4
Lagig aufgebaute Schmiedeschlacke. Oberer Teil: z.T. glasig, Einschlüsse von Quarzkörnern, blasenreich. Der mittlere Bereich zeigt einen relativ homogenen Aufbau mit ungestörter Kristallisation von Fayalit. Der Boden der Schlacke ist feinkörniger kristallisiert und enthält Holzkohleeinschlüsse.

4 Xanten, Fundpunkt ▲, Probe D-7/5b
Lagig aufgebaute, kalottenförmige Schmiedeschlacke. Am oberen und unteren Rand mit viel Holzkohle, ebenso vereinzelt im mittleren Bereich. Die Schlacke enthält bevorzugt im Randbereich der Holzkohle und in den Fayaliten metallisches Eisen. Hauptbestandteil ist Fayalit mit wechselndem Anteil von Wüstit. Der Boden ist von gesintertem Sand umkrustet.

5 Xanten, Fundpunkt ●, Probe D-7/9
Schnitt durch kalottenförmige Schmiedeschlakke. Die Probe enthält einen bereits makroskopisch erkennbaren, hohen Anteil an Wüstit (Metallglanz), der stellenweise in isolierten Einschlüssen vorliegt (vgl. auch Taf. 11.2).

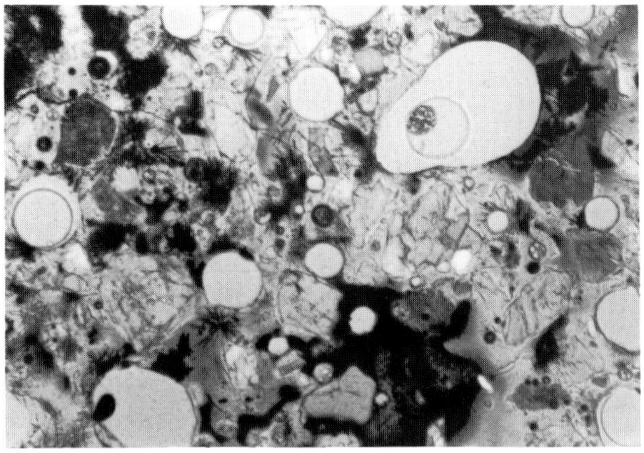

1 Xanten, Fundpunkt ■, Probe D-7/2, Durchlicht, 63 ×, leicht gekreuzte Nicols.
Partiell aufgeschmolzene Schlacke mit reliktisch erhaltenen Quarzkörnern. Aus der schlierig ausgebildeten Glasmatrix sind Klinopyroxene und Wüstit kristallisiert.

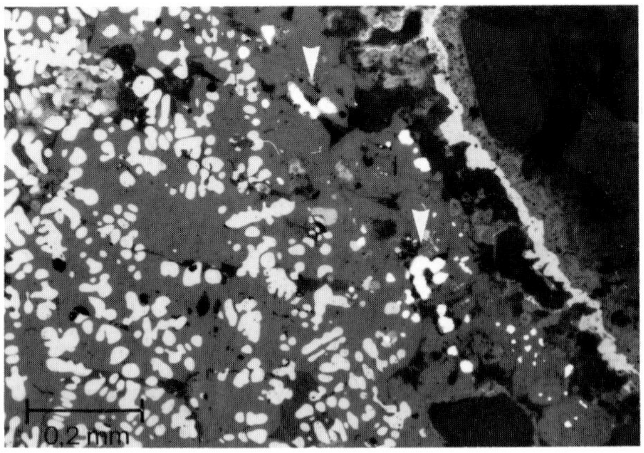

2 Xanten, Fundpunkt ●, Probe D-7/9, Auflicht, 100 ×.
Eisenflitter im Randbereich von Holzkohleeinschlüssen.

3 Xanten, Fundpunkt ▲, Probe D-7/5b
Mikrogefüge mit Fayalit als Hauptbestandteil. Fayalit tritt weiterhin in 2. Generation in der Matrix auf. Die Kristallisation von drendritischem Wüstit ist auf die Grundmasse konzentriert. REM-Aufnahme, Rückstreuelektronenbild.

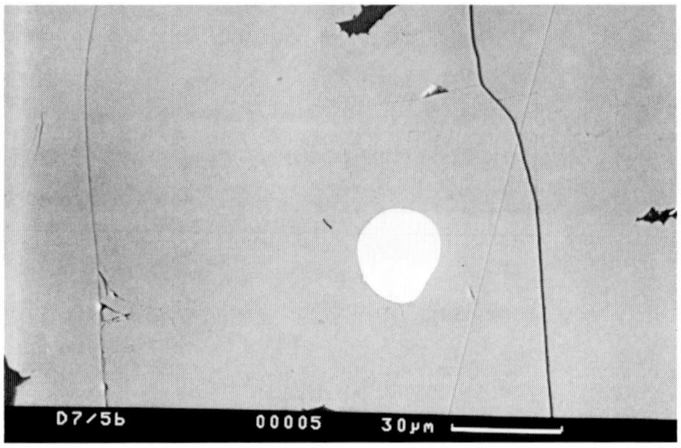

4 Xanten, Fundpunkt ▲, Probe D-7/5b
Tröpfchenförmiger Einschluß von Stahl in Fayalit. Detailaufnahme von Taf. 10.3 REM-Aufnahme, Rückstreuelektronenbild.

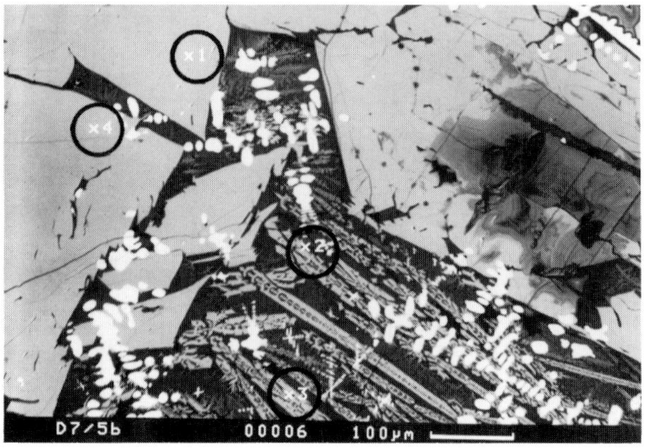

5 Xanten, Fundpunkt ▲, Probe D-7/5b
Kristallisation von Fayalit in 2 Generationen mit deutlich unterschiedlichem Habitus. Wüstitdendriten in der Grundmasse, die kryptokristallin bis glasig ausgebildet ist. Der rechte Fayalit-Kristall ist durch Witterungseinflüsse z.T. zersetzt. Eingetragen sind die in Tab. 2 dargestellten Meßpunkte. REM-Aufnahme, Rückstreuelektronenbild.

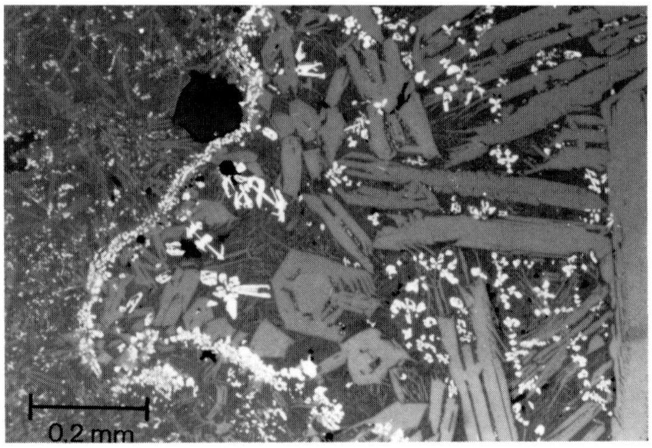

6 Xanten, Fundpunkt ●, Probe D-7/4, Auflicht, 100 ×.
Abkühlungsrand einer Schmelze innerhalb der Schlakke, markiert durch die vermehrte Kristallisation von Eisen-Oxiden.

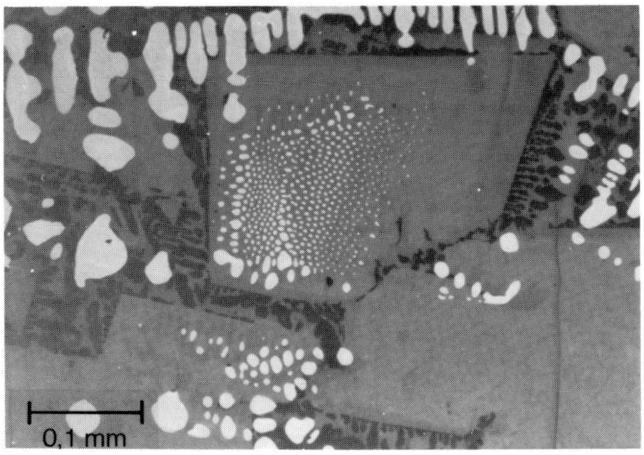

1 Xanten, Fundpunkt ●, Probe D-7/4, Auflicht, 200×.
Kristallisation von Fayalit und Wüstit nahe der eutektischen Zusammensetzung der Schmelze.

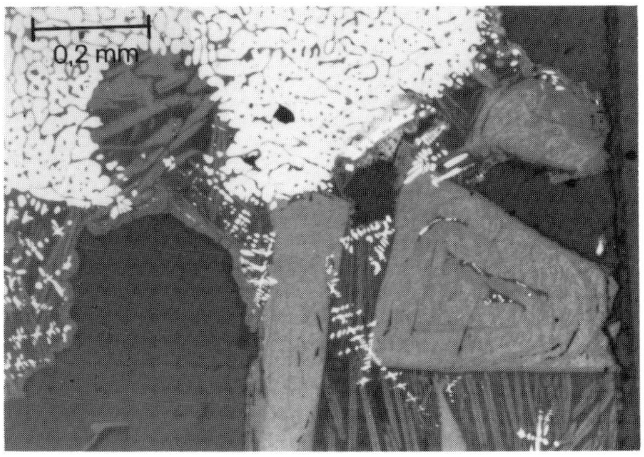

2 Xanten, Fundpunkt ●, Probe D-7/9, Auflicht, 100×.
Mechanisch inkorporierte Einschlüsse von Wüstit (Hammerschlag), der sich sukzessive in der silikatischen Matrix auflöst.

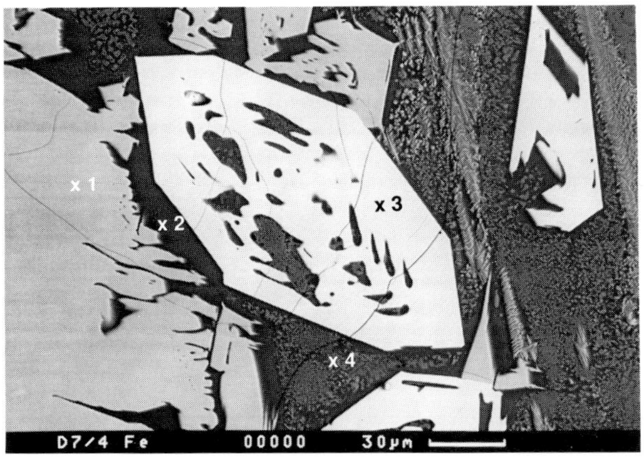

3 Xanten, Fundpunkt ●, Probe D-7/4
Idiomorph kristallisierter Magnetit (Mt) in dunkler, kryptokristalliner bis glasiger Matrix. Links Fayalit (Fa). Eingetragen sind die in Abb. 2 und 3 dargestellten Meßpunkte. REM-Aufnahme, Rückstreuelektronenbild.

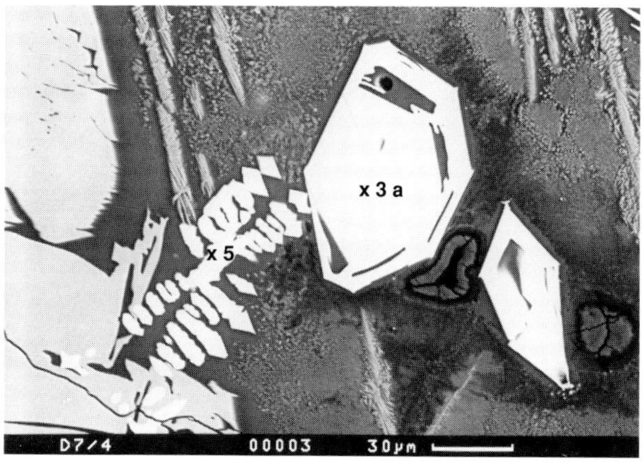

4 Xanten, Fundpunkt ●, Probe D-7/4
Ti-haltiger Magnetit (Mt) neben dendritisch ausgebildetem Wüstit (Wü). Links Fayalit (Fa). Dunkel: kryptokristalline, z.T. glasige Matrix. Eingetragen sind die in Abb. 2 und 3 dargestellten Meßpunkte. REM-Aufnahme, Rückstreuelektronenbild.

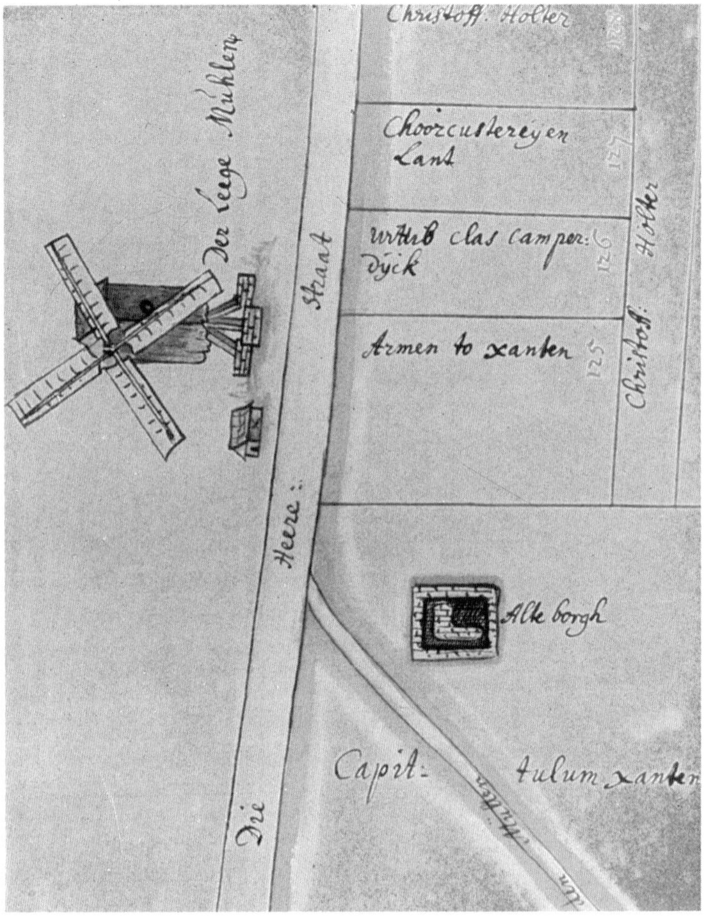

1 Stiftszehntatlas, Ausschnitt. Ruine des Capitoltempels der CUT, 1697.

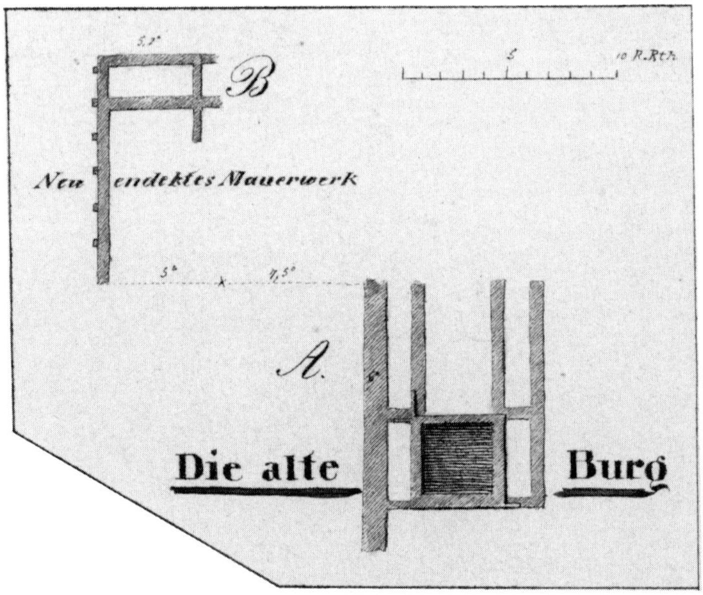

2 Vignette, Ausschnitt aus 'Karte von Xanten und der Umgebung als Situationsplan zu Ph. Houben's Römischem Antiquarium', 1839.

1 – 2 Grabung 1989, Übersicht.

1 Schnitt 89/1, Westprofil D (1989).

2 Schnitt 89/1, Pfosten unter Treppenwange (1989).

1 Schnitt 89/1, Mauerhaupt (1989).

2 Schnitt 35/24, Raum e, Südwand (1935).

1 Schnitt 72/1, Nord-Südmauer am Cardo Maximus (1972).

2 Grabung an der Nordostecke von Insula 26, Überblick von Nordwest.

1 CUT, Hafentempel, verstuckter Mörtelpilaster (K 4).

2 Mörtelarchitrav (K 17).

3 Mörtelprofil (K 41).

4 Mörtelprofil (K 48).

1 – 2 CUT, Matronenstatuette (?) von der Insula 39.

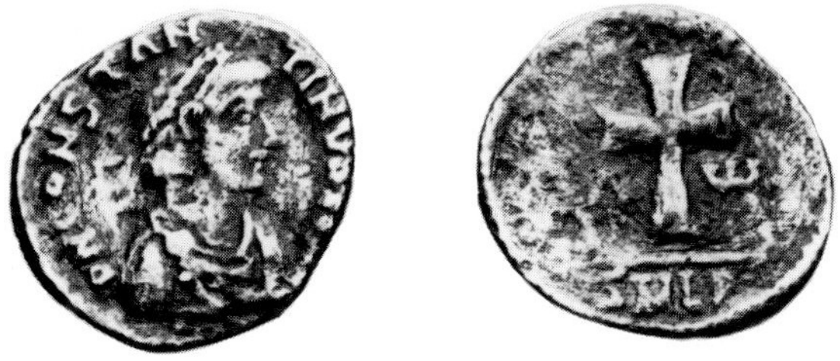

1 Constantin III., Halb-Siliqua. Xanten, Domgrabung (2:1).

2 Nero, Denar. Xanten, Domgrabung (2:1).

3 Constantin II., Siliqua. Neuss, Grabung unter St. Quirin (2:1).

1 Legionsziegelofen an der Hohen Stege,
Grabung des Niederrheinischen Altertumsvereins Xanten, 1900.

2 Heimatmuseum des Niederrheinischen Altertumsvereins Xanten im Klever Tor, um 1925.

1 CUT, Große Thermen, Verfüllung der Ostnische und des Ofens des großen Tepidariums während der Errichtung der Stahlbetonfabrik.

2 Die Thermenanlage während der Ausgrabung 1989.

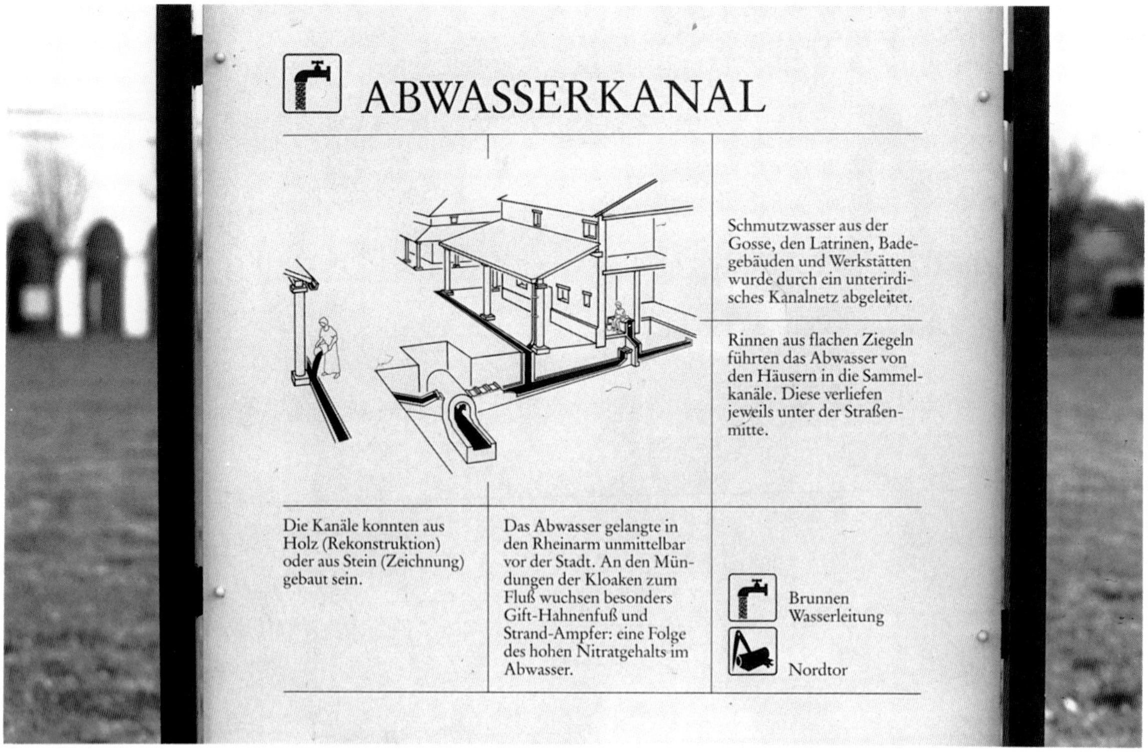

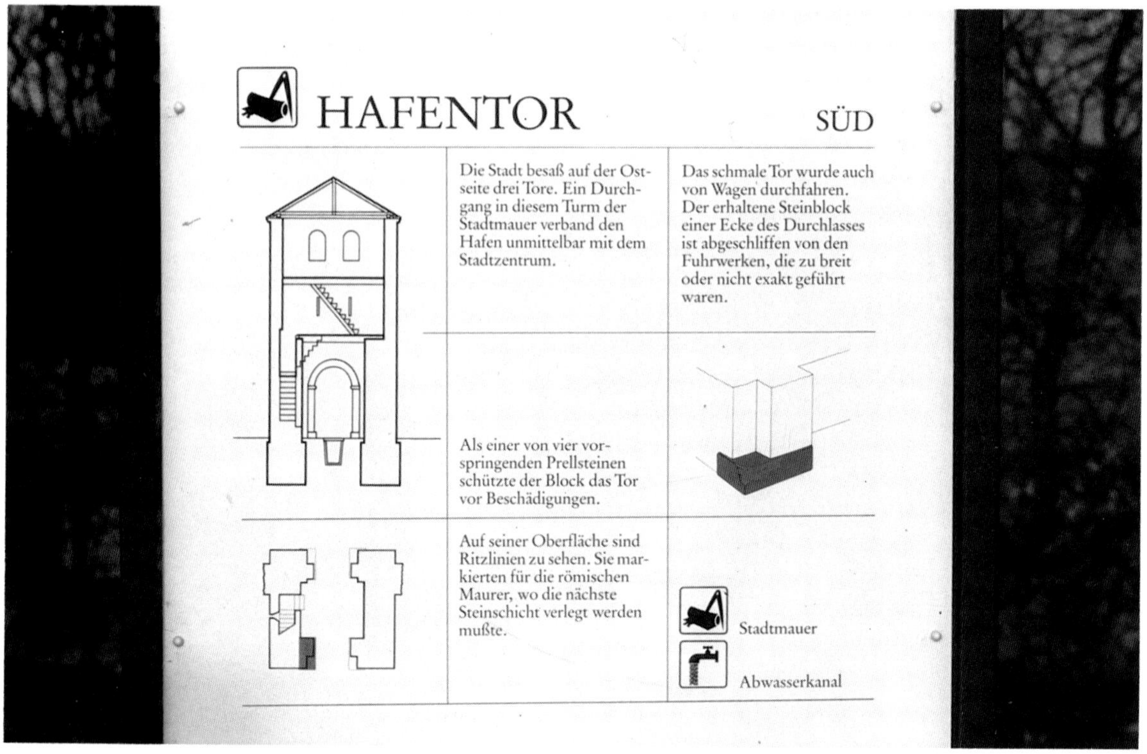

1–2 Archäologischer Park Xanten, Informationstafeln, 1988.